L'imprévision

Étude comparée droit public-droit privé des contrats

Logiques Juridiques

Collection dirigée par Gérard Marcou

Le droit n'est pas seulement un savoir, il est d'abord un ensemble de rapports et pratiques que l'on rencontre dans presque toutes les formes de sociétés. C'est pourquoi il a toujours donné lieu à la fois à une littérature de juristes professionnels, produisant le savoir juridique, et à une littérature sur le droit, produite par des philosophes, des sociologues ou des économistes notamment.

Parce que le domaine du droit s'étend sans cesse et rend de plus en plus souvent nécessaire le recours au savoir juridique spécialisé, même dans des matières où il n'avait jadis qu'une importance secondaire, les ouvrages juridiques à caractère professionnel ou pédagogique dominent l'édition, et ils tendent à réduire la recherche en droit à sa seule dimension positive. À l'inverse de cette tendance, la collection « Logiques juridiques » des éditions L'Harmattan est ouverte à toutes les approches du droit. Tout en publiant aussi des ouvrages à vocation professionnelle ou pédagogique, elle se fixe avant tout pour but de contribuer à la publication et à la diffusion des recherches en droit, ainsi qu'au dialogue scientifique sur le droit. Comme son nom l'indique, elle se veut plurielle.

Dernières parutions

Boris BARRAUD, *La Recherche juridique. Sciences et pensées du droit*, 2016.
Bolleri PYM, *Le statut juridique des établissements de microfinance (EMF) en zone CEMAC, L'encadrement de la « petite finance » du secteur informel vers le secteur formel*, 2016.
Aurore GRANERO, *Les personnes publiques spéciales*, 2016.
Khaled MEJRI, *Le droit international humanitaire dans la jurisprudence internationale*, 2016.
Tiphaine THAUVIN, *Les services sociaux dans le droit de l'Union européenne*, 2016.
Louis-Marie LE ROUZIC, *Le droit à l'instruction dans la jurisprudence de la Cour européenne des droits de l'Homme*, 2015
Delphine COUVEINHES-MATSUMOTO, *Les droits des peuples autochtones et l'exploitation des ressources naturelles en Amérique latine*, 2015
Michel LASCOMBE Gilles TOULEMONDE, *Le droit constitutionnel de la Ve République*, 2015.
Sabrine Maya BOUYAHIA, *La proximité en droit international privé de la famille*, 2015.
Caroline LECLERC, *Le renouvellement de l'office du juge administratif français*, 2015.
Franck LUDWICZAK, *Les procédures alternatives aux poursuites : une autre justice pénale*, 2015.

Émilie Labrot

L'imprévision

Étude comparée droit public-droit privé des contrats

Préface de Françoise Fraysse

L'Harmattan

5-7, rue de l'Ecole-Polytechnique, 75005 Paris

http://www.harmattan.fr
diffusion.harmattan@wanadoo.fr
harmattan1@wanadoo.fr

ISBN : 978-2-343-09039-9
EAN : 9782343090399

REMERCIEMENTS

Je tiens tout particulièrement à remercier le Professeur Françoise Fraysse, ma directrice de thèse, qui a accepté de m'encadrer tout au long de mes travaux. Je lui exprime toute ma gratitude pour sa grande disponibilité et pour sa direction avisée, à la fois exigeante et humaine.

J'adresse mes sincères remerciements aux Professeurs Jean-Jacques Barbiéri, Jean-Marie Pontier et Gabriel Eckert qui ont accepté de siéger dans mon jury.

Dans le cadre des journées doctorants organisées par le Professeur Françoise Fraysse, j'ai eu l'honneur de pouvoir discuter de l'orientation de mon travail avec le Professeur Fabrice Melleray. Je tiens à le remercier pour les nombreux conseils qu'il m'a prodigués ce jour-là.

Je remercie aussi l'ensemble des enseignants de la Faculté de droit de Perpignan qui, par leurs encouragements et leurs conseils, ont contribué de près ou de loin à la réalisation de ce travail, et en particulier le Professeur Philippe Ségur et Messieurs Claude Galiay et Jean-François Calmette pour leur bienveillance et dont l'aide m'a été précieuse.

Merci infiniment à ma famille, et tout particulièrement à mes parents, pour leur présence tout au long de ce travail.

Mes remerciements vont également à mes amis dont le soutien m'a porté tout au long de ces années de thèse.

Merci enfin à mon ami pour la patience qu'il a consentie durant toutes ces années.

LISTE
DES ABREVIATIONS ET REVUES

a.	Autres
AJDA	*Actualité Juridique – Droit Administratif*
al.	*Alinéa*
Aff. jtes	Affaires jointes
AJT	*Actualité juridique – Edition Travaux*
Arch. phil. dr.	*Archives de philosophie du droit*
Art.	Article
Ass.	Assemblée
BJCP	*Bulletin juridique des contrats privés*
Bull. civ.	*Bulletin des arrêts de la Cour de cassation - Chambres civiles*
c/	Contre
CA	Cour d'appel
CAA	Cour administrative d'appel
Cah. dr. entr.	*Cahiers de droit de l'entreprise*
CCAG	Cahier des Clauses Administratives Générale
CCAP	Cahier des Clauses Administratives Particulières
CCI	Chambre de commerce international
CCIP	Chambre de commerce et d'industrie de Paris
Cass. Com.	Cour de Cassation – Chambre commerciale
Cass. Soc.	Cour de Cassation – Chambre sociale
CIJ	Cour internationale de justice

CE	Conseil d'Etat
CEDH	Cour européenne des droits de l'homme
cf.	*Confer, voir*
CGCT	Code Général des Collectivités Territoriales
chron.	Chronique
Civ.	Cour de cassation – Chambre civile
Cie	Compagnie
CIRDI	Centre international pour le règlement des différends relatifs aux investissements
CJCE	Cour de justice des Communautés européennes
CJUE	Cour de justice de l'Union européenne
CMP	Code des marchés public
coll.	Collection
COM	Communication de la Commission Européenne
comm.	Commentaire
comp.	Comparer
concl.	Conclusions
Contrats et Marchés Publics	*Revue Contrats et Marchés Publics*
CVIM	Convention sur la vente internationale de marchandises
D.	*Revue Dalloz*
DA	*Droit administratif*
DP	*Dalloz périodique*
DPCI	Droit et pratique du commerce international
éd.	Editions
Fasc.	Fascicule
GATT	Accord général sur les tarifs douaniers et le commerce

Gaz. du Pal.	*Gazette du Palais*
ibid.	*Ibidem*, au même endroit, là même
in	Dans
infra	Ci-dessous
J.Cl. adm.	*Juris-Classeur administratif*
JCP	*Juris-Classeur périodique – Semaine juridique*
JCP G	*Semaine Juridique – Edition Générale*
JCP E	*Semaine Juridique – Edition Entreprise*
JDI	*Journal du droit international (Clunet)*
JO	*Journal officiel de la République Française – Lois et décrets*
JOCE	*Journal officiel des Communautés européennes*
LGDJ	Librairie Générale de Droit et de Jurisprudence
LE	*Law and Economics*
LPA	*Les Petites Affiches*
Loc. cit.	*Loco citato*, à l'endroit cité (précédemment)
MP	*Marchés publics*
n°	Numéro
obs.	Observations
OMC	Organisation mondiale du commerce
Op.cit.	*Opere citato*, dans l'ouvrage cité
p.	Page
plén.	Plénière
Préf.	Préface
PUAM	Presses universitaires Aix-Marseille
PUF	Presses universitaires de France

rapp.	Rapprocher
Rapp.	Rapport
RDAI	*Revue de droit des affaires internationales*
RDC	*Revue des contrats*
RDP	*Revue du droit public et de la science politique*
Rec. ou Leb.	*Recueil des décisions du Conseil d'Etat (Lebon)*
resp.	Respectivement
Req.	Requête
Rev. arb.	*Revue de l'arbitrage*
Rev. crit. DIP	*Revue critique de droit international privé*
Rép. civ. Dalloz	Répertoire civil Dalloz
Rev. Droit et Patrimoine	*Revue Droit et Patrimoine*
Rev. éco	*Revue économique*
Rev. Eco.	*Revue Economique*
Rev. gén. coll. territ.	*Revue générale des collectivités territoriales*
RFDA	*Revue française de droit administratif*
RFDI	*Revue française de droit international*
RGDIP	*Revue générale de droit international public*
RIDC	*Revue internationale de droit comparé*
RIDE	*Revue internationale de droit économique*
RRJ	*Revue de la recherche juridique – droit prospectif*
RTD civ.	*Revue trimestrielle de droit civil*
RTD com.	*Revue trimestrielle de droit commercial*
RTDE	*Revue trimestrielle de droit européen*
S.	*Sirey*

s.	Suivantes
Sect.	Section
Soc.	Cour de cassation – Chambre sociale
spéc.	Spécialement
Sté	Société
supra	Ci-dessus
T. ou t.	Tome
TA	Tribunal administratif
T. civ.	Tribunal civil
Trib. Arb.	Tribunal arbitral
UE	Union européenne
V.	Voir
v. ou *vs.*	*Versus*
vol.	Volume

SOMMAIRE

PREFACE

C'est bien connu : les parties au contrat répugnent à l'incertitude.

Comme le renseignement dans la stratégie, l'information est un élément fondamental de la guerre économique. Le contrat apparaît comme un duel où chaque fine lame du montage juridique et financier doit raisonner en disposant d'un maximum d'éléments. Chacun connaît les réponses dont l'autre bénéficie et doit réfléchir à l'impact qu'aura sa propre décision dans la chaîne des possibles. Je sais que tu sais que je sais que tu sais : c'est dans la boucle d'oreille de l'image publicitaire de la vache qui rit que se fait la mise en abyme.

Le pacte faustien que représente la rédaction d'un contrat permet de stabiliser dans le temps contrat et qui reste extérieur à la volonté des parties. La démarche de prise en compte de l'information relève de la virtuosité des juristes, celle gérée par l'imprévision correspond à la survenance de l'incertain. On oserait presque écrire que se retrouve, comme dans le droit de la responsabilité, l'opposition entre principe de prévention du scientifiquement possible et principe de précaution devant l'incertain.

C'est à cette situation que correspond la théorie bâtie par le juge administratif qui organise le pouvoir de révision judiciaire du contrat pour cause d'imprévision. Et si l'on a pu quelque peu relativiser l'opposition, parfois artificielle mais classique, entre le contrat de droit privé et celui de droit public, avec le régime de la théorie de l'imprévision nous touchons un noyau dur. La Cour de cassation argumente régulièrement le rejet de la théorie de l'imprévision en droit privé.

Mais, les vrais arguments ont été appréhendés il y a plus de 35 ans. Cette opposition ne tient pas à des différences de nature entre les jurisprudences mais à des considérations de politique jurisprudentielle. Là où le juge judiciaire craint de jouer à l'apprenti sorcier en s'introduisant dans le contrat, le juge administratif préfère, puisque les cas sont exceptionnels, satisfaire l'équité. Ce lissage des conséquences de l'aléa serait aussi bienvenu en droit privé. Le principe de la forme obligatoire du contrat n'en serait pas menacé, Émilie Labrot le démontre bien. Elle écarte de même de façon argumentée l'idée que l'importance de la théorie des sujétions imprévues viderait le sujet de sa pertinence.

Voici donc une confrontation qui n'a pas effrayé la jeune chercheuse et c'est avec beaucoup d'enthousiasme qu'elle s'est lancée dans cette comparaison complexe. Évaluer les possibilités de rapprochement des régimes suppose une parfaite maîtrise du droit des contrats. Or les dégâts de la spécialisation prématurée des diplômes dans un souci de professionnalisation sont bien connus. Le handicap a été brillamment surmonté. La persistance de l'opposition relève bien comme elle le dit d'un malentendu La démonstration est là, ténue et exigeante.

La doctrine civiliste est bien loin d'être uniformément hostile à l'introduction de ce régime, loin s'en faut. La survenance à partir de 2008 de la crise économique et financière aurait pu favoriser une avancée législative en ce sens et ce travail reprend avec beaucoup de discernement tout l'arrière-plan des tergiversations.

Émilie Labrot ne se contente pas de s'appuyer sur les nombreux exemples des droits nationaux européens et surtout sur la convergence entreprise par le droit de l'Union européenne.

En apportant des éléments nouveaux dans la comparaison du régime de l'imprévision en droit privé et de la théorie de l'imprévision en droit public, cette recherche met en lumière le paradoxe développé par la première qui tout à la fois veut ignorer l'imprévision, la reconnaît néanmoins et pourrait donc être conduite à la consacrer.

Le travail d'Émilie Labrot illustre de façon magistrale la possibilité de développer une vraie thèse en droit.

Françoise FRAYSSE

Professeur à l'Université Toulouse 1 Capitole
Responsable du Master de droit public fondamental
Institut d'Etudes Juridiques de l'Urbanisme, de la Construction et de l'Environnement (IEJUC)

INTRODUCTION GENERALE

« La carte n'est pas le territoire ! »
Alfred KORZYBSKI[1].

L'histoire raconte que, pendant la Grande Guerre, Alfred Korzybski, officier d'état- major dans l'armée russo-polonaise avait élaboré un plan d'action avec toutes les diligences qu'imposait une offensive contre l'armée prussienne. Sa stratégie se fondait sur une analyse minutieuse et approfondie des informations détaillées qu'il avait à sa disposition, c'est-à-dire les cartes d'état-major qui précisaient la nature du territoire et l'environnement dans lequel allait se produire la bataille. Cependant, aucune n'avait indiqué la présence d'un fossé si bien qu'Alfred Korzybski n'avait pu raisonnablement prévoir que l'armée prussienne s'y trouverait postée. Son bataillon fut exterminé et Korzybski de dire : « la carte n'est pas le territoire ! » Malgré tous les efforts qu'il avait pu déployer afin de prévenir « les contingences du futur »[2] et éviter de lourdes pertes humaines, il ne fut guère possible de prévoir l'imprévisible.

Comme la carte, le contrat n'est pas non plus le lieu de la certitude, de la vérité ou de l'évidence. Son exécution est, telle le territoire, le lieu de la réalisation de l'imprévisible.

Le contrat[3] se met au service de la croyance de ce que sera le futur. Néanmoins, l'avenir étant contingent – précisément parce qu'il ne

---

1 *Science and sanity*, 1933.

2 « La contingence du futur » a fait l'objet de nombreuses études philosophiques parmi lesquelles celle d'Aristote se trouve être à la base de l'évolution de la pensée philosophique en la matière (*De interpretatione*, *Organon I et II*, trad. par J. Tricot, VRIN, bibl. des textes philosophiques). Voir par exemple : E. Boutroux, *De la contingence des lois de la nature*, Thèse Paris, 1874 ; R. Descartes, *Le discours de la méthode*, 1637. Voir également l'article de Bernard Saint-Sernin dans l'*Encyclopédie Universalis*, entrée « contingence ».

s'est pas encore réalisé – cette croyance est sinon artificielle, du moins relative. Ainsi, « libérée des contraintes de la vérité absolue, elle se meut dans cette zone incertaine où les frontières du vrai et du faux s'entremêlent dans un écheveau inextricable »[4]. Le contrat est par conséquent une représentation partielle et parfois erronée de l'exécution des obligations. Aussi, n'est-il pas « une emprise sur l'avenir »[5], mais plutôt une tentative d'emprise sur l'avenir. Au fond, « il y a contre lui des présomptions terribles, il n'y a pas une certitude absolue »[6], présomptions qui, pour tout dire, se résument dans le domaine contractuel à une seule et unique observation : la survenance du risque anormal. Le contrat le plus « sage » n'est pas en définitive celui qui est le plus précis, le plus complet ou le plus réel, mais bien celui qui propose le plus de choix possibles dans l'avenir. Il existe toujours d'autres éventualités que celles qu'il fut possible de concevoir rationnellement. C'est dans ce contexte qu'est née la théorie de l'imprévision, consacrée par le juge administratif.

I. SPECIFICATION DES CONTOURS DE L'IMPREVISION

Plusieurs notions s'enchevêtrent dans la théorie de l'imprévision, telles que l'imprévu, l'imprévoyance ou l'imprévisibilité. Il s'agira dès lors de les distinguer chacune correctement afin d'apprécier utilement les contours de la théorie (A). Si l'imprévisibilité constitue l'un des critères décisifs de l'imprévision, il n'en reste pas moins qu'elle joue également dans d'autres théories comme la force majeure ou le fait du prince, théories qu'il conviendra en revanche d'écarter de la présente étude (B).

---

[3] Pour prévenir tout risque de confusion, il convient d'indiquer d'emblée que, dans la suite des développements, les termes « contrat » et « convention » seront utilisés indifféremment. Il faut en revanche préciser que les notions ont été distinguées par les auteurs du *Traité des contrats administratifs* (A. de Laubadère, F. Moderne, P. Delvolvé, T. I, LGDJ, 1984, p. 41).

[4] F. Fraysse, *La présomption de faute dans le contentieux administratif de la responsabilité*, Thèse Toulouse, LGDJ, T. CIL, 1985, p. XII.

[5] G. Ripert, *La règle morale dans les obligations civiles*, 1949, n° 84.

[6] P. Bourget, *Le disciple*, 1889, p. 39.

A) Précautions terminologiques

La théorie de l'imprévision est une « théorie de la guerre »[7]. Parce que la guerre a été imprévisible et que ses conséquences l'ont été tout autant, il fut ainsi impossible de prévoir de manière rationnelle ses effets sur l'exécution des contrats en cours. S'en est donc suivie la réalisation de risques anormaux, tels que la hausse des matières premières ou la dépréciation monétaire, risques qui appartenaient à l'évidence au champ de l'imprévisibilité et non pas à celui de l'imprévoyance, ni même – et il convient de le souligner – à celui de l'imprévision. Aussi convient-il d'admettre d'ores et déjà que l' « on a posé la question aussi mal qu'il était possible de le faire en parlant d'imprévision »[8]. En réalité, le terme « imprévision » ne paraît effectivement pas le plus approprié pour qualifier la théorie. Il s'agit donc de préciser ce qui doit être dès lors admis.

L'*imprévision* se définit par défaut : elle est un « défaut de prévisions »[9]. La *prévision* est en outre « l'action de prévoir », elle s'inscrit dans « la connaissance de l'avenir ». Elle est donc « une opinion formée par le raisonnement sur les choses futures »[10]. Mais comment se peut-il alors que l'on raisonne et que l'on établisse une prévision à propos d'un événement par définition imprévisible ? C'est bien là le nœud du problème. La théorie de l'imprévision est « une théorie pour un événement exceptionnel »[11]. Le fait générateur de son application réside par conséquent dans un phénomène imprévisible,

---

[7] La théorie de l'imprévision a été imaginée pour des faits de guerre. Voir en ce sens : G. Jèze, *Les principes généraux du droit administratif – Théorie générale des contrats de l'administration*, 3ème éd., LGDJ, 1936, p. 533 et s. ; A. de Laubadère, *Traité théorique et pratique des contrats administratifs*, *Les incidents d'exécution*, T. 3, 1956, p. 129, n° 1003.

[8] G. Ripert, *Op. cit.*

[9] *Le Petit Robert*, entrée « imprévision ».

[10] *Idem.*

[11] G. Jèze, *Ibid.*, p. 534.

c'est-à-dire *a fortiori* qui n'appartient pas au champ des prévisions[12] et qui ne saurait d'ailleurs être considéré comme devant y appartenir car on ne peut rien prévoir « dans un sens ou dans un autre »[13] d'un événement par nature imprévisible. Aussi semble-t-il que le choix de la dénomination « théorie de l'imprévision » n'a pas été le meilleur. Il s'agirait plutôt nécessairement de la théorie de « l'imprévisible »[14], voire la théorie de « l'imprévisibilité »[15]. Dans le domaine contractuel, la prévision n'est donc en tout état de cause, qu'une indication donnée sur l'état probable de ce que sera l'exécution des obligations à venir. Et Keynes n'écrivait-il pas : « Ô fausse et perfide probabilité, ennemie du vrai, et amie du pervers, par tes yeux troubles l'Opinion apprend à connaître la faiblesse du parti de la vérité, ainsi que sa stérilité »[16]. Car, s'il est certes un « acte de prévision »[17], le contrat est aussi l'encadrement de prévisions nécessairement partielles au regard de tous « les états possibles du futur »[18].

L'*imprévoyance* se définit par opposition à la *prévoyance* qui indique « l'attitude de celui qui prend les dispositions nécessaires pour

[12] D'ailleurs il convient de noter que lorsque le contractant lésé a commis un défaut de prévisions, la théorie de l'imprévision n'a pas vocation à s'appliquer. Voir *infra*, p. 513 et s.

[13] La phrase est construite en référence à la citation « on ne peut rien vouloir, dans un sens ou dans l'autre, quant aux conséquences d'un événement que l'on ne prévoit pas » (J. Flour, J.-L. Aubert, E. Savaux, *Droit civil. Les obligations. 1. L'acte juridique*, Sirey, 14ème édition, 2010, n° 408, p. 387).

[14] Il convient de noter d'ores et déjà que c'est cette expression - les théories de l'imprévisible - qui sera proposée dans la suite des développements pour nommer la théorie de l'imprévision et la théorie des sujétions imprévues.

[15] Voir pour une étude approfondie de la notion d'imprévisibilité en droit : J.-M. Pontier, « L'imprévisibilité », *RDC* 1986, p. 5.

[16] J.-M. Keynes, *Traité de probabilité*, 1921, p. 514.

[17] H. Lécuyer, « Le contrat, acte de prévision », *in* Mélanges en hommage de F. Terré, *L'avenir du droit,* PUF, Dalloz, 1999, p. 643.

[18] B. Deffains, S. Ferey, « Pour une théorie économique de l'imprévision en droit des contrats », *RTD civ.*, 2010, p. 719.

faire face à une situation prévue »[19]. Elle est donc un « défaut de prévoyance ». L'imprévoyance est alors tout au contraire de l'imprévision synonyme d' « étourderie », d' « insouciance » ou d' « irréflexion »[20], ce qui ne doit pas avoir été précisément le comportement des parties lorsque l'une d'entre elles cherche à se prévaloir de la théorie de l'imprévision. Il est alors faussement prétendu que la théorie serait plutôt une « théorie de l'imprévoyance »[21] car, au fond, le défaut de prévoyance réside dans l'imprévu et non pas dans l'imprévisible. La différence est tirée de ce que l'imprévu procède de l'oubli, de la négligence ou de l'imprudence. Il est ce qui n'a pas été « vu d'avance »[22]. Or, la théorie de l'imprévision ne s'applique qu'à ce qui n'a pas pu être raisonnablement prévisible car « ce qu'il faut toujours prévoir, c'est l'imprévu »[23]. Aussi, au cas d'une hypothèse d'imprévision, le contrat n'est-il pas « face à l'imprévu »[24] mais bien face à l'imprévisible. Si l'imprévu n'a pas été prévu, l'imprévisible n'a pas pu être prévu. La différence tient de ce fait à la capacité à prévoir en fonction du savoir disponible au moment de la signature du contrat[25]. Ni l'imprévoyance ni l'imprévu ne s'intègre au mécanisme de l'imprévision puisque ces notions résultent en somme de la défaillance prévisionnelle.

L'*imprévisibilité* est « le caractère de ce qui est imprévisible », c'est-à-dire de ce « qui ne peut être prévu »[26]. Elle renvoie donc corrélativement à la notion d'incertitude. Le contrat se conclut à un

---

[19] *Le Petit Robert*, entrée « imprévoyance ».

[20] *Idem*.

[21] H. Capitant, « Le régime de la violation des contrats », *D*. 1934, p. 1, spéc. p. 4.

[22] Voir le *Dictionnaire Littré*.

[23] V. Hugo, *Les Misérables*, T. 2, 1862.

[24] En référence à la thèse de Louis Thibierge intitulée « Le contrat face à l'imprévu », Thèse Paris, Economica, 2011.

[25] Il est sans doute intéressant de rapprocher cette considération de la célèbre mais néanmoins macabre affaire du sang contaminé dans laquelle a été centrale la question du savoir disponible dans le domaine pénal.

[26] *Le Petit Robert*, entrée « imprévisibilité ».

instant « t », mais l'exécution des obligations qu'il fixe s'inscrit dans l'avenir qui demeure par nature « insaisissable »[27]. L'incertitude est alors prégnante au moment de la conclusion du contrat car il s'agit de concevoir l'exécution contractuelle au gré de l'avenir, ce qui est à la fois source d'incertitude et par voie de conséquence d'insécurité[28]. « L'événement est souvent qualifié d'imprévisible spontanément, lorsque rien ne paraissait pouvoir l'éviter. Il est interprété comme une sorte de fatalité »[29]. Ainsi, par définition, il ne saurait faire partie du champ prévisionnel. L'imprévisibilité fait donc référence à des notions telles que le « hasard » la « contingence » ou l' « accidentel », notions qui procèdent de la dimension temporelle de l'estimation du risque. Or, il convient d'ores et déjà d'admettre que « la question du risque est largement maltraitée en France »[30]. Pourtant, toute entreprise contractuelle est par définition risquée et se conçoit à l'aune de l'incertitude. Toute la question est alors de savoir ce qui est par nature susceptible d'être prévu et ce qui ne peut pas être prévisible car l'imprévisibilité est *a priori* le catalyseur du jeu de la théorie de l'imprévision. Tout se résume donc à l'idée de la capacité à prévoir les choses futures, c'est-à-dire qu'il convient par conséquent de s'intéresser au verbe « pouvoir ».

---

[27] A. Sériaux, « Le futur contractuel », *in Le Droit et le futur*, Travaux et recherches de l'Université de droit, d'économie et de sciences sociales de Paris, PUF, 1985, spéc. n° 20, p. 85.

[28] Voir l'article de Bernard Saint-Sernin dans l'*Encyclopédie Universalis*, entrée « Hasard » : « L'expérience révèle que, si le danger exalte parfois, l'incertitude peut produire un sentiment d'insécurité, et même d'inquiétude ou d'angoisse. Cette peur suscite le désir de connaître la nature des risques qu'il faut affronter ; elle engendre également des rites et des mythes (...) ». Ces « rites et mythes » prennent la forme dans le domaine contractuel de la pratique des clauses contractuelles (voir *infra*, p. 254 et s.).

[29] J.-M. Pontier, *Op. cit.*, p. 11.

[30] J.-B. Auby, T. Kirat, « Introduction générale », *in Economie et droit du contrat administratif. L'allocation des risques dans les marchés publics et les délégations de service public* (sous la dir. de T. Kirat ; Préf. M. Long), Perspectives sur la justice, La Documentation française, V, 2005, p. 15.

Pouvoir « sert à exprimer la modalité du possible »[31]. Un événement qui ne peut pas être prévu s'incorpore donc logiquement dans la modalité de l'impossible. Ainsi, la faculté d'anticiper l'avenir dans un contexte d'incertitude a fait l'objet de réflexions d'une exceptionnelle richesse. Les études mathématiques et la physique quantique ont tenté de saisir la notion d'incertitude[32], notamment à travers le prisme de la théorie des probabilités[33]. Mais c'est aussi la philosophie des Lumières qui s'est largement intéressée à l'incertitude partant des préceptes posés par Aristote. Ainsi, comme l'enseignait Aristote, dans le Chapitre IX du *De l'interprétation*, « chaque chose, nécessairement, est ou n'est pas, sera ou ne sera pas, et cependant si on envisage séparément ces branches de l'alternative, on ne peut pas dire laquelle est nécessaire. Je prends un exemple. Nécessairement il y aura demain une bataille navale ou il n'y en aura pas ; mais il n'est pas nécessaire qu'il y ait demain une bataille navale, pas plus qu'il n'est nécessaire qu'il n'y en ait pas. Mais qu'il y ait ou qu'il n'y ait pas demain une bataille navale, voilà qui est nécessaire. Et puisque les propositions sont vraies en tant qu'elles se conforment aux choses mêmes, il en résulte évidemment que si ces dernières se comportent d'une manière indéterminée et sont en puissance de contraires, il en sera nécessairement de même pour les propositions contradictoires correspondantes. (...) Il faut alors nécessairement que l'une des deux propositions contradictoires soit vraie et l'autre fausse, mais ce n'est pas forcément celle-ci plutôt que celle-là : en fait, c'est n'importe

---

[31] *Le Petit Robert*, entrée « pouvoir ».

[32] Le *continuum* espace-temps est un concept particulièrement étudié en physique, notamment par Max Planck et Albert Einstein. La constante de Planck découverte en 1900 et le principe d'indétermination, plus connu sous le nom de « principe d'incertitude » de Werner Heisenberg (1927), qui ont permis d'inclure la discontinuité dans les sciences physiques, et plus récemment la théorie de Franck Delplace intitulée « le fluide espace-temps » témoignent de leur intérêt pour « les lois du hasard ». Voir aussi les travaux d'Emmanuel Kant qui développe la notion d' « idéalisme transcendantal » dans *la Critique de la raison pure* (1787). D'après lui, « le temps est la condition formelle *a priori* de tous les phénomènes en général ». Voir également les études contemporaines de Gaston Bachelard sur la relativité du temps (*La dialectique de la durée*, PUF, 2006).

[33] Blaise Pascal et Pierre de Fermat sont les pères fondateurs de la théorie des probabilités. Voir également : J.-M. Keynes, *Op. cit.*

laquelle, et, bien que l'une soit vraisemblablement plus vraie que l'autre, elle n'est pas pour le moment vraie ou fausse »[34]. La nécessité des événements s'entend dès lors comme la prévisibilité de ses alternatives possibles dans l'avenir. Tout est donc question de mesure : le risque et l'incertitude sont étroitement liés à la mesure des choses futures. Aussi est-il plus sage de considérer au vu de l'incertitude qui règne lors de la contractualisation, c'est-à-dire aussi au vu du champ des possibles qu'ouvre l'avenir, que le contrat est nécessairement incomplet[35]. En ce sens, il semble devoir renoncer à ses illusions de contrôle.

B) Délimitation du champ de l'étude

Le champ de l'étude se concentre sur la théorie de l'imprévision principalement, et sur la théorie des sujétions imprévues, son pendant dans les marchés de travaux, subsidiairement. Le territoire disciplinaire de l'étude est donc le droit des contrats[36] *lato sensu* et, plus largement, les pratiques contractuelles face à l'anticipation des risques. C'est alors sur la phase d'exécution du contrat que se focalise l'essentiel de l'analyse. En effet, les théories de l'imprévisible n'ont vocation à jouer que si l'économie du contrat est bouleversée par la survenance d'un changement exceptionnel des circonstances au cours de l'exécution des obligations contractuelles. « Le caractère imprévisible d'un événement, d'un fait, est la condition requise par le

[34] Aristote, *Catégories. De l'interprétation, Organon I et II*, Bibl. des textes philosophiques (trad. par J. Tricot), Vrin, 1994, p. 113.

[35] Voir *infra*, p. 574 et s.

[36] Le contrat se définit généralement comme la « convention faisant naître une ou plusieurs obligations ou bien créant ou transférant un droit réel ». Le contrat administratif est en revanche un « contrat passé par une personne publique ou pour son compte et soumis à la compétence et au droit administratifs soit par disposition expresse de la loi, soit en raison de la présence de clauses exorbitantes du droit commun dans ses stipulations, soit parce qu'il confère à son titulaire une participation directe à l'exécution d'une activité de service public. Tous les contrats des personnes publiques ne sont donc pas des contrats administratifs, certains étant soumis aux règles du droit privé » (*Lexique des termes juridiques*, Dalloz, entrée « contrat »).

juge pour entraîner une modification des règles existantes ou pour produire des conséquences juridiques »[37]. Ainsi le champ de l'étude se résume-t-il à la survenance du cas fortuit pendant la phase d'exécution du contrat. On doit une définition remarquable de la notion au Doyen Maurice Hauriou, au terme de laquelle « le cas fortuit échappe aux prévisions humaines, mais se rattache au fonctionnement même de l'entreprise ou du service ; par exemple, dans une usine, c'est l'explosion d'une chaudière ; dans une mine c'est l'inflammation du grisou »[38].

Or, « l'imprévisibilité en tant qu'élément constitutif »[39] n'est pas l'apanage des seules théories de l'imprévision et des sujétions imprévues. Comme le souligne le Professeur Jean-Marie Pontier[40], d'autres théories sont générées par une condition d'imprévisibilité, telles que le fait du prince ou la théorie de la force majeure.

La théorie du fait du prince[41] consiste à indemniser le cocontractant qui subit du fait de l'adoption de mesures administratives émanant de l'administration contractante une exécution anormale de ses obligations. Dans cette hypothèse, le cocontractant a droit au rétablissement de l'équilibre financier par l'indemnisation intégrale du préjudice. Hormis le fait qu'il s'agisse de la survenance d'un aléa administratif, le fait du prince se distingue particulièrement de la théorie de l'imprévision sur le régime indemnitaire, cette dernière théorie visant l'octroi d'une indemnité seulement partielle. En outre, il convient de différencier la théorie du fait du prince du pouvoir de modification unilatérale de l'administration contractante. Le fait du

---

[37] J.-M. Pontier, *Op. cit.*, p. 15.

[38] CE, 10 mai 1912, *Ambrosini*, *S.* 1912.1.161, note M. Hauriou. Voir également : Ph. Ségur, « Le cas fortuit en droit administratif, *AJDA* 1994, p. 171.

[39] J.-M. Pontier, *Ibid*, p. 20.

[40] *Idem*.

[41] Voir pour une analyse approfondie : S. Badaoui, *Le fait du prince dans les contrats administratifs*, LGDJ, 1955. Voir aussi : F. Luxembourg, « Le fait du prince : convergence du droit privé et du droit public », *JCPG* 2008, n° 8, p. 15 ; A. Ruellan, A. Hugé, « Le partage des risques et la portée matérielle des théories de la force majeure, du fait du prince et de l'imprévision », *AJDA* 2006, n° 29, p. 1597.

prince met en lumière les effets de mesures administratives prises en dehors du cadre contractuel mais qui sont propres à en bouleverser l'économie.

La théorie de la force majeure[42] est une cause exonératoire de responsabilité et permet de mettre un terme au contrat avant l'échéance initialement prévue. L'exécution du contrat est dans cette hypothèse devenue impossible à cause de la survenue d'un événement imprévisible, irrésistible et extérieur à la volonté des parties. La théorie de l'imprévision se distingue de la force majeure en ce que le versement de l'indemnité extracontractuelle permet de maintenir le contrat jusqu'à son terme, tandis que la force majeure vise l'extinction du lien contractuel. Il a du reste été proposé d'entendre l'imprévision selon une conception souple de la théorie de la force majeure soit que les auteurs ont été influencés par les travaux de Maurice Hauriou[43], soit qu'ils s'inspirent de la théorie anglaise de la *frustration*[44].

Il conviendra donc d'écarter d'office les deux théories de la force majeure et du fait du prince afin de polariser l'attention sur le changement exceptionnel des circonstances rendant l'exécution des obligations excessivement onéreuse à la seule charge de l'une des parties.

II. L'IMPREVISION, LE CONTRAT ET LE TEMPS

La littérature sur la théorie de l'imprévision est abondante en droit positif. Près d'un siècle après sa consécration par le Conseil d'Etat, il existe un nombre impressionnant de textes émanant tant de la doctrine administrativiste que de la doctrine civiliste. L'imprévision est en tout état de cause un sujet qui passionne les juristes. Elle suscite en effet un véritable enthousiasme en droit des contrats. Le juge administratif l'a

---

[42] Il convient de noter que la force majeure existe également en droit privé selon les mêmes caractéristiques. Voir par exemple : P.-H. Antonmattei, *Contribution à l'étude de la force majeure*, Thèse Montpellier, LGDJ, 1992.

[43] CE, 30 mars 1916, *Gaz de Bordeaux*, *S.*, 1916. 3.17, note M. Hauriou, spéc. p. 18.

[44] Voir *infra*, p. 408.

consacrée, le juge judiciaire l'a strictement rejetée. La négation de l'imprévision dans l'affaire du *Canal de Craponne* résulte de l'article 1134 alinéa 1er du code civil qui, en disposant que « les conventions légalement formées tiennent lieu de loi à ceux qui les ont faites », pose le principe général de la force obligatoire des conventions. Entendu strictement par le juge dans les situations d'imprévision, c'est-à-dire à l'aune de l'intangibilité des obligations, ce principe sous-tend l'exécution du contrat tel qu'il a été voulu par les parties, lors de sa conclusion. Le principe de l'intangibilité du contrat, socle du droit privé des obligations, suppose donc que la volonté initiale des parties ne saurait être révisée, et cela même lorsque l'économie générale du contrat se trouve bouleversée par la survenance d'événements imprévisibles. Ainsi la conception du contrat n'est pas la même de la juridiction administrative à la juridiction judiciaire. A la base de cette opposition *a priori* irréductible[45], c'est le principe de la force obligatoire qui est en cause. Le juge administratif est en effet plus enclin à l'adaptation des termes contractuels aux nouvelles circonstances, car il admet une conception souple de la force obligatoire des conventions. Le bouleversement imprévisible des conditions d'exécution du contrat engendre donc l'ouverture d'un droit à une indemnisation extracontractuelle au profit du cocontractant lésé. Tout le problème réside alors dans l'interprétation du principe de la force obligatoire entendu tantôt de manière rigoriste, tantôt de manière libérale. Toutefois, dans une hypothèse d'imprévision, aucune atteinte à la force obligatoire n'est en définitive à déplorer[46]. Ainsi se nourrit le malentendu depuis près d'un siècle.

Quoi qu'il en soit, la théorie de l'imprévision est une spécificité du droit des contrats administratifs, attaché au début du XXème siècle à affirmer son indépendance par rapport au droit civil. Son régime

---

[45] Voir en ce sens : F. Llorens, *Contrat d'entreprise et Marché de travaux publics-contribution à la comparaison entre contrat de droit privé et contrat administratif*, Thèse Toulouse, LGDJ, 1980, p. 283.

[46] Voir *infra*, p. 530 et s. Il convient d'emblée de noter que nous utiliserons l'expression « dérogation au principe de la force obligatoire » dans la suite des développements pour signaler la dérogation à la rigueur d'interprétation qu'est censé recevoir le principe conformément à son acception en droit privé des contrats.

juridique s'est donc construit à l'aune de l'exorbitance du droit public. On ne cesse d'affirmer à ce propos que la théorie se fonde sur la continuité du service public, considération évidemment étrangère au droit civil et qui permet d'alimenter l'opposition droit public-droit privé. Ainsi, « le contexte de la comparaison est dominée par la division majeure de notre système juridique en droit public et en droit privé. Simple, générale et catégorique, (...) cette distinction a fini, à force de répétitions, par acquérir valeur de vérité absolue. Elle fait partie de ces idées qui ne font que grandir et se renforcer avec le temps. Elles deviennent rapidement des principes, puis, alors même que leur origine et leur raison d'être s'estompent, elles se transforment en dogme »[47].

Néanmoins, c'est très tôt qu'une partie de la doctrine civiliste a œuvré en faveur de la réception d'une authentique théorie de l'imprévision en droit privé des obligations. Mais il est toutefois regrettable de constater qu'elle y est le plus souvent traitée au regard du champ lexical de la maladie, voire de la mort[48], et ou du sentimentalisme[49]. Elle n'est cependant attachée ni à l'un ni à l'autre.

---

[47] F. Llorens, Thèse *précitée*, p. 2. Et le Professeur d'ajouter : « A la fois cause et conséquence de la dualité de juridictions, source et produit de la spécialisation des doctrines, elle repose sur un autre principe essentiel, son corollaire : l'autonomie du droit administratif. (...) Nourrie de cette opposition, la distinction entre les contrats administratifs et les contrats de droit commun en a hérité toute la rigueur ».

[48] La thèse de Louis Thibierge fait par exemple référence au champ lexical de la maladie. Les termes « mort », « vie », et « remèdes » sont notamment récurrents (Thèse *précitée*). Il est également intéressant de rapprocher ce constat de l'analyse de Michèle Bordeaux qui évoque la récurrence des thèmes « morbides » dans le code civil (« Quand le temps dévore l'espace », *in Mélanges J. Ellul*, *Religion, société et politique*, PUF, 1983, p. 197 ; « La grille du temps : approche lexicale du temps des lois. Code civil 1804 », *in Langages* n° 53, 1979, p. 115).

[49] La théorie de l'imprévision serait, selon certains auteurs de la doctrine civiliste, empreinte de sentimentalisme. Il est par exemple fait référence à la « fraternité » (par exemple : D. Mazeaud, « Loyauté, solidarité, fraternité, la nouvelle devise contractuelle ? », *in L'avenir du droit*, Mélanges en hommage à F. Terré, Dalloz, 1999 ; A. Sériaux, *Droit des obligations*, PUF, 2ème éd., 1998, n°55.) à la « charité », à la « générosité », à l' « altruisme », voire même à l' « amour » (J. Carbonnier, Droit civil, T. IV, 22ème édition, 2000, n°11). Voir en ce sens l'analyse de Jean-

Le juge administratif a conçu le régime administratif de l'imprévision de manière très objective, adoptant une conception pragmatique du contrat. Elle se met au service de la dynamique relative au maintien de la relation contractuelle si bien que c'est à tout le moins la vie du contrat qu'elle vise[50]. Ceci étant, les réflexions doctrinales favorables à l'introduction de l'imprévision en droit privé des contrats ne sauraient être ignorées car elles se fondent sur une conception renouvelée du principe de l'autonomie de la volonté, propice à l'augmentation des pouvoirs juridictionnels.

Cet engouement des civilistes pour la théorie de l'imprévision n'est en revanche pas anodin. Comme le contrat administratif, le contrat de droit commun est susceptible de pâtir des effets du temps. L'incertitude est en effet tout aussi prégnante lors de la contractualisation de droit public que celle de droit privé. Or seul le droit administratif a organisé le pouvoir de révision judiciaire du contrat pour cause d'imprévision. Mais l'exécution du contrat, qu'il soit d'essence administrative ou privée est soumise identiquement à l'aléatoire, ce qui semble pour le moins logique « dans un monde où tout est fugitif, périssable, incertain »[51]. Aussi la théorie de l'imprévision s'inscrit-elle dans la thématique plus générale du « contrat dans le temps »[52]. Ainsi, « toutes les tragédies que l'on peut

---

Pascal Chazal, « Les nouveaux devoirs des contractants : est-on allé trop loin ? », accessible en ligne depuis l'adresse : <http://master.sciences-po.fr/droit/sites/master.sciences-po.fr.droit/files/users/aude.epstein/Les%20devoirs%20contractuels.pdf>, consulté le 8 septembre 2012.

[50] Voir également en ce sens : J.-M. Bollé, *Le principe de continuité des services publics*, Thèse Paris, 1975, p. 164. « C'est paradoxalement en prenant en considération la réalité extracontractuelle, non prévue lors de la passation de la convention que l'on « maintient en vie » cet accord ».

[51] A. de Lamartine, « La foi », *in Méditations poétiques*, XVIIIème méditation, 1836, p. 39.

[52] P. Hébraud, « La notion de temps dans l'œuvre du doyen Maurice Hauriou », *in La Pensée du doyen Hauriou et son influence*, Pédone, 1979, p. 20 ; S. Cotta, « Le Droit et l'appropriation du temps », *in Temporalité et Aliénation*, Aubier, 1975, p. 179 ; J. Hauser, « Temps et liberté dans la théorie générale de l'acte juridique », *in* Mélanges J. Ellul, *Religion, société et politique*, PUF, 1983, p. 507.

imaginer reviennent à une seule et unique tragédie : l'écoulement du temps »[53]. Cette considération est d'autant plus vraie que le contrat est conclu pour une longue durée d'exécution, comme par exemple le contrat de concession. Le temps est par nature abstrait, insaisissable et évanescent. Pourtant, le contrat est un « acte de prévision »[54], « l'entreprise la plus hardie qui se puisse concevoir pour établir la domination de la volonté humaine sur les faits, en les intégrant d'avance dans un acte de prévisions »[55]. Cette considération témoigne de la contradiction manifeste entre le contrat et le temps. Or, la fuite du temps est propre à affecter autant les hommes que les choses. Aussi, le contrat est-il aux prises avec le temps. Car, en définitive, il « éprouve de grandes difficultés à durer. L'une de ses particularités, en effet, est qu'il se dédouble en un état de prévision et une période d'exécution »[56]. Saisir dans le présent ce que sera le futur est, de ce fait, fort présomptueux. Ainsi « le temps présent apparaît dans ce découpage – *passé, présent, futur* – comme le pivot faisant inlassablement basculer le futur dans le passé »[57]. Il y a du reste de fortes chances que l'exécution des obligations ne soit pas celle qui avait été préalablement établie. Si aux termes de l'analyse du Professeur François Ost[58], il s'avère que le droit tente d'instituer le temps pour éviter de subir ses effets, il reste que le contrat ne saurait anticiper « tous les états possibles du futur »[59].

---

[53] S. Weil, *Leçons de philosophie*, 1999.

[54] H. Lécuyer, « Le contrat, acte de prévision », *in* Mélanges en hommage de F. Terré, *L'avenir du droit*, PUF, Dalloz, 1999, p. 643.

[55] M. Hauriou, *Principe de droit public*, Préf. O. Beaud, Dalloz, p. 206.

[56] Ph. Ségur, *La contrat, le temps et l'institution. Essai sur la mutabilité des contrats de concession de service public*, Annales de l'Université des Sciences Sociales de Toulouse, 1994. Egalement accessible en ligne depuis l'adresse :<http://philippe-segur.net/En%20ligne/9E88BE07-A4A8-4BE7-AE4E-188BA9A54220.html>, consulté le 8 janvier 2010.

[57] D. Fallon, *Le contrat administratif et le temps*, (sous la dir. de J.-A. Mazères), Mémoire Toulouse, 2006, p. 12.

[58] F. Ost, « Les multiples temps du Droit », *in Le Droit et le futur*, P.U.F., 1985, p. 115 et s. ; *Le temps du droit*, éd. O. Jacob, 1999.

[59] B. Deffains, S. Ferey, *Op. cit.*, p. 719.

La variabilité des choses à venir est donc si grande qu'elle dépasse nécessairement la capacité prévisionnelle des individus. Or, « tout rapport social implique de la part de celui qui fait un pas, sa conviction que ce pas ne le fera pas tomber dans le chaos »[60]. Le contrat doit donc devenir l'élément stabilisateur d'un avenir incertain. Mais ces stipulations seront nécessairement incomplètes du fait de la relativité des précisions contractuelles. Dans un tel contexte d'incertitude temporelle, la théorie de l'imprévision apparaît comme une théorie modératrice en ce sens qu'elle tend vers la modulation des effets du temps sur le contrat. Elle a donc une fonction palliative qui coïncide avec le pouvoir régulateur du juge administratif visant l'adaptation du contrat. Ainsi fait-elle cruellement défaut en droit des contrats privés dans un monde où règne l'incertitude. En effet, aucun traitement judiciaire du changement imprévisible des circonstances n'est *de lege data* organisé. Or actuellement une grande partie de la doctrine civiliste prône *de lege ferenda* une transposition de la théorie de l'imprévision car au moment de la contractualisation, les contractants, personne publique ou privée, ont une rationalité nécessairement limitée[61].

III. COMPARAISON DES « REGIMES » DE L'IMPREVISION

L'objet de la présente étude est de comparer le régime administrativiste de la théorie de l'imprévision et le « régime » du rejet de la théorie en droit privé des obligations. Il s'agit donc de confronter les règles juridiques applicables à l'exécution des contrats administratifs dont l'économie a été bouleversée par un changement exceptionnel de circonstances, et celles qui constituent face à la même situation la négation de la théorie en droit privé.

Une question s'impose *a priori*. Pourquoi évoquer la notion de régime de l'imprévision en droit privé des obligations alors même qu'il n'en existe aucun ? Le juge judiciaire, on l'a vu, rejette catégoriquement une éventuelle mise en application de la théorie de

---

[60] J. Ellul, « Sur l'artificialité du Droit », *Arch. phil. du droit,* n° 8, 1963, p. 28.

[61] T. Kirat, *Economie du droit*, La Découverte, coll. Repères, 1999, p. 19.

l'imprévision. Or, un régime juridique est constitué par l'ensemble des règles de droit applicables à la personne, à une institution, à une chose, à un établissement ou à une activité. La théorie de l'imprévision est en l'occurrence considérée comme une « institution » du droit des contrats administratifs. Son application résulte d'un régime juridique particulièrement abouti, élaboré au fil du temps par le juge administratif. Il serait pourtant réducteur de considérer que le rejet de la théorie par la Cour de cassation se borne à un simple constat de faits. Ainsi, ces arrêts, considérablement motivés, s'appuient en effet sur un raisonnement logique tendant d'une part à exclure chacun des arguments tantôt évoqués par le juge administratif ou par les juges judiciaires inférieurs, tantôt par la doctrine, et comprenant d'autre part un ensemble de dispositions qui régissent le rejet pour imprévision. Alors, dans ces conditions, l'absence de régime n'est-elle pas déjà un régime ? L'étymologie nous livre, à ce propos, une explication, semble-t-il, convaincante. Le terme « régime » est issu du latin *regimen* qui signifie littéralement « direction ». De manière plus générale, *régime* vient du verbe *regere* qui désigne « l'action de gouverner », « de diriger en ligne droite »[62]. Lorsqu'il est associé – *regere fines* – il signifie « tracer les frontières ». C'est donc par extension, au regard du préfixe *reg*, que le verbe se définit par « en partant de la direction de », d'où « à l'extrémité opposée », « en opposition avec ». Il semblerait ainsi que le terme « régime » puisse être correctement employé pour désigner le mécanisme du déni de la théorie de l'imprévision par le juge judiciaire. Ce rejet se fonde sur des règles civilistes précises organisant un régime strict applicable aux espèces contentieuses mettant en jeu les effets d'un changement exceptionnel de circonstances. Du reste, l'application de ces règles est en opposition avec le régime administrativiste de l'imprévision. Le rejet de l'imprévision en droit privé est par conséquent la direction choisie et argumentée par la Cour de cassation. Son refus procède ainsi d'un véritable mode de fonctionnement destiné à éclairer la singularité de sa position dans le droit des contrats.

---

[62] A. Ernout, A. Meillet, *Dictionnaire étymologique de la langue latine*, Klincksieck, 2001, p. 567 et s. (voir les entrées « *regimen* » et « *rego* »).

La théorie de l'imprévision a par ailleurs été définie « de manière très complète »[63] :
« Lorsque des circonstances indépendantes de la volonté du cocontractant et imprévisibles lors de la conclusion du contrat administratif viennent en bouleverser l'économie, sans pour autant rendre impossible son exécution et entraînent un déficit pour le cocontractant celui-ci, tout en demeurant strictement tenu de poursuivre l'exécution de ses obligations a droit à ce que l'administration vienne l'aider à surmonter la difficulté survenue en prenant à sa charge une partie du déficit provoqué par ces circonstances »[64]. Ainsi fait-elle apparaître un régime administratif très abouti qui s'applique si et seulement si trois conditions d'application sont réunies. Une fois ces trois conditions réunies, le cocontractant lésé a droit à une indemnisation partielle versée par l'administration. Le juge administratif se montre en revanche très ferme à l'égard de la réunion de ces conditions. C'est en effet de manière sporadique qu'il applique le régime juridique de l'imprévision.

D'abord l'événement doit avoir été imprévisible au moment de la conclusion du contrat[65]. Lorsqu'il survient en cours d'exécution, il doit être de nature à déjouer tous les calculs prévisionnels des parties. Censées agir selon le standard du « bon père de famille », elles n'ont pas pu raisonnablement prévoir la survenance d'un tel événement. Plus qu'imprévisible dans sa nature, ce sont les effets de l'événement sur l'exécution contractuelle qui doivent être absolument imprévisibles.

---

[63] F. Llorens, Thèse *précitée*, p. 283.

[64] A. de Laubadère, *Op. cit.*, n° 950, p. 72.

[65] CE, 1er juillet 1925, *Ministre de la guerre c/ Chenaud, Rec.*, p. 634 ; CE, 1er juillet 1949, *Ministre de la guerre c/ Etabl. Viala, Rec.*, p. 318. Voir aussi : CE, 8 février 1918, *Gaz de Poissy, RDP* 1918, p. 219 ; CE, 21 février 1919, *Houdry, Rec.*, p. 194 ; CE, 3 décembre 1920, *Fromassol, Rec.*, p. 1036 ; CE, 7 décembre 1932, *Dubois, Rec.*, p. 1046 ; CE, Sect., 3 janvier 1936, *Commune de Tursac c/ Sté Allary, Rec.*, p. 5 ; CE, 27 décembre 1947, *Sté Force et Lumière, Rec.*, p. 643 ; CE, 2 décembre 1949, *Etabl. R. Ducros, AJT* 1950, p. 316 ; CE, 23 janvier 1952, *Compagno*, Rec., p. 774 ; CE, 20 janvier 1978, *Sté Routes et Travaux publics aux droits de la S.C.R.E.G., RDP* 1978, p. 1485.

L'événement doit ensuite avoir provoqué un bouleversement économique du contrat[66]. Plus qu'un déséquilibre financier, les stipulations contractuelles ne sont plus du tout en adéquation avec la réalité de l'exécution du contrat. Le cocontractant doit alors poursuivre une obligation devenue excessivement onéreuse si bien qu'il perd tout intérêt dans son exécution qui demeure susceptible de le conduire à la ruine.

L'événement doit enfin avoir été extérieur de la volonté des parties[67]. Il ne doit être ni le fait du cocontractant lésé, auquel cas il ne serait pas légitime à se prévaloir de la théorie de l'imprévision, ni le fait de l'administration contractante puisqu'il s'agirait soit du fait du prince soit de la mise en œuvre de son pouvoir de modification unilatérale.

La théorie de l'imprévision est une théorie historique, alors consacrée dans un contexte d'instabilité générée par la Grande guerre. Or, n'est-il pas vrai que « le fruit, dès ses premiers jours, porte en lui le principe de sa pourriture »[68] ? La théorie de l'imprévision telle qu'admise dans un premier temps déployait en somme un régime juridique naturellement voué à l'échec. « Dans la conception initiale, on n'envisageait qu'une issue possible de l'état d'imprévision, à savoir le rétablissement des conditions économiques du contrat »[69]. Or, l'imprévisibilité des effets de la guerre a été d'une ampleur telle qu'il fut en somme impossible de maintenir les relations contractuelles malgré le versement d'indemnités d'imprévision. Aussi, la ruine du

---

[66] CE, 1er juillet 1925, *Ministre de la guerre c/ Chenaud, précité* ; CE 19 février 1936, *Sté T.H.E.G.*, *Rec.*, p. 224 ; CE, 25 février 1949, *Ville de Melun*, *Rec.*, p. 94 ; CE, 29 octobre 1956, *Sté Entreprise Graux*, *RDP* 1957, p.191 ; CE, 17 janvier 1962, *Archimède*, *RDP* 1962, p. 1030.

[67] CE, 18 février 1921, *Cie générale d'éclairage de Castelnaudary*, *Rec.*, p. 191 ; CE, 30 octobre 1925, *Mas-Gayet*, *Rec.*, p. 836 ; CE, 20 janvier 1928, *Commune de Montagnac*, *Rec.*, p. 90 ; CE, 10 février 1932, *Ministre de commerce et de l'air c/ Lavedan*, *Rec.*, p. 163 ; CE, 31 octobre 1947, *Delagueau*, *Rec.*, p. 643 ; CE, 11 décembre 1957, *Ministre de la défense nationale c/ Berthias*, *Rec.*, p. 671 ; CE, 20 février 1974, *Sté Dumez*, *RDP* 1975, p. 305.

[68] E. Renan, *L'avenir de la science*, Gallimard, 1947, T. III, p. 1085.

[69] A. de Laubadère, *Op. cit.*, p. 129, n° 1003.

cocontractant s'avérait inéluctable. La hausse des prix était devenue définitive en raison de la dévaluation de la monnaie opérée par la loi monétaire du 25 juin 1928. Le Commissaire du gouvernement Riboulet avait à très juste titre expliqué qu' « en présence de l'incertitude qui pèse sur les lendemains économiques de la guerre, il *était* concevable que cette jurisprudence *pourrait* comporter des développements nouveaux »[70]. Ainsi a-t-elle nécessairement évolué après le premier conflit mondial. « Tout en consolidant des cadres classiques de la théorie de l'imprévision, le juge administratif en *a approfondi* les mécanismes charnières »[71]. Dès lors, ce n'est pas le moindre des mérites du Conseil d'Etat d'avoir pris conscience des carences que présentait le régime juridique originel de la théorie. Cherchant également à étendre son champ d'application qui s'applique désormais en dehors des faits de guerre[72], il a organisé un régime perfectionné de l'imprévision qui met en lumière un mécanisme particulièrement complexe de rééquilibrage du contrat. Ce régime s'apparente aujourd'hui à un carcan juridique permettant de circonscrire l'intervention du juge dans la relation contractuelle. La théorie de l'imprévision semble dès lors avoir acquis « ses lettres de noblesse ». Parfois méprisée, souvent admirée, elle est aussi convoitée par les autres systèmes juridiques. Elle procède d'un régime parachevé dont l'ancienneté légitime qu'elle ait été prise pour modèle par les législateurs nationaux d'abord, puis par le législateur européen et les rédacteurs de la *Soft Law*[73].

---

[70] CE, 27 juin 1919, *Sté du gaz de Nice*, *Rec.*, p. 574, concl. Riboulet.

[71] L. Vidal, *L'équilibre financier du contrat dans la jurisprudence administrative*, Thèse Paris, Bruylant, 2005, p. 299.

[72] « Ce faisant, il semble bien que le Conseil d'Etat ait voulu construire une théorie *d'application générale et permanente* pour tous les cas d'événements exceptionnels bouleversant l'économie du contrat, et non pas formuler une solution d'expédient *pour la guerre de 1914-18* et ses conséquences immédiates » (G. Jèze, *Op. cit.*, p. 540). Voir également en ce sens la thèse de Laurent Vidal (*précitée*, p. 278 et s.).

[73] La *Soft Law* ou « droit mou » est considérée comme étant l'ensemble des règles juridiques non obligatoires et dont la portée n'est pas contraignante. Nous utiliserons le terme dans les développements suivants pour indiquer principalement les Principes d'Unidroit et de la Commission Lando.

IV. Actualite economique de l'imprevision

L'intérêt de la comparaison résulte principalement de l'actualité que connaît la théorie de l'imprévision. La fin du XXème siècle a été le théâtre d'une convergence réciproque entre le droit des contrats administratifs et le droit privé des obligations si bien que la frontière semble profondément s'atténuer en matière d'imprévision. La particularité administrative de la théorie s'est également estompée au profit de considérations essentiellement économiques. La montée en puissance du droit de l'Union européenne, stimulée par la force conquérante de l'économie libérale, n'est d'ailleurs pas étrangère à ce mouvement de convergence. Comme « l'instabilité financière constitue l'un des traits marquants de l'économie contemporaine »[74], les pratiques contractuelles contemporaines témoignent de ce que les opérateurs économiques cherchent à garantir une certaine sécurisation de leur rapport contractuel. Les variations parfois brutales des données économiques manifestent en effet une quête grandissante de sécurité juridique.

Une fois le succès de sa consécration passé, la théorie de l'imprévision a connu un certain déclin. Il faut dire que la multiplication des clauses contractuelles[75], notamment les clauses de *hardship*, a permis de renégocier des contrats dont l'économie avait été bouleversée sous l'effet d'un changement de circonstances. Aussi a-t-il été prétendu que la théorie ne présentait plus aucun intérêt en droit des contrats. Il n'en a cependant rien n'été puisque les parties contractantes qui ont une capacité de prévisions nécessairement limitée, ne sont pas en mesure d'anticiper la survenance d'événements exceptionnels. Et l'exemple le plus édifiant est bien sûr celui de la crise économique et financière[76] qui a frappé l'ensemble des

---

[74] Voir l'article de Dominique Plihon dans l'*Encyclopédie Universalis*, entrée « crises financières ».

[75] H. Hoepffner, *La modification du contrat administratif*, Préf. Y. Gaudemet, LGDJ, T. 260, 2009

[76] En mettant à mal les prévisions contractuelles des parties, la crise économique a suscité un regain de faveur autour de la théorie de l'imprévision. Plusieurs études doctrinales civilistes sont en cela riches d'enseignements : voir notamment, B.

économies nationales occidentales et dont l'ampleur est sans précédent. La soudaineté de cet événement ainsi que l'intensité de ses effets néfastes sont caractéristiques d'un changement des circonstances que des contractants n'auraient pas pu raisonnablement prévoir. Mais plus encore, la crise, d'abord financière avec la crise des *subprimes* durant l'été 2007, puis systémique avec la faillite aux Etats-Unis de la banque *Lehman Brothers* à l'automne 2008 s'est transformée en une crise mondiale bouleversant les économies de la plupart des Etats occidentaux. Les effets de cette crise économique et sociale d'une ampleur inouïe sont absolument exceptionnels et ont eu immanquablement pour conséquences de précipiter l'imprévision au premier rang des projets de réforme du droit des obligations. En effet, si cette crise du capitalisme était, semble-t-il, *a priori* prévisible, il n'en demeure pas moins que l'ampleur de ses effets ne l'était pas. Et nous verrons que le législateur ne manque pas de se laisser séduire par le jeu de l'imprévision, plus particulièrement en période de crise.

C'est alors ce contexte économique particulièrement instable qui a suscité un véritable regain d'intérêt pour la théorie de l'imprévision. Les organisations professionnelles, l'Union européenne ou la doctrine partisane appellent de leurs vœux à une réception de la théorie en droit des contrats. Aussi y a-t-il depuis 2007 une profusion d'articles d'une exceptionnelle richesse sur le sujet, le plus souvent favorables[77], parfois hostiles[78] du fait de l'attachement des auteurs à la pensée classique du droit des contrats, c'est-à-dire au dogme de la volonté. Ce

---

Cavalié, « Le projet de réforme du droit des contrats face à la crise : quel avenir pour la théorie de l'imprévision », *Rev. Lamy dr. civ.*, juil. août 2009, n° 62, p. 70 ; « Les prévisions contractuelles à l'épreuve de la crise économique – La rupture des relations commerciales », Colloque « Crise économique et contrat », *RDC* 2010/1, n° spécial (Ph. Stoffel-Munck, « Les répliques contractuelles », *RDC* 2010/1, p. 430 ; A.-S. Barthez, « Crise économique et contrats : les remèdes », *RDC* 2010/1, p. 467).

[77] Voir par exemple : S. Amrani Mekki, B. Fauvarque-Cosson, « Droit des contrats. Octobre 2009 - novembre 2010 », *D.* 2011, p. 472 ; D. Mazeaud, « L'arrêt Canal « moins » ? », *D.* 2010, p. 2481.

[78] T. Genicon, « Théorie de l'imprévision... ou de l'imprévoyance ? », *D.* 2010, p. 2485.

regain d'intérêt est principalement dû au fait que la théorie de l'imprévision par son pouvoir de modulation des effets du temps constitue un vecteur de sécurité juridique. Etre assuré que le contrat sera réaménagé en cours d'exécution si son économie est bouleversée au point que l'une des parties se ruine inexorablement, tend vers la sécurité juridique et constitue, en tout état de cause, un catalyseur de la faculté des parties à contracter. De même qu'il est tout aussi vecteur de sécurité juridique de savoir au préalable que les effets du temps sur l'exécution du contrat pourront, le moment venu, être atténués par le juge. C'est la raison pour laquelle la théorie de l'imprévision a été reprise par l'Union européenne dans son droit uniforme, ce qui semble pour le moins logique puisque sa vocation première est bien celle d'assurer la stabilité contractuelle des transactions économiques. Mais cette récupération européenne s'explique également du fait que l'imprévision est à peu près admise partout au sein des droits nationaux de l'Union.

Malgré l'évolution récente de la jurisprudence de la Cour de Cassation ainsi que les projets de réforme du droit des obligations, l'imprévision demeure aux confins de la théorie générale des contrats administratifs. La force des reproches qui lui sont faits par la doctrine traditionnelle civiliste encore très attachée au *Canal de Craponne*, semble figer toute véritable possibilité d'évolution. Mais, comme le *Canal de Craponne*, le dogme de la volonté semble maintenant s'éroder sous la pression des intérêts économiques en jeu dans les contrats si bien qu'il est aujourd'hui concevable d'entrevoir une unification des régimes de l'imprévision en droit des contrats et cela d'autant plus que l'ouverture d'un sillon s'est fait grâce à l'analyse économique du contrat. La *Law and Economics* impulsée par l'Ecole de Chicago[79] est ainsi une doctrine émergente en France,

---

[79] Née au début du XXème siècle, l'Ecole de Chicago appartient au courant néo-classique fondé notamment sur le monétarisme. Composée d'économistes libéraux dont les plus célèbres sont Milton Friedman et Frank Knight, elle a contribué au développement de la théorie néo-classique des prix. Elle s'est fermement opposée en outre à l'Ecole autrichienne incarnée par les illustres économistes Friedrich Hayek et Léon Walras. Voir *infra*, p. 570.

remarquablement étudiée tant par les administrativistes[80], très enclins au raisonnement économique, que par les civilistes[81]. De fait, « l'approche *Law and Economics* est susceptible d'apporter à la compréhension (...) du problème des risques »[82] dans les contrats et, par conséquent, de comprendre l'utilité économique du mécanisme de l'imprévision. Cette doctrine libérale entraîne aussi dans son sillage des notions contribuant à la flexibilité du contrat. Cette tendance aspire donc à un certain pragmatisme juridique en ce sens qu'elle adopte une conception plus réaliste du contrat.

V. ANALYSE COMPARATIVE DE L'IMPREVISION

« Que la théorie de l'imprévision fût novatrice et fort éloignée des canons du droit civil, voilà qui est acquis »[83], affirme Laurent Vidal. Pour notre part, nous ne le pensons pas.

Comme l'enseignait Aristote, « il n'y a pas de méthode unique pour étudier les choses »[84].

---

[80] J. .-L. Bergel, J.-Y. Chérot, *L'analyse économique du droit*, PUAM, 2009 ; J.-F. Calmette, « L'évolution de la prise en compte de l'analyse économique par le juge administratif », *Droit administratif*, n° 7, 2006, p. 13 ; *Economie et droit du contrat administratif. L'allocation des risques dans les marchés publics et les délégations de service public* (Ouvr. coll. sous la dir. de T. Kirat ; Préf. M. Long), Perspectives sur la justice, La Documentation française, V, 2005 ; L. Vidal, Thèse *précitée* ; J.-F. Calmette, « Réflexions sur la valeur de l'analyse économique du droit : le cas du droit public », *Rev. de la recherche juridique. Droit prospectif*, 2004, n° 2, p. 905 ; T. Kirat, « L'allocation des risques dans les contrats : de l'économie des contrats « incomplets » à la pratique des contrats administratifs », *RIDE* 2003, n° 1, t. XVII, p. 11

[81] B. Deffains, S. Ferey, *Op. cit.*, p. 719 ; X. Lagarde, « Brèves réflexions sur l'analyse économique du droit français des contrats », *D.* 2005, p. 2745 ; J. Ghestin, « Le contrat en tant qu'échange économique », *Rev. d'éco. indus.*, Vol. n° 92, 2000, p. 81 ; R. Savatier, « Les aspects économiques du droit privé français au milieu du XXe siècle », *Rev. éco.*, 1953, vol. 4, n° 1, p. 115 ; G. Ripert, *Aspects juridiques du capitalisme moderne*, LGDJ, 1951.

[82] J.-B. Auby, T. Kirat, « Introduction générale », *in Economie et droit du contrat administratif. L'allocation des risques dans les marchés publics et les délégations de service public* (sous la dir. de T. Kirat ; Préf. M. Long), *Ibid*, p. 13.

[83] Thèse *précitée*, p. 278.

Ainsi, « le droit comparé n'est et ne peut être qu'une tentative, parmi d'autres, pour identifier le droit, qui est le résultat recherché »[85]. La démarche comparative n'est donc pas supérieure.

Rançon du succès qu'elle connaît en droit des contrats, la théorie de l'imprévision a fait l'objet de nombreuses études riches d'enseignements tantôt axées sur le droit national, tantôt tournées vers le droit comparé, tantôt consacrées à l'influence de la *Soft Law* ou du droit de l'Union européenne. Il n'y a pas à notre connaissance de thèse administrativiste qui analyse sous l'angle du droit public la convergence des droits jusqu'à prôner l'unification des régimes de l'imprévision en droit des contrats. Aucune ne tend vers une étude comparée balayant à la fois l'opposition du droit public et du droit privé d'une part et l'influence du droit de l'Union européenne et de la pratique internationale des contrats commerciaux d'autre part, jusqu'à envisager l'unification de la théorie. Tout au plus, de brèves incursions sont faites dans l'une ou l'autre des disciplines juridiques afin d'apporter un complément dans une étude doctrinale. Mais, plus rares encore sont celles qui s'emploient *a priori* à étudier la théorie de l'imprévision sous l'angle de l'économie. Ce constat n'en demeure pas moins logique : l'analyse économique du droit est une discipline encore récente[86] qui utilise les outils de la science économique pour expliquer les mécanismes juridiques. Elle oblige alors ses usagers à se détacher des réflexes de la pensée juridique. Peu d'auteurs s'y emploient à l'heure actuelle[87]. Cette étude se révèle parfois des plus

---

[84] Aristote, *Traité de l'âme*, Livre Ier, (J. Barthélemy-Saint-Hilaire), Librairie philosophique de Ladrange, 1846.

[85] E. Picard, « L'état du droit comparé en France en 1999 », *RIDC* 4-1999, p. 885, spéc. p. 912.

[86] Actuellement en France, se sont développés en droit public et en droit privé des courants de pensées qui s'attachent à développer l'analyse économique du droit (voir *infra*, p. 570 et s.).

[87] En droit public, voir : J.-F. Calmette, « L'évolution de la prise en compte de l'analyse économique par le juge administratif », *Op. cit.,* p. 13 ; « Réflexions sur la valeur de l'analyse économique du droit : le cas du droit public », *Op. cit.,* p. 905 ; *Economie et droit du contrat administratif. L'allocation des risques dans les marchés publics et les délégations de service public* (Ouvr. coll. sous la dir. de T. Kirat ; Préf. M. Long), *Op. cit.* En droit privé, voir : B. Deffains, S. Ferey, *Op. cit.*, p. 719 ; X. Lagarde, « Brèves réflexions sur l'analyse économique du droit français

complexes en ce qu'elle met en lumière des raisonnements mathématiques qui paraissent de prime abord insaisissable pour les juristes. Mais, une fois dépassée cette complexité apparente, les apports de la science économique à l'analyse de la théorie de l'imprévision s'avèrent à la réflexion très constructifs. D'abord, l'analyse économique ne distingue pas entre le droit public et le droit privé, ces outils sont communs dans l'étude de chacun des droits si bien que le raisonnement qui en découle est non seulement économique mais aussi commun au droit public et au droit privé. La confrontation de ces différentes analyses comparées menées sous l'œil du publiciste tend à témoigner de ce que point déjà l'émergence d'un droit commun de l'imprévision.

Après un siècle d'opposition doctrinale et jurisprudentielle, il n'est pas concevable de prétendre ici à l'exhaustivité. Le choix de la méthode comparative tend donc à démontrer que la théorie de l'imprévision est à peu près partout admise dans le monde. Elle n'est dès lors ni administrative en substance ni le vecteur d'une insécurité juridique des rapports contractuels, comme la doctrine traditionnelle le laisse parfois supposer. La comparaison juridique vise en somme à, sinon enrichir, du moins renouveler le débat autour de la théorie de l'imprévision et *de facto* autour la conception actuelle du contrat. Elle tend par conséquent vers la « poursuite d'un but pratique : comparer pour trouver « la meilleure solution juridique » et aider ainsi à la rédaction et à l'amélioration des codes et des lois »[88]. Le Professeur Etienne Picard explique à ce titre que le droit comparé permet de saisir « ces principes, règles ou normes que les droits nationaux ne peuvent méconnaître sans cesser d'être réellement des droits »[89]. En outre, aux termes de l'analyse de Marie-Claude Ponthoreau, « la comparaison

---

des contrats », *Op. cit.* ; J. Ghestin, « Le contrat en tant qu'échange économique », *Op. cit.*, p. 81 ; R. Savatier, « Les aspects économiques du droit privé français au milieu du XXe siècle », *Op. cit.*, p. 115.

[88] M.-C. Ponthoreau, « Le droit comparé en question(s). Entre pragmatisme et outil épistémologique », RIDC 1/2005, vol. 57, p. 7 et s., spéc. p. 9.

[89] E. Picard, *Op. cit.*, p. 911.

des droits (…) produit en revanche différentes lectures du droit »[90]. Aussi s'agit-il d'opérer un travail de reconstruction de l'acception que reçoit la théorie de l'imprévision en droit national des contrats. L'analyse comparative se fondera *a priori* sur la base de l'acception administrativiste de la théorie de l'imprévision en tant qu'elle constitue le modèle de la plupart des théories sur le changement exceptionnel de circonstances. Le choix de la méthode comparative nous paraît donc comme le plus concluant à l'étude d'une éventuelle unification des régimes de l'imprévision en droit.

« Le comparatiste vise à proposer un autre regard sur son propre droit (…). Il peut aussi faire d'autres choix ; privilégier soit une comparaison intégrative qui accentue les similarités soit, au contraire, une comparaison différentielle qui insiste sur les différences ou encore essayer d'identifier des principes communs aux systèmes juridiques comparés »[91]. C'est tout l'enjeu que nous nous proposons d'analyser dans la présente étude.

Afin d'illustrer le mouvement de convergence qu'ont opéré le droit administratif et le droit privé des contrats en matière d'imprévision, nous exposerons l'opposition du droit public et du droit privé, puis la convergence des régimes de l'imprévision afin de terminer par une recherche prospective sur l'unification des régimes de l'imprévision. Ainsi, la première partie sera-t-elle consacrée à l'opposition dogmatique des régimes de l'imprévision (Partie I). La convergence des régimes de l'imprévision sera ensuite analysée dans une deuxième partie (Partie II). Dans une troisième et dernière partie, nous envisagerons l'unification des régimes de l'imprévision en droit des contrats (Partie III).

---

[90] M.-C. Ponthoreau, *Op. cit.*, p. 10.

[91] M.-C. Ponthoreau, *Ibid.*, p. 10.

PARTIE I
L'OPPOSITION DOGMATIQUE DES REGIMES DE L'IMPREVISION

Introduction de la Partie I

Evoquer la théorie de l'imprévision en droit positif français, c'est immédiatement penser « *Gaz de Bordeaux Versus Canal de Craponne* ». Le droit administratif l'admet depuis 1916, le droit privé des obligations la condamne fermement. C'est actuellement l'opposition la plus célèbre du droit des contrats. Cela fait près d'un siècle que la doctrine administrativiste et la doctrine civiliste se contestent, tout comme les jurisprudences administratives et judiciaires.

Pourtant, avant même que la théorie de l'imprévision ne trouve une réelle assise dans le droit des contrats, la situation d'imprévision était spontanément admise par les juridictions administratives et judiciaires, dans les marchés de travaux, publics et privés. C'est d'ailleurs le juge judiciaire qui l'a initialement reconnue. Etonnamment, alors qu'une certaine défiance règne autour de l'intervention du juge judiciaire dans l'exécution du contrat, notamment lorsqu'il est question d'admettre la théorie de l'imprévision, en matière de sujétions imprévues rendant la tâche plus ardue pour l'entrepreneur, son action n'est plus réprimée. Aussi est-il légitime de penser que l'opposition entre le droit des contrats administratifs et le droit privé des obligations est paradoxale, voire globalement inappropriée, dès lors qu'il est amplement supposé que la théorie des sujétions imprévues, originellement admise, a contribué sinon largement, du moins étroitement, à la consécration de la théorie de l'imprévision. On ne comprend pas bien pourquoi la théorie des sujétions imprévues aurait fondé la théorie de l'imprévision en droit administratif sans que cette même théorie justifie également l'application de la théorie de l'imprévision en droit privé. Présenté comme cela, n'est-il pas permis d'y voir une contradiction ? L'affirmative s'impose bien que l'admission de la théorie des sujétions imprévues se distingue légèrement de celle dégagée par le juge administratif, les solutions jurisprudentielles sont pour le moins analogues.

Tout s'est donc passé comme si ce qui avait permis de fonder l'action du juge judiciaire dans un marché de travaux privés frappé par un événement imprévisible, avait été ignoré au moment d'une possible reconnaissance de la théorie de l'imprévision en droit des obligations. Il est surprenant de constater que le juge judiciaire adopte une position différente face à une même situation imprévisible, selon que la difficulté est économique ou matérielle.

La consécration de la théorie de l'imprévision en droit des contrats administratifs, ou son rejet en droit privé des obligations, bien que désormais ancestraux, ne résistent cependant pas à l'étude de ses fondements juridiques. Nombreuses sont les justifications doctrinales de nature à consolider les positions respectives et formellement opposées des juridictions administratives et judiciaires. Pourtant, aucune d'entre elles ne demeure concluante (Titre I).

Ce qui semble, pour le moins, surprenant et paradoxal puisque la théorie des sujétions imprévues, pendant de la théorie de l'imprévision en matière de travaux publics, est communément et originellement admise par les juges administratifs et judiciaires (Titre II).

TITRE I
LA CRITIQUE DOCTRINALE DES FONDEMENTS DE L'IMPREVISION

Qu'ils soient contenus dans les solutions jurisprudentielles administratives ou judiciaires, ou bien qu'ils relèvent d'un raisonnement doctrinal, administrativiste ou civiliste, les fondements de la théorie de l'imprévision, consacrée ou rejetée, se révèlent, tous, être trop largement imparfaits au regard des effets de son application.

En droit des contrats administratifs, aucun ne semble suffire à justifier à lui seul la mise en œuvre de cette théorie et, par là-même, la révision du contrat par le juge. De la continuité du service public, fondement traditionnellement accepté, aux justifications empruntées à la doctrine civiliste, en passant par la recherche de l'équilibre financier, les fondements de la théorie de l'imprévision avancés par la doctrine administrativiste demeurent insuffisants. Ils permettent, à tout le moins, une certaine compréhension des solutions jurisprudentielles. Mais, devant l'évolution diversifiée des cas d'imprévision dans le contentieux administratif tenant essentiellement à la nature du contrat en cause, il semble bien moins aisé de saisir utilement le véritable fondement de l'imprévision. Sa mise en œuvre résulte tantôt d'un contrat de concession, tantôt d'un marché de travaux publics[92], mais elle peut également toucher d'autres conventions échelonnées dans le temps[93]. Seuls les contrats de droit commun de l'administration ne peuvent faire l'objet d'une révision judicaire, justement parce qu'ils relèvent de la compétence exclusive du juge judiciaire.

Le principe de l'intangibilité du contrat, socle du droit privé des obligations, suppose que la volonté initiale des parties ne saurait être révisée, et cela même lorsque l'économie générale du contrat se

---

[92] CE, 30 octobre 1925, *Mas-Gayet*, *Rec.*, p. 836.

[93] CE, 21 juillet 1917, *Compagnie générale des automobiles postales*, *Rec.*, p. 586 ; CE, 8 février 1918, *Gaz de Poissy*, *Rec.*, p. 122, concl. Corneille ; CE, 3 décembre 1920, *Fromassol*, *Rec.*, p. 1036.

trouve bouleversée par la survenance d'événements imprévisibles. La force obligatoire du contrat est alors strictement appliquée et le juge ne pourra retoucher au contrat. Et c'est là, la justification première du rejet de la théorie de l'imprévision par la Cour de cassation, position régulièrement défendue par la doctrine civiliste. Ce fondement n'est-il pas néanmoins désuet au regard de la croissance des intérêts économiques présents dans les contrats d'aujourd'hui ? L'application stricte de l'intangibilité des obligations ne conduit-elle pas inéluctablement le droit privé des obligations dans une impasse ? Sûrement, et c'est là la raison essentielle d'une tentative avortée d'admission de la théorie de l'imprévision, par le truchement d'un concept typiquement civiliste, le défaut de cause contractuelle. Elle procède de la disparition partielle du but en vue duquel les parties ont contracté. Sauf que dans les situations d'imprévision, la cause objective du contrat ne varie pas. Elle persiste justement[94]. Et ce n'est pas tout. La doctrine civiliste a également expérimenté d'autres notions juridiques du droit civil pour justifier une éventuelle révision du contrat. N'est-ce donc pas la manifestation dissimulée d'un besoin évident de garantir une révision judiciaire du contrat en situation d'imprévision, permettant d'attribuer une indemnité au contractant gravement lésé ? Le rejet de l'imprévision apparaît, dès lors, suranné et son fondement demeure, de ce fait, inutilement rigide.

Quel que soit le fondement soutenu pour justifier en droit public la théorie de l'imprévision ou pour la récuser en droit privé, il semble qu'aucun ne suffise à expliquer ni son mécanisme ni même son rejet catégorique. Aussi l'insuffisance des fondements retenus par la doctrine administrativiste incite à la critique (Chapitre 1). En droit privé, le rejet de l'imprévision se fonde sur une conception inutilement rigide du principe de la force obligatoire (Chapitre 2).

---

[94] Voir *infra*, p. 329.

CHAPITRE 1
L'INSUFFISANCE DES FONDEMENTS RETENUS PAR LA DOCTRINE ADMINISTRATIVISTE

Communément reconnu comme le fondement originel de la théorie de l'imprévision, le principe de la continuité du service public ne permet pourtant pas à lui-seul de justifier sa mise en œuvre par le juge. Dans l'arrêt *Gaz de Bordeaux*, le conseil d'Etat a pris position en admettant l'imprévision dans un contrat de concession. La continuité du service public était en l'espèce effectivement menacée. Il en a résulté une prolifération de raisonnements et débats doctrinaux, ne menant malheureusement à aucun résultat probant. Le concept de service public est un pilier indéfectible en droit public[95], une notion fondamentale autour de laquelle s'articulent les pans du droit administratif, indubitablement, parce que le service public sert l'intérêt général, valeur suprême du droit administratif légitimant toute action publique. C'est aussi, sans doute, le moyen d'assurer une place spécifique à la théorie de l'imprévision dans la théorie générale des contrats de droit public. Comme si le droit administratif souffrait de complexes par rapport au droit privé et qu'il lui fallait fonder ses théories sur des valeurs fondamentales totalement étrangères au droit des obligations.

Pourtant, l'évolution du droit des contrats a montré que le principe de la continuité du service public ne fondait que partiellement la mise en œuvre de la théorie de l'imprévision. C'est aussi la raison pour laquelle ce principe a été vivement controversé.

---

[95] Gaston Jèze a écrit, par exemple, « Aux dogmes périmés, la jurisprudence du conseil d'Etat a substitué la notion fondamentale – essentielle aujourd'hui – du service public… C'est une révolution véritable. Le service public est aujourd'hui la pierre angulaire du droit administratif français. Cette notion sert à remodeler toutes les institutions du droit public », *in* Les principes généraux du droit administratif, *RDP*,1913, p. 503 et s. Jacqueline Morand-Deviller souligne également que « ni agonisant, ni miraculeux, le service public, s'il affronte régulièrement des crises – dont celle de sa confrontation avec le droit communautaire - demeure la pierre angulaire du droit public. Critère des fins, il est complémentaire de la notion de puissance publique, critère des moyens, il aide à la reconnaissance du caractère public d'une activité », *in Droit administratif*, Montchrestien, 12ème édition, 2011, p. 452.

Nombreux ont donc été, par la suite, les raisonnements, historiques, scientifiques, voire mathématiques, tentant de justifier la logique de la théorie de l'imprévision. Le plus célèbre a indéniablement été le principe de l'équilibre financier, qui a ainsi fait l'objet d'une littérature enrichissante pour l'imprévision. Etroitement lié aux intérêts économiques en jeu, des parties contractantes, ce principe s'est immédiatement vu accueilli favorablement par la doctrine de droit public. Malgré cela, la rupture de l'équilibre financier du contrat n'est pas une justification plus convaincante que la continuité du service public. La doctrine a alors été tentée de s'intéresser à des notions propres au droit privé. La volonté des parties est le fondement civiliste le plus repris dans la théorie générale des contrats administratifs, précisément parce qu'il permet de fonder, plus ou moins bien, n'importe quelle théorie. Son défaut de scientificité ne saurait dès lors procéder d'une application de l'imprévision.

Cette quête infructueuse des fondements de la théorie de l'imprévision a fini par conduire la doctrine dans une sorte de confusion générale, l'éloignant ainsi toujours plus, de son véritable fondement, le seul, susceptible de justifier sa mise en œuvre à la fois par le droit des contrats administratifs et par le droit privé des obligations.

La nécessité d'assurer la continuité du service public a été, et, demeure pour certains membres éminents de la doctrine le fondement substantiel de la théorie de l'imprévision. Il revêt un caractère à la fois historique et renommé. En tant que justification de la théorie, il a toutefois eu pour corollaire d'enfermer l'imprévision dans l'exorbitance du droit administratif, l'isolant un peu plus du droit des contrats privés (Section 1).

Ce constat a néanmoins servi le renouvellement des fondements de la théorie de l'imprévision par la doctrine administrativiste. Chacun d'entre eux, même le plus approximatif, a permis d'enrichir le débat mais aucun ne s'est révélé satisfaisant pour fonder la révision du contrat par le juge, en vu de l'octroi d'une indemnité en situation d'imprévision (Section 2).

SECTION 1. LA NECESSITE D'ASSURER LA CONTINUITE DU SERVICE PUBLIC : UNE JUSTIFICATION PRISONNIERE DE L'EXORBITANCE DU DROIT ADMINISTRATIF

Le principe de la continuité du service public[96] comme justification de l'imprévision fait l'objet d'un véritable plébiscite. Il contribue étroitement à motiver l'opposition du droit public des contrats et du droit privé des obligations en matière d'imprévision. L'exigence d'assurer un fonctionnement continu du service est un principe ignoré par le droit privé et, *a contrario*, fondamental en droit administratif. Aussi, a-t-il été repris, tantôt par la doctrine administrativiste, tantôt par la doctrine civiliste pour marquer définitivement la différence de leurs positions respectives et garantir en conséquence la pérennité de la *summa divisio*. Et c'est d'ailleurs la notion de service public qui a fort bien soutenu l'indépendance du droit administratif dans la seconde moitié du XIXème siècle. N'ayant pas fait l'objet d'une appropriation en droit privé, la théorie de l'imprévision, légitimée par la continuité du service, prenait, dès lors, une place d'une particulière originalité dans le droit des contrats, dérogeant ainsi au droit commun. A l'inverse, le droit privé raisonnait corrélativement à la notion de service public pour justifier le refus de la Cour de cassation de consacrer une telle théorie[97].

Le droit administratif est souvent présenté comme un droit exorbitant du droit commun, c'est-à-dire qui dépasse le strict cadre des règles qui régissent les rapports entre particuliers. Incorporée exclusivement dans la théorie générale des contrats administratifs et justifiée par un principe strictement publiciste, l'imprévision se trouvait alors prisonnière de l'exorbitance du droit public et, *a fortiori*, dépréciée par le droit privé des obligations. Or, les études récentes[98]

---

[96] J.-M. Bollé, *Le principe de continuité des services publics*, Thèse *précitée.*

[97] H. Mazeaud, L. Mazeaud, J. Mazeaud, F. Chabas, *Leçons de droit civil*, Montchrestien, 9ème édition, T. II, vol. 1, 1998, p. 860 ; P. Malinvaud, *Droit des obligations*, Litec, 12ème édition, 2012, n° 500 et s.

[98] F. Melleray, *L'exorbitance du droit administratif en question*, LGDJ, 06/2004, 320 p. ; Jacques Caillosse, « Quelle exorbitance du « droit administratif » ?, *in La constitution imaginaire de l'administration*, PUF, 08/10/2008, p. 145.

portant sur l'exorbitance du droit administratif tendent à démontrer sa décadence, sa variabilité, bien qu'il soit imprudent de nier cette qualité. Le Professeur Fabrice Melleray explique, à ce titre, que ce caractère exorbitant a, autrefois, été « surestimé », probablement au point que la doctrine y ait naturellement intégré la théorie de l'imprévision. Il serait judicieux de se demander par conséquent, si la logique de l'imprévision revêt un caractère exorbitant du droit commun. L'imprévision joue précisément lorsqu'un événement imprévisible dénature gravement l'économie du contrat. Ce changement de circonstances, extérieur à la volonté des parties et qui n'est pas raisonnablement prévisible dès la conclusion de la convention est susceptible de survenir au cours de son exécution, quel que soit finalement le régime de droit public ou de droit privé. Où apparaît l'exorbitance dans ce constat ? La situation observée par le juge des contrats administratifs ne peut-elle pas être nécessairement la même en droit des obligations ? Certainement et il serait désormais utile et opportun d'exclure la théorie de l'imprévision de la logique de l'exorbitance du droit administratif. Loin de vouloir nier ici l'exorbitance des pouvoirs de l'administration contractante, il convient toutefois de constater que l'imprévision joue indépendamment de ceux-ci et qu'elle ne saurait par conséquent demeurer circonscrite dans cette trop grande spécificité.

Aussi, la considération de ce que la théorie de l'imprévision ait été consacrée à l'occasion d'un contrat de concession est capitale pour comprendre que son fondement ait été recherché dans la continuité du service public. Ce principe rayonne dans la théorie générale des contrats administratifs comme justification liminaire de l'imprévision (I). Cependant, loin de satisfaire la technicité de la théorie de l'imprévision, la justification tirée de ce que le service public connaisse impérativement un fonctionnement continu était naturellement vouée à la controverse (II). La conception stricte du principe, comme sa conception élargie incarnée par l'intérêt général ne suffisent pas à expliquer le mécanisme de l'imprévision.

I/ L'APOLOGIE CLASSIQUE DU PRINCIPE DE LA CONTINUITE DU SERVICE PUBLIC

L'attention toute particulière portée au principe de la continuité du service public en tant que fondement de la théorie de l'imprévision procède d'une casuistique ancienne, observée par le Conseil d'Etat au début du XXème siècle. Les contrats de concession ont, dès lors, été à l'origine d'une politique jurisprudentielle audacieuse de nature à considérablement enrichir la théorie générale des contrats administratifs. La consécration de la théorie de l'imprévision en témoigne (A).

Découvert quelques années plus tôt, le principe de la mutabilité contractuelle a aussitôt permis d'expliquer la révision judicaire du contrat en situation d'imprévision. L'appréciation de la doctrine a probablement été précipitée et l'on a admis que la mutabilité contractuelle sous-tendait l'application de l'imprévision. Principe et théorie semblaient étroitement se combiner. Mais ce n'est qu'une apparence et il convient de se demander en quoi ces notions sont en réalité exclusives l'une de l'autre (B).

A) L'imprévision dans les contrats de concession

La théorie de l'imprévision puise sa source dans l'arrêt *Gaz de Bordeaux*[99] et sa consécration en 1916 est directement affectée à la nature du contrat en cause. Le litige porté devant le conseil d'Etat, à cette époque, opposait la compagnie générale d'éclairage, concessionnaire du service public de distribution et de vente du gaz et de l'énergie électrique, à la commune de Bordeaux, conjointement liées par un contrat de concession, établi sur une longue période (trente ans en l'espèce), comme c'est le cas pour la plupart des concessions de service public. C'est parce que le contrat de concession est une délégation de service public, dont le mode de gestion diffère de l'affermage et de la régie intéressée, qu'il est aussi le domaine de prédilection de la théorie de l'imprévision. Définie comme étant

---

[99] *D.*, 1916.3.25, concl. Chardenet ; *RDP*, 1916, p. 206 et 388, note G. Jèze ; *S.*, 1916. 3.17, note M. Hauriou.

l'ensemble « des contrats par lesquels une personne morale de droit public confie la gestion d'un service public dont elle a la responsabilité à un délégataire public ou privé dont la rémunération est substantiellement liée au résultat d'exploitation du service »[100], la délégation de service public est l'un des modes les plus fréquents de gestion d'un service public. L'on comprend mieux l'union historiquement célèbre, mais pour le moins actuellement erronée, du service public et de l'imprévision. La notion de service public est difficilement réductible en droit administratif et son régime juridique implique une régularité dans son fonctionnement. Coutumièrement désignée « Loi » [101] du service public, l'obligation pour l'administration d'assurer un fonctionnement régulier du service résulte d'une notion centrale en droit administratif, l'intérêt général, qui légitime toute l'action publique.

« Les grandes notions clés du droit public, que sont le service public, le domaine public, l'ouvrage public et le travail public ont un point commun : elles ne peuvent être définies que par référence à la notion première de l'intérêt général et trouvent en elles leur raison d'être »[102]. Aussi, l'établissement d'un service public doit nécessairement répondre aux besoins identifiés de la collectivité. L'intérêt général le commande et les services publics ne sauraient connaître un fonctionnement saccadé, sous peine pour l'administration de voir sa responsabilité engagée. Les usagers du service délégué sont effectivement en droit d'exiger une continuité du service pour lequel, dans le cas des concessions, ils s'acquittent d'un paiement. Déjà, au début du XXème siècle, le conseil d'Etat avait implicitement reconnu une valeur fondamentale au principe[103], mais il faudra attendre la

---

[100] Article 3 de la loi « Murcef » n° 2001-1168 du 11 décembre 2001, modifiant la loi « Sapin » n° 93-122 du 29 janvier 1993 sur la prévention de la corruption.

[101] En 1934, le Professeur Louis Rolland a rationalisé les principes directeurs du service public qui demeurent la résultante de la nature et du rôle de l'Etat. Ces règles sont encore aujourd'hui nommées « Lois de Rolland ».

[102] Réflexions sur l'intérêt général-Rapport public 1999, http://www.conseil-etat.fr/cde/node.php?articleid=430, consulté le 5 janvier 2009.

[103] Dans l'arrêt *Winkell* du 7 juillet 1909, le Conseil d'Etat, à propos du droit de grève refusé aux agents publics, évoquait « la continuité essentielle à la vie nationale »,

décision n° 79-105 DC du 25 juillet 1979 par laquelle le Conseil constitutionnel érige la continuité du service public au rang d'un « principe de valeur constitutionnelle »[104]. Ce respect quasi-absolu du principe de continuité des services publics procède historiquement de la création du lien social, d'essence républicaine, permise avec la réalisation des grands services publics.

La délégation de service public, dont l'objet est l'exécution d'un service public, implique le plus souvent la réalisation de projets de grande envergure et, seule, la puissance publique détient de sa compétence, l'initiative de tels projets. L'administration ne peut souvent y faire face seule car l'établissement d'un service public engendre des dépenses considérables et la mobilisation d'importants capitaux. Pour cela, elle a droit d'avoir recours, et c'est le mode de gestion le plus couramment usité, à des personnes morales de droit privé chargées non seulement des investissements mais également des frais d'exploitation et d'entretien du service. La finalité du service demeure l'intérêt général mais, pour des raisons tenant essentiellement à l'économie et au budget de l'Etat qui subit les perturbations financières des administrations françaises, l'Etat se dégage des coûts considérables que suscite la constitution d'un service public au profit d'investisseurs privés capables d'en financer la majeure partie, et cela « pour la bonne organisation et l'heureux fonctionnement d'un service public important » [105]. La dimension financière du projet induit nécessairement la volonté de l'administration de déléguer tout ou partie d'un service, notamment par le truchement d'un contrat de concession. En conséquence de quoi elle n'aura pas à supporter les

---

Rec., p. 826, concl. Tardieu. Le commissaire du gouvernement allait également en ce sens expliquant que « la continuité est de l'essence du service public ». Il était, dès lors, érigé en un principe général du droit ; CE, 7 juillet 1950, *Dehaene*, *Rec.*, p. 426, *RDP*, 1950, p. 366, concl. Gazier, note M. Waline ; François Gazier concluait également en ce sens : « Il faut éviter un Etat à éclipses » ; CE, 13 juin 1980, *Dame Bonjean*, *Rec.*, p. 274, *D.*1981.

[104] *AJDA*, 1979, n° 9, p. 46 ; *AJDA*, n° 3, mars 1980, p. 191, note A. Legrand.

[105] Concl. Chardenet, sur l'arrêt *Compagnie générale d'éclairage de Bordeaux*, *Rec. Dalloz*, 1916.3.25, p. 127.

charges qui résultent de l'exploitation du service, particulièrement dans le but d'atteindre ou de maintenir l'équilibre de ses comptes publics.

La réalisation d'un crématorium est un exemple édifiant. Tout comme l'éclairage des communes, le devenir des corps défunts et la garantie de leur assurer une sépulture est un service public qui entre dans le champ des prérogatives de l'administration, spécialement en raison de la protection de la santé et de la salubrité publiques et cela, dans le souci de préserver l'intérêt général. Légalement, les usagers doivent pouvoir choisir le mode de sépulture, selon leurs convenances personnelles. Il s'agira le plus souvent d'une mise en terre ou parfois d'une incinération. La deuxième hypothèse résulte alors du service public de crémation, traditionnellement délégué par concession à une personne morale de droit privé. L'établissement d'un crématorium suppose par ailleurs l'engagement de fonds importants qui ne peuvent provenir de la seule administration. Un appel d'offre est alors réalisé et une mise en concurrence des candidats s'impose. L'administration choisira le concessionnaire *intuitu personae*, lequel sera désormais chargé non seulement de la construction du crématorium et de la fourniture des équipements nécessaires à la crémation mais également de la gestion et de l'exploitation du service, dans le cadre d'un contrat de concession généralement conclu pour une période de quinze ans. L'exécution de la convention se fait aux risques et périls du concessionnaire qui percevra une rémunération directement sur les usagers du service.

Supposons que le coût de revient du gaz naturel, matière première indispensable à la crémation des corps, subisse de fortes variations pendant l'exécution du contrat et cela, à tel point que l'exploitation du service devient trop onéreuse pour le concessionnaire. L'on ne saurait croire en l'inertie de l'administration, tenue de satisfaire à l'exigence de salubrité publique. Pourrait-on imaginer que les corps défunts s'amassent devant le crématorium, attendant de pouvoir être incinérés ? Sûrement pas, la nécessité d'assurer un service continu l'ordonne. En l'absence de clauses contractuelles imposant une renégociation sur le prix et à défaut de trouver une solution amiable entre l'administration concédante et son cocontractant, la théorie de l'imprévision s'impose au juge administratif, soucieux de garantir les intérêts publics qui gouvernent le contrat de concession et qui sont, dans ce cas, la santé et la salubrité publiques.

Ce type de contrat, qui ne trouve, par ailleurs, aucun équivalent en droit privé[106], règle, en principe, définitivement, les obligations de chacune des parties contractantes jusqu'à son terme[107]. Le concessionnaire se voit attribuer la charge de fournir un service pour le compte d'une administration, en contre partie de quoi il percevra une redevance directement prélevée sur les usagers, même si cette rémunération n'est que « substantiellement assurée par le résultat d'exploitation du service » [108]. L'exécution du contrat de concession se fait alors dans les conditions préalablement définies par la convention, et *aux risques et périls* du concessionnaire, qui devra ainsi prévoir dans ses conjectures, l'augmentation éventuelle du prix des matières premières indispensables à la fourniture du service et susceptible d'être bouleversé à raison de la conjoncture économique. Dans l'arrêt *Gaz de Bordeaux*, le commissaire du gouvernement Chardenet a rappelé les principales caractéristiques du contrat de concession en le définissant comme « un contrat qui charge un particulier ou une société d'exécuter un ouvrage public ou d'assurer un service public, à ses frais, avec ou sans subvention avec ou sans garantie d'intérêt, et qui l'en rémunère en lui confiant l'exploitation de l'ouvrage public ou l'exécution du service public avec le droit de percevoir des redevances sur les usagers de l'ouvrage public ou sur ceux qui bénéficient du service public »[109]. La conclusion du contrat de concession comporte donc, comme dans la plupart des contrats administratifs, un aléa

---

[106] Le Commissaire du Gouvernement Chardenet précise à ce titre que « *le contrat de concession, remarquons-le est un contrat d'ordre essentiellement administratif qui n'a pas d'analogue dans le droit civil* » ; concl. *précitées*, p. 128.

[107] C'est ce que précise le Conseil d'Etat dans l'arrêt *Gaz de Bordeaux*, avant de dégager une solution sur le fond.

[108] CE, 15 avril 1996, *Préfet des Bouche-du-Rhône contre commune de Lambesc*, *Rec.*, p. 137, concl. C. Chantepy, note Ph. Terneyre, *RFDA*, 1996, p. 715 ; CE, 30 juin 1999, *SMITOM du Centre ouest Seine-et-Marnais, Rec.*, p. 229, concl. Bergeal, *AJDA*, 1999, p. 714.

[109] Concl. *précitées*, p. 128.

normal, tantôt favorable, tantôt défavorable, que le concessionnaire s'engage à supporter.

Cependant, lorsque les hypothèses prévisionnelles du concessionnaire ont été déjouées et que l'économie du contrat de concession est profondément modifiée, à tel point que son exécution devient trop ruineuse et place le concessionnaire dans des difficultés financières anormales susceptibles de conduire à un fonctionnement perturbé du service, le conseil d'Etat estime que l'administration doit aider son cocontractant à supporter les charges imprévisibles, quelque soient les dispositions contenues dans le cahier des charges[110]. C'est ainsi la solution dégagée par la Haute juridiction dans l'arrêt *Gaz de Bordeaux* et la création formelle de la théorie de l'imprévision dans le droit des contrats administratifs.

La conception originaire de la théorie de l'imprévision fonde alors sa création dans le service public, dont le fonctionnement doit être impérativement continu. Cette exigence tient, du reste, au fait que le concessionnaire d'un service public assure une mission d'intérêt général[111]. C'est d'ailleurs sur ce point que le commissaire du gouvernement Chardenet élabore ses conclusions en précisant que l'exécution du contrat de concession, dont l'économie a été intégralement bouleversée, ne saurait justifier que le service public qui en dépend ne fonctionne plus correctement, c'est-à-dire, « sans interruption, même momentanée, sans à-coups »[112]. C'est la raison pour laquelle l'imprévision et le service public ont été, à cette période, deux notions intimement liées. Le service public de l'éclairage chargé de couvrir le territoire de la commune de Bordeaux était en l'occurrence gravement menacé, en raison des circonstances de la Guerre de 1914, laquelle avait pleinement contribué à une hausse spectaculaire du prix du charbon, matière première indispensable à la

---

[110] CE, 10 mars 1948, *Hospice de Vienne*, *Rec.*, p. 124 ; à propos d'une clause de révision du prix : CE, 11 juin 1947, *Ministre de la guerre contre Nadaud*, *Rec.*, p. 255 ; à propos d'un avenant : CE, 30 novembre 1949, *Société La route*, *Rec.*, p. 517.

[111] Pour une étude approfondie, voir L. Dubouis, « Missions de service public ou mission d'intérêt général », *Rev. gén. coll. territ.*, janvier-février 2001, p. 588.

[112] Concl. *précitées*, p. 127.

fabrication du gaz produisant de l'électricité. Le concessionnaire, qui n'avait envisagé dans ses calculs anticipés qu'une variation normale du prix des matières premières, se trouvait confronté à une charge imprévisible, rendant l'exécution du contrat plus onéreuse et de nature à perturber profondément le fonctionnement du service public de l'éclairage de la ville. L'importance du service en cause et sa position monopolistique sur le marché ont évidemment joué dans la motivation du juge. Mais, il n'aurait pas fallu s'empresser de penser que le principe de la continuité du service public servait indubitablement de fondement à la théorie de l'imprévision. La doctrine s'est immédiatement emparée de cette solution pour justifier, même lorsque l'intérêt général n'était plus en cause[113], les situations d'imprévision relevées par le juge, en s'efforçant, parfois même de manière exagérément complexe, de rapprocher le fondement de la théorie de l'imprévision de la continuité du service public, voire plus largement de l'intérêt général.

La concession de service public est incontestablement un contrat particulier de l'administration qui se prête volontiers à entrer dans le champ du principe de continuité pour y trouver la justification de l'imprévision, à ceci près, que la théorie de l'imprévision n'est pas l'apanage des seuls contrats de concession[114]. L'évolution de la jurisprudence administrative en matière contractuelle s'est très largement diversifiée au cours des années qui ont succédé à l'arrêt *Gaz de Bordeaux*, et les situations d'imprévision sont également admises pour d'autres types de contrats, qui n'ont parfois aucun lien avec le service public[115].

Il doit être admis, et c'est indéniable, qu'historiquement la continuité du service public a servi de fondement à la première mise en œuvre de la théorie de l'imprévision. A l'époque, cette explication

---

[113] Le juge administratif applique la théorie de l'imprévision à des contrats entièrement exécutés ; ni la continuité du service public ni même l'intérêt général ne sont plus en cause lorsque la convention a pris fin. Voir *infra*, p. 68 et s.

[114] Voir *infra*, p. 71 et s.

[115] *Idem.*

pouvait encore paraître concevable. Le commissaire du gouvernement Chardenet l'avait d'ailleurs précisé, au préalable, dans ses conclusions : « Ce litige met en jeu la question du fonctionnement d'un service public »[116]. Les faits imprévus sont susceptibles de troubler la continuité du service, laquelle devra être impérativement maintenue par le concessionnaire, et à défaut par le concédant[117], puisque la continuité du service résulte d'une obligation fondamentale qui incombe à l'administration contractante. Déduite de la Constitution, cette obligation représente une véritable sujétion administrative qui résulte incontestablement de l'insaisissabilité des biens appartenant aux personnes publiques. En réalité, « le droit administratif peut s'analyser à la fois comme un droit de protection de l'intérêt général et un droit de protection des intérêts individuels, sans que l'une de ces « facettes » ne prévale véritablement sur l'autre »[118]. Dans le cas où la continuité du service n'aurait pas été menacée dans l'arrêt *Gaz de Bordeaux*, et où seule l'économie du contrat aurait été bouleversée par des événements imprévisibles et extérieurs aux parties, il serait possible d'imaginer que la solution du Conseil d'Etat aurait été exactement la même. L'équité le commanderait puisque les calculs anticipés du concessionnaire n'auraient pu raisonnablement prévoir la hausse du prix de revient du charbon provoquée par la Guerre. La seule variante aurait été le fondement de l'imprévision. Le juge se serait sûrement soucié de préserver les intérêts particuliers du cocontractant essentiellement pour que la concession demeure un procédé contractuel attractif, compte tenu de l'exorbitance des pouvoirs de l'administration concédante qui rend d'emblée le rapport contractuel inégalitaire[119]. L'inverse susciterait une certaine méfiance des personnes privées à l'égard des contrats conclus avec l'administration et serait susceptible de générer leur

---

[116] Concl. *précitées*, *Rec.*, p. 127.

[117] C'est ce qu'on appelle la mise sous séquestre.

[118] Christophe Cantié, *Droit administratif*, Hachette, 2006, p. 56.

[119] « L'Etat apparaît à l'entrepreneur sous deux aspects différents : tantôt Prince, tantôt client (…). Toujours quelque chose en lui manifeste le Prince, alors même qu'il se présente comme client » (M. Long, *Cours de marchés et concessions*, Ecole nationale de l'aviation civile, 2ème éd., 1954-1955).

désintéressement[120]. L'on pourrait citer le Professeur Jacques Caillosse qui remarque à juste titre qu'actuellement, « *(les personnes publiques)* déploient toute une stratégie de la *séduction* dont la rhétorique contractuelle constitue un élément »[121].

Les partisans de la conception originaire du fondement de la théorie de l'imprévision tenant à la continuité du service public tendent à rapprocher la révision judiciaire du contrat du principe de la mutabilité, seul *a priori* à pouvoir permettre une adaptation du contrat, en cours d'exécution, à un changement imprévisible des circonstances.

B) Imprévision et mutabilité contractuelle, des notions antinomiques ?

Tout comme la théorie de l'imprévision, le principe de la mutabilité contractuelle a été consacré à l'occasion d'un litige portant sur une concession de service public, ce qui en fait pour la doctrine administrativiste traditionnelle[122] deux notions particulièrement bien imbriquées autour de la théorie de l'imprévision.

Le principe de la mutabilité des contrats administratifs, découvert dans le célèbre arrêt *Compagnie nouvelle du gaz de Déville-Lès-*

---

[120] Chardenet s'adressant aux juges du CE : « *Vous avez pensé qu'il était essentiel que le marché fût exécuté, que le travail public fût achevé, la fourniture livrée, et cela dans un intérêt public. Alors vous avez laissé entendre aux entrepreneurs, aux fournisseurs, au concours desquels l'Administration doit sans cesse faire appel, vous leur avez laissé entendre qu'ils n'avaient point à se laisser rebuter, arrêter par les difficultés exceptionnelles auxquelles ils pourraient se heurter ; qu'ils devaient réussir à les surmonter, mais qu'en revanche ils étaient assurés qu'au moment du règlement des comptes qu'il serait fait état des difficultés qu'il avait été impossible de prévoir lors de la passation du marché et qui modifiaient profondément les conditions dans lesquelles le contrat avait dû être exécuté* ».

[121] *Op. cit.*, p. 148.

[122] Georges Péquignot considère, par exemple, qu'il existe « une parenté, un enchaînement logique, entre mutabilité et imprévision », in *Contribution à la théorie générale du contrat administratif*, Thèse Montpellier, Imp. du Midi, 1945, p. 503.

Rouen[123], procède généralement du pouvoir de modification unilatérale des contrats administratifs, signe de l'exorbitance des prérogatives de l'administration contractante. Son existence longtemps controversée par la doctrine[124] a pourtant été réaffirmée avec vigueur par le conseil d'Etat[125]. « Il repose sur l'idée que l'intérêt général n'est pas une donnée figée, immuable » [126] et est, semble-t-il, étroitement lié à la notion de service public. L'administration a de plein droit le pouvoir de modifier unilatéralement le contrat en vue d'adapter le service qui en dépend à un changement de circonstances. « La mutabilité du contrat administratif poursuit deux finalités qui la structurent dans son ensemble. La modification du contrat durant l'exécution est toujours sous-entendue par la nécessité d'adapter le contrat à un changement de circonstances. En outre, la justification finaliste que constituait la notion de service public n'a pas disparu mais elle s'élargit à une notion propre à justifier la mutabilité dans l'ensemble des contrats administratifs et se trouve dans l'intérêt général » [127].

L'objet de la concession porte en effet sur l'exécution d'un service public qui doit pouvoir être adapté dans l'intérêt général non seulement aux évolutions techniques mais également aux besoins de la collectivité, et qui doit, par ailleurs, on l'a vu, connaître une marche nécessairement normale. L'on a eu tendance à procéder à une analyse médiate de ces éléments dans l'intention de faire coïncider la théorie de l'imprévision, la continuité et la mutabilité du service public et du

---

[123] CE, 10 janvier 1902, *Rec.*, p. 5.

[124] La doctrine demeure très largement partagée sur ce point : certains, comme, A. de Laubadère, estiment que le principe de mutabilité existe de plein de droit ; J. Dufau considère, pour sa part, que son application doit nécessairement résulter d'une disposition contractuelle ; enfin, une partie de la doctrine, dont F.-P. Benoit, soutient que ce principe n'existe pas.

[125] CE, 2 février 1983, *Union des transports publics urbains, Rec.,* p. 33 ; CE, 21 mars 1910, *Cie française des tramways, Rec.,* p. 216, concl. L. Blum.

[126] J. Morand-Deviller, *Op. cit.*, p. 466.

[127] M. Ubaud-Bergeron, *La mutabilité du contrat administratif,* Thèse Montpellier, 2004, p. 357.

contrat. Cela peut paraître juste relativement aux délégations de service public. Le bouleversement économique d'une concession en cours d'exécution ne doit pas entraver le fonctionnement continu du service et le contrat qui procède de la gestion ou de l'exploitation du service en cause doit pouvoir être adapté à cette situation exceptionnelle. De cette analyse traditionnelle ressort très clairement que la théorie de l'imprévision trouve sa principale justification dans la continuité du service public et que la mutabilité contractuelle qui procède d'une adaptabilité nécessaire de la convention à un changement de circonstances sous-tend la révision du contrat pour imprévision. Une telle analyse ne tient pourtant pas. Certes, la mise en œuvre de la théorie de l'imprévision permet *a fortiori* une révision de ce qui a été initialement voulu par les parties contractantes. Le juge administratif s'arroge ainsi le droit de s'immiscer dans le contrat afin d'assurer une certaine équité. La révision du contrat qui se ferait alors sur la base du principe de la mutabilité permettrait subséquemment une adaptation des dispositions contractuelles aux nouvelles circonstances de fait et à l'état du droit. Cette vision classique des effets de l'imprévision sert évidemment les partisans de la continuité du service public en tant que fondement de la théorie. Elle est pourtant inexacte. D'abord, parce que la mutabilité ne touche pas seulement les contrats de concession. D'autres types de contrats comme les marchés publics sont également affectés par la mutabilité, sans que soient en cause ni la gestion ni l'exploitation d'un service public. Le Professeur Marion Ubaud-Bergeron, se livrant en une étude approfondie du principe de la mutabilité du contrat en matière d'imprévision écrit « cette théorie trouve difficilement sa place dans la théorie de la mutabilité, même si elle répond sur certains points à une logique comparable »[128]. Nous partageons ce point de vue. En effet, malgré une littérature abondante portant sur la mutabilité contractuelle face aux situations exceptionnelles[129], il faut constater que la révision du contrat frappé d'imprévision n'est pas suggérée par le principe de

---

[128] *Op. cit.*, p. 382.

[129] P. Roubier, *L'influence du changement de circonstances sur les contrats publics*, Thèse Lyon, 1914, 127 p. ; D.-M. Philippe, *Changement de circonstances et bouleversement de l'économie contractuelle*, Thèse, Bruylant, 1986, 714 p.

mutabilité. Selon le Professeur Marion Ubaud-Bergeron, cela tient principalement au fait que le caractère exceptionnel de l'événement susceptible de déclencher l'application de la théorie de l'imprévision fait échec à l'application du principe de la mutabilité qui s'est forgé autour de la notion d'aléa normal contenu, par définition, dans tout contrat administratif. Mais, c'est fondamentalement parce que l'événement imprévisible doit avoir un caractère extérieur à la volonté des parties, ce qui n'est à l'évidence, pas le cas dans le principe de la mutabilité qui résulte de la volonté de l'administration usant le plus souvent de son pouvoir de modification unilatérale.

En outre, relativement aux conséquences tirées de l'analyse précitée, le principe de la mutabilité contractuelle n'a pas non plus vocation à entrer dans le champ de la théorie de l'imprévision. Si la mutabilité répond exclusivement à de fortes considérations d'intérêt général, la théorie de l'imprévision satisfait autant l'intérêt général que des considérations d'équité qui permettent de tendre en un partage des responsabilités. L'équité, nous le verrons, préside l'office du juge du contrat en matière d'imprévision[130].

En tout état de cause, la théorie de l'imprévision comme le principe de la mutabilité du contrat sont victimes du contexte historique duquel elles ont été décelées puis élaborées finalement sur la base de théories doctrinales contingentes.

II/ UN PRINCIPE NATURELLEMENT VOUE A LA CONTROVERSE

La continuité du service public a été communément observée par la doctrine pour justifier les mécanismes de l'imprévision. Néanmoins ce principe a été l'objet de contestations doctrinales vives dénonçant les limites d'une telle justification. Le principe de la continuité du service public strictement entendu ne saurait suffire à expliquer l'application de l'imprévision à tous les contrats pour lesquels elle joue (A).

Ce constat, implicitement concédé, a manifestement concouru à élargir la conception stricte du principe de continuité l'étendant dès

---

[130] Voir *infra*, p. 518 et s.

lors à une notion hautement considérée en droit administratif, l'intérêt général. Cette considération suprême de l'action administrative qui sous-tendrait la conclusion des contrats de droit public connaitrait, dans le même temps, de nombreuses limites, au premier rang desquelles l'intégration de la théorie de l'imprévision dans l'exorbitance du droit administratif. Ces limites empêchent de ce fait d'admettre le principe en tant que fondement de la théorie de l'imprévision (B).

A) Les limites de la conception stricte du principe

Très tôt, de nombreux auteurs ont mis en lumière les limites de la sauvegarde de la continuité du service public comme justification fondamentale à la théorie de l'imprévision. « Une idée équitable une fois admise dans un système juridique, tend à s'étendre à des situations pour lesquelles les raisons favorables qui l'avaient fait d'abord admettre ont beaucoup moins de valeur » [131]. L'évolution jurisprudentielle des règles gouvernant sa mise en œuvre a montré que cette exigence ne tenait plus, corrélativement à la variété des cas d'imprévision relevés par le juge administratif. Le Conseil d'Etat l'a d'ailleurs incontestablement confirmé dans un arrêt où la rupture de la continuité du service n'était plus à redouter puisque la convention de concession avait déjà pris fin[132]. Preuve en est que la nécessité de garantir un fonctionnement régulier du service n'est pas le fondement principal de la mise en application de la théorie de l'imprévision. Le professeur François Llorens, comparant le contrat d'entreprise et le marché de travaux publics en situation d'imprévision, souligne cependant que « cette explication toute auréolée du prestige du service public possède une force incontestable » [133]. On la retrouve en effet dans la plupart des manuels de droit administratif[134] mais aussi dans la

---

[131] G. Péquignot, Thèse *précitée*, p. 518.

[132] CE, 27 juillet 1951, *Commune de Montagnac*, *Rec.*, p. 439.

[133] F. Llorens, *Contrat d'entreprise et Marché de travaux publics*, Thèse, LGDJ, 1980, p. 288.

[134] R.. Chapus, *Droit administratif général*, Montchrestien, 15ème édition, 2001, p. 1212 ; J. Morand-Deviller, *Op. cit.*, p. 412 ; M. Long, P. Weil, G. Braibant, P.

pensée de la doctrine administrativiste dominante[135]. Ce serait ainsi la conséquence des célèbres solutions jurisprudentielles retenues par le conseil d'Etat en matière d'imprévision.

Toutefois, le déclenchement de l'imprévision va bien au-delà de la simple exigence d'assurer un service continu. Aussi, cette justification ne suffit pas à rendre compte de la spécificité des mécanismes de la théorie de l'imprévision. A ce titre, plusieurs remarques s'imposent.

D'abord, s'il est vrai que la théorie de l'imprévision s'applique le plus souvent aux concessions de service public, elle a cependant été également transposée à d'autres types de contrats, et plus particulièrement aux marchés de travaux publics[136], « pour lesquels l'idée de continuité du service public ne peut être appliquée que moyennant un certain effort »[137]. De la même façon, elle affecte aussi tous les marchés[138], pourvu qu'ils soient conclus pour une longue

---

Delvolvé, B. Genevois, *Grands Arrêts de la Jurisprudence Administrative*, Dalloz, 18ème édition, 2011, n° 31 ; J.-C. Ricci, *Droit administratif général*, Hachette supérieur, 2011, n° 425 ; C. Guettier, *Droit des contrats administratifs*, PUF, 2011, p. 467, n° 579 ; C. Debbasch, F. Colin, *Droit administratif*, Economica, 10ème édition, 2011, p. 492 ; L. Richer, *Droit des contrats administratifs*, LGDJ, 8ème édition, 2012, n° 491.

[135] F.-P. Benoit, *Les faits imprévus*, in *Le droit administratif français*, Dalloz, 1968, p. 628, n° 1119. Cet auteur oppose une « conception originaire de l'imprévision » fondée sur le principe de la continuité du service public, au « renouveau et (à) l'évolution probable de l'imprévision », tournés vers la considération de l'équilibre financier. D'ailleurs, la majorité de la doctrine partisane de la justification tirée de l'exigence de continuité du service public laisse entrouverte, au regard de l'évolution jurisprudentielle, la possibilité, que l'imprévision soit, en définitive, fondée sur le principe de l'équilibre.

[136] CE, 3 février 1924, *Granchamp*, *Rec.*, p. 176 ; CE, 30 octobre 1925, *Mas-Gayet*, *Rec.*, *précité.*

[137] Concl. Labetoulle, sur CE Sect., 12 mars 1976, *Département des Hautes-Pyrénées c/ Sté SOFILIA*, *Rec.*, p. 155, *AJDA*, 1976, p. 554.

[138] Sont concernés les marchés de transport (CE, 21 juillet 1917, *Compagnie générale des automobiles postales*, *Rec.*, p. 586.), les marchés de fournitures (CE, 8 février 1918, *Société de l'éclairage de Poissy*, *Rec.*, p. 122, concl. Corneille ; de même, le conseil d'Etat a appliqué la théorie de l'imprévision dans les marchés à

durée d'exécution[139]. Toutefois, le lien avec le service public dans les marchés est parfois ténu, voire, plus rarement, inexistant. *Quid* du fondement de la théorie précisément dans ces situations ?

Il est à considérer, à tout le moins, que l'idée du service public continu, telle que se la représente le juge administratif, renvoie alors à l'idée plus large d'intérêt général, notion qui demeure cependant trop vaste et imprécise en droit public pour admettre ce fondement comme raisonnablement adéquat[140]. De plus, l'intérêt général implique moins la nécessité d'être continu, contrairement à la notion de service public. Si l'on estime que l'impératif de continuité fonde l'application de la théorie de l'imprévision, comment, dans le cas de la plupart des marchés de travaux publics, justifier un lien avec le service public lorsque celui-ci n'est pas directement en cause ? Même s'il est concevable d'imaginer qu'un travail public est réalisé en vue d'améliorer ou de développer le service public, il semble qu'une telle justification soit bien trop indirecte pour être appropriée et généralisée à l'ensemble des contrats administratifs. Un fondement pour certains types de contrats, fussent-ils majoritaires, et non pas pour les autres, n'en demeure pas moins un fondement défectueux. Et l'on ne saurait aujourd'hui oublier quelques situations d'imprévision au motif qu'elles ne se fonderaient pas sur la continuité du service public. Un fondement unique et applicable à toutes les formes de contrats administratifs serait hautement plus efficace[141] au regard des mécanismes spécifiques qui fondent la particularité en droit public de la théorie de l'imprévision.

---

prix forfaitaire (CE, 24 octobre 1934, *Dame Brossier*, *Rec.*, p. 956 ; CE, 24 juin 1936, *Société d'entreprises générales de Gobertrange*, *Rec.*, p. 697 ; CE, 17 août 1945, *Ville de Marseille c/ Entreprise Carcassonne*, *Rec.*, p. 355 ; CE, 19 février 1992, *SA Dragages et travaux publics*, p. 1109, obs. Ph. Terneyre).

[139] Dans l'arrêt *Fromassol* du 3 décembre 1920 (*Rec.*, p. 1036, concl. Corneille), le conseil d'Etat l'a expressément admis pour les marchés à livraison unique, estimant que l'ensemble des conditions de la théorie de l'imprévision n'avait pu être réunies, faute d'un délai d'exécution suffisamment long.

[140] Voir *infra*, p. 77 et s.

[141] Voir *infra*, p. 530 et s.

Ensuite, si la continuité du service a été érigée comme le fondement initial de la théorie de l'imprévision, c'est aussi la conséquence des hésitations du Conseil d'Etat. L'inconstance de la jurisprudence administrative n'a pas manqué de tromper l'œil avisé de la doctrine publiciste et quelques arrêts contradictoires ont en effet semé la confusion autour du véritable fondement de l'imprévision. Deux arrêts[142] ont d'abord inéluctablement sonné le glas de la justification tirée de la continuité du service. En 1943 et en 1951, le Conseil d'Etat a formellement consenti à l'octroi d'une indemnité d'imprévision au cocontractant de l'administration alors même que le contrat avait été entièrement exécuté. Pourtant, le service public n'était évidemment plus menacé, sa continuité avait été, en dépit des difficultés financières imprévues, manifestement assurée par le cocontractant. La protection du service public continu a, semble-t-elle, cédé peu à peu la place à une vision plus économique du contrat administratif. L'évolution de la pratique des contrats de droit public a effectivement dévoilé la volonté grandissante de l'administration de générer des dividendes, de s'inscrire durablement dans l'économie de marché qui s'est développée ces dernières décennies autour du principe de la libre concurrence. La finalité de l'application de la théorie de l'imprévision est devenue nécessairement économique. Mais le revirement de jurisprudence de 1952 est venu troubler cette conception nouvelle. Dans l'arrêt *Société coopérative des ouvriers du bâtiment*[143], la Haute juridiction a refusé la possibilité d'octroyer une indemnité d'imprévision au cocontractant parce que le contrat, dont l'économie avait pourtant été bouleversée par une situation imprévue, avait été résilié, et cela, en fondant sa décision sur la base du principe de la continuité du service public dont la rupture n'était justement plus à craindre. La continuité du service public n'étant plus menacée, il n'y avait donc pas lieu d'appliquer la théorie de l'imprévision. Cette

---

[142] CE, Sect., 11 juin 1943, *Ministre de la Marine c/ Société des grands travaux de Marseille et a., Rec.*, p. 148 ; CE, 27 juillet 1951, *précité* ; CE Sect., 12 mars 1976, *précité*.

[143] CE, 28 novembre 1952, *Rec.*, p. 542. La solution de cet arrêt a été confirmée par : CE, 22 février 1980, *Société anonyme des Sablières modernes d'Aressy*, *Rec.*, p. 109.

justification a alors persisté et force est de reconnaitre que, pendant un temps, la nécessité d'assurer un service public continu a en effet servi de fondement à la théorie de l'imprévision.

Cette position juridictionnelle n'a cependant pas perduré[144] et d'autres considérations sont venues par la suite gouverner les solutions jurisprudentielles retenues par le juge administratif. Le commissaire du gouvernement Labetoulle avait également conclu en ce sens, sur l'arrêt CE Sect., 12 mars 1976 précité : « Aussi, en arrivons-nous à l'idée qu'aussi essentielle que soit ici la notion de continuité, elle ne joue pas un rôle exclusif et ne suffit pas à rendre compte de toutes les nuances de votre jurisprudence, celle du conseil d'Etat, sur l'imprévision »[145]. Dorénavant, la considération du Conseil d'Etat pour la nécessité d'assurer un service public continu en situation d'imprévision ne revêt plus la même importance et apparaît même radicalement contradictoire. Finalement, la confusion jurisprudentielle a engendré une confusion doctrinale. Et en réalité, c'est la dominance économique du contrat qui a désormais supplanté l'impératif de continuité. Ainsi donc, le souci de garantir une certaine équité dans le contrat en cours d'exécution l'a indubitablement emporté au profit d'une authentique solidarité contractuelle[146]. Les conclusions du commissaire du gouvernement Labetoulle allaient déjà dans ce sens : « Aussi, allons-nous vous proposer d'admettre que l'idée d'équité - qui tient tout de même une place importante dans le droit des contrats administratifs - ne doit pas être, dans la théorie de l'imprévision, absorbée par celle de continuité »[147].

Et puis, admettre la continuité du service comme le fondement exclusif de l'imprévision ne revient-il pas à méconnaître les mécanismes précis du contrat de concession ? Cette forme de contrat,

144 Il convient de souligner que le Conseil d'Etat a récemment admis que la résiliation d'un marché avant son terme n'empêchait pas l'allocation d'une indemnité d'imprévision (CE, 10 février 2010, *Sté Prest'action*, n° 30116).

145 Concl. Labetoulle *précitées*, p. 554.

146 Voir *infra*, p. 320 et s.

147 Concl. Labetoulle *précitées*, p. 555.

on l'a vu, permet à l'administration de se désengager du coût et de la gestion d'un service public. Si l'octroi d'une indemnité d'imprévision s'inscrit dans le champ du principe de la continuité du service, cela ne reviendrait-il pas à faire supporter à l'administration une charge financière directement liée à l'exécution du service public qu'elle a précisément voulu déléguer ? L'affirmative s'impose d'autant plus que la nature extracontractuelle de l'indemnité d'imprévision fait obstacle à ce que le fondement de l'imprévision soit recherché dans l'objet même de la concession qui porte nécessairement sur le service public. Contrairement à l'analyse du Professeur Francis-Paul Benoit, le concours financier de l'administration dans le cadre d'un bouleversement imprévu de l'économie du contrat doit se situer hors du champ contractuel et le fondement de la théorie de l'imprévision ne devrait pas être recherché dans le contrat. Le caractère extracontractuel de l'indemnité d'imprévision l'impose. Il est erroné de croire que « (...) dès lors que l'on ne peut trouver de fondement contractuel à ces indemnités, c'est que l'Administration, qui n'a pas à faire de cadeaux à ses cocontractants, ne les verse que parce que tel est l'intérêt du service. Cela revient à dire que, par le versement des indemnités d'imprévision, ce sont ses seuls propres intérêts que l'Administration défend » [148]. D'une part, parce que si l'on considère que l'indemnité d'imprévision a un caractère extracontractuel, et que la concession a pour objet l'exploitation d'un service public, le fondement juridique de l'imprévision ne peut être trouvé qu'en dehors du contrat. Il serait contradictoire de dire que, dans le cas des concessions, son fondement serait contractuel, c'est-à-dire la continuité du service qui procède de son exécution, objet du contrat, alors que l'indemnité ne le serait pas. Dans la concession de service public, la continuité du service ne saurait être à la fois le fondement juridique et l'objet du contrat. D'autre part, penser que l'administration ne participe que parce qu'elle y aurait un intérêt, ce n'est pas lui accorder la confiance des administrés et *a fortiori* celle des contractants potentiels, et peut-être est-ce même aller à l'encontre de l'esprit des missions d'intérêt général qui lui ont été dévolues par le

[148] F.-P. Benoit, *Op. cit.*, p. 628, n° 1119 (conformément à « la conception originaire de la théorie de l'imprévision »).

législateur. L'administration a besoin du concours des personnes privées afin d'alléger le coût des missions qu'elle met en place. Elle ne saurait, une fois le contrat conclu, se détourner de ses cocontractants. Cela susciterait une certaine défiance à l'égard des contrats de longue durée, le plus souvent conclus avec des particuliers. Chardenet l'avait déjà formulé dans les conclusions de l'arrêt consacrant la théorie de l'imprévision[149]. Il faut que la concession continue de revêtir un caractère attractif pour les personnes morales de droit privé afin que l'administration puisse légitimement continuer de se décharger des sommes considérables qu'engendrent la réalisation et l'exploitation des services publics.

Enfin, la solution d'un arrêt du Conseil d'Etat de 1963 écarte définitivement l'exigence de continuité du service comme le fondement principal de l'imprévision. Le cocontractant de l'administration dont le contrat de concession avait certes été frappé par une situation imprévue ne connaissait aucune complication financière apparente. Il avait continué d'exécuter le contrat sans qu'aucun trouble n'affecte le fonctionnement régulier du service. Le juge administratif a pourtant considéré qu'une indemnité d'imprévision devait lui être allouée puisque, malgré le fait qu'il puisse continuer de distribuer des dividendes à ses actionnaires, toutes les conditions de l'imprévision étaient réunies. Julien Antoine remarque, à ce titre, que « si l'imprévision avait pour fondement la continuité du service public, le juge administratif analyserait la situation financière générale du cocontractant. Or, le juge apprécie l'état d'imprévision uniquement par rapport à un contrat déterminé pris isolément »[150]. Le bouleversement économique de la concession était manifeste mais n'avait aucunement provoqué la ruine du cocontractant de sorte qu'il avait continué d'assurer un service public continu.

---

[149] Voir *supra*, p. 65, note 120.

[150] J. Antoine, « La mutabilité contractuelle née de faits nouveaux extérieurs aux parties », *RFDA*, 2004, p. 80.

Alors, la doctrine a eu tendance à justifier la théorie de l'imprévision au travers d'un concept typiquement publiciste plus large l'intérêt général. Ce serait donc parce que le cocontractant assume une mission d'intérêt général que la théorie se trouverait fondée. Cette justification n'est cependant pas plus convaincante.

B) Les limites de la conception élargie du principe

L'intérêt général est une finalité que poursuit l'ensemble des contrats administratifs. Il irrigue en droit public tout le procédé contractuel, de la conclusion du contrat jusqu'à l'extinction des obligations des parties. Même lorsqu'il n'est pas, de prime abord, patent, son essence demeure pour le moins sous-jacente. Sans nier la valeur hautement suprême de cette notion dans le droit public, il convient néanmoins d'en nuancer quelque peu la portée, dès lors qu'elle est prise pour fondement de la théorie de l'imprévision.

Certes, « l'idée d'intérêt général se trouve (...) à la base des grandes constructions jurisprudentielles publiques ; (...) Même quand elle ne s'exprime pas directement, la notion d'intérêt général se dessine comme en filigrane au cœur des théories fondatrices du régime spécifique du droit public » [151]. La théorie de l'imprévision, qui est présentée comme « l'une des théories les plus notoires du droit administratif » [152], participe de la spécificité du droit des contrats administratifs. Et, il est possible d'imaginer que son existence ainsi que son régime jurisprudentiel résultent de l'intérêt général. Pourtant, il n'en est rien.

Chaque fois que l'étude des fondements s'est avérée infructueuse et plus précisément, lorsque l'intérêt du service était particulièrement malaisé pour justifier son application par le juge, la doctrine a aussitôt pensé que ce dernier octroyait une indemnité d'imprévision pour satisfaire la mission d'intérêt général qui sous-tend l'exécution du

---

[151] <Rapport public *précité*, http://www.conseil-etat.fr/cde/node.php?articleid=430>, page consultée le 8 février 2009.

[152] R. Chapus, *Op. cit.*, n° 1385, p. 1211.

contrat économiquement bouleversé. Excepté que, comme le fait justement remarquer le Professeur François Llorens, la plupart des contrats d'entreprise[153] qui appartiennent au contentieux judiciaire[154] concernent l'exécution de travaux publics, sans qu'il soit pourtant envisageable de faire application de la théorie de l'imprévision. Or, si l'intérêt général justifiait l'imprévision, comment expliquer que le juge judiciaire soit indifférent à cette valeur fondamentale du droit public alors même qu'il lui a déjà été donné l'occasion de se l'approprier et d'utiliser les règles du droit administratif[155] ?

De plus, ce concept, qui suffit à lui-seul à fonder et légitimer toute l'action publique est, selon les termes du Professeur Georges Vedel, « indéfinissable en ce sens que selon les temps, les lieux, et les opinions, elle reçoit des contenus forts variables »[156]. En perpétuelle mutation, il doit continuellement savoir s'adapter aux évolutions sociétales pour permettre un renouvellement du droit administratif. Concept immatériel et insaisissable, il justifie la particularité du droit public par rapport au droit commun. Tout ce qui ne peut alors être fondé en droit privé des obligations est, de près ou de loin, expliqué ou explicable en droit des contrats administratifs au travers de cette notion qui lui est complètement étrangère. Mais la nébuleuse qui entoure la définition de l'intérêt général[157] a suscité la polémique[158] et

---

[153] Thèse *précitée.*

[154] En réalité, l'ensemble du contentieux relatif aux contrats de droit commun conclus par l'administration est réputé appartenir au juge judiciaire.

[155] Cass. Civ. 23 novembre 1956, *Trésor public c/ Dr Giry.*

[156] Préface de G. Vedel, in François Rangeon, *L'idéologie de l'intérêt général*, Economica, 1986, p. 3 ; voir aussi G. Vedel, P. Delvolvé, *Droit administratif*, PUF, 11ème édition, 1992.

[157] M. Ubaud-Bergeron exprime une idée analogue : « La difficulté à cerner le contenu de la notion d'intérêt général tient de sa nature même », in Thèse *précitée*, p. 413 ; le rapport public du conseil d'Etat *précité* soutient également que « les définitions particulières que donne le juge de l'intérêt général sont nécessairement contingentes (…) ».

[158] Voir par exemple : J.-M. Pontier, L'intérêt général existe-t-il encore ?, *Rec. Dalloz*, 1998, chron., p. 327.

dessert inévitablement cette éventuelle justification de la théorie de l'imprévision. La variabilité du concept, sa définition problématique ainsi que l'incertitude sémantique née de son contenu divers et désordonné ne sauraient expliquer toute la technique de l'imprévision. Cette notion floue permet ainsi de justifier la quasi-totalité des solutions novatrices du conseil d'Etat. Il est donc peu probable que l'on puisse un jour vérifier réellement la légitimité scientifique de ce fondement de la théorie de l'imprévision. Autant dire que c'est plus la valeur symbolique du concept qui est admise que sa justification en elle-même.

Mais, en réalité, le véritable reproche que l'on peut faire aux fondements tirés de la continuité du service public ou plus largement de la sauvegarde d'une mission d'intérêt général, c'est qu'ils enserrent la théorie de l'imprévision dans l'exorbitance du droit administratif. Cela a longtemps été une façon pour la doctrine administrativiste de participer à l'autonomisation du droit administratif, complexé de ce que le droit privé lui ait servi de modèle fondateur. Chaque solution jurisprudentielle a donc été l'occasion pour le droit public de se démarquer du droit privé et lui a permis d'asseoir une incontestable légitimité. Toutefois, aujourd'hui, cette reconnaissance n'est plus à rechercher, elle est indéniable, et il semble désormais inutile de justifier l'imprévision par des concepts inapplicables en droit privé des obligations.

Ce qui rend globalement spécifique le droit des contrats administratifs, c'est l'exorbitance des pouvoirs de l'administration contractante, et seulement cela. La mise en œuvre de la théorie n'entre assurément pas dans le champ du caractère extraordinaire de ces prérogatives. Elle est simplement le fruit de l'équité qui sous-tend l'office du juge administratif[159], et bientôt, on le verra, celle du juge judiciaire. Justifier l'application de l'imprévision sur le fondement de notions exclusivement administrativistes éloigne chaque fois un peu plus cette importante théorie du droit privé des obligations. Toutefois,

---

[159] « Qu'y-a-t-il donc au dessus de la Justice ? L'équité. », Victor Hugo, *Quatre-vingt-treize*,1874.

force est d'admettre que le droit des contrats privés souffre de l'absence de cette théorie. Les situations imprévisibles de nature à perturber gravement l'économie du contrat en cours d'exécution ne frappent pas seulement les contrats administratifs. Nombreux sont aussi les contrats de droit privé qui connaissent le même sort. Il serait regrettable que cette théorie reste encore aujourd'hui en marge du droit privé des obligations. La question n'est alors pas de savoir si la théorie de l'imprévision doit trouver sa place dans les contrats de droit privé ou si l'opposition entre les deux disciplines doit perdurer. La question est plutôt de savoir dans quel but l'acception de cette théorie en droit des obligations serait profitable aux cocontractants financièrement lésés.

Actuellement, l'imprévision possède *de facto* un caractère incontestablement économique. La quasi-totalité des contrats est dominée par l'économie et la recherche de profits. Ces notions sont connues autant de la contractualisation administrativiste que civiliste, et le prix, qui est un élément objectif contenu dans tout contrat, qu'elle que soit sa nature, détermine évidemment sa conclusion, sans qu'aucun cocontractant n'imagine un jour l'exécuter à perte. Il paraît donc inconcevable qu'en vertu de l'équité, la théorie de l'imprévision ne soit pas admise en droit des obligations et qu'elle demeure, en conséquence, une spécificité du droit des contrats administratifs.

La réalisation de l'économie de marché, la croissance exponentielle des objectifs économiques contenus dans les contrats n'ont sûrement pas profité au service public[160] qui a connu, de ce fait, des perturbations sociopolitiques occasionnant un rétrécissement de ses exigences. Le Professeur Jacqueline Morand-Deviller explique à juste titre que « le service public est sans doute la notion la plus complexe, évolutive, controversée et essentielle du droit administratif. Au-delà de ses manifestations structurelles et fonctionnelles bien concrètes, c'est un *mythe*, une force agissante, une sorte de fiction harcelée par la

---

[160] « On nous change notre Etat », s'exclamait Maurice Hauriou, au début du siècle dernier.

réalité (…) » [161]. La concurrence qu'il subit du fait de la pression grandissante du droit communautaire s'inscrit dans le contexte de l'économie de marché, ce qui est de nature à l'affaiblir considérablement. La continuité du service est certes une exigence fondamentale mais elle ne peut expliquer toute l'ingénierie des mécanismes de l'imprévision en ce sens qu'elle ne prend pas, pour ainsi dire, en considération les intérêts économiques présidant le contrat. Comme l'a souligné le Professeur Jacques Caillosse, « plus qu'aucun autre instrument juridique le contrat se prête à la lecture ou mieux encore au jugement économique, comme si le droit n'était plus qu'un stock d'outils destinés à faire prospérer les marchés ! » [162]. Le fondement de l'imprévision tiré de sa nécessaire continuité n'est qu'un dogme qui n'a pas résisté au renouvellement du droit des contrats imprégné, en substance, d'une économie possiblement variable.

SECTION 2. L'INADEQUATION DES FONDEMENTS ISSUS DE L'ANALYSE DOCTRINALE

Les controverses doctrinales autour du principe de continuité ont eu le mérite d'engager un réel approfondissement des analyses relatives au fondement de l'imprévision. Nombreuses sont ainsi les justifications de la théorie, tantôt produites par la doctrine administrativiste, tantôt empruntées au droit privé.

L'enrichissement doctrinal de la théorie générale des contrats administratifs est ainsi passé par l'admission de diverses interprétations de l'imprévision corroborant notamment la nécessaire prise en considération des intérêts économiques contenus dans tout contrat. Ce qui avait été oublié par l'impérative continuité du service était désormais envisagé par la doctrine. En effet, l'exécution à perte d'une convention résultant de circonstances extérieures et imprévisibles devenait la principale raison de la mise en œuvre de la théorie de l'imprévision. La définition du prix appréhendant une

---

[161] J. Morand-Deviller, *Op. cit.*, p. 453.

[162] J. Caillosse, *Op. cit.*, p. 221-222.

variation possiblement prévisible de la conjoncture économique prenait une dimension, sinon nouvelle, du moins jamais complètement explorée. Aussi, la rupture de l'équilibre financier fut le deuxième fondement de l'imprévision nettement valorisé par la doctrine. Ce principe participe indiscutablement de sa mise en pratique par le juge mais ne constitue en rien son fondement juridique. L'attention portée à l'économie du contrat a néanmoins considérablement profité à la recherche de la seule et exacte justification propre à rapprocher le droit des contrats administratifs et le droit privé des obligations.

D'autres fondements ont été proposés par la doctrine publiciste, comme l'utilité sociale, mais tous sont demeurés en marge de la théorie générale des contrats administratifs. La raison tient au fait de guerre. Le contexte historique dans lequel s'inscrit la consécration de la théorie de l'imprévision a amplement suscité la solidarité entre les hommes. L'Etat providence a donc connu un essor primordial, en France, pour assurer une certaine sécurité sociale et par delà, un interventionnisme économique inégalable, confortant la stabilité des relations contractuelles. Il était par conséquent devenu utile de garantir une certaine sécurité contractuelle favorable au développement économique. L'on comprendra mieux dès lors que les fondements retenus à cette époque par la doctrine soient teintés de mutualisme, voire de dépendance économique. Il est ainsi patent de constater que l'historicité de ces fondements n'a pas résisté à l'évolution du droit des contrats.

Du reste, les réflexions doctrinales ont également révélé une certaine audace, une créativité remarquable procédant d'un raisonnement novateur, en revendiquant des concepts civilistes pour tenter de fonder la théorie de l'imprévision. Et l'on ne saurait dire. Ces justifications sont certes de nature à expliquer, de près ou de loin, l'imprévision. Mais le manque de démonstration scientifique les caractérisant et qui permettrait d'approuver ou de désapprouver leur bien-fondé fait obstacle à une réception favorable de ces fondements dans le droit des contrats.

Seuls les fondements récurrents de l'imprévision seront ultérieurement abordés, les autres seront naturellement écartés de l'analyse suivante.

Les justifications produites par la doctrine publiciste et qui reposent essentiellement sur des éléments objectifs du contrat, demeurent toutes insuffisantes de sorte qu'elles ne permettent pas d'expliquer avec exactitude les mécanismes précis de la théorie de l'imprévision (I).

Fondées sur des éléments subjectifs, en périphérie du contrat, les justifications empruntées au droit privé sont trop largement imparfaites pour satisfaire la rigueur quasi-mathématique de l'imprévision (II).

I/ Les carences des justifications produites par la doctrine administrativiste

L'Histoire a souvent été le vecteur d'un développement conceptuel tenant à la consécration de notions[163], de théories[164] et de principes[165] juridiques. La justification tirée de la satisfaction de l'utilité sociale ne fut qu'un fondement contextuel de l'imprévision s'inscrivant dans un cadre purement historique et demeurant isolé, en marge des justifications contenues dans la théorie générale des contrats administratifs (A).

Par ailleurs, la croissance des intérêts économiques en jeu, dans tous les contrats, a permis à la doctrine de faire de la rupture de l'équilibre financier du contrat, la justification factuelle de la théorie de l'imprévision. Le succès de cette interprétation renouvelée de l'imprévision tient à ce qu'une telle théorie, qui permet l'octroi d'une

---

[163] Les notions juridiques de service public, par exemple, ou de responsabilité administrative sans faute (CE, 21 juin 1895, *Cames*, *Rec.*, p. 509, concl. Romieu), ont été développées à la fin du XIXème siècle du fait de la lutte des classes et de la révolution industrielle.

[164] En témoigne la théorie de l'imprévision qui est due aux circonstances de la Première guerre mondiale. De la même manière, la théorie du cumul de responsabilités a été forgée par le Conseil d'Etat au début du XXème siècle pour répondre aux attentes de la société post-industrielle.

[165] Par exemple, l'esprit du principe de l'égalité des usagers du service public puise sa source dans la Déclaration des droits de l'Homme de 1789 ; le principe de subsidiarité a, par ailleurs, été formalisé à la fin du XIXème siècle dans le contexte des effets de la révolution industrielle sur la société civile.

indemnité au cocontractant subissant une grave perte de capital, s'accorde parfaitement avec la considération contemporaine de l'aspect financier qui domine le contrat (B).

A) L'utilité sociale, un fondement isolé de la théorie de l'imprévision

Dégagée par le Professeur Jean Magnan de Bornier, l'utilité sociale demeure dans le droit des contrats, publics et privés[166], un fondement profondément marginalisé de l'imprévision. Si l'idée de « bien-être commun des hommes vivant en société » a pu être avancée au début du siècle dernier, pour justifier le rétablissement du lien contractuel économiquement perturbé par un événement extérieur et imprévisible, la prégnance individualiste qui gouverne actuellement la société tout entière, et plus spécifiquement les relations contractuelles, renie précisément cette philosophie du contrat. La logique de solidarité a nécessairement dominé la période d'après-guerre permettant, de ce fait, une réelle reconstruction économique du pays. Contracter était, en ce temps, un besoin primordial de la société. L'on retrouve d'ailleurs cette idée dans les conclusions du commissaire du gouvernement Chardenet, et, de la même manière, dans la doctrine historique[167]. Le traumatisme de la première grande guerre a conduit les individus à se lier contractuellement pour permettre le soutien et la rénovation de l'économie française. Les capitaux devaient alors être investis et l'admission de la théorie de l'imprévision frappant le contrat était devenue indispensable pour permettre de réaliser « une plus-value sociale »[168]. Il s'agissait donc bien d'admettre que l'activité

---

[166] Le Professeur Jean Magnan de Bornier explique, dans sa thèse, que « la notion d'utilité générale ne paraît pas devoir être aussi rigoureusement écartée des contrats conclus entre particuliers » : *Essai sur la théorie de l'imprévision*, Thèse Montpellier, 1924, p. 130. L'utilité sociale est par ailleurs l'objet d'une attention particulière d'une partie de la doctrine civiliste. Voir par exemple : J. Ghestin, Ch. Jamin, M. Billiau, *Traité de droit civil*, LGDJ, n° 293 ; J. Flour, J.-L. Aubert, E. Savaux, *Droit civil, Les obligations*, Sirey, 2010, n° 410.

[167] M. Hauriou, note sous CE, 30 mars 1916, *précité*, S. 1916.3.17 ; H. Capitant, note sous Cour d'appel de Paris, 21 décembre 1916, *D*. 1917.2.33.

[168] J. Magnan de Bornier, Thèse *précitée*, p. 133.

économique bénéficiant à la société pouvait s'étendre du fait que le juge aurait protégé le cocontractant subissant de graves pertes financières résultant d'une situation d'imprévision. « Le maintien de la stabilité des rapports économiques » était, en ce temps, ancré dans les pensées. Le contrat devait, par conséquent, largement profiter à l'économie.

Si, aujourd'hui, l'utilité sociale peut apparaître comme un fondement inopportun de la théorie de l'imprévision, c'est qu'elle demeure en profond décalage avec les valeurs subjectives d'une société de plus en plus marquée par les logiques individualistes. Le contrat doit avant tout procurer un intérêt financier individuel à celui qui prend un risque en se liant, peu importe finalement qu'il profite à la société tout entière, pourvu qu'il suscite l'appât du gain. L'utilité sociale ne tient ainsi plus lorsqu'il s'agit de fonder la théorie de l'imprévision telle qu'elle est admise par le juge contemporain. Celui-ci, lorsqu'il admet une situation d'imprévision, raisonne-t-il à partir de l'idée selon laquelle le contrat gravement déséquilibré doit permettre le ressort et l'accroissement de l'activité économique au bénéfice de la société ? Nul ne saurait vraiment le dire, ce fondement demeure au fond invérifiable. L'on pourrait, en effet, considérer que la mise en œuvre de la théorie de l'imprévision, qui a justement pour finalité la pérennité du lien contractuel[169] et non pas la résiliation de la

---

[169] Sauf si l'état d'imprévision perdure et se transforme en un cas de force majeure : CE, Ass., 9 décembre 1932, *Compagnie des tramways de Cherbourg*, *Rec.*, p. 1050, concl. P.-L. Josse, *D.* 1933, p. 17, note R. Pelloux, *RDP*, 1933, p. 117, note G. Jèze. Dans cet arrêt, le conseil d'Etat considère que « dans le cas où les conditions économiques nouvelles ont créé une situation définitive qui ne permet plus au concessionnaire d'équilibrer ses dépenses avec les ressources dont il dispose, le concédant ne saurait être tenu d'assurer aux frais des contribuables, et contrairement aux prévisions essentielles du contrat, le fonctionnement d'un service qui a cessé d'être viable ; dans cette hypothèse, la situation nouvelle ainsi créée constitue un cas de force majeure et autorise à ce titre aussi bien le concessionnaire que le concédant, à défaut d'un accord amiable sur une orientation nouvelle à donner à l'exploitation, à demander au juge la résiliation de la concession, avec indemnité s'il y a lieu, et en tenant compte tant des stipulations du contrat que de toutes les circonstances de l'affaire ». Cette solution a été reprise dans l'arrêt : CE, 14 juin 2000, *Commune de Staffelfelden*, *Rec.*, p. 227.

convention, pourrait se satisfaire d'un tel fondement assis sur l'utilité sociale. Mais, cela reviendrait à ignorer le fait que la subsistance du lien contractuel profite d'abord et surtout aux parties, et non principalement au développement économique et social. Cette justification de l'imprévision devient, dès lors, plus qu'accessoire. Et la technicité de la théorie ne saurait se satisfaire d'une justification non scientifique, basée sur un concept aléatoire.

B) L'équilibre financier comme fondement renouvelé de la théorie de l'imprévision

La rupture de l'équilibre financier, subie par le contrat en situation d'imprévision, a été le fondement le plus notable jusqu'ici décelé par la doctrine contemporaine[170]. Il est frappant de constater que cette justification a rapidement supplanté l'impératif de continuité du service public en tant que fondement principal de l'imprévision. Certes, son existence dans la théorie générale du contrat administratif n'est plus à démontrer[171], mais son bien-fondé demeure tout relatif s'agissant de l'application par le juge de la théorie de l'imprévision.

1. Précisions terminologiques

L'équilibre du contrat a donné lieu à une littérature abondante dans le droit des contrats administratifs, sans que la doctrine ait toutefois réussi à s'unifier en la matière. A la lumière de la thèse de Laurent Vidal, il nous est désormais permis d'appréhender plus justement la définition et le rôle de l'équilibre financier du contrat. Les enseignements tirés de cette étude fouillée ne permettent cependant pas d'admettre le principe de l'équilibre financier comme le

---

[170] L'adéquation plus qu'imparfaite de la théorie de l'imprévision et du principe de continuité a généré l'adhésion de la doctrine administrativiste au fondement tiré de la rupture de l'équilibre financier du contrat. Ce principe a également fait l'objet d'études mathématiques rigoureuses et parfois des plus complexes, comme en témoignent la thèse de G. Péquignot, *précitée,* et celle de L. Vidal, *L'équilibre financier du contrat dans la jurisprudence administrative*, Thèse, Bruylant, 2005.

[171] L. Vidal, *ibid.*

fondement de la théorie de l'imprévision[172]. Aussi, pour des raisons pratiques, il ne sera pas utile de rendre compte de toutes les nuances de l'équilibre financier autour desquelles se fonde l'étude précitée[173]. Il convient néanmoins de se demander en quoi l'équilibre financier participe de la théorie de l'imprévision et de distinguer alors plusieurs notions relativement au principe de l'équilibre.

Force est de constater que la théorie de l'imprévision est presque toujours envisagée au travers du prisme de l'équilibre du contrat. Si la célèbre définition de l'équation financière est bien plus ancienne[174], elle a néanmoins le mérite de tracer les grandes lignes de la notion d'équilibre[175] et d'en dessiner les contours dans la théorie générale du contrat administratif.

---

[172] Laurent Vidal explique que « l'étendue du champ d'action de la problématique de l'équilibre financier n'a pu être embrassée dans sa totalité qu'après que furent consacrées officiellement la théorie de l'imprévision ainsi que les études dédiées à ses prolongements. » Aussi, pour des raisons historiques apparentes, il est difficile de conclure à ce que le fondement de la théorie eut été matérialisé postérieurement à sa consécration, Thèse *précitée*, p. 11.

[173] La présente étude n'a pas pour vocation de revenir sur les préceptes remarquablement établis autour de l'équilibre financier par Laurent Vidal. Pour une analyse approfondie du principe de l'équilibre financier du contrat, voir L. Vidal, Thèse *précitée.*

[174] « Il est assurément dans la nature d'une concession de tramways, et il est dans l'essence même de tout contrat de concession de rechercher et de réaliser dans la mesure du possible un équilibre entre les avantages qui sont accordés au concessionnaire et les charges qui lui sont imposées. L'exploitation d'un service public peut être conçue a priori comme onéreuse ou comme rémunératrice. Les avantages consentis au concessionnaire et les charges qui lui sont imposées doivent se balancer de façon à former la contrepartie des bénéfices probables et des pertes prévues. Dans tout contrat de concession est aussi impliquée comme un calcul l'équivalence honnête entre ce qui est accordé au concessionnaire et ce qui est exigé de lui. Et ce calcul d'équivalence est essentiel au contrat (…) » : L. Blum, concl. sur CE 11 mars 1910, *Ministre des Travaux publics c/ Cie générale française des tramways*, *Rec.*, p. 216.

[175] Laurent Vidal remarque, à ce titre, qu' « elle exprime un principe très général d'équilibre de l'exploitation et traduit en réalité une vision essentiellement comptable et statique de l'équilibre », *in* Thèse *précitée,* p. 7.

Il a été d'usage en droit des contrats de confondre l'équilibre financier[176] du contrat avec la théorie de l'équation financière[177]. Le Professeur André de Laubadère a été l'un des initiateurs de cette mouvance considérant que « l'idée *d'équilibre* ou, comme on dit encore *d'équation financière* du contrat, consiste à envisager le contrat administratif comme formant un tout dans lequel les intérêts des parties se conditionnent... »[178]. Toutefois, au regard de la classification fixée par Laurent Vidal, trois approches doctrinales[179] nettement différenciées contribuent à distinguer les notions et permettent l'articulation de l'équilibre financier autour de l'équation financière et de la théorie de l'imprévision. Aucune n'est en revanche, actuellement concluante, puisqu'elles n'ont pas su résister, ni même s'adapter, à l'évolution des pratiques contractuelles. La théorie de l'imprévision, si proche soit-elle par sa nature juridique et sa fonction dans le droit des contrats, de la théorie de l'équation financière ou du principe de l'équilibre financier ne saurait souffrir d'un amalgame[180]. Bien sûr, les notions sont voisines, elles sont même interdépendantes mais elles se distinguent sur plusieurs points. Envisagée par les

---

[176] « « Egalité approximative entre la valeur des prestations du titulaire du contrat et les sommes qu'il perçoit », réputée exister à la formation du contrat, et dont la rupture entraine parfois une obligation de compensation par l'administration », in R. Rouquette, *Dictionnaire du droit administratif*, Le Moniteur, 2002, p. 311.

[177] La théorie de l'équation financière est directement liée à « la mutabilité des contrats administratifs *qui* a pour contrepartie le maintien de l'équilibre financier d'origine ». Le principe de la mutabilité ayant été écarté de l'environnement de la théorie de l'imprévision, cette théorie le sera également. Toutefois, l'équation financière telle qu'elle est abordée dans le présent développement, peut se définir comme une « expression parfois utilisée pour indiquer la « logique financière d'un contrat ou d'un ensemble contractuel complexe », ou encore le « problème financier que l'on cherche à résoudre » », in R. Rouquette, *Ibid*, p. 311.

[178] A. de Laubadère, *Traité de droit administratif*, T. 1, 8ème édition, LGDJ, Paris 1980, p. 384.

[179] Laurent Vidal distingue, dans sa thèse, trois tendances doctrinales : l'approche synthétique de l'équilibre financier défendue par G. Péquignot, l'approche analytique des Professeurs Vedel et Delvolvé et l'approche historique de F.-P Benoit.

[180] M. Waline, *Précis de droit administratif*, Montchrestien, Paris, 1969, n°827.

Professeurs Vedel et Delvolvé, la situation d'imprévision ne modifie pas l'équation financière sur laquelle repose le contrat, « à vrai dire, l'équation financière reste intacte »[181], et « par opposition à l' « *équation financière* », l'équilibre pris en compte par la théorie de l'imprévision pourrait être désigné par le nom d' « *équilibre marginal* ». Nous partageons ce point de vue de l'analyse. Aussi, n'est-il pas logique d'affirmer qu'il est erroné de conclure que la théorie de l'imprévision ouvre un droit du cocontractant à l'équilibre financier[182] ? Sur ce point l'analyse de Laurent Vidal diverge.

Du reste, s'il est communément admis que l'équilibre financier participe de l'équilibre contractuel[183], faut-il pour autant assimiler dans ce concours la notion d'équilibre des prestations ? Oui, si l'on considère le contrat dans sa globalité et en supposant que « l'équation financière traduit une correspondance, une interdépendance entre deux ensembles d'obligations qui se répondent »[184]. Quoi qu'il en soit, la notion d' « équilibre des prestations » couvre un champ plus vaste que la notion d'équilibre financier[185]. Cependant, l'exigence de clarté qui domine la présente étude implique qu'il nous soit dès lors permis d'assimiler sémiologiquement équilibre financier, équilibre contractuel et équilibre des prestations. Aussi, nous nous proposons de retenir, conformément à la grille de lecture offerte par l'analyse croisée des différentes approches doctrinales relatives à l'équilibre et à l'imprévision, le schéma suivant : en partant du postulat établi par le Professeur Jean Magnan de Bornier, la formation du contrat serait la

---

[181] G. Vedel, P. Delvolvé, *Op. cit.*, p. 423.

[182] Une interrogation analogue a été soulevée par les Professeurs G. Vedel et P. Delvolvé, *Ibid.*, p. 423

[183] Laurent Vidal remarque à ce titre que l'équilibre financier est un principe du droit des contrats administratifs alors que l'équilibre contractuel, concept de droit civil, a été transposé au droit administratif.

[184] L. Vidal retranscrit l'approche analytique des Professeurs G. Vedel et P. Delvolvé, Thèse *précitée*, p. 13.

[185] Voir *infra*, p. 471 et s.

réunion de la volonté des parties et d'un prix[186]. Or, selon les enseignements des Professeurs Vedel et Delvolvé, l'équation financière se matérialiserait par des « prestations stipulées par et pour chacune d'elles » [187] de sorte que l'état d'imprévision n'est pas susceptible de modifier les termes de cette équation[188]. L'équilibre qui découle de cet état de fait se solde alors par l'union d'un prix rémunérateur, comprenant une variation normale des conditions économiques, et d'une prestation. Si l'on prend x comme variable d'ajustement du prix, lorsque x varie dans des conditions normales, c'est-à-dire prévisibles, le déséquilibre s'inscrira dans le cadre contractuel de l'aléa normal que contiennent tous les contrats. A l'inverse, lorsque x varie de manière anormale, c'est-à-dire lorsque le déséquilibre dépasse toutes les prévisions des parties, l'équilibre financier est temporairement annihilé fixant dès lors le cadre extracontractuel de la théorie de l'imprévision. Il est alors de fait considéré comme une condition d'application de la théorie. Sans doute objectera-t-on que cette vision de l'équilibre est trop réductrice, voire simpliste. Peut-être est-elle même de nature à ne retenir qu'une approche trop « comptable et statique de l'équilibre » [189]. Elle a toutefois le mérite d'éclairer le propos qui va suivre et de voir dans l'équilibre financier une double considération tendancielle selon qu'il est envisagé en amont ou en aval.

2. La considération de l'équilibre financier en amont

La conclusion des contrats repose sur un équilibre des prestations résultant d'une entente entre les parties sur le prix. Une partie s'engage à fournir une chose, en contre partie de quoi elle percevra une redevance. Et cela vaut pour les concessions de service public comme pour les marchés publics, à ceci près que l'administration

---

[186] L'analyse de Julien Antoine reprend également cette idée de départ, *Op. cit,* p. 80.

[187] G. Vedel, P. Delvolvé, *Op. cit.*, p. 422

[188] Voir *supra*, p. 85.

[189] L. Vidal à propos de la définition de Léon Blum, Thèse *précitée*, p. 7.

s'acquittera d'une somme d'argent à la réception de l'objet du contrat dans le second cas, et qu'en ce qui concerne la délégation, le cocontractant se rémunèrera sur les résultats de son activité. L'exploitation du service public dans cette hypothèse, donnera lieu à une rémunération dont le montant aura préalablement été fixé lors des négociations précontractuelles portant particulièrement sur un prix tenant compte d'une éventuelle variation. La considération financière de cet équilibre est incontestable.

Aussi, la pertinence d'une justification tirée de la rupture de l'équilibre financier du contrat aurait pu être acceptable dans la théorie de l'imprévision. L'attention particulière désormais portée aux aspects économiques du contrat a encouragé cette position doctrinale. L'équilibre financier est un principe parfaitement lié aux exigences économiques des parties. Comme l'évoque Jean Magnan de Bornier, « chaque partie, obéissant à son instinct égoïste, cherche à obtenir beaucoup en cédant très peu » [190]. L'on ne comprendrait donc pas bien que l'une des parties envisage de s'engager dans la voie contractuelle si elle savait à l'avance que l'équilibre financier du contrat serait bouleversé au point que son exécution la conduirait à une situation des plus ruineuses. Il est ainsi concevable d'envisager le principe de l'équilibre financier comme le fondement de l'imprévision. Mais, même s'il joue, combiné au critère d'extériorité de l'événement imprévu, un rôle certain dans la théorie de l'imprévision, il n'en constitue pourtant qu'une stricte condition pour sa mise en œuvre. Rien de plus. Le juge n'exige t-il pas, pour déclencher les mécanismes spécifiques de l'imprévision, un véritable « bouleversement du contrat » et non pas « une simple rupture de l'équilibre financier » ? De nombreux contrats deviennent déséquilibrés sous l'effet d'un changement de circonstances, sans que le juge conçoive un instant une application de la théorie. D'abord, parce que deux autres conditions sont exigées pour déclencher le jeu de la théorie et parce qu'un simple déséquilibre ne justifie en aucun cas à lui-seul toute la technique de l'imprévision. Le rétablissement de l'équilibre financier du contrat n'est d'ailleurs pas la finalité recherchée par le juge : chaque partie

[190] Thèse *précitée,* p. 129.

devra financièrement assumer les charges extracontractuelles qui découlent d'une situation d'imprévision. L'équilibre initial du contrat ne sera pas retrouvé et les pertes subies du cocontractant ne seront pas entièrement compensées par l'octroi d'une indemnité d'imprévision. Supposer que « toute augmentation des charges se trouverait compensée par un accroissement proportionnel du prix » [191] est alors inexact. Les Professeurs Vedel et Delvolvé soulignent, à ce titre, que « les prestations à la charge du cocontractant de l'Administration deviennent onéreuses à un point tel que le bouleversement de l'équilibre dépasse l'aléa normal accepté par les parties et met en péril l'exécution du contrat. Il ne s'agit donc pas de rétablir une égalité arithmétique, mais, par le versement d'une indemnité à la charge de l'Administration, d'empêcher le franchissement d'un « seuil » de déséquilibre intolérable » [192]. « La théorie de l'imprévision est loin de maintenir une stricte équivalence, puisque seul un déséquilibre particulièrement accusé des prestations donne lieu à son application. Mais, en deçà du seuil de bouleversement, l'imprévision ne joue pas son rôle régulateur, alors même que l'équilibre financier se trouve rompu » [193].

En outre, de nombreux contrats sont conclus alors même qu'ils contiennent préalablement un déséquilibre. Le contrat administratif, dans l'absolu, est un contrat déséquilibré si l'on se place du point de vue des parties : la toute puissance de l'administration contractante et l'exorbitance de ses pouvoirs ne constituent-elles pas le point de départ d'un déséquilibre contractuel ? Certes, il serait « un déséquilibre en pouvoir » [194] selon Laurent Vidal, mais un déséquilibre en pouvoir n'est-il pas de nature à créer un déséquilibre financier. Sans doute, et l'on pourrait légitimement imaginer que la notion de

---

[191] F. Llorens, *Op. cit.*, p. 291.

[192] G. Vedel, P. Delvolvé, *Op. Cit.*, p. 423.

[193] F. Llorens, *Ibid.*, p. 291.

[194] L. Vidal fait une distinction entre « déséquilibres en pouvoirs par nature » et « déséquilibres en valeur par construction ». Pour une étude approfondie, voir Thèse *précitée*, p. 30.

déséquilibre gouverne actuellement les relations contractuelles. Ne pourrait-on pas considérer dès lors qu'aujourd'hui, la plupart des contrats de droit public ou privé sont des contrats d'adhésion en ce sens que le cocontractant accepte ou pas de se lier conventionnellement en consentant à ce qui lui est proposé ? Cela restreint considérablement son champ d'action et sa marge de manœuvre pendant les négociations précontractuelles, qui seront, par voie de conséquence, aussitôt réduites.

3. La considération de l'équilibre financier en aval

Le principe de l'équilibre financier se heurte au même reproche que celui destiné à la justification tirée de la nécessaire continuité du service public, en ce sens que le caractère extracontractuel de l'indemnité d'imprévision fait échec à ce que le fondement de l'imprévision soit recherché dans le champ du contrat. L'équilibre procède avant tout du lien conventionnel[195]. Autrement dit, les termes du contrat fixent, lors de sa conclusion, et, en principe, une fois pour toute, un équilibre financier négocié par les parties, tenant compte des éventuelles variations de la conjoncture économique. Lorsque des circonstances imprévisibles et exceptionnelles sont susceptibles de bouleverser l'économie générale du contrat, l'indemnité octroyée par le juge se fonde assurément sur le caractère extraordinaire des charges additionnelles qui incombent au cocontractant et qui lui imposent, de fait, un surcoût. Le juge ne décidera de l'octroi de l'indemnité que si les parties ont pris en considération, lors de la conclusion du contrat, toutes les éventuelles variations économiques prévisibles dans l'établissement de l'équilibre financier et ce, dans le souci d'assurer sa pérennité. L'application de l'imprévision implique qu'aucune partie n'ait fait preuve de légèreté en s'engageant dans la relation contractuelle. En revanche, reconnaitre l'existence d'un droit à indemnité au profit du cocontractant lésé sur la base de la rupture de

[195] Georges Vedel et Pierre Delvolvé expriment une idée similaire, en soulignant que, dans la théorie de l'imprévision, « l'équilibre financier n'est pas pris en considération en raison de ce qu'il serait incorporé aux stipulations contractuelles (…) », *Op. Cit.*, p. 424.

l'équilibre financier préalablement fixé, vide en substance toute la spécificité de la théorie de l'imprévision dans le droit des contrats. Si l'on considère que le fondement de la théorie est contractuel, il doit en aller de même pour l'indemnité qu'elle prévoit[196]. Mais, il n'en est rien. Le juge, dans son pouvoir prétorien de construction de la théorie, n'a pas érigé le droit à l'équilibre financier du cocontractant en règle de droit destinée à pallier les effets de l'état d'imprévision. Il continue d'allouer nécessairement l'indemnité sur la base de la nature extracontractuelle née de la situation exceptionnelle. Aussi, ce n'est que dans le cadre de l'application du principe de la mutabilité contractuelle que le cocontractant se voit reconnaitre un authentique droit à l'équilibre financier[197], c'est-à-dire lorsque l'administration fait usage de son pouvoir de résiliation ou de modification unilatérale, en cours d'exécution du contrat. Ce droit ne constitue donc que le corollaire des pouvoirs exorbitants de l'administration contractante. Or, nous l'avons vu, la mutabilité du contrat ne concorde pas avec la théorie de l'imprévision[198]. L'équilibre financier n'est pas un droit du cocontractant dans cette théorie. Il est seulement un facteur de l'équation financière[199] qui sous-tend le contrat. Et lorsqu'il est gravement perturbé sous l'effet d'un changement des circonstances économiques, il devient une condition d'application, strictement interprétée par le juge, de la théorie de l'imprévision. Il pourrait être considéré tout du moins, que l'équilibre financier constitue l'objet de l'indemnité d'imprévision.

Cette conception est ancienne, même si elle n'avait pas encore été concrétisée sous le vocable « droit du cocontractant à l'équilibre financier ». On peut imaginer que les conclusions de Roger

---

[196] Le Professeur F.-P. Benoit exprime une idée analogue en affirmant que « l'indemnité versée devrait perdre son caractère d'indemnisation de charges extracontractuelles, pour prendre un caractère proprement contractuel. » *Op. Cit.*, p. 632, n° 1130.

[197] CE, 2 février 1983, *Union des transports publics urbains et régionaux*, *Rec.*, p. 33.

[198] Voir *supra*, p. 65 et s.

[199] Voir *infra*, p. 474 et s.

Latournerie ont été guidées en 1928 par l'idée très générale de compensations financières pour le cocontractant de l'administration : « dans les contrats administratifs, l'Etat soumet ses cocontractants à des servitudes spéciales que le droit civil ne connaît pas ... Tenu de ces obligations sous peine des plus graves sanctions, le cocontractant de l'Etat doit recevoir une compensation que le droit administratif lui accorde sous la forme de la théorie de l'imprévision »[200]. A cette époque, le déséquilibre en pouvoir suffisait à justifier l'octroi d'une indemnité d'imprévision qui devenait dès lors un moyen destiné à compenser les pertes éventuelles du cocontractant. Envisagé de la sorte, il permettait par voie de conséquence l'ouverture d'un droit à indemnité au profit du cocontractant. Mais, nous l'avons vu, cette explication nie de fait la spécificité de l'imprévision dans la théorie générale du contrat administratif.

II/ LES CARENCES DES JUSTIFICATIONS EMPRUNTEES AU DROIT CIVIL

L'insuffisance caractérisée des fondements de l'imprévision produits par la doctrine administrativiste demeure la raison essentielle d'une quête de justifications tournées vers des concepts de droit privé. Il est si peu aisé de déceler une explication probante à la reconnaissance juridictionnelle de la théorie de l'imprévision que la doctrine administrativiste s'est orientée vers des fondements revêtant un caractère typiquement civiliste, pour tenter de justifier la révision par le juge du contrat en situation d'imprévision.

La recherche de la commune intention des parties par le juge est le fondement le plus souvent emprunté au droit privé des obligations pour tenter d'expliquer la logique de l'imprévision dans la théorie générale des contrats administratifs. Ne pouvant faire l'objet d'aucun examen approfondi de son bien-fondé, cette justification a néanmoins le mérite d'expliquer n'importe quelle théorie d'essence contractuelle (A). Du reste, la volonté du juge est un fondement latent et ésotérique de l'imprévision qui impose une conception dogmatique de sa fonction d'administrateur de la justice. L'objectif liminaire de la

---

[200] Concl. Latournerie, sur l'arrêt, CE, 9 mars 1928, *Compagnie des scieries africaines*, *RDP*, 1928, p. 328.

présente étude qui tend vers une proposition d'unification des régimes de l'imprévision fait nécessairement de cette justification, un fondement inopportun (B).

A) La volonté des parties, un fondement dénué de toute assise scientifique

Evoquer la volonté des parties pour tenter de fonder la théorie de l'imprévision est la preuve irréfutable d'un certain désordre doctrinal. Il est coutumier, en droit des contrats, de faire de la volonté des parties, la justification d'une théorie fondée de manière incertaine. Il en est ainsi concernant la théorie de l'imprévision. La contingence de ce fondement n'est cependant plus à démontrer. Nombreux sont les membres de la doctrine à admettre que cette explication demeure, en réalité, « invérifiable »[201].

L'application de la théorie de l'imprévision résulte-t-elle d'un questionnement autour de la volonté des parties ? Peut-être mais ce n'est pas certain. Le juge cherche-t-il à savoir ce qu'auraient voulu les parties au contrat devenu gravement déséquilibré sous l'effet d'un changement des circonstances économiques, extérieur et imprévisible ? Nous ne le pensons pas, l'assise scientifique de ce prétendu fondement de l'imprévision fait cruellement défaut. « On ne peut pas davantage prouver son bien-fondé que sa fausseté »[202]. Pire encore, la conclusion d'un contrat fixe, en principe et une fois pour toute, la volonté des parties qui s'engagent. Le conseil d'Etat considère que le contrat « règle de façon définitive, jusqu'à son expiration, les obligations respectives »[203]. Admettre que le juge se fonderait sur la volonté des parties pour mettre en œuvre la théorie de l'imprévision, serait méconnaître au fond les règles fondamentales qui régentent la procédure de conclusion des conventions. La volonté des

---

[201] F. Llorens, Thèse *précitée*, p. 292 ; L. Vidal, Thèse *précitée*, p. 778 (à propos de la recherche d'un fondement au principe de l'équilibre financier du contrat).

[202] F. Llorens, Thèse *précitée*, p. 292.

[203] CE, 30 mars 1916, *précité*.

parties, élément subjectif du contrat, demeure insusceptible de recours, en vertu du principe de la force obligatoire. Les règles procédurales relatives à la recevabilité des requêtes empêchent strictement le juge de revenir sur ce qui a été contractuellement et librement consenti par les parties. La volonté ne saurait par conséquent justifier une révision du contrat dont l'économie a été bouleversée par l'effet d'un événement imprévisible. Du reste, et même si l'on peut considérer à juste titre que la partie ruinée par une situation d'imprévision affectant l'exécution du contrat ne se serait jamais engagée dans la voie contractuelle si elle avait su à l'avance qu'elle perdrait de l'argent plus qu'elle n'en gagnerait[204], et, nonobstant l'analyse de M. de Soto qui s'emploie à faire de la commune intention des parties un fondement incontestable de l'imprévision[205], cette justification n'est pas satisfaisante. Si l'on part du postulat selon lequel la théorie de l'imprévision fait naître une période extracontractuelle, son fondement ne saurait être recherché dans les éléments qui établissent définitivement le contrat conclu. Cela reviendrait de surcroît à négliger les règles fondamentales qui gouvernent la formation du contrat. La logique extracontractuelle de l'indemnité d'imprévision octroyée suffit à elle-seule à écarter ce fondement. La subtilité des mécanismes de l'imprévision interdit que la révision judiciaire du contrat soit fondée sur la volonté des parties[206] initialement et définitivement fixée lors de sa conclusion.

« On a usé et abusé de la notion de volonté des parties, au point de lui faire justifier à peu près n'importe quelle solution »[207]. Aussi, est-il permis de penser que lorsque la doctrine échoue dans sa quête de justifications de l'imprévision, elle a aussitôt tendance à éluder la question en faisant prévaloir un fondement aussi peu assuré de son exactitude dans la mesure où il ne peut être confronté à aucun raisonnement scientifique.

---

[204] A. de Laubadère, *Traité théorique et pratique des contrats administratifs*, T. 3, 1956, n° 949 et s., p. 71.

[205] J. de Soto, Imprévision et économie dirigée, *JCP G*, 1950, p. 817.

[206] L'analyse du Professeur François Llorens diverge sur ce point.

[207] F. Llorens, *Op. cit.*, p. 292.

B) La volonté du juge, un fondement inopportun

La considération de ce que le juge serait, seul, dans son pouvoir créateur de normes, à décider du sort de tel ou tel contrat, discrédite tout simplement son office. Cela va d'ailleurs dans le sens de la position civiliste qui s'appuie sur cette imagination pour justifier le rejet de l'imprévision en droit privé des obligations. Il est évident que, vu sous cet angle, le magistère du juge suscite une défiance indiscutable. La révision judiciaire du contrat ne saurait pourtant reposer sur la seule volonté du juge. Ce serait, de ce fait, lui accorder un crédit et une liberté qu'il n'a pas. Sans doute objectera-t-on que la théorie de l'imprévision procède d'une création jurisprudentielle ? Certes, c'est un fait avéré, mais cette construction résulte d'éléments, fort heureusement, objectifs[208] qui permettent d'écarter toute partialité du juge. « La pure justice n'est pas charitable, la grande charité n'est pas juste » [209]. Alors, pourquoi fonder la théorie de l'imprévision sur un fondement aussi encombrant et incommodant que celui-ci ? Deux raisons principales servent à l'évidence cette explication.

La première a, un temps, contribué à conforter le bien-fondé de l'opposition des régimes de l'imprévision. Si le droit des contrats administratifs l'accueillait favorablement, le droit privé des obligations se devait de la récuser. Dans la continuité d'une volonté d'autonomisation des disciplines, les pouvoirs du juge administratif se devaient d'être fondamentalement différents de ceux du juge judiciaire. En admettant que le juge des contrats administratifs avait la possibilité de retoucher à la convention en situation d'imprévision en interprétant ce qui avait été initialement voulu par les parties, le droit privé des obligations marquait sa différence en reniant cette possibilité offerte au juge judiciaire. La doctrine cherchait alors à établir une démarcation nette, les administrativistes en considérant la théorie de l'imprévision comme une originalité du droit public des contrats, les civilistes, en entretenant une totale méfiance à l'égard du juge

[208] Voir *infra*, p. 545 et s.

[209] G. Duhamel, *Journal de Salavin*, Paris, Mercure de France, 27 janvier 1927.

judiciaire. Fonder la théorie de l'imprévision sur la volonté du juge contribuait dès lors, à conforter non seulement la contradiction des régimes mais à assurer également l'indépendance du droit administratif.

La seconde raison consisterait pour la doctrine à éviter de se confronter à une recherche infructueuse du véritable fondement de l'imprévision. Puisque la théorie de l'imprévision puise son origine dans la jurisprudence administrative, n'est-il pas commode de dire que c'est le juge qui, par sa propre volonté, autorise ou pas une révision du contrat ? En fait, cela est une évidence. En droit, cela ne tient plus. Ne serait-ce donc pas une manière comme une autre, de mettre un terme au débat ? Si, en effet, il n'appartient qu'au juge d'introduire, seul, une révision du contrat au motif qu'il aurait été économiquement bouleversé par des circonstances imprévisibles et extérieures, son office ne saurait reposer que sur les valeurs subjectives qui le gouvernent, comme tout homme d'ailleurs. Nul ne conteste que le juge ne soit qu'un humain, avec tout ce que cela représente. Toutefois, la fonction qu'il occupe demeure soumise à des préceptes qui transcendent la nature de l'homme, parce qu'ils revêtent un caractère de justice suprême. Sans doute, opposera-t-on à cette explication sa naïveté apparente, voire son manque de lucidité, mais, n'est-il pas légitime de penser que le pouvoir juridictionnel est exercé conformément à ces valeurs objectives, indépendantes de la personnalité du juge ? Sûrement, et c'est dans ce sens, que le juge est censé exercer son pouvoir acquis, dans un souci de bonne administration de la justice. Ainsi, rechercher le fondement de l'imprévision dans un concept aussi subjectif que la volonté du juge va théoriquement à l'encontre de ce que représente le droit. Le juge est, par-dessus tout, tenu par les termes de la convention, il ne saurait agir uniquement selon sa guise. Lui concéder alors une indépendance et une liberté totale à l'égard du contrat, irait manifestement au-delà de la réalité de son pouvoir. L'intérêt de la justice le commande, « une justice digne de ce nom, non payée, non achetée … sortie du peuple et pour le peuple »[210].

---

[210] J. Michelet, *Le peuple*, Comptoir des imprimeurs-unis, 3ème édition, 1846.

Loin de vouloir minimiser le pouvoir d'interprétation du juge administratif, qui, on le verra[211], est indéniable, cette étude ambitionne l'idée selon laquelle les régimes de l'imprévision convergent, au point de suggérer une unification. Dès lors, il serait inopportun de fonder la révision du contrat en situation d'imprévision sur la volonté du juge[212] qui suscite déjà la crainte de la doctrine civiliste[213]. L'objet de l'analyse ne consiste aucunement à contrarier la position civiliste. Bien au contraire, il s'agit plutôt de proposer un fondement adéquat, qui siéra aussi bien au droit des contrats administratifs qu'au droit privé des obligations, c'est-à-dire une justification objective, transcendant le droit des contrats[214] et susceptible d'être communément admise.

---

[211] Voir *infra*, p. 216 et s et p. 274 et s.

[212] Pour le Professeur François Llorens, la volonté du juge constitue « le fondement réel de l'imprévision », *in* Thèse *précitée*, p. 293.

[213] C.-M. Popescu, *Essai d'une théorie de l'imprévision en droit français*, Thèse, Paris, LGDJ, 1937, p. 5 et 219 ; H., L., J. Mazaud, F. Chabas, *Leçons de droit civil. Obligations*, T. II, 9ème édition, 1998, n° 737, p. 861 ; L. Thibierge, *Le contrat face à l'imprévu*, Thèse, Paris, Economica, 2011, n° 792 et s., p. 446.

[214] Voir *infra*, p. 545 et s.

Conclusion du Chapitre 1

Il serait réducteur de continuer à fonder la théorie de l'imprévision uniquement autour de la notion de service public continu. Le Conseil d'Etat a d'ailleurs, lui-même, admis que « la théorie de l'imprévision (…) a seulement pour objet de permettre d'assurer la continuité du service public »[215]. L'on ne saurait faire dès lors coïncider l'objet et le fondement juridique de l'imprévision[216]. Cette explication, comme les autres, ne tient plus. La doctrine serait ainsi avisée de ne plus perpétuer une telle représentation de la théorie de l'imprévision, qui a pour principal corollaire de la circonscrire dans l'exorbitance du droit des contrats administratifs. Si l'on s'en tenait à ce constat, il serait inconcevable d'envisager un éventuel rapprochement du droit des contrats administratifs et du droit privé des obligations. Or, la présente étude ambitionne l'idée selon laquelle une unification des régimes de l'imprévision est, sinon utile sous l'angle de l'équité, du moins, raisonnablement envisageable.

L'imprévision poursuit une finalité exclusivement économique. Lorsque le titulaire du contrat est lésé au point de perdre tout intérêt pendant son exécution, et seulement si l'événement à l'origine du bouleversement économique revêt un caractère imprévisible[217] et extérieur à la volonté des parties, celui-ci est en droit de solliciter une indemnité d'imprévision. Il aura fallu qu'il puisse continuer

---

[215] CE, 22 février 1980, *SA des Sablières modernes d'Aressy*, *Rec.*, p. 109. Voir également : TA Rouen, 28 août 1998, *Société Renault SA*, *AJDA* 1998, p. 1047. Dans cet arrêt, le juge administratif refuse d'appliquer la théorie de l'imprévision à un contrat d'occupation du domaine public aux motifs que la théorie n'est susceptible de « s'appliquer que dans le cadre de la prise en charge de missions de service public, de la gestion d'un service public ou de l'exécution de mesures prises dans un but d'intérêt général ».

[216] Julien Antoine explique, à ce titre, que « si l'objet exprime la finalité de la théorie de l'imprévision, il ne doit en aucun cas être assimilé à son fondement juridique », *Op. cit.*, p. 81.

[217] Plus que l'événement impossible, ce sont donc les conséquences imprévisibles de l'événement qui sont ici en cause (CE, 22 février 1963, *Cie d'éclairage par le gaz c/ ville d'Avignon*, *Rec.*, p. 115).

d'exécuter la convention, certes, à perte. Le contraire impliquerait sinon un cas de force majeure. Une telle situation est admise dans la théorie générale des contrats administratifs. Elle est envisageable devant le juge judiciaire, la jurisprudence en témoigne[218]. Dans l'absolu, l'imprévision pourrait être indistinctement applicable à tous les contrats, qu'ils soient de droit public comme de droit privé, à la seule condition finalement que le fondement de sa mise en œuvre soit recherché dans un concept juridique unique, susceptible de contenter d'une part, la position civiliste et d'autre part, d'unifier les réflexions doctrinales administrativistes. La réparation du préjudice économique sert le véritable et authentique fondement de la théorie de l'imprévision. Il repose d'abord sur chacune des analyses antérieures de la doctrine. Il combine aussi, à la fois, la condition d'imprévisibilité et la garantie des intérêts économiques en jeu. En définitive, il a non seulement le mérite de satisfaire la logique de l'imprévision telle que développée et améliorée par le juge administratif mais il permet également de croire en l'assentiment de la doctrine civiliste. Ce concept n'est pas étranger au droit privé. Plus encore, il procède, en fait, d'un raisonnement civiliste ancien corroborant, les analyses autour des notions du juste et de l'utile. Par ailleurs, il ne méconnaît pas non plus le droit administratif.

La théorie de l'imprévision, qui ouvre une période extracontractuelle, ne vise nécessairement que le rétablissement de l'équité au sein du rapport contractuel, une valeur communément observée par le droit des contrats administratifs et le droit privé des obligations. « Juste-prix »[219] et équité sont, dès lors, des notions complémentaires, voire interdépendantes, qui participent du seul fondement admissible de la théorie susceptible de dépasser l'opposition public-privé.

L'on ne comprendrait plus que la position civiliste résiste encore. D'autant plus que la Cour de cassation semble désormais embarrassée par le rejet ancestral de l'imprévision et par son fondement juridique demeurant inutilement rigide. Sans véritablement

---

[218] Voir *infra*, p. 307 et s.

[219] Voir *infra*, p. 547 et s.

l'admettre, la position civiliste semble s'effriter au point de s'orienter vers une lente admission de l'imprévision. De l'avant-projet Catala au projet de la Chancellerie, en passant par les réflexions doctrinales autour de la disparition de la cause, le droit privé des obligations souffre manifestement de l'absence d'une reconnaissance de la théorie de l'imprévision.

CHAPITRE 2
LE FONDEMENT INUTILEMENT RIGIDE DU REJET DE L'IMPREVISION EN DROIT CIVIL

La théorie de l'imprévision, dans le droit privé des obligations, divise. Si elle a fermement été condamnée durant la deuxième moitié du XIXème siècle, force est d'admettre qu'elle continue de faire l'objet d'un vif débat conceptuel. C'est symboliquement l'arrêt *Canal de Craponne*[220] qui marque, pour la première fois, le refus catégorique de la Cour de cassation d'admettre la révision judiciaire du contrat au motif d'imprévision. Depuis lors, deux courants doctrinaux s'affrontent : la conception traditionnelle reniant avec fermeté toute introduction de la théorie de l'imprévision[221] dans le droit privé des obligations et une conception libérale basée sur une approche pragmatique du contrat[222]. Cette controverse a permis, outre une

---

[220] Civ. 6 mars 1876, *De Galliffet c/ Commune de Pélissanne*, D. 1876. 1. 193, note Giboulot ; S. 1876.1.161.

[221] H. Capitant, *Le régime de la violation des contrats*, 1934, p. 1 ; P. Malaurie, L. Aynès, *Cours de droit civil, Les obligations*, T. VI, Cujas, 10ème édition, 2000, n° 621 ; C. Aubry, C. Rau, *Droit civil français*, T. IV, n° 347; J. Carbonnier, *Droit civil*, T. IV, 22ème édition, 2000, n° 69 ; J. Flour, J.-L. Aubert, E. Savaux, *Droit civil. Les obligations. 1. L'acte juridique*, Sirey, 14ème édition, 2010, n° 410 ; F. Laurent, *Principes de droit civil français*, n° 265 ; C. Demolombe, *Leçons de code civil*, n° 550 ; C. Larroumet, *Droit civil, Les obligations ; le contrat*, T. 3, Economica, 6ème édition, 2007, n° 115 et 426 ; G. Ripert, *La règle morale dans les obligations civiles*, LGDJ, 1949, n° 81 ; G. Marty, P. Raynaud, *Droit civil, Les obligations*, T. 1, Sirey, 2ème édition, 1988, n° 250 ; Mazeaud et Chabas, *Leçons de droit civil*, T. 2, Montchrestien, 9ème édition, 1998, n° 737 et 741.

[222] J. Ghestin, Ch. Jamin, M. Billiau, *Traité de droit civil, Les effets du contrat*, LGDJ, 3ème édition, 2001, n° 317 ; P. Voirin, *De l'imprévision dans les rapports de droit privé*, Thèse, Nancy, 1922 ; F. Terré, P. Simler, Y. Lequette, *Droit civil. Les obligations*, Précis, Dalloz, 10ème édition, 2009, n° 471 ; J. Bonnecase, *Supplément au Traité de droit civil de Baudry-Lacantinerie*, Rec. Sirey, 1924 ; R. Khan, *La notion d'aléa dans les contrats*, Thèse, Paris, 1924 ; M.-L. Larombière, *Obligations*, T. 4, 2ème édition, 1885 ; B. Starck, H. Roland, L. Boyer, *Droit civil. Obligations. Contrats*, T. 2, Litec, 3ème édition, 1998, n° 1415 et 1442 ; P. Stoffel-Munck, *Regards sur la théorie de l'imprévision. Vers une souplesse contractuelle en droit privé français contemporain*, PUAM, 1994 ; L. Julliot de la Morandière, *Droit civil*, T. 2, 3ème édition, 1964, n° 462 et s.

véritable inflation littéraire, le renouvellement des préceptes de l'imprévision. Chacun des arguments civilistes, en faveur d'une réception de la théorie de l'imprévision ou fidèles à sa dénégation, concourt à la perfection de la théorie. Ainsi, chacun des courants doctrinaux, favorable ou défavorable à sa consécration, mérite le respect quelle que soit sa vision de l'imprévision.

Depuis l'arrêt *Canal de Craponne*, toutes les actions en imprévision ont été écartées sur le fondement de l'article 1134 alinéa 1er du code civil. Toutes, non. Les juridictions inférieures ont eu, il faut bien l'admettre, l'audace de reconnaître la théorie de l'imprévision. En vain. Ces tentatives se sont révélées être un échec complet, en ce sens que la Cour de cassation a annulé systématiquement ces arrêts qui avaient pourtant la caractéristique d'être, pour le moins, visionnaires. Le visa de l'article 1134 alinéa 1er du code civil est le fondement principal du rejet de la théorie de l'imprévision, incessamment repris par une partie de la doctrine défavorable à son admission pour justifier le refus de la révision du contrat par le juge. Cet alinéa, socle du principe de la force obligatoire des conventions, demeure d'application rigide en matière d'imprévision alors même qu'il connaît des tempéraments, légaux et jurisprudentiels, qui se sont d'ailleurs chargés d'en limiter la portée. Aussi n'est-il pas inconcevable au-delà des considérations d'ordre économique qui participent, le plus souvent, de la contractualisation, de distinguer une vision dissidente du rejet de la théorie de l'imprévision en considérant la position de la Cour comme synonyme d'iniquité. L'évolution économique libérale qui sous-tend indéniablement l'exécution du contrat est de nature à perturber gravement son économie générale. Faisant preuve de plus de réalisme, ce courant d'idées milite pour l'introduction de la théorie de l'imprévision encourageant, tantôt la jurisprudence, tantôt le législateur, à s'adapter à son temps, marqué par les tourmentes économiques.

La référence superfétatoire à l'article 1134 alinéa 1er du code civil a étouffé dès leur commencement toutes tentatives d'admission de l'imprévision en droit privé au point de se demander si son rejet n'est pas finalement délibéré (Section 1). Un bref rappel historique[223] montre que la théorie n'a pas toujours été évincée du droit des obligations. Elle a en réalité connu des périodes heureuses et des périodes malheureuses. Tantôt admise, tantôt condamnée, elle est le signe de l'hésitation et de l'embarras qu'elle représente pour les civilistes.

Mais, le besoin de consacrer la théorie de l'imprévision est aujourd'hui devenu pressant à tel point qu'une partie de la doctrine tente d'expérimenter des concepts civilistes susceptibles de justifier sa réception (Section 2). Trop largement imparfaits, ils n'emportent pas la conviction. Pourtant, ils révèlent indéniablement que le droit privé des obligations pâtit de la pénurie d'une théorie de l'imprévision.

SECTION 1. LA REFERENCE SUPERFETATOIRE A L'ARTICLE 1134 ALINEA 1ER DU CODE CIVIL, UN REJET DELIBERE DE LA THEORIE DE L'IMPREVISION

Si l'on fait remonter le rejet de la théorie de l'imprévision au célèbre arrêt *Canal de Craponne* il n'en demeure pas moins qu'elle était déjà discutée pendant l'Antiquité. En fait, la tradition romaniste récusait la révision du contrat pour imprévision sur le fondement d'un principe d'Ulpien conforme à la règle *pacta sunt servanda* tandis qu'elle était ponctuellement admise dans les compilations justiniennes. L'histoire du droit montre que la théorie de l'imprévision a largement été adoptée[224]. De Cicéron à Saint-Thomas d'Aquin, en passant par les canonistes et les bartolistes, le bouleversement imprévisible de l'économie générale du contrat en cours d'exécution

---

[223] J. Carbonnier, *Op. cit.*, n° 148 ; J. Ghestin, Ch. Jamin, M. Billiau, *Op. cit.*, n° 294 et s., p. 359 ; J.-L. Mouralis, Imprévision, *Rép. Civ. Dalloz*, T. VI, 1970-1999, septembre 2003, n° 10 et 23, p. 4 ; A. Bruzin, *Essai sur la notion d'imprévision et sur son rôle en matière contractuelle*, Thèse, Bordeaux, 1922, p. 88 et s.

[224] Par exemple, Julien, qui, comme Ulpien, est un auteur considérablement repris dans le *Digeste* de Justinien, écrivait dans ses *Status* : « le contrat qui a un trait successif doit être réduit à l'équité, quand la suite des temps le rend injuste, quand l'état des choses est tellement changé que l'ancienne convention, eu égard au temps présent, devient injuste » (T. 2, p. 37).

était observé de sorte qu'il fût susceptible d'atténuer la portée du principe de la force obligatoire. Une acuité particulière était portée à la justice commutative[225]. Pourtant, la théorie de l'imprévision a succombé durant la Renaissance[226] et au-delà jusqu'en 1804. Ainsi, « (...) les rédacteurs du code n'ont pas pêché par ignorance en ne consacrant pas la théorie de l'imprévision »[227]. La règle *pacta sunt servanda*[228] a substantiellement inspiré la rédaction de l'article 1134 du code civil[229] et c'est de manière délibérée que la théorie de l'imprévision a été évincée de la codification. Cette éviction s'explique par l'interprétation doctrinaire de l'autonomie de la volonté des parties, héritage du droit naturel, qui a longtemps revêtu une importance capitale dans le droit civil. Aussi, n'est-il pas illogique que la théorie ne fût pas intentionnellement consacrée par la jurisprudence judiciaire. La force de l'article 1134 alinéa 1er est donc *a priori* irréductible précisément parce que le contrat exprime la « loi » des parties. Cette considération est, de fait, palpable dans les solutions de la Cour de cassation, déniant au visa de cet article, toutes les situations d'imprévision.

Le rejet de l'imprévision par la Cour de cassation dans l'affaire du *Canal de Craponne* résulte de l'article 1134 alinéa 1er du code civil qui, en stipulant que « les conventions légalement formées tiennent lieu de loi à ceux qui les ont faites », pose le principe général de la

---

225 Voir *infra*, p. 550 et s.

226 Aucune mention de la théorie de l'imprévision n'est faite dans les ouvrages des jurisconsultes, comme Cujas et Pothier.

227 J.-L. Mouralis, *Op. cit.*, n° 23.

228 Bien qu'écornée, cette règle persiste, traversant les âges, justement parce qu'elle permet de fixer l'accord de volontés des parties au contrat. Elle est notamment contenue dans la convention de Vienne pour obliger les Etats à respecter leurs engagements internationaux.

229 « Les conventions légalement formées tiennent lieu de loi à ceux qui les ont faites.
Elles ne peuvent être révoquées que de leur consentement mutuel, ou pour les causes que la loi autorise.
Elles doivent être exécutées de bonne foi. »

force obligatoire des conventions. Entendu strictement par le juge dans les situations d'imprévision, ce principe sous-tend l'exécution du contrat tel qu'il a été voulu par les parties, dès sa conclusion (I).

Le dogme à l'origine duquel se fonde, en droit privé des obligations, le rejet de la théorie de l'imprévision ne tient actuellement plus. Il est aujourd'hui suranné et, dès lors, inutile. Toutes les explications autour desquelles s'articule le déni de l'imprévision se disloquent, s'érodent nécessairement sous la pression des intérêts économiques présidant à la contractualisation (II).

I/ L'AFFAIRE DU CANAL DE CRAPONNE, LA SACRALISATION DE LA « LOI » DES PARTIES AU DETRIMENT D'UNE THEORIE DE L'IMPREVISION

L'arrêt *Canal de Craponne* est l'un des arrêts les plus célèbres de la Cour de cassation en ce qu'il est le symbole par excellence du principe de la force obligatoire des conventions.

Adam de Craponne, propriétaire du canal d'irrigation en cause, avait chargé le marquis De Galliffet de son exploitation. Plusieurs conventions à exécution successive, ayant pour objet l'alimentation et l'entretien des canaux de la plaine d'Arles, avaient été conclues en 1560 et en 1567. Le prix initialement fixé au XVIème siècle à trois sols par carteirade était devenu au XVIIIème siècle, dérisoire, du fait de la dépréciation monétaire. Ce changement imprévisible du contexte économique avait bouleversé l'exécution des contrats, dont le prix ne suffisait plus à financer les frais d'entretien du canal. Le grave déséquilibre contractuel né de cette situation d'imprévision rendait la contrepartie insignifiante de sorte que De Galliffet forme un recours en vue de la réévaluation du prix et, ainsi, de la révision du contrat. La Cour d'Aix fait droit à sa demande, considérant qu'il n'y a plus de corrélation équitable entre le prix initialement fixé et les nouvelles charges et que l'article 1134 alinéa 1er du code civil ne s'applique pas aux contrats à exécution successive, s'échelonnant en l'espèce sur trois siècles. Elle revalorise le prix de 30 centimes, entre 1834 et 1874, puis de 60 centimes à partir de 1874. A la question de savoir si le juge détient le pouvoir d'adapter les contrats aux nouvelles circonstances économiques, la chambre civile de la Cour de cassation répond par la négative et censure cette solution sur le fondement du principe de la force obligatoire des contrats.

La théorie de l'imprévision se heurte inéluctablement au principe de la force obligatoire des conventions découlant de l'article 1134 alinéa 1er du code civil. Le contrat, qui repose sur la volonté de ceux qui s'engagent, possède, dès sa conclusion, force obligatoire. Ce principe est, en somme, la signification vectorielle de la « loi » des parties. Ce pourquoi elles ont décidé d'échanger leur consentement mutuel se cristallise dès la conclusion de la convention qui doit être inexorablement exécutée jusqu'à son terme, conformément aux stipulations contractuelles fixées. Peu importe finalement que le contrat subisse « les meurtrissures du temps »[230] en cours d'exécution. Les obligations perdurent en l'état, figées à un instant « t », sans qu'il ne soit possible de revenir sur ce qui a été conclu, sauf à considérer l'article 1134 alinéa 2 du code civil. La force obligatoire est, dès lors, un principe cardinal du droit des obligations[231], procédant de l'adage historiquement célèbre *pacta sunt servanda.* « Aucune locution latine n'aura acquis l'aura et le prestige de ces quelques mots illustrant le principe dogmatique de la force obligatoire des contrats. Mais aucun adage n'aura soulevé autant de controverses doctrinales, en particulier durant ce siècle de "cyclones économiques" »[232]. Largement ignoré par la théorie générale des contrats administratifs, cette formule latine est scrupuleusement appliquée dans le droit privé des obligations de sorte que le principe de la force obligatoire s'impose au juge. « On ne peut rien contre l'effet du contrat, produit automatique et instantané de

---

[230] J. Carbonnier, *Flexible droit - Pour une sociologie du droit sans rigueur*, L.G.D.J., 6ème édition, 1988, p. 175 ; H. Lécuyer, « *Le contrat, acte de prévision* », *in* Mélanges en hommage de F. Terré, *L'avenir du droit*, PUF, Dalloz, 1999, p. 643.

[231] Ce principe a fait l'objet de nombreuses études ; voir, par exemple, en ce sens : J.-L. Aubert, *Le contrat*, 3ème édition, 2005, p. 102 et s. ; P. Ancel, « Force obligatoire et contenu obligationnel du contrat », *RTD civ.*, 1999, p. 771 ; R. Libchaber, « Réflexions sur les effets du contrat », *in Mélanges J.-L. Aubert*, 2005, p. 211 ; G. Wicker, *Force obligatoire et contenu du contrat*, in *Les concepts contractuels français à l'heure des principes du droit européen des contrats*, Dalloz, 2003, p. 151.

[232] S. Martin, « Pour une réception de la théorie de l'imprévision en droit positif québécois », *Les Cahiers de droit*, vol. 34, n° 2, 1993, p. 601.

l'accord de volonté »[233]. En clair, le juge judiciaire est étroitement lié par la volonté des parties contractantes. Est-il alors inconcevable d'introduire la théorie de l'imprévision, fruit d'un changement imprévisible des circonstances économiques, dans le droit privé des obligations, en la combinant au principe de la force obligatoire du contrat ? Si le juge administratif a réussi à articuler utilement principe et théorie au travers d'une interprétation habile[234] de la théorie de l'imprévision, l'on ne saurait renier cette faculté au juge judiciaire.

Pourtant, dans l'affaire du *Canal de Craponne*, la considération de ce que « la règle que consacre l'article 1134 du code civil étant générale et absolue et régissant notamment les contrats à exécution successive, il n'appartient pas aux tribunaux, quelque équitable que puisse leur paraître leur décision, de prendre en considération le temps et les circonstances pour modifier les conventions des parties et substituer des clauses nouvelles à celles qu'elles ont librement acceptées »[235], a réglé, en définitive, le problème. La solution de la Cour de cassation a fait prévaloir une interprétation impérativement stricte du principe de la force obligatoire, en vertu de l'article 1134 alinéa 1er du code civil, sur la théorie de l'imprévision qui, une fois admise, aurait pourtant pu permettre de rétablir un tant soit peu d'équité au sein du rapport contractuel. A l'évidence, ce qui compte pour le juge judiciaire, c'est uniquement ce qui a été initialement voulu par les parties, lors de la formation du contrat. Ce raisonnement, qui procède d'une véritable sacralisation de l'accord de volontés, n'est pas sans danger pour la sécurité juridique des relations conventionnelles. Il envisage le contrat comme un procédé figé par le temps, fermement ancré dans les circonstances contemporaines de sa formation, le plus souvent lointaines, et implique l'idée selon laquelle

---

[233] H. Lécuyer, *Op. cit.*, p. 646.

[234] Voir *infra*, p. 530 et s. Le juge administratif est tenu comme le juge judiciaire de respecter les dispositions du droit des obligations. La seule distinction qui peut être faite dans leur office respectif procède du pouvoir d'interprétation des conventions que chacun s'octroie.

[235] Civ. 6 mars 1876, *précité*. Voir également, F. Terré, Y. Lequette, *Les grands arrêts de la jurisprudence civile*, 12ème édition 2008, p. 183.

les obligations réciproques doivent être exécutées inexorablement par les parties, sans considération aucune pour l'évolution du temps et des circonstances.

Quel que soit le fondement d'un tel raisonnement, ce défaut d'attention particulière pour le changement probable des circonstances économiques en cours d'exécution du contrat, ignore étonnamment les considérations d'équité prévues par l'article 1135 du code civil[236] et de justice contractuelle. L'on a peine à croire que si les parties n'ont pas inséré de clauses de renégociation, alors qu'elles étaient libres de le faire, c'est qu'elles ont voulu que le contrat soit exécuté conformément à leur volonté initiale, pis encore, qu'elles ont voulu « courir les risques, favorables ou défavorables, des variations économiques ou monétaires » [237]. Cette position jurisprudentielle est pour le moins, des plus intransigeantes. Elle récuse toute imprévoyance des parties, toute erreur d'inattention, toute inconstance conjoncturelle. L'amateurisme n'a pas de place dans le rapport contractuel. L'adage « nul n'est censé ignorer la loi » s'applique avec vigueur dans le droit privé des obligations.

L'on ne saurait pourtant tout prévoir au moment de la conclusion du contrat. Même « le bon père de famille » peut manquer une anticipation sur l'avenir ! Cependant, cette imprévoyance coûtera cher. Il faudra non seulement continuer d'exécuter son obligation à perte[238], mais aucune compensation financière, aucune indemnité, ne

---

[236] « Les conventions obligent non seulement à ce qui y est exprimé, mais encore à toutes les suites que l'équité, l'usage ou la loi donnent à l'obligation d'après sa nature ».

[237] G. Marty, P. Raynaud, *Op. cit.*, n° 250. Voir également : R. Cabrillac, *Droit des obligations*, Dalloz, 10ème édition, 2012, n° 124 ; Mazeaud et Chabas, *Op. cit.*, n° 734, qui vont jusqu'à considérer que « le contrat est, bien souvent, un moyen pour une partie de se garantir contre les circonstances imprévisibles » ; J. Carbonnier, *Op. cit.*, T. IV, n° 144 ; G. Ripert, *Op. cit.*, n° 81 ; P. Malaurie, L. Aynès, *Op. cit.*, n° 618.

[238] Seule la force majeure est susceptible de libérer le contractant lésé par un bouleversement imprévisible de l'économie de la convention. Le juge prononcera l'annulation du contrat puisque « à l'impossible, nul n'est tenu ». L'obligation devra

sera également octroyée. L'intérêt économique d'une partie sera considérablement lésé au bénéfice de sa volonté initiale.

Cela semble pour le moins paradoxal. Les rédacteurs du code civil ont-ils entendu exclure catégoriquement la révision judiciaire du contrat en éludant les situations d'imprévision ? Il paraît[239]. Mais, en qualifiant de « loi des parties », l'échange de consentement à l'origine duquel né l'accord de volonté, qu'ambitionnaient-ils formellement ? Leur intention n'était évidemment pas de nier les valeurs de l'équité ou le respect de la justice contractuelle. Devait-on alors leur prêter le dessein d'une stricte interprétation de la « loi » des parties ? Certes, le juge est irrémédiablement tenu de respecter la lettre et l'esprit de la convention. Mais, au sens premier, la loi n'est-elle pas « la prescription établie par l'autorité souveraine de l'Etat, applicable à tous, et définissant les droits et les devoirs de chacun » ? Ne représente-t-elle pas également « l'ensemble des règles juridiques, des prescriptions légales » [240] ? En droit, la loi est définie comme une règle générale et impersonnelle qui s'impose à tous. Il s'agit d'une norme juridique, d'un standard, et, en ce sens, elle s'applique verticalement[241]. Dans le droit des contrats, la « loi » des parties ne

---

être exécutée à perte jusqu'à ce que la situation d'imprévision dégénère en force majeure.

[239] Voir, *supra*, p. 105.

[240] *Larousse*, entrée « loi ».

[241] La pyramide des normes établie par Hans Kelsen place la loi au-dessous de la Constitution, norme suprême en vertu de laquelle chaque norme inférieure est adoptée, et, au-dessus du règlement, du décret. Le Professeur Laurent Aynès indique que « la norme contractuelle prend place au dernier échelon de la pyramide des normes » (in « Le contrat, loi des parties », in dossier Loi et contrat, *Cahiers du Conseil constitutionnel*, n° 17, mars 2005). La loi et le contrat ne saurait souffrir d'un amalgame : la loi est promulguée, elle émane d'une autorité supérieure souveraine, représentative du peuple, pendant que le contrat est conclu par des particuliers. Deux courants politico-philosophiques se sont affrontés : la conception rousseauiste du « contrat social » selon laquelle la loi ne s'imposerait à tous que parce qu'elle serait fondée sur une sorte de contrat passé entre le pouvoir étatique et les individus qu'il administre. La convention est alors considérée comme un fait social. Dans la « vue néo-kelsennienne, ou pseudo-kelsennienne, de l'ordre juridique, le contrat puise sa force dans une autorisation de la loi qui lui est

saurait être considérée comme une norme. Elle n'est censée traduire qu'une volonté commune d'établir un rapport horizontal d'obligations réciproques. D'ailleurs, les stipulations contractuelles ne s'imposent qu'aux parties contractantes et, par ricochet, au juge[242]. Le rayonnement relatif du contrat et, par-delà, de sa force obligatoire est encadré par l'article 1165 du code civil[243]. La « loi des parties », qui n'est à l'évidence, ni générale, ni impersonnelle, doit nécessairement être appréhendée comme le produit de plusieurs volontés destiné à créer une intention réciproque. « Il faut donc renoncer à cette analogie trompeuse entre la loi et la loi contractuelle » [244]. Partant, ne serait-il pas judicieux d'envisager la « loi des parties » en tant que grille de lecture permettant non seulement de saisir utilement l'intention de ceux qui s'engagent mais susceptible de servir également de référentiel à l'interprétation du juge ? « La loi des parties, loin de constituer une norme contraignante, est avant tout cette règle qui permet d'attribuer à chaque contractant son droit » [245]. La seule considération de leur volonté initiale, réputée circonscrite dans le temps et les circonstances de la formation du contrat, ne satisfait guère les intérêts économiques de la partie lésée, ni même l'équité ou la justice contractuelle. La fermeté de cette position jurisprudentielle n'est-elle pas, dès lors, constitutive d'un déni de justice pour celui qui exécute son obligation devenue ruineuse sous l'effet d'un changement de circonstances, et qui a, au préalable, failli à son devoir de prévoyance en concluant une convention imparfaite ? Sûrement, et le contractant connaîtra un profond sentiment de frustration et de

---

supérieure. Sa force obligatoire n'existe que par et pour la loi, dans l'espace laissé libre par celle-ci, par délégation de celle-ci » (L. Aynès, *Ibid.*).

[242] Il convient de remarquer que certaines conventions, comme le contrat translatif de propriété, peuvent créer une situation juridique qui s'impose à tous.

[243] « Les conventions n'ont d'effet qu'entre les parties contractantes ; elles ne nuisent point aux tiers et elles ne lui profitent que dans les cas prévus par l'article 1121 du code civil ».

[244] L. Aynès, *Op. cit.*, n° 17, mars 2005.

[245] J.-P. Chazal, « De la signification du mot loi dans l'article 1134, alinéa 1er du code civil », *RTD civ.*, 2001, p. 265. Voir également : C. Jamin, « Une brève histoire politique des interprétations de l'article 1134 », *Rec. Dalloz*, 2002, chron. 901.

désarroi, face à une solution jurisprudentielle inéquitable, voire absolument injuste.

Il est inconcevable de croire qu'une partie, si elle avait su à l'avance que l'économie du contrat en cours d'exécution serait bouleversée au point d'y perdre tout intérêt économique, se serait engagée en des termes identiques, dans la voie contractuelle. Telle ne pouvait être assurément pas, ni son intention, ni même conforme à la commune intention des parties lors de la conclusion du contrat. Le caractère imprévisible de l'événement perturbateur n'entre justement pas dans le champ des prévisions des parties à l'origine de leur commune intention. L'inverse serait constitutif d'une mauvaise foi manifeste d'un des contractants, cela s'entend. Considérer, dès lors, que la « loi des parties » doit connaître une interprétation nécessairement stricte, est injuste et inutile, d'autant plus que les juges du fond savent faire preuve d'une certaine flexibilité dans leur approche interprétative de la « loi des parties », lorsqu'il s'agit de refaire le contrat dans des espèces autres que celles qui caractérisent explicitement l'imprévision[246].

Ainsi, ce qui doit avoir force obligatoire, c'est la représentation vectorielle de ce pour quoi les parties ont scellé leurs obligations respectives par un contrat. « Appliquer le contrat tel qu'il avait été conclu à l'origine ne respecte pas la volonté des parties »[247]. « En bref, ce qui a été dit importe peu ; compte seul ce qui a été voulu »[248]. Ainsi, l'accord de volonté ne devrait pas connaître une si grande sacralisation. Envisager la « loi des parties » au regard d'une cristallisation séculaire des obligations, remontant dès l'instant de la formation du contrat, est largement critiquable. Cela revient à penser que l'individu devient une source du droit alors qu'il n'est censé

---

[246] Voir, *infra*, p. 122, 149 et 277.

[247] R. Cabrillac, *Op. cit.*, n° 124.

[248] J. Flour, J.-L. Aubert, E. Savaux, *Droit civil. Les obligations. 1. L'acte juridique*, Sirey, 14ème édition, 2010, n° 395 ; à propos de l'article 1156 du code civil qui dispose que « On doit (…) rechercher la commune intention des parties contractantes, plutôt que de s'arrêter au sens littéral des termes ».

qu'être une finalité. Sa volonté initiale produirait des effets de droit tels, que son intention serait négligée par le juge. Cette explication est pour le moins peu concluante. Plusieurs auteurs se sont d'ailleurs, très tôt, élevés contre cette position doctrinale défendant avec fermeté l'autonomie de la volonté, et cela, au profit d'une vision plus pragmatique du rapport contractuel. Sous divers points de vue[249], ils ont souligné l'idée selon laquelle la force obligatoire des conventions ne saurait être entendue avec autant de rigueur dans le droit privé. Ni le juge ni le législateur ne sont donc tenus d'interpréter strictement la « loi des parties ». Finalement, comme l'a justement remarqué le Professeur Jean-Louis Mouralis, « il suffirait d'une interprétation plus souple pour autoriser une solution différente et admettre la théorie de l'imprévision »[250].

D'autres explications sont alors intervenues au soutien de la stricte considération du principe de la force obligatoire des conventions pour tenter de justifier le rejet de la théorie de l'imprévision dans le droit des contrats privés. Aucune ne s'avère pourtant convaincante.

II/ LES JUSTIFICATIONS DOCTRINAIRES DU REJET DE L'IMPREVISION

Nonobstant l'interprétation absolue de la force obligatoire du contrat, la doctrine opposée à l'admission de la théorie de l'imprévision dans le droit privé des obligations a expliqué la position de la Cour de cassation non seulement par les exigences du principe de l'intangibilité du contrat qui interdit formellement toute révision

---

[249] Le Professeur Emmanuel Gounot en appréciant « le juste et l'utile », considère que le contrat doit demeurer en harmonie avec l'intérêt général ; la force obligatoire ne saurait alors être interprétée de manière absolue (*Le principe de l'autonomie de la volonté en droit privé*, Thèse, Dijon, 1912). Georges Dereux en analysant le concept de contrat d'adhésion souligne l'inégalité de puissance qui existe préalablement à tout contrat ; celui qui adhère à la convention n'a pas la capacité de négocier (« De la nature juridique des contrats d'adhésion », *RTD civ.*, 1950, p. 501). Et, Henri Lacordaire d'ajouter : « entre le fort et le faible, c'est la liberté qui asservit et la loi qui libère » (*Quarante-cinquième conférence de Notre-Dame de Paris*, T. III, 1872).

[250] J.-L. Mouralis, *Op. cit.*, n° 20.

judiciaire du contrat (A), mais aussi par la nécessité d'assurer une certaine sécurité juridique au sein des rapports contractuels (B).

A) Le principe de l'intangibilité du contrat, une obstruction à la justice contractuelle

C'est parce que l'œuvre de l'imprévision implique une révision judiciaire du contrat, qu'une partie de la doctrine de droit privé désavoue cette théorie sur le principe. La raison essentielle de cette dénégation tient à ce que le contrat, une fois conclu, devient immuable, tout comme les obligations qu'il contient. Il faut alors comprendre que le rejet de la Cour de cassation de la théorie de l'imprévision n'est pas seulement fondé sur la « loi des parties » qui résulte d'une interprétation stricte de l'article 1134 alinéa 1er du code civil, comme elle l'affirme inlassablement[251], mais également du fait que, à la différence du contrat administratif dont l'exécution repose sur le principe de la mutabilité contractuelle[252], la convention privée s'exécute corrélativement au principe de l'intangibilité des obligations, principe qui exclut précisément toute révision par le juge de ce qui a été initialement voulu. Seules la volonté des parties ou l'intervention du législateur sont susceptibles de libérer des obligations contractées[253].

Si l'on peut déduire de l'alinéa premier de l'article 1134, le principe de la force obligatoire, il en va tout autrement du principe de l'intangibilité du contrat. La « loi des parties » s'impose : aux contractants, cela s'entend, et, par ricochet, au juge dont l'office lui est indéniablement assujetti. En revanche, qu'en est-il du principe de l'intangibilité du contrat et des obligations qui en découlent ? Si le

---

[251] Civ. 6 mars 1876, *précité* ; Com. 18 décembre 1979, *Gaz. du Pal.*, 1980, I, p. 232 ; Dijon, 4 février 1999, *RTD civ.* 1999, p. 396, obs. J. Mestre ; Civ. 3ème, 18 mars 2009, *RDC*, n° 3, 2009, p. 1358, obs. D. Mazeaud ; *RTD civ.*, n° 3, 2009, p. 528, obs. B. Fages.

[252] Voir, *supra*, p 65 et s.

[253] Article 1134 alinéa 2 du code civil : « Elles ne peuvent être révoquées que de leur consentement mutuel, ou pour les causes que la loi autorise ».

droit privé a coutume de considérer l'intangibilité comme résultant de la force obligatoire, l'alinéa premier ne suffit pourtant pas à expliquer, seul, toutes les nuances d'un tel principe, qui s'imposerait au juge dans les situations d'imprévision. A s'en tenir à la stricte formulation du premier alinéa, l'on ne saurait déduire un principe général d'interdiction de réviser les conventions, sauf à considérer une interprétation de l'interprétation ou une interprétation allégorique de l'alinéa premier. Le principe de l'intangibilité du contrat procède alors de l'essence générale de l'article 1134. Plus exactement, il résulte d'une lecture croisée des deux premiers alinéas qui, seule, permet de déduire un principe d'intangibilité du contrat. C'est donc plus le produit de la force obligatoire, déduite de l'alinéa premier, et du principe de l'irrévocabilité de la convention, expressément mentionné par l'alinéa 2 et dont la portée est toute relative[254], qui justifie la consécration du principe de l'intangibilité, et non pas seulement l'alinéa premier, « berceau de la force obligatoire ». Il n'est d'ailleurs pas fait mention du principe de l'intangibilité dans le code civil. Ce principe est, dès lors, induit par une interprétation combinée des deux alinéas de l'article 1134 qui, seule, permet de rendre compte de la spécificité du principe. Cet article comporterait donc, à la fois, un principe dont l'interprétation est impérativement absolue, celui de la force obligatoire, et un principe d'interdiction relative de révoquer les conventions.

La combinaison de l'alinéa 1 et de l'alinéa 2 tendrait alors vers l'application du principe de l'intangibilité du contrat qui condamne toute révision judiciaire de la volonté initiale des parties. La force obligatoire, l'irrévocabilité contractuelle et l'intangibilité des obligations sont, en somme, des principes complémentaires, voire même interdépendants. Si l'un des facteurs de l'équation[255] est

[254] L'alinéa 2 qui pose le principe de l'irrévocabilité contractuelle recèle également ses exceptions. Seuls le législateur et les contractants pourront porter atteinte à la force obligation de la convention. En dehors de ces deux hypothèses, le contrat est immuable.

[255] Soit x, le principe de la force obligatoire (alinéa 1) et y, le principe de l'irrévocabilité du contrat (alinéa 2), le produit des deux facteurs emporte l'intangibilité contractuelle.

temporairement annihilé, l'intangibilité conventionnelle perd en intensité au point de ne plus être un principe approprié, ni même ponctuellement applicable. Le juge ne pourrait-il pas, dès lors, légitimement intervenir pour adapter le contrat, en cours d'exécution, aux nouvelles circonstances économiques ? Assurément, mais seul le principe de l'irrévocabilité peut, dans les situations d'imprévision, être neutralisé, la force obligatoire étant un principe impératif à l'égard des parties et *a fortiori* du juge. En effet, si, dans les situations d'imprévision, le principe de la force obligatoire des conventions s'impose avec force au juge[256], l'irrévocabilité du contrat n'y joue aucun rôle majeur. L'alinéa 2 ne prévoit qu'un principe général d'interdiction de résilier unilatéralement les conventions[257]. C'est d'ailleurs ce postulat que l'on retrouve dans la plupart des manuels de droit civil[258]. Deux explications permettent principalement de justifier la paralysie du principe de l'intangibilité en matière d'imprévision.

D'abord, la finalité de l'imprévision fait échec à l'application du principe de l'irrévocabilité. Alors que la théorie de l'imprévision permet d'assurer la pérennité du lien contractuel, de garantir immanquablement la « survie du contrat » [259], le principe de l'irrévocabilité sert, à l'évidence, l'annulation de la convention. L'imprévision n'entre donc pas dans le champ du caractère irrévocable du contrat, tiré de l'alinéa 2 de l'article 1134, plus que cela, les notions sont même antithétiques. Il n'est pas question ici de prononcer la fin prématurée du contrat, son terme anticipé, mais plutôt de le sauver d'une « mort certaine » [260].

---

[256] Voir, *infra*, p. 530 et s.

[257] Par ailleurs, la formule restrictive « ne … que » souligne manifestement la volonté du législateur d'exclure expressément l'intervention du juge dans le contrat.

[258] J. Flour, J.-L. Aubert, E. Savaux, *Op. cit.*, n° 379 ; Y. Buffelan-Lanore, V. Larribau-Terneyre, *Droit civil. Les obligations*, Sirey, 13ème édition, 2012, n° 1065, p. 394. R. Cabrillac, *Op. cit.*, n° 113.

[259] L. Thibierge, *Le contrat face à l'imprévu*, Thèse, Paris, Economica, 2011, n° 830, p. 469.

[260] *Ibid.*, n° 830, p. 469.

Enfin, même si l'on voulait absolument conserver la portée du principe dans les changements de circonstances, il faudrait tout du moins la tempérer. En effet, l'intangibilité du contrat s'est nécessairement construite sur la base du risque, contenu dans tout contrat. Une partie ne saurait se dédire à son gré, de ses engagements, se défausser de ses obligations, sous prétexte de subir les contraintes relatives à l'aléa qu'elle est pourtant supposée avoir accepté. En conséquence, et cela, conformément à la conception volontariste du contrat, l'intangibilité conventionnelle ne saurait jouer qu'en présence d'un aléa normal, à défaut duquel le contrat basculerait dans une période exceptionnelle susceptible de vider en substance toute son économie. Ainsi, le principe de l'intangibilité n'est censé interagir formellement que lorsque la convention est frappée d'un déséquilibre résultant du risque ordinaire que tout contractant s'est engagé à supporter dès la formation du contrat.

Admettre un principe général de révision judiciaire des conventions en cours d'exécution serait, en définitive, pléthorique[261] - ce n'est d'ailleurs pas ce qui est accueilli dans la théorie générale des contrats administratifs[262] - tout comme le serait de continuer à admettre un principe général d'interdiction de modifier le contrat, gravement déséquilibré sous l'effet d'un changement des circonstances économiques, sur le fondement de l'article 1134, opposable au juge. La justice contractuelle s'y verrait complètement négligée. Le principe de l'intangibilité ne devrait alors s'entendre que de la volonté d'éviter qu'un contractant puisse demander une révision au juge lorsque le contrat n'est plus aussi avantageux qu'il ne l'espérait.

Au-delà des impossibilités matérielles de l'article 1134 du code civil, la doctrine a finalement expliqué le rejet de l'imprévision dans le droit privé des contrats par le souci de préserver la sécurité juridique des relations contractuelles. Ce qui semble pour le moins paradoxal.

---

[261] J. Flour, J.-L. Aubert, E. Savaux, *Op. cit.*, t. 1, n° 410 ; L. Thibierge, Thèse *précitée*, p. 446 ; J.-L. Mouralis, *Op. cit.*, n° 21.

[262] Voir, *infra*, p. 589 et s.

B) La chimère d'une révision sur révision

La position de la Cour de cassation fermement opposée à la réception de l'imprévision serait en définitive légitimée corrélativement au besoin de sécurité juridique qui entoure les rapports contractuels. Le paradoxe est grand. Au prétexte que « la révision appelle la révision » [263], et qu'elle serait « un facteur *d'instabilité et d'insécurité* », cette position privilégie en réalité « l'injustice contractuelle » et l'extinction inéluctable des obligations. Le contractant dont le contrat subira les effets de l'imprévision sera contraint de poursuivre l'exécution de son obligation devenue excessivement dispendieuse jusqu'à ce que la situation d'imprévision dégénère inexorablement en situation de force majeure. Or, « l'inexécution du contrat *n'est-elle pas* génératrice de la pire des insécurités » [264] ? Si l'on devait mettre en balance la crainte d'une révision en cascade suscitée par l'admission d'une révision judiciaire pour imprévision avec la disparition prématurée de la convention, ne serait-ce pas au principe de la force obligatoire d'arbitrer ? Seulement, pour qu'il trouve à s'appliquer, encore faut-il que le contrat subsiste, sans quoi il serait vain de l'évoquer. Il est donc certain que l'application rigoureuse de l'article 1134 alinéa 1er privilégierait d'emblée une « révision raisonnable »[265] du contrat, notamment pour que la volonté des parties soit faite. En réalité, et conformément à ce que pense une grande partie de la doctrine, « ce qui crée l'insécurité, c'est le bouleversement des conditions économiques, spécialement la hausse des prix. Ce fait une fois acquis, on n'y remédie pas par *l'intangibilité du contrat dans une instabilité générale* » [266].

Les révisions en série dont chacune serait la conséquence de la précédente sont une crainte légitime en droit des obligations, mais

---

[263] J. Flour, J.-L. Aubert, E. Savaux, *Op. cit.*

[264] J. Flour, J.-L. Aubert, E. Savaux, *Ibid.* Ils fondent leur argumentation sur les propos du Doyen Maurice Hauriou sur l'arrêt *Gaz de Bordeaux* (note *précitée*).

[265] M. Hauriou, note sous *Gaz de Bordeaux*, *précitée*, p. 17 et s.

[266] J. Flour, J.-L. Aubert, E. Savaux, *Ibid.*, n° 410.

infondée. Il est en effet peu probable que l'immixtion du juge dans le contrat en vue de l'adapter aux nouvelles conditions économiques soit propre à créer une instabilité juridique telle, qu'une révision soit ensuite nécessaire pour rétablir le prix, au motif d'imprévision, dans chacun des contrats touchés par la révision initiale. Si la modification judiciaire du prix, fixé lors de la formation du contrat, est certes de nature à perturber l'économie d'autres conventions, il n'est cependant pas certain que toutes les conditions de l'imprévision soient nécessairement remplies pour que le jeu de la théorie déclenche une nouvelle révision judiciaire du contrat. Le juge n'exige-t-il pas trois conditions cumulatives et ultra-restrictives afin de mettre en œuvre la théorie de l'imprévision ? Si l'économie d'un second contrat peut être indéniablement bouleversée par la révision du prix d'un premier, les conditions d'imprévisibilité et d'extériorité seront également essentielles à la révision par le juge du second contrat, frappé, semble-t-il, par une situation d'imprévision. Peut-on dès lors considérer que l'événement générateur de la révision sur révision soit imprévisible et extérieur à la volonté des parties ? Il ne semble pas.

Le caractère imprévisible de l'événement à l'origine duquel s'articule la révision sur révision est vraisemblablement douteux. Certes, « la révision appelle la révision », mais la révision pour imprévision appelle-t-elle une autre révision pour imprévision ? Sûrement pas puisque la partie condamnée par le juge à verser une indemnité d'imprévision dans un contrat, celui qui aura fait l'objet d'une première révision, ne saurait se prévaloir de la théorie dans un autre contrat pour lequel elle serait financièrement lésée en raison de la modification du prix du premier. En effet, l'intervention du juge dans un contrat, comme dans tout acte juridique, n'a *a priori* rien d'imprévisible au moment de la conclusion du contrat. Si la révision judiciaire est certes imprévue lors de la formation du contrat, elle n'est en aucun cas imprévisible[267]. Le degré d'imprévisibilité d'une révision judiciaire du contrat n'est donc pas suffisant pour justifier une autre

[267] Pour une explication des nuances que revêtent les notions : voir *supra,* p. 23 et s.

révision dans un autre contrat[268]. Le juge ne saurait donc apprécier la condition d'imprévisibilité en considération du moyen selon lequel un autre juge aurait ajusté l'économie du contrat à un changement de circonstances. Ce critère ne serait donc pas rempli pour que la théorie de l'imprévision soit applicable à l'espèce.

Mais il y a plus encore. En effet, pour que la théorie de l'imprévision s'applique au contrat économiquement bouleversé par une situation imprévisible, il faut impérativement que cette situation soit extérieure à la volonté des parties. Or, dans une révision sur révision, la modification judiciaire du prix contractuel n'est absolument pas étrangère à la volonté d'un des contractants, celui-là même qui aura été partie dans le contrat initialement révisé, ne serait-ce que, parce qu'il aura dû participer aux renégociations réputées infructueuses. En conséquence de quoi il ne saurait se prévaloir du critère d'extériorité puisqu'il ne pouvait ignorer l'intervention du juge en vue de la révision du contrat, du fait de l'échec des nouvelles négociations. Il en aura été sinon à l'origine du moins l'un des facteurs en ce sens que c'est plus l'inefficacité des renégociations auxquelles il a participé préalablement qui justifie l'immixtion du juge dans le premier contrat. Mieux encore cette vision dissidente du problème exhorte immanquablement les parties à des renégociations amiables, précisément pour éviter toute intrusion du juge dans les stipulations contractuelles initialement décidées.

Quoi qu'il en soit, la révision négociée du prix pendant l'exécution du contrat est également susceptible de provoquer un bouleversement de l'économie d'autres conventions et de ce fait, d'occasionner des révisions en chaîne qui, aussi, « risqueraient de provoquer un déséquilibre généralisé » [269], et cela, sans que cette circonstance soit décriée par la doctrine. Bien au contraire, elle encourage la révision

---

[268] Il convient de remarquer que le Conseil d'Etat se montre, le plus souvent, très exigeant lorsqu'il s'agit d'apprécier le degré d'imprévisibilité d'un événement susceptible de justifier l'application de la théorie de l'imprévision. Voir *infra*, p. 510 et s.

[269] J. Flour, J.-L. Aubert, E. Savaux, *Op. cit.*, n° 410 (2).

conventionnelle du prix[270] au travers de renégociations impératives[271]. Aussi, craindre « l'effet inflationniste de la révision »[272] judiciaire va *a priori* à l'encontre des encouragements que reçoit la révision négociée du contrat puisque toute deux sont possiblement génératrices des mêmes répercussions.

Tandis que la révision judiciaire du contrat en cours d'exécution est formellement condamnée par la Cour de cassation et par une partie de la doctrine partisane du refus jurisprudentiel de la théorie de l'imprévision, il est cependant des cas dans lesquels le juge s'octroie la faculté de refaire le contrat[273]. Encore qu'il faille que cette réfaction s'inscrive nettement en dehors de tout changement du temps et des circonstances[274].

---

[270] L. Thibierge, Thèse *précitée*, n° 796 et s., p. 447.

[271] Voir *infra,* p. 246 et s.

[272] J. Flour, J.-L. Aubert, E. Savaux, *Op. cit.*, n° 410.

[273] Le fait du Prince, par exemple, est une théorie par laquelle la puissance publique adopte un acte législatif ou réglementaire susceptible de perturber l'exécution du contrat ; elle autorise le juge, à certaines conditions, à modifier les termes de la convention (Cass., 17 juin 1981, *Bull. civ.*, V, n° 568, p. 426 ; voir également, J. Ghestin, Ch. Jamin, M. Billiau, *Op. cit.*, n° 311, p. 373). De plus, dans le cadre du « forçage » des contrats (P. Malaurie, L. Aynès, *Op. cit.*, n° 377), le juge a également le pouvoir d'ajouter une obligation à l'une des parties comme par exemple, l'obligation de sécurité contenue dans tout contrat de transport (Voir, *infra*, p. 149). Le juge peut, du reste, pallier les lacunes du contrat, usant de son pouvoir d'interprétation et modifier des clauses contractuelles manifestement abusives, incomplètes, absentes, dérisoires ou obscures (Voir, *infra*, p. 149). Enfin, la lésion qui procède du défaut partiel de l'objet du contrat, lors de sa conclusion, permet désormais la modification du contrat ; la sanction traditionnelle de la lésion demeure la rescision (Voir, *infra*, p. 148).

[274] Ce qui semble pour le moins paradoxal : le juge judiciaire ne modifie pas le contrat en situation d'imprévision du fait d'un changement de circonstances, alors même que le code civil prévoit des cas de changements du temps et des circonstances, en attestent les articles 953, 1633 et 1889. Il convient par ailleurs de noter que ces articles ont également été repris pour justifier la réception de la théorie de l'imprévision en droit privé. Voir en ce sens, J. Ghestin, Ch. Jamin, M. Billiau, *Ibid.*, n° 298, p. 363.

Au-delà des considérations traditionnelles des détracteurs de l'imprévision, une autre partie de la doctrine tente de faire preuve de plus de clairvoyance à l'égard du contrat frappé par une situation d'imprévision. En effet, ses membres expérimentent moult concepts de droit civil pour montrer qu'il ne serait pas impossible d'admettre la théorie de l'imprévision dans le droit privé des obligations.

SECTION 2. L'ECHEC DES CONCEPTS CIVILISTES SUSCEPTIBLES DE JUSTIFIER LA THEORIE DE L'IMPREVISION

Nombreuses sont les thèses en droit privé qui approfondissent la question de la théorie de l'imprévision[275]. N'est-il pas curieux de constater une telle surabondance de littérature autour d'une théorie qui a pourtant été catégoriquement refusée ? Aussi, il convient d'en tirer d'utiles enseignements : la théorie de l'imprévision brille par son absence et le droit privé demeure en marge du droit des contrats. Une partie de la doctrine, consciente de sa position isolée, tente de pallier les lacunes du droit des obligations en expérimentant plusieurs concepts civilistes de nature à justifier l'introduction de l'imprévision. Il a par exemple été prétendu que la théorie de l'imprévision pouvait se déduire de l'article 1769 et suivants du code civil[276] relatifs au

---

[275] Par exemple : L. Fyot, *Essai d'une justification nouvelle de la théorie de l'imprévision*, Thèse Dijon, 1921 ; M. Bomsel, *La théorie de l'imprévision en droit civil français*, Thèse, Paris, 1922 ; P. Voirin, Thèse *précitée*, 1922 ; R. Kahn, Thèse *précitée*, p. 50 et s. ; C.-M. Popescu, *Essai d'une théorie de l'imprévision en droit français*, Thèse, Paris, 1937 ; J. Auverny-Bennetot, *La théorie de l'imprévision, droit privé, droit administratif, droit ouvrier*, Thèse, Paris, Sirey, 1938 ; El Gammal, *L'adaptation du contrat aux circonstances économiques*, Thèse, Paris, 1967 ; J.-L. Mouralis, *La notion d'aléa et les actes juridiques aléatoires*, Thèse, Grenoble, 1968, n° 71 et s. ; L. Grynbaum, *Le contrat contingent*, Thèse, Paris, 1998.

[276] « Si le bail est fait pour plusieurs années, et que, pendant la durée du bail, la totalité ou la moitié d'une récolte au moins soit enlevée par des cas fortuits, le fermier peut demander une remise du prix de sa location, à moins qu'il ne soit indemnisé par les récoltes précédentes.
S'il n'est pas indemnisé, l'estimation de la remise ne peut avoir lieu qu'à la fin du bail, auquel temps il se fait une compensation de toutes les années de jouissance ;
Et, cependant, le juge peut provisoirement dispenser le preneur de payer une partie du prix en raison de la perte soufferte ». Cette disposition est citée dans le code rural à l'article L. 411-19.

régime des baux à ferme. Les cas fortuits de nature à bouleverser l'exécution du contrat, et cela s'apparente immanquablement à la théorie de l'imprévision, sont *a priori* susceptibles de permettre sa révision judiciaire. Toutefois, si la France était un pays essentiellement agricole au moment de la rédaction du code civil, il n'en demeure pas moins que tel n'est plus le cas à l'heure actuelle et que cet article est devenu, par conséquent, désuet[277]. Ce besoin grandissant de considération pour les événements imprévisibles est le fruit de la montée en puissance du libéralisme économique dont la variabilité et l'incertitude des phénomènes sont clairement susceptibles de produire des dommages contractuels collatéraux, tel le bouleversement de l'économie générale du contrat. « Car, en arrière-plan de ces débats de prétoires, se déroulent de véritables drames humains (…) » [278]. En effet, ce n'est pas tant la considération de ce que la théorie de l'imprévision serait ou non recevable en droit privé des obligations qui compte, mais plus l'altruisme suscité par l'injuste ruine du contractant. C'est principalement cette réflexion qui participe de l'élaboration des thèses doctrinales encourageant la prise en compte de l'imprévision dont les effets permettent le rétablissement d'un tant soit peu d'équité.

Ce qui est frappant de constater dans les analyses de la doctrine de droit privé, c'est que la théorie de l'imprévision y est toujours abordée en des termes négatifs, le plus souvent, relatifs au champ sémantique de la mort[279]. Le contrat en situation d'imprévision subirait un véritable trépas que seule la nullité pourrait libérer. Certes, la réalisation du contrat est malmenée mais elle est loin d'être impossible. L'exécution par le débiteur doit pouvoir se poursuivre, il

---

[277] « Cette disposition particulière s'explique par le caractère essentiellement rural de la société française au 19ème siècle, par le fait que l'agriculture de l'époque était encore moins armée qu'aujourd'hui contre les aléas climatiques (…) » (J. Ghestin, Ch. Jamin, M. Billiau *Op. cit.*, n° 297, p. 362) ; voir également, L. Lorvellec, « Baux ruraux », *Rép. civ. Dalloz*, 1992, n° 684.

[278] S. Martin, *Op. cit.*, p. 601.

[279] Par exemple, Louis Thibierge utilise les termes « paralysie », « remèdes », « mort » et « survie » (Thèse *précitée*, n° 606-623, 786, 830, p. 342, 344 et s., 469).

s'agit là d'une condition *sine qua non* de l'application de l'imprévision. Le contrat n'est donc pas voué à l'annulation. Bien au contraire, son exécution demeure matériellement possible, elle est seulement devenue plus coûteuse et pour cela, l'octroi d'une indemnité est essentiel. *A contrario*, la théorie générale des contrats administratifs envisage l'imprévision contractuelle sous un angle nettement différent, dans la pérennité de l'obligation, autant que le but en vue duquel les parties se sont liées, subsiste. Le contrat n'est donc ici pas « mort », son prix a simplement crû de façon considérable, déjouant toutes les prévisions des contractants. Le destin du contrat est confié au juge par les parties qui n'ont pas réussi à s'entendre lors des renégociations car leur intention n'est pas éteinte. D'anéantissement, point.

Quelle que soit la nature des justifications produites par la doctrine civiliste partisane, certaines explications emportent la modification du contrat sans, pour autant, satisfaire l'exigence des mécanismes de la théorie de l'imprévision, telle qu'elle existe, à l'évidence, dans le droit des contrats administratifs (I).

D'autres, comme la disparition de la cause au cours de l'exécution, emportent l'annulation du contrat et s'opposent, par principe, à la théorie de l'imprévision (II).

I/ LES EXPLICATIONS EMPORTANT LA MODIFICATION DU CONTRAT

Aussi séduisantes que puissent paraître les réflexions de la doctrine partisane de la réception en droit privé des obligations, de la théorie de l'imprévision, il n'en demeure pas moins que les justifications produites n'ont pas suffi à convaincre les opposants de l'imprévision, ni la Cour de cassation, ni même le législateur.

Qu'elles soient déduites de quelques dispositions du code civil (B) ou qu'elles dérivent de la clause *rebus sic stantibus*[280] (A), chaque justification, si elle a néanmoins le mérite d'enrichir la discussion

---

280 Ancienne expression latine qui signifie « les choses demeurant en l'état ». Pour une étude approfondie de son histoire, voir H. Roland et Boyer, *Adages du droit français*, 3ème édition, Litec, 1992, n° 372-1.

autour de l'imprévision, demeure d'une subtilité contestable de sorte qu'aucune ne s'adapte étroitement à la réalité de l'imprévision.

A) L'adage **rebus sic stantibus** *ou le scepticisme autour d'une clause tacite du contrat*

Selon la pensée des précurseurs[281] du mouvement en faveur de sa réception dans le droit des contrats privés, la théorie de l'imprévision puiserait son fondement dans la clause *rebus sic stantibus* qui exprime l'idée selon laquelle « ce qui est convenu ne l'est que pour autant que les circonstances économiques (...) ne changent pas substantiellement » [282]. Censée sous-tendre implicitement l'exécution du contrat de longue durée[283], cette clause ne saurait pourtant jouer en l'absence d'une considération particulière pour la commune intention des parties telle que prescrite par l'article 1156 du code civil[284]. « L'imprévision est donc en dernière analyse la clause tacite par laquelle, dans tout contrat synallagmatique, les parties contractantes, ayant traité en vue de circonstances normales, réservent le cas où en raison d'événements imprévus, l'exécution de l'une des obligations deviendrait, par rapport à l'autre, extrêmement onéreuse »[285]. Il faut comprendre, en effet, que la volonté des parties initialement fixée lors de la conclusion du contrat ne demeure que si les circonstances contemporaines de cette cristallisation perdurent en l'état, pendant l'exécution du contrat, ou ne varient que dans des conditions normales. Partant, « si les choses changent, du moins de façon

---

[281] Par exemple, Saint-Thomas d'Aquin, Balde. Voir, pour une étude approfondie : A. Bruzin, Thèse *précitée*, p. 88 et s. ; P. Voirin, Thèse *précitée*, p. 130 et s.

[282] R. Rouquette, *Op. cit.*, p. 876.

[283] L. Julliot de la Morandière, *Op. cit.*, n° 462. J. Carbonnier, *Op. cit.*, T. IV, n° 150, p. 288.

[284] « On doit dans les conventions rechercher quelle a été la commune intention des parties contractantes, plutôt que de s'arrêter au sens littéral des termes ». Le Professeur Pierre Voirin exprimait une idée analogue dans sa thèse en considérant que « le recours à cette clause ne vise qu'à compléter la volonté des parties ». (Thèse *précitée*, p. 131-132).

[285] M. Bomsel, Thèse *précitée*, p. 11.

extraordinaire et imprévisible, les obligations assumées doivent être, elles aussi, modifiées » [286]. La clause *rebus sic stantibus*, combinée à l'article 1156 met ainsi en perspective une interprétation de la volonté des parties, laissée *a priori* au juge en matière d'imprévision. « Ce serait donc sainement interpréter l'intention commune des parties que d'appliquer cette clause tacite à leur convention » [287]. Mais au-delà de cette hypothèse, cette clause ne fonderait, au fond, que le devoir de renégociation qui s'impose aux parties en vertu du principe de bonne foi, du solidarisme contractuel ou du devoir de coopération[288]. Elle serait, en somme, le générateur ancestral des clauses actuelles d'adaptation du contrat[289].

Ainsi, que cet adage latin justifie l'obligation de renégocier les termes de la convention en raison d'un changement imprévisible des circonstances, est un compte, qu'il soit susceptible d'expliquer la révision judiciaire pour imprévision, en est un autre. En effet, les changements de circonstances en cours d'exécution du contrat n'engendrent pas systématiquement l'application judiciaire de la théorie de l'imprévision. Le juge apprécie également le grave bouleversement économique subi par le contractant ainsi que le critère d'extériorité de l'événement perturbateur. Si l'on fait de la clause *rebus sic stantibus* une clause d'application immédiate, sous l'effet d'un changement imprévisible des circonstances, elle serait dès lors susceptible de jouer lorsqu'un simple déséquilibre financier surgit en cours d'exécution ou lorsque ce changement des circonstances économiques résulte du fait de l'une des parties. Or, nous l'avons vu, c'est avec beaucoup de parcimonie que le juge administratif accepte de mettre en œuvre la théorie de l'imprévision : il apprécie

---

[286] J. Flour, J.-L. Aubert, E. Savaux, *Op. cit.*, n° 408. Il convient par ailleurs de noter que les Professeurs Mazeaud et Chabas estiment pour leur part que l'application de la clause *rebus sic stantibus* entraînerait plutôt un droit de résiliation de la convention au profit des parties.

[287] J.-L. Mouralis, *Op. cit.*, n° 12.

[288] Voir *infra*, p. 254 et s.

[289] J. Carbonnier, *Op. cit.*, p. 288. Voir *infra*, p. 254 et s.

rigoureusement chacune de ses conditions restrictives, si bien que cette clause ne saurait être raisonnablement considérée, ni dans le droit des obligations, ni même dans la théorie générale du contrat administratif[290], comme le fondement juridique de l'imprévision.

De plus, « en se plaçant ainsi sur le terrain de l'interprétation de la volonté des parties, on peut aboutir à une analyse diamétralement opposée (…) »[291]. En effet, outre le caractère indubitablement abstrait d'une clause non-écrite qui, par cette seule caractéristique, s'expose ainsi aisément à la critique, le fondement de l'imprévision tiré de la « volonté présumée des parties »[292] n'a pas manqué de détracteurs. En considérant le contrat comme « une emprise sur l'avenir »[293], comme « un pari sur l'avenir »[294], et en estimant que « si les parties désiraient introduire une telle réserve, elles prendraient soin de l'exprimer »[295], la clause *rebus sic stantibus* liée à l'article 1156 du code civil est à la fois susceptible de justifier ou de dénier la théorie de l'imprévision[296]. « Ainsi conduite, la discussion, aussi classique qu'elle soit, est sans issue »[297].

---

[290] Certains auteurs administrativistes rangent la clause *rebus sic stantibus* parmi les concrétisations de la théorie de l'imprévision en droit public. Si elle peut éventuellement être considérée comme une condition d'application de l'imprévision, elle ne saurait pour autant présider sa mise en œuvre.

[291] J.-L. Mouralis, *Op. cit.*, n° 13.

[292] J. Ghestin, Ch. Jamin, M. Billiau, *Op. cit.*, p. 402 relativement aux études de : A. Wahl, *S.* 1916, 1, p. 17 ; J. Lartigolle, *Justice commutative et droit positif*, Thèse, Bordeaux, 1957, p. 113 et s. ; P. Stoffel-Munck, *Op. cit.*, n° 88 et s. Pour une étude en sens inverse, voir, P. Voirin, Thèse *précitée*, p. 136 : « (…) c'est une adaptation de volonté qui *ne* s'opérera *pas* d'après une volonté présumée (…) ».

[293] G. Ripert, *Op. cit.*, n° 84.

[294] P. Stoffel-Munck, *Ibid.*, n° 99.

[295] Mazeaud et Chabas, *Op. cit.*, n° 734, p. 860.

[296] Voir également les développements respectifs à propos de la critique en droit des contrats administratifs du fondement tiré de la volonté des parties et à propos de l'interprétation absolue du principe de la force obligatoire. *Supra*, p. 94 et s. et p. 105 et s.

[297] J. Flour, J.-L. Aubert, E. Savaux, *Op. cit.*, n° 408.

En fondant son analyse sur l'interprétation de la volonté des parties, le Professeur Voirin s'est également proposé d'expliquer la théorie de l'imprévision en observant que « la commune intention des parties qui donne naissance au rapport obligatoire ne mérite de sortir ses effets qu'autant qu'elle est au service de buts conformes à la règle de droit »[298]. Toutefois, en rapprochant l'imprévision de la règle de droit, son analyse se heurte inéluctablement à la force obligatoire de la convention strictement interprétée au regard de l'article 1134 alinéa 1er qui interdit toute révision judiciaire pour imprévision. Plus encore, et cela, conformément au bien-fondé de la critique de Jacques Ghestin, Christophe Jamin et Marc Billiau, « il assimile, par le biais de sa conception du contrat, les changements de circonstances de fait aux changements législatifs qui, seuls modifient l'ordre juridique et imposent parfois une modification du contrat »[299].

Chacun de ces arguments, qu'il aille dans le sens d'une reconnaissance de la théorie ou qu'il la récuse, se défend. Nous rejoignons l'idée du Professeur Ripert selon laquelle « on a posé la question aussi mal qu'il était possible de le faire en parlant d'imprévision »[300]. En revanche, la principale critique de cette explication mettra la doctrine d'accord. L'état d'imprévision est de nature à ouvrir une période extracontractuelle justifiée par l'imprévisibilité de l'événement en cause. C'est précisément parce que la variation des conditions économiques a complètement déjoué les prévisions des parties que le fondement de l'imprévision devra s'inscrire dans la périphérie de la convention, pour être légitimement validé. « On ne peut rien vouloir, dans un sens ou dans l'autre, quant aux conséquences d'un événement que l'on ne prévoit pas »[301].

---

[298] Thèse *précitée*, p. 128.

[299] *Op. cit.*, n° 341, p. 404.

[300] *Op. cit.*, n° 84.

[301] J. Flour, J.-L. Aubert, E. Savaux, à propos de l'imprévisibilité de l'événement en cause. C'est précisément parce que les contractants n'ont pu raisonnablement prévoir le changement des circonstances qu'ils ne sauraient vouloir « *ni* le maintien » de leur volonté initiale au moment de la conclusion du contrat, « *ni* la révision du contrat » (*Op. cit.*, n° 408). Pour le Professeur Pierre Voirin, la clause

L'indemnité qui découle de l'application du régime de l'imprévision doit dès lors revêtir un caractère extracontractuel. Le fondement juridique de la théorie de l'imprévision sera donc à rechercher hors du champ du contrat. Or, la clause *rebus sic stantibus*, même tacite, n'en demeure pas moins d'essence contractuelle, tout comme, et plus encore, la commune intention des parties.

Ni la clause tacite *rebus sic stantibus*, ni l'interprétation de la volonté commune des parties, ni même leur combinaison, ne suffisent, à l'évidence, à expliquer la logique de l'imprévision du fait que l'une comme l'autre se concentrent dans le contrat. Or, dans le droit des contrats administratifs, seul dans le droit positif français, à admettre la théorie de l'imprévision, il est communément observé qu'une période extracontractuelle s'engage du fait de la survenance de l'événement imprévisible. Si l'on part du principe suivant lequel « le contrat est un acte de prévision » [302], les parties, lors de sa formation, envisageront tout ce qu'elles peuvent prévoir raisonnablement et l'événement imprévisible qui, par définition, ne peut pas préalablement avoir été prévu, sortira des prévisions contractuelles.

La doctrine s'est alors employée à rechercher le fondement de la théorie de l'imprévision dans quelques articles du code civil, sans toutefois, parvenir à une explication satisfaisante.

B) L'imprévision déduite d'articles du code civil

Quelques dispositions du code civil recèleraient, semble-t-il, la justification d'une théorie de l'imprévision en droit des obligations. Aussi pertinentes que puissent paraître ces explications elles ne sont pourtant pas suffisamment parfaites pour emporter la conviction des opposants à l'imprévision. Certaines d'entre elles font l'objet de vives discussions doctrinales, les autres ont été abandonnées. Seuls les

---

rebus sic stantibus impliquerait une interprétation de la volonté des parties « qui n'a en réalité jamais existé ». (Thèse *précitée,* p. 131-132).

[302] M. Hauriou, *Précis de droit public*, 1ère éd., p. 206.

principaux articles susceptibles de fonder l'imprévision seront brièvement abordés.

1. Articles 1134 alinéa 3 et 1135

La référence au principe de bonne foi, confortée par les considérations d'équité de l'article 1135 du code civil sert la récente casuistique autour de la réfaction du contrat[303] en droit privé des obligations et, à l'évidence, l'imminente réception de la théorie de l'imprévision. Loin de vouloir nier l'importance de ce principe dans les relations contractuelles et dans le fondement des décisions contemporaines de la Cour de cassation autour du changement des circonstances l'analyse consiste à démontrer que la bonne foi des parties ne fonde pas l'application de la théorie de l'imprévision. Seule l'obligation de renégocier les termes de la convention peut se satisfaire d'une justification tirée du devoir de bonne foi[304].

Le principe implique que les parties ont l'obligation d'exécuter le contrat avec la conviction d'être profondément honnêtes, tel un « bon père de famille ». Aussi, le contractant fourbe, qui feint l'ignorance ou qui insinue des choses qu'il sait fausses, fera preuve de mauvaise foi, laquelle sera constitutive d'une faute susceptible d'engager sa responsabilité contractuelle. La bonne foi sous-tend l'exécution du contrat et fait appel à la morale de chacune des parties. Le législateur l'a ordonné en ce sens, de sorte que le bouleversement de l'économie contractuelle du fait d'un changement imprévisible des circonstances implique impérativement de procéder à des renégociations, sans quoi la partie qui s'enrichit au détriment de l'autre serait réputée de mauvaise foi. Celles-ci auront lieu au cours de l'exécution du contrat gouvernée par la bonne foi et puiseront dans ce principe, leur fondement juridique. En revanche, la bonne foi des parties n'explique pas la révision judiciaire du contrat pour imprévision. La théorie mise en œuvre par le juge administratif, seul à l'appliquer dans le droit

---

[303] Voir, *infra*, p. 254 et s.

[304] *Idem.*

contractuel français, est guidée par des considérations essentiellement financières. Or, l'économie ne préside pas aux règles de la bonne foi, elle n'y est pas même sous-entendue. L'autorité morale du principe serait même, pour ainsi dire, un frein aux intérêts économiques et financiers des contractants dans le courant ultralibéral. Ainsi, le juge ne s'arroge pas le droit de modifier le contrat dans les situations d'imprévision au prétexte de la foi, bonne ou mauvaise, d'une partie. Son office procède d'un raisonnement rigoureusement scientifique basé sur le prix et laisse à la bonne foi, le devoir de renégocier les termes de la convention en vue de l'adapter aux nouvelles circonstances de fait.

En outre, et comme bon nombre d'arguments civilistes favorables à la reconnaissance de la théorie de l'imprévision, la bonne foi se heurte à un obstacle majeur lorsqu'elle est considérée comme un fondement potentiellement valable de la théorie. Le principe de bonne foi est, en substance, contractuel. Il est l'une des caractéristiques de sa bonne exécution et doit être, de ce fait, écarté de la logique de la révision pour imprévision : son ascendance contractuelle s'oppose frontalement à la période extracontractuelle née de l'état d'imprévision.

De toute manière, la Cour de cassation a catégoriquement rejeté la justification d'une révision judiciaire du contrat sur l'équité et le principe de bonne foi en estimant « que si, aux termes de l'article 1135 du code civil, l'équité ou l'usage doivent être pris en considération dans l'interprétation des contrats et des suites qu'ils comportent, le juge n'en saurait faire état pour soustraire l'un des contractants à l'accomplissement des engagements clairs et précis, qu'il a librement assumés »[305]. En conséquence, seules l'incomplétude du contrat ou l'opacité de ses stipulations permettent au juge de faire usage des articles 1134 alinéa 3 et 1135 du code civil pour l'ajuster, non pas aux nouvelles circonstances, mais plutôt à ce que la commune intention des parties n'a pas prévu lors de sa formation. Conformément à cette solution, l'évolution récente de la

---

[305] Com. 2 décembre 1947, *Gazette du palais*, n° 1, 1948, p. 6.

jurisprudence judiciaire en matière d'imprévision[306] se fonde sur le principe de bonne foi pour condamner l'attitude du contractant dont la mauvaise foi caractérisée s'est illustrée pendant la période de renégociations. Le juge n'a pas modifié le contrat, cela s'entend puisque « les engagements *étaient* clairs et précis ». Il le résilie sur la base de la faute contractuelle ouvrant droit à des dommages et intérêts pour la partie financièrement lésée. Ce n'est encore pas la théorie de l'imprévision. Du reste, lorsque les renégociations échouent alors qu'elles ont été menées de bonne foi, la situation n'est pas juridiquement condamnable. Cela veut-il dire pour autant que le contractant doit continuer de poursuivre l'exécution du contrat à perte quitte à y perdre tout intérêt économique ? Le juge qui n'a ni le droit de l'adapter, ni celui de le résilier, devrait pouvoir mettre en application la théorie de l'imprévision, évidemment pas sur le fondement du principe de bonne foi. Seule une considération pour l'imprévisibilité et le climat économique et financier permet de saisir le véritable fondement de la théorie[307].

Aussi, considérer que « les parties laissent l'imprévu à l'équité »[308] sur la base d'une interprétation de l'article 1135 qui permettrait « d'éviter qu'une partie ne puisse s'enfermer dans la lettre du contrat pour en éluder l'esprit » n'est pas concevable[309]. Ce n'est pas parce que le contractant qui s'enrichit, « persiste à exiger une prestation dont la valeur, loin d'avoir diminué, a, au contraire, augmenté de façon très importante »[310], qu'il fait preuve de mauvaise foi. D'abord, il a le droit, en vertu du principe de la force obligatoire, de réclamer l'exécution du contrat, et cela, même si l'obligation du débiteur est

---

[306] Voir *infra*, p. 307 et s.

[307] L'analyse sera postérieurement complétée, notamment au regard des propositions récentes de la doctrine de droit privé.

[308] J. Carbonnier, *Op. cit.*, n° 151, p. 288.

[309] Voir, R. Demogue, *Traité des obligations en général*, T. 6, 1931, n° 634 ; P. Voirin, Thèse *précitée*, p. 63 ; R. Vouin, *La bonne foi, notion et rôle actuels en droit privé français*, Thèse, Bordeaux, LGDJ, 1939, p. 454 et 223.

[310] J.-L. Mouralis, *Op. cit.*, n° 14.

devenue extrêmement onéreuse. A noter justement que la théorie de l'imprévision ne libère pas le cocontractant de l'administration des engagements qu'il a librement consentis au moment de la conclusion du contrat. Celui-ci se doit de poursuivre l'exécution du contrat, sans quoi il commettrait une faute susceptible d'engager sa responsabilité contractuelle. Ensuite, il aura pu être de bonne foi même en refusant, pendant les renégociations, les propositions de la partie lésée. Cette attitude entre dans le champ de sa liberté contractuelle telle que protégée par la loi[311] et n'est donc pas caractéristique d'une mauvaise foi présumée[312] : le contractant n'est pas dans l'obligation d'accepter l'offre, même la plus raisonnable, de celui qui s'appauvrit. Seule la subjectivité de l'individu, qui peut avoir eu la conviction d'être honnête en déclinant les suggestions du débiteur, permet d'expliquer ce type de comportement. Le juge ne saurait dès lors le condamner pour une faute contractuelle qu'il n'aurait pas consciemment commise.

« S'en remettre à la simple application du principe de bonne foi ne serait pas suffisant car il est nécessaire que soit organisé par la loi le champ de l'imprévision de façon à mieux assurer la sécurité juridique »[313].

2. Article 1150

En stipulant que « le débiteur n'est tenu que des dommages et intérêts qui ont été prévus ou qu'on a pu prévoir lors du contrat, lorsque ce n'est point par son dol que l'obligation n'est point exécutée », l'article 1150 du code civil aurait pertinemment pu justifier la théorie de l'imprévision. Quelques auteurs s'y sont

---

[311] Aux termes de l'article 34 de la Constitution, le Parlement détermine les obligations de droit privé.

[312] La mauvaise foi des parties est constitutive d'une faute présumée (pour une analyse approfondie de la notion, voir : F. Faysse, *La présomption de faute dans le contentieux administratif de la responsabilité*, Thèse Toulouse, LGDJ, 1985).

[313] Rapport de Pierre Sargos relatif à l'avant-projet Catala, n° 45.

d'ailleurs employés[314], procédant à une interprétation parfois des plus périlleuses de cet article, sans toutefois y parvenir formellement.

Estimer que « le créancier reste tenu (...) de limiter au maximum prévisible ses droits sur la plus-value éventuelle de la chose à lui due, parce que c'est seulement à cette portion prévisible que le débiteur est raisonnablement censé avoir consenti à s'obliger » [315], renverse, pour ainsi dire, toute la technique de la théorie de l'imprévision. Tandis que son application par le juge administratif donne lieu à l'engagement de la responsabilité sans faute du créancier dans les situations d'imprévision, cette thèse raisonne à partir de la responsabilité du débiteur lésé, laquelle devrait être amoindrie en cas de difficultés exceptionnelles d'exécution. Ainsi, « quand il y a imprévision dans un contrat, l'article 1150 doit venir limiter la responsabilité pécuniaire du débiteur » [316]. En somme, peu importe qu'il ait, ou non, cessé d'exécuter le contrat. En cas d'inexécution de l'obligation contractuelle, la réparation du dommage subi par le créancier passera par l'octroi, à la charge du débiteur, de dommages et intérêts, dont le *quantum* sera fixé dans la limite de ce qui était prévisible. *A contrario*, lorsque le contractant exécute à perte son obligation devenue extrêmement onéreuse sous l'effet d'un changement imprévisible des circonstances, une obligation indemnitaire pèserait à la charge du créancier, corrélativement au fait que « le débiteur qui exécute son obligation ne saurait être plus mal traité que celui qui n'exécute pas » [317]. Cette explication, pour le moins alambiquée, ne peut être retenue du fait qu'elle met en jeu une responsabilité contractuelle que ne connaît pas la théorie de l'imprévision[318].

---

[314] C. Aubry, C. Rau, *Op. cit.*, n° 347 ; L. Fyot, Thèse *précitée*, p. 32 et s. ; I. Souleau, *La prévisibilité du dommage contractuel*, Thèse, 2 vol., Paris II, Ed. Cujas, 1979.

[315] L. Fyot, *Ibid.*, p. 199 (formulation en italique dans le texte).

[316] L. Fyot, *Ibid*, p. 99.

[317] J. Ghestin, Ch. Jamin, M. Billiau, *Op. cit.*, n° 342, p. 405.

[318] F. Terré, P. Simler, Y. Lequette, *Op. cit.*, n° 563.

Du reste, le fait que l'article 1150 concerne exclusivement une hypothèse d'inexécution du contrat, suffira à l'exclure en tant que fondement, en droit privé des contrats, d'une théorie de l'imprévision, dont la finalité repose, dans la théorie générale des contrats administratifs, sur la pérennité du rapport obligatoire. L'hypothèse d'inexécution contractuelle n'a donc pas sa place dans la logique de la théorie. Comme le fait remarquer à juste titre, le Professeur Jacques Ghestin, « l'article 1150 du Code civil ne peut donc être le fondement d'une théorie de l'imprévision, tout simplement parce qu'il ne la concerne pas »[319].

3. Article 1152

Un principe général de révision du contrat par le juge pourrait, semble-t-il, se déduire de l'article 1152 du code civil[320] relatif aux clauses pénales[321]. L'imprévision serait fondée sur la base du fait que le législateur a expressément conféré au juge le « pouvoir exceptionnel » [322] de réviser le montant des dommages et intérêts contenus dans une clause contractuelle en vue de pallier la défaillance d'un contractant qui cesse d'exécuter son obligation. Le juge peut de plein droit adapter les termes de la convention si la somme à devoir est excessive ou dérisoire, en vertu de son pouvoir souverain d'appréciation. Pour légitime qu'elle soit, cette explication n'est pas concluante. Elle dénie toute spécificité de la théorie de l'imprévision.

---

[319] *Op. cit.*, n° 342, p. 406.

[320] « Lorsque la convention porte que celui qui manquera de l'exécuter payera une certaine somme à titre de dommages-intérêts, il ne peut être alloué à l'autre partie une somme plus forte, ni moindre.
Néanmoins, le juge peut, même d'office, modérer ou augmenter la peine qui avait été convenue, si elle est manifestement excessive ou dérisoire. Toute stipulation contraire sera réputée non écrite ».

[321] Pour une étude approfondie de la notion, voir, D. Mazeaud, *La notion de clause pénale*, LGDJ, Bibl. de droit privé, T. 223, 1992.

[322] R. Cabrillac, *Op. cit.*, n° 169.

D'abord, ce raisonnement suppose l'existence d'une clause contractuelle stipulant le montant du dédommagement forfaitaire en cas de mauvaise exécution du contrat. Outre le fait que sa seule existence se confronte à la nature extracontractuelle de la période ouverte par la théorie de l'imprévision, son absence dans le contrat ne laisse plus aucune alternative à la partie financièrement lésée par le bouleversement imprévisible des circonstances. Cette conception ne tient pas compte de la notion d'imprévisibilité qui sous-tend l'application de la théorie. Si l'on ne prévoit pas l'événement économiquement perturbateur, en insérant, par exemple, des clauses d'adaptation du contrat, c'est que l'on n'a pas, non plus, particulièrement envisagé de ne pas exécuter l'obligation par laquelle on s'est engagé. Pourquoi prévoir dès lors une clause pénale visant l'inexécution du contrat ? Pourtant, à défaut de son insertion, l'office du juge est paralysé et la situation que subit le contractant reste inéluctablement figée.

Mais, le principal reproche que l'on peut faire à l'encontre de cette explication, c'est que la clause pénale n'a vocation à s'appliquer qu'en cas d'inexécution contractuelle. Or, la théorie de l'imprévision dans la jurisprudence administrative, nous l'avons vu, suppose précisément que le cocontractant continue d'exécuter le contrat économiquement bouleversé, à défaut de quoi il engagerait sa responsabilité contractuelle pour faute. Si les circonstances sont telles que l'exécution de l'obligation est impossible, le juge fera application de la théorie de la force majeure. Il ne s'agit donc pas, dans la théorie de l'imprévision, de dédommager l'inexécution fautive du contrat, mais bel et bien, d'indemniser l'exécution devenue extrêmement onéreuse à cause d'un changement imprévisible des circonstances économiques.

Cette explication se heurte indubitablement à la logique de l'imprévision puisqu'elle suppose une situation qui lui est, en somme, complètement étrangère.

4. Article 1244 alinéa 1er

Le juge tient de la loi n°91-650 du 9 juillet 1991 la compétence d'accorder des délais de grâce de sorte que le débiteur défaillant pourra se voir appliquer un échéancier du prix qu'il doit au créancier. Ainsi, aux termes de l'article 1244 alinéa 1er, « compte tenu de la situation du débiteur et en considération des besoins du créancier, le juge peut, dans la limite de deux années, reporter ou échelonner le paiement des sommes dues (…) ». Une partie de la doctrine a préconisé l'usage de cet article afin de justifier la théorie de l'imprévision[323]. Cet article pourrait ainsi traduire la volonté du législateur d'autoriser, d'une manière générale, la révision judiciaire du contrat. Cette position est également confortée par l'ancienne rédaction de l'article 1244 alinéa 2 créé par la loi du 17 février 1804 qui stipulait que « les juges peuvent néanmoins, en considération de la position du débiteur et compte tenu de la situation économique, accorder pour le paiement des délais qui emprunteront leur mesure aux circonstances, sans toutefois dépasser un an, et surseoir à l'exécution des poursuites, toutes choses demeurant en l'état » [324]. Cette formulation, désormais abandonnée, et qui fait explicitement référence à la clause *rebus sic stantibus*, légitimerait plus encore, la modification du contrat par le juge et cela, notamment, dans les situations d'imprévision[325]. D'ailleurs, il convient de remarquer à ce titre que les rédacteurs du code civil n'ont pas été, contrairement à la pensée d'une grande partie de la doctrine, hostiles aux changements de temps et des circonstances. Ce courant de pensée a été d'autant plus encouragé que « les rédacteurs du Code civil (ancien art. 1244, al. 2) avaient précisé que le tribunal ne devait en user *qu'avec une grande réserve* » [326], considération qui va dans le sens de l'application

---

[323] R. Cabrillac, *Op. cit.*, n° 124.

[324] Version en vigueur du 22 août 1936 au 1er août 1992.

[325] Des délais de grâce sont accordés dans d'autres matières sur la base de cet article. Par exemple, dans le domaine commercial, l'article L. 621-76 du code de commerce prévoit « des délais uniformes de paiement » en matière de redressement ; les articles L. 313-12 et L. 331-7-1 du code de la consommation prévoient respectivement des modalités de paiement, en matière de remboursement de prêt, pour le débiteur notamment licencié et le paiement échelonné du prix en matière de surendettement.

[326] Mazeaud et Chabas, *Op. cit.*, n° 732, p. 859 (l'italique remplace les guillemets dans le texte).

parcimonieuse de la théorie de l'imprévision par les juridictions administratives.

En outre, s'il est concevable de considérer que les engagements ne sont valables que lorsque les conditions d'exécution du contrat restent celles qui ont présidé à sa formation, et que la situation économique du débiteur défaillant justifie un échelonnement du prix à payer, il n'en demeure pas moins que cet article ne rend pas compte de la visée spécifique de la théorie de l'imprévision : les délais de grâce ne visent que le paiement différé du prix, rien de plus. Ils s'appliquent sans considération pour l'augmentation imprévisible de la dette du débiteur qui restera, dès lors, nécessairement redevable de la somme cristallisée sous l'effet de l'échange de consentements. Il n'y aura pas de répartition des charges imprévisibles, la somme restant due[327], relativement à la stricte interprétation du principe de la force obligatoire. L'obligation devenue extrêmement onéreuse persistera, sauf que, son exécution sera légitimement répartie pour s'étendre dans le temps, sur la base d'un échéancier ordonné par le juge.

Cette explication, qui n'est pas concluante, ne saurait, en conséquence, être retenue.

Au-delà de ces considérations doctrinales qui, malgré leur apparente recevabilité, ne sont pas, en réalité, irréfutables, d'autres arguments civilistes propices à l'introduction de la théorie de l'imprévision en droit contractuel privé ont été soutenus. Une partie de la doctrine a proposé de retenir tantôt le vice du consentement tiré de l'erreur[328], tantôt de l'enrichissement sans cause, tantôt de l'abus du droit, pour tenter une justification à l'imprévision. Rapidement abandonnées[329], ces explications ne seront pas abordées dans les développements suivants.

---

[327] Prix initialement fixé + aléa prévu + charges imprévisibles.

[328] Cet argument qui fausserait l'intégrité du consentement de l'une des parties, serait de nature à la libérer de ses obligations avant le terme de la convention. Voir *infra*, p. 185 et s.

[329] Concernant l'enrichissement sans cause qui ne peut être admis en tant que fondement de l'imprévision parce qu'il « trouve sa source dans le contrat », voir

En revanche, la disparition de la cause conventionnelle pendant l'exécution du contrat expliquerait l'introduction de l'imprévision. Si les développements autour de cet argument promettent un véritable enrichissement doctrinal en droit privé des obligations et nonobstant l'ingéniosité de ces analyses en matière d'imprévision, l'absence soudaine de cause ne peut être retenue en vue de fonder l'imprévision. Aussi séduisante qu'elle puisse paraître, elle emporte l'annulation de la convention et demeure, par conséquent, discutable.

II/ L'ABSENCE DE CAUSE, UNE EXPLICATION EMPORTANT L'ANNULATION DU CONTRAT

La cause en droit contractuel[330] se décline selon deux conceptions[331] : une théorie classique ou conception objective[332] fondée sur la *causa proxima*, et qui renvoie au « but en vue duquel les

---

pour la jurisprudence : Cass. civ. 28 février 1939, *D. P.*, 1940, T. 1, p. 5, note G. Ripert ; Cass. civ., 3ème, 25 février 1975, *Bull. civ.*, III, n° 77, p. 58 ; Cass. civ., 3ème, 28 mai 1986, *Bull. civ.*, III, n° 83, p. 64, *RTDciv*, 1987, n° 9, p. 545, obs. J. Mestre ; pour la doctrine, J. Ghestin, Ch. Jamin, M. Billiau, *Op. cit.*, n° 344, p. 406 ; Mazeaud et Chabas, *Op. cit.*, n° 734, p. 860 ; G. Ripert, Boulanger, *Traité de droit civil d'après le traité de Planiol*, T. 2, LGDJ, 1957, n° 4471, p. 184. Relativement à la théorie de l'abus du droit qui n'est pas, non plus, de nature à justifier l'imprévision précisément parce que le contractant qui exige l'exécution de l'obligation ne commet pas de faute, voir Mazeaud et Chabas, *Ibid.*

330 En droit privé des obligations mais aussi en droit des contrats administratifs qui s'en est inspiré. La cause a fait l'objet d'une réflexion d'une exceptionnelle richesse, en témoigne le nombre impressionnant de textes à ce sujet, et cela, au point de connaître aujourd'hui une telle complexification, qu'elle serait susceptible d'être abandonnée par le législateur (voir, en ce sens, les débats autour des avant-projets de réforme : par exemple, F. Chénédé, L'utilité de la cause de l'obligation en droit contemporain des contrats : l'apport du droit administratif, *Contrats concurrence consommation*, 2008, étude 11 ; et voir notamment, en sens inverse, X. Lagarde, « Sur l' utilité de la théorie de la cause », *Rec. Dalloz*, 2007 p. 740).

331 Les Professeurs Flour, Aubert et Savaux font remarquer à juste titre que « du fait que la théorie moderne (…) ne s'est pas substituée mais ajoutée à la théorie classique, le droit positif consacre une conception dualiste de la cause que ne ruinent pas les quelques rapprochements qui sont observables, ici ou là » (*Op. cit.*, n° 270).

332 Domat, *Les loix civiles dans leur ordre naturel*, 1ère partie, titre 18, p. 94.

parties ont contracté », c'est-à-dire à la cause de l'obligation ; et une théorie moderne[333] ou conception subjective fondée sur la *causa remotae*, qui porte sur « les motifs et les mobiles » qui ont poussé les parties à contracter, c'est-à-dire sur la cause du contrat. La nuance est subtile. Nous écarterons d'emblée cette dernière conception que méconnaît la théorie de l'imprévision, pour ne concentrer l'analyse que sur la cause objective qui, dans la théorie classique, revêt une fonction d'équilibre et de protection du contractant[334].

La surabondance de littérature relative à la notion[335] témoigne, en droit privé des obligations, d'une théorie de la cause aussi complexe qu'inutile. Il est vrai que le législateur a fait preuve d'une grande abstraction en instituant le régime de la cause[336]. Elle demeure par

---

[333] H. Capitant, *De la cause des obligations*, 3ème édition, 1927 ; J. Maury, *Essai sur la notion d'équivalence en droit civil français*, Thèse, Toulouse, 1920.

[334] Com., 22 octobre 1996, *Chronopost*, *JCP G*, 1998, I, p. 152 ; *Rec. Dalloz*, 1997, p.121, note A. Sériaux ; *Rec. Dalloz,* 1997, p. 175, obs. P. Delebecque ; *Défr.*, 1997, p. 333, obs. D. Mazeaud ; voir également, J. Ghestin qui affirme que « la cause joue ici un rôle de *protection individuelle* : protection de l'un des contractant contre l'autre » (*Op. cit.*, n° 262, p. 242) ; Les Professeurs Soraya Amrani Mekki et Bénédicte Fauvarque-Cosson témoignent de ce que la cause est « utilisée ces dernières années pour rééquilibrer des contrats dans lesquels l'une des parties avait inséré des clauses qui lui conféraient un avantage excessif sans réelle contrepartie pour l'autre » (*in* « Droit des contrats. Octobre 2009-Novembre 2010 », *Rec. Dalloz*, 2011, n° 7, p. 472).

[335] Par exemple, J. Ghestin, *Cause de l'engagement et validité du contrat*, LGDJ, 2006, 960 p. ; P. Louis-Lucas, *Volonté et cause*, Thèse, Dijon, 1918 ; F. Terré, *L'influence de la volonté individuelle sur les qualifications juridiques*, Thèse, Paris, 1957, J. Hauser, *Objectivisme et subjectivisme dans l'acte juridique*, Thèse, Paris, 1957 ; Ionesco, « Les récentes destinées de la théorie de la cause dans les obligations », *RTD civ.*, 1931, p. 29 ; P. Reigné, *La notion de cause efficiente en droit privé français*, Thèse, Paris, 1993 ; D. Mazeaud, « La cause », in *1804-2004, Le Code civil. Un passé, un présent, un avenir*, 2004, p. 451 ; J. Ghestin, « Validité-cause », *in Présentation de l'avant-projet de réforme des obligations et de la prescription*, La Documentation française, 2006 ; B. Fages, « Autour de l'objet et de la cause », *in* La réforme du droit des contrats : projet et perspectives, *RDC*, 2006, p. 37.

[336] Article 1131 : « L'obligation sans cause, ou sur une fausse cause, ou sur une cause illicite, ne peut avoir aucun effet » ; article 1132 : « La convention n'est pas moins

conséquent « l'une des notions les plus incertaines du droit civil » [337] si bien que les solutions de la Cour de cassation, marquées par une certaine confusion doctrinale sur ce point, s'en ressentent. Aussi, serait-il hasardeux de fonder l'imprévision sur une notion aussi contingente : la théorie qui, déjà, par sa nature, partage la doctrine civiliste, ne saurait puiser son fondement dans une notion qui, également, divise.

Généralement définie comme « la raison » pour laquelle les parties s'engagent dans la relation contractuelle, elle constitue, en définitive, une contrepartie dans le contrat, représentée par « l'obligation contractée par l'autre » [338]. Cette considération vise dès lors « l'interdépendance des obligations » [339]. C'est parce que cette contrepartie est susceptible de disparaître en cours d'exécution du contrat que le contractant serait fondé à ne plus exécuter son obligation. L'état d'imprévision, qui est, à l'évidence, de nature à éteindre la cause objective de l'obligation, l'exécution étant devenue, pour le cocontractant de l'administration, excessivement onéreuse, sert les partisans de ce courant doctrinal. Or, si cet état fonde l'anéantissement de la cause, l'inverse n'est *a fortiori* pas avéré. Il serait, en conséquence, inexact de justifier l'imprévision sur le défaut de cause objective. Plusieurs arguments servent d'ailleurs la critique.

---

valable, quoique la cause n'en soit pas exprimée » ; article 1133 : « La cause est illicite, quand elle est prohibée par la loi, quand elle est contraire aux bonnes mœurs ou à l'ordre public ».

[337] J. Flour, J.-L. Aubert, E. Savaux, *Op. cit.*, n° 253.

[338] J. Flour, J.-L. Aubert, E. Savaux, *Ibid.*, n° 262 et n° 271 (« le contenu d'un tel contrat – le contrat synallagmatique – faisant apparaître les obligations réciproques qui se servent mutuellement de cause ») ; R. Cabrillac exprime une idée analogue : « l'obligation de chaque partie a pour cause celle de l'autre » (*Op. cit.*, n° 84). Pour une critique, voir Planiol, *Traité élémentaire de droit civil*, T. II, n° 1037 et s.

[339] F. Garron, *La caducité du contrat (Etude de droit privé)*, PUAM, 2000, 349 p. ; J. Flour, J.-L. Aubert, E. Savaux, *Op. cit.*, n° 261 (spécialement, notes de bas de page 4 et 5).

D'abord, un changement de circonstances n'est pas toujours imprévisible, sans que cette considération ait d'incidence particulière sur la disparition éventuelle de la cause. Plus clairement, le bouleversement de l'économie du contrat s'inscrit, en général, dans le cadre de l'aléa normal, censé être formellement prévu par les parties de sorte que, même si la cause disparaît objectivement, la théorie de l'imprévision ne serait pas légitimement applicable. Il est des conventions dont la cause s'éteint sans que l'exigence d'imprévisibilité soit remplie et le juge, parce qu'il ne révise pas à tout-va les conventions, rejettera le moyen fondé sur la théorie de l'imprévision.

Ensuite, la cause est nécessairement contenue dans tout contrat, et cela même, si elle n'est pas expressément exprimée. L'absence de cause en cours d'exécution du contrat, peut tout aussi bien toucher les contrats à titre onéreux que les contrats à titre gratuit[340]. Or, seule l'économie des premiers peut être frappée par une situation d'imprévision en ce sens que la théorie n'est susceptible de jouer qu'à l'égard des contrats comportant un prix, ou « des obligations exprimées par une unité monétaire » [341]. « L'imprévision est une question d'ordre économique et financier » [342]. Une notion caractéristique de tous les contrats ne saurait justifier la théorie de l'imprévision, uniquement applicable aux contrats à titre onéreux. Sinon, ce serait lui ôter, au fond, sa spécificité.

---

[340] L'absence de cause dans les contrats à titre gratuit est « précisément voulue » (J. Flour, J.-L. Aubert, E. Savaux, *Op. cit.*, n° 262), elle résulte du consentement. La cause réside ici dans « l'intention libérale » ou *animus donandi* (J. Flour, J.-L. Aubert, E. Savaux, *Ibid.*, n° 256 ; R. Cabrillac, *Op. cit.*, n° 84).

[341] J. Ghestin, Ch. Jamin, M. Billiau, *Op. cit.*, n° 291, p. 356 (en gras dans le texte).

[342] B. Starck, H. Roland, L. Boyer, *Les obligations, Contrat*, 2, Litec, 6ème édition, 1998, n° 1402, p. 487 ; voir dans le même sens, J. Carbonnier, *Op. cit.*, T. IV, n° 144 ; F. Terré, P. Simler, Y. Lequette, *Op. cit.*, n° 465 et 471 ; J. Ghestin, Ch. Jamin, M. Billiau, *Ibid.*

Enfin, cette tentative de justification de la théorie concerne, aux termes de l'article 1108 du code civil[343], l'une des conditions de formation des contrats de droit privé si bien que cette seule considération suffit à exclure l'absence de cause de la logique de l'imprévision. Nous l'avons vu, la théorie de l'imprévision s'inscrit dans un cadre extracontractuel de sorte que son fondement ne saurait être recherché dans le champ du contrat. Mais, il y a plus. Cette justification n'est pas temporellement optimale : la dissolution de la cause procède d'un vice né de la formation du contrat tandis que l'imprévision s'applique formellement au cours de son exécution. Dès lors, il s'agit de savoir précisément à quel moment s'apprécie l'extinction de la cause. « Condition de formation d'un contrat, la cause doit en principe s'apprécier au jour de la formation du contrat » [344]. On doit pourtant au Professeur Henri Capitant la thèse selon laquelle la cause doit être considérée comme « un élément permanent du contrat »[345] censé perdurer pendant toute l'exécution du contrat. Mais, même envisagée sous cet angle, la disparition de la cause se heurte à un obstacle insurmontable : elle ne vise pas la même finalité que la théorie de l'imprévision.

La disparition de la cause au cours de l'exécution du contrat participe ainsi de l'élaboration des analyses doctrinales favorables à la reconnaissance de la théorie de l'imprévision[346]. Cette tendance est

---

[343] « Quatre conditions sont essentielles pour la validité d'une convention :
Le consentement de la partie qui s'oblige ;
Sa capacité de contracter ;
Un objet certain qui forme la matière de l'engagement ;
Une cause licite dans l'obligation ».

[344] Com., 21 octobre 1974, *Bull. civ.*, n° 255 : « l'existence de la cause d'une obligation s'apprécie au moment de la formation du contrat » ; Com., 30 juin 1987, *Bull. civ.*, IV, n° 163. Voir, dans le même sens, R. Cabrillac, *Op. cit.*, n° 93.

[345] *De la cause des obligations*, 3ème éd., Dalloz, 1928, n° 120 et s., p. 247 et s. ; Cermolacce, *Cause et exécution du contrat*, PUAM, 2001, préf. J. Mestre, p. 33.

[346] S. Amrani Mekki, *Op. cit.*, p. 472 ; T. Titone, F. Coulon, M. Dary, « Circonstances économiques et déséquilibre contractuel », *JCP E*, 9/6/2011, n° 23, p. 25 ; E. Savaux, « Frémissement en matière d'imprévision », *RDC*, 1/01/2011, n° 1, p. 34 ; A.-S. Choné, « Vers la consécration de la théorie de l'imprévision ? La

nécessairement confortée par quelques arrêts de la Cour de cassation[347]. Ainsi, l'obligation serait privée de cause lorsque l'économie du contrat est bouleversée au point que le contractant perde tout intérêt à l'exécuter. Le débiteur, qui s'est engagé au regard d'une contrepartie déterminante sans laquelle il n'aurait pas conclu le contrat, pourrait se voir libéré de son engagement si le déséquilibre postérieur à la formation du contrat le conduit à la ruine. L'anéantissement de la cause justifierait la théorie de l'imprévision, à ceci près, que le juge prononcerait la caducité[348] du contrat. Définie comme « une technique particulière dont la mise en œuvre – que ce soit par le juge ou « de plein droit » - réalise l'anéantissement d'une convention »[349], la caducité tend à annuler, non rétroactivement, le contrat pour l'avenir sur la base du défaut d'une condition de formation du contrat. La perte de cet « élément essentiel » à la validité du contrat en cours d'exécution, rend caduques les obligations. Alors même que la mise en application de l'imprévision est le moyen de maintenir à coup sûr, la viabilité de la relation contractuelle, la constatation judiciaire d'une cause éteinte ne poursuit pas la même stratégie. Ainsi, de nature à libérer, de manière anticipée, les contractants de leurs obligations devenues caduques, elle ne tend pas vers une indemnisation susceptible de raviver l'exécution contractuelle. En effet, tandis que la caducité du contrat vide, en substance, le contenu des obligations contractées par les parties, la

---

Cour de cassation engagée dans une politique des petits pas », *LPA*, 24/12/2010, n° 256, p. 7 ; S. Le Gac-Pech, « L'équilibre du contrat au travers de la cause : un substitut à la théorie de l'imprévision ? », *JCP E*, 16/12/2010, n° 50, p. 24 ; D. Mazeaud, « L'arrêt Canal "moins" ? », *Rec. Dalloz*, 28/10/2010, n° 37, p. 2481 ; T. Favario, « La Cour de cassation révise sa perception de l'imprévision... en toute discrétion », *JCP G*, 25/10/2010, n° 43, p. 1999.

347 Voir *infra*, p. 323.

348 Voir dans le même sens, S. Amrani Mekki, *Op. cit.* ; la caducité se distingue de la nullité en ce que la seconde participe de l'anéantissement de l'acte juridique prononcé par le juge alors que la première constitue l'étape d'un acte régulièrement formé mais qui perd, postérieurement à sa conclusion, un élément essentiel à sa validité ou nécessaire à sa perfection en raison d'un événement extérieur.

349 F. Garron, *Op. cit.*, p. 21.

théorie de l'imprévision vise *a contrario* la pérennité des obligations conventionnelles. Par ailleurs, la caducité n'est pas *a priori* génératrice d'une compensation financière qu'elle prenne la forme d'une indemnité ou de dommages et intérêts. Seules la restitution des prestations ou la liquidation des obligations seront constatées. Partant, l'imprévision et la caducité sont des notions incontestablement étrangères l'une de l'autre. Le bien-fondé de cette considération réside dans le fait que l'indemnité d'imprévision repose sur l'exécution du contrat, laquelle n'est pas une priorité dans la caducité pour absence de cause. En outre, l'analyse de la jurisprudence[350] autour de la caducité montre que, si à ses origines, elle sanctionnait la disparition d'une condition de formation du contrat seulement si celle-ci était indépendante de la volonté des parties, force est aujourd'hui d'admettre que ce critère a été abandonné. Peu importe donc que la disparition de cause résulte ou non du fait de l'une des parties. En revanche, comparativement, la théorie de l'imprévision ne se satisfait guère d'une telle observation. Le juge n'exige-t-il pas en effet que le bouleversement économique ne soit pas imputable au contractant pour valablement l'appliquer ? La disparition de la cause, matérialisée dans le bouleversement de l'économie contractuelle, doit être, en conséquence, nécessairement extérieure à la volonté des parties.

L'interprétation des récentes solutions de la Cour pourrait mener à admettre l'imprévision sur le fondement tiré de l'absence de cause. Ce faisant, elle récuserait toute spécificité à la théorie de l'imprévision. Si l'évolution récente de sa jurisprudence[351] insuffle certes plus de justice contractuelle et d'équité[352] dans les relations contractuelles, il serait pourtant erroné d'y voir une théorie de l'imprévision[353] à proprement parler.

---

[350] Cf. l'étude de Frédéric Garron qui fait état de la jurisprudence judiciaire en la matière.

[351] Voir *infra*, p. 323 et s.

[352] Voir, J. Flour, J.-L. Aubert, E. Savaux pour lesquels la cause « est un instrument d'équité » (*Op. cit.*, n° 262).

[353] A.-S. Choné, « Vers la consécration de la théorie de l'imprévision ? La Cour de cassation engagée dans une politique des petits pas », *LPA*, 24/12/2010, n° 256, p.

Hormis le fait que cette explication continue d'enrichir admirablement le débat en droit privé, notamment[354] autour de l'intronisation de la théorie de l'imprévision, elle doit cependant être écartée, précisément parce qu'elle va à l'encontre du but de la théorie de l'imprévision telle qu'admise par le juge administratif, c'est-à-dire qu'elle fait obstacle au maintien du rapport d'obligations, élément capital dans la théorie générale des contrats administratifs. Au-delà de cette considération, la théorie de la cause qui puise nécessairement son essence dans le contrat n'est pas un fondement appropriée pour la consécration de la théorie de l'imprévision en droit privé des obligations. D'abord, parce qu'elle souffre d'une complexification telle, qu'elle risque, désormais, d'être abandonnée par le législateur. Ensuite et surtout, parce que sa raison d'être substantiellement contractuelle fait obstacle à la nature extracontractuelle de la théorie de l'imprévision qui implique, dès lors, que son fondement soit recherché en dehors de toute stipulations conventionnelles.

---

7 ; T. Favario, « La Cour de cassation révise sa perception de l'imprévision... en toute discrétion », *JCP G*, 25/10/2010, n° 43, p. 1999.

[354] Il convient de rappeler que la cause fait actuellement l'objet d'un vif débat entre causalistes et anti-causalistes (cf. *supra*, p. 140), le législateur s'étant laissé influencer par les seconds, en atteste l'avant-projet de réforme de la Chancellerie, au terme duquel la « cause » disparaît au profit de la « chose ». C'est sa complexification en droit des obligations, qui, à l'évidence, semble pousser aujourd'hui à son abandon.

Conclusion du chapitre 2

Comme l'écrivait justement Jean Magnan de Bornier, « pourquoi s'obstiner à rechercher dans le Code la justification d'un principe que le Code condamne »[355]. Certes, mais il faut bien admettre que le code ne condamne pas expressément l'imprévision, il la prévoit même dans certains cas[356]. Dès lors, on ne comprend pas bien l'hostilité du juge judiciaire à l'égard de la révision pour imprévision, d'autant qu'il est des hypothèses dans lesquelles il révise le contrat au-delà de toute délégation du législateur. Plus encore, si la rectification du déséquilibre né pendant la formation du contrat est formellement prévue par le code, pourquoi le déséquilibre postérieur ne serait-il pas également considéré ? Les justifications doctrinales en faveur du rejet de la théorie ne seraient-elles pas valables pour les cas de lésion ? Sûrement puisque la force obligatoire implique que lorsque les termes du contrat sont suffisamment clairs et précis, le juge se doit d'appliquer le contrat tel que les parties l'ont initialement prévu. Or, dans les cas de lésion[357], le contrat, qui est le plus souvent clair et

---

[355] Thèse *précitée*, p. 76.

[356] En motivant sa décision sur la base de l'article 1722 du code civil, spécifiquement, la Cour de cassation a développé une jurisprudence audacieuse proche de celle de l'imprévision, à ceci près, qu'elle prononce la nullité du contrat. Outre observé le caractère fortuit de la perte de la chose, une considération particulière est faite au bouleversement économique du contrat (Cass. Soc., 6 avril 1951, *Bull. civ.*, III, *Dalloz*, 1951, p. 505, note R. Savatier ; Cass. Soc., 7 décembre 1951, *Dalloz*, 1952, p. 144 ; Cass. Soc. 13 février 1958, *Bull. civ.*, IV, n° 230, p. 167 ; Cass. Soc., 16 mai 1958, *Bull. civ.*, IV, n° 574, p. 427 ; Cass. Soc., 5 octobre 1960, *Bull. civ.*, IV, n° 812, p. 625 ; Cass. civ., 6 février 1962, *Bull. civ.*, I, n° 84, p. 75). Voir dans le même sens, J. Ghestin, Ch. Jamin, M. Billiau, *Op. cit.*, n° 310, p. 372 ; Mazeaud et Chabas, *Op. cit.*, n° 737, p. 862 ; J.-P. Delmas-Saint-Hilaire, *L'adaptation du contrat aux circonstances économiques*, in *La tendance à la stabilité du rapport contractuel, Etudes de droit privé*, LGDJ, 1960, n° 20, p. 204.

[357] Aux termes de l'article 1118 du code civil, « la lésion ne vicie les conventions que dans certains contrats ou à l'égard de certaines personnes (…) ». La lésion est souvent présentée comme l'opposé de l'imprévision (J. Ghestin, Ch. Jamin, M. Billiau, *Ibid.*, n° 290, p. 355 ; P. Malinvaud, *Op. cit.* n° 305). Procédant du défaut partiel de l'objet du contrat, elle est susceptible de générer un déséquilibre objectif des prestations contractuelles, qui, selon les cas, justifierait tantôt la rescision, tantôt

précis, est révisé. Certes, la lésion résulte de la volonté du législateur, le juge a ainsi la légitime compétence de modifier le contrat lorsque le déséquilibre procède de sa formation. Ce qui fait dire à certains, que si le législateur n'a pas souhaité prévoir l'imprévision c'est qu'il se refusait d'octroyer au juge la possibilité de s'immiscer dans le contrat[358]. Il n'en est cependant rien. Si le législateur n'a pas intégré l'imprévision dans le droit privé des obligations, ce n'est ni un refus, ni même un oubli. C'est simplement qu'il ne souhaitait pas admettre expressément un principe général de révision du contrat. Le législateur a laissé à l'appréciation du juge la possibilité de rétablir ponctuellement le déséquilibre survenu au cours de l'exécution du contrat. En effet, le juge judiciaire n'est pas constamment lié par les dispositions du code. Il sait, fort heureusement, faire œuvre créatrice en dehors de toute intervention législative et de toute volonté des parties. N'a-t-il pas découvert une obligation contractuelle de sécurité alors même que le législateur ne l'avait pas explicitement prévue et que les parties ne l'avaient pas formellement exprimée dans leur contrat, au demeurant, clair et précis[359] ? L'appréciation du juge judiciaire lui a permis de concevoir quelques théories remarquables. On pense évidemment à la théorie de l'enrichissement sans cause qui, bien qu'elle entraîne la disparition du contrat, participe du

---

la révision du contrat. Elle se distingue essentiellement de l'imprévision du fait qu'elle naît de la formation du contrat. Il a, du reste, été prétendu que la lésion pourrait inspirer la théorie de l'imprévision. Il n'en est cependant rien en raison de la date de leur survenance respective dans le contrat.

[358] Voir, par exemple, J.-L. Mouralis, *Op. cit.*, n° 24.

[359] Rappelons ici l'adage latin *interpretatio cessat in claris* censé limiter le pouvoir d'interprétation du juge lorsque les termes du contrat sont clairs, pour exposer le paradoxe de la création prétorienne d'une obligation de sécurité dans le contrat de transport (Civ. 21 novembre 1911, *Périod. Dalloz*, 1913, T. 1, p. 249, note Sarrut ; *S.* 1912, I, p. 73, note Lyon-Caen) ou d'une obligation de renseignement à la charge d'un professionnel (Civ., 1ère, 14 décembre 1982, *Bull. civ.*, n° 361 ; Civ., 1ère, 13 janvier 1987, *Bull. civ.*, n° 9 ; Civ., 1ère, 13 novembre 1991, *Bull. civ.*, n° 310 ; Civ., 1ère, 5 février 1991, *Bull. civ.*, n° 46 ; Civ., 1ère, 7 octobre 1998, *Rec. Dalloz*, 1999, p. 145, note S. Porchy ; *JCP G*, 1998, T. II, p. 10179, note P. Sargos). Les Professeurs Malaurie et Aynès qualifient cette faculté du juge de « forçage » du contrat (*Op. cit.*, n° 377). Voir également, R. Cabrillac, *Op. cit.*, n° 123 ; Y. Buffelan-Lanore, V. Larribau-Terneyre, *Op. cit.*, n° 1098 et s., 1104 et 1298 et s.).

rétablissement de la justice contractuelle, de la théorie de l'abus du droit ou de quelques cas de responsabilités sans faute. Toutes ces considérations qui sont autant de tempéraments au principe de la force obligatoire appliqué si fermement en matière d'imprévision sont caractéristiques d'une hostilité pour le moins irrationnelle du juge judiciaire à l'égard de l'ajustement du contrat à de nouvelles circonstances. La révision judiciaire du contrat existe, cela s'entend, autant dans le domaine de l'imprévision que dans d'autres circonstances. Pourtant, toujours est-il que l'abstention du juge persiste. Alors, le pouvoir judiciaire de révision du contrat procède-t-il d'une compétence acquise ou innée[360] ? La doctrine s'accorde sur le fait que seule l'intervention du législateur permettrait sa consécration[361]. Or, qu'est-ce qui empêche le juge d'élaborer justement une théorie de l'imprévision en usant de son pouvoir créateur ? Ce n'est ni la force obligatoire, ni l'intangibilité des obligations, ni même le besoin de sécurité juridique. Il semble en réalité que son attitude réfractaire, comme d'ailleurs l'inertie du législateur, soient le reflet d'une certaine gêne relative à la position ancestrale de la Cour de cassation dans l'affaire du *Canal de Craponne*. Aucun ne souhaite désavouer le rejet de principe de la théorie de l'imprévision. Pourtant, ce qui a valu en 1876 ne vaut plus aujourd'hui et il n'est d'ailleurs pas rare que la Cour réforme sa jurisprudence pour l'adapter à la réalité économique et sociale. Si l'on s'accorde à dire que le rejet de la théorie de l'imprévision résulte d'un choix politique, il n'en demeure pas moins que sa consécration en droit privé des obligations est une nécessité[362] devenue actuellement absolue au regard des possibles tourmentes économiques générées par le libéralisme « sauvage ». En définitive, ce n'est pas au législateur de consacrer la théorie de l'imprévision puisqu'il ne ferait qu'admettre un principe général de révision du contrat, somme toute, dangereux pour les relations contractuelles. C'est à la Cour de

---

[360] Voir, en ce sens, J. Ghestin, Ch. Jamin, M. Billiau, *Op. cit.*, n° 347, p. 409 et 410.

[361] J. Flour, J.-L. Aubert, E. Savaux, *Op. cit.*, n° 418 ; P. Malaurie, L. Aynès, *Op. cit.*, n° 619, p. 355 ; Mazeaud et Chabas, *Op. cit.*, n° 737, p. 861.

[362] J. Ghestin, Ch. Jamin, M. Billiau, *Ibid.*, n° 349, p. 415.

cassation de revoir courageusement sa position. « Comme celle des juridictions administratives, l'option du juge judiciaire est libre ». La théorie de l'imprévision, comme dans le droit des contrats administratifs, doit rester d'essence jurisprudentielle afin qu'elle demeure « d'application exceptionnelle »[363], c'est-à-dire qu'elle soit ponctuellement mise en œuvre par le juge qui se devra d'apprécier l'état d'imprévision au cas par cas, corrélativement à la réunion de ses trois conditions restrictives, comme le fait son homologue en droit administratif, pour ne pas porter atteinte de manière disproportionnée au principe de la force obligatoire des conventions.

Certes il est possible de continuer à penser que la consécration de l'imprévision ne relève pas du domaine de compétence du juge, ou même, tout simplement, qu'elle n'a pas sa place dans le droit privé des obligations. Nombreux sont d'ailleurs les arguments qui vont en ce sens : tous observent non seulement les risques potentiels d'une théorie de l'imprévision dans le droit des contrats mais ils s'appuient également sur des réflexions doctrinales logiques, sur des raisonnements méthodiques et cartésiens ainsi que sur des considérations indéniablement dialectiques. A l'heure actuelle, il est indéniable qu'une grande partie de la doctrine plaide en faveur de la justice contractuelle, déployant moult arguments raisonnables et formellement utiles à l'admission de la théorie de l'imprévision dans le droit privé. Ce courant de pensée observe la réalité économique et sociale contemporaine, l'injuste péril du contractant financièrement lésé sous l'effet d'un changement imprévisible des circonstances, mais surtout le cruel manque de justice contractuelle dans les arrêts de la Cour de cassation. Toutefois l'idée que la théorie de l'imprévision n'est ni un régime essentiel en droit privé ni un motif sérieux de révision judiciaire du contrat peut demeurer dans certaines analyses.

---

[363] F. Llorens, Thèse *précitée*, p. 297 et 284 ; G. Jèze, *Op. cit.*, T. V, p. 491 ; J.-L. Mouralis, *Op. cit.*, n° 59 et 60.

Conclusion du titre I

Tous les fondements de l'imprévision, qu'ils soient favorables à sa réception dans le droit des contrats, administratifs et privés, ou qu'ils soient défavorables, sont en définitive contestables. Le droit contractuel français doit, en somme, épouser la réalité économique et sociale qui pilote les rapports contractuels. Seul un fondement tiré de l'analyse de la théorie économique est de nature à expliquer l'imprévision dans le droit des contrats, transcendant dès lors, la *summa divisio*. Parce que « c'est le juge (judiciaire) qui, en refusant de faire jouer la théorie de l'imprévision, lui donne une physionomie particulière » [364]. En effet, l'essence économique du contrat appartient autant au droit public qu'au droit privé. Au fond, rien ne s'oppose, en droit privé des obligations, à l'admission de cette théorie. Les tribunaux font les meilleurs choix possibles compte tenu des informations dont ils disposent. En l'occurrence, ce qui a prévalu en 1876 ne vaut actuellement plus. Le contexte économique n'était alors pas aussi instable qu'au XXIème siècle. Il était encore sûrement possible de prévenir les changements de circonstances dans l'exécution des contrats. Or, ce qui caractérise l'économie actuelle, c'est son inconstance, sa variabilité soudaine et ses crises répétées susceptibles de bouleverser l'économie générale du contrat. Aujourd'hui, le juge judiciaire ne peut continuer d'ignorer la théorie de l'imprévision, la justice contractuelle le commande, en témoignent les continuelles discussions doctrinales sur le sujet. Sa consécration est désormais devenue capitale.

Si le principe de la continuité du service public a longtemps été le mobile de la consécration de la théorie de l'imprévision dans le droit des contrats administratifs, il a également été le prétexte indiscutable de son rejet en droit privé des obligations[365]. Son caractère exorbitant

---

[364] F. Llorens, Thèse *précitée*, p. 297.

[365] Mazeaud et Chabas, *Op. cit.*, n° 735, p. 860 ; J. Ghestin, Ch. Jamin, M. Billiau, *Op. cit.*, n° 315, p. 380 ; J.-L. Mouralis, *Op. cit.*, n° 65 ; P. Malinvaud, *Op. cit.*, n° 500 et s. ; Y. Buffelan-Lanore, V. Larribau-Terneyre, *Op. cit.*, n° 1118, p. 404 ; R. Cabrillac, *Op. cit.*, n° 125 ; J. Flour, J.-L. Aubert, E. Savaux, *Op. cit.*, n° 406-407.

dessert la théorie de l'imprévision qui a vocation à s'appliquer à tous les contrats, quelle que soit leur nature. L'équilibre contractuel, qui a rapidement supplanté cette justification dans les réflexions doctrinales administrativiste et civiliste[366], ne rend pas compte de toutes les nuances de la théorie, même s'il participe du renouvellement indéniable de l'imprévision et de l'enrichissement du droit des contrats. Ainsi, le simple déséquilibre échappe complètement à la logique de l'imprévision. Enfin, l'appréciation de la volonté des parties n'est pas, non plus, à l'évidence, un argument déterminant, puisqu'elle permet d'expliquer autant l'admission de la théorie de l'imprévision que son exclusion. Le Professeur André de Laubadère a, à ce titre, reproché à l'appréciation de la volonté supposée des parties et à la clause *rebus sic stantibus*, notamment, « d'être souvent trop faciles et artificielles »[367].

Toutes ces controverses doctrinales sont le reflet d'un désordre généralisé autour de la théorie dans le droit des contrats. Elles résultent principalement de l'absence drastique d'une théorie de l'imprévision dans le droit privé des obligations et sont le signe incontestable du besoin impérieux de la consacrer. Si le juge judiciaire l'avait introduite, comme le juge administratif, le débat se serait apaisé, car, en définitive, il n'y a pas de positions doctrinales résistantes mais seulement une pratique jurisprudentielle non flexible. En effet, force est d'admettre que la théorie des sujétions imprévues, pendant de la théorie de l'imprévision dans les marchés de travaux a été simultanément consacrée par les juges administratif et judiciaire et cela, sans que les passions doctrinales se déchaînent. Les fondements de sa réception en droit privé des obligations et l'interprétation souple du principe de la force obligatoire n'ont paradoxalement pas servi à

---

[366] F. Terré, P. Simler, Y. Lequette, *Op. cit.*, n° 465 et 471 ; L. Fin-Langer, *L'équilibre contractuel,* Thèse, Orléans, 2000 ; V. Labordes, *Les contrats déséquilibrés,* Thèse, Toulouse, PUAM, 2000 ; J.-J. Barbiéri, *Vers un nouvel équilibre contractuel ? : recherche d'un nouvel équilibre des prestations dans la formation et l'exécution du contrat,* Thèse, Toulouse, 1981 ; L. Grynbaum, *Le contrat contingent*, LGDJ, 2004.

[367] *Contrats*, T. 3, n ° 897, p. 13.

justifier l'imprévision, contrairement au juge administratif qui s'en est emparé afin de rétablir l'équité et la justice contractuelle dans le rapport d'obligations.

TITRE II
LA CONSECRATION ORIGINELLE DE LA THEORIE DES SUJETIONS IMPREVUES DANS LES MARCHES DE TRAVAUX

Si la théorie de l'imprévision est l'une des formes les plus célèbres de révision du contrat par le juge, « on a cependant eu tort de polariser l'attention sur cette seule théorie » [368]. Il est également une autre théorie, bien plus ancienne, aux effets similaires, mais dont l'application n'est pas pour autant controversée par la doctrine, ni administrativiste ni même civiliste. Ce qui semble pour le moins paradoxal puisque la théorie des sujétions imprévues, exclusive des marchés de travaux[369], est habituellement présentée comme le pendant de l'imprévision[370]. En réalité, cela tiendrait principalement au fait

---

[368] F. Llorens, Thèse *précitée*, p. 283.

[369] Il convient de remarquer que, si la théorie des sujétions imprévues est spécifique des marchés de travaux publics, le Professeur André de Laubadère a souligné qu' « il ne paraît pas y avoir de raison décisive pour que le principe d'une telle indemnisation ne joue pas éventuellement dans les autres contrats administratifs » (*Op. cit.*, n° 895, p. 10) ; voir, en ce sens : G. Jèze, *Contrats*, T. II, p. 805 ; G. Péquignot, « Fonctions administratives, Théorie générale des contrats administratifs, Exécution et extinction des contrats administratifs », *J.C.A.*, fasc. 515, n° 104, 1954, p. 14 ; C.-E. Bucher, *L'inexécution du contrat de droit privé et du contrat administratif*, Thèse, Paris, Nouvelle Bibliothèque des Thèses, vol. 102, Dalloz, 2011,, n° 244, p. 206.

[370] Cette tendance s'explique du fait que la consécration de la théorie de l'imprévision en 1916, dans l'arrêt *Gaz de Bordeaux*, a été le produit de la transposition de la théorie des sujétions imprévues telle que préconisée par le Commissaire du gouvernement Chardenet qui, s'adressant aux juges du Conseil d'Etat, explique : « vous avez admis bien souvent qu'en cas de difficultés exceptionnelles qu'aucune des parties contractantes n'avait pu prévoir, le contrat ne pouvait plus être exécuté dans les conditions où il avait été passé. Est-il nécessaire de vous rappeler les très nombreuses décisions rendues par vous en matière de travaux publics, lorsque des entrepreneurs avaient rencontré des terrains d'une nature tout à fait imprévue et que des sondages pratiqués avec soin avant l'adjudication n'avaient pas révélés ? (…) Est-il besoin encore de vous rappeler toute votre jurisprudence sur les sujétions, sur les plus-values, etc., en matière de travaux

que son régime juridique dans le droit des contrats est bien mieux construit que celui de la théorie de l'imprévision[371].

Une remarque s'impose *a priori*. Dans le cadre de l'exécution des marchés de travaux publics[372], la théorie des sujétions imprévues, comme la théorie de l'imprévision[373], trouvent toutes deux à s'appliquer. Tandis que la première ne concerne que les difficultés matérielles d'exécution à l'origine du bouleversement de l'économie du marché, la seconde sera tout aussi applicable pendant l'exécution du marché, chaque fois que le grave déséquilibre sera étranger à la nature du sol, c'est-à-dire, le plus souvent, lorsqu'il sera le résultat de fortes variations économiques. C'est donc la nature de l'événement perturbateur qui justifiera la mise en œuvre de l'une ou l'autre des théories[374]. Leur finalité, en somme, est identique : l'octroi au contractant lésé d'un supplément de prix, par le juge[375].

Les premières traces de la construction jurisprudentielle de la théorie des sujétions imprévues remontent, en droit des marchés publics, à la seconde moitié du XIXème siècle[376]. Par un arrêt du 28

---

publics ? (...) Les mêmes principes doivent être appliqués à bien plus forte raison en matière de concessions de services publics » (*Op. cit.*, p. 131 et 132).

[371] Voir *infra*, p. 201 et s.

[372] Pour une analyse approfondie, voir par exemple : M. Sousse, *Droit public de la construction* (Préf., J.-M. Pontier), LGDJ, 1998.

[373] D'ailleurs, l'article 18-III du Code des marchés publics fait implicitement référence à la possible application de la théorie de l'imprévision en disposant qu' « un marché est conclu à prix ferme dans le cas où cette forme de prix n'est pas de nature à exposer à des aléas majeurs les parties au marché du fait de l'évolution raisonnablement prévisible des conditions économiques pendant la période d'exécution des prestations ».

[374] Voir dans le même sens : A. de Laubadère, *Op. cit.*, n° 896, p. 11 ; V. Dufau, *Les sujétions exorbitantes du droit commun en droit administratif – L'administration sous la contrainte*, L'Harmattan, 2000, p. 150 (note 1).

[375] A noter cependant que le régime indemnitaire est très différent d'une théorie à l'autre (voir *infra*, p. 168) ; voir également, en ce sens, A. de Laubadère, *Ibid.*, n° 907, p. 21.

[376] Voir, pour approfondir, l'historique de la création prétorienne de la théorie des sujétions imprévues proposé par le Professeur Marcel Waline, *in* « L'évolution des

mars 1890, le Conseil d'Etat consacrait la théorie des sujétions imprévues en se fondant sur la rencontre de « déblais d'une nature imprévue de roc exceptionnellement dur »[377]. Même si cette jurisprudence avait été annoncée à l'occasion de nombreux arrêts antérieurs[378], il aura fallu attendre la fin du XIXème siècle pour que le juge administratif admette définitivement la possibilité pour l'entrepreneur de recevoir un supplément de prix lorsqu'il avait rencontré des difficultés d'exécution anormales et imprévisibles. Par ailleurs, le juge judiciaire s'est montré beaucoup moins hésitant en ce qui concerne la réception de la théorie des sujétions imprévues. C'est également durant la seconde moitié du XIXème siècle qu'il l'a formellement consacrée, en 1866, mais cela, sans qu'il ait eu besoin de tergiverser quelques années comme l'a fait son homologue en droit administratif.

Si, de prime abord, la nature contradictoire des marchés semble impliquer une divergence d'application de la théorie des sujétions imprévues, l'analyse croisée des deux conceptions, administrativiste et civiliste (Chapitre 1), révèle que, à la réflexion, leur régime juridique témoigne d'une véritable analogie (Chapitre 2).

---

rapports de l'Etat avec ses co-contractants », *RDP*, 1951, p. 27 ; voir également : R. Chapus, *Op. cit.*, p. 1208.

[377] CE, 28 mars 1890, *Albouy c/ Commune de Ginda*, *Rec.*, p. 377.

[378] CE, 24 juin 1846, *Duché* ; CE, 18 mars 1869, *Veyret* (cités par M. Waline, *Op. cit.*, p. 28) ; CE, 26 juillet 1889, *Lacroix et Many*, *Rec.*, p. 898 ; CE, 26 juillet 1889, *Renard*, *Rec.*, p. 901.

CHAPITRE 1
ANALYSE CROISEE DE LA THEORIE DES SUJETIONS IMPREVUES

Au regard de la définition produite par le droit des contrats administratifs, la théorie des sujétions imprévues en matière de travaux publics vise à dédommager l'entrepreneur qui, lors de l'exécution du contrat, se heurte à des difficultés anormales, imprévisibles et dont l'origine est physique[379]. L'entrepreneur doit pouvoir continuer d'exécuter le marché[380] en contre partie de quoi il sera indemnisé sous forme de supplément de prix ou d'indemnisation globale. Cette définition a été précisée tant par la doctrine[381] que par la jurisprudence ultérieure[382].

Dans le droit privé des obligations, la Cour de cassation considère de la même manière que l'entrepreneur qui supporte des difficultés exceptionnelles lors de l'exécution de son travail peut se voir accorder un supplément de prix[383].

---

[379] CE, 13 mai 1987, *Sté Citra-France c/ Ministre des transports*, *RDP*, 1988, p. 1427.

[380] Cette considération pour la continuité de l'activité professionnelle revêt une dimension fondamentale dans les situations d'imprévisibilité, voir *infra*, p. 530 et s.

[381] « Les sujétions imprévues sont les sujétions exceptionnelles imprévisibles et extérieures aux parties et qui sont considérées par le juge comme impliquant l'utilisation de techniques plus onéreuses ou entraînant des travaux supplémentaires dans l'exécution d'un marché de travaux publics » (M. Guibal, *Mémento des marchés publics*, Le Moniteur, 1996, p. 240).

[382] « (...) sauf en cas de sujétions techniques imprévues ne résultant pas du fait des parties, avenants et décisions de poursuivre ne peuvent bouleverser l'économie du marché ni en changer l'objet ; ne peuvent être regardées comme des sujétions techniques imprévues au sens de ces dispositions, que des difficultés rencontrées lors de l'exécution d'un marché, présentant un caractère exceptionnel, imprévisibles lors de la conclusion du contrat, et dont la cause est extérieure aux parties » (CE, 30 juillet 2003, *Commune de Lens*, *AJDA*, 2003, p. 1727, note J.-D. Dreyfus).

[383] « (...) si le régalage des terres est ordinairement compris dans le terrassement, il n'en est pas ainsi en l'absence de stipulations spéciales lorsque ce travail rencontre, ainsi que cela est arrivé en l'espèce, des difficultés exceptionnelles » (Req. 18 décembre 1866, *D.P.* 1867, I, p. 427). Cette définition a également été complétée par l'arrêt de la Cour de cassation du 4 mai 1995 (voir, *infra*, p. 172 et s.).

La similitude des définitions administrativistes et civiliste est patente, notamment en ce qui concerne l'appréciation juridictionnelle, communément observée, du caractère anormal[384] de la difficulté matérielle d'exécution. La combinaison de cet élément et de l'imprévisibilité de la survenance de sujétions imprévues sous-tend l'ouverture d'une situation extracontractuelle. En effet, en droit des marchés publics, comme en droit des marchés privés, l'indemnisation des travaux supplémentaires procédant de la rencontre de sujétions imprévues n'est possible que parce que cette situation anormale et imprévisible ouvre une période extracontractuelle. La rencontre de difficultés exceptionnelles implique, autant en droit public qu'en droit privé, la réalisation de travaux qui n'ont pas été expressément prévus lors de la formation du marché mais qui sont, au demeurant, indispensables à l'achèvement du travail commandé. Cette grave difficulté d'exécution, qui est susceptible de conduire l'entrepreneur à supporter un déficit financier anormal, s'inscrit au-delà de ce qui pouvait être raisonnablement envisagé par les parties. Les limites du marché sont, dès lors, dépassées puisque la sujétion déjoue toutes leurs prévisions. C'est d'ailleurs sur la base de cette considération que le juge est habilité à accéder à l'allocation d'un supplément de prix (Section 1). A l'inverse, il serait lié par les stipulations du contrat.

Au delà des apparentes similarités conjoncturelles, les jurisprudences dégagées par le Conseil d'Etat et la Cour de cassation, en matière de sujétions imprévues, diffèrent en ce sens que la théorie se fonde sur la base d'explications absolument différentes (Section 2). De même, les juridictions judiciaires refusent d'accéder à une demande d'indemnité pour sujétions imprévues lorsque des clauses d'applicabilité des prix stipulant que la nature du sol importe peu, sont contenues dans le marché de travaux. Mais cette distinction demeure ténue au regard même de la réelle reconnaissance de la théorie des sujétions imprévues dans les marchés de travaux, publics ou privés.

---

[384] Cette caractéristique est primordiale dans la théorie des sujétions imprévues. Elle fera l'objet d'une attention toute particulière dans le chapitre suivant. Voir, *infra*, p. 203 et s.

SECTION 1. L'INDEMNISATION EXTRACONTRACTUELLE DES TRAVAUX SUPPLEMENTAIRES

La théorie des sujétions imprévues est admise à la fois par le juge administratif et le juge judiciaire, dans des solutions analogues. Cette théorie a vu le jour bien avant que la théorie de l'imprévision ne soit consacrée par le juge administratif[385] en 1916. Elle lui a d'ailleurs assuré une réelle assise pour s'imposer en droit des marchés publics. En revanche, en droit privé des obligations, la théorie des sujétions imprévues est bien plus ancienne[386], et « c'est là, l'un des aspects les plus curieux et les plus ignorés de l'intervention du juge dans l'exécution des marchés de travaux »[387]. L'on peut d'ailleurs légitimement s'interroger sur la réelle influence du droit public sur le droit privé, et réciproquement. Il semble, en définitive, que le juge judiciaire eut été le premier à rétablir la justice contractuelle dans un rapport d'obligations devenu déséquilibré sous l'effet de la survenance de sujétions imprévues[388].

Dans le contentieux de la construction, administratif et judiciaire, il convient de remarquer que le juge fait une place toute particulière, dans l'appréciation du caractère imprévisible de la sujétion, au degré de technique[389], connu des parties au moment de la formation du marché, de sorte que ce qui fut imprévisible à une époque, aujourd'hui révolue, est susceptible d'être désormais une circonstance

---

[385] CE, 28 mars 1890, *précité*.

[386] Req. 18 décembre 1866, *précitée*.

[387] F. Llorens, Thèse *précitée*, p. 300.

[388] A. Caston, J. Montmerle, *Passation et exécution des marches de travaux privés*, Le Moniteur, 1979, n° 252,
p. 114.

[389] Pour la jurisprudence administrative, voir par exemple : CE, 10 janvier 1908, *Sieurs Noir et Beyssac*, *Rec.*, p. 20, concl. Tardieu ; CE, 4 février 1955, *Ministre des travaux publics c/ Entreprise Truchet et Tansini*, *Rec.*, p. 746 ; CE, 26 juin 1964, *Carbonnier*, *Rec.*, p. T. 936 ; CE, 24 février 1971, *Commune de Malesherbes*, *Rec.*, p. 162. Pour la jurisprudence judiciaire, voir par exemple : C. de Paris, 23 mai 1969, *D.P.*, 1870, I, p. 246 ; C. de Nîmes, 25 mars 1873, *D.P.*, 1874, I, p. 330 ; Civ. 3ème, 4 mai 1995, *Canal de Provence c/ Verdier*, 93-15.557, Inédit.

parfaitement prévisible. Ainsi, l'évolution des techniques et des nouvelles technologies a réduit considérablement le champ de l'imprévisible et permet, le plus souvent, d'avoir une meilleure vision du futur.

Si la théorie des sujétions imprévues n'est pas étrangère au contrat d'entreprise[390], homologue en droit privé du marché de travaux publics, elle semble, *a priori*, d'application polémique dans les marchés, publics et privés, conclus *ne variatur*. En effet, l'intangibilité du prix est une règle emblématique dans ce type de contrats et l'on voit mal, de prime abord, comment l'indemnisation extracontractuelle est concevable. Pourtant, même si le régime administratif de la théorie est sensiblement différent dans les marchés publics à prix forfaitaire, le juge administratif estime de manière constante que le caractère forfaitaire du marché ne fait pas obstacle à l'application de la théorie des sujétions imprévues. Mais, en droit des marchés privés, le juge judiciaire adopte une position manifestement en faveur de la théorie mais paradoxalement liée par le principe rigoureux de la force obligatoire des conventions. Alors qu'il fut un temps où il allouait un supplément de prix sans difficulté aucune, c'est-à-dire libre des dispositions contraignantes du code civil, il semble aujourd'hui s'autolimiter par les prescriptions des articles 1134 alinéa 1er et 1793[391] du code. Pourtant, il est une hypothèse dans laquelle le juge s'octroie une grande liberté à l'égard de la lettre du contrat, celle des travaux supplémentaires. Ainsi, parce que la volonté du maître de l'ouvrage peut changer au cours de l'exécution du marché, une considération particulière est faite au régime des travaux

---

[390] C.-E. Bucher, Thèse *précitée*, n° 217, p. 179 ; F. Llorens, Thèse *précitée*, p. 297 et s.

[391] « Lorsqu'un architecte ou un entrepreneur s'est chargé de la construction à forfait d'un bâtiment, d'après un plan arrêté et convenu avec le propriétaire du sol, il ne peut demander aucune augmentation de prix, ni sous le prétexte de l'augmentation de la main-d'œuvre ou des matériaux, ni sous celui de changements ou d'augmentations faits sur ce plan, si ces changements ou augmentations n'ont pas été autorisés par écrit, et le prix convenu avec le propriétaire ».

supplémentaires, et plus spécifiquement, à la notion de bouleversement de l'économie du marché. Si la commande de nouveaux travaux bouleverse l'économie du marché, le juge judiciaire n'hésite pas à faire échouer la règle du forfait pour permettre l'indemnisation de l'entrepreneur. En conséquence, la ressemblance du régime des travaux supplémentaires avec celui des sujétions imprévues est évidente. L'exploitation de cette correspondance pourrait ainsi servir à influencer la politique jurisprudentielle du juge.

La conception administrativiste de la théorie des sujétions imprévues découle à la fois d'une construction jurisprudentielle audacieuse et de considérations doctrinales convergentes, ce qui explique justement que son régime soit bien mieux construit que celui de l'imprévision (I).

La conception civiliste s'apparente nettement à la conception administrativiste de la théorie. En dépit de l'attitude actuellement réservée du juge judiciaire, le droit des marchés de travaux privés offre cependant une place privilégiée à la théorie des sujétions imprévues (II).

I/ La conception administrativiste de la theorie des sujetions imprevues

Si l'application de la théorie des sujétions imprévues ne pose aucun problème en droit des marchés de travaux publics, il sera, en revanche, intéressant de dégager quelques notions générales (A) avant d'étudier, plus en profondeur, la spécificité du régime applicable aux marchés conclus à prix forfaitaire (B).

A) Notions générales

« Lorsque, dans l'exécution des contrats administratifs, plus particulièrement des marchés de travaux publics, surviennent des difficultés matérielles d'un caractère absolument anormal, qui n'ont pu raisonnablement entrer dans les prévisions des parties au moment de la conclusion du contrat et qui rendent plus onéreuse l'exécution de celui-ci, ces sujétions exceptionnelles ouvrent à l'entrepreneur un droit à être intégralement indemnisé sous la forme d'un relèvement du prix du marché »[392]. Telle est définie de manière très précise la théorie des sujétions imprévues dans le droit des contrats administratifs. La ressemblance avec la théorie de l'imprévision est sur ce point frappante à ceci près que seules des difficultés d'origine matérielle sont susceptibles de concourir à sa mise en œuvre[393].

Plusieurs conditions sont donc strictement exigées par le juge administratif pour permettre le jeu de cette théorie, au premier rang desquelles se trouve la nature de la sujétion en cause. La contrainte rencontrée par l'entrepreneur doit être d'ordre exclusivement matériel et il s'agit le plus souvent d'un risque lié au sol[394]. Mais, il pourra s'agir aussi d'autres types d'événements pourvu que la difficulté demeure matérielle[395]. En outre, et cela hormis le fait que, comme en

---

[392] A. de Laubadère, *Op. cit.*, T. 3, n° 875, p. 9. Voir également pour une analyse approfondie : L. Vidal, Thèse *précitée*, p.443 et s.

[393] A la différence de la théorie de l'imprévision qui ne trouve à s'appliquer que si l'événement en cause est, le plus souvent, d'origine économique. C'est d'ailleurs, principalement, le critère de la nature de l'événement qui permet, *a priori*, de distinguer l'application des théories de l'imprévision et des sujétions imprévues.

[394] C'est notamment le cas lorsque l'entrepreneur se trouve confronté à la présence de nappes d'eau (voir, par exemple : CE, 3 février 1905, *Ville de Paris*, *Rec.*, p. 105 ; CE, 19 mai 1943, *Caisse des dépôts*, *Rec.*, p. 227 ; CE, 5 janvier 1944, *Ville de Montpellier c/ Monniot*, *Rec.*, p. 433) ou lorsque la roche est plus dure que prévu (CE, 27 mars 1903, *Commune de Jeumont*, *Rec.*, p. 279 ; CE, 23 novembre 1906, *Ville de Baume-les-Dames*, *Rec.*, p. 850 ; CE, 30 juillet 1948, *Ministre de la guerre*, *Rec.*, p. 359 ; CE, 13 octobre 1978, *Dpt de la Vendée c/ Stés Dumez et Sacer*, n° 95863 00903 00998, tables ; CE, 17 février 1992, *Sté Générale d'entreprises Sainrapt Brice*, n° 50359 ; CAA Marseille, 8 janvier 2007, *Sté Carillion BTP,* n° 03MA00917), ou même lorsque le sol à bâtir est instable (CE, 22 décembre 1976, *Depussé*, *Rec.*, p. 575 ; CAA Bordeaux, 17 décembre 1991, *Ministre de la Défense*, n° 89BX00990). Pour une étude approfondie, voir : J. Montmerle, *Commentaire C.C.G. ponts et chaussées*, T. II, p. 109 et s.

[395] Par exemple, le fait de l'homme (CE, 21 juillet 1937, *Ville de Carcassonne*, *Rec.*, p. 754 ; CE, 5 février 1931, *Ancona*, *Rec.*, p. 137), les intempéries (CE, 13 mai 1987, *Sté Citra-France*, *précité* ; CAA Lyon, 29 janvier 1991, *Roger Martin*, n° 89LY00383 ; CAA Bordeaux, 26 mars 2001, *Ministre de l'Equipement, des Transports et du Logement c/ Grpt Guintoli-Siorat-Miro*, n° 00BX00877 ; CAA Bordeaux, 20 décembre 2005, *Grpt Guintoli-Siorat-Miro*, n° 03BX01222), les crues (CAA Paris, 9 août 2006, *Sté Bec-Frères*, req. n° 03PA02652 03PA02652).

matière d'imprévision, l'événement à l'origine du trouble doit être extérieur[396] à la volonté des parties, il faudra que la sujétion soit imprévisible, et non pas seulement imprévue[397], c'est-à-dire qu'elle s'inscrive au-delà de ce que les parties pouvaient raisonnablement prévoir, lors de la passation du marché. Cette condition est strictement entendue par le juge administratif, au point qu'elle justifie la plupart des rejets[398], dans le contentieux des travaux publics, des requêtes en sujétions imprévues. Plus qu'un simple défaut de prévisions, elle doit absolument avoir déjoué tous les calculs prévisionnels des parties[399].

---

[396] Voir en ce sens, A. de Laubadère, *Op. cit.*, T. 3, 1956, n° 900, p. 16 ; J. Montmerle, *Op. cit.* T. II, p. 96. Voir également : CE, 31 janvier 1997, *Sté Campenon-Bernard CETRA*, req. n°119 430.

[397] Le terme « imprévues » est impropre à expliquer l'application de cette théorie. Le Professeur Rémi Rouquette explique à ce titre que « si le mot s'oppose normalement à *imprévisible* (« que l'on ne pouvait prévoir »), le droit positif a tendance à ne donner plein effet au caractère imprévu d'un événement que s'il était raisonnablement imprévisible, ainsi la qualification de *sujétion imprévue* suppose que la sujétion fût imprévisible et non imprévue » (*Dictionnaire du droit administratif*, Le Moniteur, 2002, p. 410).

[398] Voir l'analyse statistique détaillée : T. Kirat, L. Vidal, F. Marty, *Le juge administratif et le risque : sujétions imprévues et imprévision dans le contentieux du contrat administratif*, in *Economie et droit du contrat administratif. L'allocation des risques dans les marchés publics et les délégations de service public* (sous la dir. de T. Kirat ; Préf. M. Long), Perspectives sur la justice, La Documentation française, V, 2005, p. 218. Les auteurs remarquent que sur 43 espèces contentieuses étudiées, sur une période d'une quarantaine d'années, 20 requêtes en sujétions imprévues sont rejetées pour absence d'imprévisibilité. Voir également : F. Llorens, Thèse *précitée*, p. 298 et 299. Pour la jurisprudence, voir par exemple : CE, 9 juillet 1929, *Le Clainche, Rec.*, p. 706 ; CE, 17 mars 1937, *Sté générale d'entreprise, Rec.*, p. 354 ; CE, 29 mars 1944, *Sté Montcocol, Rec.*,p. 105 ; TA Bordeaux, 7 mai 1958, *Sté des entreprises Monod et Paul Ferré et Cie, Rec.*, p. 722. CE, 18 juin 1969, *Entreprise Guyot, Rec.*, p. 319 ; *RDP* 1969, p. 1149 ; CE, 19 juin 1974, *Commune de Loncon, RDP* 1975, p. 304 ; CE, 22 juillet 1977, *Sté la Maison Yvonne, RDP* 1978, p. 1484 ; CE, 2 juillet 1982, *Sté routière Colas, Rec.*, p. 261 ; CE, 5 décembre 1990, *Rapetto, RDP* 1992, p. 1535 ; CAA Nantes, 18 novembre 1993, *SA Barenton*, req. n° 91NT00835 ; CE, 15 décembre 2000, *La Croix/Association départementale Hydraulique Haute-Savoie*, req. n° 204457, *Contrats et MP*, 2001, n°44, obs. F. Olivier ; *RD. imm.*, avril 2001, p. 157, obs. F. Llorens et Ph. Terneyre.

Ainsi, la sujétion doit être « telle qu'elle n'avait pu entrer dans la commune prévision des parties » [400]. Le juge fait preuve de la plus grande sévérité dans son examen de cette condition d'application de la théorie des sujétions imprévues et va vérifier si l'entrepreneur a fourni un « effort » [401] suffisant dans le calcul de ses prévisions pour anticiper et pallier toutes les éventuelles difficultés d'exécution. Il aura ainsi du établir ses prospections préalables à la passation du marché avec beaucoup de rigueur, d'attention et de précautions. Le juge va rechercher et évaluer si son anticipation sur le futur s'est faite sur le modèle de l'attitude responsable et prudente du bon père de famille. Aussi, lorsque l'entrepreneur a failli à son obligation de prévision en omettant, par exemple, de procéder à des études préalables[402] qui lui auraient permis d'éviter le souci de rencontrer une

---

[399] Par exemple : CE, 26 janvier 1906, *Ville de Figeac*, *Rec.*, p. 84 ; CE, 16 mars 1906, *Martin*, *Rec.*, p. 239 ; CE, 29 avril 1953, *Commune de Moissac*, *Rec.*, p. 724 ; CE, 26 novembre 1975, *Soc. Balout Frères*, *Rec.*, p. 624 ; CE, 22 décembre 1976, *Depussé*, *précité* ; CE, 26 novembre 2007, *Sté Campenon-Bernard et a.*, req. n° 256817. Voir également : CE, 17 février 1992, *Société générale d'entreprises Sainrapt et Brice*, *RDP* 1994, p. 861, chron. F Llorens.

[400] CE, 3 février 1905, *Ville de Paris*, arrêt *précité* (au pluriel dans le texte).

[401] A. de Laubadère, *Op. cit.*, n° 901, p. 17. Voir également, dans le même sens : F. Llorens, Thèse *précitée*, p. 299.

[402] CE, 10 janvier 1908, *Sieurs Noir et Beyssac*, *Rec.*, p. 20, concl. J. Tardieu ; CE, 27 octobre 1937, *Sieur Troquet*, *Rec.*, p. 871 ; CE, 19 mai 1953, *Caisse des dépôts*, *Rec.*, p. 127 ; CE, 4 février 1955, *Ministre des Travaux public c/ entreprise Truchet et Tansini*, *Rec.*, p. 746 ; CE, 26 juin 1964, *Carbonnier*, *Rec.*, p. 936 ; CE, 24 février 1971, *Commune de Malsherbes*, *Rec.*, p. 162 ; CE, 3 juillet 1987, *SA « Robert Pottier et fils »*, *RDP* 1988, n° 45, p. 1426 ; CE, 8 mars 1996, *Commune de Petit-Bourg*, req. 165.075 ; CAA Marseille, 21 novembre 2000, *Département du Var*, req. n ° 98MA00892 ; CE, 15 décembre 2000, *M. X c/ Association départementale hydraulique de Haute-Savoie*, n° 204457 ; CAA Bordeaux, 12 octobre 2004, *Commune de Saint-Junien*, n° 01BX00555 ; CAA Lyon, 15 mai 2008, *Entreprise Martoia*, n° 07LY02701 ; CAA Marseille, 19 juin 2008, *Sté Eiffage TP*, n° 05MA02432. Toutefois, il convient de remarquer que le Conseil d'Etat a récemment admis le bénéfice de la théorie des sujétions imprévues à l'entrepreneur alors même qu'une étude du sol formellement prescrite dans le contrat n'avait pas été préalablement réalisée par ses soins (CE, 3 mars 2010, *Sté Presspali SPA*, req. n° 304604, *AJDA*, 2010, p. 470, obs. J.-M. Pastor ; *Contrats et MP*, 2010, comm. 167, note F. Llorens).

sujétion, le juge rejette systématiquement le recours. Certes, la sujétion est imprévue mais elle ne revêt en aucun cas le caractère d'imprévisibilité nécessaire à la mise en œuvre de la théorie. L'entrepreneur doit avoir accompli toutes les diligences indispensables à la passation du marché. Sa négligence, son imprudence seront, à défaut, lourdement sanctionnées. A l'inverse, si « le génie n'a pas fait l'effort de prévision et de rédaction qui s'imposait pour donner loyalement à l'entrepreneur le moyen d'analyser à l'avance les répercussions sur son prix des difficultés qu'il pouvait rencontrer » [403], le juge aura tendance à considérer que celui-ci n'a pas été en mesure d'établir des prévisions fiables et concèdera une indemnité.

Une dernière condition est par ailleurs requise pour l'application de la théorie des sujétions imprévues. Une sujétion, par son « caractère absolument anormal »[404], doit générer un surcoût financier lors de l'exécution du travail. Si le bouleversement de l'économie du marché[405] n'est pas fondamentalement requis pour induire le jeu de la théorie, néanmoins, « il est nécessaire que le surcoût soit tel que l'ampleur des travaux n'ait pu être prévue par la commune intention des parties » [406]. Une difficulté matérielle d'exécution n'est une sujétion que si l'entrepreneur subit un déficit financier, à défaut de quoi, l'indemnité allouée n'aurait aucun fondement logique[407].

---

403 CE, 29 juin 1951, *Secrétaire d'Etat à la Défense c/ Debernardy*, *Rec.*, p. 385.

404 Voir *supra*, p. 163 (définition d'André de Laubadère) et *infra*, p. 205 et s.

405 Il convient de remarquer que cette condition est primordiale dans le droit des contrats administratifs, et strictement requise pour que la théorie de l'imprévision joue alors qu'en matière de sujétions imprévues, le droit des marchés, publics et privés, ne lui accorde qu'une attention réduite. Nous verrons en outre que cette condition revêt une toute autre dimension s'agissant de l'exécution du marché conclu à prix forfaitaire.

406 P. Grelier Wyckoff, *Pratique du droit de la construction. Marchés publics et privés*, Eyrolles, 6ème édition, 2010, p. 203.

407 Voir *infra*, p. 187 et s.

Si, de prime abord, la théorie de l'imprévision se distingue de celle des sujétions imprévues au travers de la nature de l'événement imprévisible, à la réflexion, l'étude de leurs effets juridiques respectifs contribue à les identifier formellement. Ainsi, seule la théorie des sujétions imprévues a pour corollaire l'indemnisation intégrale[408] du préjudice subi au cours de l'exécution du marché par l'entrepreneur. L'indemnité d'imprévision est, elle, octroyée en fonction des pertes et profits. Le juge se livre à un véritable raisonnement mathématique de sorte que soit équitablement répartie la charge extracontractuelle. Le cocontractant contribue à financer les pertes, à hauteur de 5% environ, solidairement avec l'Administration. C'est dès lors, dans la théorie des sujétions imprévues, une manière de compenser entièrement le manque à gagner de l'entrepreneur. Cette compensation intégrale permet de contrebalancer le déséquilibre économique procédant d'une difficulté matérielle d'exécution, anormale et imprévisible. Elle a, en somme, pour objet de rétablir l'équilibre initial du marché. Le juge estime, à juste titre, que l'entrepreneur qui ne retire aucun avantage du travail public[409] - si ce n'est le prix contractuellement fixé - n'a pas à supporter le moindre coût financier non prévu au marché lors de sa passation, « c'est-à-dire qu'il doit être indemnisé dans toute la mesure où l'exécution du marché a été rendue plus onéreuse »[410]. D'ailleurs, le fait de compenser intégralement le préjudice n'est pas innocent. Que vaut-il mieux ? Que le travail public ni impossible ni insurmontable[411], mais simplement plus onéreux, s'interrompe définitivement, quitte à laisser à vue un chantier à l'abandon, sous prétexte que la présence d'une nappe d'eau, par exemple, a entraîné

---

[408] A. de Laubadère, *Op. cit.*, T. 3, n° 895, p. 9 et n° 907, p. 20 ; F. Llorens, Thèse *précitée*, p. 298 ; J. Waline (J. Rivero), *Droit administratif*, 24ème édition, Dalloz, 2012, n° 450 ; P. Grelier Wyckoff, *Op. cit.*, p. 204.

[409] A la différence de la délégation de service public, par exemple, qui est le champ d'élection de la théorie de l'imprévision, de laquelle le cocontractant retire des profits et perçoit des redevances des usagers.

[410] A. de Laubadère, *Ibid.*, T. 3, n° 907, 1°, p. 20.

[411] Il s'agirait sinon d'un cas de force majeure. Voir l'étude du Professeur André de Laubadère qui distingue très nettement la théorie des sujétions imprévues de « la théorie différente de la force majeure » (*Ibid.*, T. 3, n° 896, p. 10 et n° 906, p. 20).

un surcoût tel que le travail n'a pu être achevé en totalité. Quoi qu'il en soit, l'Administration devra lancer une nouvelle procédure d'appel d'offres et de mise en concurrence pour trouver un nouveau partenaire et envisager une fin heureuse aux travaux. En conséquence, l'octroi de l'indemnité est indéniablement la solution la plus légitime en adéquation avec le principe de l'équilibre financier[412].

B) La spécificité du marché à prix forfaitaire

Le juge administratif considère de manière constante que « le caractère forfaitaire du marché (...) ne fait pas obstacle à ce que l'entrepreneur obtienne une indemnité pour les difficultés exceptionnelles et imprévisibles par lui rencontrées dans l'exécution des travaux » [413]. « Le marché à prix forfaitaire est un système présentant davantage de risques pour l'entreprise puisque le régime du marché restera marqué par son prix global d'origine, y compris en cas de sujétions techniques imprévues » [414]. Le marché conclu à prix forfaitaire est donc un contrat particulier qui s'oppose au marché à prix unitaire[415]. La théorie des sujétions imprévues, si elle couramment admise, ne paraît pourtant pas *a priori* tellement légitime en cas de forfait. L'entrepreneur qui s'engage dans cette voie contractuelle est en effet censé avoir accepté de courir un risque, bien plus important que l'aléa normal contenu dans tout contrat. L'article 11.2.1 du CCAG Travaux 2009 précise d'ailleurs, en ce sens, que « dans le cas d'application d'un prix forfaitaire, le prix est dû dès lors que l'ouvrage, la partie d'ouvrage ou l'ensemble de prestations auquel

---

[412] L. Vidal, Thèse *précitée* ; J. Waline, *Op. cit.*, n° 450.

[413] CE, 8 novembre 1938, *Léauté*, *Rec.*, p. 830. Voir dans le même sens : CE, 30 juillet 1948, *Ministre de la guerre c/ Société Rol*, *Rec.*, p. 359 ; CE, 13 octobre 1978, *Département de la Vendée*, *Rec.*, p. 871.

[414] P. Grelier Wyckoff définit les prix forfaitaires comme « les prix appliqués à tout ou partie du marché quelles que soient les quantités exécutées » (*Op. cit.*, p. 272).

[415] L'article 11.2.2 du CCAG Travaux 2009 dispose que « dans le cas d'application d'un prix unitaire, la détermination de la somme due s'obtient en multipliant ce prix par la quantité de natures d'ouvrages exécutée ou par le nombre d'éléments d'ouvrage mis en œuvre ».

il se rapporte a été exécuté. Les différences éventuellement constatées, pour chaque nature d'ouvrage, ou chaque élément d'ouvrage entre les quantités réellement exécutées et les quantités indiquées dans la décomposition de ce prix, même si celle-ci a une valeur contractuelle, ne peuvent conduire à une modification de ce prix. Il en est de même pour les erreurs que pourrait comporter cette décomposition ». Cette stipulation pour autant très claire n'empêche pas le juge administratif de s'immiscer dans le rapport contractuel en matière de sujétions imprévues et c'est là la manifestation de la liberté qu'il s'octroie à l'égard de la lettre du marché[416], liberté qui n'a pour autant de sens que si l'on se place sous l'angle de la justice contractuelle. C'est donc bien que l'office du juge est gouverné par des intérêts supérieurs autres que ceux qui président au contrat[417].

Si le jeu de la théorie des sujétions imprévues permet l'indemnisation de l'entrepreneur dans un marché forfaitaire, encore faut-il qu'elles aient été de nature à bouleverser l'économie du contrat[418]. Hormis la réunion des conditions générales de la théorie[419], le juge administratif apprécie de manière très restrictive cette condition[420] supplémentaire dans les marchés à forfait. C'est ainsi que le prix global ne saurait être révisé sous peine d'invalider un élément essentiel fixé par la volonté des parties lors de la formation du marché. La simple variation économique, positive ou négative, entre les

---

[416] Voir dans le même sens, F. Llorens, Thèse *précitée*, p. 299.

[417] Voir *infra*, p. 589 et s.

[418] A. de Laubadère, *Op. cit.*, T. 3, n° 903, p. 18 ; F. Llorens, *Ibid.*, p. 299 ; P. Grelier Wyckoff, *Op. cit.*, p. 203 et 429.

[419] Voir *supra*, p. 163 et s.

[420] Par exemple : CE Sect., 13 mars 1936, *Ministre de la Marine*, *Rec.*, p. 331 ; CE, 6 mai 1936, *Ministre de la guerre c/ Regnier*, *Rec.*, p. 508 ; CE, 8 novembre 1938, *Léauté, précité* ; CE, 30 juillet 1948, *Ministre de la guerre c/ Société Rol*, *précité* ; CE, 4 décembre 1957, *Ville de Rouen*, *Rec.*, p. 652, *AJDA*, 1958, T. II, p. 25 ; *RDP*, 1958, p. 352 ; CE, 19 février 1975, *Ministre de la Défense c/ Sté Campenon-Bernard*, *Rec.*, p. 143 ; CE, 12 mai 1982, *Sté des autoroutes Paris-Rhin-Rhône*, *Rec.*, p. 175 ; CE, 17 juin 1985, *Sté Cogeci*, *RDP* 1986, p. 1729, note F. Llorens ; CE, 29 septembre 2010, *Sté Babel*, req. n° 319481.

quantités effectives et les quantités prévisionnelles entre dans le champ du risque contractuel économique et financier que s'engage à supporter l'entrepreneur hardi. Or, cette considération explique la position du juge dans l'hypothèse où le marché revêt un caractère forfaitaire. Si l'on estime que l'entrepreneur doit être indemnisé en matière de sujétions imprévues, le prix global et forfaitaire conventionnellement fixé ne fera l'objet d'une modification que si la sujétion imprévue a entraîné un grave bouleversement économique tel qu'il aura dépassé toutes les prévisions des parties. Aussi, est-elle manifeste l'interdépendance de la condition du bouleversement de l'économie du marché et l'exigence d'imprévisibilité appréciées conjointement par le juge avec la plus grande fermeté. Dès lors, celui-ci se montre intransigeant à l'égard du marché conclu à prix forfaitaire dont l'exécution, devenue beaucoup plus onéreuse, est frappée par la rencontre d'une sujétion imprévue. Ainsi, le déséquilibre économique, même accusé, ne saurait justifier le jeu de la théorie sous peine de nier toute la spécificité du marché à forfait. D'ailleurs, l'indemnisation en cas de forfait n'est plus intégrale. Le Conseil d'Etat a récemment considéré « qu'il convient, pour évaluer le préjudice relatif aux sujétions imprévues, de retrancher de la différence entre ces deux sommes[421], le coût des aléas normaux du chantier et qu'il sera fait une juste appréciation de ce coût en l'évaluant à 5% du surcoût global du chantier »[422]. Cette allocation des risques dans le marché à forfait et la juste répartition du surcoût ne sont pas sans rappeler le jeu de la théorie de l'imprévision.

Si le domaine de prédilection de la théorie des sujétions imprévues est indéniablement celui des marchés de travaux publics, on aurait tort de penser que le juge judiciaire ne s'arroge pas la même liberté que celle dont jouit le juge administratif à l'égard d'un marché de travaux privés frappé par la survenance de sujétions imprévues.

---

[421] La différence entre le « coût final du chantier » et « le prix revalorisé du marché » permet de fixer le montant de l'indemnisation du préjudice subi à raison des sujétions imprévues, montant duquel sera retranchée la part de l'aléa normal.

[422] CE, 7 novembre 2008, *Société Guintoli*, req. n° 290699.

II/ LA CONCEPTION CIVILISTE DE LA THEORIE DES SUJETIONS IMPREVUES

Certes, en tant que telle, « la jurisprudence n'admet pas la théorie des sujétions imprévues comme moyen de révision des conventions » [423]. Cependant, elle a très tôt mesuré les enjeux financiers de la rencontre de difficultés matérielles et imprévisibles en cours d'exécution du contrat[424] (A). Cette application paraît d'autant plus curieuse qu'elle s'est faite relativement à l'exécution d'un marché conclu à forfait, là « où l'immutabilité du prix est, en règle générale, la plus rigoureuse » [425] (B).

A) Notions générales

On a tort de penser que le juge judiciaire demeure hermétique à la théorie des sujétions imprévues, notamment dans les marchés conclus à prix forfaitaire[426]. D'abord, si le juge a déjà approuvé la solution, fusse t-elle à la fin du XIXème siècle, c'est qu'il avait, conformément aux textes qui lient son office, les moyens juridictionnels pour le faire. Ces ressources valables au XIXème siècle ne sont-elles aujourd'hui plus possibles ? Il serait inconcevable de penser que le juge judiciaire n'est pas capable de redéployer son action en faveur de l'application du régime administratif de la théorie des sujétions imprévues dans les marchés à forfait et de réorienter sa politique jurisprudentielle, conformément aux défis du XXIème siècle, en prenant un point d'appui sur les solutions historiques.

---

[423] C. Samson, « La remise en cause du prix par les sujétions imprévues : oui, mais… (Vers une régulation contractuelle du bouleversement de l'économie du marché) », *Construction-Urbanisme*, Avril 2003, p. 6. Voir également la note 1 associée.

[424] Req. 18 décembre 1866, *précitée*.

[425] F. Llorens, Thèse *précitée*, p. 300.

[426] C.-E. Bucher, Thèse *précitée*, n° 216 et 217, p. 179 et n° 246, p. 207 ; B. Boubli, « Contrat d'entreprise », *Rép. de droit civil*, Dalloz, 2003, n°253, p. 43 et 44 ; B. Boubli, « Les modifications apportées au marché par le maître de l'ouvrage », *RD imm.*, 2002, p. 482 et 483.

D'ailleurs, n'est-ce pas ce qu'il a fait, certes de manière indirecte, en 1995 ? La Cour de cassation a ainsi rejeté le pourvoi du maître de l'ouvrage qui avait déjà indemnisé l'entrepreneur en considérant que « saisie des conclusions de la SCP, qui ne contestait pas l'applicabilité des règles contenues dans le cahier des clauses administratives générales faisant la loi des parties et réservant à l'entrepreneur la possibilité de demander le dédommagement des sujétions imprévues issues du déroulement du chantier, la cour d'appel a légalement justifié sa décision en relevant que des difficultés matérielles non envisagées, tenant à des venues d'eau plus considérables que prévu et à des duretés de roches supérieures à celles annoncées, avaient surgi en cours d'exécution du contrat, entraînant un déséquilibre dans l'économie de celui-ci et que le maître de l'ouvrage, en payant, en dehors de toute transaction avec la société Verdier, un supplément de prix n'entrant pas dans les prévisions de l'article 17 du cahier des clauses administratives générales, avait reconnu l'existence de difficultés naturelles imprévisibles et d'une anormale gravité, et en retenant souverainement, répondant aux conclusions, que ces anomalies, indécelables, même pour une entreprise hautement spécialisée, étaient génératrices de sujétions imprévues justifiant une rémunération complémentaire » [427]. La correspondance des définitions produites par la Cour de cassation et par le droit des marchés publics est évidente. Le juge judiciaire applique le régime administratif des sujétions imprévues, à ceci près qu'il demeure lié par la loi des parties c'est-à-dire qu'il « n'a pas la possibilité, par application de la force obligatoire des contrats, d'ajouter une exigence supplémentaire à l'entreprise qui n'y est pas tenue contractuellement »[428]. C'est ainsi qu'il refuse de réintégrer dans le patrimoine économique du maître de l'ouvrage le supplément de prix que celui-ci pensait avoir indûment versé à l'entrepreneur au cours de l'exécution du marché et ce, en dehors de toute stipulation contractuelle.

---

[427] Civ. 3ème, 4 mai 1995, *Canal de Provence c/ Verdier*, 93-15.557, Inédit ; voir également, Civ. 3ème, 17 octobre 1990, *Campenon Bernard c/ Mayer*, n° 1518, obs. Ph. Malinvaud, B. Boubli, *RD. imm.*, 1991, p. 65.

[428] P. Grelier Wyckoff, *Op. cit.*, p. 431.

En revanche le simple fait que le maître de l'ouvrage ait préalablement consenti à une rémunération complémentaire pour l'entrepreneur lésé a suffi à établir un lien causal entre le bouleversement de l'économie du marché, le supplément de prix et la reconnaissance formelle de l'existence de sujétions imprévues telles qu'elles existent en droit des marchés publics. Le juge procède dès lors à une interprétation de la volonté présumée du maître de l'ouvrage en adéquation avec la force obligatoire du contrat. Mais, la qualification juridique des sujétions imprévues en droit des marchés privés[429] demeure fort comparable aux éléments constitutifs des sujétions imprévues en droit des marchés publics. D'ailleurs, quelques arrêts témoignent de ce que le juge judiciaire recherche si le régime administratif des sujétions imprévues trouve à s'appliquer[430]. Mais, au-delà de cette considération, les mêmes conditions d'application sont requises pour admettre l'existence de sujétions imprévues. L'entrepreneur doit connaître une aggravation des conditions d'exécution du marché tenant à la rencontre de difficultés matérielles[431], extérieures aux volontés des parties et imprévisibles[432] et de nature à déséquilibrer son économie[433], pour prétendre à l'octroi d'un supplément de prix.

---

[429] Voir l'étude de Corinne Samson, *précitée.*

[430] Par exemple, Civ. 3ème, du 11 février 1987, 85-16.796, Inédit ; Civ. 3ème, 4 mai 1995, *précité.*

[431] Il peut s'agir par exemple d'un risque lié au sol (Req. 18 décembre 1866, *précitée* ; C. Nîmes, 25 mars 1875, *précité* ; Civ. 3ème, 11 janvier 1995, 93-11966, Inédit ; Civ., 3ème, 6 mai 1998, *Bull. civ.* III, n° 94), ou d'un risque lié à la venue d'eaux (Civ. 3ème, 4 mai 1995, *précité*).

[432] C.-E. Bucher, Thèse *précitée*, n° 217, p. 179 ; C. Samson, *Ibid.*, p. 7 ; F. Llorens, *Op. cit.*, p. 301.

[433] Dans les contrats d'entreprise, comme dans les marchés de travaux publics, leurs homologues en droit des contrats, le juge ne requiert pas de véritable bouleversement économique, ni même lorsqu'il s'agit de marchés privés conclus à prix forfaitaire (Voir dans le même sens, F. Llorens, *Ibid.*, p. 299 et 301). Ainsi, le déséquilibre économique suffit à caractériser la sujétion imprévue (C. de Paris, 23 mai 1869, *D. P.*, 1870, I, p. 246 ; Civ. 3ème, 4 mai 1995, *précité*). Il convient toutefois de remarquer que « la survenance de sujétions imprévues, entraîne aussi très souvent un bouleversement de l'économie du marché » (C. Samson, *Ibid.*, p. 8).

B) Le forfait, un marché **a priori** *conclu* **ne variatur**

Du reste, le juge, prisonnier des dispositions du code civil, l'article 1134 particulièrement, et relativement au régime du marché à forfait, l'article 1793, ne pourrait-il pas cependant trouver les moyens juridictionnels de concéder directement un supplément de prix pour sujétions imprévues ? La théorie des travaux supplémentaires ouvre, à ce titre, une brèche[434] dans le régime de l'exécution du marché à forfait. « En marchés publics, comme en marchés privés, le constat, par le juge, du bouleversement de l'économie du marché, permet à l'entrepreneur d'obtenir un supplément de prix. En effet, lorsque les travaux à réaliser sont sans commune mesure avec les travaux initialement prévus, le contrat devient déséquilibré et la règle du forfait doit tomber » [435]. Or, en admettant que le bouleversement économique est de nature à justifier une rémunération complémentaire le juge ne rapproche-t-il pas le régime juridique de la théorie des travaux supplémentaires du régime administratif des sujétions imprévues ? La seule différence résulte, à l'évidence, de ce que la difficulté matérielle soit le fait de l'une des parties, le maître de l'ouvrage, dans la théorie des travaux supplémentaires, et non pas qu'elle soit imprévisible. La transposition du régime, et *a fortiori* des effets juridiques de la théorie des travaux supplémentaires, dans les hypothèses de sujétions imprévues n'est pour autant pas impossible. Puisque le juge possède les moyens juridictionnels pour allouer un supplément de prix lorsque les travaux supplémentaires procèdent d'une commande du maître de l'ouvrage et qu'ils produisent, en

---

Ainsi, même si la Cour de cassation, dans l'arrêt du 4 mai 1995, évoque le « déséquilibre dans l'économie » du marché à forfait, un surcoût financier de 78 % de plus que le prix global et forfaitaire initialement fixé lors de la passation du marché, est tel qu'il doit être considéré plus justement comme un véritable bouleversement économique. Ainsi, l'étude du Professeur François Llorens diverge sur ce point puisqu'il note, dans la non-considération du bouleversement de l'économie du marché privé, une différence de traitement entre le régime administratif des sujétions imprévues et le régime civiliste.

[434] Voir dans le même sens : C. Samson, *Op. cit.*, p. 8.

[435] P. Grelier Wyckoff, *Op. cit.*, p. 429.

définitive, un bouleversement de l'économie du marché, c'est qu'il est en mesure d'avoir une vision plus libérale du contrat. En effet, si le principe qui domine le régime du marché à forfait est celui de l'intangibilité du prix global et forfaitaire, cela signifie que le prix n'est sous aucun prétexte, révisable. Aussi, le complément de travaux commandé par le maître de l'ouvrage est réputé entrer dans le prix forfaitaire[436], c'est-à-dire qu'il doit être exclusivement supporté par l'entrepreneur.

Pourtant, l'appréciation objective du bouleversement économique fait perdre au marché son caractère forfaitaire[437] et justifie l'octroi par le juge d'une rémunération supplémentaire[438] sans qu'aucunes stipulations contractuelles ne l'y autorisent. Cet état du droit est primordial pour comprendre la différence de traitement que supporte la théorie des sujétions imprévues et implique deux considérations fondamentales et consubstantielles. La première réside dans le choix du juge d'écarter le droit commun, à savoir l'application de l'article 1793 du code civil. La considération du fait que les travaux supplémentaires voulus par le maître de l'ouvrage entraînent un bouleversement économique du marché[439] suffit non seulement à faire échouer la règle du forfait, seule à garantir l'immutabilité du prix

---

[436] Voir dans le même sens, P. Grelier Wyckoff, *Op. cit.*, p. 419 et s.

[437] Civ. 3ème, 8 mars 1995, *Sté Loft C2 c/ Sté Gouillon-Giroud et a.*, *Bull. civ.*, 1995, III, n° 73 p. 49 ; Civ. 3ème, 28 février 1996, *Sté Promo Grange*, pourvoi n° 94-15561 ; Civ. 3ème, 12 mars 1997, *Cie générale de travaux et d'installations électriques*, *Bull. civ.*, 1997, III, n° 54, p. 34 ; Civ. 3ème, 6 mars 2002, *Panassié c/ Berthe et a.*, *RD imm.*, 14 mai 2002, chron., p. 212, obs. B. Boubli ; Civ. 3ème, 12 juin 2002, *Sté Champagne Legrand c/ Sté Etablissements Berthélémy*, *Bull. civ.*, 2002, III, n° 135, p. 116 ; Civ. 3ème, 26 novembre 2003, *SCI Bagalam*, pourvoi n° 02-13875.

[438] Voir dans le même sens, C. Samson, *Op. cit.*, p. 9 : « dans le cadre d'un marché traité à forfait les travaux supplémentaires cessent de se situer dans l'objet du marché tout en conservant avec lui un lien direct, ce qui justifie une rémunération supplémentaire de l'entrepreneur ». Voir également, P. Grelier Wyckoff, *Ibid.*, p. 429 et s.

[439] J. Moury, « Une embarrassante notion : l'économie du marché », *Dalloz*, 2000, chron., p. 382.

convenu et, ainsi, à faire obstacle à l'octroi d'un supplément de prix, mais à écarter également l'application rigide de l'article 1134 alinéa 1er. C'est dire si le juge sait faire œuvre créatrice lorsque l'équité s'impose à lui car ni le contrat ni le code civil ne prévoit expressément cette faculté. La seconde réside dans l'interprétation souple de l'article 1134 alinéa 1er à laquelle se livre le juge. En ajoutant une obligation supplémentaire au maître de l'ouvrage qui n'y est pourtant pas contractuellement tenu, au titre d'un complément de prix, le juge fait primer la flexibilité du principe de la force obligatoire dans la théorie des travaux supplémentaires sur la cristallisation initiale des volontés au marché. L'ajustement du prix convenu est justifié par les nouvelles circonstances qui ne sont, certes, pas imprévisibles au sens de la théorie des sujétions imprévues. Or, la norme AFNOR NF P 03-001 précise, à ce titre, et très justement, que « les prix du marché sont réputés tenir compte de toutes les circonstances de l'implantation, des particularités du projet et des délais, et rémunère l'entrepreneur de tous ses débours, charges et obligations normalement prévisibles ainsi que de celles des dépenses d'intérêt commun mises à sa charge par le descriptif de son lot. En sorte que la rémunération de l'entrepreneur pour l'exécution des travaux formant l'objet définitif du marché ne subira aucune variation » [440]. Cette formulation ne laisse-t-elle donc pas supposer que le prix global et forfaitaire doit être révisé dans une hypothèse d'imprévisibilité. La difficulté non raisonnablement prévisible lors de la formation du marché qui, au regard de la norme, serait susceptible d'ouvrir un droit à l'entrepreneur à une rémunération supplémentaire, n'est-elle pas censée faire perdre son caractère forfaitaire au marché comme c'est précisément le cas dans la théorie des travaux supplémentaires ? Sûrement. Il suffirait alors que les termes d'un marché de travaux privés fassent référence à la norme AFNOR pour que le bouleversement de son économie tenant à la survenance d'une difficulté matérielle d'exécution et imprévisible permette l'octroi d'un supplément de prix. Cette possibilité pourrait, dès lors, être étendue à l'ensemble du droit commun applicable.

---

[440] Article 9.1, décembre 2000. Il convient de souligner que la norme AFNOR NF P 03-001 ne s'applique que si le marché y fait expressément référence.

En résumé, le principe veut que les travaux supplémentaires ne fassent l'objet d'un paiement que dans l'hypothèse d'une autorisation expresse du maître de l'ouvrage censé avoir accepté le prix nouveau. La mise en œuvre de la théorie des sujétions imprévues en cas de forfait demeure, par conséquent, l'exception[441].

Les conditions de mise en œuvre de la théorie des sujétions imprévues sont identiques en droit des marchés publics et privés. Seuls les effets juridiques diffèrent puisque, *a priori*, le juge ne détient pas les mêmes pouvoirs juridictionnels dans le contentieux contractuel. Bien que, il fut un temps, au moins, où le juge judiciaire a audacieusement appliqué la théorie des sujétions imprévues aux contrats de droit privé. C'est bien que « s'il le voulait, celui-ci pourrait trouver dans le code civil les moyens d'une politique jurisprudentielle différente »[442]. Cette différence ne tient cependant qu'à l'appréciation singulière du bouleversement économique du marché qui ne fait plus l'objet de la même considération dans les cas de sujétions imprévues. Son caractère forfaitaire perdure et le marché demeure circonscrit dans le régime de l'article 1793. Les travaux supplémentaires procédant d'une difficulté matérielle et imprévisible continuent d'être considérés comme entrant dans l'objet du marché. Ce qui semble pour le moins étrange sur deux points : d'une part, dans la théorie des travaux supplémentaires, le bouleversement économique sort des limites de l'objet du marché. D'autre part, l'arrêt du 4 mai 1995 semble contredire cette position : si le juge n'a pas décidé de restituer le supplément de prix au maître de l'ouvrage, c'est qu'il a considéré que les difficultés exceptionnelles dépassaient l'objet du marché. Les sujétions imprévues, tout comme les travaux supplémentaires, engendrent le plus souvent un grave surcoût financier et s'inscrivent au-delà du champ contractuel[443]. Cet arrêt rend compte de la hardiesse

---

[441] Voir dans le même sens : P. Grelier Wyckoff, *Op. cit.*, p. 424 et s.

[442] F. Llorens, Thèse *précitée*, p. 302.

[443] L'analyse de Corinne Samson diverge sur ce point. En établissant une distinction entre « le bouleversement technique imprévu » et « le bouleversement financier », elle explique le bien-fondé de la différence de traitement que supporte la théorie des

du juge tout en se conformant à la tradition civiliste d'une sauvegarde toujours aussi absolue, aujourd'hui, de la loi des parties et contrarie une partie de la doctrine[444].

Cette différence semble pour autant ténue au regard de la consécration en droit privé de la théorie administrative des sujétions imprévues. Il suffira simplement que le juge recouvre ses moyens d'antan. Un autre arrêt[445], plus ancien, avait d'ailleurs laissé espérer une possible reconnaissance de la théorie des sujétions imprévues, par le truchement d'une appréciation libérale d'une clause contractuelle. La Cour, en admettant l'interprétation souveraine des juges du fond d'une « clause ambiguë du marché selon laquelle le prix était fixé « y compris toutes sujétions » », offrait une alternative à la théorie des sujétions imprévues dans le droit privé des obligations.

Dès lors, le juge fait preuve d'un réalisme juridique qu'il préfère parfois renier en matière de sujétions imprévues, et plus encore dans les situations d'imprévision. Puisque ce n'est pas sur le plan des critères constitutifs, ni même sur le plan des effets juridiques des sujétions imprévues que la distinction s'effectue, c'est donc de prime abord sur les fondements et sur l'action des clauses contractuelles que s'opposent les théories administrativiste et civiliste des sujétions imprévues.

---

sujétions imprévues par rapport à la théorie des travaux supplémentaires (*Op. cit.*, p. 8 et 9).

[444] Charles-Edouard Bucher explique à ce titre que cet arrêt ne doit en aucun cas être considéré comme un arrêt de principe mais plutôt comme « un arrêt d'espèce parce qu'en principe, en droit privé, les sujétions imprévues sont prises en compte sur le terrain de l'erreur concomitante à la formation du contrat » (Thèse *précitée*, n° 217, p. 179, note 3). Nous ne partageons pas ce point de vue (voir *infra*, p. 185 et s.).

[445] Civ. 3ème, 17 octobre 1990, *Campenon Bernard c/ Mayer, précité.* Il convient cependant de préciser que les juges du fond avaient écarté l'octroi du supplément de prix ; ce refus a par ailleurs été approuvé par la Cour de cassation.

SECTION 2. LA DISTINCTION DES SOLUTIONS JURISPRUDENTIELLES

Les difficultés matérielles d'exécution, surgissant pendant le déroulement des travaux, sans qu'elles aient pu faire préalablement l'objet d'une prévision des parties, reçoivent le même traitement de la part des juges administratif et judiciaire. La théorie des sujétions imprévues n'est alors mise en œuvre que si toutes les conditions d'application sont strictement réunies. Elle a également pour effet de permettre l'indemnisation extracontractuelle des travaux non préalablement compris dans le contrat, qui en rendent l'exécution beaucoup plus onéreuse que ce qu'aurait pu raisonnablement envisager les parties. Mais, au-delà des apparentes similarités des régimes, administrativiste et civiliste, des sujétions imprévues, il convient de remarquer quelques dissemblances qui les caractérisent singulièrement.

Ainsi, en matière de sujétions imprévues, les solutions jurisprudentielles, administrativiste et civiliste, ne sont pas, en tout point, analogues. Elles se distinguent principalement sur la base des causes qui justifient la théorie dans le droit des contrats. Mais, quelle que soit la justification retenue, aucune n'est suffisamment opportune pour apporter une explication concluante à la mise en œuvre de la théorie des sujétions imprévues.

Dans la théorie générale des contrats administratifs, la théorie se fonde, de manière classique, sur la commune intention des parties et plus généralement, sur l'équité. Dans le droit privé des obligations, elle est quelquefois expliquée par le recours à la notion d'erreur sur la substance, étrangère au droit public. Or, ni la première qui fait référence à des valeurs invérifiables, ni la seconde dont le principal reproche réside dans le fait qu'elle entraîne la nullité du contrat, ne permet d'expliquer vraisemblablement le jeu de la théorie. Pourtant, c'est précisément sur les fondements que l'opposition des régimes est la plus évidente. Mais, c'est aussi certainement la contingence sous-jacente de ces explications respectives qui rapproche incontestablement le régime administrativiste et le régime civiliste des sujétions imprévues[446]. En définitive, « la dualité de fondement est plus apparente que réelle » [447].

Parallèlement, l'action des clauses contractuelles diverge selon la nature du contrat. En effet, dans le régime de l'exécution du marché public, les clauses n'auront pas vocation à jouer en cas de sujétions imprévues. L'office du juge sera gouverné par d'autres intentions que celle d'appliquer à la lettre les stipulations du contrat. Il n'entend pas donner la même signification au principe de la force obligatoire que le juge judiciaire qui choisit d'observer avec déférence chacune des clauses du contrat. L'article 1134 alinéa 1er du code civil semble *a priori* l'imposer. En somme, c'est « au nom du respect de l'autonomie de la volonté et du principe de la force obligatoire du contrat, *que* le droit civil a abandonné à son sort l'entrepreneur frappé par une sujétion technique imprévue[448] ».

Si les juges, administratif et judiciaire, appliquent identiquement la théorie des sujétions imprévues, chacune des solutions est néanmoins sous-tendue par une explication différente. Le bien fondé de la distinction des régimes sur ce point, s'il est défendable en doctrine, laisse cependant apparaître les vicissitudes relatives aux fondements respectifs de la théorie des sujétions imprévues (I).

En outre, si l'absence de clauses contractuelles conduit à établir une identité des régimes des sujétions imprévues, la présence en droit privé d'une clause, interdisant l'ajustement du prix, aura pour effet de neutraliser le jeu de la théorie des sujétions imprévues. L'action des clauses contractuelles sera, dès lors, divergente selon que le litige appartient à la compétence du juge administratif ou du juge judiciaire (II).

---

[446] Nous verrons dans le second chapitre du présent titre que la théorie des sujétions imprévues, qu'elle soit appliquée par le juge administratif, ou bien qu'elle soit transposée par le juge judiciaire est en réalité justifiée par le recours à un unique fondement permettant de transcender la frontière entre le régime administrativiste et le régime civiliste des sujétions imprévues.

[447] F. Llorens, Thèse *précitée*, p. 301.

[448] C. Samson, *Op. cit.*, p. 8.

I/ LES VICISSITUDES DES FONDEMENTS RESPECTIFS DE LA THEORIE DES SUJETIONS IMPREVUES

L'une des divergences les plus remarquées[449] dans l'application de la théorie des sujétions imprévues est indéniablement relative aux fondements qui la justifient dans le contentieux contractuel public et privé. Si le droit administratif a d'abord opté pour la commune intention des parties, l'étude de la jurisprudence ultérieure a montré que ce fondement ne tenait plus et c'est donc l'équité qui a primé dans la mise en œuvre de la théorie (A). En droit privé, le juge a accédé à une demande en supplément de prix pour sujétions imprévues sur le fondement tiré de l'erreur sur la substance (B).

A) La commune intention des parties et l'équité en droit administratif

La théorie des sujétions imprévues est traditionnellement fondée sur la commune intention des parties[450]. C'est parce que la situation imprévisible ne peut faire raisonnablement partie de leurs prévisions initiales que le juge ouvre un droit à une indemnisation extracontractuelle. La commune intention des parties n'aurait pas contracté en ces termes si, à l'évidence, elle avait envisagé préalablement la survenance de graves difficultés matérielles d'exécution. Quelques arrêts du Conseil d'Etat vont d'ailleurs en ce sens[451].

---

[449] C.-E. Bucher, Thèse *précitée*, n° 245 et 246, p. 206 et 207 ; F. Llorens, Thèse *précitée*, p. 299 et 301.

[450] C.-E. Bucher, *Ibid.*, n° 245, p. 206 ; P. Grelier Wyckoff, *Op. cit.*, p. 202 ; F. Llorens, *Ibid.*, p. 299 ; A. de Laubadère, *Op. cit.*, n° 897, p. 12 ; G. Jèze, *Contrats*, T. II, p. 691.

[451] CE, 5 juillet 1929, *Ministre de la guerre c/ Sieur Yaher*, *Rec.*, p. 676 ; le juge a ainsi considéré que « ledit prix ne devait, dans la commune intention des parties, s'appliquer qu'aux natures de terrains en vue desquelles il avait été établi ; (…) que par suite, le Sieur Y est fondé à soutenir qu'il s'est trouvé en présence d'une situation absolument différente de celle qui avait été envisagée lors de l'adjudication ».

Cette justification fut rapidement condamnée par la doctrine[452] et ce, d'autant plus que le juge administratif a fini par octroyer un supplément de prix alors même qu'une clause contractuelle prévoyait expressément le contraire[453]. C'est bien que la commune intention des parties n'est pas le fondement légitime de la théorie des sujétions imprévues. Aussi, il semble *a priori* que « le droit du cocontractant à une indemnisation au cas de sujétion exceptionnelle constitue une règle d'équité créée de manière prétorienne par la jurisprudence (...) »[454].

La considération de ce que le marché de travaux publics doit nécessairement reposer sur une exécution équitable est confirmée dans la jurisprudence du Conseil d'Etat. Elle serait ainsi le fruit d'une « collaboration entre l'administration et son cocontractant »[455]. Or, si la relation contractuelle implique certes une collaboration des parties, elle n'implique pas pour autant l'ouverture d'un droit à indemnité au bénéfice du cocontractant. Les sujétions imprévues qui par nature sont extracontractuelles[456], puisent leur justification en dehors du contrat et de la relation qui lie les parties. Ainsi, elles ne sauraient avoir une nature extracontractuelle et tirer leur fondement dans une collaboration utile au sein du rapport d'obligations et exigée par l'équité. La démonstration serait vaine et hasardeuse. L'exigence d'une collaboration explique au surplus la tenue des renégociations[457]. L'équité sous-tend l'office du juge, rien de plus. Elle ne saurait être

---

[452] André de Laubadère explique à ce titre que « ces idées d'intention supposée des parties, de clauses implicites sont souvent des explications trop faciles et artificielles » (*Op. cit.*, n° 897, p. 13).

[453] Voir *infra*, p. 189 et s. De la même manière, le Conseil d'Etat a récemment écarté l'application d'une clause contractuelle explicite pour pouvoir accorder le bénéfice de la théorie des sujétions imprévues (voir *supra*, p. 166, note 402 : CE, 3 mars 2010, *Sté Presspali SPA, précité*).

[454] A. de Laubadère, *Ibid.*, n° 897, p. 13. Voir dans le même sens : C.-E. Bucher, Thèse *précitée*, n° 245, p. 207 ; F. Llorens, Thèse *précitée*, p. 300.

[455] A. de Laubadère, *Ibid.*, n° 897, p. 12 ; voir également en ce sens, M. Waline, *Op. cit.*, p. 27 et s.

[456] M. Waline, *Ibid.*, p. 27.

[457] Voir *infra*, p. 266 et s.

seule à expliquer le jeu de la théorie, si tant est que l'on cherche par ce moyen à fonder la théorie des sujétions imprévues. Cette explication toute auréolée de l'idéologie solidariste qui anime parfois la doctrine, tend plutôt à éluder la difficulté d'une quête du fondement légitime des théories de l'imprévisibilité. En justifiant la théorie sur une valeur suprême de la justice, n'est-il donc pas là une façon de s'y soustraire ? Sûrement, sauf si l'on se place au plan historique. L'exigence d'équité qui procède du jeu coopératif des parties est née en définitive du complexe de la suprématie de l'administration contractante, illustrée par l'exorbitance de ses prérogatives. Garantir une exécution équitable du marché a donc été pour la personne publique une manière de pallier à sa « crainte de ne plus trouver de contractants, ou de n'en trouver qu'à des prix excessifs comprenant de véritables primes d'assurances très onéreuses pour le Trésor »[458]. Cette inquiétude, si grande à la fin du XIXème siècle et au début du XXème, est aujourd'hui précisément révolue.

En outre, si l'indemnisation du préjudice est intégrale, en quoi est-elle équitable pour l'administration contractante, qui aura à supporter seule l'entièreté de la charge financière ? Même en considérant la plus grande capacité financière de l'administration par rapport à celle de l'entrepreneur, c'est bien que l'indemnisation extracontractuelle pour sujétions imprévues est motivée par d'autres mobiles que l'équité. Certes, c'est aussi pour l'administration, l'assurance d'obtenir l'achèvement du travail commandé. Mais, elle s'acquittera deux fois, d'abord pour financer l'exécution normale du contrat, à savoir la réalisation du travail conventionnellement défini et ensuite, pour pallier les difficultés économiques subies par l'entrepreneur du fait de la survenance de sujétions exceptionnelles. L'équité qui résulte de l'idéologie du juste et de l'injuste, ne joue donc pas en sa faveur. Si le préjudice est injuste pour l'entrepreneur il n'en demeure pas moins qu'il est tout aussi injuste pour l'administration d'en supporter la charge intégrale et cela d'autant plus qu'elle n'aura commis aucune faute de nature à engager sa responsabilité. Puisque la règle d'équité

---

[458] M. Waline, *Op. cit.,* p. 34. Voir également en ce sens les conclusions *précitées* du commissaire du gouvernement Chardenet sur l'arrêt *Gaz de Bordeaux* (voir *supra*, p. 65, note 120).

repose sur une collaboration étroite des parties, ne suppose-t-elle pas que soit effectuée une juste répartition des charges extracontractuelles ? Le transfert pur et simple de l'indemnisation extracontractuelle à l'administration n'a en définitive rien d'équitable. Le traitement des sujétions imprévues serait plus juste s'il prévoyait une participation de l'entrepreneur, aussi infime soit-elle, au financement des charges exceptionnelles.

Ni « l'intention présumée des parties » [459], ni même l'équité ne permettent d'expliquer correctement le jeu de la théorie des sujétions imprévues, même s'il semble pourtant que l'on se soit jusque là contenté de ces justifications approximatives. Parallèlement, le droit des marchés privés fonde l'indemnisation pour sujétions imprévues par le truchement de l'erreur sur la substance, explication qui, elle non plus, ne convainc pas.

B) *L'erreur sur la substance en droit civil*

« L'erreur n'est une cause de nullité de la convention que lorsqu'elle tombe sur la substance même de la chose qui en est l'objet » [460]. L'erreur[461] est traditionnellement définie comme la représentation erronée de la réalité. L'une des parties, lorsqu'elle a contracté, s'est fourvoyée sur un élément essentiel à la conclusion du contrat de sorte que son consentement a été vicié. C'est d'ailleurs ce qui ressort de la jurisprudence judiciaire[462] qui « a fait application de cette solution lorsque le titulaire du marché avait exécuté le travail dans des conditions telles qu'elles étaient manifestement en dehors des

---

[459] A. de Laubadère, *Op. cit.*, n° 897, p. 14.

[460] Article 1110-1 du code civil. Cet article fait suite et complète l'article précédent qui dispose qu' « il n'y a point de consentement valable si le consentement n'a été donné que par erreur ou s'il a été extorqué par violence ou surpris par dol ».

[461] Pour une étude approfondie, voir, J. Ghestin, *La notion d'erreur dans le droit positif actuel*, thèse, Paris, LGDJ, 1963.

[462] « L'erreur doit être considérée comme portant sur la substance de la chose lorsqu'elle est de telle nature que, sans elle, l'une des parties n'aurait pas contracté » (Civ., 28 janvier 1913, *S* 1913.1.487).

prévisions du contrat (…) On peut alors imposer à l'entrepreneur un prix qu'il n'avait accepté qu'en prévision d'un travail différent, ou sur la foi de données inexactes »[463].

L'entrepreneur se serait mépris sur les qualités substantielles du terrain, malgré toutes les diligences qu'il est censé avoir accomplies, préalablement à la formation du marché. S'il avait envisagé la rencontre de sujétions imprévues, il ne se serait sûrement pas engagé dans les mêmes termes dans la voie contractuelle. La connaissance ou l'ignorance de graves difficultés matérielles d'exécution joue un rôle fondamental dans la prise de décision de contracter. Alors que l'erreur est susceptible de le contraindre à exécuter le marché à perte. Ainsi, la Cour de cassation a estimé « que rien ne permettait de prévoir un dérochement aussi difficile et important » et « que l'importance de l'enrochement existant, qui s'était manifestée au moment de l'exécution des travaux, justifiait l'annulation de la convention pour erreur sur la substance »[464]. Le recours à la notion d'erreur sur la substance pour justifier l'indemnisation extracontractuelle des sujétions imprévues n'est pas pour autant décisif.

L'erreur sur la substance constitue un vice du consentement. A ce titre, elle s'apprécie au jour de la formation du marché[465]. Les sujétions imprévues et l'erreur s'opposent dès lors au plan de la temporalité. L'appréciation des unes exclut, dans le temps, l'appréciation de l'autre. Tandis que l'erreur est alors appréciée au moment de la conclusion du contrat, les sujétions imprévues ne sont connues qu'en cours d'exécution. Il est donc bien malaisé de fonder la théorie des sujétions imprévues sur la base d'une notion censée n'être appréciée qu'au jour de la formation du contrat, c'est-à-dire avant même que l'entrepreneur n'ait pris connaissance de l'existence de difficultés d'exécution exceptionnelles.

---

[463] J. Montmerle, *Passation et exécution des marchés de travaux privés*, Le Moniteur, 1975, n° 179, p. 153.

[464] Civ., 3ème, 11 janvier 1995, n° 93-11966.

[465] J. Ghestin, *Traité de droit civil, Les effets du contrat*, LGDJ, 3ème édition, n° 345, p. 407.

En outre, dans le contentieux contractuel, le juge judiciaire invalide le consentement de celui qui contracte par erreur et prononce la nullité du contrat. C'est ici, sur les effets juridiques, que l'erreur et la théorie des sujétions imprévues se distinguent. La première sera une cause d'annulation du rapport d'obligations alors que la seconde aura comme visée la pérennité du contrat, au moyen d'une indemnisation intégrale. Si l'erreur sur la substance expliquait le jeu de la théorie des sujétions imprévues, il n'y aurait point de révision du contrat, seulement la constatation de sa nullité[466].

Mais il y a plus encore. La réception de la théorie des sujétions imprévues sur le fondement de l'erreur fait échec à l'ouverture extracontractuelle d'un droit à indemnité. Les sujétions imprévues sortent, par définition, du cadre contractuel. L'exécution normale du contrat ne prévoit aucunement la survenance de graves difficultés matérielles. Aussi, la théorie des sujétions imprévues ouvre une période extracontractuelle par le truchement de laquelle le juge accède à l'indemnisation intégrale. Or, l'erreur est contractuelle puisqu'elle porte sur l'objet même du contrat. Elle concourt ainsi à sa conclusion. Le consentement demeure certes vicié, mais l'erreur continue d'appartenir à l'action de s'engager conventionnellement. Dans cette optique, n'est-il pas paradoxal d'admettre que le fondement de la théorie soit contractuel tandis que ses effets juridiques seraient de nature extracontractuelle ? L'indemnisation des sujétions imprévues, qui n'a pas été conventionnellement envisagée par les parties, ni au moment de la conclusion, ni pendant la tenue des renégociations, et c'est d'ailleurs tout l'objet du recours juridictionnel, est fixée par le juge en fonction des circonstances anormales qui bouleversent l'économie du contrat. Une sujétion ne peut être fondée sur l'erreur alors même qu'elle n'entre pas préalablement dans le champ de l'objet du contrat. *A priori*, rien n'a permis d'envisager la rencontre d'une telle difficulté matérielle d'exécution. Ce qui n'est pas une erreur à proprement parlé, mais plus une situation qui a dépassé toutes les prévisions des parties.

---

[466] Voir également, J. Ghestin, Ch. Jamin, M. Billiau, *Op. cit.*, n° 345, p. 407.

Il convient également de remarquer que, dans la classification établie par le droit civil des obligations, d'autres erreurs que celle portant sur la substance sont à souligner. Ainsi, l'erreur sur la valeur de la chose est assimilable à celle sur la substance lorsque la sujétion imprévue est de nature à bouleverser les conditions économiques de l'exécution du contrat. L'erreur sur la substance est dès lors susceptible de générer une erreur sur le prix[467]. La distinction paraît, à ce titre, ardue. Mais, plus importante encore, est la complication venant du fait que l'erreur sur la valeur, qui n'est pas considérée comme un vice du consentement, exclut précisément la possibilité de demander la résiliation du contrat[468]. L'adaptation du contrat est, *a fortiori*, inconcevable. « Cette solution *est* fondée sur la sécurité des relations juridiques (…) » [469]. L'erreur sur le prix ne justifie pas en principe que le juge retouche les termes de la convention et c'est pourtant tout l'objet de son office lorsqu'il octroie une indemnisation pour sujétions exceptionnelles. Malgré tous les risques que comporte la distinction, le juge préfère renvoyer à la justification tirée de l'erreur sur les qualités substantielles de la chose, seule à permettre de demander la nullité.

Toutefois, la référence à l'erreur sur la substance est utilisée avec beaucoup de parcimonie dans le contentieux des sujétions imprévues. Toutes les solutions ne sont pas motivées par le recours à l'erreur. Il serait donc imprudent d'admettre comme fondement commun, la notion d'erreur sur la substance tandis qu'elle n'est pas généralisable à l'ensemble des solutions. D'autres solutions sont admises en matière de sujétions imprévues, sans que le juge fasse appel à l'erreur sur la substance. C'est bien que l'erreur ne saurait justifier à elle-seule la mise en œuvre de la théorie des sujétions imprévues.

---

[467] Voir en ce sens, F. Llorens, Thèse *précitée*, p. 302. Voir également, R. Cabrillac, *Op. cit.*, n° 61.

[468] R. Cabrillac, *Ibid.*, n° 61.

[469] *Idem.*

L'erreur a également permis de justifier la théorie de l'imprévision[470] mais les reproches qui lui sont faits en matière de sujétions exceptionnelles sont *a fortiori* valables dans les situations imprévisibles qui frappent l'économie du contrat.

Ce n'est donc pas au plan des fondements[471] que la différence entre le régime administratif et le régime civiliste des sujétions imprévues se fait, mais plus sur la présence et le ministère des clauses contractuelles qui, à l'inverse, jouent un rôle fondamentalement différent.

II/ L'ACTION DIVERGENTE DES CLAUSES CONTRACTUELLES

L'ensemble des contrats, de droit public ou privé, comportent des clauses[472] dont l'action sera divergente selon que le juge officie dans le contentieux des sujétions imprévues, administratif ou judiciaire. En droit public, le jeu des clauses sera neutralisé au profit de la révision du contrat (A) tandis qu'en droit privé, le juge tendra à respecter les dispositions contenues dans les clauses contractuelles (B).

A) La neutralisation des clauses en droit administratif

La rencontre de sujétions imprévues lors de l'exécution d'un contrat administratif est toujours susceptible d'être indemnisée, même en présence d'une clause explicite stipulant par exemple, une interdiction de réviser le prix en raison de la nature des terrains. Peu importe que le prix ait été conclu à forfait. Une « clause ne saurait faire obstacle à l'allocation d'un supplément de prix au cas où

---

[470] Voir, en ce sens, J. Ghestin, Ch. Jamin, M. Billiau, *Op. cit.*, n° 345, p. 407.

[471] Aucun des fondements retenus n'est vraisemblablement légitime, ni en droit administratif, ni en droit privé des obligations. Nous verrons que la théorie des sujétions imprévues est en réalité justifiée par un fondement unique qui transcende la distinction établie par le droit administratif et le droit civil.

[472] Voir *infra*, p. 254 et s. Une typologie des clauses contractuelles sera étudiée dans la deuxième partie. Le terme « clause » sera donc utilisé indistinctement dans les présents développements.

l'entrepreneur rencontrerait dans l'exécution des travaux des difficultés exceptionnelles et imprévisibles » [473]. D'une manière générale, ni la clause prévoyant une interdiction générale de révision des prix, ni la clause stipulant que la nature des terrains rencontrés sera sans conséquence dans le déroulement des travaux ne fait obstacle à la mise en œuvre de la théorie des sujétions imprévues. Est-ce dire pour autant que les clauses jouent un rôle subsidiaire ? Nullement. Elles revêtent une importance capitale lors de l'exécution du contrat en complétant les droits et obligations des parties et peuvent notamment prévoir la rencontre d'incidents d'exécution. Le juge est alors tenu de respecter avec minutie les termes d'une clause lorsqu'il intervient dans le rapport d'obligations et cela, en vertu du respect du principe fondamental de la force obligatoire. Les clauses entrent donc, par définition, dans les prévisions des parties, puisque stipulées au moment de la conclusion du contrat.

Loin de vouloir faire fi de la volonté des parties en présence de sujétions imprévues, le juge considère en définitive que le jeu des clauses n'est possible qu'au soutien d'une exécution normale de la convention, c'est-à-dire conforme à ce que les parties avaient convenu au préalable. Elles ont alors anticipé, dès la formation du contrat, tout ce qui est susceptible de se produire au cours de son exécution. Et cette exécution ne sera normale que si elle est en exacte adéquation avec les prévisions des parties. Or, la survenance de sujétions imprévues aggrave considérablement l'exécution du contrat au point que le débiteur de l'obligation y perde tout intérêt. En effet, de nouvelles obligations apparaissent, tout à fait différentes de ce qu'il avait pu raisonnablement envisager, et bien plus coûteuses, obligations qui s'inscrivent corrélativement en dehors du cadre contractuel de telle sorte que l'exécution du contrat sera considérée comme étant anormale. Par conséquent, les clauses qui prohibent l'adaptation du prix n'auront plus vocation à jouer puisque « la jurisprudence

---

[473] CE, 10 décembre 1938, *Gouverneur général d'Indochine*, *Rec.*, p. 937. Voir également : CE, 27 mars 1903, *Commune de Jeunont*, *Rec.*, p. 278 ; CE, 27 novembre 1935, *Etablissements Descours*, *Rec.*, p. 1110 ; CE, 8 juin 1977, *Ville de Marseille*, *RDP*, 1978, p. 1485.

interprète de telles clauses comme ne concernant que des difficultés normales mais non des difficultés véritablement exceptionnelles »[474]. Cette observation implique dès lors que le juge déroge au principe de la force obligatoire, sauf à considérer que cette situation anormale ait été implicitement voulue par les parties, libres de choisir d'insérer ou pas des clauses de réajustement du prix en cas de sujétions imprévues. En droit des contrats administratifs, le juge n'est lié par les stipulations contractuelles des parties que si la situation qui lui est donnée de résoudre, demeure dans le champ contractuel initialement prévu. Au-delà, l'anormalité de la situation[475] sera constatée et entraînera, par voie de conséquence, la neutralisation des stipulations du contrat, et *a fortiori*, de ses clauses, tout comme des principes inhérents à l'exécution du contrat, au profit de l'application de la théorie des sujétions imprévues.

C'est aussi dans la périphérie de cette considération que le Professeur Marcel Waline souligne justement que « la jurisprudence a admis, malgré les termes formels des cahiers des clauses et conditions générales interdisant à l'époque toute révision des prix, le droit de l'entrepreneur à indemnité lorsqu'il avait rencontré fortuitement, sans sa faute et en dehors même de tout fait de l'administration, des difficultés imprévues »[476]. C'est dire si le jeu de la théorie cristallise les clauses contractuelles puisque même la référence au CCAG se trouve annihilée. Ainsi, lorsqu'un contrat a pu faire référence à l'application des dispositions du CCAG, la rencontre de sujétions imprévues a toutefois justifié que le juge outrepasse les stipulations du contrat si bien que même les dispositions du CCAG ont pu être légitimement écartées. Autant dire que l'anormalité de la situation, en présence de difficultés imprévisibles justifie l'inapplication des clauses. De manière analogue, le Commissaire du gouvernement Chardenet a fait remarquer, s'adressant aux juges du fonds, dans l'intention d'influencer leur appréciation en faveur de l'admission de

---

[474] A. de Laubadère, *Op. cit.*, n° 896 bis, p. 12.

[475] Voir *infra*, p. 203 et s.

[476] *Op. cit.*, p. 28.

la théorie de l'imprévision, qu'ils avaient déjà consacré la théorie des sujétions imprévues « sans *se* laisser arrêter par des clauses de cahiers des charges qui prévoyaient un prix unique forfaitaire pour les déblais de toute nature, quelles que puissent être les difficultés rencontrées dans l'extraction des matériaux » [477]. Aussi, quelle que soit la teneur des clauses du CCAG, la théorie des sujétions imprévues s'impose avec force dans le contentieux contractuel pourvu que ses conditions d'application soient strictement réunies.

Quoi qu'il s'agisse des clauses contractuelles ou de la référence aux dispositions du CCAG, « (...) de toute manière le principe de l'indemnisation, consacré par la jurisprudence, existe en dehors des clauses du contrat » [478]. C'est ainsi ce constat qui marque une nette différence avec les solutions judiciaires demeurant très fortement attachées à l'interprétation stricte de l'article 1134 alinéa 1er du code civil. Or, cette distinction est au fond contradictoire dans la mesure où le juge est prêt à assouplir sa vision du principe de la force obligatoire afin d'allouer une indemnité pour sujétions imprévues.

B) L'observance des clauses en droit civil

Si la rencontre de sujétions imprévues est parfois susceptible d'indemnisation, la présence d'une clause contractuelle stipulant une interdiction expresse de réviser le prix, quel que soit la nature du sol, neutralise la possibilité de recevoir une indemnité compensatoire. En effet, le juge refusera le bénéfice de la théorie des sujétions imprévues à l'entrepreneur, se fondant sur le fait « qu'à moins de ne vouloir donner à cette expression aucun sens, il faut reconnaitre que dans la formation du contrat, les parties ont prévu que toutes les roches à extraire n'auraient ni la même nature, ni la même dureté »[479]. C'est ici que la différence la plus évidente se fait avec le droit des contrats administratifs. Alors que le juge judiciaire se soumet à la lettre du

---

[477] Conclusions *précitées*, p. 131.

[478] A. de Laubadère, *Op. cit.*, n° 896 bis, p. 12.

[479] C. de Nîmes, Req. 20 avril 1875 (cité par F. Llorens, Thèse *précitée*, p. 301).

contrat, en vertu de la loi des parties, le juge administratif rétablit l'équité en écartant l'application des clauses contractuelles susceptibles de mettre en échec la théorie des sujétions imprévues. Une telle différence n'est pas sans susciter la critique et son bien-fondé semble *a priori* tout relatif.

Ainsi, dans le silence du contrat et des clauses contractuelles, le juge judiciaire qui alloue une indemnisation pour sujétions imprévues est à l'évidence animé par d'autres mobiles que celui de l'application de l'article 1134 alinéa 1er du code civil. C'est donc bien sur un fait et non sur le droit que la Cour de cassation rend sa solution[480] en 1995. Elle présuppose que si le propriétaire a accédé à un supplément de prix au bénéfice de l'entrepreneur lésé, cela constitue l'expression de sa volonté réelle, et ce, sans faire une stricte application de l'article 1134 alinéa 1er. Or, la volonté du créancier n'a pourtant pas été clairement exprimée au moment de la conclusion du contrat. Elle demeure par conséquent, insaisissable. L'on pourrait ainsi considérer, comme c'est le cas en matière d'imprévision, que si les parties n'ont pas prévu, lorsqu'elles ont conclu le contrat, d'insérer des clauses en considération de difficultés matérielles imprévisibles et relatives à la révision du prix, c'est qu'elles préféraient courir les risques inhérents à l'état du sol[481]. Une telle observation serait cependant absurde. Au fond, aucun entrepreneur ne souhaite courir les risques de la mauvaise fortune ni, d'autant plus, exposer son patrimoine économique par imprudence à des aléas dont les conséquences sont susceptibles d'atteindre une telle ampleur. Aussi, s'en remettre au hasard, dépasse l'entendement, et particulièrement dans cette période d'agitations économiques.

A l'inverse, la présence d'une clause explicite, formulée par les parties au moment de la conclusion du contrat et qui interdit tout ajustement du prix ou qui prévoit que la nature des terrains à bâtir n'aura aucune incidence sur le prix fixé, subordonne l'office du juge, lié par ce qui a été initialement voulu. Une telle clause neutralise ainsi

---

480 Civ. 3ème, 4 mai 1995, *précité*.

481 Voir *supra*, p. 110.

la liberté d'action du juge. Non pas qu'il demeure hostile à la théorie des sujétions imprévues, mais comme en matière d'imprévision, il est tenu d'appliquer à la lettre les termes contractuels. Sauf que, au moment de la contractualisation, aucune des parties ne pouvait légitimement prévoir ni la survenance de telles sujétions ni même l'importance des conséquences économiques qu'elles allaient générer. En effet, un événement par définition imprévisible ne saurait être considéré comme appartenant aux prévisions des parties. Comme si le régime de ce qui était prévisible lors de la conclusion du contrat pouvait tendre à s'appliquer à ce qui est imprévisible. L'insaisissabilité de la sujétion est pourtant censée exclure l'application de l'article 1134 alinéa 1er puisqu'elle se situe au-delà de ce que les parties pouvaient raisonnablement prévoir. Pourquoi se borner à vouloir appliquer les dispositions d'un contrat qui ne pouvaient manifestement pas prévoir l'obstacle d'un préjudice d'une telle anormalité puisque la sujétion est par définition imprévisible ? La loi des parties n'est pas infaillible. Les clauses déterminent alors le régime applicable lorsque l'exécution du contrat demeure normale. Or, lorsque l'entrepreneur se heurte à des contraintes exceptionnelles, l'exécution du contrat n'est plus conforme à ses prévisions contractuelles si bien que « plaider pour le caractère absolu et général du caractère obligatoire du contrat, c'est-à-dire faire de l'intangibilité sa traduction technique, c'est s'aligner sur une perception anachronique du temps et unitaire de la notion de contrat »[482]. Quoi qu'il en soit, l'application stricte de l'article 1134 alinéa 1er se heurte aux mêmes reproches que ceux évoqués précédemment en matière d'imprévision.

En définitive, soit le contrat comporte une clause et le juge devra obligatoirement s'y conformer, en raison de la stricte interprétation que reçoit le principe de la force obligatoire, soit aucune clause ne s'oppose à la révision du prix et, en cas de sujétions imprévues, le juge pourra s'immiscer dans le rapport d'obligations pour accorder un supplément de prix au-delà de toute volonté des parties.

---

[482] C. Jamin, « Révision et intangibilité du contrat, ou la double philosophie de l'article 1134 du Code civil », *in* « Que reste-t-il de l'intangibilité du contrat ? », *Droit et patrimoine*, 1998, p. 52.

Conclusion du chapitre 1

L'analyse croisée de la théorie des sujétions imprévues en droit administratif et en droit privé, fait manifestement ressortir plus de ressemblances que de dissemblances. En définitive, il n'y a pas « d'opposition de principe »[483] puisque les différences qui les divisent sont plus que réduites. La principale différence réside, en fait, dans le traitement juridictionnel de la théorie des sujétions imprévues : le juge administratif se montrera plus libéral que le juge judiciaire, à l'égard du contrat frappé par l'apparition de sujétions exceptionnelles. Or, finalement, « cette différence procède de la réticence du droit privé à l'égard de la notion d'imprévision dans les contrats[484] ».

Actuellement, une grande partie de la doctrine estime que la théorie des sujétions imprévues possède une moindre importance[485] dans le contentieux contractuel. Deux raisons essentielles plaident en faveur de cette observation. D'abord, en droit administratif, cette théorie se trouve contractualisée, non seulement dans l'article 20 du code des marchés publics[486], mais aussi dans l'article 10.1 du CCAG. Le premier insiste pour que les parties engagent des renégociations lorsque de graves difficultés matérielles et imprévisibles rendent manifestement anormale l'exécution du marché. Le second qui prévoit que « les prix sont réputés tenir compte de toutes les sujétions d'exécution des travaux qui sont normalement prévisibles dans les conditions de temps et de lieu où s'exécutent ces travaux », n'est pas sans rappeler la formulation de la disposition précitée de la norme

---

483 F. Llorens, Thèse *précitée*, p. 297 et 301 ; C.-E. Bucher, Thèse *précitée*, n° 246, p. 208.

484 F. Llorens, *Ibid.*, p. 302.

485 F. Llorens, *Ibid.*, p. 298 ; C.-E. Bucher, *Ibid.*, n° 245, p. 207 ; C. Samson, *Op. cit.*, p.10 ; M. Waline, *Op. cit.*, p. 27 et s.

486 « En cas de sujétions techniques imprévues ne résultant pas du fait des parties, un avenant ou une décision de poursuivre peut intervenir quel que soit le montant de la modification en résultant ».

AFNOR[487]. L'un comme l'autre suggère l'application de la théorie des sujétions imprévues, sans la désigner précisément, de sorte qu'ils appellent à la révision du prix en cas de contraintes d'exécution imprévisibles. Il suffira alors que la loi des parties choisisse d'y faire référence dans les clauses contractuelles pour que ces dispositions soient définitivement applicables par le juge. En conséquence, la prise en compte de sujétions imprévues est connue autant du droit administratif que du droit civil.

Ensuite, les contrats, de droit public et de droit privé, comportent généralement des clauses de révision des prix[488], notamment pour cause de sujétions imprévues, ce qui réduit d'autant plus l'intérêt de la théorie en droit des contrats. En effet, « l'outil contractuel peut tout à fait être le moyen pour les contractants de gérer le risque de sujétions imprévues » [489]. Les difficultés exceptionnelles ne seront donc indemnisées que par l'application des clauses contractuelles.

Nonobstant l'attention portée à ces deux arguments, l'on ne saurait considérer que la loi des parties est infaillible. Le contrat n'est pas susceptible de tout prévoir et plus particulièrement lorsqu'il s'agit de la survenance d'une situation par définition imprévisible. Or, « s'il est possible de reconnaître un pouvoir créateur à la volonté, il est aussi permis de douter de son pouvoir de prévision. Ce dernier est naturellement limité. La volonté cristallisée par le contrat a été construite en tenant compte de différents paramètres présents et futurs. Mais il semble difficile de considérer que la survenance de sujétions imprévues, telles que définies par la Cour de cassation soit entrée dans

---

[487] Voir *supra*, p. 177.

[488] J. Montmerle, *Op. cit.*, n° 173, p. 147 et s ; C. Samson, *Op. cit.*, p. 10.

[489] C. Samson, *Ibid.* Le Professeur fait également remarquer, et c'est là aussi une constatation d'importance, que depuis le début des années 1990, « la Cour de cassation ne considère plus comme surabondantes les clauses contractuelles relatives aux sujétions imprévues ».

le champ des prévisions contractuelles. Cela va à l'encontre de leur nature »[490]. La théorie recouvre dès lors tout son intérêt.

Si le juge judiciaire semble aujourd'hui réticent à l'idée d'appliquer la théorie des sujétions imprévues, indéniablement troublé par le caractère rigide que reçoit le principe de la force obligatoire dans les situations d'imprévision, il fut toutefois un temps où la théorie des sujétions imprévues trouvait pleinement application dans le contentieux des contrats de droit privé. Aussi, « le seul fait qu'il l'ait adoptée à une époque déterminée montre bien que son attitude ne lui est pas dictée par la nature du contrat ou même par les règles du code civil, mais par sa conception propre des rapports contractuels »[491]. Cela montre bien que le juge judiciaire applique déjà le régime administratif de la théorie des sujétions imprévues.

---

[490] C. Samson, *Op. cit.*, p. 9.

[491] F. Llorens, Thèse *précitée*, p. 304.

CHAPITRE 2
L'ANALOGIE DES REGIMES DE LA THEORIE DES SUJETIONS IMPREVUES

Nonobstant quelques minces différences d'application que supporte la théorie des sujétions imprévues en droit contractuel, chacun des régimes manifeste une véritable analogie l'un par rapport à l'autre. Le régime administratif de la théorie des sujétions imprévues crée un cas de responsabilité contractuelle sans faute du maître de l'ouvrage, fondée sur la survenance d'un risque anormal de dommage. Le mécanisme de la théorie permet donc, dans l'appréciation du préjudice anormal exclusivement supporté par l'entrepreneur, son indemnisation. C'est ainsi de manière correspondante que le juge judiciaire matérialise le régime civiliste de la théorie. En partant de l'observation de la jurisprudence du XIXème siècle et en procédant à l'examen des solutions produites par le juge judiciaire depuis la fin du XXème, ce régime fait également référence au critère de l'anormalité du risque de sujétions imprévues et préconise le transfert de la charge extracontractuelle du débiteur vers le créancier qui n'a pourtant commis aucune faute de nature à engager sa responsabilité.

La construction prétorienne des régimes, administratif et civiliste, de la théorie des sujétions exceptionnelles n'a pour autant été concevable qu'en vertu d'une interprétation subjective du contrat. La recherche de la commune intention des parties tant par le juge administratif que le juge judiciaire doit consister à donner un sens à leur volonté initiale. L'interprétation est donc très étroitement liée au principe de la force obligatoire du contrat. Si le juge administratif fait preuve d'une liberté manifeste à l'égard des termes contractuels, le juge judiciaire se montre plutôt réservé, contraint de respecter le rigorisme interprétatif de l'article 1134 alinéa 1er. Or, il fut un temps où il adoptait une conception plus libérale de la « loi » des parties. Le juge administratif opte en revanche pour une technique interprétative fondée sur un certain pragmatisme, tentant de déceler au mieux la signification réelle de la commune intention des parties, pragmatisme juridique qui semble influencer désormais la politique jurisprudentielle judiciaire, sans que le juge en convienne pour autant.

Cela étant, l'évolution de ces deux régimes coïncident justement avec le développement du principe de proportionnalité tel qu'ordonné par la construction de l'Union européenne[492]. Ce principe irrigue aujourd'hui l'ensemble du droit contemporain des contrats. D'effet direct en droit interne des Etats membres de l'Union européenne, il transcende l'opposition droit public – droit privé, notamment en matière contractuelle. « Le principe de proportionnalité fait son œuvre qui, associé à un mode de raisonnement essentiellement pragmatique (la mesure de limitation de la liberté est-elle appropriée ? Est-elle nécessaire ?) conduit à relativiser, en la contextualisant à l'extrême, la validité de la norme examinée » [493]. En définitive, le rapport d'obligations doit nécessairement recevoir une vision plus flexible de la part du juge judiciaire dont l'office est immanquablement subordonné, comme celui du juge administratif, au respect des principes européens. C'est d'ailleurs ce que prônent les praticiens des marchés de travaux qui souhaitent un véritable tempérament à la toute-puissance de la force obligatoire[494].

---

[492] Présent dans les traités à titre implicite, ce principe est assez tôt reconnu par la Cour de Justice (CJCE, 16 juillet 1956, *Fédération charbonnière de Belgique c/ Haute autorité*, Aff. 8/55, *Rec.*, p. 201) ; il est ensuite érigé au rang de principe général du droit communautaire (CJCE, 20 février 1979, *SA Buitoni c/ FORMA*, Aff. 122/78, *Rec.*, p. 677). Le juge l'a lui-même défini dans l'arrêt « *Denkavit Nederland* » du 17 mai 1984 : « Les actes des institutions de la communauté ne dépassent pas les limites de ce qui lui est approprié et nécessaire pour atteindre le but recherché » (Aff. 15/83, *Rec.*, p. 2171). Le traité de Maastricht du 7 février 1992, comme celui de Lisbonne du 13 décembre 2007, n'a fait que reprendre l'état de la jurisprudence : « en vertu du principe de proportionnalité, le contenu et la forme de l'action de l'Union n'excèdent pas ce qui est nécessaire pour atteindre les objectifs des traités ». Le principe de proportionnalité est inclus dans celui de subsidiarité, car si ce dernier conditionne le champ d'action de l'Union européenne, le premier vient définir les conditions de cette action. Nous verrons que ce principe a largement influencé la notion de cause contractuelle, à l'origine d'une jurisprudence tendant vers la reconnaissance en droit privé des obligations de la théorie de l'imprévision (voir, *infra*, p. 466 et s.).

[493] F. Ost, M. van de Kerchove, *De la pyramide au réseau ? Pour une théorie dialectique du droit*, Publications des Fac. St Louis, Bruxelles, 2002, p. 319.

[494] S. Abbatucci, B. Sablier, V. Sablier, « Crise de l'acier : le retour de l'imprévision dans les marchés de travaux », *AJDA*, 2004, p. 2192.

Chacune des solutions retenues par le juge administratif ou le juge judiciaire s'inscrit dans le cadre d'une proportionnalité nécessaire en matière de sujétions imprévues (Section 1). Or, le pouvoir juridictionnel d'interprétation du contrat diverge d'un office à l'autre : en contentieux administratif, le juge fait preuve d'une grande liberté contrairement à son homologue en droit privé (Section 2).

SECTION 1. LA PROPORTIONNALITE DES SOLUTIONS RETENUES

Chacune des solutions retenues par le juge administratif et par le juge judiciaire en matière de sujétions imprévues relève inéluctablement de la recherche d'une proportionnalité. C'est donc la disproportion des charges extracontractuelles qui entraîne l'indemnisation du cocontractant. En effet, « (...) l'exigence de proportionnalité marque le droit contemporain des contrats. Avec elle, se développent la modification, la révision, la réfaction du contrat, comme si le principe de la force obligatoire constituait l'ennemi premier de la proportionnalité »[495].

La proportionnalité participe de la théorie du bilan coût/avantage[496], telle que développée par le Conseil d'Etat au début de la seconde moitié du XXème siècle. Face à l'anormalité et à la spécialité du risque imprévisible de dommage causé par la rencontre de sujétions imprévues, le juge se livre à une appréciation subjective

---

[495] N. Molfessis, « Le principe de proportionnalité et l'exécution du contrat », *in* « Existe-t-il un principe de proportionnalité en droit privé ? », *LPA*, n° 117 (n° spécial), 30 septembre 1998, p. 21.

[496] CE, 28 mai 1971, *Ville Nouvelle-Est*, *Rec.*, p. 409 (la théorie du bilan s'est révélée en matière d'expropriation pour cause d'utilité publique). Le contrôle de proportionnalité ainsi exercé par le juge administratif participe des cas d'ouverture du recours pour excès de pouvoir, notamment lorsqu'il s'agit de contrôler l'adéquation d'un acte aux faits ; le juge se contente alors d'exercer un contrôle restreint, à savoir celui de l'erreur manifeste. Or, les sujétions qui résultent de l'exécution du contrat sont de nature à ouvrir un recours de plein contentieux. Ce n'est donc pas un contrôle de proportionnalité à proprement parler auquel se livre le juge administratif ; toutefois, il va évaluer la proportionnalité des intérêts en présence, comme si l'application en droit interne du principe européen transcendait la classification des recours contentieux.

du rapport entre le coût final de revient des travaux, c'est-à-dire le coût initial du marché augmenté des charges extracontractuelles et le bénéfice procuré au maître de l'ouvrage par la réalisation des travaux, ce qui implique, par conséquent, le maintien jusqu'à son terme du lien contractuel. Le juge doit alors se demander si l'obligation à la charge du cocontractant de continuer à poursuivre l'exécution du contrat, sous l'influence d'un changement de circonstances, ne porte pas une atteinte disproportionnée à la liberté contractuelle de l'entrepreneur, dont la volonté, lors de la formation du marché, n'était sûrement pas celle de s'appauvrir[497]. Or, les sujétions exceptionnelles sont, par nature, destinées à engendrer une disproportion telle qu'elles constituent un risque spécial et anormal de dommage. Ce risque est nettement différent de l'aléa normal, par principe saisi lors des prévisions des parties et, à défaut, non indemnisable, quel que soit la nature du contrat. Le risque est alors réputé devenir anormal lorsque les sujétions imprévues « excèdent les aléas normaux »[498] du marché. Il est en substance extracontractuel, et, en conséquence, constitutif d'un préjudice anormal qui doit nécessairement recevoir une indemnisation. Et c'est là, le fondement unique de la mise en œuvre de la théorie des sujétions imprévues[499]. Ainsi, seule la considération du préjudice anormal gouverne l'office du juge et justifie l'indemnisation pour cause de sujétions imprévisibles. Il s'agira donc d'ouvrir un « droit à indemnité sous la forme d'un relèvement du prix prévu au marché »[500], au profit du cocontractant afin de procéder à la

---

[497] A l'inverse, si le fait d'octroyer un supplément de prix à l'entrepreneur pour cause de sujétions constitue une atteinte disproportionnée à la liberté contractuelle du maître de l'ouvrage par rapport au bénéfice escompté, une fois le marché intégralement exécuté, le juge devra se prononcer en faveur de la résiliation du contrat ; en tout état de cause, l'équité le commanderait.

[498] V. Dufau, *Op. cit.*, p. 149 ; voir dans le même, A. de Laubadère, *Op. cit.*, n° 902, p. 17.

[499] Voir *infra*, p. 545 et s.

[500] A. de Laubadère, *Ibid.*, n° 907, p. 20 et 21. Aux termes de l'analyse, « le procédé technique de calcul de l'indemnité est normalement celui du « supplément de prix », c'est-à-dire de l'indemnité allouée « par application du prix du bordereau après déduction du rabais d'adjudication », ou éventuellement celui du « prix nouveau » si les conditions d'exécution ont été complètement transformées par la sujétion ».

réparation du dommage anormal occasionné par la réalisation du risque spécial de sujétions imprévisibles. La concrétisation des obligations réciproques des parties prime sur la résiliation du contrat, « qui est plus grave qu'une simple indemnité » [501]. Le régime indemnitaire mis en place présume la nécessité d'engager la responsabilité du maître de l'ouvrage dans le cadre d'un recours de plein contentieux. Il faut ainsi concevoir la responsabilité non pas seulement comme un fait juridique, mais aussi comme une valeur morale. Issue de la mise en place de l'Etat providence à la fin du XIXème siècle[502], la responsabilité dépend clairement d'un idéal de justice contractuelle et fait dès lors appel à des idéaux tants sociaux que moraux.

L'appréciation juridictionnelle du caractère anormal passe nécessairement par l'utilisation de la méthode empirique du faisceau d'indices. Le juge qui ne peut se référer à aucune définition concrète de l'anormalité devra se saisir des indices objectifs susceptibles de révéler ce qui doit être considéré comme anormal. Les caractéristiques du préjudice anormal permettront dès lors de fixer un seuil d'acceptabilité entre ce qui doit être réputé ordinaire pendant l'exécution du marché et ce qui ne doit plus l'être (I).

La réparation du préjudice anormal suppose que soit formé un recours de pleine juridiction par l'entrepreneur à l'encontre du maître de l'ouvrage, seul par définition, de nature à engager la responsabilité sans faute du maître de l'ouvrage enrichi (II).

I/ LES CARACTERISTIQUES DU PREJUDICE ANORMAL

Quelle que soit la qualité du juge dans le contentieux des sujétions imprévues[503], le critère de l'anormalité occupe une place primordiale

---

[501] M. Waline, *Op. cit.*, p. 30.

[502] CE, 21 juin 1895, *Cames*, *Rec.*, p. 509.

[503] Qu'il s'agisse du juge administratif ou du juge judiciaire, la notion d'anormalité est appréciée de la même manière, sans qu'il ne soit besoin de subdiviser le paragraphe en fonction de ce que le juge officie dans le contentieux administratif ou dans le contentieux judiciaire.

dans l'allocation du supplément de prix. Ce critère permet, d'une part, de qualifier la sujétion indemnisable et d'autre part, de justifier l'octroi de l'indemnité par le juge. Dans le premier cas, il sera, à côté des critères d'imprévisibilité et d'extériorité et du critère relatif au surcoût d'exploitation une condition cumulative nécessaire à la mise en œuvre de la théorie des sujétions imprévues. Dans le second cas, l'anormalité sera le fondement de l'indemnisation extracontractuelle. En effet, si la sujétion est anormale, elle entraîne une exécution anormale du marché et engendre de manière corrélative un préjudice anormal. C'est alors parce que le préjudice est anormal que les juges administratif et judiciaire accèdent à une demande de supplément de prix pour sujétions imprévues.

« Plus qu'une simple difficulté, la sujétion est une difficulté absolument anormale » [504]. Cette qualification se retrouve autant dans les définitions produites par la doctrine administrativiste et par la doctrine civiliste que dans les solutions des juridictions administratives et judiciaires. C'est dire si ce critère joue un rôle de premier ordre dans la théorie des sujétions imprévues. En droit administratif, la doctrine[505], tout comme la jurisprudence[506], ont coutume de définir la sujétion d' « absolument anormale » ou d' « exceptionnelle ». En droit des obligations, de manière identique, la doctrine explique que « l'anormale gravité est la deuxième condition retenue comme nécessaire à la qualification de sujétions imprévues » [507], conformément à ce qu'observe la Cour de cassation[508]. Cette considération pour l'anormalité, qui, en définitive,

---

[504] A. de Laubadère, *Op. cit.*, n° 902, p. 17. Voir également : C.-E. Bucher, Thèse *précitée*, n° 213, p. 178.

[505] A. de Laubadère, *Op. et loc. cit.*, n° 895, p. 9 ; M. Guibal, *Op. et loc. cit.*, p. 240 ; G. Jèze, *Op. cit.*, p. 691 ; M. Waline, *Op. cit.*, p. 30 ; G. Péquignot, *Op. cit.*, n° 104 et s.

[506] Par exemple : CE, 28 mars 1890, *Albouy*, *précité* ; CE, 13 mai 1987, *Sté Citra-France*, *précité* ; CE, 30 juillet 2003, *Commune de Lens*, *précité*.

[507] C. Samson, *Op. cit.*, p. 7. Voir également : C.-E. Bucher, *Ibid.*, n° 213, p. 178.

[508] Par exemple : Req. 18 décembre 1866, *précitée* ; Civ. 3ème, 4 mai 1995, *précité*.

ne reçoit aucune définition rigoureuse[509], laisse un large pouvoir d'appréciation aux juges. Aussi, ces derniers se livrent de la même manière à une appréciation très subjective[510] de la condition d'anormalité que doit nécessairement revêtir la sujétion. Dès lors, « le juge doit se demander, en fonction du contrat, quelles sont les difficultés, même inattendues, qui peuvent être considérées comme des aléas normaux du marché. Il n'indemnisera que les sujétions sortant de ces aléas ou les excédant » [511]. En effet, si l'on considère que la sujétion est normale cela suppose l'existence, au cours de l'exécution du marché, de difficultés normales, c'est-à-dire de difficultés qui auront du obligatoirement faire partie d'un champ raisonnable de prévisions. « L'élément qui fait que l'on passe de la qualification d'aléa à celle de sujétions imprévues est le caractère de l'anormale gravité de l'événement considéré » [512]. Lorsque la sujétion est normale, elle est censée avoir été prévisible au moment de la formation du marché et ne peut légitimement pas faire l'objet d'une indemnisation. C'est donc parce que la sujétion est anormale, c'est-à-dire qu'elle a déjoué toutes les prévisions des parties, qu' « il devient en revanche concevable d'y trouver un justificatif à une révision du prix du marché » [513]. Mais, au-delà du fait qu'elle ne puisse être prévisible, la sujétion produit une « situation absolument différente » [514] de celle qui avait pu être envisagée lors de la formation du marché,

---

[509] La plupart des dictionnaires de la langue française se contente de définir le caractère anormal par défaut : « qui n'est pas normal », « contraire à ou différent de la norme, de la règle générale ». La définition est précisée par le truchement de quelques synonymes : par exemple, « exceptionnel », « extraordinaire »…

[510] Aux termes de l'analyse de Corinne Samson, « dire d'un imprévu qu'il est normalement grave ou anormalement grave est une opération intellectuelle plus complexe car elle ne renvoie pas à une situation objective très précise, à un modèle préalablement connu » (*Op. cit.*, p. 7).

[511] A. de Laubadère, *Op. cit.*, n° 902, p. 17.

[512] C. Samson, *Ibid.*, p. 7.

[513] *Idem.*

[514] CE, 5 juillet 1929, *Ministre de la guerre c/ Sieur Yaher, précité.*

soit qu'elle engendre un grave surcoût financier[515], soit qu'elle nécessite l'utilisation de moyens techniques plus onéreux que ceux qui avaient été initialement décidés. Et c'est donc bien en cela, que le préjudice qu'elle produit à la charge du seul entrepreneur, est anormal.

Au moment de la conclusion du contrat, les parties ont prévu, en vertu de leur obligation de prévisions, la rencontre de difficultés normalement prévisibles. Elles ont estimé le préjudice et chiffré le coût des dommages et intérêts susceptibles d'en couvrir les effets. La sujétion normale doit donc nécessairement faire l'objet d'une stipulation contractuelle destinée à décrire sa nature, ses conséquences ainsi que le chiffrage du préjudice qu'elle sera censée entraîner, préjudice qu'il conviendra de qualifier de normal. Ainsi, seul le préjudice prévisible est par principe indemnisable : il s'agit d'un aléa normal de nature à intégrer les prévisions des parties, d'un risque ordinaire contenu dans tout contrat. Lorsque l'entrepreneur a failli à ses calculs précontractuels, ce n'est pas devant le juge, administratif ou judiciaire, qu'il pourra faire valoir ses prétentions indemnitaires pour cause de sujétions imprévues. Cependant, si la difficulté n'est pas normalement prévisible, le préjudice qui en résulte devient anormal, c'est-à-dire qu'il n'est plus conforme à ce qui aurait du ordinairement se produire, à ce que les parties auraient pu légitimement s'attendre au cours de l'exécution du marché et il conduit, corrélativement, à une situation exceptionnelle. « Ce qu'on appelle actuellement exception est simplement un phénomène dont une ou plusieurs conditions sont inconnues (…) »[516].

---

[515] L'analyse de Charles-Edouard Bucher diverge sur ce point expliquant que « le contractant, qui veut faire jouer la théorie des sujétions n'a pas à établir un déficit ou un bouleversement de l'économie du contrat ». Pour autant, cette observation est étonnante dans la mesure où la finalité de la mise en application de la théorie est la possibilité, au bénéfice de l'entrepreneur, d'obtenir du juge un supplément de prix. C'est bien que son patrimoine économique a subi de graves pertes (Thèse *précitée*, n° 211, p. 177) ; voir également, D. Pouyaud, *La nullité des contrats administratifs*, Préf. P. Weil, LGDJ, 1991, p. 259.

[516] C. Bernard, *Introduction à l'Étude de Médecine Expérimentale*, Echo Library, 2008, p. 58. L'auteur ajoute : « et si les conditions des phénomènes dont on parle étaient connues et déterminées, il n'y aurait plus d'exceptions, pas plus en médecine que dans toute autre science ».

Ce préjudice anormal n'a donc pas pu faire l'objet d'un chiffrage contractuel objectif puisque, par nature, il est, tout comme la sujétion, imprévisible. C'est donc la raison pour laquelle, lorsque les parties n'ont pas réussi à s'entendre lors des renégociations, seul le juge est habilité à opérer une révision du prix. Mais encore faut-il que celui-ci soit en mesure d'établir un seuil en-deçà duquel la sujétion est simplement inattendue et donc non indemnisable. « Un événement imprévu serait d'une gravité normale lorsque ses conséquences techniques et financières ne dépasseraient pas un stade défini comme acceptable. L'anormale gravité serait atteinte lorsque ce seuil d'acceptabilité serait dépassé » [517]. Ce n'est que lorsque le seuil est dépassé que l'indemnisation extracontractuelle est accessible, en témoignent les solutions du Conseil d'Etat et de la Cour de cassation. En droit des contrats administratifs, comme en droit privé des obligations, l'anormalité ainsi que le seuil de gravité relèvent donc exclusivement de l'appréciation souveraine des juges du fond[518]. Généralement, le juge estime que l'anormalité du préjudice est atteinte lorsque le prix du marché excède plus 50% le coût initial du marché conclu préalablement[519].

Dans les hypothèses de sujétions imprévues, tant la doctrine administrativiste que la doctrine civiliste considère en somme que le préjudice, supporté par le débiteur de l'obligation en droit civil, par le cocontractant de l'administration en droit administratif revêt un caractère anormal non seulement, parce qu'il ne pouvait être raisonnablement envisagé par les parties, lors de la formation du marché mais également parce qu'il engendre un surcoût tel que l'entrepreneur perd tout intérêt dans l'exécution du travail. « En définitive, ce caractère est l'essence même des sujétions imprévues »[520]. C'est d'ailleurs pour cela que l'on estime de manière unanime que le régime de la théorie des sujétions imprévues est bien

---

[517] C. Samson, *Op. cit.*, p. 7.

[518] Voir en ce sens : C. Samson, *Idem* ; C.-E. Bucher, Thèse *précitée*, n° 212 et s.

[519] C. Samson, *Ibid.*, p. 6 et. ; P. Grelier-Wickoff, *Op. cit.*, p. 431.

[520] C. Samson, *Ibid.*, p. 8.

mieux construit que celui de la théorie de l'imprévision qui n'a pas particulièrement de considération, et c'est un tort, pour la notion d'anormalité.

L'anormalité du préjudice justifie l'indemnisation extracontractuelle pour cause de sujétions imprévues[521] au bénéfice de l'entrepreneur et explique ainsi que soit engagée la responsabilité contractuelle sans faute du maître de l'ouvrage enrichi.

II/ La responsabilite contractuelle sans faute du maitre de l'ouvrage enrichi ?

La sujétion est, « en droit des marchés publics, *une* contrainte technique imprévue, résultant le plus souvent de la nature du sol, dépassant la commune intention des parties car impliquant des travaux supplémentaires ou l'emploi de techniques plus onéreuses, dont la constatation entraîne une responsabilité contractuelle sans faute du maître de l'ouvrage et la possibilité de modifier le marché en dehors des règles normales (…) »[522]. En droit des marchés privés, la solution est exactement la même. Aussi convient-il de s'interroger sur la mise en œuvre de la responsabilité sans faute. Est-il concevable d'envisager que la théorie des sujétions imprévues – comme celle de l'imprévision – se justifie par le régime indemnitaire de la responsabilité ? Si de prime abord, cela semble être le cas, il semble qu'à la réflexion, la théorie ne corresponde pas en tout point avec l'ouverture d'un cas de responsabilité[523].

---

[521] Le préjudice anormal fera l'objet, dans la troisième partie, d'une analyse approfondie en ce qu'il constitue le fondement unique des théories de « l'imprévisible ».

[522] R. Rouquette, *Op. cit.*, p. 777.

[523] Pour Laurent Richer, « l'indemnité d'imprévision n'a pas le caractère de dommages-intérêts, elle ne repose pas sur l'idée de responsabilité » (*Op. cit.*, n° 492). Aux termes de l'analyse du Professeur Philippe Terneyre, « la théorie de l'imprévision, qui ne constitue pas, comme on le verra à propos du « lien d'imputabilité » et justement en raison de cette absence d'imputabilité du fait dommageable à l'administration contractante, une hypothèse de mise en jeu de sa

Les sujétions imprévues qui sont en substance de nature à créer de nouvelles obligations non initialement comprises dans le contrat engendrent un préjudice financier anormal, constitué par l'obligation de l'entrepreneur de supporter de manière unilatérale des charges exceptionnelles. L'exécution du contrat se déplace dès lors hors du champ circonscrit par la loi des parties et justifie corrélativement l'ouverture d'une période, à l'évidence, extracontractuelle. La logique qui prime en vertu du principe de la collaboration des parties est alors celle de la pratique des renégociations. Un traitement amiable de la question du prix s'impose *a priori* quelle que soit la nature du contrat[524]. Les sujétions imprévues ne sont en effet pas étrangères à l'exécution des contrats qui obéissent aux règles du droit privé des obligations. La plupart du temps, le règlement des difficultés financières imprévisibles est directement conduit par les parties au contrat, qu'il soit d'essence administrative ou civile, de manière à répartir équitablement la charge extracontractuelle, sans qu'il ne soit nécessaire pour cela d'engager, au préalable, la responsabilité de l'une ou l'autre partie, et se solde par la conclusion d'un avenant[525]. Ce n'est donc que dans l'hypothèse de l'introduction d'un recours contentieux, que vaut la considération de l'opposition public/privé, c'est-à-dire pour déterminer la compétence du juge, lorsque les renégociations des parties ont échoué. La période extracontractuelle qui frappe l'exécution du contrat, n'a pas trouvé d'issue favorable après discussion des parties, si bien qu'elle implique fatalement un traitement juridictionnel. Le fait que la loi du contrat n'a pas envisagé,

---

responsabilité contractuelle » (« Responsabilité contractuelle », *Répertoire de la responsabilité de la puissance publique*, avril 2012, n° 222).

[524] C'est aussi le plus souvent que les parties décident d'engager des renégociations en vue de régler à l'amiable le problème du surcoût financier survenu du fait de sujétions imprévues. Le rééquilibrage du prix contractuel est manifestement nécessaire à l'achèvement du travail. L'entrepreneur doit être mis en mesure de pouvoir continuer d'exécuter ses obligations dans des conditions presque normales ; cette situation exceptionnelle est par principe temporaire et permet au créancier, tout bien considéré, d'obtenir un retour sur investissements, une fois le travail intégralement achevé. Un avenant est alors conclu au-delà du fait que le contrat soit soumis aux règles du droit administratif ou aux règles du droit civil.

[525] Voir *infra*, p. 250 et s.

ni encadré, la survenance d'une telle situation, substantiellement imprévisible, explique par conséquent que le juge ait la faculté de se délier de la volonté des parties et partant, de déroger au principe de la force obligatoire, pour opérer une révision du prix. Or, si de prime abord, son office consiste à transférer la charge extracontractuelle du cocontractant débiteur de l'obligation à l'administration créancière, une fois les conditions de la théorie des sujétions imprévues réunies, il n'en demeure pas moins que la répartition juridictionnelle de la charge est gouvernée par des considérations d'équité. L'on peut certes estimer que le transfert de la charge extracontractuelle au créancier de l'obligation qui n'a pour autant commis aucune faute, est inéquitable[526].

Toutefois, cette considération est à la réflexion inexacte puisque c'est bien le créancier qui se trouve, une fois le contrat exécuté jusqu'à son terme, personnellement enrichi. C'est pour son compte que le travail, qu'il est le seul à avoir commandé, est exécuté, si bien que la chose lui sera automatiquement remise à l'achèvement des travaux. Il est donc dans son intérêt principalement que le contrat soit intégralement exécuté. Ce sera lui qui retirera, seul, le bénéfice de son investissement de sorte que son patrimoine économique se verra

---

[526] Corinne Samson, pour laquelle « il n'est sans doute pas souhaitable de transférer purement et simplement le risque de sujétions imprévues de l'entrepreneur au maître de l'ouvrage (…) », explique que « si la jurisprudence judiciaire admettait les sujétions imprévues comme moyen justifiant une révision, le maître de l'ouvrage se verrait attribuer le risque de sujétions imprévues. Ainsi le maître de l'ouvrage serait contraint d'exécuter son obligation de paiement révisée par la prise en compte du coût de ses sujétions techniques imprévues ». En partant du principe que « peu de maîtres d'ouvrage privés sont capables d'assumer seul un tel risque », elle propose deux pistes de réflexion : l'une consiste à souscrire une police d'assurance, l'autre, de recourir au crédit (*Op. cit.*, p. 9 et s.) ; Valérie Dufau constate que « la solution de l'imprévision qui régit pourtant une relation bilatérale, l'Administration et le contractant, aboutit à des conséquences financières unilatérales et c'est la personne publique qui se retrouve dans la position financière la plus défavorable » (*Op. cit.*, p. 146 et s.). Ainsi, une même considération pourrait être admise s'agissant de la théorie des sujétions imprévues (voir également, en ce sens : L.-M. Jacquemard, *La théorie de l'imprévision et la gestion des services publics concédés*, Thèse, Algérie, 1925, p. 213).

nettement amélioré, augmenté d'une plus-value[527]. En revanche, si le terme du contrat est anticipé soit que les sujétions imprévues ont fini par revêtir les caractéristiques de la force majeure, soit que l'entrepreneur n'est pas en mesure d'achever le travail, le chantier sera laissé à l'abandon et le créancier devra recourir à la conclusion d'un nouveau contrat.

La logique juridictionnelle qui doit nécessairement l'emporter est celle du soutien financier apporté par le maître de l'ouvrage à son cocontractant. C'est d'ailleurs ce que consacrent les hautes juridictions administrative et judiciaire, en déplaçant la charge extracontractuelle aux dépens du créancier. Le régime indemnitaire mis en œuvre par le juge suppose qu'une action ait été engagée à l'encontre du maître de l'ouvrage pour obtenir la réparation du dommage[528] anormal subi par l'entrepreneur. La responsabilité semble alors contractuelle puisque le conflit porte sur un élément essentiel du contrat, le prix et qu'elle découle, en somme, de l'exécution du contrat[529]. Le maître de l'ouvrage qui devra s'acquitter du « versement d'une compensation financière totale pour une situation qui ne résulte pas de son propre fait » [530], verra dès lors engagée sa responsabilité

---

[527] En contractant, le maître de l'ouvrage réalise un investissement pour obtenir l'objet de ce pourquoi il décide de s'engager dans une relation contractuelle. Cet investissement procède d'études préalables de marché destinées à retirer un bénéfice de l'opération contractuelle qui prend la forme d'une plus-value. L'entrepreneur a tout aussi intérêt à exécuter le contrat jusqu'à son terme. La contrepartie financière du travail qu'il a exécuté lui sera intégralement versée à la réception des travaux ; mais aucune plus-value ne sera réalisée.

[528] Pour une analyse approfondie, voir par exemple : M. Sousse, *La notion de réparation de dommage en droit administratif français* (Préf. J.-M. Pontier), LGDJ, Bibl. de droit public, 1994.

[529] La responsabilité contractuelle possède un champ d'application extensif ; la jurisprudence a notamment admis la possibilité de procéder à l'indemnisation des dommages qui ne sont pas directement liés aux stipulations du contrat (CE, 17 octobre 1975, *Commune de Canari*, *Rec.*, p. 88) ; en revanche, le juge considère que le principe de la responsabilité contractuelle doit primer sur toutes les autres formes de responsabilités, quelle que soit la qualité des parties (CE, 1er décembre 1976, *Berezowski*, *Rec.*, p. 521).

[530] V. Dufau, *Op. cit.*, p. 150.

sans faute. La responsabilité contractuelle sans faute du maître de l'ouvrage paraît justifier le supplément de prix pour cause de sujétions imprévues. Aussi, il convient de se demander à quelle hypothèse de mise en jeu correspond classiquement cette responsabilité sans faute. Certes, en l'état actuel du droit des contrats, aucun cas de ce genre de responsabilité n'est explicitement répertorié ni dans la théorie générale des contrats administratifs ni dans le droit privé des obligations. Est-il pour autant inconcevable d'imaginer une création prétorienne d'un cas de responsabilité contractuelle sans faute fondée sur le risque anormal constitué par la rencontre de sujétions imprévues ? La tendance jurisprudentielle semble déjà à la reconnaissance tacite de cette option, en consacrant le transfert de la charge extracontractuelle au maître de l'ouvrage, tant dans le contentieux administratif que dans le contentieux judiciaire des sujétions imprévues. Du reste, le droit administratif comme le droit civil connaît respectivement un cas de responsabilité exceptionnelle fondée sur une sorte de théorie des risques.

En droit administratif, seule la responsabilité sans faute fondée sur le risque spécial est par défaut[531] applicable à la réparation des difficultés matérielles et exceptionnelles. Le risque de sujétions imprévues est non seulement anormal puisqu'il dépasse le seuil de ce qui pouvait être raisonnablement prévisible mais également grave puisqu'il produit un préjudice anormal qui implique un allongement de la durée des travaux et le plus souvent, un retard dans leur réception, une pénibilité plus grande dans l'exécution de la convention, soit que les sujétions nécessitent l'utilisation de techniques différentes de celles initialement prévues, soit qu'elles engendrent un grave surcoût financier pendant l'exécution du marché. Le critère de spécialité du risque consiste alors à renforcer la gravité du dommage qui ne touche qu'une partie au contrat le cocontractant. Mais, encore faudra-t-il pouvoir démontrer l'existence d'un lien causal entre le dommage et l'intervention non fautive de

[531] La rupture de l'égalité devant les charges publiques n'est pas un moyen susceptible de justifier de manière pertinente l'indemnisation extracontractuelle, tout comme la responsabilité du fait des textes.

l'administration pour faire jouer la responsabilité administrative sans faute pour risque spécial. Et c'est là que cette responsabilité sans faute ne permet pas d'expliquer le régime indemnitaire de la théorie des sujétions imprévues : la cause du dommage demeure étrangère à l'exécution du contrat et, *a fortiori,* aucune intervention de l'administration ne sera à déplorer, ce qui semble pour le moins normal puisque la théorie impose que la sujétion soit extérieure à la volonté des parties. Aussi, la causalité du préjudice n'est pas établie puisque l'administration ne participe aucunement à la réalisation du risque de sujétions imprévues. Sauf à considérer[532] qu'il n'appartient qu'à l'administration de prendre la décision de bâtir en vue précisément de tirer profit de l'ouvrage. C'est dès lors la participation du cocontractant à l'exécution d'un travail public qui justifie le lien de causalité. Ainsi, rien n'empêche le juge administratif de découvrir une nouvelle hypothèse de responsabilité sans faute fondée sur le risque spécial à côté des trois autres cas existants, dont la création procède d'une construction jurisprudentielle[533]. Celle-ci pourrait être formulée

---

[532] Comme le juge l'a d'ailleurs fait au profit des collaborateurs occasionnels ; en effet, dans l'arrêt « *Commune de Saint-Priest-La-Plaine* » du 25 novembre 1946, deux individus avaient été gravement blessés par l'explosion d'une fusée, en tirant un feu d'artifice à la demande du maire ; le Conseil d'Etat a alors appliqué le régime de la responsabilité sans faute à l'encontre de la commune. Puisqu'il faut pouvoir établir un lien de causalité direct entre le dommage et l'intervention non fautive de l'administration pour prétendre à l'indemnisation du préjudice, il semble que seule a joué la volonté du maire d'organiser un feu d'artifice. Ainsi, le lien de causalité direct ne peut être approuvé que moyennant un certain effort, la causalité n'étant directe qu'entre l'explosion de la fusée et le dommage. Partant, les sujétions qui résultent de la volonté de construire, c'est-à-dire d'une commande de l'administration, ont un lien de causalité direct avec le préjudice qui, *a contrario*, n'a qu'un lien de causalité indirect avec la commande de travaux. Comme le lien causal avec l'intervention non fautive fait l'objet d'une appréciation subjective du juge, l'on pourrait légitimement envisager que ce dernier tende vers une atténuation de la condition de lien direct au profit d'un lien indirect, comme il l'a fait pour les collaborateurs occasionnels.

[533] Les dommages subis par les personnes qui participent à l'exécution d'un service public (par exemple, voir : CE, 21 juin 1895, *Cames*, *précité* - en ce qui concerne les agents publics – CE, Ass., 22 novembre 1946, *Commune de Saint-Priest-la-Plaine*, *Rec.*, p. 279 – en ce qui concerne les collaborateurs occasionnels) ; les dommages qui résultent de l'emploi de méthodes dangereuses (par exemple : CE, 28 mars 1919,

de la manière suivante : « la responsabilité sans faute fondée sur le risque spécial de dommage imprévisible subi par le cocontractant qui rencontre des sujétions exceptionnelles lors de l'exécution d'un travail».

En droit privé des obligations, la rencontre de sujétions exceptionnelles est aussi constitutive d'un risque spécial et anormal de dommage, et la Cour de cassation a estimé que le créancier devait par principe fournir les moyens à son cocontractant de poursuivre l'exécution de son obligation en lui procurant une indemnité. La responsabilité sans faute paraît ainsi implicitement admise mais elle n'existe pas en tant que telle. En revanche, la théorie des risques[534] n'est pas étrangère au droit des obligations, qui sanctionne également l'inexécution du contrat[535]. Pour autant, ni l'une ni l'autre n'est suffisamment correcte pour justifier le régime indemnitaire de la

---

Regnault-Desroziers, *Rec.*, p. 329 ; CE, Ass., 24 juin 1949, *Consorts Lecomte, Franquette et Daramy*, *Rec.*, p. 432 ; voir également : CE, sect., 3 février 1956, *Ministre de la justice c/ Thouzellier*, *Rec.*, p. 49) ; les dommages qui résultent d'actes médicaux pratiqués par les établissements hospitaliers (par exemple : CE, Ass., 9 avril 1993, *Bianchi*, *Rec.*, p. 127 ; CE, Ass., 26 mai 1995, *Consorts Nguyen*, *Rec.*, p. 221 ; CE, 3 novembre 1997, *Hôpital J. Imbert d'Arles*, *Rec.*, p. 470).

[534] S. Farnoccia, *L'excuse contractuelle, étude de l'inexécution fortuite du contrat*, Thèse Aix, 1994.

[535] Charles-Edouard Bucher analyse la théorie des sujétions imprévues, ainsi que la théorie de l'imprévision au titre des causes de l'inexécution du contrat. Nous ne partageons pas ce point de vue. D'une part, ces théories qui ont pour finalité la survivance du contrat, imposent que le cocontractant puisse continuer d'exécuter l'obligation. Or, ce n'est pas le cas en matière d'inexécution, même partielle ; une partie de l'obligation est annihilée de sorte qu'elle ne peut définitivement pas être exécutée. D'autre part, l'inexécution du contrat, qu'elle soit fautive ou non, est directement imputable au cocontractant ; c'est aussi ce qui la distingue de la théorie des risques dont la cause est étrangère. Mais plus encore, l'inexécution du contrat suppose des obligations à exécution simultanée tandis que la théorie des sujétions imprévues est plutôt l'apanage des marchés de longue durée (Thèse *précitée*). Voir également : J.-F. Pillebout, *Recherches sur l'exception d'inexécution*, LGDJ, 1971, préf. P. Raynaud ; C. Malecki, *L'exception d'inexécution*, LGDJ, 1999, préf. J. Ghestin.

théorie des sujétions imprévues[536]. Seul l'emprunt çà et là de quelques éléments constitutifs de l'une et de l'autre peut contribuer à fonder l'indemnisation extracontractuelle des sujétions imprévues. Ainsi la cause étrangère de la théorie des risques sert indéniablement la théorie des sujétions imprévues tout comme l'exonération de responsabilité qu'elle implique. Du reste, ce qui doit être retenu en matière d'exception d'inexécution du contrat, c'est que l'exécution du contrat est suspendue, quoiqu'il continue d'exister. Ce qui n'est pas sans rappeler la période extracontractuelle provoquée par la survenance de sujétions imprévues. Le lien contractuel est alors sauvegardé. Aussi, chacun des éléments qui fondent le régime indemnitaire des sujétions imprévisibles existe en droit privé des obligations mais seule la combinaison de ces éléments permettrait d'expliquer le régime de l'indemnisation extracontractuelle.

En outre, ce qui est existe, indépendamment de toute représentation, c'est le transfert de la charge extracontractuelle vers le maître de l'ouvrage. Dans le contentieux administratif et judiciaire, il est tenu d'indemniser l'entrepreneur qui a rencontré des sujétions imprévues lors de l'exécution du travail. Le juge a appliqué le principe selon lequel celui qui tire profit d'une activité doit en supporter les charges inhérentes au risque anormal. Car, « la situation était grave, mais qu'est-ce que cela prouvait ? Cela prouvait qu'il fallait des mesures encore plus exceptionnelles »[537].

---

[536] La théorie des risques ainsi que l'inexécution du contrat consiste à libérer le débiteur de son obligation en cas de force majeure, sans que sa responsabilité ne puisse être engagée. Dans la première, le juge annule le contrat sans allouer de dommages et intérêts. Dans la seconde, le contrat subsiste mais son exécution est temporairement suspendue. Chacun des régimes qu'elles mettent en place se rapproche de la théorie des sujétions imprévues en ce qu'elles sont fondées sur le risque susceptible de bouleverser le principe l'interdépendance des obligations du contrat synallagmatique.

[537] A. Camus, *La Peste*, 1947.

SECTION 2. LE POUVOIR JURIDICTIONNEL D'INTERPRETATION DU CONTRAT

De manière traditionnelle, le juge administratif manifeste plus de liberté dans l'interprétation des termes contractuels que ne semble pouvoir le faire, de prime abord, le juge judiciaire. Que l'on considère que le contrat est imparfait[538] parce qu'il n'a prévu aucune clause relative à la survenance de sujétions imprévues ou que l'on estime qu'il faut nécessairement pallier les effets désastreux d'une situation exceptionnelle, le juge devra se livrer à une interprétation du contrat et des obligations qu'il comporte.

L'interprétation juridictionnelle du contrat repose sur la recherche de la volonté réelle des parties au moment de la conclusion du contrat, ce qui implique une quête de leur commune intention. Ce pouvoir d'interprétation, largement décrié par la doctrine[539], permet en définitive d'affiner la portée des obligations contractuelles et cela, notamment, lorsque l'entrepreneur s'est heurté, pendant l'exécution

---

[538] Une partie de la doctrine, administrativiste (voir, par exemple : T. Kirat, « L'allocation des risques dans les contrats : de l'économie des contrats « incomplets » à la pratique des contrats administratifs », *Revue internationale de droit économique*, 1/2003, T. XVII, p. 11-46) et civiliste (H. Bouthinon-Dumas, « Les contrats relationnels et la théorie de l'imprévision », *Revue internationale de droit économique*, 2001/3, T. XV, p. 339-373) considère que le défaut de prévisions à l'égard d'une situation imprévisible rend le contrat incomplet.

[539] Ce pouvoir d'interprétation qui appartient autant au juge administratif qu'au juge judiciaire, suscite, au lendemain de telle décision du Conseil d'Etat ou de la Cour de cassation, de vives critiques. Nombreux sont les membres de la doctrine administrativiste et civiliste à se plaindre de ce grand pouvoir de création du droit, dont le principal reproche réside dans la légitimité des solutions rendues ; en principe, le respect de la répartition des compétences impose, de fait, que le juge ne puisse excéder ses compétences sous prétexte d'interprétation. Ainsi, dans le domaine contractuel, le juge judiciaire s'est déjà octroyé la faculté de procéder à un forçage du contrat ou celle de refaire un contrat pourtant clair mais dont les obligations seraient devenues obsolètes. Que dire alors du pouvoir d'interprétation du juge administratif dont l'office n'est pas fermement enchaîné aux dispositions du code civil. Voir pour approfondir : G. Canivet, « Activisme judiciaire et prudence interprétative » *in La création du droit par le juge, Archives de philosophie du droit*, T. 50, Dalloz, 2007, p. 7 ; C. Albigès, « *Le développement discret de la réfaction du contrat* », in Mélanges en l'honneur de M. Cabrillac, Litec, 1999, p. 3 et s.

du travail, à des difficultés imprévisibles et anormalement graves. Le juge administratif, comme le juge judiciaire, procède chacun à une interprétation authentique du contrat. Mais, en l'absence de précisions quant aux effets d'une situation non raisonnablement prévisible dans les stipulations contractuelles, les solutions rendues alors par les deux ordres juridictionnels résultent d'une interprétation contradictoire. Cette différence d'interprétation procède plus d'une opération de volonté que d'une opération de connaissance. Le juge doit en effet participer pleinement à la détermination du sens à donner aux obligations contractuelles. Or, si le but de la démarche interprétative est indéniablement de garantir une certaine unité du droit, l'interprétation authentique du contrat frappé par la survenance de sujétions imprévisibles peut finalement aboutir à une désharmonie du droit selon que le juge officie dans le contentieux administratif ou judiciaire. En somme, le pouvoir d'interprétation du contrat qui relève de l'appréciation souveraine des juges du fond, tant en droit administratif qu'en droit civil, fait apparaître deux techniques interprétatives différentes : tandis que le juge judiciaire est tenu d'appliquer les dispositions du code civil[540], le juge administratif paraît plus enclin à faire application de la théorie de Gény qui consiste en la méthode de la libre recherche scientifique. Ainsi, il reviendrait à l'interprète de rechercher librement les solutions qui conviennent aux difficultés envisagées au-delà du texte de loi, ce qui implique que le juge agit sur la base d'une considération rationnelle de la morale[541]. Quoi qu'il en soit, le pouvoir juridictionnel d'interprétation du contrat relève d'un choix de politique jurisprudentielle et renvoie tant au pouvoir créateur du droit qui appartient aux juges administratif et judiciaire, qu'à la conception respective qu'ils se font de la justice. Puisque le contrat est obscur, c'est-à-dire que la loi des parties n'a pas pu tenir compte de la possibilité qu'un événement imprévisible puisse survenir en cours d'exécution, le juge aura la faculté de déployer ce large pouvoir discrétionnaire en se substituant à la volonté défaillante

---

[540] La section 5 (articles 1156 à 1164) du chapitre III du titre III du code civil est entièrement consacrée à « l'interprétation des conventions ».

[541] F. Gény, *Méthode d'interprétation et sources en droit privé positif : essai critique*, Préf. R. Saleilles, LGDJ, 1919, 446 p.

des parties. « Certes, tous se réfèrent à la commune intention des parties. Mais la notion est suffisamment élastique pour laisser à chacun une entière liberté »[542]. C'est bien la différence d'interprétation de l'article 1134 qui produit une différence d'application de la théorie des sujétions imprévues et qui induit, par conséquent, une conception différente de l'exécution des contrats.

L'intention des parties s'étudie sous le prisme de la pérennité du but contractuel qui nécessite dès lors une flexibilité interprétative de la force obligatoire. La liberté du juge administratif à l'égard des termes conventionnels est indéniable mais elle demeure, en tout état de cause, en adéquation avec la volonté des parties. Ce n'est qu'exceptionnellement que le juge choisit de déroger à la rigueur du principe (I).

Si la fin du XIXème siècle a été propice à l'audace du juge judiciaire, le XXème siècle a plus été marqué par une hésitation déroutante. Tantôt ouvert à l'indemnisation du débiteur, sans doute séduit par la théorie des sujétions imprévisibles, tantôt soumis à la rigidité du principe de l'article 1134 alinéa 1er, la réserve du juge judiciaire rend l'interprétation du contrat aléatoire et, de ce fait, les solutions jurisprudentielles, inégales (II).

I/ La liberte du juge administratif

Dans la théorie générale des contrats administratifs, le juge procède dans les hypothèses de sujétions imprévues à une interprétation libérale des termes contractuels. Non pas qu'il dénie toute valeur juridique à l'article 1134 alinéa 1er du code civil, bien au contraire, il lui donne une interprétation différente de celle retenue par son homologue en droit civil, interprétation qui tend précisément vers un certain pragmatisme juridique[543].

---

[542] F. Llorens, Thèse *précitée*, p. 302.

[543] Le pragmatisme juridique appartient à un courant de pensées contemporain qui sera étudié de manière plus approfondie dans la Partie III.

Si le juge administratif s'est toujours inspiré des principes du droit civil, seuls préceptes existants à l'heure de son autonomisation, il s'est aussi souvent arrangé pour se les approprier en leur donnant une interprétation distincte. Le souci qui l'a sans cesse animé est, d'abord, la garantie de son indépendance vis-à-vis de la juridiction judiciaire et ensuite, la nécessité de contrebalancer l'exorbitance des pouvoirs de l'administration par rapport à ses cocontractants. Aussi, n'est-il pas rare que le juge apporte des dérogations aux principes civilistes, comme c'est notamment le cas, relativement à l'article 1134 alinéa 1er. Les sujétions exceptionnelles sont au nombre des difficultés qui permettent de déroger au principe de la force obligatoire du contrat. En effet, le travail commandé doit être achevé. Il serait inconcevable de laisser l'entrepreneur exécuter son obligation devenue extrêmement onéreuse à cause de la rencontre de sujétions exceptionnelles sans qu'aucune contrepartie financière ne lui soit accordée, quitte à ce que la situation dégénère en force majeure et que le travail ne soit finalement pas terminé.

Le juge va alors préférer déroger à l'interprétation stricte de l'article 1134 alinéa 1er, à savoir la cristallisation de la loi initiale des parties au profit d'une interprétation plus souple parce que le juge estime que le but de la contractualisation initiale a perduré malgré la survenance de la sujétion. Il considère donc que ce qui doit avoir force obligatoire est la cause pour laquelle les parties ont décidé d'emprunter la voie contractuelle. Il ne fait aucun doute que si elles avaient pu savoir à l'avance que l'une rencontrerait des difficultés matérielles imprévisibles au point de perdre tout intérêt dans l'exécution du contrat, elles n'auraient jamais contracté en ces termes. Aussi, cette considération explique que le juge écarte l'application des clauses stipulant que « les prix moyens forfaitaires s'appliqueront à toutes les natures de terrains rencontrés » [544]. S'il est possible de continuer l'exécution du contrat moyennant une indemnité, le juge fera dès lors prévaloir la relation contractuelle. De toute manière, si l'achèvement du travail est compromis par la sujétion, il sera

---

[544] CE, 10 décembre 1938, *Gouverneur général d'Indochine*, *précité*. Voir aussi la jurisprudence citée *supra*, p. 161 et s.

également conscient de la nécessité pour l'administration de conclure un nouveau contrat, avec tout ce que cela entraîne, parce que le « but contractuel »[545] continue d'exister. Et c'est bien là que la différence d'interprétation est la plus nette : le juge judiciaire choisira, à situation égale, de mettre un terme à la convention.

Ainsi, l'interprétation du contrat par le juge administratif emporte nécessairement la logique contractuelle initiale selon laquelle la volonté première des parties doit primer puisqu' « elles ne sont pas libres au moment de conclure (...), elles ne sont pas en mesure d'apprécier (...) l'environnement externe de leur relation (...) » [546]. Le juge choisit de garantir la prééminence du maintien du lien contractuel qu'il estime hautement plus essentiel. Le préjudice anormal subi par l'entrepreneur justifie corrélativement le recours à une interprétation plus flexible de la force obligatoire. Or, « on ne saurait pour autant conclure à la dénaturation du contrat par le juge » [547]. Le Professeur François Llorens explique à juste titre, qu' « il faut réellement que les prévisions des parties soient complètement bouleversées pour que le Conseil d'Etat consente à passer outre les dispositions expresses du contrat. Encore ne le fait-il que par référence aux principes d'interprétation du droit commun des contrats, et avec le souci avoué de préserver ce qu'il estime être la convention conclue entre les parties. Dans la plupart des cas, sa soumission aux termes du marché est rigoureuse » [548]. La dérogation de l'article 1134 alinéa 1er ne sera dès lors qu'exceptionnelle, tant dans les hypothèses de sujétions imprévues que dans les situations d'imprévision[549].

---

545 L. Thibierge, Thèse *précitée*, n° 591 et s, p. 336 et s, n° 598 et s, p. 339 et s.

546 C. Jamin, *Op. cit.*, p. 52.

547 F. Llorens, Thèse *précitée*, p. 303.

548 *Idem*.

549 Nous verrons dans la troisième partie, plus en détails, que le juge fait preuve de la même liberté interprétative à l'égard du principe de la force obligatoire lorsque l'économie du contrat est bouleversée par un événement imprévisible.

A la liberté interprétative du juge administratif à l'égard du principe de la force obligatoire du contrat frappé par la survenance de difficultés imprévisibles, s'oppose la réserve nouvelle du juge judiciaire dont la balance penche désormais, tantôt pour la reconnaissance de la théorie des sujétions imprévues, tantôt pour l'interprétation stricte de l'article 1134 alinéa 1er.

II/ LA RESERVE DU JUGE JUDICIAIRE

La réserve du juge judiciaire participe de la contingence d'interprétation du contrat et pointe à deux niveaux : les solutions rendues pour cause de sujétions imprévisibles sont marquées par une grande variabilité, en atteste l'indécision troublante du juge judiciaire qui semble ne plus savoir quelle contenance prendre pour interpréter le contrat de façon adéquate et cela d'autant plus que la technique d'interprétation dépend étroitement de l'article 1134 alinéa 1er (A). Par ailleurs, les cas d'interprétation du contrat en faveur de la théorie des sujétions exceptionnelles ont étonnamment desservi l'admission de la théorie de l'imprévision alors que, *a contrario*, dans la théorie générale des contrats administratifs, le juge s'est prévalu des solutions retenues en matière de sujétions pour fonder l'octroie de l'indemnité d'imprévision au cocontractant (B).

A) La variabilité des solutions jurisprudentielles

L'interprétation du contrat par le juge judiciaire demeure actuellement en suspens. En effet, lorsque le travail de l'entrepreneur est entravé par la rencontre de sujétions exceptionnelles, le juge va tantôt privilégier le rétablissement de l'équité par le truchement d'une interprétation souple du principe de la force obligatoire, tantôt appliquer la rigueur de l'article 1134 alinéa 1er en laissant l'entrepreneur à la merci d'une exécution inéquitable du marché.

Nonobstant sa subordination aux dispositions du code civil notamment lorsqu'il doit procéder à une interprétation du contrat, le juge sait faire œuvre créatrice[550] lorsque les circonstances de fait l'imposent. De surcroît, la théorie des sujétions imprévues est loin d'être étrangère au juge qui en a fait application, un temps du moins, sans avoir besoin au préalable de se référer à la « loi » initiale des parties, sauf à considérer le but en vue duquel elles ont contracté et qui, au demeurant, continue d'exister malgré la rencontre de difficultés matérielles imprévisibles. C'est bien que, dans le silence du contrat, le juge n'a pas toujours été strictement lié par l'article 1134 alinéa 1er et l'interprétation absolue qu'il reçoit actuellement. Aussi, l'octroi de l'indemnité pour cause de sujétions imprévues résulte nécessairement d'une interprétation souple du principe de la force obligatoire. Très proche de celle utilisée par son homologue en droit administratif, cette interprétation du juge judiciaire permettait l'achèvement du travail et a, de ce temps, prévalu sur la rupture ou sur le maintien en l'état du lien contractuel et cela, en contradiction avec la rigueur de l'article 1134 alinéa 1er et en dehors de toute stipulation contractuelle.

Or, le XXème siècle se caractérise par une interprétation hésitante du juge entre admission et rejet de la théorie. Il faut dire aussi que l'arrêt « *Canal de Craponne* » était passé par là, en entraînant dans son sillage la fin de la liberté d'interprétation du juge judiciaire à l'égard du contrat. La portée de cet arrêt a inévitablement eu pour incidence le fait que le juge se ravise lorsqu'une contrainte imprévisible rendait l'exécution du marché beaucoup plus onéreuse. La consécration d'antan de la théorie des sujétions imprévues ne comptait plus guère[551]. Seul le rigorisme interprétatif du principe de la force obligatoire primait. Mais, cela s'est produit sans compter sur le développement de la théorie des travaux supplémentaires contribuant sans nul doute à influencer la politique jurisprudentielle judiciaire. L'identité des deux régimes induits respectivement par chacune des

---

[550] Voir *supra*, p. 122 (note 273) et 149 (note 359).

[551] Il convient de noter que, pendant plus de quatre-vingts ans (1910-1990), le juge judiciaire s'est totalement détourné de la théorie des sujétions imprévues, négligeant, par la même, sa propre politique jurisprudentielle. Voir également en ce sens : A. Caston, J. Montmerle, *Op. cit.*, n° 253, p. 115 ; F. Llorens, Thèse *précitée*, p. 302.

théories est évidente[552], à l'exception de la considération du bouleversement de l'économie du marché par le juge en matière de travaux supplémentaires, apprécié de manière bien plus équitable qu'en matière de sujétions exceptionnelles. « Cette notion de bouleversement de l'économie du contrat peut être considérée comme une première tentative de la jurisprudence pour reconnaître indirectement qu'un événement technique imprévu peut modifier les dispositions contractuelles. Elle a ainsi permis, par l'intermédiaire des travaux supplémentaires d'ouvrir une brèche dans l'intangibilité du prix forfaitaire » [553]. Le juge sait donc procéder à des aménagements du principe de la force obligatoire lorsque les circonstances l'imposent. D'ailleurs n'est-ce pas ce qu'il a accompli dans les années 1990[554] ? Aussi, cette souplesse d'interprétation sert incidemment la théorie des sujétions imprévues et pourrait tout aussi bien permettre la consécration de la théorie de l'imprévision. A l'heure actuelle, il n'en est rien.

B) De l'acceptation des sujétions à la négation de l'imprévision

Si l'on s'en tient à une stricte observation temporelle, la théorie des sujétions exceptionnelles résulte en définitive d'une construction prétorienne du juge judiciaire. Source d'inspiration du juge administratif, elle a irrémédiablement concouru à la consécration de l'imprévision. Paradoxalement, elle qui était pourtant plus ancienne, s'est effacée en droit civil au profit d'une interprétation rigide de

---

[552] Voir *supra*, p. 199 et s.

[553] C. Samson, *Op. cit.*, p. 8.

[554] Les arrêts de 1990 et 1995 en sont le témoignage (voir *supra*, p. 172 et s). Ce n'est, en effet, que par une interprétation souple de la force obligatoire du contrat que le juge s'est octroyé la faculté de procéder à l'indemnisation de l'entrepreneur. Certes, en 1995, le maître de l'ouvrage y avait implicitement consenti ; mais cela avait été présumé par le juge qui a donc donné une interprétation libre des termes contractuels. En 1990, c'est une clause contractuelle relative au prix initial du marché comprenant « toutes sujétions », stipulée par les parties qui est considérée par le juge comme étant « ambigüe ». Il admet sans détour l'interprétation souveraine des juges du fond bien qu'il rejette la requête (voir en ce sens : C. Samson, *Ibid.*, p. 10).

l'article 1134 alinéa 1er, corollaire du rejet de la théorie de l'imprévision en 1876. Certes, les effets économiques de cette dernière méritent une plus grande attention. Mais, depuis lors, tout assouplissement du principe de la force obligatoire semble suspecté de dénaturer le contrat dès lors qu'il concerne une situation imprévisible de nature à bouleverser son économie. Le juge est donc passé d'une interprétation libérale des termes contractuels en cas de sujétions imprévisibles à une interprétation restrictive. Dans quelle mesure, à un instant « t », l'interprétation de la commune intention a-t-elle pu aboutir à une telle divergence ?

Strictement encadré par les dispositions du code civil, le pouvoir souverain d'interprétation du contrat doit impérativement consister à rechercher la commune intention des parties[555], sans pour autant procéder à une dénaturation des termes contractuels, seule limite à l'interprétation souveraine des juges du fond. Cette quête de la commune intention qui procède désormais d' « un principe d'interprétation »[556], justifie que le juge ait la faculté de rechercher l'intention « présumée » des parties. Quelle a donc été la commune intention des parties qui ont contracté un marché de travaux privés ? Construire un édifice à tel coût. Cependant, la réalisation de cet édifice devient beaucoup plus coûteuse car une sujétion non raisonnablement prévisible surgit au cours de l'exécution du marché. Le travail doit-il pour autant s'arrêter et demeurer en l'état alors même que l'exécution est toujours matériellement possible ? La logique voudrait que l'on réponde par la négative. Si l'exécution est possible, il y a une obligation tacite d'achever le travail, quel que soit le coût final de revient des travaux. Or, cette réflexion porte atteinte à la liberté contractuelle du débiteur qui, en contractant, ne pouvait

---

[555] En droit privé des obligations, l'on qualifie cette méthode d'une interprétation juridictionnelle subjective qui implique une recherche de la volonté réelle des parties (voir en ce sens : P. Malaurie, L. Aynès, Ph. Stoffel-Munck, *Droit civil, Les obligations*, Defrénois, 5ème éd., 2011, n° 772) et cela, par opposition à l'interprétation objective du contrat fondée sur la signification de son contenu (voir en ce sens : A. Sériaux, *Droit des obligations*, PUF, 2ème éd., 1998, n° 43).

[556] J. Carbonnier, *Op. cit.*, T. IV, n° 142.

légitimement pas espérer s'appauvrir. Ne peut-on pas dire que l'atteinte à la liberté contractuelle a deux faces puisque le créancier non plus ne pouvait pas envisager l'augmentation du nombre de ses obligations. En effet, l'indemnité pour cause de sujétions imprévues prend la forme d'une obligation nouvelle qui n'a pas reçu de consentement initial.

Aussi, le blocage de la situation entraîne nécessairement une interprétation juridictionnelle du contrat. Les stipulations contractuelles sont silencieuses puisque la sujétion est par définition imprévisible. Le juge devra alors rechercher l'intention présumée des parties. Puisque c'est la volonté de construire du créancier qui rencontre celle du débiteur, le juge peut considérer que le but initial de la contractualisation persiste malgré le grave surcoût financier. Ce préjudice anormal ne devrait pas être exclusivement supporté par l'entrepreneur qui ne tirera donc plus aucun profit de son activité, alors que le créancier, après réception des travaux, pourra tirer profit de l'ouvrage. L'équité exige donc que le maître de l'ouvrage participe à l'indemnisation du surcoût. C'est d'ailleurs ce que le juge a un temps admis, en procédant à une articulation de l'interprétation subjective se fondant sur l'intention des parties et de l'interprétation objective du contrat qui résulte de l'article 1135 du code civil. Seule cette combinaison interprétative permet de débloquer une situation imprévisible. Ainsi, si le débiteur est de bonne foi – une expertise pourra le démontrer – l'indemnisation devra être engagée.

Depuis l'arrêt *Canal de Craponne*, le juge a brusquement changé d'orientation politique en appliquant la rigueur interprétative de l'article 1134 alinéa 1er du code civil, c'est-à-dire la volonté des parties initialement cristallisée au moment de la formation du marché, sans plus chercher, en définitive, leur commune intention[557]. Et c'est là précisément que le bât blesse.

---

[557] Voir, en ce sens : J. Dupichot, « *Pour un retour aux textes : défense et illustration du « petit guide-âne » des articles 1156 à 1164 du Code civil* », in Mélanges J. Flour, Defrénois, 1979, p. 179 et s.

Conclusion du chapitre 2

Le droit civil connaît la théorie administrative des sujétions imprévues, il a même inspiré sa consécration en droit des marchés publics. Le coup d'arrêt de 1876 n'a pas permis au juge judiciaire de parachever son œuvre. C'est, dès lors, le juge administratif qui s'est employé de manière remarquable à parfaire le régime des sujétions exceptionnelles.

La théorie des sujétions imprévues vise une indemnisation extracontractuelle de l'entrepreneur au-delà de toute disposition textuelle contraire et une fois ses conditions d'application réunies. Les travaux supplémentaires induits par la rencontre de sujétions imprévisibles doivent nécessairement recevoir une réparation financière, parce qu'ils sont de nature à provoquer un préjudice anormal. Cette considération justifie que soit engagée la responsabilité contractuelle sans faute du maître de l'ouvrage, seul à pouvoir espérer tirer un profit de l'ouvrage après réception des travaux. Cette conception des sujétions imprévues est adoptée, de concert, par le juge administratif et le juge judiciaire, même s'il convient de préciser que ce dernier oscille entre consécration de la théorie et interprétation rigoriste de la force obligatoire du contrat.

Pourtant, sous la pression de la construction de l'Union européenne, le juge judiciaire semble avoir renoué avec sa jurisprudence d'antan de sorte qu'il n'ignore plus sa faculté à procéder à l'indemnisation du débiteur[558] subissant, lors de l'exécution du marché, de graves difficultés matérielles et imprévisibles au point qu'elles dépassent les prévisions des parties relatives aux aléas normaux d'exécution. Le risque ordinaire contenu dans tout contrat se transforme alors en un préjudice anormal. Or, la suprématie du

---

[558] Certes, l'on peut continuer de penser que les solutions judiciaires en la matière ne sont que des cas isolés ou bien que l'indemnisation du débiteur est indirecte dans la mesure où elle ne résulte que d'une interprétation de la volonté des parties, mais il s'agit bien, tout de même, d'une véritable reconnaissance de la théorie des sujétions imprévues ; même indirecte, elle demeure une acceptation.

principe de proportionnalité tend à influencer considérablement la politique jurisprudentielle des Hautes juridictions françaises[559]. C'est donc au regard de la flexibilité du contrat que devrait s'opérer le contrôle du respect du principe de proportionnalité. Ainsi doit-on aujourd'hui considérer que le préjudice anormal intervenant en cours d'exécution porte une atteinte disproportionnée à la liberté contractuelle du débiteur. C'est d'ailleurs ce qui ressort des solutions récemment rendues par la Chambre sociale de la Cour de cassation[560] qui font de la disparition de la cause contractuelle un moyen de révision du contrat. « Ce renouveau de la cause, non sans lien avec la montée en puissance du principe de proportionnalité »[561], illustre la nécessité de moderniser la politique jurisprudentielle du juge judiciaire qui tente désormais, tant bien que mal, d'introduire une plus grande flexibilité dans le rapport d'obligations, sans quoi la méconnaissance d'une situation imprévisible serait constitutive d'une atteinte au principe de proportionnalité. Le contrat ne doit pas, par les charges exceptionnelles qu'il crée, être hors de proportion avec l'objectif poursuivi par les parties.

Cela étant, le droit privé de la construction n'a pas à produire une théorie qui lui serait propre puisque le régime des sujétions imprévues existe depuis fort longtemps. Il a simplement été un temps mis en sommeil et nécessite aujourd'hui d'être réhabilité. Le juge administratif s'est donc contenté de reprendre les préceptes existants pour parachever son régime juridique.

---

[559] Voir *infra*, 466 et s.

[560] Voir *infra*, p. 323 et s.

[561] Soraya Amrani Mekki, *Op. cit.*, n° 7, p. 472.

Conclusion du titre II

L'analyse croisée de la théorie des sujétions imprévues en droit des marchés de travaux révèle une véritable analogie des régimes relatifs à l'indemnisation des travaux supplémentaires non raisonnablement prévisibles. La prise en compte juridictionnelle des sujétions imprévues est ancestrale, tant dans le droit administratif que dans le droit civil. S'agit-il pour autant d'une réelle consécration ? Si l'affirmative s'impose dans le droit des marchés publics, le droit des obligations appelle une réponse plus nuancée. La réparation du préjudice né de la survenance de sujétions exceptionnelles, en cours d'exécution, a été admise par le juge judiciaire dès la seconde moitié du XIXème siècle mais la solution rigoriste de l'arrêt *Canal de Craponne* a supplanté l'interprétation libérale des termes contractuels qui prévalait en matière de sujétions imprévues. Aussi, le juge judiciaire a adhéré à la théorie sans avoir le temps de la consacrer expressément.

Cependant, quelques solutions judiciaires renouent à présent avec l'adhésion à la théorie des sujétions exceptionnelles. Si l'on a pu préconiser un instant d'adopter la plus grande prudence à l'égard de ces solutions anciennes[562], il semble aujourd'hui que cette réserve doctrinale n'est plus soutenable. La dernière décennie du siècle dernier en est le témoignage. L'indemnisation pour cause de difficultés matérielles imprévisibles n'est plus systématiquement écartée au visa de l'article 1134 alinéa 1er du code civil. Par le truchement d'une interprétation hasardeuse du contrat, le juge tend vers une réhabilitation de la théorie des sujétions imprévues. Plus récemment, la Cour de cassation a encore hardiment admis un droit à

[562] Le Professeur François Llorens expliquait à ce titre, dans sa thèse, en 1980, que « malgré ces ressemblances, il paraît difficile de tirer des conclusions générales d'une jurisprudence aussi limitée. Passée la première décennie de ce siècle, on en trouve plus trace. Le filon semble tari » (Thèse *précitée*, p. 302).

indemnité à l'entrepreneur qui avait subi au cours de l'exécution d'un marché à forfait, des sujétions techniques imprévues[563].

C'est bien que la jurisprudence d'antan du juge judiciaire n'est pas révolue. Elle fait l'objet d'une certaine rénovation en vue de s'adapter aux besoins d'une société toujours plus encline à l'imprévisibilité.

Certes, l'on peut continuer de considérer que les solutions retenues par le juge judiciaire ne sont que des arrêts isolés[564]. Pour autant, en examinant, à la fois, la jurisprudence du XIXème siècle et les solutions

---

[563] Civ. 3ème, 18 novembre 2009, *Bull. civ.*, III, 2009, n° 251. Cet arrêt dont la solution mérite d'être citée, se fonde sur l'interprétation d'une clause permettant la sortie du forfait dans quelques hypothèses, et notamment celle de la rencontre de sujétions exceptionnelles : « cependant, aucune clause du CCTP ne réservait au maître de l'ouvrage la faculté de commander des travaux supplémentaires ; que les dispositions du CCAG, qui restent subsidiaires par rapport à l'acte d'engagement, au CCAP et au CCTP en cas de contradiction, ne sauraient supprimer le caractère forfaitaire du marché stipulé dans l'ensemble des autres documents contractuels, ces clauses permettant seulement une sortie du forfait dans certaines conditions limitativement énumérées à savoir : modification des travaux par ordre de service du maître de l'ouvrage (article 14) – augmentation de la masse des travaux résultant de sujétions techniques supérieure à 1/20ème, dans les marchés forfaitaires (article 15) ;

Alors que si l'article 1793 du Code civil interdit aux entrepreneurs toute demande de supplément de prix à raison des changements ou augmentations apportés aux plans, à moins que les modifications n'aient été autorisées par écrit par le propriétaire, ces dispositions exceptionnelles cessent d'être applicables lorsque les parties, toute en stipulant le forfait, y ont ajouté des clauses qui en modifient le caractère et les effets ; que pour refuser d'écarter en l'espèce le caractère forfaitaire du marché, la Cour relève que les documents contractuels particuliers mentionnent ce caractère, tandis que les clauses contenues aux articles et 15 du CCAG, qui sont inférieures, hiérarchiquement, subsidiaires, par rapport aux clauses particulières, ne prévoient une sortie du forfait que dans des cas limités ; qu'en statuant ainsi, la Cour qui, cependant, ne constate pas le caractère inapplicable des clauses litigieuses du CCAG et au contraire fait application de ces clauses pour rejeter la demande de la société SOCAE ATLANTIQUE, de sorte qu'elle ne pouvait se dispenser de rechercher, comme il lui était demandé, si ces articles 14 et 15 du CCAG ne permettait pas l'engagement de travaux supplémentaires sans accord sur le prix convenu avec le maître de l'ouvrage, voire sur l'ordre du seul maître d'œuvre, et si ces dérogations à l'article 1793 du Code civil, qui faisaient la loi des parties, ne dépouillaient pas le marché de son caractère forfaitaires, prive sa décision de base légale au regard de l'article 1793 du Code civil, ensemble de l'article 1134 du même code ».

[564] C.-E. Bucher, Thèse *précitée*, n° 246, p. 207.

actuellement retenues, ce point de vue semble difficilement soutenable. Ne serait-il pas plus judicieux d'y voir au contraire une tentative du juge judiciaire de renouer avec son ancienne liberté d'interprétation du contrat ?

Désormais intégrée dans de nombreux textes[565], la théorie peut aujourd'hui sembler revêtir en droit administratif un moindre intérêt car elle est contractualisée. Mais parce que tout ne peut être prévisible pendant l'exécution d'un contrat, son importance et son bien-fondé restent intacts.

---

[565] La théorie se trouve d'abord formalisée dans l'article 20 du Code des marchés publics qui dispose que « en cas de sujétions techniques imprévues ne résultant pas du fait des parties, un avenant ou une décision de poursuivre peut intervenir quel que soit le montant de la modification en résultant. Dans tous les autres cas, un avenant ou une décision de poursuivre ne peut bouleverser l'économie du marché, ni en changer l'objet » ; elle est ensuite contractualisée par l'article 10.1 du CCAG Travaux 2009 qui prévoit que « à l'exception des seules sujétions mentionnées dans le marché comme n'étant pas couvertes par les prix, ceux-ci sont réputés tenir compte de toutes les sujétions d'exécution des travaux qui sont normalement prévisibles dans les conditions de temps et de lieu où s'exécutent ces travaux ». Elle est enfin mentionnée tant à l'article 17 de la circulaire du 29 décembre 2009 relative au Guide de bonnes pratiques en matière de marchés publics (mention implicite relative à la modification du contrat initial) que dans le décret du 19 décembre 2008 relatif à la mise en œuvre du plan de relance économique.

CONCLUSION DE LA PREMIERE PARTIE

L'opposition des régimes de l'imprévision s'est construite sur un dogme, celui de l'exorbitance du droit des contrats administratifs. Il était donc normal de fonder la théorie sur un principe cardinal du droit administratif, pertinemment ignoré par le juge judiciaire. Or, si la nécessité d'assurer un service public continu conserve toute son importance, elle ne devrait plus être admise pour justifier le bien-fondé de cette opposition. L'amalgame ne doit pas persister : ce n'est pas tant cette exigence de continuité qui doit être retenue mais bien plus le préjudice anormal qui serait causé aux usagers par un disfonctionnement, voire une rupture du service. Lorsque le Commissaire du gouvernement Chardenet s'est exprimé devant les membres du Conseil d'Etat pour faire admettre la théorie de l'imprévision, son intention, en insistant sur le principe de continuité du service public, était à l'évidence d'épargner non seulement le cocontractant, mais pareillement les usagers, de la survenance d'un préjudice anormalement grave. Aussi, ce fondement fallacieux devrait être définitivement écarté comme d'ailleurs, les autres fondements de la théorie, tout aussi peu convaincants.

Cependant, la résistance principale tenant à l'opposition des régimes de l'imprévision vient du juge judiciaire, soi-disant contraint d'interpréter l'article 1134 alinéa 1er du code civil de la manière la plus rigoureuse qui soit. Pour autant, s'il s'applique à procéder à une interprétation rigoriste de la loi des parties dans les situations d'imprévision, il sait également faire preuve d'un plus grand libéralisme à l'égard des termes contractuels, notamment lorsqu'il s'agit de pallier les effets de la rencontre de sujétions imprévues. C'est du moins ce qu'il a fait un temps, si bien que s'il le voulait, il serait en mesure, à présent, de consacrer la théorie de l'imprévision. Tout n'est qu'histoire d'interprétation du contrat. L'opposition des solutions jurisprudentielles « résulte du degré de liberté que s'octroient respectivement les juges judiciaire et administratif à l'égard du contrat, et de considérations de politique jurisprudentielle (...) »[566].

---

[566] F. Llorens, Thèse *précitée*, p. 297.

Loin de représenter une règle en droit des contrats, la théorie de l'imprévision fait l'objet d'une application juridictionnelle extrêmement parcimonieuse. Il est ainsi rare, en contentieux administratif, que le juge accède à la demande d'indemnisation du cocontractant. Celle-ci est, et a toujours demeuré, d'application exceptionnelle. Les situations imprévisibles font l'objet d'une appréciation du juge au cas par cas. Elles ne sont pas susceptibles de régir un mode traditionnel de révision des contrats. D'où l'intérêt de ne pas impliquer le législateur dont la compétence serait seulement de créer un principe général de modification des conventions qui représenterait, au demeurant, un danger pour la sécurité juridique. La théorie de l'imprévision doit rester une application jurisprudentielle d'exception, sous le haut patronage du juge.

Les fluctuations de l'économie libérale assurent une utilité à la théorie de l'imprévision : les crises financières, économiques et sociales, les changements d'orientation de politique économique, les aléas climatiques sont autant d'événements imprévisibles de nature à bouleverser les conditions d'exécution des contrats, et plus particulièrement ceux qui sont conclus sur une longue durée. Parce que tout ne peut être anticipé au moment de la conclusion d'un contrat, ou d'un marché de travaux, les théories de l'imprévisible s'inscrivent, en droit administratif, dans une pérennité indiscutable. C'est aussi cette considération de l'économie qui encourage actuellement le juge judiciaire à réorienter sa politique jurisprudentielle, tendant désormais à converger vers les solutions administratives. Mais, il peine encore à admettre le maintien du rapport d'obligations. Le plus souvent il choisira de mettre un terme à la relation contractuelle au détriment du but contractuel procédant de la commune intention des parties. En droit des contrats administratifs, le régime indemnitaire des théories de l'imprévisible ne constitue aucunement une délivrance pour le cocontractant lésé, tenu de poursuivre l'exécution de son obligation, aussi coûteuse soit-elle. Elles n'ont pas pour effet de le libérer de son engagement.

Les théories de l'imprévisible résultent d'une représentation erronée du futur. Parce que ni le créancier ni le débiteur n'ont de talent divinatoire, il est plus que souhaitable que le juge judiciaire révise sa position en les consacrant définitivement. Or, le débiteur d'une obligation devenue extrêmement onéreuse sous l'effet d'un changement du temps et des circonstances, « peut parfois payer un lourd tribut au respect des principes du droit civil » [567], ce qui est inadéquat. L'imprévisibilité doit maintenant recevoir une autre conception, plus appropriée à la réalité économique et sociale. Le juge ne doit plus avoir de craintes : actuellement, les événements sont, dans la plupart des cas, prévisibles. Ainsi, la part de l'imprévisible en droit des contrats s'est réduite comme peau de chagrin.

[567] C. Samson, *Op. cit.*, p. 9.

PARTIE II

LA CONVERGENCE DES REGIMES DE L'IMPREVISION

Introduction de la Partie II

Les changements de la société, du temps et des circonstances ont fait évoluer la pratique du droit des contrats si bien que l'opposition droit public – droit privé tend actuellement à s'estomper. Le droit des contrats administratifs converge vers le droit privé des obligations qui converge à son tour vers le droit public contractuel. La pratique de l'un n'est donc pas *de facto* exclusive de la pratique de l'autre et réciproquement. Les deux droits sont en somme complémentaires.

La construction prétorienne de la théorie de l'imprévision ne s'est pas faite indépendamment de la conception civiliste du contrat. Bien au contraire, le juge administratif, soucieux de ne pas produire une insécurité juridique des relations contractuelles, a imité le juge judiciaire en faisant application de certaines dispositions du code civil. Certes, il se les approprie et leur donne une portée adéquate en droit administratif. Pour autant, l'imprévision semble loin de constituer une singularité au point qu'il est légitime de se demander si la théorie serait aussi originale en droit des contrats administratifs que ce qu'il nous est laissé entendre. Par ailleurs, la position civiliste tendant à nier l'apport de la théorie de l'imprévision est actuellement très largement isolée. Consciente de l'état actuel du droit contemporain des contrats, elle tente peu ou prou de s'aligner sur le pragmatisme juridique du droit des contrats administratifs. Une évolution considérable des mentalités en droit privé est à remarquer. Le « peu de hardiesse sociale de la jurisprudence civile »[568] constaté au début du XXème siècle, cède actuellement sous la pression des intérêts économiques en jeu dans les contrats. La Chambre commerciale de la Cour de cassation adopte ainsi une attitude en rupture avec la conception civiliste du contrat marquée par une interprétation rigoriste de la force obligatoire des conventions. Ceci étant, le droit commercial est un droit essentiellement pragmatique, ce qui explique en partie l'audacieuse évolution jurisprudentielle relative à la considération nouvelle du juge judiciaire pour le changement de circonstances.

Outre la pression grandissante du droit des contrats du commerce international, l'admission de l'imprévision dans le droit national des

---

[568] M. Hauriou, Note *précitée*, p. 17 (§1).

principaux Etats membres de l'Union européenne et la quête d'une sécurité juridique plus grande des relations contractuelles ont permis des rapprochements entre la conception administrativiste de la théorie de l'imprévision et sa conception civiliste. Ce mouvement de convergence illustre dès lors le besoin impérieux de la consacrer en droit privé des contrats car « la théorie de l'imprévision n'est ni une hérésie juridique, ni un blasphème dirigé contre la tradition civiliste du droit des obligations » [569]. Elle procède en fait de la théorie économique qui inonde le droit des contrats et qui transcende dès lors la *summa divisio* droit public - droit privé. Loin d'être fondée sur la nécessité d'assurer un service public continu, la théorie de l'imprévision doit être uniquement envisagée au travers du prisme de l'économie qui imprègne en substance toutes les stipulations contractuelles[570].

Partant, dans une économie de marché globalisée, l'instabilité de la conjoncture économique est susceptible de générer un grave bouleversement de l'économie générale des contrats en cours d'exécution, qu'ils soient d'ailleurs d'essence publique ou privée. Ainsi, la conception internationale de l'imprévision joue inéluctablement une influence sur les droits nationaux et plus particulièrement sur le droit national français des contrats.

Une double convergence est dès lors à observer :

Le droit des contrats administratifs s'aligne nécessairement sur le droit privé des obligations. En consacrant la théorie de l'imprévision, le juge a choisi de rétablir le grave déséquilibre de l'économie du contrat et de répartir les risques entre l'administration et le cocontractant. Il a alors adopté le raisonnement civiliste car il ne s'agit pas en effet de céder à l'imprévoyance et à la légèreté des parties. Les notions de droit privé qu'il emprunte constituent dès lors le garde-fou de la théorie de l'imprévision. De plus, le droit privé des obligations s'aligne actuellement et de façon spontanée sur le droit des contrats administratifs. En effet, la nécessité de faire une place à l'imprévisibilité dans la substance contractuelle est désormais

---

[569] S. Martin, « Pour une réception de la théorie de l'imprévision en droit civil québécois », *Les Cahiers de droit*, vol. 34, n° 2, 1993, p. 599 et s.

[570] Voir *infra*, p. 567 et s.

prégnante. Cette convergence réciproque du droit public et du droit privé est alors spontanée (Titre I).

Par ailleurs, une convergence est également suggérée : la pression de la *Lex mercatoria* incite les Etats à se doter d'une théorie de l'imprévision pour permettre aux parties d'accéder au juge en vue de rétablir le grave déséquilibre économique du contrat. Pareillement, l'influence du droit national des Etats membres de l'Union européenne qui admettent généralement un mécanisme proche de la théorie administrative de l'imprévision contribue à la considération nouvelle du juge judiciaire pour les situations exceptionnelles (Titre II).

TITRE I
LA CONVERGENCE SPONTANEE

Loin de jouer à l'« apprenti sorcier »[571], le juge administratif a circonscrit la procédure de la théorie de l'imprévision, en faisant application des dispositions du droit privé afin de limiter l'accès au contentieux. Les contours de la théorie sont alors définis par des notions civilistes telles que la bonne foi contractuelle ou le devoir de renégocier les termes du contrat en vue de conclure un avenant tenant compte du changement de circonstances. De surcroît, le droit des contrats administratifs préconise l'insertion de clauses d'adaptation du contrat comme cela se fait couramment dans les contrats de droit privé. En effet, la pratique du droit des contrats internationaux fait état de l'application de clauses de *hardship*. Ce concept, utilisé en droit privé, a par ailleurs inspiré le droit des contrats administratifs, ce qui a fait dire à certains auteurs de la doctrine administrativiste que la théorie de l'imprévision tombait en désuétude. Il est vrai que le contenu des contrats administratifs a sensiblement évolué, en ce sens qu'ils comprennent, de plus en plus souvent, des clauses d'imprévision destinées, pour les parties, à engager de nouvelles négociations en cas de bouleversement économique du contrat. Mais la théorie de l'imprévision conserve un rôle majeur puisqu'à défaut de telles clauses, la saisine du juge administratif devient nécessaire pour la partie qui n'a pas à supporter un tel risque et si les renégociations ont échoué, en vue de réajuster le contrat devenu inégalitaire à la suite d'un changement de circonstances non raisonnablement prévu par les parties. En réalité, il semble que les clauses de renégociation ne devraient être considérées seulement qu'en tant que vecteur de sécurité juridique dans les relations contractuelles et non comme un substitut susceptible de remplacer la mise en œuvre de la théorie de l'imprévision.

Longtemps isolée, en marge des théories administrativiste et européenne, la position civiliste s'oriente désormais dans le sens d'une lente admission de la théorie de l'imprévision, en témoignent les différentes rédactions des projets de réforme du droit des obligations

---

[571] J. Flour, J.-L. Aubert, E. Savaux, *Op. cit.*, n° 410 ; F. Llorens, Thèse *précitée*, p. 297.

mais aussi la récente jurisprudence de la Chambre commerciale de la Cour de cassation fondée sur la disparition de la cause objective du contrat. Or l'influence de la politique jurisprudentielle administrative n'y est pas étrangère. Le pragmatisme du juge administratif semble séduire le juge judiciaire car les clauses de *hardship* ne sont pas susceptibles de régler l'ensemble des situations imprévisibles. En effet, elles ne sont qu'éventuellement insérées dans le contrat par les parties conscientes d'un éventuel changement de circonstances lors de son exécution et soucieuses de se prémunir contre le risque imprévisible d'un bouleversement de l'économie contractuelle. Le plus souvent, elles sont également rédigées soit de manière incorrecte soit de manière impropre à résoudre l'état d'imprévision. Mais, la présence de ces clauses est là une des raisons pour lesquelles la révision judiciaire du contrat pour imprévision a été écartée du droit privé des obligations, leur insertion relevant exclusivement du bon sens des parties.

Aussi, la convergence spontanée des conceptions administrativiste et civiliste procède d'un mouvement de balancier du droit public vers le droit privé et réciproquement.

Le juge administratif n'a pas ignoré le droit privé des obligations pour élaborer le mécanisme de l'imprévision. La « privatisation » du droit public[572] et plus particulièrement de la théorie de l'imprévision n'a rien de curieux (Chapitre 1).

Le droit privé des obligations souffre par ailleurs de la négation de la théorie de l'imprévision. Il tend toutefois à se rapprocher peu à peu de la prise en compte administrative des situations imprévisibles. Cette politique des petits pas marque dès lors une « administrativisation » du droit privé des contrats[573] (Chapitre 2).

---

[572] Voir par exemple : N. Boulouis, « Regards d'un rapporteur public du côté du droit privé », *AJDA*, 11 mai 2009, p. 921.

[573] Voir par exemple : F. Chénédé, « Les emprunts du droit privé au droit public en matière contractuelle », *AJDA*, 11 mai 2009, p. 923.

CHAPITRE 1
L'ALIGNEMENT SUR LE DROIT PRIVE

Il faut bien admettre que le droit civil constitue le sens commun de l'ensemble des disciplines juridiques et donc également du droit administratif. C'est ainsi dire si le juge de l'imprévision emprunte quelques notions cardinales du droit privé des obligations. En effet, si celui-ci a spontanément pris modèle sur le juge judiciaire, c'est parce que le droit commun est originel. Quelle matière juridique ne connaît pas un concept du droit civil ? La théorie de l'imprévision ne fait pas exception. Sa consécration en droit administratif relève en partie du « volontarisme social »[574], cher aux civilistes. « Le juge administratif en réalité, joue un rôle que l'on pourrait qualifier de « conservateur ». En effet, lorsqu'il emprunte au droit privé, le juge administratif s'inspire généralement du droit civil classique, c'est-à-dire d'un droit civil débarrassé des opinions doctrinales particulières et des décisions jurisprudentielles marginales »[575]. Aussi, la théorie de l'imprévision ne s'est pas construite dans l'ignorance du droit privé. En cela, elle possède des caractéristiques ordinaires du droit commun qui l'éloignent un peu plus de la spécialité qu'on lui connaît en droit administratif. Son aspect extraordinaire, utile à l'époque de l'autonomisation du droit administratif, a aujourd'hui cédé. En effet, l'indépendance du droit administratif n'est plus à démontrer, ni même la nécessité qu'il représente en Droit.

La théorie de l'imprévision n'est pas la règle dans le contentieux administratif. Le juge ne la met en œuvre que très rarement. Son application est très strictement subordonnée à la réunion de plusieurs conditions et le juge exhorte les parties à s'entendre à l'amiable. Autant dire que l'imprévision demeure une théorie exceptionnelle[576]. Ainsi, le juge administratif agit comme le ferait son homologue en droit privé : il rejette de prime abord le jeu de l'imprévision afin de ne

---

[574] J. Flour, J.-L. Aubert, E. Savaux, *Op. cit.*, n° 110 et s.

[575] F. Chénédé, *Op. cit.*, p. 923. Voir également : B. Plessix, *L'utilisation du droit civil dans l'élaboration du droit administratif*, Thèse Paris 2, Préf. J.-J. Bienvenu, 2003, n° 222, p. 229.

[576] Voir par exemple en ce sens : L. Clouzot, « La théorie de l'imprévision en droit des contrats administratifs : une improbable désuétude », *RFDA* 2010 p. 937.

pas soustraire les parties à leur obligation de renégocier le contrat. L'accord de volontés doit en principe permettre une révision conventionnelle de ce qui a été initialement voulu. Le juge n'a pas à intervenir *a priori* dans la relation contractuelle et doit inviter les parties à de nouvelles négociations car qui d'autre qu'elles-mêmes peut savoir ce qui, dans une situation imprévisible, leur conviendrait concrètement le mieux ? Les renégociations sont dès lors un devoir des parties conforme au principe de la force obligatoire du contrat. Or, il se trouve que très souvent le contrat administratif contient des clauses d'imprévision permettant la tenue de nouvelles discussions au cas de changement imprévisible des circonstances économiques. Cette faculté procède de la volonté initiale des parties de réviser les termes contractuels en cours d'exécution. Or, il s'agit d'une pratique coutumière du droit privé qui nécessairement suppose un haut degré de prévisibilité. Le droit public contractuel s'aligne donc spontanément sur ce devoir civiliste de prévision exigé des parties. Aussi, « le principe est en effet identique en droit administratif et en droit privé : c'est le rejet de l'imprévision »[577] (Section1).

En outre, l'appréciation prétorienne des éléments subjectifs du contrat est équivalente à celle du juge judiciaire. A ce titre, le juge administratif utilise la même « boîte à outils » que son homologue en droit privé de sorte que les articles 1134 alinéa 3 relatif au principe de bonne foi et 1156 et suivants du code civil inhérents à la méthode d'interprétation du contrat ont trouvé application dans le contentieux administratif de l'imprévision (Section 2).

SECTION 1. LE REJET DE PRINCIPE DE LA THEORIE DE L'IMPREVISION PAR LE JUGE ADMINISTRATIF

Si l'on a pu penser que l'exécution du contrat administratif était exclusive de l'article 1134 du code civil[578], notamment en raison de l'autonomie du droit administratif, cette conception mérite actuellement d'être nuancée. Le principe du consensualisme sous-tend la conclusion du contrat, qu'il soit d'essence administrativiste ou civiliste. Les parties sont seules à lier leurs volontés réciproques en

[577] F. Llorens, Thèse *précitée*, p. 297.

[578] G. Vedel, P. Delvolvé, *Op. cit.*, p. 410.

vertu de la liberté contractuelle qui les anime. Aussi, les stipulations du contrat ont, de sa conclusion à son terme, force obligatoire.

Lorsque son économie générale est bouleversée sous l'effet d'un changement imprévisible des circonstances économiques au point que le cocontractant n'ait plus aucun intérêt à exécuter son obligation, une solution doit être trouvée de prime abord par les parties elles-mêmes qui sont seules à savoir ce qu'elles veulent vraiment en vertu de leur *affectio contractus*. De toute manière, que ce soit en droit des contrats administratifs ou en droit privé des obligations, le principe est exactement le même : « le juge ne peut pas refaire le contrat »[579]. La théorie de l'imprévision ne s'applique que par voie d'exception. Elle n'est en aucun cas le principe. Le juge doit avant tout chercher à faire l'économie de son office en renvoyant les parties à leurs engagements. C'est bien que la situation imprévisible doit trouver une réponse *a priori* consensuelle. L'article 1134 est appliqué identiquement en droit administratif et en droit civil. « Comment mieux renouveler le rôle de la volonté qu'en revenant à ceux dont elle émane, qui n'ont jamais cessé d'être au cœur du processus contractuel ? »[580]. Ainsi, la force obligatoire des conventions implique que les parties engagent de nouvelles négociations pour adapter le contrat aux nouvelles conditions économiques. Aussi, tantôt elles auront dans le cadre de leurs prévisions, formulé des clauses de *hardship* visant la tenue de renégociations ou des clauses d'indexation automatique du prix, tantôt elles seront nécessairement invitées par le juge à renégocier les termes de leur contrat. La théorie de l'imprévision est donc par principe écartée de sorte qu'elle ne constitue en rien un mode ordinaire de modification du contrat. En cela, le droit des contrats administratifs et le droit privé des obligations sont similaires. La formation du contrat

---

[579] Pour le point de vue administrativiste, voir : A. de Laubadère, *Op. cit.*, n° 991, p. 116 ; il convient également de noter que, dans ses conclusions sur l'arrêt *Gaz de Bordeaux*, le Commissaire du gouvernement Chardenet s'adressant aux juges du Conseil d'Etat expliquait : « lorsque vous avez adopté des prix nouveaux, etc., avez-vous pour cela refait le contrat, ce qui n'est pas le rôle du juge ? Nullement » (Concl. *précitées*, p. 132 et 135). Pour le point de vue civiliste, voir : J. Ghestin, C. Jamin, M. Billiau, *Op. cit.*, n° 290 et s., p. 355 et s.

[580] R. Libchaber, « Réflexions sur les effets du contrat » *in Propos sur les obligations et quelques autres thèmes fondamentaux du droit*, Mélanges offerts à J.-L. Aubert, Dalloz, 2005, n° 19.

comme son aménagement en cours d'exécution résulte alors inéluctablement de la volonté des parties. La plupart du temps, elles réussissent à s'entendre à l'amiable pour mettre fin aux effets indésirables de l'état d'imprévision et concluent un avenant au contrat. Ce n'est donc qu'exceptionnellement que la situation imprévisible sera réglée au contentieux. Pour autant, le juge va inviter, voire exhorter – puisqu'il détient en la matière un pouvoir coercitif - les parties à tenir de nouvelles négociations qui sont dès lors considérées comme un mode alternatif de résolution non contentieuse des conflits (I).

Du reste, les parties disposent d'outils contractuels leur permettant de faire évoluer leurs engagements initiaux au gré des changements de circonstances. Les techniques contractuelles de répartition des risques sont à ce titre une pratique courante en droit des contrats. Parce que le contrat est aussi « un pari sur l'avenir »[581], les parties sont tenues d'établir des prévisions, autant que possible, fiables : conscientes que l'exécution contractuelle est susceptible de pâtir des effets du temps, elles ont tendance à intégrer dans leurs prévisions des clauses de nature à faire varier les stipulations du contrat, le prix spécifiquement. Cette tendance s'est développée à l'initiative des contrats de droit privé – les parties cherchant indubitablement à se prémunir contre l'absence de révision judiciaire du contrat – et le droit des contrats administratifs s'est alors manifestement aligné sur la pratique privatiste, préférant garantir le maintien du contrat par la voie consensuelle. Cette convergence du droit public vers le droit privé a été spontanée. L'insertion de clauses contractuelles relevant d'abord exclusivement du bon sens des parties, cette simple faculté est devenue par la suite une obligation contractuelle à part entière, devant faire partie intégrante du contenu de certains contrats (II).

I/ De l'invitation des parties a renegocier les termes du contrat

La tenue des renégociations revêt une importance capitale dans la théorie de l'imprévision. En effet, les parties cherchent avant tout à parvenir à un traitement non contentieux de la situation imprévisible.

---

[581] R. Fabre, « Les clauses d'adaptation dans les contrats », *RTD. civ.*, 1983, n° 2, p. 1.

D'ailleurs la plupart des situations d'imprévision sont réglées à l'amiable, soit que les parties ont prévu des clauses d'adaptation du contrat, soit qu'elles ont parfaitement réussi à s'entendre en dehors de toute stipulation contractuelle. Cette conjoncture participe de la conclusion d'un avenant (B). A défaut, le cocontractant lésé aura le choix d'introduire un recours contentieux tendant à une demande indemnitaire pour cause d'imprévision devant le juge administratif. Or, celui-ci qui n'a pas, comme le juge judiciaire, la faculté d'intervenir dans la relation contractuelle, renverra les parties à la tenue de renégociations (A).

A) La participation active du juge dans la tenue des renégociations

Le principal souci qui anime le juge administratif est celui d'éviter autant que possible son immixtion dans le contrat. Par principe, il ne doit pas s'octroyer au principal un pouvoir de révision. Et ce n'est d'ailleurs pas ce qu'il fait. Aussi, il préfèrera qu'une solution amiable soit recherchée par les parties elles-mêmes afin de limiter un *maximum* toute intrusion dans le contrat. Cette autolimitation est louable : elle a la particularité de faire prédominer la loi des parties, comme le ferait le juge judiciaire conformément à l'article 1134 alinéa 1er du code civil. Et il convient de remarquer à ce titre que le juge administratif s'approprie les principes du droit privé des obligations chaque fois qu'il l'estime opportun, en y faisant directement référence ou en s'en inspirant. « Si le juge ne peut procéder lui-même à ces réadaptations du contrat, il peut inviter les parties à y procéder ; il peut, avant de condamner l'administration à verser une indemnité d'imprévision, renvoyer les parties à négocier en vue d'un arrangement nouveau ; c'est cette procédure d'invitation à s'entendre suggérée par le juge aux parties et suivie en cas d'échec de la fixation d'une indemnité qui a été adoptée par le Conseil d'Etat (...) » [582]. Ainsi, dès les prémices de l'imprévision, le juge s'est arrogé un rôle purement subsidiaire dans le contentieux de la révision du contrat. En 1916, le Commissaire du gouvernement Chardenet indiquait déjà :

---

[582] A. de Laubadère, *Op. cit.*, n° 991, p. 117. Voir également : C. Guettier, *Op. cit.*, n° 579 ; Y. Gaudemet, *Traité de droit administratif*, T. 1, LGDJ, 16ème éd., 2001, n° 1492, p. 715 ; R. Chapus, *Op. cit.*, n° 1387, p. 1213.

« avant d'allouer des indemnités, vous dites aux parties d'essayer de se mettre d'accord, de compléter le contrat par des dispositions qu'exige une situation imprévue (…) »[583].

Depuis lors, la jurisprudence administrative est constante en la matière. La Haute juridiction mentionne continuellement qu' « à défaut d'accord amiable », la situation d'imprévision recevra un traitement juridictionnel. Ce n'est dès lors que si les renégociations des parties échouent[584] que le juge va déployer son pouvoir de révision du contrat car l'état d'imprévision ne peut perdurer tel quel, l'idéal de justice implique qu'une solution équitable soit recherchée. Mais ce n'est qu'aux parties qu'il appartient de déroger à l'intangibilité du contrat *a priori*. La réunion initiale de leurs volontés qui a justement permis d'établir un rapport d'obligations réciproques est le fruit d'une collaboration censée persister jusqu'au terme contractuel. C'est d'ailleurs ce qui fonde la tenue des renégociations. Les parties qui décident de contracter créent une relation sociale qui suppose qu'elles coopèrent tout au long de l'exécution contractuelle et plus encore, lorsque l'une d'elle se trouve mise en échec par la survenance d'une situation imprévisible. En doctrine, l'on évoque fréquemment l'idée d'un solidarisme contractuel[585] qui présume que les parties doivent s'assister l'une l'autre. Aussi, celle qui s'appauvrit en exécutant une obligation devenue extrêmement onéreuse sous l'effet d'un changement de circonstance doit pouvoir compter sur le soutien du créancier. Or, cette assistance n'est susceptible de se manifester qu'en période de renégociations. En effet, « les parties sont d'abord tenues de rechercher si et comment le contrat pourrait être adapté à l'état d'imprévision (…) » [586]. La force obligatoire des conventions qui procède en définitive de la liberté contractuelle reconnue à chaque partie, prime autant en droit des contrats

[583] Concl. *précitées*, p. 135.

[584] Voir *infra*, p. 589 et s.

[585] Ch. Jamin, « Plaidoyer pour le solidarisme contractuel », *in Le contrat au début du XXIème siècle*, Etudes offertes à J. Ghestin , LGDJ 2001, p. 441 ; D. Mazeaud, « Loyauté, solidarité, fraternité, la nouvelle devise contractuelle ? », *in L'avenir du droit*, Mélanges en hommage à F. Terré, Dalloz, 1999, p. 603 ; L. Grynbaum, M. Nicod, *Le solidarisme contractuel, mythe ou réalité ?*, Economica, 2004.

[586] R. Chapus, *Op. cit.*, n° 1387, p. 1213.

administratifs qu'en droit privé des obligations. Le juge de l'imprévision applique l'article 1134 alinéa 1er avec la plus grande rigueur : « les parties doivent chercher par un nouvel accord à remédier à une telle situation (...). Le juge du contrat les pousse lui-même à rechercher entre eux un tel accord. (...) le rôle du juge est donc d'abord ici d'inviter les parties à réviser le contrat ; mais, pour les y pousser, le juge dispose ici d'un moyen énergique de pression, la menace de dommages-intérêts (...) »[587]. Ce pouvoir coercitif s'inscrit non seulement dans le principe rigoriste de l'article 1134 alinéa 1er mais également dans la nécessité absolue que les parties doivent remplir leur obligation de collaboration inhérente à toute relation contractuelle, de la formation à la fin du contrat. Plus encore, le juge exige que ces renégociations soient menées de bonne foi[588], en vertu de l'article 1134 alinéa 3. C'est donc bien qu'il estime hautement les principes civilistes, et précisément lorsqu'un contrat frappé par une situation imprévisible lui est déféré en justice. Aux termes des conclusions du Commissaire du gouvernement Josse, « il faut que chacun, craignant une résiliation à son désavantage, « y mette du sien » pour conclure un accord amiable. La menace de dommages-intérêts doit les pousser à des avenants équitables (...) »[589].

Ainsi, pour prévenir toute intervention dans le rapport contractuel, le juge dispose d'un pouvoir d'intimidation des parties, les dissuadant d'avoir recours à son office. Elles sont donc libres de conclure un nouvel arrangement à leur guise, de trouver un compromis sur d'autres bases, en cherchant à concilier leurs volontés en vertu du but contractuel qu'elles poursuivent. Car il vaut mieux compter sur la coopération entre parties[590], seules à savoir ce qu'elles sont

---

[587] A. de Laubadère, *Op. cit.*, n° 1006 (2°), p. 132. Gaston Jèze souligne qu' « il peut, par une pression énergique sur les contractants et la menace de dommages et intérêts, les amener à conclure un avenant réglant la situation, pour l'avenir, d'une manière équitable » (*Les principes généraux du droit administratif*, *Op. cit.*, p. 537).

[588] Voir *infra*, p. 266 et s.

[589] Concl. *précitées*, sur l'arrêt : CE, Ass., 9 décembre 1932, *Compagnie des tramways de Cherbourg*, *précité*.

[590] Pour une étude sur la coopération entre personnes publiques, voir : J.-M. Pontier, « Coopération contractuelle et coopération institutionnelle », *Rev. adm.*, n° 278, 1994, p. 162.

susceptibles de vouloir exactement, que sur l'intervention du juge dont la solution pourrait susciter une déconvenue pour l'une ou l'autre. « La théorie de l'imprévision est par là un mécanisme de *révision provoquée des contrats* » [591]. Plus qu'une simple obligation tacite du contrat, les renégociations relèvent d'un devoir légitime et du bon sens des parties. Elles se doivent de mettre en œuvre tous les moyens mis à leur disposition pour rétablir le rapport des obligations devenu excessivement onéreux sous l'effet d'un changement imprévisible des circonstances économiques, pour l'une des parties. En somme, si elles ne saisissent pas l'opportunité de s'entendre sur leurs prétentions réciproques en révisant elles-mêmes leurs obligations contractuelles, elles prennent le risque de se voir appliquer une solution contre leur gré, notamment l'administration qui deviendra débitrice de l'indemnité d'imprévision. Le juge administratif agit donc comme son homologue en droit privé, en renvoyant les parties à la révision de leurs propres engagements. Le truchement des renégociations fait d'ailleurs le plus souvent, l'économie de l'intervention judiciaire, le succès des renégociations menant à la conclusion d'un avenant au contrat.

B) Le succès des renégociations

La solution la plus courante au règlement de la situation d'imprévision passe par la conclusion de nouveaux arrangements entre les parties[592]. La pratique des avenants permet de rétablir le bouleversement de l'économie contractuelle et cela, dans le respect du principe de la force obligatoire. En effet, l'avenant est un complément contractuel « constatant un accord de la volonté des parties à un contrat et ayant pour but de modifier une ou plusieurs des dispositions de l'accord antérieur » [593]. La conclusion d'un avenant s'inscrit donc dans la continuité de l'article 1134 alinéa 1er puisque la modulation des termes contractuels est directement voulue par les parties elles-

---

[591] Y. Gaudemet, *Op. cit.*, n° 1492, p. 715.

[592] Voir en ce sens : A. de Laubadère, *Op. cit.*, n° 1004, p. 130. « En fait, depuis que la théorie de l'imprévision a été formulée par le Conseil d'Etat avec toute la netteté désirable, les arrangements amiables se sont multipliés » (G. Jèze, *Op. cit.*, p. 543).

[593] Lettre collective n° 144 M du 31 octobre 1972 sur les avenants aux marchés publics.

mêmes. « Dans la commune intention des parties, c'est le même contrat qui se poursuit »[594].

Ainsi, la tenue des renégociations connaîtra un succès si le contractant dont l'obligation est devenue extrêmement onéreuse sous l'effet d'un bouleversement des conditions d'exécution économiques du contrat, se voit accorder le bénéfice d'une indemnité d'imprévision. C'est alors de la fixation du montant de cette indemnité que dépend la conclusion de l'avenant qui, « selon la définition classique, est un acte qui modifie une convention en l'adaptant ou en la complétant par des nouvelles clauses »[595]. Pour autant, il ne s'agit pas de conclure un nouveau contrat mais seulement de permettre l'adaptation de ses clauses aux nouvelles circonstances. Aussi, en vertu du principe de la liberté contractuelle, les parties doivent être en mesure de faire évoluer les termes du contrat qu'elles ont initialement conclu, au regard des nouveaux besoins induits par la nécessité de liquider une situation imprévisible. « La libre expression des volontés a cependant des limites, telles par exemple que le respect des règles de la concurrence ou des règles budgétaires. Un avenant ne saurait bouleverser l'économie du marché ou en changer fondamentalement l'objet »[596]. Or, il se trouve que les avenants sont fréquemment de nature à « majorer le montant des contrats, quelquefois dans des proportions très importantes. Les motifs sont parfois acceptables, tenant par exemple à la survenance de difficultés imprévues »[597]. Ainsi, la liquidation de l'état d'imprévision ne fait pas obstacle à la conclusion d'un avenant au contrat parce qu'au fond, il ne s'agit pas de commuer l'obligation préexistante en une obligation nouvelle. Seule une adaptation est nécessaire pour permettre l'exécution de l'obligation initialement conclue dans des conditions normales. Partant « le lien initial est conservé alors même que l'économie du contrat est réaménagée en profondeur »[598].

---

[594] J. Ghestin, Ch. Jamin, M. Billiau, *Op. cit.*, n° 322, p. 386.

[595] E. Fatôme, « Les avenants », *AJDA*, 1998 p. 760 : « l'avenant n'est pas un acte « autonome » ; il se rattache toujours à un acte préexistant : le contrat qu'il modifie ». Ainsi, son régime juridique est conditionné par celui du contrat.

[596] Lettre collective, *précitée*.

[597] Ph. Limouzin-Lamothe, « Les avenants : observations complémentaires », *AJDA*, 1998, p. 767.

[598] J. Ghestin, Ch. Jamin, M. Billiau, *Ibid.*, n° 322, p. 387.

Si l'avenant doit porter sur un élément essentiel du contrat, il ne doit pas pour autant défaire le lien de droit originaire[599]. Le contrat sur la base duquel l'avenant est formé, persiste. En effet, la formation d'un avenant destiné à contrebalancer les effets de l'imprévisibilité, qu'il s'agisse de la rencontre de sujétions imprévues ou d'une situation d'imprévision, introduit des ajustements d'une nature telle qu'ils bouleversent l'économie générale du contrat initial au point qu'il est légitime de s'interroger sur la survivance du lien de droit principal. Or, ces ajustements sont rendus « nécessaires par des éléments indépendants de la volonté des parties » [600] qu'il convient de pallier. Le législateur a dès lors prévu une double exception afin de permettre aux parties de modifier leurs engagements initiaux, quitte à ce que l'avenant affecte gravement l'équilibre financier du contrat antérieur. L'article 20 du code des marchés publics dispose ainsi qu' « en cas de sujétions techniques imprévues ne résultant pas du fait des parties, un avenant ou une décision de poursuivre peut intervenir quel que soit le montant de la modification en résultant ». Pareillement, l'article L. 1411-2 du code général des collectivités territoriales prévoit en matière de délégation de service public, qu'un avenant peut être conclu « lorsque le délégataire est contraint, pour la bonne exécution du service public ou l'extension de son champ géographique et à la demande du délégant, de réaliser des investissements matériels non prévus au contrat initial, de nature à modifier l'économie générale de la délégation et qui ne pourraient être amortis pendant la durée de la convention restant à courir que par une augmentation de prix manifestement excessive ». Le Professeur Etienne Fatôme y décèle « l'application d'une « règle de raison » (…) surtout lorsqu'il s'agit de contrat de longue durée dont il faut permettre l'adaptation » [601].

En somme, la correction des effets néfastes d'une situation imprévisible ne doit pas mettre en échec les parties de pouvoir

---

[599] Voir en ce sens : S. Pellet, *L'avenant au contrat*, (Préf. de Ph. Stoffel-Munck), Thèse, Paris, 2010 ; L. Monnier, *L'avenant au contrat*, Thèse Toulouse 1, 1999. Voir également : K. Vaidis, *Particularismes de la rémunération du maître d'œuvre et assujettissement de l'avenant de rémunération définitive à l'article 20 du Code des marchés publics*, (sous la dir. de L. Rapp), Thèse, Toulouse, 2012 ; L. Vidal, Thèse *précitée*, p. 316 et s. (par ex.).

[600] E. Fatôme, *Op. cit.*, p. 760.

[601] *Idem*, p. 760.

réaménager, même dans de larges proportions, leurs stipulations contractuelles au moyen d'un avenant. C'est bien que le droit des contrats administratifs s'aligne spontanément sur le droit privé des obligations en faisant prévaloir la volonté des parties dans le réajustement de leur contrat et en leur permettant de conclure, par voie d'exception, un avenant susceptible de provoquer un bouleversement de son économie. La pratique des avenants se veut dès lors conforme à l'article 1134 alinéa 1er du code civil qui prévoit qu'en vertu du principe de la force obligatoire, seules les parties peuvent apporter des modifications à leur convention.

Le succès des renégociations permet de moduler les effets d'une situation d'imprévision dans le temps et donne lieu à la conclusion d'un avenant. Or, une telle situation n'a pas vocation à perdurer. L'imprévision revêt un caractère nécessairement temporaire[602] sans quoi la situation s'apparenterait à un cas de force majeure. Aussi, l'avenant n'a qu'une durée limitée dans le temps de sorte que son exécution permet de pallier le montant des charges extracontractuelles. Les mesures transitoires convenues lors des renégociations doivent ainsi cesser de produire leurs effets dès que prend fin la situation d'imprévision. Sans plus aucune raison d'être, elles sont déclarées caduques. Et seront à nouveau applicables, les stipulations du contrat initial. Cette conception de l'avenant se retrouve identiquement en droit des obligations[603]. Ainsi les parties à un contrat de droit privé connaissent en ce sens la théorie de l'imprévision. Il suffit qu'elles aient réussi, en présence d'un bouleversement économique imprévisible, à renégocier les termes de leur convention avec succès. « (…) Les mesures d'adaptation consenties dans le cadre de la renégociation ne durent qu'autant que se prolonge la situation anormale (…) »[604].

La convergence du droit des contrats administratifs est indéniable : tout est fait pour que les parties modifient d'un commun accord leurs

---

[602] Voir par exemple : R. Chapus, *Op. cit.*, n° 1388, p. 1213 ; A. de Laubabère, J.-C. Venezia, Y. Gaudemet, *Op. cit.*, n° 1076, p. 843.

[603] L. Thibierge, Thèse *précitée*, n° 822, p 465 ; J. Ghestin, C. Jamin, M. Billiau, *Op. cit.*, n° 322 ; p. 386 ; A. Ghozi, « La modification de l'obligation par la volonté des parties - Etude de droit civil français », *RIDC*, Vol. 33, n° 3, juillet-septembre, 1981, p. 887 et s.

[604] L. Thibierge, *Ibid*, n° 824, p. 466.

engagements initiaux. Plus qu'inviter, le juge contraint les parties à tenir de nouvelles négociations laissant planer l'ombre de dommages et intérêts. Les parties peuvent du reste conclure un avenant dont il faut préciser que le régime juridique est très fermement encadré. Pour autant, le législateur a levé l'obstacle en prévoyant une dérogation acceptable lorsque la crise du contrat procède d'un événement imprévisible. *A priori*, l'application de la théorie de l'imprévision est par principe rejetée : les parties sont seules à pouvoir adapter le contrat aux nouvelles circonstances. La force obligatoire de la convention est alors sauvegardée conformément à la portée juridique de l'article 1134 alinéa 1er du code civil.

La tenue des renégociations s'impose dès la survenance d'une situation imprévisible, soit que le juge l'ordonne, soit que les parties l'engage spontanément. Mais, il se peut également que le contrat prévoit des clauses contractuelles en ce sens. C'est alors conventionnellement que l'état d'imprévision sera le plus souvent résorbé.

II/ L'INSERTION PRECONISEE DE CLAUSES D'ADAPTATION DU CONTRAT

Les parties conscientes de l'incertitude liée à l'exécution matérielle du contrat, ont tendance à inclure dans leurs prévisions des clauses permettant une adaptation de leurs stipulations à la survenance éventuelle de nouvelles circonstances. Cette « emprise sur l'avenir »[605] procède de la capacité des parties à établir des prévisions contractuelles fiables[606]. Le jeu des clauses a alors vocation à réduire le risque d'imprévisibilité. Ce qui a amené certains membres de la doctrine administrativiste à penser que la théorie de l'imprévision n'était plus qu'à ranger parmi les « objets de musée »[607]. Or, comme

---

[605] G. Ripert, *Op.* et *loc cit.*, n° 84.

[606] Voir *infra*, p. 510 et s.

[607] L. Clouzot, « La théorie de l'imprévision en droit des contrats administratifs : une improbable désuétude », *RFDA*, 2010, p. 937 ; Le Professeur Christophe Guettier estime également que la théorie de l'imprévision « paraît devoir être rangée au musée des créations jurisprudentielles où elle a fini par prendre place au département des pièces rares (…) » (*Op. cit.*, n° 584). Voir en sens inverse : R. Chapus, *Op. cit.*, n° 1388.

« le contrat est l'entreprise la plus hardie qui se puisse concevoir pour établir la domination de la volonté humaine sur les faits, en les intégrant d'avance dans un acte de prévisions » [608], cette théorie conserve toute son utilité si bien que la vision doctrinale n'est précisément plus soutenable. Sauf à penser que les parties devraient posséder des talents divinatoires lorsqu'elles s'engagent dans la voie contractuelle.

Ainsi, l'insertion des clauses d'adaptation du contrat est devenue une pratique très fréquente en droit contractuel[609]. Directement issue du droit privé et notamment du droit du commerce international[610], cette pratique a fort bien inspiré le droit des contrats administratifs. Elle s'est spontanément généralisée afin non seulement d'éviter le recours au juge administratif mais également de parvenir à une solution à l'amiable convenue entre les parties, convergeant par là-même vers le droit privé.

Il est ainsi devenu traditionnel dans les contrats d'intégrer des clauses de *hardship* qui posent une obligation de moyens, c'est-à-dire qui impliquent la tenue de renégociations (A). D'autres clauses sont également insérées spécifiquement pour permettre une adaptation automatique du prix en cas de fluctuations économiques. C'est alors une obligation de résultat qui est imposée aux parties (B). Sans qu'il ne soit besoin d'établir une liste exhaustive des différents types de clauses[611], seules les principales seront ici envisagées, c'est-à-dire celles qui sont couramment usitées par les parties et qui permettent une adaptation du contrat frappé par une situation d'imprévision. Ainsi, « prévoir qu'en cas de modification des rapports existant entre deux monnaies ou qu'en cas de hausse du coût des matières premières

---

[608] M. Hauriou, *Principes de droit public*, 1ère édition, p. 206.

[609] R. Jaidane, « La gestion des contrats internationaux de concession », *RDAI* 2005, n° 3, p. 289.

[610] Voir *infra*, p. 361 et s.

[611] Pour une étude approfondie, voir par exemple en droit des contrats administratifs : O. Ortega, *Clausier - Dictionnaire commenté des clauses*, Le Moniteur, 2010 ; voir en droit civil : W. Dross, *Clausier - Dictionnaire des clauses ordinaires et extraordinaires des contrats de droit privé interne*, Litec, 2008 ;

le prix sera réadapté proportionnellement, c'est stipuler une clause de change ou une clause d'indexation. Convenir que dans les mêmes circonstances, les parties se reverront pour examiner le sort du contrat, c'est adopter une clause de *hardship* »[612].

A) Des clauses générales de hardship

Le *hardship* est un concept emprunté à la *Lex mercatoria*. Il s'est répandu en droit contractuel au XXème siècle pour garantir l'exécution des contrats subissant l'effet d'un changement de circonstances. Concept séduisant parce qu'il apporte une plus grande flexibilité au rapport d'obligations envisagé sous l'angle de la rigueur de l'article 1134 alinéa 1er, le *hardship* qualifie la clause qui sous-tend l'obligation de renégocier les termes du contrat dont l'exécution a été bouleversée par la survenance d'un événement imprévisible au point de la rendre sans intérêt pour l'une des parties.

Instrument de rationalisation du procédé contractuel, l'insertion de clauses de *hardship* s'est normalisée particulièrement dans les contrats de longue durée susceptibles de « *prêter* le flanc à l'instabilité » [613]. Cette pratique s'est étendue en droit civil[614] précisément « parce que les tribunaux judiciaires refusent d'adapter le contrat à l'évolution des circonstances, en l'absence de disposition légale expresse en ce sens »

---

[612] M. Fontaine, « Les clauses de Hardship, aménagement conventionnel de l'imprévision dans les contrats internationaux à long terme », *DPCI*, 1976, p. 24 et 25.

[613] J. Carbonnier, *Op. cit.*, n° 138, p. 270 et s.

[614] Voir de manière générale : J. Ghestin, Ch. Jamin, M. Billiau, *Op. cit.*, n° 316, p. 381 et s. ; P. Malaurie, L. Aynès, P. Stoffel-Munck, *Op. cit.*, n° 762 et 1101 ; A. Kabadi, « La renégociation du contrat », *Cah. dr. entr.*, 1999, n° 3 ; C. Jarrosson, « Les clauses de renégociation, de conciliation et de médiation », *in Les principales clauses des contrats conclus entre professionnels*, PUAM, 1990, p. 141 et s. ; R. Fabre, « Les clauses d'adaptation dans les contrats », *RTD. civ.*, 1983, p. 1 et s. ; J.-P. Delmas Saint-Hilaire, « L'adaptation du contrat aux circonstances économiques », *in La tendance à la stabilité du rapport contractuel* (sous la dir. de P. Durand), LGDJ, 1960, p. 209 et s. ; F. Terré, P. Simler, Y. Lequette, *Op. cit.*, n° 474.

[615]. La souplesse de cette clause a en outre inspiré le droit des contrats administratifs au cours du XXème siècle[616], s'alignant ainsi spontanément sur la pratique civiliste[617].

La clause de *hardship*[618] est traditionnellement définie par « celle qui prévoit la révision du contrat lorsqu'un bouleversement de circonstances a profondément modifié l'équilibre initial des obligations des parties » [619]. L'imprévision devient alors un élément du contrat[620] qui participe d'une diminution du risque de recourir à

---

[615] J. Ghestin, Ch. Jamin, M. Billiau, *Op. cit.*, n° 316, p. 381. Voir également : J.-L. Mouralis, *Op. cit.*, n° 72, p. 13 ; « La modification de la loi contractuelle » *in* « La loi contractuelle – Contenu de la loi contractuelle : obligations des parties », Coll. Lamy Droit civil – Lamy Droit du contrat, mai 2008, n° 248-29.

[616] H. Hoepffner, *La modification du contrat administratif*, Préf. Y. Gaudemet, LGDJ, T. 260, 2009, n° 579 et s., p. 341 et s.

[617] G. Helleringer, *Les clauses du contrat : essai de typologie*, LGDJ, 2012.

[618] La clause de *hardship* reçoit une qualification aléatoire en droit interne, ce qui fait dire à certains membres de la doctrine qu'elle « n'a pas reçu de traduction en droit français » (J. Ghestin, Ch. Jamin, M. Billiau, *Ibid*, n° 318, p. 382 ; P. Van Ommeslaghe, « Les clauses de force majeure et d'imprévision (*hardship*) dans les contrats internationaux », *RIDC*, 1980, p. 7). Elle est parfois désignée par « clause d'imprévision », « de révision », « d'adaptation », « de renégociation » ou même de « clause de sauvegarde ». Cette dernière nomenclature est toutefois susceptible d'un contre-sens ; elle ne semble pas particulièrement appropriée pour justifier le mécanisme d'une telle clause. En effet, les clauses de sauvegarde existent en droit international public : elles permettent aux Etats de formuler des réserves, avant la ratification d'un traité, quant à l'application de certaines de ses dispositions (Voir par exemple, en ce sens : A. Manin, « A propos des clauses de sauvegarde », *RTDE*, 1970, p. 7 et s.). Il convient en outre de remarquer que la clause de renégociation n'est pas considérée comme une aide d'Etat. Le Conseil d'Etat a récemment rejeté l'idée selon laquelle la clause de renégociation tendant à l'octroi d'une aide financière supplémentaire en cas de bouleversement de l'économie contractuelle pouvait être regardée comme une aide d'Etat (CE, 13 juillet 2012, *Compagnie méridionale de navigation et société nationale Corse méditerranée*, req. n° 355616, 355622, 358396).

[619] M. Fontaine, *Op. cit.*, p. 9. Il s'agit dès lors d'une « clause de rendez-vous » (A. de Laubadère, F. Moderne, P. Delvolvé, *Traité des contrats administratifs*, T. II, 1984, n° 1148).

[620] Voir en ce sens : J. Ghestin, Ch. Jamin, M. Billiau, *Ibid.*, n° 318, p. 383 ; F. Terré, P. Simler, Y. Lequette, *Op. cit.*, n° 474 ; J.-L. Mouralis, *Ibid.*, n° 91, p. 15.

l'office juridictionnelle. Les parties, lors de la conclusion du contrat, doivent nécessairement envisager les risques inhérents à l'exécution des obligations. Or, s'il semble bien difficile de prévoir la survenance d'un événement par définition imprévisible[621] ainsi que le traitement qu'il conviendra d'adopter en ce sens, il n'en demeure pas moins que les parties dans leurs prévisions contractuelles pourront décider d'intégrer en amont une clause tendant à se réunir à nouveau au cas d'un bouleversement de l'économie générale du contrat. Dès la conclusion du contrat, elles peuvent ainsi manifester leur volonté de modifier les termes contractuels en cours d'exécution. La clause de *hardship* vise à remédier à la rigidité du contrat et de sa force obligatoire en provoquant de nouvelles négociations si le contrat subit l'effet d'un changement de circonstances. Pour autant, elle « n'a pas d'effet déterminateur automatique » [622] de sorte que les stipulations contractuelles ne seront pas immédiatement adaptées aux nouvelles circonstances. Il faudra pour cela que les parties, au préalable, renégocient pour permettre un réaménagement de leurs engagements initiaux au regard de la situation imprévisible. La clause doit donc prévoir le moment où son mécanisme pourra être déclenché, de même que « la nature et l'amplitude » de l'événement perturbateur.

En somme, la théorie de l'imprévision se trouve contractualisée, la révision du contrat devenant une mesure conventionnelle. Aussi, la clause de *hardship* ne saurait jouer en toute circonstance. Elle n'aura vocation à être appliquée que si l'un des contractants se heurte à son devoir d'exécuter une obligation devenue excessivement onéreuse en raison de la survenance d'un événement imprévisible. Si le déséquilibre financier est fréquemment évoqué en doctrine, plus que cela, il devra s'agir d'un déséquilibre particulièrement accusé, à savoir un véritable bouleversement des conditions économiques qui entourent l'exécution du contrat. De plus, le jeu de la clause de *hardship* ne sera déclenché que si l'événement a excédé les prévisions des parties, c'est-à-dire s'il n'était pas raisonnablement prévisible lors

---

[621] Il se trouve d'ailleurs qu'un événement peut être prévisible alors que les effets qu'il produira sur l'exécution du contrat auront été complètement imprévisibles.

[622] B. Oppetit, « L'adaptation des contrats internationaux aux changements de circonstances : la clause de hardship », *JDI*, 1974, n° 2, p. 794 ; Voir également : H. Hoepffner, Thèse *précitée*, n° 595, p. 351.

de la conclusion du contrat. Il doit avoir été en définitive, exceptionnel et avoir déjoué toutes les diligences des parties.

Une fois ces conditions réunies et si elle a été correctement formulée, la clause de *hardship* implique que soient impérativement tenues de nouvelles négociations. En cela, elle pose une obligation à la charge des parties de renégocier les termes du contrat en vue de l'adapter au nouveau contexte économique. Le débiteur de l'obligation déraisonnablement coûteuse devra avoir préalablement invoqué l'application de la clause. De l'avis général[623], les renégociations doivent ensuite se tenir « dans un délai raisonnable ». Le créancier malveillant qui tenterait de différer leur tenue arguant des motifs fantaisistes, verrait immanquablement sa responsabilité contractuelle engagée sur le fondement du principe de bonne foi[624]. Aussi l'obligation stipulée par la clause de *hardship* doit être considérée comme une obligation de moyens[625]. Les parties soucieuses de se prémunir contre le risque d'un véritable bouleversement économique du contrat lors de sa conclusion, se sont

---

[623] L. Thibierge, Thèse *précitée*, n° 64 et 66, p. 38 et 39 ; P. Sargos, Rapport *précité*, n° 43 (relativement aux Principes Unidroit).

[624] Voir *infra*, p. 266 et s.

[625] Voir en ce sens : J. Ghestin, Ch. Jamin, M. Billiau, *Op. cit.*, n° 319, p. 384 ; M. Fontaine, *Op. cit.*, p. 34 ; B. Oppetit, *Op. cit.*, n° 15, p. 806-807. En revanche, la doctrine est sur ce point partagée. Certains estiment qu'il s'agit à la fois d'une obligation de moyens et d'une obligation de résultat (J.-L. Mouralis, *Op. cit.*, n° 94, p. 15 ; L. Thibierge, *Ibid.*, n° 66, p. 39 et 40 ; C.-E. Bucher, Thèse *précitée*, n° 242 et 498, p. 203 et 410) ; l'obligation de résultat tient à ce que « les parties doivent entrer en discussion » tandis que l'obligation de moyens est celle par laquelle elles tenteront de trouver un arrangement au regard de la situation imprévisible. D'autres considèrent que l'obligation de renégocier le contrat gravement déséquilibré n'est « ni une obligation de moyens ni une obligation de résultat. Les deux contractants doivent faire tout ce qui est en leur pouvoir pour trouver une entente. En cas d'échec, il faut, pour qu'ils soient exonérés qu'ils fassent la preuve de leur esprit de collaboration » (J. Pellerin, *Les clauses relatives à la répartition des risques financiers entre les cocontractants*, Thèse Paris II, 1977, n° 215, p. 433 et s.). Au fond, il convient d'admettre que la clause de *hardship* ne pose qu'une obligation de moyens, la renégociation n'étant en aucun cas contrainte de s'achever avec succès (voir en ce sens : H. Hoepffner, Thèse *précitée*, n° 594, p. 351) ; or la complexification actuelle du droit semble pousser les juristes à établir des distinctions qui n'ont pas lieu d'être.

engagées à discuter l'économie du contrat bouleversée, dans le cadre de renégociations. Pour autant, elles ne sont pas contraintes d'aboutir à une solution. Le principe de la négociation implique que se réunissent à nouveau les parties pour discuter et tenter de convenir d'un nouvel accord. Il serait inconcevable d'envisager que les contractants de bonne foi soient sanctionnés s'ils n'arrivaient pas à se mettre d'accord : ce n'est pas par dépit que l'on conclut un nouvel aménagement contractuel. « S'engager à négocier exclut que l'on s'engage à conclure parce que la négociation suppose nécessairement que l'on puisse dire non »[626].

Par ailleurs, il est légitime de se demander si l'imprévision contractuelle, comme dans le jeu de la théorie de l'imprévision, exige que l'obligation en cause doive continuer à être exécutée pendant la durée des renégociations. A ce titre, la doctrine s'accorde à dire que la clause peut « régler le sort du contrat pendant la renégociation »[627]. Il est donc admis que l'exécution du contrat puisse être suspendue lorsque les parties se retrouvent pour discuter les modalités du nouvel arrangement et cela, seulement si la clause le prévoit expressément. Or, l'application de la théorie de l'imprévision suppose que le cocontractant continue à exécuter son obligation, quand bien même celle-ci serait devenue hors de proportion. Ainsi, pendant que les parties poursuivent la renégociation, le contrat est en principe censé « *a priori* continuer à produire ses effets, car l'obligation de renégocier n'implique pas sa suspension »[628].

Cependant, si la clause prévoit une suspension du contrat, les parties ne seront pas tenues responsables de ne pas poursuivre l'exécution de leurs obligations. Cette considération n'est pour autant pas fondamentalement justifiée puisque l'imprévision qu'elle soit contractuelle ou juridictionnelle suppose que l'obligation aussi excessivement onéreuse qu'elle puisse être, doit pouvoir continuer d'être exécutée par le débiteur. Le maintien de la relation contractuelle

[626] C.-E. Bucher, Thèse *précitée*, n° 242, p. 203.

[627] J. Ghestin, Ch. Jamin, M. Billiau, *Op.* cit, n° 319 et s., p. 384 et s. ; C.-E. Bucher, *Ibid.*, n° 242, p. 203.

[628] J. Ghestin, Ch. Jamin, M. Billiau, *Ibid.*, n° 319, p. 384. Voir également : B. Oppetit, *Op. cit.*, n° 15, p. 807.

revêt ici un caractère fondamental. Il semble ainsi que cette faculté des parties à suspendre l'exécution du contrat pendant la renégociation provienne de la pratique du droit international[629]. La clause de *hardship* ne joue qu'en présence d'une situation imprévisible susceptible d'être constituée par un cas de force majeure. Il demeure dès lors cohérent de suspendre l'exécution du contrat puisque le débiteur se heurte à une impossibilité matérielle de poursuivre l'obligation qu'il a contractée. Pour autant, l'imprévision en tant que telle nécessite que l'obligation litigieuse soit encore possiblement exécutable. Ainsi, la pratique des clauses de *hardship* ne devrait pas permettre en droit interne que l'imprévisibilité, hormis les hypothèses de force majeure, soit de nature à générer la suspension du contrat, ne serait-ce que pour prévenir « un risque de dilatoire important »[630].

Les clauses de *hardship* sont alors les mêmes en droit des contrats administratifs et en droit privé des obligations[631]. Leur régime juridique est nécessairement identique tout comme les effets qu'elles produisent sur le contrat de droit public ou de droit privé. Cette convergence du droit contractuel n'est pas anodine : elle participe de la volonté d'encourager « les parties à prendre en main leur destin contractuel »[632].

B) Des clauses spécifiques de réindexation du prix

L'adaptation du contrat à une nouvelle conjoncture économique se matérialise également par l'insertion de clauses spécifiques qui ne portent que sur le prix convenu. Leur spécificité tient au fait qu'elles permettent un ajustement automatique du prix aux nouvelles circonstances sans qu'il ne soit besoin pour le débiteur lésé d'invoquer

---

[629] Voir *infra*, p. 361 et s. Voir également J. Mestre, J.-C. Roda, « Clause d'imprévision » *in* « Les principales clauses des contrats d'affaire », *LEXTENSO* 2011, p. 473, spéc. p. 478 et 479, n° 820 et 822.

[630] M. Mekki, « Hardship et révision des contrats. - 2. L'harmonisation souhaitable des conditions de la révision pour imprévision », *JCP G*, n° 50, 13 décembre 2010, p. 1257.

[631] H. Hoepffner, Thèse *précitée*, n° 579 et s., p. 341 et s.

[632] B. Fauvarque-Cosson, « Le changement de circonstances », *RDC*, 2004, p. 67, n° 27.

leur application. Les parties ont alors intérêt à se prémunir contre les fluctuations économiques et notamment contre les variations monétaires qui sont d'ailleurs actuellement considérées comme des données prévisibles par le juge administratif. A ce titre, elles doivent entrer dans le champ des prévisions contractuelles et sont encadrées par des clauses. Les parties doivent ainsi intégrer dans leurs stipulations les éventuelles variations de l'indice de référence sur la base duquel le prix a été convenu. Ces clauses sont donc des « systèmes d'amortisseurs pour permettre l'adaptation immédiate et automatique de leur projet à toutes sortes de perturbations » [633]. Lors d'un changement de circonstances de nature à bouleverser l'économie générale du contrat, la clause d'indexation permettra dès lors de « modifier de plein droit l'objet de l'obligation – notamment le montant de l'obligation de somme d'argent – en fonction des changements enregistrés par les indices mesurant le prix d'un produit ou le niveau général des prix » [634].

L'utilité des clauses de révision automatique des prix n'est plus à démontrer. L'instabilité économique prégnante depuis les années soixante-dix a fortement incité les parties à anticiper le traitement d'une situation imprévisible susceptible de bouleverser l'exécution du contrat par une mesure correctrice permettant un aménagement conventionnel du prix. La différence avec la théorie de l'imprévision réside dans le fait que les parties doivent se prémunir contre une incertitude et non pas contre une véritable imprévisibilité. Les clauses d'indexation sont alors une garantie dans les contrats de longue durée de sorte que les parties sont conscientes d'exposer leurs engagements initiaux à des variations économiques et/ou monétaires. « La monnaie imprime par l'intermédiaire du prix, une bonne part de sa fragilité au contrat »[635]. Aussi est-il légitime que le juge écarte la théorie de l'imprévision lorsqu'il s'agit de pallier à l'absence de clauses d'indexation.

---

[633] J.-M. Mousseron, J. Raynard, J.-B. Seube, *Technique contractuelle*, Lefebvre Francis, Coll. Traités Pratiques, 2010, p. 485.

[634] J.-L. Mouralis, *Op. cit.*, n° 74 et s., p. 13 et s.

[635] J. Carbonnier, *Op. cit.*, n° 57, p. 123.

L'incertitude ne doit pas justifier la carence des parties dans leurs prévisions contractuelles. Elles sont censées envisager le risque dont la réalisation est incertaine. Il ne s'agit pas ici de céder à « la fantaisie individuelle »[636]. L'imprévoyance des parties n'a pas sa place dans la théorie de l'imprévision. La dépréciation monétaire est un exemple de ce que les parties ne doivent plus ignorer. S'il fut un temps où le juge accepta d'appliquer la théorie de l'imprévision à un prix contractuel subissant la baisse de la valeur d'une unité monétaire et en l'absence d'une clause d'indexation permettant un réajustement automatique du prix, il en est aujourd'hui autrement[637]. Ainsi, la variabilité de la valeur objet du contrat selon un indice de référence appartient nécessairement au mécanisme contractuel.

Les clauses d'indexation sont des clauses de variation automatique[638] très proches du régime juridique des clauses d'échelle mobile. Elles posent à la différence des clauses de *hardship* une obligation de résultat en ce sens qu'elles impliquent une adaptation spontanée du prix aux nouvelles conditions économiques. Le prix doit absolument suivre l'évolution des données économiques pour demeurer conforme aux stipulations contractuelles.

Résultante d'une construction du droit privé, la clause d'indexation se retrouve dans le contrat administratif et plus particulièrement dans les marchés publics et les concessions de service public dont elle constitue « le mode normal de modification »[639]. Le législateur a d'ailleurs entendu codifier la pratique de telles clauses. Désormais le code des marchés publics en son article 18 dispose qu' « un marché est conclu à prix ferme dans le cas où cette forme de prix n'est pas de nature à exposer à des aléas majeurs les parties au marché du fait de l'évolution raisonnablement prévisible des conditions économiques

---

[636] P. Malaurie, L. Aynès, P. Stoffel-Munck, *Op. cit.*, n° 755.

[637] Sauf à considérer que les effets d'une dépréciation monétaire aient complètement déjoué les prévisions contractuelles des parties et que la clause d'indexation ne suffise pas à remédier à la situation du débiteur.

[638] H. Hoepffner, Thèse *précitée*, n° 579, p. 341 ; J.-L. Mouralis, *Op. cit.*, n° 74, p. 13.

[639] H. Hoepffner, *Ibid.*, n° 598, p. 353 ; voir également : A. de Laubadère, F. Moderne, P. Delvolvé, *Op. cit.*, n° 1171 ; C. Guettier, *Op. cit.*, n° 584 ; L. Richer, *Op. cit.*, n° 332.

pendant la période d'exécution des prestations ». Cette disposition pose l'obligation d'insérer des clauses de révisions du prix qui doivent prévoir les modalités de son actualisation. Cet article, qui a fait l'objet de nombreuses rédactions est actuellement issu du décret n° 2011-1000 du 25 août 2011 modifiant certaines dispositions applicables aux marchés et contrats relevant de la commande publique. Il prévoit également une généralisation de l'obligation d'intégrer des clauses de variation automatique du prix à tous les marchés publics dont la durée d'exécution est supérieure à trois mois[640].

Parallèlement et de manière identique, le code général des collectivités territoriales précise en matière de délégation de service public, en son article L. 1411-2, que « la convention stipule les tarifs à la charge des usagers et précise l'incidence sur ces tarifs des paramètres ou indices qui déterminent leur évolution ». C'est bien que le législateur a souhaité rendre obligatoire la pratique des clauses d'indexation, soucieux de restreindre le contentieux contractuel. Ainsi, l'insertion de clause de révision du prix dans la plupart des contrats administratifs résulte désormais d'une obligation à la charge des parties et non plus seulement d'une préconisation. « Le contrat comporte alors ce que l'on appelle une « matrice des risques » qui identifie l'ensemble des risques susceptibles de survenir et les affecte à l'une ou l'autre des parties ou aux deux »[641].

SECTION 2. LA CONSIDERATION DES ELEMENTS SUBJECTIFS DU CONTRAT PAR LE JUGE ADMINISTRATIF

L'alignement du droit public sur le droit privé se manifeste également par une considération juridictionnelle des éléments

---

[640] S. Braconnier, « Droit des marchés publics : l'âge de la maturité », *Contrats et Marchés publics*, n° 2, février 2009, étude 2, n° 51 : « afin de prévenir des fluctuations importantes du prix de certains éléments ayant un impact sur le coût des marchés publics, « notamment [celui des] matières premières », le décret n° 2008-1355 (art. 34) étend à tous les marchés publics d'une durée supérieure à trois mois l'obligation d'insérer une clause de révision de prix, jusqu'à présent réservée aux seuls marchés de travaux (art. 18-V modifié) ».

[641] C.-E. Bucher, Thèse *précitée*, n° 499, p.412 ; voir également : H. Hoepffner, Thèse *précitée*, n° 588, p. 347.

subjectifs du contrat. Le juge accorde en ce sens une attention particulière à l'attitude et à la volonté des parties au cours de l'exécution contractuelle. En cela, le juge administratif use de notions fondamentales du droit privé contractuel et fait une application des articles du code civil. Certes, il ne leur donne pas toujours la même portée que ne le ferait le juge judiciaire, notamment parce que le droit administratif est essentiellement un droit pragmatique[642].

Or, les éléments subjectifs du contrat ne sont pas censés recevoir d'appropriation. En effet, le juge exige que l'entreprise contractuelle soit menée de bonne foi de la conclusion du contrat à son terme. La bonne foi n'est alors ni civiliste ni administrativiste. Elle constitue une valeur que les parties doivent absolument adopter. Si l'exigence de bonne foi est une notion décisive du droit privé des obligations, c'est parce qu'elle fait l'objet d'une disposition très strictement formulée dans le code civil et que son manquement constitue une faute contractuelle de nature à engager la responsabilité du contractant perfide. Ainsi, n'est-il donc pas légitime que le juge administratif fasse application de cette obligation morale ? Assurément puisque en tant que valeur universelle, elle transcende la nature administrative ou civile du contrat. La bonne foi est alors un indicateur comportemental qui doit guider l'action des parties pendant l'exécution du contrat et qui permet au juge d'effectuer un contrôle plus étroit de leur attitude.

Par ailleurs, la recherche de la commune intention des parties est un procédé juridictionnel civiliste qui constitue le principe d'interprétation du contrat. En droit administratif, le silence du contrat impose au juge de déterminer le sens et la portée des obligations. Cette recherche suppose une application des outils interprétatifs définis aux articles 1156 et suivants du code civil. Cependant, le juge administratif, s'il fait application de ces dispositions civilistes pour découvrir la volonté des parties, fait également preuve d'une plus grande liberté interprétative au point qu'une partie de la doctrine soutienne qu'il est fait un usage abusif de la notion de commune intention des parties.

La théorie de l'imprévision suppose une convergence du droit public vers le droit privé. Elle fait état non seulement de l'application du principe de bonne foi – qui implique que les parties tiennent des

---

[642] Voir *infra*, p. 587 et s.

renégociations lorsqu'un événement imprévisible bouleverse l'économie générale du contrat – mais également de la recherche de la commune intention des contractants utile à l'interprétation du contrat silencieux. Aussi, les éléments subjectifs de la convention ne sont absolument pas ignorés par le juge administratif. Quitte à se les approprier pour leur donner un sens opportun en droit administratif, ce dernier prend toutefois modèle sur l'office du juge judiciaire afin d'interpréter de manière adéquate les stipulations contractuelles, une fois que les renégociations menées de bonne foi ont échoué.

Ainsi, les situations imprévisibles exigent que soient conduites des renégociations en vertu du principe de bonne foi contractuelle. En effet, le bouleversement économique du contrat doit conduire les parties à se réunir à nouveau pour définir les modalités d'un nouvel accord tenant compte des nouvelles circonstances. La déloyauté de l'une ou de l'autre sera sanctionnée par la mise en œuvre de la responsabilité contractuelle administrative. Aussi, le Conseil d'Etat fait une observation impérieuse du principe de bonne foi dans le rapport contractuel lorsque l'état d'imprévision survient (I).

La commune intention des parties ne fonde pas la théorie de l'imprévision[643]. Sa recherche est en revanche indispensable dans le contentieux des situations imprévisibles. Le plus souvent, le contrat ne prévoit rien sur la procédure à suivre pour rétablir le grave déséquilibre. Aussi, le juge administratif doit se livrer à une « interprétation raisonnable »[644] de la volonté des parties que le juge judiciaire feint de ne pas connaître (II).

I/ L'OBSERVATION IMPERIEUSE DU PRINCIPE DE BONNE FOI DANS LE RAPPORT CONTRACTUEL

L'on a pu penser[645] que le principe de bonne foi contractuelle a été manifestement ignoré par le juge administratif. Cette réflexion est pour autant faussement soutenue. Résultant du droit commun, la

---

[643] Voir *supra*, p. 95 et s.

[644] Chardenet, Concl. *précitée*, p. 146.

[645] C. Bréchon-Moulènes, « De la loyauté de l'autorité contractante », *in Mouvement du droit public*, Mélanges en l'honneur de F. Moderne, Dalloz, 2004, p. 442.

bonne foi est une notion abstraite qui suppose une interprétation subjective, ce qui l'a certainement desservie en droit des obligations. Le juge administratif s'en est toutefois saisi, notamment pour justifier sa solution dans l'arrêt *Gaz de Bordeaux* (A). La bonne foi suppose en outre que les parties collaborent en vertu du lien contractuel qui les unit pendant toute la durée du contrat. Elle a ainsi comme corollaire un devoir de loyauté entre les parties (B). Aussi, la mauvaise foi est largement sanctionnée par les juges administratif et judiciaire - comme le sera le manquement au devoir de loyauté - qui engageront *de facto* la responsabilité contractuelle du contractant fourbe (C).

A) L'appropriation administrativiste de l'article 1134 alinéa 3

La bonne foi est un principe général du droit des contrats. Inscrite depuis fort longtemps dans le code civil[646], avant même 1804, ce principe directeur irrigue actuellement l'ensemble du droit contractuel, sans distinction aucune de l'opposition droit public – droit privé. La bonne foi inspire ainsi une règle morale qui s'applique de la conclusion du contrat, de droit public ou de droit privé, à son terme. Comme toute règle morale, la notion de bonne foi reste juridiquement difficile à cerner puisque son appréciation implique un degré de partialité qui rebute le droit positif. Elle pourrait toutefois être définie comme la qualité de celui qui agit avec conscience, d'être fidèle à ses obligations.

La subjectivité qui imprègne cette notion lui a valu d'être longtemps boudée par la doctrine et la jurisprudence civiliste[647]. La morale implique en effet des largesses d'interprétation, voire une variabilité dans les solutions qu'elle est susceptible de fonder. C'est dès lors le droit des contrats administratifs qui s'est initialement

---

646 Article 1134 alinéa 3 : « les conventions doivent être exécutées de bonne foi ». Ce principe faisait déjà l'objet d'un article dans le projet de code civil de l'An VII qui prévoyait que « les conventions doivent être contractées et exécutées de bonne foi ».

647 R. Cabrillac, *Op. cit.*, n° 114 ; A. Assaillit, *La bonne foi et la loyauté contractuelle*, Mémoire, Nîmes, 2006, p. 1. Les premières références au principe de bonne foi se trouvent dans la jurisprudence de la Cour de cassation et semblent ne s'inscrire que dans la seconde moitié du XXème siècle.

approprié le principe de bonne foi, notamment lors de la consécration de la théorie de l'imprévision en 1916. En effet, les conclusions du Commissaire du gouvernement Chardenet sur l'arrêt *Gaz de Bordeaux*[648] font expressément référence à la bonne foi contractuelle : « surtout, vous avez appliqué très largement le principe que les contrats doivent être exécutés de bonne foi et conformément à l'intention que les parties en présence avaient pu avoir au moment où elles contractaient ». Les adverbes « très largement » témoignent du degré de considération que le juge administratif a eu à l'égard de l'exigence de bonne foi contractuelle jusqu'à l'arrêt *Gaz de Bordeaux*. Ainsi, le Professeur Martine Lombard a fait remarquer à juste titre que la « bonne foi a probablement inspiré, au moins à son origine, la consécration de la théorie de l'imprévision dans la jurisprudence administrative »[649]. Or, plus qu'une probabilité, le principe de bonne foi a incontestablement justifié, du moins en partie, la théorie de l'imprévision. C'est bien que l'article 1134 alinéa 3 du code civil n'est pas étranger au juge administratif qui s'y réfère quand cela est nécessaire. Ainsi, « on peut donc voir le Code civil, ou plus exactement certains des principes qui y figurent, comme une source d'inspiration aux théories présentées comme les plus originales et les plus prétoriennes du droit des contrats administratifs »[650].

Pour autant, le principe de bonne foi contractuelle n'est en substance ni civiliste ni administrativiste. Il s'agit plus d'un principe universel qui relève du bon-sens et de la morale qui s'imposent à chacun, et qui, de ce fait, transcende la *summa divisio*. Son application est donc, pour ainsi dire, identique en droit privé des obligations et en droit des contrats administratifs. Or, actuellement la bonne foi est en droit civil un « principe en expansion »[651], dont la référence jurisprudentielle sert la récente casuistique autour de la révision du

---

[648] Conclusions *précitées*, p. 130.

[649] M. Lombard, *Recherches sur le rôle de la bonne et de la mauvaise foi en droit administratif français*, Thèse, Strasbourg, 1978, p. 195.

[650] C. Guettier, *Op. cit.*, n° 28, p. 33.

[651] P. Malaurie, L. Aynès, *Op. cit.*, n° 367 ; voir également : S. Amrani Mekki, B. Fauvarque-Cosson, *Op. cit.*, p. 472.

contrat[652] et, à l'évidence, l'imminente réception de la théorie de l'imprévision en droit des obligations. En revanche, dans la théorie générale des contrats administratifs, l'imprévision ne se satisfait guère d'une justification tirée du devoir de bonne foi[653]. En effet, si cette exigence fonde en partie la théorie, c'est parce qu'elle constitue en somme un préalable à la tenue des renégociations qui, nous l'avons vu, revêt un caractère fondamental dans les théories de l'imprévisible. Plus que cela, elle pose une obligation morale à la charge des parties de renégocier les termes contractuels, en qualifiant l'attitude adéquate qu'elles doivent adopter. Par conséquent, la survenance d'un événement exceptionnel de nature à bouleverser l'économie générale du contrat suppose que les parties, lorsqu'elles font preuve d'une réelle bonne foi, entrent à nouveau en contact afin de discuter les modalités d'un nouvel accord en vue d'adapter le contrat aux nouvelles circonstances. L'exigence de bonne foi justifie donc l'entame d'une discussion obligatoire au cours de l'exécution contractuelle. Aussi, l'infortune du débiteur doit susciter la coopération spontanée du créancier de bonne foi, à défaut de quoi sa conduite serait condamnable au contentieux. Le principe de bonne foi est du reste impératif pendant toute la durée des renégociations. Ainsi, l'échange de propositions se devra d'être conforme à la parole donnée d'accomplir exactement ce pour quoi les parties se sont engagées, en prenant en compte les nouvelles conditions économiques. Si le créancier refuse d'accéder aux prétentions du débiteur raisonnable – qui devra lui-aussi faire preuve d'une réelle bonne foi dans ses demandes – il faudra qu'il puisse justifier la bonne foi du rejet de sa proposition, et réciproquement. Partant, la bonne foi contractuelle implique un devoir de loyauté entre les parties contractantes.

B) Le devoir de loyauté, un corollaire du principe

Le devoir de loyauté[654] qui est censé animer les parties est corrélativement lié au principe de l'article 1134 alinéa 3. Il est donc

[652] Voir, *infra*, p. 307.

[653] Voir *supra*, p. 131.

[654] Y. Picod, *Le devoir de loyauté dans l'exécution du contrat*, Préf. G. Couturier, Thèse, Dijon, LGDJ, t. 208, 1989 ; Y. Picod, « L'exigence de bonne foi dans l'exécution du contrat » *in Le juge et l'exécution du contrat*, PUAM, 1993, p. 57.

communément admis en droit privé des obligations et en droit des contrats administratifs qui appliquent le principe de bonne foi de manière analogue. Ce devoir est classiquement défini comme « une fidélité (*fides*) à l'opération que les parties ont entendu réaliser par leur convention »[655]. Elles devront dès lors adopter « cette loyauté du regard, qui ne cache rien de soi et à qui rien n'est caché »[656] afin d'instaurer un rapport de confiance nécessaire à la stabilité de la relation contractuelle.

La loyauté contractuelle s'inscrit dès lors dans le cadre d'une coopération entre les parties, ce qui suppose nécessairement une solidarité entre le créancier et le débiteur. Le contrat crée en effet une interdépendance sociale dès lors que les parties échangent leur consentement mutuel lors de sa conclusion. Cet accord de volontés réciproques vise la participation à une entreprise commune de sorte que l'une et l'autre sont tributaires de leurs attitudes respectives. Aussi, est-il légitime de s'attendre à ce qu'elles adoptent une certaine probité. « En toute coopération on est, en quelque sorte, dépendants de ses collaborateurs et solidaire avec eux »[657]. Ainsi, cette synergie conduit à ce que chacune des parties soit précisément active durant l'exécution du contrat. Le débiteur doit s'engager à exécuter fidèlement l'obligation qu'il a contractée en contrepartie de quoi le créancier sera tenu de « s'abstenir de toute manœuvre qui rendrait l'exécution par le débiteur impossible ou plus difficile »[658]. En cela, l'administration qui fait preuve d'inertie sera considérée comme étant contractuellement défaillante au regard de son devoir de loyauté. Elle se doit donc d'agir avec promptitude si, sous l'effet d'un changement imprévisible des circonstances économiques, le cocontractant lésé perd inéluctablement tout intérêt dans l'exécution de son obligation. Le devoir de loyauté doit en définitive inciter le créancier à apporter un concours immédiat au débiteur infortuné. Pour autant, « le devoir

---

655 Ph. Stoffel-Munck, *L'abus dans le contrat – Essai d'une théorie*, Thèse, Paris, LGDJ, t. 337, 2000, n° 84.

656 R. Rolland, *Vie de Tolstoï*, Hachette, 1911, p. 175.

657 C.-A. Sainte-Beuve, *Correspondance*, 7 février 1825, t. 1, p. 62.

658 C.-E. Bucher, Thèse *précitée*, n° 82, p. 80.

de loyauté du créancier n'est pas illimité : il s'arrête là où commence celui du débiteur »[659]. Cette considération implique par conséquent que chacune des parties assume les conséquences de ses engagements. Dès lors, le soutien qu'elles doivent s'apporter l'une l'autre résulte de la loyauté contractuelle censée se manifester « là où le contrat ne dit rien, c'est à dire là où il serait illusoire d'invoquer une prétendue volonté qui ne s'est pas du tout ou insuffisamment exprimée »[660]. L'état d'imprévision implique donc la manifestation du devoir de loyauté qui ne peut prendre la forme que d'une exigence de renégocier les termes contractuels, le principe de bonne foi l'ordonnant.

Dans la jurisprudence administrative, le devoir de loyauté contribue à exercer un contrôle plus étroit du comportement des parties contractantes[661]. Si celles-ci font preuve de coopération pendant l'exécution du contrat frappé par une imprévisibilité – ce qui n'implique pas non plus qu'elles soient nécessairement contraintes d'acquiescer aux propositions de modifications du contrat – elles auront rempli leur devoir de loyauté en tentant une renégociation de bonne foi de leurs engagements. A défaut, le contractant perfide se verra sanctionné sur le fondement de sa mauvaise foi par le juge, administratif ou judiciaire, et devra des dommages et intérêts.

C) La sanction de la mauvaise foi

La fourberie de l'une des parties pendant l'exécution contractuelle entraîne une sanction pour manquement au principe de bonne foi. En

---

[659] Y. Picod, Thèse *précitée*, p. 18.

[660] *Idem*. Il convient de noter à ce titre que le Professeur Yves Picod établit une distinction entre « la loyauté des contractants » qui « consiste à apprécier directement une attitude » et « la loyauté contractuelle » qu'il estime différente d'« une simple recette d'interprétation de la volonté des parties ».

[661] Le Conseil d'Etat sanctionne le manquement au devoir de loyauté. Il exige en outre « une loyauté des relations contractuelles » directement inspirée de l'article 1134 alinéa 3, exigence doublée d'une obligation de « stabilité contractuelle ». Voir par exemple : CE Ass., 28 décembre 2009, *Commune de Béziers*, n° 304 802, *Rec.*, 2009, p. 509 ; *AJDA*, 2010, p. 142, note S.-J. Lieber et D. Botteghi. Pour une application innovante de la loyauté des relations contractuelles, voir : CE, 10 février 2010, *Sté Prest'action*, *précité* ; G. Eckert, « Règles comptables, administratives et contentieuses », *Contrats et marchés publics*, n° 4, 2010, comm. 133.

matière d'imprévision, la bonne foi ne se présume pas, elle se justifie. Il faudra que le contractant accusé de déloyauté puisse ramener la preuve de son bon-vouloir lors de la conduite des renégociations[662]. En somme, la bonne foi interagit à partir de la période extracontractuelle, c'est-à-dire lorsque l'événement imprévisible conduit le cocontractant à exécuter son obligation dans des conditions gravement anormales. Ainsi, la bonne foi combinée à l'exigence de loyauté contractuelle suppose nécessairement le secours de l'administration créancière. Son manque de considération à l'égard du cocontractant sera constitutive d'une défaillance contractuelle, d'une faute qui sera subséquemment de nature à engager sa responsabilité contractuelle[663]. « On peut difficilement prétendre que la convention est exécutée avec la bonne foi qu'exige le code civil lorsqu'en présence d'un bouleversement des conditions économiques l'une des parties refuse de réviser le contrat »[664]. Peu importe que ce refus soit explicitement formulé ou qu'il résulte d'une inertie de l'administration. Ce qui compte, c'est la perfidie avec laquelle le créancier cherche à protéger ses seuls intérêts. Ainsi, « l'exigence d'exécution de bonne foi n'est pas un moyen pour le juge de réécrire le contrat : elle doit servir à sanctionner les comportements contractuels malicieux – ceux qui tendent à détourner le contrat, ou certaines de ses stipulations, pour en tirer un profit anormal »[665]. C'est

[662] J. Pellerin, Thèse *précitée*, n° 216, p. 426. Selon l'auteur, « en cas d'échec, il faut, pour que les *contractants* soient exonérés qu'ils fassent la preuve de leur esprit de collaboration. Pour cela, le meilleur moyen sera non seulement de prouver le bien-fondé de leurs propres propositions, mais encore de justifier le refus de contracter aux offres du partenaire. Grâce à cette preuve, apprécier ce qui est équitable devient accessible au juge qui, pour sanctionner le comportement du contractant, doit mesurer l'intérêt qu'il trouvait dans l'exécution du contrat ».

[663] Il convient de noter la réserve avec laquelle le juge administratif qualifie l'attitude fourbe de l'administration. Il préfère d'autres termes que celui de « mauvaise foi » tels que « mauvaise volonté » (par ex. CE, 10 avril 1946, *Ville de Nantes*, Rec., p. 110) ou « mauvais vouloir » (par ex. CE, 20 février 1976, *Ministre de la Défense c/ Laboratoire René Derveaux*, Rec., p. 110 ; *RDP*, 1976, p. 1538 ; CE, 17 novembre 2008, *Entreprise Aubelec*, n° 294215, *Contrats et Marchés publics*, 2009, note J.-P. Pietri).

[664] F. Llorens, Thèse *précitée*, p. 296. Voir également : J.-L. Mouralis, *Op. cit.*, n° 13 ; J. Carbonnier, *Op. cit.*, n° 69 ; L. Thibierge, Thèse *précitée*, n° 826 et s. (spéc. 829), p. 466 et s.

[665] J. Flour, J.-L. Aubert, E. Savaux, *Op. cit.*, n° 378.

bien que la bonne foi contractuelle se manifeste lorsque les parties cherchent à faire prévaloir l'articulation de leurs intérêts réciproques au nom de l'interdépendance économique et sociale qui les lie – même s'il demeure naturel de vouloir davantage protéger ses propres intérêts.

La mauvaise foi pendant l'état d'imprévision est à double titre sanctionnée. Ainsi, lorsque l'administration créancière refuse les renégociations, ou qu'elle tente de s'y dérober par des motifs fallacieux elle manque indéniablement à son devoir de loyauté, tout comme lorsqu'elle rejette les propositions manifestement raisonnables du cocontractant lésé.

En matière d'imprévision, le cocontractant peut également se montrer de mauvaise foi s'il fait par exemple valoir les effets d'une situation imprévisible, à savoir la perte de tout intérêt dans l'exécution de son obligation, alors même qu'il a sciemment failli à son devoir de prévoyance. Le juge administratif fait preuve de la plus grande fermeté à l'égard du contractant malveillant « qui cherche à tirer un profit malicieux »[666], notamment lorsqu'il tente de profiter de l'état d'imprévision pour obtenir, par ruse, un gain qui ne lui revient pas de droit. Cette recherche de profit indu, tout comme la tentative de dissimuler sa propre imprévoyance, est constitutive d'une faute contractuelle condamnée par le juge au titre de la responsabilité administrative. Par conséquent, toute la logique des renégociations repose sur la volonté de satisfaire à la fois ses propres intérêts et ceux de son partenaire pour mener à bien le projet et satisfaire au mieux le but contractuel en vertu duquel les parties se sont engagées dans le rapport d'obligations – même si ces intérêts sont, au demeurant, divergents, ce qui est précisément le cas en matière d'imprévision.

En matière contractuelle, la recherche de profit est légitime. Ni l'altruisme ni la philanthropie n'ont de place pendant la conduite des renégociations. Seule une « droiture »[667], c'est-à-dire l'adoption d'une

[666] J. Flour, J.-L. Aubert, E. Savaux, *Op. cit.*, n° 378.

[667] C. Bréchon-Moulènes, *Op. cit.*, p. 442. Cette « droiture » n'implique nullement que les renégociations mènent à la conclusion d'un nouvel arrangement ; pour autant, elle exige des parties quelques concessions pour qu'un compromis puisse être trouvé, concessions qui seront le symbole d'une réelle bonne foi contractuelle (voir aussi en ce sens : L. Thibierge, Thèse *précitée*, n° 801 et s., p. 450 et s.).

attitude manifestement intègre, suffit à justifier la bonne foi des parties. Le bon sens et la probité doivent guider l'action des parties pendant toute la durée d'exécution du contrat et plus encore dans une situation d'imprévision.

L'alignement sur le droit privé est évident : le juge administratif applique le principe de bonne foi tel que l'exige l'article 1134 alinéa 3 du code civil. Il lui permet de sanctionner la déloyauté de l'une ou l'autre des parties dans la tenue des renégociations. Cette convergence se manifeste également lorsque le juge applique la théorie de l'imprévision : il doit rechercher quelle a été la commune intention des parties et de ce fait procéder immanquablement à une interprétation raisonnable du contrat.

II/ La recherche de la commune intention des parties ou l' « interpretation raisonnable » du contrat

En droit public, la recherche de la commune intention des parties[668] est une étape obligatoire du contentieux. Le juge administratif est tenu de procéder à l'interprétation du contrat[669] qui n'a précisément pas prévu la survenance d'une situation par définition imprévisible. En effet, les parties n'ont pas expressément manifesté leur volonté réciproque quant à la procédure à suivre pour remédier aux effets gravement anormaux de l'état d'imprévision, si bien que le juge aura la tâche d'interpréter le silence du contrat[670]. Dans cette perspective, le juge administratif va user du même arsenal juridique que son homologue en droit privé sans pour autant donner la même portée à ces règles interprétatives. En effet, en matière d'imprévision, la recherche de la commune intention des parties aboutit en droit public à une solution totalement divergente[671] de celle retenue par le droit

---

[668] Rappelons que la commune intention des parties ne fonde pas la théorie de l'imprévision (voir *supra*, p. 95) puisque, justement, les parties n'ont rien voulu, l'événement, par sa nature, n'ayant pas pu être raisonnablement prévu lors de la conclusion du contrat.

[669] Ph. Malinvaud, *Op. cit.*, n° 500 et s.

[670] Voir en ce sens, la note *précitée* de M. Hauriou sur l'arrêt *Gaz de Bordeaux*, p. 18 (§1).

[671] L'interprétation des stipulations contractuelles par le juge administratif doit en effet consister à définir le but en vue duquel les parties ont contracté. Si celui-ci

privé. Pour autant, savoir ce que chacune des parties a réellement voulu relève d'une méthode d'interprétation commune aux deux ordres juridictionnels. Certes si l'on ne peut rien vouloir d'un événement que l'on n'a pu foncièrement prévoir[672], il n'en demeure pas moins que le silence du contrat en droit public emporte *a fortiori* une recherche de la commune intention des parties. Cette quête passe par l'application d'outils interprétatifs dont la correspondance, en droit public et en droit privé, est évidente (A). Il s'agit en effet de permettre au juge de procéder à la définition d'une « psychologie »[673] qui n'implique nullement que soit distingué le caractère administratif ou civiliste du contrat.

Ces outils ne sont pas pour autant contraignants. Chacun des juges sait recouvrer sa liberté interprétative et faire œuvre créatrice[674] lorsque les circonstances l'imposent. C'est donc bien que la déviation du principe d'interprétation est en ce sens une pratique commune aux deux ordres juridictionnels (B).

A) La correspondance des outils interprétatifs

Le juge judiciaire, lorsqu'il tente de découvrir la teneur de l'intention commune des parties, dispose d'un « petit guide âne »[675] supposé encadrer sa liberté d'interprétation. L'article 1156 du code

---

perdure malgré la survenance d'une situation d'imprévision, la recherche de la commune intention tendra vers l'octroi d'une indemnité. *A contrario*, si le but contractuel a disparu, rien ne sert de maintenir le contrat ; sa résiliation est alors inéluctable. Inversement, le juge judiciaire s'arrête à la force obligatoire du contrat tel qu'il a été initialement voulu par les parties lors de sa conclusion, et cela, sans considération aucune pour le changement de circonstances ; au mieux, il prononcera la résiliation du contrat, au pire, il laissera le contractant lésé exécuter son obligation à perte.

[672] Voir en ce sens : G. Ripert, *Op. cit.*, n° 84 ; J. Flour, J.-L. Aubert, E. Savaux, *Op. cit.*, n° 408.

[673] J. Flour, J.-L. Aubert, E. Savaux, *Ibid.*, n° 395.

[674] Voir en droit administratif : M. Deguergue, « 50e anniversaire des Grands arrêts de la jurisprudence administrative. Déclin ou renouveau de la création des grands arrêts ? », *RFDA* 2007 p. 254.

[675] J. Dupichot, « Pour un retour aux textes : défense et illustration du « petit guide-âne » des articles 1156 et suivants du Code civil », *in Etudes J. Flour*, Defrénois, 1979, p. 179 et s.

civil pose le principe, celui de la recherche de la volonté des parties. Les dispositions suivantes sont des indicateurs juridictionnels qui participent de l'interprétation du contrat. Cet ensemble de textes constitue la seule méthode interprétative commune aux juges administratif et judiciaire. Préciser quelle a été concrètement la volonté des parties ne relève en définitive ni d'une spécificité du droit administratif ni d'une altérité du droit privé des obligations. La « psychologie » des parties est en effet indépendante de la nature du contrat. Elle n'appartient pas à la pratique administrative, pas même à la procédure civile contentieuse. Ainsi, à l'heure de l'autonomisation du droit administratif, le juge a construit son modèle propre à partir des éléments de droit commun existants[676]. Sa méthode d'interprétation ne lui est pas exclusive en ce qu'elle est directement empruntée au code civil. C'est la portée de son interprétation, plus libérale, qui le distingue du juge judiciaire. Les outils interprétatifs sont en revanche très exactement les mêmes.

Aussi, en matière d'imprévision, la recherche de la commune intention des parties procède de l'esprit du contrat, conformément à la règle de l'article 1156. Deux situations sont dès lors à envisager : le silence absolu du contrat et la présence d'une clause de *hardship*. Cette seconde hypothèse n'appelle pas de difficultés particulières. En effet, si le contrat contient une clause de *hardship*, c'est bien que les parties avaient, au préalable, l'intention commune d'adapter leurs stipulations aux nouvelles circonstances. L'échec des renégociations doit alors conduire le juge à réviser lui-même le contrat puisque les parties qui en avaient l'intention n'ont pas réussi à s'entendre sur les modalités d'un nouvel accord. La volonté de réviser la convention est alors bien présente[677].

---

[676] La commune intention des parties est une notion fondamentale du droit privé des contrats ; sa recherche par le juge est conduite par les articles 1156 à 1164 du code civil.

[677] Voir en ce sens : J. L. Mouralis, *Op. cit.*, n° 92, p. 15 : « en les adoptant, les parties ont voulu que leurs engagements soient mis à jour si les conditions économiques sont modifiées dans une certaine mesure fixée en principe par la clause elle-même ». Le Professeur Jean Carbonnier va même jusqu'à comparer ces clauses de renégociation à la clause *Rebus sic stantibus* (*Op. cit.*, n° 37).

Si le contrat demeure silencieux, la recherche de la commune intention est incontestablement plus ardue. Le juge va d'abord rechercher si le but contractuel perdure malgré la survenance d'une situation imprévisible[678]. Si tel est le cas, le contrat doit se maintenir puisqu'il est en effet une « loi » que l'on ne défait pas à sa guise. Les contractants doivent alors assumer les conséquences de leurs volontés pour mener à bien le projet contractuel et ce, en consentant quelques sacrifices. Ensuite, le juge va donc examiner si, lors de la conclusion du contrat, les parties avaient l'intention commune de risquer, en cours d'exécution, une grave dépression économique. Est-il légitime d'envisager qu'elles ont eu consciemment envie de miser leur patrimoine économique dans l'entreprise contractuelle ? Nullement. La commune intention des parties ne réside pas dans l'aggravation assumée des conditions économiques d'exécution. La contractualisation s'inscrit dans un contexte normal censé se poursuivre dans l'avenir en tant que tel. Lorsque l'exécution de l'obligation est anormale, que le cocontractant perd tout intérêt au contrat, le juge doit alors présumer ce qu'aurait été la commune intention des parties en pareilles circonstances. Vraisemblablement aucune d'elles n'aurait à l'évidence voulu s'appauvrir puisque telle n'est pas la finalité d'un contrat. Elles auraient donc, à coup sûr, contracté en d'autres termes. C'est certain et même évident.

En outre, aux termes de l'article 1157 du code civil[679], « le contrat, dit-on, doit être interprété *potius ut valeat quam ut pereat*, autrement dit utilement »[680]. Or, en appliquant de manière extensive cette disposition, le juge administratif préfère concéder une solution à la situation imprévisible, répartir la charge extracontractuelle et maintenir le contrat. Il va donc choisir de donner un effet utile au silence du contrat en admettant que les parties auraient évidemment choisi de contracter mais en donnant une toute autre orientation à leurs engagements. Sans doute objectera-t-on que cet article ne vaut que pour donner un sens à une clause déjà stipulée. Seul le sens de la

---

[678] Voir, *supra*, p. 216 et s.

[679] « Lorsqu'une clause est susceptible de deux sens, on doit plutôt l'entendre dans celui avec lequel elle peut avoir quelque effet, que dans le sens avec lequel elle n'en pourrait produire aucun ».

[680] J. Flour, J.-L. Aubert, E. Savaux, *Op. cit.*, n° 396.

clause est ambigu. Le juge judiciaire doit alors préférer lui donner un sens valable. Or le silence du contrat, comme l'échec des renégociations du fait de la présence d'une clause de *hardship*, ne devraient-il pas être interprété utilement, telle une clause à deux sens ? Le juge administratif le pense. Le juge judiciaire en pareille hypothèse va au mieux, préférer résilier le contrat ou, au pire, choisir de laisser les effets de l'imprévisibilité à la charge du débiteur. Est-ce une interprétation nécessairement utile du contrat ? Nous ne le pensons pas. L'inexécution de la convention est la pire des instabilités juridiques[681] et le support exclusif de la charge extracontractuelle par le cocontractant est la pire des iniquités, voire des injustices.

Dans la théorie de l'imprévision, la commune intention des parties s'analyse donc en deux temps. D'abord, elle résulte du but contractuel qui sera constant quel que soit le changement de circonstances. Ensuite, elle ne saurait être considérée comme figée dans le temps. En tant que « psychologie », elle est *a fortiori* variable selon les circonstances. Aussi, l'apparition d'une situation anormale au cours de l'exécution contractuelle fait inéluctablement varier la commune intention. C'est d'ailleurs, la plupart du temps, en cela que le juge participe de la déviation du principe d'interprétation.

B) La déviation du principe d'interprétation, une pratique commune

Si le principe d'interprétation réside dans la recherche de la commune intention des parties, il n'est en revanche pas rare que ce principe fasse l'objet de nombreuses distorsions tant dans la pratique administrative que dans la pratique judiciaire. Pour autant, l'on a coutume de penser que seul le juge administratif fait preuve d'une grande liberté d'interprétation à l'égard des termes contractuels. Or, si les dispositions du code civil sont le plus souvent très strictement respectées, le juge judiciaire sait aussi faire œuvre créatrice et l'exemple le plus topique est sûrement celui de la création d'une

---

[681] Voir en ce sens, la note *précitée* de M. Hauriou sur l'arrêt *Gaz de Bordeaux*, p. 17 et s.

obligation de sécurité dans le domaine du transport[682]. Cet état du droit témoigne en somme du pouvoir d'interprétation que le juge judiciaire est prêt à s'arroger, sans pour autant dénaturer les stipulations du contrat.

« Dans les mots, les tribunaux feignent toujours de rechercher la volonté des parties. Dans la réalité, ils se fondent sur l'équité plus souvent qu'ils ne le disent : et ce, au mépris parfois de ce qui a été le plus probablement voulu »[683]. Si, dans le domaine de l'imprévision, le Conseil d'Etat est considéré comme une « juridiction sociale »[684], il semble que la Cour de cassation le soit donc également. En effet, sous prétexte d'interpréter la volonté des parties, le juge va découvrir une obligation nouvelle pesant à la charge du transporteur alors même qu'il n'aura commis aucune faute de nature à engager sa responsabilité. Il va sans dire que celui-ci n'a pas eu l'intention préalable d'indemniser le préjudice du voyageur. Mais, devant l'exceptionnelle gravité du dommage, le juge estime que la situation est anormale et que le voyageur lorsqu'il s'engage dans un contrat de transport est censé arriver sain et sauf à destination. C'est alors l'équité qui commande cette interprétation car l'intention du voyageur n'est pas dans le risque anormal de se voir grièvement blessé durant le trajet.

La Cour de cassation n'est-elle donc pas, comme le Conseil d'Etat, une « juridiction sociale » ? Assurément. Et ce n'est alors qu'en matière d'imprévision que le juge judiciaire réserve sa solution. Le juge administratif a agi de la même manière dans la consécration de la théorie de l'imprévision que son homologue en droit privé lorsque ce dernier a imaginé l'obligation de sécurité. En doctrine, la création de cette obligation a passionné. On y voit ici le « forçage »[685] du contrat. Cette qualification ne pourrait-elle pas s'assimiler à la solution rendue

---

[682] Voir *supra*, p. 149. Voir également en ce sens : L. Thibierge, Thèse *précitée*, n° 161, p. 98.

[683] J. Flour, J.-L. Aubert, E. Savaux, *Op. cit.*, n° 398.

[684] M. Hauriou, Note *précitée* sur l'arrêt *Gaz de Bordeaux*, p. 17 (§1) ; le Doyen explique à juste titre que le Conseil d'Etat choisit en matière d'imprévision « d'orienter sa jurisprudence vers une justice élargie (…) ».

[685] P. Malaurie, L. Aynès, *Op. cit.*, n° 377.

par le juge administratif dans une situation d'imprévision ? Le contrat ne prévoit rien sur le bouleversement imprévisible des conditions économiques, l'intention des parties ne réside pas dans le risque anormal de connaître la ruine et l'exécution contractuelle des obligations est manifestement anormale suite au changement des circonstances. L'indemnisation extracontractuelle de la théorie de l'imprévision appelle donc également un « forçage » du contrat. Le Commissaire du gouvernement Chardenet y a néanmoins préféré la formule de « interprétation raisonnable »[686]. Aussi, la conception administrativiste est sur ce point sensiblement différente de la conception civiliste. En effet, le préjudice anormal doit être indemnisé : en droit administratif, comme en droit civil, il n'est pas concevable de laisser perdurer une telle iniquité. Le silence du contrat est alors interprété utilement pour pallier les effets intolérables d'une situation gravement anormale, laquelle impose au juge d'adapter ses stipulations pour rétablir la justice. Ainsi, cette « révision raisonnable »[687] du contrat passe donc par une interprétation raisonnable[688] de l'intention des parties. En droit administratif, aucune ne cherche à s'appauvrir. En droit civil, aucune ne cherche à subir un grave dommage. Il paraît inopportun de concevoir l'imprévision et le silence des termes contractuels comme le désir de parier le patrimoine économique du cocontractant sur l'avenir. Si le juge force le contrat, c'est bien parce que la situation exceptionnelle l'exige : le critère de l'anormalité joue ici un rôle de premier ordre et justifie l'immixtion du juge dans la relation contractuelle. « Dès lors qu'il se révèle impossible de retrouver la volonté des contractants, il est dans la logique de la délégation de pouvoir donnée par la loi aux sujets de droit, de faire produire au contrat les effets les plus conformes à ce qu'exige l'intérêt social »[689]. Plus qu'un « forçage » du contrat, il s'agit plutôt, au regard de l'anormale gravité, de réviser sagement les termes contractuels afin d'apporter une solution raisonnablement juste.

---

[686] Concl. *précitée*, p. 146.

[687] J. Flour, J.-L. Aubert, E. Savaux, *Op. cit.*, n° 410.

[688] Y. Gaudemet, *Traité de droit administratif*, T. 1, LGDJ, 2001, n° 1489.

[689] J. Flour, J.-L. Aubert, E. Savaux, *Ibid.*, n° 399.

Conclusion du Chapitre 1

Le droit public s'aligne inéluctablement sur le droit privé. Or, le juge administratif a compris, à la différence du juge judiciaire, que l'article 1134 du code civil n'est pas d'ordre public[690]. La volonté des parties, par le jeu des clauses contractuelles, peut écarter la force obligatoire initiale du contrat. Aussi, « le contrat intangible a fait place au contrat évolutif » [691]. Cette capacité de prévisions des parties, issue du droit des obligations, a très largement inspiré la pratique du droit des contrats administratifs puisqu'elle leur permet de se prémunir contre les changements imprévisibles des circonstances et, de ce fait, de recourir à l'office du juge. Le jeu des clauses de révision participe donc de la conduite des renégociations qui constitue le procédé le plus courant d'adaptation librement consentie des stipulations contractuelles aux nouvelles conditions économiques. Toutefois, parce que le contrat est « l'entreprise la plus hardie qui se puisse concevoir pour établir la domination de la volonté humaine sur les faits, en les intégrant d'avance dans un acte de prévisions »[692], les clauses ne sauraient se substituer intégralement au jeu de la théorie de l'imprévision. Il est ainsi bien difficile de tout prévoir dans une entreprise contractuelle. Une clause peut par exemple écarter tel type d'événement ou prévoir un temps d'application limité à la participation financière de l'administration créancière, durée temporaire qui ne permettra justement pas de couvrir l'entièreté de la période extracontractuelle. Les renégociations des parties peuvent également échouer. D'où la nécessité de pouvoir recourir au juge de l'imprévision, à moins de ne penser que certains contractants malchanceux n'aient pas à avoir droit d'accéder à la justice[693]. La

---

[690] Voir en ce sens : J. Ghestin, Ch. Jamin, M. Billiau, *Op. cit.*, n° 317, p. 382 .

[691] M. Fontaine, *Op. cit.*, p. 42.

[692] M. Hauriou, *Principe de droit public*, Préf. O. Beaud, Dalloz, p. 206.

[693] Le droit d'accès à la justice s'inscrit dans le cadre du droit à un procès équitable protégé par l'article 6-1 de la Convention européenne de sauvegarde des droits de l'Homme ; voir *infra*, p. 482 et s. Voir également en ce sens : Rapport du groupe de travail de la Cour de cassation présidé par Pierre Sargos sur l'avant-projet de réforme du droit des obligations et de la prescription, 15 juin 2007, spéc. n° 46. Accessible en ligne depuis l'adresse :

révision conventionnelle a d'ores et déjà montré ses limites. Si la défiance autour de la révision judiciaire du contrat est encore actuellement de mise en droit privé, il convient néanmoins d'admettre que le contrat n'est pas susceptible de tout régler. Le recours au juge est alors vraisemblablement nécessaire.

Pour autant, au contentieux, la théorie de l'imprévision est par principe désavouée. Le juge « renvoie les parties à s'entendre »[694]. Il envisage d'abord de condamner l'administration à une indemnité compensatrice « si mieux elles n'aiment, d'ici là, s'entendre à l'amiable sur les conditions où *l'administration* pourra venir en aide au *cocontractant* »[695]. Ainsi, le juge tente de faire l'économie de son intrusion dans le rapport contractuel. Ce rejet de principe est la marque d'une convergence indéniable du droit des contrats administratifs vers le droit privé des obligations.

De la même manière, la considération administrativiste des éléments subjectifs du contrat témoigne d'un rapprochement du droit public vers le droit privé. En réalité, la construction jurisprudentielle de la théorie de l'imprévision résulte en partie de la conception volontariste du contrat chère au droit privé des obligations. En ce sens, la théorie de l'imprévision est-elle fondamentalement originale dans la théorie générale des contrats administratifs ? Qu'il nous soit permis d'en douter : originale, évidemment, parce qu'elle n'a pas pour l'instant son pendant dans la théorie générale des obligations. Mais d'originalité de sa procédure, point. Malgré la vision de la doctrine administrativiste qui la présente comme l'une des solutions les plus originales du droit administratif[696], la théorie de l'imprévision emprunte quelques unes des notions les plus fondamentales du droit privé des contrats. A ce titre, le juge fait état d'une application identique de celle du juge judiciaire, du principe de bonne foi contractuelle dont la méconnaissance sera similairement sanctionnée. En outre, la recherche de l'intention commune des parties passe en

---

<http://www.courdecassation.fr/jurisprudence_publications_documentation_2/autres_publications_discours_2039/discours_2202/2007_2271/groupe_travail_10699.html>, consulté le 28 septembre 2011>, consulté le 30 août 2011.

[694] M. Hauriou, Note *précitée*, p. 17.

[695] M. Hauriou, Note *précitée*, p. 19.

[696] Voir par exemple : R. Chapus, *Op. cit.*, n° 1385 ; L. Richer, *Op. cit.*, n° 489.

droit administratif par l'application des articles du code civil relatifs à l'interprétation des conventions. Si le juge administratif se montre plus libéral que le juge judiciaire dans la théorie de l'imprévision, il n'en demeure pas moins que ce dernier fait œuvre créatrice, faisant preuve d'une grande liberté d'interprétation à l'égard des clauses de certains contrats, sans toutefois avouer sa tension vers le pragmatisme administrativiste. Le juge judiciaire n'est donc pas en reste : l'interprétation qu'il fait est très souvent conforme à l'équité. Sa position ne demeure réservée qu'en présence d'une situation imprévisible, bien que récemment, l'on assiste à une évolution notable : l'alignement du droit privé sur le droit public.

CHAPITRE 2
L'ALIGNEMENT SUR LE DROIT PUBLIC

« Le droit des contrats administratifs comme « fontaine de jouvence » du droit civil des contrats ? L'idée ne manque pas de surprendre »[697]. Et pourtant, le droit public contractuel, s'il a longtemps été ignoré des civilistes au prétexte que le droit commun est le droit modèle, ne manque pas actuellement d'influencer le droit privé des obligations. En effet, l'absence d'une théorie civiliste de l'imprévision dénote au regard du droit comparé, interne et externe, des contrats au point que le droit privé s'aligne désormais spontanément sur le droit public. Aussi, « dans certaines hypothèses, le droit administratif avance en « éclaireur », en proposant au privatiste de nouveaux horizons, voire de véritables ruptures »[698]. Il en est ainsi en matière d'imprévision.

Dans l'arrêt *Canal de Craponne*, le juge judiciaire a fermement condamné la révision pour imprévision au visa de l'article 1134 du code civil. Depuis lors, le droit privé des obligations est enfermé dans une spirale dangereuse : le bouleversement imprévisible de l'économie du contrat ne reçoit aucune solution équitable, ce qui pourrait s'apparenter à un véritable déni de justice. Déconcerté par la fermeté de cette jurisprudence ancestrale, le juge judiciaire s'égare, en tentant d'admettre des solutions palliatives au changement brutal des circonstances, sans toutefois transgresser l'interprétation rigoriste que reçoit le principe de la force obligatoire des conventions. Cet état du droit, s'il marque un tournant décisif indéniable, demeure néanmoins insuffisant. C'est d'ailleurs la raison pour laquelle le droit privé des obligations subit de toutes parts des pressions du droit des contrats administratifs, du droit des contrats internationaux, du droit européen des contrats, et même en son sein, les partisans civilistes de l'imprévision prônent en faveur de sa nécessaire réception. Le droit privé des contrats doit connaître une modernisation fondamentale pour réussir son adaptation aux besoins nouveaux d'une société en constante évolution et marquée en substance par l'incertitude

[697] F. Chénédé, *Op. cit.*, p. 926.

[698] *Idem*, p. 923.

économique. Or, si une politique des petits pas est en marche, ni le juge ni le législateur, tout aussi désarçonné que la jurisprudence, n'arrivent à s'opposer nettement à la stricte interprétation de l'article 1134 alinéa 1er du code civil seulement reconnue dans les cas de changements imprévisibles des circonstances économiques, comme si tout deux étaient assujettis à la solution du XIXème siècle, aujourd'hui pourtant absolument désuète.

N'est-il donc pas légitime de se demander pourquoi l'imprévision fait l'objet d'un refus jurisprudentiel catégorique alors même qu'il est des hypothèses, légales ou jurisprudentielles, possiblement attentatoires à l'article 1134 du code civil. Cette attitude semble pour le moins irrationnelle. Alors, pourquoi une telle obstination ? Le pouvoir de réviser la convention par le juge relève-t-il de sa propre compétence, auquel cas il conviendrait seulement d'admettre une interprétation plus flexible de la force obligatoire du contrat en situation d'imprévision, ou de la volonté du législateur ? Il semble plus opportun que l'imprévision soit admise par la voie judiciaire précisément parce que la création d'une révision généralisée des conventions par la voie législative serait génératrice de la pire des insécurités juridiques[699]. C'est donc au juge de faire preuve de hardiesse, comme d'ailleurs il l'a déjà manifestée en créant de toutes pièces une obligation de sécurité dans le contrat de transport, et de réviser sa jurisprudence.

A l'aube d'une refonte du droit privé des contrats, le législateur semble s'orienter dans le sens d'une lente reconnaissance de la théorie de l'imprévision, convergeant par là-même vers la conception administrativiste. Or, son action demeure manifestement velléitaire (Section 1).

Identiquement, la jurisprudence judiciaire, longtemps embarrassée par la solution *Canal de Craponne*, semble aujourd'hui se défaire peu ou prou de la rigidité de l'article 1134 du code civil, prenant plus ou moins en compte le changement du temps et des circonstances pendant l'exécution contractuelle (Section 2).

---

[699] Voir également *supra*, p. 151.

SECTION 1. L'ACTION MANIFESTEMENT VELLEITAIRE DU LEGISLATEUR

Le législateur a consacré, dans certaines hypothèses, la théorie de l'imprévision. Les Guerres ont notamment été le vecteur de sa prise en considération en droit privé contractuel. En effet, la hausse extraordinaire des prix survenue à ces périodes a généré un grave bouleversement de l'économie de nombreux contrats. Le législateur se devait donc d'intervenir pour mettre fin au préjudice anormal des débiteurs ainsi créé – le juge judiciaire n'ayant, à ce qu'il est prétendu, aucun moyen juridictionnel de rétablir équitablement le bouleversement imprévisible des conditions d'exécution économiques du contrat.

Hormis ces lois exceptionnelles destinées à remédier aux conséquences néfastes d'un conflit armé, le législateur a également introduit la révision pour imprévision dans des domaines très strictement définis par la loi. C'est bien que la théorie de l'imprévision est connue du droit privé des obligations et que la révision judiciaire du contrat ne comporte pas les risques qui lui ont été prêtés[700]. Il s'agit là d'une intervention législative palliative de nature à tempérer l'inertie du juge judiciaire en la matière[701].

Or, ces mesures légales ne sont que ponctuelles et laissent de nombreux contractants dans la tourmente économique et ce, sans que le juge fasse preuve de la hardiesse souhaitée pour contrebalancer l'action manifestement velléitaire du législateur. Pourtant, comment celui-ci pourrait-il faire autrement devant le rejet catégorique de la théorie de l'imprévision par la Cour de cassation ? Il lui impose donc parfois un pouvoir qu'elle refuse fermement mais il ne saurait faire plus.

Actuellement, une réforme[702] du droit privé des obligations est engagée. « Plus que jamais, le droit des contrats doit concilier des

---

[700] Voir *supra*, p. 105 et s.

[701] Voir en ce sens : M. Hauriou, Note *précitée*, p. 17 (§1).

[702] La réforme du droit des obligations s'est inscrite sous le signe d'une modernisation du droit privé contractuel initiée à l'occasion du bicentenaire du code civil de 1804. Egalement influencée par les réformes néerlandaise et allemande et la

intérêts contradictoires : sécurité juridique et flexibilité, liberté contractuelle et protection de certains cocontractants, efficacité économique et respect de la personne humaine. De toutes parts, la modernisation du droit des contrats est en cours »[703]. Ainsi, la révision judiciaire du contrat en situation d'imprévision pourrait être incessamment admise par le législateur. Pour autant, aucun des projets annoncés ne prône une réelle consécration de la théorie de l'imprévision. Des différences de taille avec la conception administrativiste sont remarquées. Certains projets sont à l'évidence, bien plus audacieux que d'autres mais on est loin encore de la reconnaissance de la théorie administrative. La réserve des autres contraste cependant avec la considération toute nouvelle faite au changement du temps et des circonstances pendant l'exécution contractuelle. C'est dire si le droit privé des obligations converge vers le droit des contrats administratifs. L'imprévisibilité semble donc désormais faire l'objet d'une observation toute particulière en droit privé. Mais la période extracontractuelle qu'elle fait naître n'est pas susceptible de garantir le même traitement juridictionnel : la répartition équitable des charges exceptionnelles, ainsi que le maintien du rapport d'obligations sont inégalement envisagés. Or, la consécration d'une théorie civiliste de l'imprévision est à pressentir. Le temps de sa ferme négation est aujourd'hui absolument révolu en ce qu'elle est, même si ce n'est que de manière partielle, nécessairement admise en droit privé des contrats.

---

production des Principes européens du droit des contrats, cette réforme a été engagée dès le début de l'année 2003 sous le parrainage de l'Association Henri Capitant. Le Professeur Pierre Catala fut alors chargé de présider la commission de réflexion réunie en vue de la rédaction de nouvelles propositions. Le projet a par la suite été remis le 22 septembre 2005 au Garde des Sceaux, Pascal Clément (P. Catala, « Avant-projet de réforme du droit des obligations et de la prescription », *La Documentation française*, 2006, 208 p.). En juillet 2008, est diffusé le projet de la Chancellerie qui s'inspire à la fois des pistes de réflexion de l'avant-projet Catala et des propositions issues du groupe de travail présidé par François Terré sous l'égide de l'Académie des sciences morales et politiques et remis le 1er décembre 2008 au Garde des Sceaux, Mme Rachida Dati (F. Terré, *Pour une réforme du droit des contrats*, Dalloz, 2008, 310 p.).

[703] S. Amrani Mekki, B. Fauvarque-Cosson, *Op. cit.*, p. 472.

Le législateur a nécessairement dû intervenir pour prévenir le risque imprévisible des hausses spectaculaires des prix, tantôt causée par la Guerre, tantôt provoquée par les graves crises économiques. Il conviendra d'envisager les hypothèses ponctuelles d'imprévision législative qui témoignent donc inéluctablement de l'alignement du droit privé sur le droit public (I).

En outre, les projets de réforme du droit des obligations qui oscillent entre audace et timidité s'orientent désormais vers une prise en compte de la théorie de l'imprévision, tout du moins vers un traitement plus ou moins opérant des situations exceptionnelles (II).

I/ DES HYPOTHESES PONCTUELLES D'IMPREVISION LEGISLATIVE

Le législateur s'est ponctuellement montré magnanime à l'égard des contractants lésés par un bouleversement imprévisible de l'économie de leur contrat. Les deux Guerres ont notamment été le théâtre de fluctuations économiques sans précédent qui ont été de nature à déséquilibrer gravement les conditions économiques des conventions. Le législateur a alors temporairement consacré une théorie circonstancielle de l'imprévision (A). Or, cette faculté de procéder à une révision judiciaire de ce qui a été initialement voulu se retrouve également dans le droit positif actuellement en vigueur : le législateur a ainsi formellement admis dans certaines hypothèses la nécessité d'introduire un mécanisme de l'imprévision (B).

A) L'imprévision circonstancielle

L'imprévision circonstancielle procède de « lois d'exception »[704], c'est-à-dire « de mesures temporaires qui ne trouvent plus aujourd'hui à s'appliquer et qu'il suffit donc de rappeler pour mémoire »[705]. En effet, cette initiative du législateur s'inscrit dans le cadre des deux grands conflits armés qui ont marqué la première moitié du XXème siècle. Comme l'a très justement souligné le Doyen Maurice Hauriou, « dans les matières civiles, il a fallu instituer les *moratoria* par des mesures réglementaires ou législatives, à cause du peu de hardiesse

[704] L. Thibierge, Thèse *précitée*, n° 311.

[705] J.-L. Mouralis, *Op. cit.*, n° 36, p. 7.

sociale de la jurisprudence civile ; dans les matières administratives, l'intervention du législateur n'était pas utile ; la pente naturelle de la jurisprudence du Conseil d'Etat le portait à prendre les initiatives nécessaires »[706]. Ainsi, l'imprévisibilité des deux conflits armés a poussé les parlementaires à prendre les mesures qui s'imposaient en droit des contrats. Il était alors inconcevable que l'infortune des contractants ne soit pas réparée alors même qu'ils avaient, lors de la conclusion de leur contrat, accompli toutes les diligences nécessaires. Un préjudice gravement anormal s'était produit au cours de l'exécution contractuelle, sans que la Cour de cassation n'y puisse soi-disant rien modifier. Le législateur ne pouvait donc décemment pas ignorer cette grande injustice qui frappait des contractants malchanceux. Ces mesures légales ont donc été instituées pour pallier le défaut d'une théorie jurisprudentielle de l'imprévision. Or, le législateur s'est très largement inspiré de ce qui existait dans le droit public des contrats sans pour autant consacrer un principe général de révision judiciaire des conventions. Cet état de fait est non seulement le signe d'une dérogation à la loi des parties, comme quoi le principe de la force obligatoire n'est pas nécessairement d'ordre public[707], mais aussi la démonstration d'une convergence précoce du droit privé vers le droit administratif. Certes, cette prise en compte des situations imprévisibles n'a pas toujours eu les mêmes conséquences en droit privé mais elle demeure néanmoins très proche de la théorie administrative de l'imprévision.

Ainsi, la loi Failliot[708] a-t-elle prévu la suspension ou la résiliation des contrats conclus avant le début de la première guerre mondiale et

---

[706] Note *précitée*, p. 17 (§1).

[707] Certes, l'autorité de la Loi prime celle de la loi contractuelle ; c'est bien que le principe de l'intangibilité du contrat peut être écarté lorsque, sous l'effet d'une situation imprévisible, les circonstances nouvelles l'imposent. Voir également en ce sens : « La modification de la loi contractuelle », *in* « La loi contractuelle. Contenu de la loi contractuelle : obligations des parties », Coll. Lamy Droit civil, Mai 2008, étude 348.

[708] Loi du 21 janvier 1918 relative aux marchés commerciaux conclus avant la première guerre mondiale, *JO* 23 janvier 1918, p. 837 ; *DP* 1918.4.261. Cette loi devait avoir une existence nécessairement limitée à la période du conflit armé ; le législateur a toutefois estimé qu'elle continuerait de produire ses effets jusqu'au 31 juillet 1920. Voir en ce sens : J.-L. Mouralis, *Op. cit.*, n° 37, p. 7.

dont l'économie avait été gravement bouleversée. La guerre est un événement imprévisible de nature à déjouer les prévisions contractuelles des parties au point que l'exécution des contrats était devenue excessivement coûteuse pour les débiteurs. Pour autant le législateur n'a pas consacré à l'occasion de cette mesure législative la révision judiciaire des termes contractuels. Le juge ne pouvait prononcer que la résolution du contrat[709]. Mais, les conditions d'application de la loi étaient manifestement empruntées à la théorie administrative de l'imprévision. Le législateur avait simplement estimé inutile de maintenir le rapport d'obligations en l'état.

Identiquement, à la fin de la seconde guerre mondiale a été adoptée la loi n°49-547 du 22 avril 1949 permettant la résiliation de certains marchés et contrats[710], loi aux effets similaires de ceux de la loi Failliot. Les mesures qu'elle instituait visaient la résiliation des contrats conclus avant le début du conflit qui avait été absolument imprévisible pour les parties et qui a eu pour conséquences le bouleversement économique des conditions d'exécution contractuelle. Les débiteurs se voyaient donc confrontés à de graves difficultés financières produites par cette guerre qu'ils n'avaient pu raisonnablement prévoir au moment de la conclusion des contrats. Ce texte ne prévoyait pas non plus de conférer au juge judiciaire un pouvoir de révision des stipulations contractuelles. Toutefois, pour prononcer la résiliation du contrat, il se devait de mettre en application les conditions administratives de la théorie de l'imprévision.

L'entre-deux-guerres a été le témoin d'une crise économique et sociale de grande envergure. Les « Années folles » de la période 1920 ont été suivies du krach boursier de 1929 qui fut la cause principale des graves difficultés économiques rencontrées par la France. Les contrats en cours d'exécution étaient frappés par des bouleversements imprévisibles de leurs économies au point que les débiteurs perdaient tout intérêt à accomplir leurs obligations. Le législateur est donc

---

[709] A l'occasion de la loi Failliot, le législateur a institué une procédure de conciliation des parties qui leur permit d'adapter leurs stipulations contractuelles à l'amiable.

[710] *JO* du 23 avril 1949, p. 4050.

ponctuellement intervenu[711] dans la perspective de rétablir l'équité contractuelle. Et c'est là qu'a été consacrée pour la première fois la révision judiciaire des conventions. Le juge détenait désormais le pouvoir de procéder à l'adaptation des contrats devenus très gravement déséquilibrés sous l'effet de la crise économique et sociale. Ainsi, le montant des salaires, le prix des loyers, des cessions de certains fonds de commerce ont pu être révisés par le juge pour remédier au préjudice anormal des débiteurs malchanceux. Plus aucune considération pour le principe de l'intangibilité des obligations n'était à ce titre soutenable. Les parties ne pouvaient pas en effet, raisonnablement prévoir l'ampleur de cette crise économique et sociale si bien qu'elles subissaient une exécution contractuelle gravement anormale.

Aussi, la théorie législative de l'imprévision apparaissait tandis que le législateur tentait de modérer le refus jurisprudentiel de la Cour de cassation. C'est donc bien que les arguments défavorables à sa réception en droit privé des obligations ne sont pas, plus que cela, concluants. Il suffit qu'un événement absolument anormal et résolument imprévisible survienne pour que le législateur écarte inéluctablement la « loi » des parties et les principes civilistes de l'intangibilité et de la force obligatoire. La théorie de l'imprévision est précisément nécessaire en droit des contrats, les interventions législatives en témoignent. Alors, n'est-il pas légitime de se demander pour quelle raison le juge ne s'arroge-t-il pas le pouvoir de réviser le contrat ? Pourquoi devrait-il nécessairement attendre que le législateur intervienne en ce sens ? L'autorité judiciaire n'est-elle pas indépendante du pouvoir législatif en vertu du principe libéral de la séparation des pouvoirs ? Auquel cas, il suffirait que le juge admette exceptionnellement que la théorie de l'imprévision puisse réparer le préjudice anormal des débiteurs, comme le juge administratif et le législateur[712] l'admettent de manière casuelle, c'est-à-dire lorsque les

---

[711] Pour une étude complète des diverses interventions législatives, voir : J.-L. Mouralis, *Op. cit.*, n° 35 et s. ; L. Thibierge, Thèse *précitée*, n° 311 et s.

[712] L'on pourrait également remarquer à ce titre qu'il serait plus opportun que le juge judiciaire s'attribue cette faculté de réviser les stipulations contractuelles : d'abord, le régime parlementaire issu de la Constitution de la Vème République implique une séparation souple des pouvoirs de sorte que le juge demeure indépendant du

circonstances nouvelles l'imposent. Et il ne s'agit pas dès lors d'admettre un principe général de révision judiciaire du contrat. Ce n'est d'ailleurs pas ce qu'il fallait y voir dans les diverses mesures du législateur[713]. Et ce n'est alors que le signe d'une convergence nécessaire et spontanée parce que la théorie de l'imprévision fait cruellement défaut au droit privé.

B) L'imprévision actuelle

Le droit privé se laisse volontiers séduire par la théorie de l'imprévision lorsque le législateur lui impose[714]. C'est ainsi que le droit commercial, le droit de la consommation, le droit de la propriété intellectuelle, le droit des successions et libéralités reconnaissent les vertus de la théorie de l'imprévision et accordent au juge le pouvoir de réviser le contrat. Il s'agit ici de dispositions toujours en vigueur qui permettent de répondre à la mise en cause de l'économie générale de certains contrats. Ainsi, est-il par exemple prévu la révision d'un loyer en cours de bail à usage commercial[715] ou la révision des rentes

---

législateur ; la doctrine civiliste qui prône une introduction de la théorie par la voie législative méconnaît donc ce principe constitutionnel – que le juge administratif a par ailleurs intégré. Ensuite et surtout, le temps s'oppose à ce que l'imprévision soit admise par la voie parlementaire ; n'est-il pas en effet plus raisonnable de rendre une solution juridique équitable et rapide au contentieux plutôt que d'attendre l'intervention éventuelle du législateur dont la procédure d'adoption des textes est bien plus longue qu'une réponse du juge ? D'autant que nombre d'affaires peuvent avoir été introduites au contentieux et jugées selon la solution *Canal de Craponne* avant que le législateur adopte une mesure d'imprévision circonstancielle. Le juge peut donc officier deux fois pour un même cas : une fois dans le sens *Canal de Craponne* et une autre dans le sens *Gaz de Bordeaux*, si le législateur l'ordonne. Le souci d'assurer une bonne administration de la justice y gagnerait donc, c'est indéniable.

[713] Voir également en ce sens : L. Thibierge, Thèse *précitée*, n° 313.

[714] Pour une étude approfondie, voir : J.-L. Mouralis, *Op. cit.*, n° 43 et s. Le développement suivant n'a pas vocation à être exhaustif ; il s'agit ici de préciser les principales hypothèses d'admission de l'imprévision dans le droit privé.

[715] Les articles L. 145-33 et suivants du code de commerce, dont la rédaction actuelle résulte de lois récentes, notamment la loi n° 2012-387 du 22 mars 2012 modifiant l'alinéa 34 ou la loi n° 2011-525 du 17 mai 2011 modifiant l'alinéa 38, prévoient la révision judiciaire du loyer. L'article L. 145-39 définit le pouvoir du juge en matière de réévaluation du loyer lorsque celui-ci, déterminé selon l'indice INSEE du coût de la construction, a varié de plus de 25%.

viagères[716] au regard de la dépréciation monétaire. Le législateur a en effet admis la possibilité que le juge du contrat puisse apporter une modification aux termes contractuels sous l'égide de l'équité. C'est bien que le droit privé et notamment le code civil, n'est pas hostile au changement de circonstances. Ces mesures législatives témoignent de la considération faite aux nouvelles conditions économiques qui encadrent l'exécution du contrat. Ainsi, les variations monétaires susceptibles de modifier son économie et de rendre l'exécution des obligations anormale font l'objet d'une appréciation judiciaire de nature à adapter les stipulations contractuelles aux nouvelles circonstances. Mais encore faut-il que le bouleversement économique ait été provoqué par un événement que les parties ne pouvaient raisonnablement prévoir, telles les fluctuations de la monnaie.

En outre, les contrats portant sur la cession de droits d'auteur peuvent être révisés par le juge lorsque, au regard de l'article L. 131-5 du code de la propriété intellectuelle[717], les prévisions de l'artiste n'ont pas été suffisantes. En ce sens et de l'avis général[718], la loi n° 57-298 du 11 mars 1957 sur la propriété littéraire et artistique consacre la théorie de l'imprévision. Ainsi, l'économie générale du contrat de cession sera gravement bouleversée si le prix dépasse, au cours de l'exécution contractuelle, les 7/12ème du prix initialement fixé. La révision judiciaire sera alors destinée à adapter les stipulations

---

[716] La réévaluation des rentes viagères est actuellement définie à l'article 126 de la loi de finances et conforme aux dispositions de l'arrêté du 13 décembre 2011 portant majoration de certaines rentes viagères (*JO*, n° 292, 17 décembre 2011, p. 21344). Les articles 275 al. 2 et 276-3 du code civil prévoient la révision judiciaire de la rente

[717] « En cas de cession du droit d'exploitation, lorsque l'auteur aura subi un préjudice de plus de sept douzièmes dû à une lésion ou à une prévision insuffisante des produits de l'œuvre, il pourra provoquer la révision des conditions de prix du contrat. Cette demande ne pourra être formée que dans le cas où l'œuvre aura été cédée moyennant une rémunération forfaitaire.
La lésion sera appréciée en considération de l'ensemble de l'exploitation par le cessionnaire des œuvres de l'auteur qui se prétend lésé ».
La rédaction de cet article résulte de la codification entreprise par la loi n° 92-597 du 1er juillet 1992 relative au code de la propriété intellectuelle.

[718] Par exemple : J.-L. Mouralis, *Op. cit.*, n° 52 ; L. Thibierge, Thèse *précitée*, n° 314 ; P.-Y. Gautier, « Le contrat bouleversé : de l'imprévisibilité en droit des propriétés artistiques », *D.* 1990, chron. 130.

du contrat au succès de l'œuvre, étant entendu comme la survenance de circonstances nouvelles et non raisonnablement prévisibles par son auteur. Qu'il nous soit permis de douter de cette dernière considération. Est-il vraisemblablement légitime d'évoquer à ce titre, une imprévision ? Le succès d'une œuvre relève-t-il précisément d'une imprévisibilité ? S'il semble difficile pour l'artiste de prévoir avec certitude la quantité d'œuvres qu'il est susceptible de vendre, il n'en demeure pas moins que son succès n'est pas à proprement parler imprévisible. Cet article fait alors une place à l'imprévoyance de l'auteur d'une œuvre, le législateur évoquant clairement « la prévision insuffisante ». Or, en droit des contrats administratifs, l'insuffisance des prévisions contractuelles des parties entraînent le rejet systématique de la requête en imprévision. Alors, si l'imprévoyance d'un contractant est prise en compte en droit privé contractuel, pourquoi l'imprévisibilité qui est autrement plus grave, ne le serait-elle pas ? Il semble en somme que la souplesse du législateur à l'égard de cette catégorie de personnes soit guidée par la nécessité d'assurer une protection accrue des artistes et de leurs œuvres. Cette place accordée à la légèreté des auteurs semble en définitive venir de l'esprit créatif de l'artiste qui annihile l'aspect cartésien de la conclusion du contrat. Il convient par ailleurs de regretter l'amalgame du législateur entre la lésion et l'imprévision qui sont certes deux notions voisines mais qui n'ont aucunement vocation aux mêmes effets. Louis Thibierge explique d'ailleurs en ce sens que « dans un cas, le déséquilibre est structurel dans l'autre, il est conjoncturel »[719].

La révision judiciaire du contrat pour imprévision se retrouve également dans les hypothèses d'endettement excessif des débiteurs. Ainsi, le code de la consommation précise en son article L. 331-7, que le juge peut « rééchelonner le paiement des dettes de toute nature (…), prescrire que les sommes correspondant aux échéances reportées ou rééchelonnées porteront intérêt à un taux réduit qui peut être inférieur au taux de l'intérêt légal sur décision spéciale et motivée et si la situation du débiteur l'exige (…), *et/ou* suspendre l'exigibilité des créances autres qu'alimentaires pour une durée qui ne peut excéder

[719] Thèse *précitée*, n° 314.

deux ans (…) »[720]. Le juge a donc la faculté d'imposer au créancier une révision de l'engagement d'emprunt qui le lie au débiteur frappé par une situation imprévisible et non pas celui qui « aurait pu prévoir qu'en empruntant au-delà de sa capacité financière, allait se retrouver dans une impasse financière »[721]. Cette révision permet *de facto* d'adapter le remboursement des créances dues par le débiteur à sa situation nouvelle. L'intangibilité des obligations qu'il a contractées lorsque son patrimoine économique le lui permettait – obligations devenues excessivement onéreuses suite aux effets d'un changement de circonstances non raisonnablement prévisible – ne serait que génératrice d'une situation inextricable : le débiteur serait en somme enfermé dans un cercle vicieux dont il ne pourrait réellement s'extraire. La théorie de l'imprévision présente alors une solution séduisante, plus que nécessaire dans ce genre d'hypothèse.

Enfin, « le droit des successions et libéralités n'est pas davantage insensible aux charmes de la théorie de l'imprévision »[722]. Ainsi est-il accordé au juge le pouvoir de réviser les charges des donations et legs devenues excessivement coûteuses à cause d'un changement des circonstances économiques. L'article 900-2 du code civil[723] prévoit en ce sens que « tout gratifié peut demander que soient révisées en justice les conditions et charges grevant les donations ou legs qu'il a reçus, lorsque, à cause d'un changement de circonstances, l'exécution en est devenue pour lui soit extrêmement difficile, soit sérieusement dommageable ». Il est donc faussement soutenu que le code civil a

---

[720] La nouvelle rédaction de cet article résulte de la loi n° 2010-737 du 1er juillet 2010 portant réforme du crédit à la consommation. On notera que les dernières interventions législatives s'inscrivent dans le cadre des politiques de relance de l'économie, mises en place depuis la crise économique et financière de 2007-2008.

[721] J.-L. Mouralis, *Op. cit.*, n° 61 : « il y a bien imprévision pour ceux qui se trouvent excessivement endettés parce qu'un accident, une maladie, un licenciement pour motif économique ou tout autre événement imprévisible les a privés de tout ou partie des revenus qu'ils percevaient au moment où ils ont contracté leurs emprunts et qui leur permettaient alors de faire face à leurs engagements ».

[722] L. Thibierge, Thèse *précitée*, n° 315. Voir également : J.-L. Mouralis, *Ibid.*, n° 55 et s.

[723] La dernière rédaction de cet article résulte de la loi n° 2006-728 du 23 juin 2006 portant réforme des successions et des libéralités.

toujours dénié les effets des changements de circonstances si bien qu'aujourd'hui le législateur se montre assez favorable à la révision pour imprévision.

II/ Les projets de reforme du droit des obligations, entre audace et timidite

Actuellement, « (...) la théorie de la révision pour imprévision semble sur le seuil du droit positif »[724]. Depuis l'été 2005, une réforme du droit des obligations est engagée. A ce titre, la théorie de l'imprévision semble désormais inspirer la vertu. Les différents projets optent ainsi pour un mécanisme de l'imprévision, sans que tous admettent la révision judiciaire du contrat. Une évolution temporelle doit être constatée : si le comité de réflexion présidé par Pierre Catala, de 2005, s'est montré frileux à l'idée d'introduire la théorie administrative de l'imprévision, les suivants de 2008, respectivement conduits par la Chancellerie et François Terré, ont admis dans des proportions différentes l'intrusion du juge dans la relation contractuelle lorsqu'un changement imprévisible des circonstances produit une aggravation considérable des charges initialement prévues. Cette subversion des projets n'est pas anodine. Le temps écoulé entre la rédaction du premier et la rédaction des deux derniers a connu une crise financière, économique et sociale sans précédent de nature à, non seulement ébranler les économies du monde occidental, mais à bouleverser également et subséquemment l'économie générale des contrats en cours. Il faut donc bien avouer que le mécanisme de l'imprévision a globalement tendance à séduire le législateur particulièrement en cette période de crise.

Aussi, l'avant-projet Catala propose un dispositif proche de l'imprévision mais consacre une révision conventionnelle des contrats (A). Le projet de la Chancellerie prône en revanche une révision judiciaire librement consentie par les contractants (B). Et le projet Terré adopte finalement la théorie administrative de la révision judiciaire pour imprévision (C).

---

[724] L. Thibierge, Thèse *précitée*, n° 377.

A) Vers la consécration d'une révision conventionnelle pour imprévision

L'avant-projet Catala n'a pas concrétisé les souhaits de la doctrine en faveur d'une réception de la théorie de l'imprévision. En ce sens, il s'inscrit dans une continuité traditionnaliste[725] du droit privé. Pour autant, il n'ignore pas les dangers d'une interprétation rigoriste du principe de la force obligatoire des conventions et propose un tempérament à la ferme solution *Canal de Craponne*. Ainsi, « cet avant-projet de réforme n'est ni révolutionnaire, ni conservateur, mais s'inscrit dans cet entre-deux prôné par Portalis : ne pas « écarter tout ce qui est nouveau », ne pas « dédaigner tout ce qui est ancien » »[726]. Si la théorie administrative de l'imprévision n'y est donc pas consacrée, le projet renonce pourtant à la non considération des situations imprévisibles survenant sous l'effet d'un changement brutal des circonstances et de nature à gravement bouleverser l'économie générale des contrats en cours d'exécution. Or, la défiance à l'égard de l'intervention judiciaire dans le rapport contractuel reste de mise[727]. Seule est donc admise une obligation de renégocier les stipulations du contrat en état d'imprévision et cela, à la faveur d'une pérennité réaffirmée des fondements subjectifs du contrat : principes de la force obligatoire et de l'intangibilité des obligations. Ainsi, le projet Catala prévoit-il un dispositif[728] tenant compte du bouleversement

---

[725] Voir par exemple en ce sens : D. Fenouillet, « Les effets du contrat entre les parties : ni révolution, ni conservation, mais un « entre-deux » perfectible », *Rev. des Contrats*, n° 1, 1er janvier 2006, p. 67 ; Ph. Malinaud, *Op. cit.*, n° 484.

[726] D. Fenouillet, *Ibid.*, p. 67.

[727] Voir par exemple : L. Thibierge, Thèse *précitée*, n° 374 ; Ph. Malinaud, *Ibid.*, n° 484.

[728] Ce dispositif comprend trois articles dont il convient de noter que leur rédaction élude délibérément le terme d' « imprévision » (voir en ce sens : A. Ghozi, « Effet des conventions. Interprétation. Qualification » *in Rapport Catala*, p. 35). L'article 1135-1 prévoit que « dans les contrats à exécution successive ou échelonnée, les parties peuvent s'engager à négocier une modification de leur convention pour le cas où il adviendrait que, par l'effet des circonstances, l'équilibre initial des prestations réciproques fût perturbé au point que le contrat perde tout intérêt pour l'une d'entre elles ». L'article 1135-2 dispose ensuite qu' « à défaut d'une telle clause, la partie qui perd son intérêt dans le contrat peut demander au président du tribunal de grande instance d'ordonner une nouvelle négociation ». Enfin, l'article 1135-3 précise que « le cas échéant, il en irait de ces négociations comme il est dit au chapitre 1er du

imprévisible des conditions économiques qui sous-tendent l'exécution de certains contrats seulement, ceux dont les obligations se réalisent à exécution successive ou échelonnée dans le temps.

Or, le bât blesse déjà : tous les contrats ne sont donc pas concernés. Et cela peut dès lors poser problème. En droit rural par exemple, certains contrats instantanés sont conclus dans la durée[729]. Leur exécution est alors soumise au risque imprévisible d'un changement de circonstances qui aura pour effet l'aggravation des charges contractuelles. Qu'adviendra-t-il du contractant lésé ? Il ne pourra ni se prévaloir de l'obligation de renégocier ni même demander la résiliation judiciaire de son engagement. Plus encore, sa situation sera sacrifiée au contentieux sur l'autel de la solution *Canal de Craponne*. Hormis l'injustice que cela créerait, la reconnaissance de l'imprévision à l'égard de quelques contrats seulement serait génératrice d'une nouvelle complexification du droit des contrats privés tant inutile que pléthorique. Tel contrat tomberait sous le coup de l'article 1135-1 du projet et recevrait donc un traitement amiable de la situation d'imprévision, tel autre serait laissé en l'état, sans considération aucune pour le préjudice anormal du débiteur. Pourtant, la considération législative pour l'exécution anormale de l'un devrait tout autant valoir pour les autres. Le principe de l'égalité de traitement le supposerait quoi qu'il arrive.

Par ailleurs, l'article 1135-1 du projet de réforme prévoit la possibilité, éventuelle, d'insérer une clause de renégociation en vue d'une révision conventionnelle des modalités du contrat. Aucune obligation n'est en revanche stipulée en ce sens. C'est donc codifier une pratique qui existe depuis fort longtemps[730]. L'article 1135-2 est

---

présent titre. Leur échec, exempt de mauvaise foi, ouvrirait à chaque partie la faculté de résilier le contrat sans frais ni dommage ».

[729] C'est particulièrement le cas des contrats de vente de produits agricoles dont le régime est prévu aux articles L. 631-24 et suivants du code rural et de la pêche maritime. La vente, et notamment la vente agroalimentaire, est par excellence l'emblème du contrat instantané.

[730] Voir également en ce sens : Rapport Sargos *précité*, n° 42 et 44. Le groupe de travail estime à juste raison que « les parties tiennent du principe de la liberté contractuelle le droit de convenir des modalités de renégociation de leur convention ; il n'est dès lors pas nécessaire qu'une disposition législative particulière le

autrement plus inédit. En l'absence d'une telle clause, le juge aurait désormais la faculté d'intervenir. Le législateur estimerait dès lors opportun d'attribuer un rôle certes minimaliste[731] au juge du contrat en lui confiant la faculté d'ordonner une « négociation salvatrice »[732] seulement si trois conditions sont réunies : la première tient à la qualification du contrat qui doit être à exécution successive ou échelonnée. Il faudra ensuite que l'effet des circonstances – peu importe *a priori* qu'elles soient ou non imprévisibles – soit de nature à produire un déséquilibre des prestations réciproques. Enfin, le débiteur doit « perdre son intérêt » dans l'exécution de son obligation, condition étonnamment floue et accommodante. Ainsi, l'obligation de renégocier ordonnée par le juge est une forme de reconnaissance de l'utilité d'une intervention judiciaire dans les changements du temps et des circonstances. Elle est donc bien un premier pas vers la théorie de l'imprévision. Et c'est là qu'il faudrait y voir uniquement une certaine originalité. En outre, les conditions requises pour la mise en œuvre de cette obligation sont bien moins exigeantes que celles produites par le juge administratif.

« Gage de la sécurité des transactions, la modification est liée à la perte de l'intérêt au contrat, à la fois mesure et preuve de la gravité du déséquilibre. Hommage à la vertu du contrat, la solution est négociée »[733]. Certes, mais il n'y aura point de solution si la négociation échoue. L'article 1135-3 du projet ne prévoit que la possibilité de procéder à la résiliation du contrat. Aucune considération n'est faite à la pérennité du but contractuel, ni au maintien du rapport d'obligations. Il est donc faussement soutenu que

---

précise ». Et d'ajouter que « le devoir de bonne foi contractuelle implique d'ailleurs à lui seul une révision du contrat lorsque des bouleversements ont modifié l'équilibre contractuel initial hors de toute prévision et proportion raisonnable (…) ».

[731] Voir également en ce sens : Rapport Sargos *précité*, n° 46 : les auteurs regrettent « que le rôle du juge soit conçu de façon trop minimaliste dans le « projet Catala » » et estiment à juste titre que « plus fondamentalement ces trois articles éludent en réalité le véritable problème qui est celui de l'imprévision ».

[732] A. Ghozi, *Op. cit.*, p. 36.

[733] *Idem.*

« l'intérêt au contrat disparu, celui-ci peut disparaître »[734]. En effet, en situation d'imprévision, l'intérêt du cocontractant lésé est perdu, l'exécution de l'obligation devenue excessivement onéreuse étant gravement anormale, mais seulement son intérêt, puisque le but de l'entreprise contractuelle perdure, la réalisation de l'obligation étant toujours matériellement possible. Ainsi, considérer qu' « implicitement, celui qui tiendra au contrat, saura faire les concessions nécessaires pour allouer à son cocontractant le minimum d'avantages pour l'encourager à poursuivre leur relation contractuelle »[735], relève dès lors de l'illusion.

En outre, il semble que les rédacteurs de l'avant-projet aient élaboré ce dispositif en référence à l'article 900-2 du code civil[736]. Or, cet article dispose expressément de la possibilité pour les contractants de demander une « révision en justice » des donations et legs, ce que ne prévoit aucunement le projet de réforme.

Tandis qu'il est annoncé dès l'introduction du projet Catala que « le droit civil est un droit d'équilibre, pareillement soucieux des intérêts en présence, sans *a priori* favorable à l'une ou l'autre partie »[737], il ne semble pas pour autant faire grand cas des conséquences d'un échec éventuel des renégociations. La défiance à l'égard du juge judiciaire n'est-elle pas aujourd'hui exagérée ? Si longtemps, la maxime « Dieu nous garde de l'équité des Parlements ! » a valu notamment en droit des obligations, le juge ne saurait être actuellement vu comme « l'ennemi contractuel numéro un »[738]. En considérant que « le droit civil est un droit d'équilibre » - le droit des contrats étant l'une de ses ramifications, il est donc aussi un droit d'équilibre -, l'on doit bien admettre que le juge est « le

---

[734] *Idem.*

[735] A. Ghozi, *Op. cit.*, p. 36.

[736] A. Ghozi, *Ibid.*, p. 36 et obs. sur l'article 1135-3.

[737] P. Catala, Rapport *précité*, p. 3. Egalement accessible en ligne depuis l'adresse : < http://www.justice.gouv.fr/art_pix/RAPPORTCATALASEPTEMBRE2005.pdf >, consulté le 10 août 2011.

[738] D. Mazeaud, « Le juge et le contrat, variations optimistes sur un couple « illégitime » », *in Mélanges offerts à Jean-Luc Aubert*, Dalloz, 2005, n° 4, p. 235.

gardien de l'équilibre et de la moralité contractuels »[739]. Aussi, pourquoi tant de craintes dirigées contre la révision judiciaire du contrat ? Cela n'a pas de sens. Il est donc bien évident que ce projet ne va pas suffisamment loin et manque la modernisation tant souhaitée du livre IIIème « Des obligations ». Seul est donc pointé le besoin de garantir une certaine permanence de l'équilibre contractuel. La nécessité de maintenir le lien contractuel est en revanche largement ignorée. Le projet de la Chancellerie consciente de l'aspect lacunaire de ces trois articles, propose un dispositif nettement plus novateur, tel une révision judiciaire consentie du contrat en situation d'imprévision.

B) Vers la consécration d'une révision judiciaire consentie pour imprévision

Le projet de la Chancellerie est *a priori* bien plus audacieux que l'avant-projet Catala mais cette novation n'est en réalité qu'apparente. Cette hardiesse est légitime et s'explique du fait que les nouvelles propositions ont été rédigées dans un contexte de crise économique. Aussi, n'est-il plus éludé le terme d' « imprévisible » qui fait explicitement référence à la théorie de l'imprévision. Les rédacteurs du projet ont manifestement souhaité se rapprocher de la vision administrativiste du traitement des situations exceptionnelles. Les influences de ce projet ont par ailleurs été nombreuses : les projets d'harmonisation européenne du droit des contrats, la construction des principes et code européens, l'inspiration des principes Unidroit, la pression du droit international et du droit comparé sont autant de suggestions en faveur de la réception de la théorie de l'imprévision en droit privé contractuel[740].

Mais plus encore, la crise, d'abord financière avec la crise des *subprimes* durant l'été 2007, puis systémique avec la faillite aux Etats-Unis de la banque Lehman Brothers à l'automne 2008 s'est transformée en une crise mondiale bouleversant les économies de la plupart des Etats occidentaux. Les effets de cette crise économique et sociale d'une ampleur inouïe sont absolument exceptionnels et ont eu

---

[739] D. Mazeaud, « Loyauté, solidarité, fraternité, la nouvelle devise contractuelle », *in Mélanges en hommage à F. Terré*, Dalloz, 1999, n° 26.

[740] Voir *infra*, p. 345 et s. et p. 437 et s.

immanquablement pour conséquences de précipiter l'imprévision au premier rang des projets de réforme du droit des obligations. En effet, si cette crise du capitalisme était, semble-t-il, *a priori* prévisible, il n'en demeure pas moins que l'ampleur de ses effets ne l'était pas. Et nous l'avons vu, le législateur ne manque pas de se laisser séduire par le jeu de l'imprévision, plus particulièrement en période de crise.

Ainsi, les rédacteurs du projet de la Chancellerie ont jugé opportun d'introduire un mécanisme permettant de réparer équitablement le bouleversement imprévisible des économies contractuelles et se sont inspirés de la théorie administrative de l'imprévision qui s'inscrit en définitive dans le souci d'assurer une régulation économique[741] des rapports contractuels. En effet, « à l'heure où la société économique évolue de plus en plus rapidement, il est apparu souhaitable dans un souci de pragmatisme de rendre possible la renégociation du contrat »[742]. L'article 136 du projet prévoit donc que « si un changement de circonstances, imprévisible et insurmontable, rend l'exécution excessivement onéreuse pour une partie qui n'avait pas accepté d'en assumer le risque, celle-ci peut demander une renégociation à son cocontractant mais doit continuer à exécuter ses obligations durant la renégociation. En cas de refus ou d'échec de la renégociation, le juge peut, si les parties en sont d'accord, procéder à l'adaptation du contrat, ou à défaut y mettre fin à la date et aux conditions qu'il fixe ». Ainsi, serait enfin admise la révision judiciaire du contrat en situation d'imprévision, bien qu'il ne s'agisse pas encore de la révision pour imprévision qui existe en droit des contrats administratifs. En effet, le projet de la Chancellerie adopte une conception consensualiste de l'intervention judiciaire dans la relation contractuelle[743]. C'est dire s'il est plus que difficile d'admettre en droit privé une révision non consentie par les parties des termes contractuels. Ce sont alors les parties qui doivent, après accord, permettre au juge de réajuster le contrat. L'adaptation judiciaire de ses stipulations demeure être le fruit d'un compromis. Il s'agit là d'une différence fondamentale avec le droit des contrats administratifs. Or,

---

[741] Voir *infra*, p. 567 et s.

[742] Rapport de présentation de la Chancellerie, p. 5.

[743] P. Ancel, Ph. Brun, V. Forray, O. Gout, G. Pignarre, S. Pimont, « Points de vue convergents sur le projet de réforme du droit des contrats », *JCP G* 2008, n° 48, p. 18.

si l'une des parties refuse l'intervention du juge dans le contrat, il n'en demeure pas moins que celui-ci conserve son pouvoir de résiliation de la convention qu'il ne mettra en œuvre qu'après requête du cocontractant lésé. Cependant, l'anéantissement du contrat n'est pas à l'avantage des parties. Il ne profite ni au créancier, puisque celui-ci devra contracter à nouveau, ni au débiteur, seul à devoir supporter le grave déséquilibre financier.

Ce qui est, en outre, inédit dans le projet de la Chancellerie, ce sont les pouvoirs reconnus au juge judiciaire[744] qui jusque-là se voyait écarté du contentieux des situations imprévisibles au prétexte que son office risquait d'introduire une part d'arbitraire non souhaitable en droit des contrats. L'on est donc passé de la défiance quasi-absolue à une confiance limitée à l'égard du juge. De surcroît, l'originalité du projet de la Chancellerie tient à ce que « la pression exercée sur le créancier *soit* considérable »[745]. En effet, cette considération contraste avec les articles de l'avant-projet Catala qui choisit de renvoyer les parties à leurs engagements respectifs. Or, l'article 136 se rapproche en terme de fermeté du traitement administratif de l'imprévision et exerce en ce sens une contrainte de taille sur le créancier : il est en effet supposé accepter la renégociation demandée par le débiteur lésé, à défaut de quoi son attitude sera condamnée sur le fondement de la mauvaise foi contractuelle. Il s'agit dès lors de lui faire supporter une obligation nouvelle fondée sur la garantie d'accéder à la renégociation et qui puise sa source dans le devoir de loyauté. L'état d'imprévision doit nécessairement recevoir au principal un mode de résolution amiable dont le régime est posé comme une obligation contractuelle à la charge du créancier. En outre, le projet de la Chancellerie exige que l'obligation soit devenue excessivement onéreuse, ce qui laisse présumer que le juge devra opérer une appréciation du bouleversement économique du contrat[746] tel que cela est prescrit dans la théorie générale du contrat administratif.

---

[744] Voir également en ce sens : L. Thibierge, Thèse *précitée*, n° 375

[745] L. Thibierge, *Ibid.*, n° 375.

[746] Il convient également de remarquer que le projet abandonne – ce qui est opportun – la qualification du contrat susceptible de faire l'objet d'un traitement de l'imprévision : plus aucune distinction n'est en effet prévue entre les contrats à exécution successive ou échelonnée, dont il était supposé que seule leur économie

Là où l'approche de la Chancellerie diffère de celle prescrite par le projet Catala, c'est qu'il est porté une attention toute particulière au maintien de la relation contractuelle. Le débiteur malchanceux doit continuer à exécuter les obligations qu'il a souscrites sous peine de voir engagée sa responsabilité pour faute contractuelle. Comme dans l'imprévision administrative, la poursuite de l'effort est obligatoire malgré l'onérosité des obligations, ce qui est au fond un gage de loyauté – l'état d'imprévision ne rendant l'obligation que plus coûteuse et non pas absolument impossible. Aussi, bien que la résiliation judiciaire soit prévue, elle ne s'apparente qu'à une « résignation, solution de la dernière chance ».

Si les rédacteurs du projet ont à l'évidence manifesté plus de hardiesse, il apparaît que « les deux propositions – *celle de l'avant-projet Catala et celle de la Chancellerie* – nous semblent trop en retrait par rapport aux préoccupations économiques actuelles »[747]. Aussi, l'audace tant attendue en matière d'imprévision vient du projet de réforme conduit par l'éminent Professeur François Terré.

C) *Vers la consécration de la révision judiciaire pour imprévision*

Le projet Terré se situe à contre-courant des deux précédentes propositions de réforme en ce qu'il confère au juge un véritable pouvoir de révision du contrat gravement bouleversé à cause d'une

---

pouvait être bouleversée en cours d'exécution, et les autres types de contrats. Du reste, le projet qualifie le changement de circonstances qui doit revêtir les conditions d' « imprévisible » - comme c'est le cas dans la théorie générale du contrat administratif – et d' « insurmontable » ; cette dernière condition semble pour le moins exagérée. Ainsi comme le souligne à juste raison Louis Thibierge « il est permis de se demander si, en exigeant que le critère d'*insurmontabilité* soit rempli, les auteurs du projet ne sont pas allés trop loin, en procédant à une assimilation de l'imprévision à la force majeure » (Thèse *précitée*, n° 375) ; voir également en ce sens : Réaction de la Chambre de Commerce et d'Industrie de Paris (CCIP) à la consultation de la Chancellerie de juillet 2008, *Vers un droit des contrats modernisé et mieux adapté à la vie des affaires*, 9 octobre 2008, p. 25.

[747] Y. Picod, « Les projets français sur la réforme du droit des obligations », *InDret*, 4/2009, p. 9. Accessible en ligne depuis l'adresse :
< http://www.raco.cat/index.php/InDret/article/viewFile/141379../192890 >, consulté le 20 juillet 2011.

variation imprévisible des circonstances économiques. Il propose en somme de transposer en droit privé contractuel la théorie administrative de l'imprévision. L'on passe donc ici de la confiance limitée à l'égard du juge judiciaire à la foi raisonnable telle qu'elle est accordée au juge administratif. Ainsi, l'article 92 du projet dispose que le juge « peut adapter le contrat en considération des attentes légitimes des parties ou, y mettre fin à la date et aux conditions qu'il fixe ». La formulation adoptée n'est pas sans rappeler le principe européen de confiance légitime considéré comme « le corollaire subjectif de la sécurité juridique »[748]. Ce projet est donc celui qui se laisse le plus volontiers séduire par les influences européennes. En effet, la « considération des attentes légitimes des parties » implique un degré de sécurité contractuelle qui échappe tant au projet Catala qu'au projet de la Chancellerie. En revanche, le droit public ne l'ignore pas, ni corrélativement, le juge administratif soucieux de rétablir équitablement le bouleversement imprévisible des conditions économiques d'exécution du contrat. Or, ce n'est pas tout. Le projet fait également référence au délai « raisonnable » censé encadrer la conduite des renégociations. Cette notion procède du droit au procès équitable protégé par l'article 6-1 de la Convention européenne de sauvegarde des droits de l'Homme[749]. Régulièrement rappelé par le juge administratif, le truchement de cette référence européenne est caractéristique de la convergence du droit privé vers le droit public. La tenue des renégociations résulte du reste d'une obligation expresse à la charge des parties. Il semble que le devoir de loyauté sous-tende l'obligation de renégocier les stipulations du contrat lorsque l'exécution contractuelle devient gravement anormale et cela, conformément à l'interprétation libérale du principe de bonne foi à laquelle se livre le juge administratif dans le contentieux de l'imprévision.

---

[748] S. Calmès, « Le principe de sécurité juridique en droit public allemand et français », *in Les annales de droit*, (Ouvr. coll.) n°1/2007, p. 65 et s. ; *Du principe de protection de la confiance légitime en droits allemand, communautaire et français*, Thèse, Nouvelle Bibl. des Thèses, vol. 1, Dalloz, 2001, p. 163. Voir aussi *infra*, p. 474 et s.

[749] Voir *infra*, p. 482 et s.

En outre, la considération de ce que les parties sont « tenues de remplir leurs obligations même si l'exécution de celle-ci est devenue plus onéreuse » témoigne de la garantie faite à la continuité du lien contractuel et par là-même à la pérennité du contrat telle qu'elle est adoptée par le juge administratif. Ainsi, ce dispositif audacieux manifeste une authentique conciliation entre les principes de la force obligatoire et de l'intangibilité des obligations avec la flexibilité nécessaire au rapport d'obligations susceptible de subir les variations imprévisibles des circonstances économiques. Le législateur semble donc sur le point d'introduire la théorie de l'imprévision dans la future réforme du droit des obligations, à moins que ce ne soit la Cour de cassation qui procède actuellement à une casuistique complexe autour de la révision pour imprévision. Aussi, « la « *période de fascination codificatrice* » que nous vivons en France et qu'observent avec intérêt certains juristes étrangers (...) ne doit pas occulter les avancées progressives de la pratique et de la jurisprudence, attachées à l'efficacité économique du contrat mais aussi au juste équilibre des intérêts en présence »[750].

SECTION 2. L'EXISTENCE D'UNE CASUISTIQUE JUDICIAIRE AUTOUR DE LA REVISION POUR IMPREVISION

Dans l'affaire du *Canal de Craponne*, la Cour de cassation a très clairement manifesté son hostilité à l'égard de la possibilité d'introduire une révision pour imprévision en considérant que « la règle que *l'article 1134* consacre est générale, absolue et régit les contrats dont l'exécution s'étend à des époques successives de même qu'à ceux de toute autre nature ; que, dans aucun cas, il n'appartient aux tribunaux, quelque équitable que puisse leur paraître leur décision, de prendre en considération le temps et les circonstances pour modifier les conventions des parties et substituer des clauses nouvelles à celles qui ont été librement acceptées par les contractants » [751]. Comme la théorie de l'imprévision procède *de facto* d'un changement de temps et des circonstances économiques, elle se voit systématiquement écartée dans le contentieux judiciaire, au visa de

---

[750] S. Amrani Mekki, B. Fauvarque-Cosson, « Droit des contrats. Octobre 2009 - novembre 2010 », *Op. cit.*, p. 472.

[751] Civ. 1ère, 6 mars 1876, *précité*.

l'article 1134 alinéa 1er du code civil, alors même que le contrat est susceptible d'avoir subi les « meurtrissures du temps» [752] , et cela d'autant plus que son exécution s'échelonne sur de longues périodes. Cependant, le code civil s'est toujours montré hostile à l'égard de la clause *Rebus sic stantibus*, ce qui explique en partie le rejet de l'imprévision en droit privé des obligations. En partie, car l'adaptation du contrat par le juge judiciaire existe déjà, certes de manière casuelle mais, ce faisant, ce dernier écorne au passage la stricte interprétation du principe de la force obligatoire. « Le temps du célèbre arrêt du Canal de Craponne, qui vit la Cour de cassation consacrer l'intangibilité d'un prix de fourniture d'eau convenu… trois siècles avant, est révolu. La Cour de cassation, et plus particulièrement sa chambre commerciale a d'ailleurs déjà marqué des évolutions sur le fondement des exigences de la bonne foi »[753]. En effet, la tenue de nouvelles négociations dont le caractère obligatoire a fait beaucoup gloser[754], est l'un des corollaires du principe de bonne foi. Faisant, en 1992, une entrée timide au rang des principes directeurs de l'exécution contractuelle, l'obligation de renégocier la convention dont l'économie générale a été bouleversée par une situation d'imprévision a connu un perfectionnement remarquable au gré des solutions toujours plus innovantes des juridictions judiciaires. De sa consécration en 1998 à la portée décisive qu'elle acquiert en 2007, l'obligation ordonnée par le juge d'engager de nouvelles discussions marque un net recul de l'interprétation dogmatique du principe de la force obligatoire. Le *Canal de Craponne* s'érode, sans que l'on ne puisse rien y faire. En 2010, l'arrêt *Soffimat*[755] a porté le « coup de grâce » à cette solution traditionnaliste du droit privé. La prise en compte inédite de l'évolution des circonstances économiques conjugué à la caducité du contrat frappé par la disparition de sa cause en cours d'exécution témoigne de ce que le juge judiciaire ambitionne

---

[752] J. Carbonnier, *Op. cit.*, 1988, p. 175.

[753] P. Sargos, Rapport *précité*, n° 44.

[754] Le fait de rendre, en dehors de toutes stipulations contractuelles, les renégociations des parties obligatoires va manifestement à l'encontre du principe de l'autonomie de la volonté, cher aux civilistes.

[755] Com., 29 juin 2010, *SA Soffimat c/ SAS Sté d'Exploitation de Chauffage*, n° 09-67.369

de jouer un rôle dans les théories de l'imprévisible comme son homologue en droit des contrats administratifs, ne se contentant plus de rester à la marge de l'exécution contractuelle. En s'alignant sur la procédure administrative de l'imprévision qu'il exploite tel un standard de référence, le juge judiciaire tente d'obvier à la rigueur de la loi initiale des parties. Cette jurisprudence novatrice mise bout-à-bout fait incontestablement une place à la révision judiciaire du contrat pour imprévision. L'obligation de renégocier ainsi que la disparition de la cause qu'elle complète ont donc eu, à ce titre, vocation à déchaîner les passions de la doctrine. Les partisans de sa réception y voient un droit de cité pour la théorie de l'imprévision en droit des obligations. Tandis que ses détracteurs ironisent sur l'incertitude d'une telle évolution au point que « si l'on voulait se montrer terriblement cynique, on pourrait même se féliciter que l'imprévision vienne à la lumière dans des circonstances aussi peu glorieuses et aussi dangereuses : un jaloux (Nancy, *2007*) et un déçu (Com. 29 juin 2010), on fait mieux comme porte-étendards des opprimés ! »[756]. Ce qui est certain, c'est que cette évolution a relancé le débat sur l'intérêt de la théorie de l'imprévision[757], signe de l'infléchissement de l'arrêt *Canal de Craponne*. Dès lors, la révision du contrat existe en vertu du principe de bonne foi et en dehors de toutes stipulations contractuelles. Le juge impose la tenue de renégociations aux parties lorsque les circonstances économiques ont varié au point qu'elles déjouent toutes leurs prévisions et à la condition de générer un grave bouleversement de l'économie du contrat (I). En outre, la théorie de l'imprévision s'est vue partiellement reconnue par le juge judiciaire en 2010, sous prétexte de l'anéantissement de la cause de l'engagement. Ce dernier compte donc désormais apporter une réponse à l'état d'imprévision, convergeant vers le rôle que joue le juge administratif. Sans abandonner sa position dans l'arrêt *Canal de Craponne*, la Chambre commerciale préconise, en considération d'une situation imprévisible, la caducité du contrat dont l'économie a été gravement bouleversée (II).

---

[756] T. Genicon, « Théorie de l'imprévision... ou de l'imprévoyance ? », *D*. 2010, p. 2485.

[757] Voir par exemple en ce sens : S. Amrani Mekki, B. Fauvarque-Cosson, « Droit des contrats. Octobre 2009 -novembre 2010 », *D*. 2011, p. 472.

Le bouleversement de l'économie contractuelle par l'effet d'un changement de circonstances, longtemps ignoré par le juge judiciaire, fait désormais l'objet d'un traitement contentieux. Loin de constituer un incontestable règlement opérant de l'état d'imprévision, il n'en demeure pas moins une réponse laconique. Ainsi, le juge a estimé opportun de découvrir une obligation de renégocier le contrat gravement déséquilibré au cours de son exécution (A). Le créancier qui a alors failli à son devoir de loyauté se verra condamné à l'octroi de dommages et intérêts. La solidarité contractuelle justifie l'équité de la solution (B).

A) L'obligation de renégocier le contrat gravement déséquilibré

La fin du XXème siècle a été l'occasion pour la Chambre commerciale de la Cour de cassation de tempérer la portée de l'arrêt *Canal de Craponne* et d'induire un infléchissement notable de l'interprétation du principe de la force obligatoire des conventions. Plusieurs arrêts marquent un recul évident du principe face à la considération du changement de circonstances de nature à faire place nette à la révision du contrat.

Inspiré par quelques solutions[758] de la Chambre sociale de la Cour de cassation, le célèbre arrêt *Huard*[759] procède d'une logique d'adaptation du contrat aux nouvelles circonstances économiques. En l'espèce, la Société pétrolière française BP avait conclu le 2 octobre 1970 un contrat de distributeur agréé avec M. Huard pour une durée de quinze ans, contrat dont l'objet résidait dans l'obligation pour la Société d'intégrer son cocontractant dans son réseau « en lui assurant

[758] Cass. Soc., 25 février 1992, *Expovit*, *Bull. civ.* V, n° 121, p. 74 ; *DS* 1992, p. 390, note M. Défossez ; *RTD. civ.* 1992, p. 760, n° 5, obs. J. Mestre ; *JCP G* 1992, n° 8, p. 3610, obs. D. Gatumel ; Cass. Soc., 23 septembre 1992, *Bull. civ.* V, n° 472, p. 296 ; Cass. Soc., 10 juillet 1995, *DS* 1995, p. 832.

[759] Cass. Com., 3 novembre 1992, *Sté française des pétroles BP c/ M. Huard*, n° 90-18547, *Bull. civ.* IV, n° 338, p. 241 ; *JCP G*, 1993, II, p. 22164, note G. Virassamy ; *RTD. civ.*, 1993, p. 124, n° 7, obs. J. Mestre.

une rentabilité acceptable », et qui fut prorogé jusqu'au 31 décembre 1988. Or, en 1983, la libéralisation du prix de vente des produits pétroliers avait conduit M. Huard à exécuter son obligation dans des conditions gravement anormales. Il assigna donc la Société BP en paiement de dommages et intérêts au motif qu'elle ne lui aurait pas donné les moyens de pratiquer des prix concurrentiels. La Société BP arguait en revanche le fait qu'elle n'avait commis aucune faute de nature à engager sa responsabilité contractuelle et qu'elle n'était pas tenue de réparer le préjudice de M. Huard qui résidait dans un changement de circonstances ne pouvant lui être imputé. La question posée au juge de cassation était alors de savoir si le bouleversement de l'économie générale du contrat était susceptible de fonder une obligation de renégocier les stipulations contractuelles. C'est sur la base de l'article 1134 alinéa 3 du code civil que la solution a été rendue[760]. La Cour de cassation a estimé que la Société BP avait failli à l'obligation d'exécuter le contrat de bonne foi en privant M. Huard de pratiquer des prix concurrentiels, étant entendu que ce dernier qui n'était pas tenu de renoncer à sa qualité de distributeur agréé, n'avait pas l'obligation d'adopter le statut de mandataire proposé par la Société BP.

Cet arrêt est ainsi le catalyseur d'une riche réflexion doctrinale et jurisprudentielle autour de la théorie de l'imprévision. En effet, en

[760] « Attendu, en second lieu, qu'ayant relevé que le contrat contenait une clause d'approvisionnement exclusif, que M. X... avait effectué des travaux d'aménagement dans la station-service, et que " le prix de vente appliqué par la société BP à ses distributeurs agréés était, pour le supercarburant et l'essence, supérieur à celui auquel elle vendait ces mêmes produits au consommateur final par l'intermédiaire de ses mandataires ", l'arrêt retient que la société BP, qui s'était engagée à maintenir dans son réseau M. X..., lequel n'était pas obligé de renoncer à son statut de distributeur agréé résultant du contrat en cours d'exécution pour devenir mandataire comme elle le lui proposait, n'est pas fondée à soutenir qu'elle ne pouvait, dans le cadre du contrat de distributeur agréé, approvisionner M. X... à un prix inférieur au tarif " pompiste de marque ", sans enfreindre la réglementation, puisqu'il lui appartenait d'établir un accord de coopération commerciale entrant " dans le cadre des exceptions d'alignement ou de pénétration protectrice d'un détaillant qui ont toujours été admises " ; qu'en l'état de ces constatations et appréciations, d'où il résultait l'absence de tout cas de force majeure, la cour d'appel a pu décider qu'en privant M. X... des moyens de pratiquer des prix concurrentiels, la société BP n'avait pas exécuté le contrat de bonne foi ».

découvrant une obligation nouvelle en dehors de toute stipulation du contrat, le juge s'est rapproché, certes légèrement, de la révision judiciaire pour imprévision. Il a ainsi considéré qu'en vertu du principe de bonne foi, le contrat devait être impérativement adapté par les parties lorsque les conditions d'exécution initialement prévues étaient bouleversées par la survenance d'un changement de circonstances.

C'est analogiquement qu'en 1998 le juge va rendre la même solution dans l'arrêt *Chevassus-Marche*[761], confortant par là-même la portée de l'arrêt *Huard*[762]. Un agent commercial s'était vu attribuer par mandat en date du 14 avril 1987, la représentation exclusive des produits de plusieurs sociétés auprès des importateurs, grossistes et détaillants de l'Océan indien. Or, la réalisation de ventes parallèles pratiquées à des prix nettement inférieurs avaient conduit M. Chevassus-Marche à exécuter son contrat dans des conditions gravement anormales le menant à la ruine financière. Il sollicitait donc des juges du fond la résiliation de son contrat et l'octroi de dommages et intérêts. Débouté de sa demande, l'agent formait un recours en cassation. La Chambre commerciale accueille favorablement sa requête, sanctionnant la solution de la Cour d'appel de Paris aux motifs qu'elle n'a pas « rechercher si, informées des difficultés de M. X... en raison des ventes parallèles de produits venant des centrales d'achats qui s'approvisionnaient en métropole, les sociétés ont pris des mesures concrètes pour permettre à leur mandataire de pratiquer des prix concurrentiels, proches de ceux des mêmes produits vendus dans le cadre de ces ventes parallèles, et de le mettre ainsi en mesure d'exercer son mandat ». Ainsi, l'obligation de renégocier a-t-elle été effectivement consacrée à l'occasion de cet arrêt. Les stipulations d'un contrat gravement déséquilibré doivent nécessairement être à nouveau discutées par les parties en application de l'article 1134 alinéa 3. La Cour de cassation « persiste et signe » d'autant plus que c'est la loi qui, en l'espèce, pose l'obligation à la charge du mandant de mettre

[761] Cass. Com., 24 novembre 1998, *M. Chevassus-Marche c/ Stés Groupe Danone, Brasseries Kronenbourg et Eaux minérales d'Evian*, *Bull. civ.* IV, n° 277 ; *JCP E*, 1999, n° 29, p. 1242, note Ch. Jamin ; *JCP G*, 1999, n° 48, p. 2151, note Y. Picod.

[762] Voir en ce sens : J. Ghestin, Ch. Jamin, M. Billiau, *Op. cit.*, n° 312 ; Y. Picod, note *précitée, JCP G*, 1999, n° 48, p. 2151.

son mandataire en mesure d'exécuter son contrat. La formulation est forte puisque « portée par son élan, la Cour de cassation franchit une étape supplémentaire :

le mandant est susceptible d'engager sa responsabilité pour n'avoir pas pris de mesures concrètes permettant à son mandataire de pratiquer des prix à un niveau compétitif par rapport aux produits vendus dans le cadre des ventes parallèles »[763].

Ces deux arrêts ne manquent pas d'audace. En effet, « s'il ne s'agit pas à proprement parler d'imprévision, il n'en demeure pas moins qu'il s'agit d'une sérieuse brèche faite dans le principe de l'intangibilité du contrat »[764]. Il a pourtant été prétendu que la portée de ces arrêts avait été exagérée[765] en ce qu'ils ne témoignaient aucune faveur à la théorie de l'imprévision. Certes, l'événement à l'origine du bouleversement économique ne revêtait pas précisément le caractère de l'imprévisibilité, les préjudices des requérants résultant exclusivement du fait de leurs contractants respectifs. Mais ne s'agit-il pas en tout état de cause d'une pierre de plus à l'édifice de l'imprévision ? Ne peut-on pas légitimement y voir une convergence subsidiaire vers le droit des contrats administratifs ? L'obligation de renégocier est par nature civiliste, le droit public s'étant inspiré de ce que la révision devrait mieux être conventionnelle de sorte que la loi des parties soit révisée par les parties elles-mêmes. Mais jusqu'à présent, le grave bouleversement de l'économie du contrat de droit privé ne justifiait aucunement, en vertu de la bonne foi contractuelle, un tempérament au principe de la force obligatoire. Or, désormais, la Cour a, semble-t-il, quelque peu révisé sa jurisprudence en découvrant un impératif de renégociations lorsque le déséquilibre financier résulte d'un changement de circonstances et ce, conformément à la règle de l'article 1134 alinéa 3. « Bien entendu, un couple d'hirondelles ne peut à lui-seul suffire à annoncer le printemps de la théorie de l'imprévision et il faudra un certain recul pour apprécier l'apport des arrêts *Huard* et *Chevassus-Marche* à la théorie générale des contrats.

---

[763] Y. Picod, note *précitée, JCP G*, 1999, n° 48, p. 2151.

[764] J. Ghestin, Ch. Jamin, M. Billiau, *Op. cit.*, n° 312.

[765] L. Thibierge, Thèse *précitée*, n° 347 et s. ; Voir également : J. Ghestin, Ch. Jamin, M. Billiau, *Ibid.*, n° 312 ; F. Chénédé, *Op. cit.*, *AJDA* 2009, p. 926.

Mais le pas est franchi : c'est la première fois qu'en l'absence de clause de révision, la Cour de cassation impose clairement en se fondant sur l'exigence de bonne foi (exigence générale dans le premier cas, spécifique dans le second) une obligation de renégocier un accord dont l'exécution devient ruineuse pour l'un des contractants »[766]. Certes, le juge a également fait l'économie d'une immixtion dans la relation contractuelle mais il a tout de même cessé de faire automatiquement prévaloir l'intangibilité des obligations fondée sur la cristallisation de la loi initiale des parties et ce, au bénéfice d'une adaptation du contrat aux nouvelles circonstances économiques. C'est donc bien le devoir de loyauté, constamment rappelé par le juge, qui sous-tend l'exigence de révision conventionnelle.

Aussi, l'analyse d'un troisième arrêt, bien plus innovant, et dont la solution avait notamment été annoncée par l'arrêt *France Motors*[767] en

---

[766] Y. Picod, note *précitée, JCP G*, 1999, n° 48, p. 2151.

[767] Cass. Com., 15 janvier 2002, *Sté France-Motors c/ Sté d'Exploitation du Garage Schouwer*, n° 99-21, p. 172. Cet arrêt passé presque inaperçu en raison de sa non publication au Bulletin, manifeste aujourd'hui – la jurisprudence ayant depuis évolué en son sens – un caractère visionnaire. Sans ne jamais citer la « bonne foi », il semble pour autant que le devoir de loyauté innerve l'ensemble de la solution de la Cour. La Société France-Motors, un importateur de véhicules, avait pris des mesures pour contrebalancer les effets de la crise du marché automobile et de la hausse du yen. En fixant unilatéralement les conditions de ventes, France-Motors a ignoré le grave bouleversement économique de son concessionnaire et a donc de ce fait commis un abus de droit. La Cour de cassation en considérant que « le concédant ne s'est pas imposé la même rigueur bien qu'il disposât des moyens lui permettant d'assumer lui-même une part plus importante des aménagements requis par la détérioration du marché, puisque, dans le même temps, il a distribué à ses actionnaires des dividendes prélevés sur les bénéfices pour un montant qui, à lui seul, s'il avait été conservé, lui aurait permis de contribuer aux mesures salvatrices nécessaires en soulageant substantiellement chacun de ses concessionnaires et que notamment, en ce qui concerne le Garage Schouwer, il aurait pu disposer à son endroit d'un montant équivalant à l'insuffisance d'actif que celui-ci a accusé », a estimé que la société n'avait pas mis son concessionnaire en mesure d'exécuter ses obligations contractuelles. Si le juge sanctionne France-Motors au visa de l'article 1382, et non plus sur la base de l'article 1134 alinéa 3, il n'en demeure pas moins que le devoir de loyauté sous-tend, en substance, la solution de la Cour qui semble se laisser inspirer par les vertus du solidarisme contractuel. Ce qui apparaît pour le moins légitime au regard de la situation de dépendance économique du concessionnaire. Or, ce faisant, le juge s'est permis d'opérer un contrôle

2002, vient au soutien de ces deux solutions et s'oppose au principal reproche qui leur était fait, à savoir le contexte spécifique des contrats de distribution commerciale conclus dans le cadre de la libre-concurrence. Alors, « on peut se demander si un des mérites de l'arrêt rendu par la première Chambre civile n'est pas de rectifier le tir et de replacer, ainsi, l'obligation de renégocier dans l'orbite de la théorie de l'imprévision »[768]. L'arrêt du 16 mars 2004[769] pose effectivement une obligation générale de renégocier les termes du contrat économiquement bouleversé par l'effet d'un changement de circonstances. En l'espèce, un accord tripartite avait été conclu le 15 octobre 1984, pour une durée de dix ans, entre la commune de Cluses, l'AFJT et la société Les Repas Parisiens, lequel accord confiait à cette dernière société, l'exploitation d'un restaurant en contrepartie du versement annuel d'une redevance à la commune et d'un loyer à l'AFJT. Au prétexte que l'économie de son contrat avait été gravement bouleversée, la société décidait de le résilier unilatéralement. Condamnée en référé à poursuivre l'exploitation du restaurant conformément aux stipulations du contrat, la société formait un recours arguant le fait qu'elle n'avait pas été mise en mesure d'exécuter ses obligations suite au bouleversement économique qu'elle subissait. Autrement dit, elle reprochait aux concédantes d'avoir failli à leur devoir de loyauté et à la Cour d'appel de n'avoir pas sanctionné le manquement à l'obligation de renégocier un contrat gravement déséquilibré. Or, pour la débouter de sa demande, la Cour de cassation faisant preuve d'un pragmatisme à peine dissimulé, a estimé « que la cour d'appel a relevé que la LRP mettait en cause le déséquilibre financier existant dès la conclusion du contrat et non le refus injustifié de la commune et de l'AFJT de prendre en compte une

---

d'opportunité économique – chose qui n'a pas manqué de lui valoir quelques reproches – comme le ferait le juge administratif pour adapter le contrat économiquement bouleversé par l'effet d'un changement de circonstances imprévisible. La Cour a donc implicitement jugé que France-Motors aurait du nécessairement procéder à une renégociation du contrat de concession.

[768] D. Mazeaud, « Du nouveau sur l'obligation de renégocier », *D.* 2004, n° 8, p. 1754.

[769] Civ. 1ère, 16 mars 2004, *Les Repas parisiens c/ AFJT (Association Foyer des jeunes travailleurs) et commune de Cluses*, *RDC* 2004/3, p. 642, obs. D. Mazeaud ; *D.* 2004, p. 1754, note D. Mazeaud ; *RTD civ.* 2004, p. 290, obs. J. Mestre et B. Fages.

modification imprévue des circonstances économiques et ainsi de renégocier les modalités du sous-traité au mépris de leur obligation de loyauté et d'exécution de bonne foi ; qu'elle a ajouté que la LRP ne pouvait fonder son retrait brutal et unilatéral sur le déséquilibre structurel du contrat que, par sa négligence ou son imprudence, elle n'avait pas su apprécier ». Le terme « imprévue » doit ici prendre toute sa force : la Cour pose le principe selon lequel le changement de circonstances, imprévisible ou non, de nature à provoquer le bouleversement de l'économie du contrat doit impérativement recevoir un traitement négocié par les parties contractantes.

Cet arrêt porte la marque d'un renouvellement annoncé. S'il a été allégué que la distribution commerciale se prêtait volontiers à l'obligation de renégocier pour remédier à la dépendance économique que ce type de contrats faisait naître entre les contractants, il semble désormais que le juge, en balayant cette considération, s'attache à ériger l'obligation de renégocier au rang de principe général du droit des contrats. Ce faisant il écorne à l'occasion l'interprétation absolue que reçoit le principe de la force obligatoire depuis *Canal de Craponne*. Certes, cette solution a fait l'objet de nombreuses controverses[770] mais qui aujourd'hui paraissent désuètes au regard de la récente jurisprudence de la Chambre commerciale[771].

Un quatrième arrêt[772] a eu un retentissement doctrinal substantiel. La Cour d'appel de Nancy, le 26 septembre 2007, a failli consacrer la théorie de l'imprévision. En fait, le juge judiciaire a exactement agi

---

[770] D'une manière générale, les commentateurs de l'arrêt ont cru voir dans la solution de la Cour de cassation, un revirement de la jurisprudence *Canal de Craponne*. A l'inverse, voir par exemple : J. Ghestin, « L'interprétation d'un arrêt de la Cour de cassation », *D.* 2004, n° 31, p. 2239 ; J. Cédras, « Le solidarisme contractuel en doctrine et devant la Cour de cassation », accessible en ligne depuis l'adresse : <http://www.courdecassation.fr/publications_cour_26/rapport_annuel_36/rapport_2003_37/deuxieme_partie_tudes_documents_40/tudes_diverses_43/doctrine_devant_6260.html >, consulté le 3 décembre 2011.

[771] Voir *infra*, p. 307 et s.

[772] CA Nancy, 2ème ch. com., 26 septembre 2007, *SAS Novacarb c/ SNC Socoma*, *D.* 2008, p. 1120, note M. Boutonnet ; D. Mazeaud, « Renégociation du contrat », *RDC*, Juillet 2008, n° 3, p. 738 ; *JCP G* 2008, II., p. 10091, note M. Lamoureux ; *RTD. civ.* 2008, p. 295, obs. B. Fages ; *Environnement*, mars 2008, p. 22 et s.

comme son homologue administratif confronté à un conflit mettant en jeu un changement imprévisible de circonstances. Forte d'une motivation éminemment solidariste, la solution retenue par la Cour conçoit ainsi une obligation « téléologique »[773] de renégocier le contrat gravement déséquilibré. En l'espèce, la Société Novacarb, productrice de carbonate et de bicarbonate de soude, a conclu un contrat avec la Société Socoma le 5 mars 1998 tendant à la fourniture de vapeur d'eau. Du fait de l'entrée en vigueur en 2004 de textes législatifs relatifs à la protection de l'environnement, un système d'échanges de quotas d'émissions de gaz à effet de serre a été institué à destination des entreprises polluantes leur permettant de réaliser des bénéfices sur la vente des quotas excédentaires. La Société Socoma, seule à économiquement profiter de ce système, se voit assignée en justice par la Société Novacarb après l'échec des renégociations menées par les parties en 2005, aux motifs qu'un grave déséquilibre, produit des conséquences de la création de quotas, non raisonnablement prévisibles au moment de la conclusion du contrat, avait généré une exécution contractuelle anormale. Si, au préalable, le contrat prévoyait que seule la Société Socoma serait tenue de supporter les éventuelles charges inhérentes à l'adoption de mesures environnementales postérieures, il ne comportait en revanche aucune stipulation de nature à répartir les profits possiblement réalisables. La Société Novacarb estimait dès lors que « la manne écologiste » devait faire l'objet d'une répartition équitable. Déboutée en première instance de sa demande en révision du contrat au visa de l'article 1134 alinéa 1er, la Société Novacarb interjette appel sur la base d'une requête en « interprétation du contrat par adjonction ».

La Cour d'appel accueille favorablement ses prétentions et considère « qu'au-delà d'une atteinte inéquitable aux intérêts particuliers de la SAS Novacarb, qui pourrait déjà justifier une renégociation de la convention, l'économie du contrat litigieux et la pratique concertée des parties ont aussi pour finalité de réduire les émissions de gaz polluants, ce qui profite évidemment à l'intérêt

773 M. Boutonnet, « L'obligation de renégocier le contrat au nom de la lutte contre les gaz à effet de serre », *D.* 2008, p. 1120. Pour l'auteur, « la Cour invite les parties à faire preuve de solidarité non par souci de l'autre contractant mais dans l'intérêt de l'ensemble des tiers au contrat, la société. Il revisite l'obligation de renégocier dans une finalité environnementale ».

général, non seulement au plan national mais surtout au niveau planétaire, du moins en l'état actuel des connaissances scientifiques majoritairement approuvées ; que la doctrine a, d'ailleurs, donné à l'obligation d'exécuter les conventions de bonne foi une dimension nouvelle en considérant qu'au-delà des intérêts particuliers de chacun, une recherche de l'intérêt commun (voire du bien commun) doit animer les cocontractants » et que « l'éthique individualiste doit céder partiellement le pas à une justice contractuelle faite de solidarité ». Ainsi, la Cour estime-t-elle que l'obligation de renégocier et d'adapter le contrat en cas de modification du contexte économique se fonde *in fine* sur la nécessité de sauvegarder l'intérêt général qui implique que soient ainsi transcendés les intérêts particuliers divergents, initialement prévus par les parties. Génératrice d'un grave déséquilibre financier, la création de quotas devient un élément fondamental dans l'économie et l'équilibre du contrat qui aurait justifié que les parties discutent et se mettent d'accord sur les modalités d'un nouvel arrangement.

Et si le déséquilibre financier « imprévu » n'est pas propre à ruiner le débiteur – plus qu'une infortune, la création de quotas est une aubaine à son unique bénéfice – il n'en demeure pas moins que l'exécution des obligations se fait dans des conditions gravement anormales susceptibles de nuire dans l'avenir au créancier. Aussi, la commune intention des parties ne résidait manifestement pas dans l'allocation des éventuels bénéfices, l'adoption de mesures législatives environnementales ayant eu des effets de nature à déjouer les prévisions contractuelles des parties. Cette situation est donc constitutive d'un préjudice anormal qu'elles ne pouvaient raisonnablement prévoir. La Cour relève à ce titre que « que pour tenter de corriger le déséquilibre contractuel exposé ci-dessus – ne fût-il que temporaire et sans incidence vitale actuellement pour la SAS Novacard – et dans l'intérêt général de la réduction des émissions de gaz à effet de serre, l'obligation – issue des articles 1134 al. 3 et 1135 du Code civil, d'exécuter le contrat de bonne foi en y incluant « les suites que l'équité (...) donnent à l'obligation d'après sa nature » – devrait inciter les parties à reprendre, en toute connaissance de cause, les négociations interrompues en octobre 2005 (...). Qu'en cas d'échec de ces négociations, il appartiendra à la Cour, d'une part, de décider si le sort des profits tirés de la vente des quotas de CO2 peut se déduire, sans dénaturation, de la commune intention des parties exprimée dans le contrat initial ou d'une interprétation de clauses obscures ou ambiguës et, d'autre part, d'apprécier la responsabilité des parties dans le rejet des propositions adverses et de sanctionner un abus éventuel par des dommages-intérêts ». Cette solution audacieuse se fonde sur une motivation originale toute auréolée de l'inspiration contractuelle solidariste.

Signe d'une convergence spontanée, chaque étape de la procédure administrative contentieuse relative à la théorie de l'imprévision a donc été suivie par le juge judiciaire. Il exerce tel le juge administratif[774] un pouvoir coercitif contraignant les parties à engager de nouvelles négociations, faute de quoi il serait susceptible d'ordonner des dommages et intérêts. Il suggère également la possibilité d'engager la responsabilité de celui qui aura manifestement fait preuve de mauvaise foi durant la période de renégociations. Le juge prévient les parties qu'en cas de désaccord sur la conclusion d'un nouvel arrangement, il procèdera lui-même à l'adaptation du contrat, quitte à ce que cette opération desserve leurs intérêts respectifs – la révision conventionnelle du contrat étant la seule garantie des parties de préserver leur liberté contractuelle. Contraindre les parties à renégocier leur contrat endigue l'accès au contentieux, ce qui explique d'ailleurs qu'il soit fait exceptionnellement cas d'une application de la théorie de l'imprévision en contentieux administratif. Afin de justifier cette solution « originale »[775] en droit des obligations, la Cour fait du contrat « un pacte social » qui implique « une obligation de coopération loyale et de solidarité » entre les parties d'autant plus que le fonctionnement de la Société débitrice Socoma dépend de la Société Novacarb. Ainsi, il ne serait pas non plus dans l'intérêt du débiteur de voir son créancier lésé perdre d'importantes parts de marché parce qu'il ne serait plus en mesure de pratiquer des prix concurrentiels dans ce secteur frappé par une forte concurrence. L'exécution du contrat se fait alors dans des conditions anormales – les parties n'ayant pas pu raisonnablement prévoir lors de sa conclusion, une répartition contractuelle des bénéfices possiblement issus de la vente de quotas excédentaires et dont les effets de la création étaient imprévisibles –

[774] Voir *supra*, p. 216 et s.

[775] M. Boutonnet, note *précitée*, p. 1120 ; S. Amrani Mekki, B. Fauvarque-Cosson, « Droit des contrats. Septembre 2007 - septembre 2008 », *D.* 2008, p. 2965.

aux dépens du créancier malchanceux[776] si bien que l'enrichissement du débiteur doit être considéré comme illégitime. La logique solidariste irrigue ainsi en substance cette conception de l'obligation de renégocier et s'inscrit dans la continuité d'une jurisprudence judiciaire[777] qui, depuis la fin du XXème siècle, est toujours plus innovante en matière d'imprévision. Si de l'avis général, cet arrêt n'aura pas vocation à perdurer en jurisprudence[778], c'est pourtant bien le signe d'une convergence nécessaire du droit privé vers le droit public.

En somme, ces quatre arrêts auront néanmoins eu le mérite de véhiculer une vision renouvelée du contrat fondée sur la solidarité des parties et de conforter, par là-même, le mouvement du solidarisme contractuel en droit positif.

B) La considération juridictionnelle de la solidarité contractuelle

L'analyse des précédentes affaires fait clairement ressortir la tendance du juge à la solidarité contractuelle. En effet, l'obligation de renégocier un contrat dont l'économie a été gravement bouleversée, reconnue en 1992 et consacrée en 1998 va dans le sens du mouvement solidariste de sorte qu'elle est censée bénéficier à la partie en situation de faiblesse économique. Ainsi, le traitement amiable du grave déséquilibre financier implique nécessairement un comportement de collaboration des parties.

---

[776] Il convient de noter que l'état d'imprévision frappe en l'espèce le patrimoine économique du créancier, chose plutôt exceptionnelle en matière d'imprévision ; c'est aussi ce qui fait, selon la doctrine (L. Thibierge, Thèse *précitée*, n° 369, p. 233 ; D. Mazeaud, *Op. cit.*, n° 3, p. 738) l'originalité de cette solution. Or, il n'est pas inconcevable que le juge administratif confronté à une situation identique, mette également en œuvre la théorie de l'imprévision.

[777] S. Amrani Mekki, B. Fauvarque-Cosson, *Op. cit.*, p. 2965 : « cette décision confirme l'importance du principe de loyauté comme vecteur d'un contrat mis au service de l'intérêt général (M. Mekki, *L'intérêt général et le contrat. Contribution à une étude de la hiérarchie des intérêts en droit privé*, LGDJ, 2004, n° 1235 s., p. 779 et s.) ».

[778] D. Mazeaud, *Ibid.*, p. 738 ; L. Thibierge, Thèse *précitée.*, n° 369, p. 234.

Dans l'arrêt du 16 mars 2004, il fut bien difficile au juge de céder au solidarisme contractuel qui n'est pas de nature à justifier la négligence ou l'imprudence d'un contractant imprévoyant lors de la conclusion d'un contrat[779]. D'autant plus que la rupture « brutale et unilatérale » de son accord n'a certainement pas non plus œuvré en sa faveur. L'obligation de renégocier n'a d'ailleurs de sens que si le contractant lésé continue à exécuter son obligation aussi coûteuse qu'elle soit devenue sous l'effet d'un changement de circonstances. Toutefois, en étendant la portée de l'obligation à l'ensemble des contrats de droit privé, le juge a, semble-t-il, estimé opportun de rapprocher le mode de résolution du bouleversement économique, produit d'un changement de circonstances, de ce que les parties doivent s'apporter une entraide mutuelle. « Sans solidarité, performances ni durables ni honorables »[780]. Cette maxime s'applique avec vigueur en droit des contrats. Si, en droit, « l'obligation a un caractère solidaire », le contrat qui est un rapport d'obligations réciproques suppose également que les parties entretiennent une certaine solidarité. Or, le contrat qui fait naître cette dépendance mutuelle n'échappe pas non plus à la performance économique, mieux que cela, il permet de la stimuler. C'est dire si les contractants cherchent à réaliser un profit *maximum* et la conduite à terme du contrat tend dès lors vers cet objectif de performance économique. Pour autant, solidarité et performance ne sont pas contradictoires, bien au contraire, elles sont même plutôt complémentaires. Ainsi, lorsque deux individus concluent un contrat, ils cherchent avant tout – et c'est légitime – à tirer un avantage personnel de l'entreprise contractuelle.

Or, l'intérêt du créancier ne peut être conforté que par la réussite du débiteur, et réciproquement, sauf à considérer que le premier cherche à évincer d'un marché économique son débiteur, auquel cas l'exécution du contrat ne sera pas conforme au principe de bonne foi. En partant du postulat que le contrat fait naître une relation d'interdépendance des parties et *a fortiori* des obligations qu'elles ont contractées et en imaginant que les contractants fassent preuve d'une parfaite loyauté, le succès de l'un va conditionner le succès de l'autre. Autrement dit la conduite à terme de l'obligation du débiteur va

[779] Voir en ce sens : D. Mazeaud, note *précitée, D.* 2004, n° 3.

[780] F. Proust, *Maximes à l'usage des dirigés et de leurs dirigeants*, 2001.

automatiquement profiter au créancier, et réciproquement. En effet, le contrat qui implique une communauté d'intérêts, certes antagonistes, est l'outil par excellence de la rationalisation économique. Mais, l'antagonisme des intérêts ne récuse pas la solidarité contractuelle[781]. Dès lors qu'une partie cherche à réaliser un profit X et que son contractant cherche à réaliser un profit Y, c'est par le truchement du contrat que les intérêts antagonistes se concrétisent. Aussi, le bouleversement économique du contrat ne profite ni au débiteur ni même au créancier, sauf à penser que l'un s'enrichit de manière illégitime[782] en faisant dès lors profit de l'exécution anormale de l'obligation de l'autre, ce qui au fond fait échec à la bonne foi. Aussi, n'est-il pas étonnant que le partenaire contractuel doive se sentir nécessairement concerné par l'infortune de son contractant puisqu'à défaut, il ne pourra plus retirer de l'entreprise contractuelle, l'avantage personnel escompté lors de la conclusion du contrat et cela, même s'il ne subit en rien l'effet du bouleversement économique. La ruine de son partenaire n'est ainsi pas à son avantage si bien sûr, il exécute la convention de bonne foi.

Sans doute objectera-t-on à cette analyse sa contradiction avec la pratique affairiste et actuelle des contrats. Certes, la stratégie économique des entreprises ne s'accommode pas de l'esprit solidariste prégnant dans le contrat. Mais la recherche de profits toujours plus importants de certains créanciers avides de richesse et souvent peu scrupuleux doit-elle continuer de se faire sur le modèle du libéralisme économique poussé à son paroxysme, quitte à causer la ruine de leur partenaire contractuel ? Nous ne le pensons pas. La maxime de François Proust implique également la variable honneur qui fait parfois cruellement défaut au sein du lien contractuel. Il semble d'ailleurs que cette valeur morale ne soit plus guerre mise au pinacle aujourd'hui. Elle devrait pourtant être réhabilitée et faire à nouveau l'objet d'une attention particulière. Certes, la recherche de profits est permise, elle est également légitime voire même nécessaire dans les affaires mais doit-on pour autant cautionner qu'elle se fasse fatalement au détriment de son partenaire contractuel ? La

---

[781] Certains auteurs ont poussé la réflexion en allant même jusqu'à affirmer que la relation contractuelle pouvait s'apparenter à celle du mariage : voir sur ce point, l'analyse de Louis Thibierge (Thèse *précitée*, n° 324).

[782] CA Nancy, 26 septembre 2007, *précité*.

jurisprudence postérieure répond par la négative. Et qui d'autre mieux que le juge peut s'interroger sur la manière de concilier le principe de la bonne foi avec celui de la liberté contractuelle ? Cet office de conciliation est capital dans le souci de garantir une combinaison adéquate des intérêts antagonistes présents au contrat[783]. Si le monde des affaires n'est à l'évidence plus celui qu'il était en 1804, il n'en est pas moins que les valeurs véhiculées par le code Napoléon doivent continuer d'être regardées comme le garde-fou de la liberté contractuelle. D'ailleurs, la liberté contractuelle de l'un des contractants n'est-elle pas précisément censée s'arrêter là où commence celle de l'autre ? Les affaires ne devraient donc pas seulement rimer avec la frénésie libérale. La crise actuelle témoigne justement de ce que le libéralisme économique sans limites et le capitalisme incontrôlé ont de plus incertain. Et lorsque les choses de l'homme lui échappent, n'est-ce donc pas au juge de rétablir la « morale contractuelle » ?

Si le droit civil est loin des préoccupations du droit commercial et de la concurrence, qui, bien plus pragmatiques, se prêtent volontiers au solidarisme contractuel lequel, rappelons-le, est étroitement lié à la situation de dépendance économique de l'une des parties, il n'en demeure pas moins que l'obligation de renégocier un contrat économiquement bouleversé s'étend à la totalité des contrats de droit privé. Le principe civiliste de la bonne foi endigue l'adaptation conventionnelle du contrat aux nouvelles circonstances économiques. Mais il ne suffit pas à justifier la révision judiciaire des stipulations contractuelles. La Chambre commerciale semble à ce titre actuellement s'orienter vers la reconnaissance de l'imprévision par le truchement de la disparition de la cause objective du contrat, sans toutefois réviser formellement sa position *Canal de Craponne*.

II/ LA RECONNAISSANCE PARTIELLE DE LA THEORIE DE L'IMPREVISION PAR LE JUGE JUDICIAIRE

Il serait faussement prétendu que le juge judiciaire méconnaît la théorie de l'imprévision. S'il refuse encore d'admettre une révision

[783] Voir *infra*, p. 589 et s.

judiciaire du contrat lorsque son économie connaît une aggravation des charges contractuelles due à un changement imprévisible des circonstances, il n'en demeure pas moins qu' « engagé dans une politique des petits pas »[784], il s'oriente vers la consécration d'un mécanisme de l'imprévision proche de celui que le juge administratif a dès lors institué. Suite à une jurisprudence remarquable – élaborée au fil d'arrêts toujours plus innovants – autour de l'obligation de renégocier les termes du contrat de bonne foi, c'est à la théorie de la cause que la Cour de cassation donne actuellement toute son attention. Tandis qu'elle est, en principe, censée s'apprécier au jour de la conclusion du contrat[785], la Chambre commerciale fait de la disparition de la cause au cours de l'exécution contractuelle un prétexte à la caducité du contrat, voire un véritable « substitut à la théorie de l'imprévision »[786] (A). Or, cette application inédite de la cause participe inéluctablement de l'infléchissement de la politique jurisprudentielle *Canal de Craponne* (B).

A) La disparition de la cause objective au cours de l'exécution contractuelle

Un arrêt[787] de la Première Chambre civile, passé presque inaperçu en doctrine, a connu une solution pour le moins surprenante. Deux ex-époux avaient contracté un engagement tendant au paiement mensuel de la pension alimentaire de leur enfant, sorte de reconnaissance de dette à la charge exclusive du père débiteur de l'obligation. Or, deux ans après la signature de ce contrat à exécution successive, l'enfant était définitivement accueilli chez son père. Ce dernier arguait donc que la cause du contrat avait depuis lors cessé d'exister. Pour rejeter le

---

[784] A.-S. Choné, « Vers une consécration de la théorie de l'imprévision ? La Cour de cassation engagée dans une politique des petits pas », *LPA*, 24 décembre 2010, n° 256, p. 7.

[785] Voir *supra*, p. 140 et s.

[786] S. Le Gac-Pech, « L'équilibre du contrat au travers de la cause : un substitut à la théorie de l'imprévision ? », *JCP E*, n° 50, 16 Décembre 2010, p. 2108.

[787] Civ. 1ère, 30 octobre 2008, *Simon c/ Moschat*, n° 07-17.646, *Bull.* 2008, I, n° 241 ; *JCP G* 2009, II, p. 10000, note D. Houtcieff ; *RDC* 2009, p. 49, obs. D. Mazeaud ; *RTD civ.* 2009, p. 111, obs. J. Hauser ; *RTD civ.* 2009, p. 118, obs. B. Fages.

pourvoi formé par la mère, la Cour de cassation a estimé que la cour d'appel avait « par une recherche de la commune intention des parties, caractérisé l'engagement à exécution successive de M. Y..., et constaté la disparition de la cause de cet engagement, partant sa caducité ». Ainsi, la Cour a-t-elle considéré de manière insolite qu'un contrat à exécution successive puisse être frappé de caducité lorsque la cause de cet accord a disparu postérieurement à la formation du contrat. Bien qu'il ne soit nullement question d'imprévisibilité dans cette affaire, l'intérêt tient à ce que désormais « la cause *peut* constituer autre chose qu'un instrument de contrôle objectif de la rationalité du consentement, cantonné alors au stade de la rencontre des volontés »[788]. Appelé de ses vœux par le Professeur Henri Capitant[789], cette considération nouvelle pour la cause du contrat sert la réception de la théorie de l'imprévision en ce que sa disparition durant l'exécution contractuelle serait peu ou prou assimilable à la perte de tout intérêt au contrat frappé par une situation imprévisible.

C'est d'ailleurs en ce sens que la Chambre commerciale a rendu, le 29 juin 2010, un arrêt[790] qui transpose cette solution au changement imprévisible des circonstances économiques. Tous les éléments constitutifs de l'imprévision y sont, hormis – et c'est sûrement le plus regrettable – la révision judiciaire du contrat. En l'espèce, la Société SEC avait conclu le 24 décembre 1998 un contrat de maintenance d'une durée de douze ans avec la Société Soffimat en contre partie de quoi elle devait s'acquitter d'une redevance forfaitaire annuelle. Or, l'augmentation imprévisible du coût des matières premières

788 D. Mazeaud, « L'arrêt Canal « moins » ? », *D*. 2010, p. 2481.

789 Voir *supra*, p. 144 et s.

790 Com., 29 juin 2010, *SA Soffimat c/ SAS Sté d'Exploitation de Chauffage*, n° 09-67.369 ; D. Mazeaud, *Ibid.*, *D*. 2010, p. 2481 ; T. Genicon, « Théorie de l'imprévision... ou de l'imprévoyance ? », *D*. 2010, p. 2485 ; T. Favario, « La Cour de cassation révise sa perception de l'imprévision... en toute discrétion », *JCP G* 2010, n° 43, p. 1056 ; S. Le Gac-Pech, *Op. cit.*, *JCP E*, n° 50, 16 Décembre 2010, p. 2108 ; A.-S. Choné, *Op. cit.*, *LPA*, 24 décembre 2010, n° 256, p. 7 ; E. Savaux, « Frémissements en matière d'imprévision », *RDC* 2011/1, p. 34. Voir également, S. Amrani Mekki, B. Fauvarque-Cosson, « Droit des contrats. Octobre 2009 - novembre 2010 », *D*. 2011, p. 472 ; D. Houtcieff, « De la caducité de l'obligation en cas de disparition de la contrepartie convenue… », *Gaz. du Pal.*, n° 13, 13 janvier 2011, p. 17.

nécessaires aux opérations de maintenance, a été de nature à générer un bouleversement de l'économie du contrat, la Société Soffimat n'étant plus en mesure d'honorer son engagement. Le montant des redevances perçues était devenu dérisoire au vu du changement des circonstances économiques si bien que le débiteur perdait tout intérêt dans l'exécution de son obligation. La Société SEC exigeait pourtant la poursuite en l'état du contrat, sans considération aucune pour l'évolution de la conjoncture économique ni même pour la ruine de son contractant. Aussi, la solution de la Cour de cassation a été le signe d'une petite révolution puisqu'elle aurait tout aussi bien pu ignorer le changement de circonstances au visa de l'article 1134 alinéa 1er. Toutefois, faisant preuve d'une hardiesse louable et jusque-là inédite en matière d'imprévision, elle constate que la Cour d'appel n'a précisément pas « rechercher, comme elle y était invitée, si l'évolution des circonstances économiques et notamment l'augmentation du coût des matières premières et des métaux depuis 2006 et leur incidence sur celui des pièces de rechange, n'avait pas eu pour effet, compte tenu du montant de la redevance payée par la société SEC, de déséquilibrer l'économie générale du contrat tel que voulu par les parties lors de sa signature en décembre 1998 et de priver de toute contrepartie réelle l'engagement souscrit par la société Soffimat, ce qui était de nature à rendre sérieusement contestable l'obligation dont la société SEC sollicitait l'exécution ».

A n'en pas douter, cette solution surprenante force *a priori* le destin de la théorie de l'imprévision. L'arrêt retient la caducité du contrat[791] pour sanctionner le bouleversement de son économie du fait de la variation imprévisible des conditions d'exécution. Tandis que la Cour de cassation s'est toujours montrée irrémédiablement hostile à l'égard de l'appréciation des changements du temps et des circonstances, la voici donc maintenant y porter la plus grande attention. En principe, « la règle héritée du *Canal de Craponne* »[792] veut que le contrat s'exécute selon la loi initiale des parties, rigueur oblige de l'article 1134 alinéa 1er. Peu importe la survenance d'une situation imprévisible au cours de l'exécution contractuelle. Or, la Cour semble désormais disposer à rétablir la justice contractuelle,

---

[791] Voir *supra*, p. 145 et s.

[792] D. Mazeaud, *Op. cit.*, *D.* 2010, p. 2481, n° 6.

prenant en compte l'imprévisibilité du changement des circonstances économiques. Ainsi, la disparition de la cause de l'engagement au cours de l'exécution du contrat serait de nature à rendre caduque l'obligation du débiteur malchanceux. La considération de ce que le bouleversement de l'économie générale du contrat emporte la cause, point focal de la motivation de la Cour, témoigne d'une nette détermination de faire droit de cité à la théorie de l'imprévision. « Le raisonnement adopté en l'espèce séduit. Il est économiquement réaliste sans être moralement condamnable tant il est évident que les contractants ont entendu s'inscrire dans une relation rationnelle où chacun trouve son compte (…) »[793]. Si la cause cesse d'exister, seule la caducité du contrat est envisageable. Le débiteur qui n'a pas pu raisonnablement prévoir les conséquences, par définition imprévisibles, de la création de quotas, est par conséquent contraint d'exécuter son obligation dans des conditions gravement anormales. Et puisque le juge n'a pas le « pouvoir exceptionnel »[794] de réviser la convention, il se contente d'orienter la solution vers la caducité du contrat.

Cet arrêt qui n'a pas manqué de susciter la controverse[795] brille par son absence de publication au Bulletin[796]. Il semble donc faire partie

---

[793] T. Favario, *Op. cit.*, *JCP G* 2010, n° 43, p. 1056.

[794] D. Mazeaud, *Op. cit.*, n° 7.

[795] On se souviendra de la joute intellectuelle courtoise qui opposa au *Recueil Dalloz* Denis Mazeaud, fervent partisan de l'introduction de la théorie de l'imprévision en droit privé, à Thomas Génicon, hostile à la révision judiciaire du contrat. Le premier plaisantait : « Grâce soit donc rendue à Thomas « Sherlock » Génicon qui a déniché cet OJNI (objet juridique non identifié) presque par hasard, et avec lequel je dialoguerai à quelques pages de distance, tant nos avis sont partagés au sujet de cet arrêt oublié » (*Op.* cit., p. 2481, n° 1) ; le second ironisait tant la rédaction employée par la Cour paraissait audacieuse : « Formule qu'on ne cesse de relire sans vraiment y croire et qu'on dirait tout droit sortie du rêve le plus fou du précédent commentateur » (*Op. cit.*).

[796] Les commentateurs de l'arrêt soulignent sans exception la prudence qu'il convient d'adopter à l'égard de la portée de cette solution amplement glosée mais non publiée au Bulletin. Voir par exemple : T. Genicon, *Ibid.*, p. 2485 ; T. Favario, *Ibid.*, p. 1056 ; D. Mazeaud, *Ibid.*, p. 2481 ; S. Le Gac-Pech, *Op. cit.*, p. 2108. Cet auteur remarque à cet égard que « la doctrine autorisée s'en est d'ailleurs emparée, engageant par là un bras de fer avec la Cour de cassation qui aurait souhaité davantage de discrétion autour de sa jurisprudence ».

de ces arrêts qui « n'apportent rien à la doctrine de la Cour de cassation »[797]. Il n'en est cependant rien. Il s'avère, en somme, qu'il s'agisse plus de minimiser la portée de la solution[798] et de rassurer en doctrine les détracteurs de la théorie de l'imprévision. Parce qu'il s'agit bien d'une convergence résolue vers le droit administratif des contrats, n'en déplaise à une partie de la doctrine. Sa tension à réduire manifestement l'opposition des régimes droit public – droit privé de l'imprévision participe en tout état de cause de l'imminente réception de la théorie en droit des obligations. Il fallait donc bien que les juges de la Cour de cassation minorent la portée de cette solution pour ne pas qu'elle ait en doctrine « l'effet d'une bombe ».

Pour autant, cet arrêt qui a néanmoins le mérite de relancer le débat autour de l'intérêt de consacrer la théorie de l'imprévision en droit privé, n'est pas exempt de tout reproche. En effet, dans la théorie générale des contrats administratifs, la cause objective de l'engagement ne cesse pas d'exister en matière d'imprévision. C'est d'ailleurs la raison pour laquelle le juge administratif ordonne une indemnité plutôt qu'il ne prononce la caducité du contrat. Non seulement le maintien du rapport d'obligations est fondamental, mais l'obligation n'est pas insurmontable, elle est seulement devenue une charge bien plus ruineuse pour l'une des parties que ce que les prévisions contractuelles avaient pu raisonnablement établir lors de la conclusion du contrat. La valeur de la parole donnée doit alors primer sur les difficultés d'exécution contractuelle que rencontre le cocontractant. En droit administratif, le juge choisit la continuité du contrat, lui donnant une chance d'être mené jusqu'à son terme – parce que l'annulation de la convention n'est à l'avantage d'aucunes des parties censées agir de bonne foi – et cela, en vertu de la force obligatoire qu'il acquiert au jour de sa signature, interprétation qui contraste avec la conception civiliste du principe. Ainsi, le bouleversement économique du contrat, produit d'un changement de circonstances imprévisible, ne prive pas l'engagement de sa cause qui

---

[797] J.-F. Weber, Comprendre un arrêt de la Cour de cassation rendu en matière civile, Communication accessible en ligne depuis l'adresse : http://www.courdecassation.fr/publications_cour_26/bulletin_information_cour_cassation_27/bulletins_information_2009_2866/no_702_3151/communication_3153/, consulté le 16 novembre 2011.

[798] Voir par exemple : D. Mazeaud, *Op. cit.*, p. 2481, n° 9.

a vocation à perdurer tout au long de l'exécution des obligations si bien que seule une répartition équitable des charges extracontractuelles est concevable pour apporter un traitement juridictionnel adéquat à l'état d'imprévision. Sinon, le juge qui n'est pas hostile à la caducité du contrat administratif, aurait opté pour ce mode de résolution. Or, il n'en est rien. C'est bien que la cause, savamment exploitée par le juge administratif[799], n'est pas annihilée au prétexte d'un bouleversement imprévisible de l'économie contractuelle.

Quoi qu'il en soit, si l'anéantissement de la cause au cours de l'exécution du contrat ne suffit pas à expliquer opportunément le mécanisme de l'imprévision, cette position a néanmoins le mérite d'ouvrir une brèche supplémentaire dans la rigueur du principe de l'intangibilité des obligations, signe de l'infléchissement de la politique *Canal de Craponne*.

B) L'infléchissement notable de la politique jurisprudentielle Canal de Craponne

Depuis la fin du siècle dernier, la solution *Canal de Craponne* subit les assauts répétés d'une jurisprudence judiciaire toujours plus créative en matière d'imprévision. De la création d'une obligation de renégocier le contrat gravement déséquilibré par la variation imprévisible des circonstances économiques à la caducité du contrat du fait de l'extinction de la cause en cours d'exécution, le juge cherche manifestement à se détourner de l'interprétation rigoriste que reçoit le principe de la force obligatoire initiale du contrat. L'absolutisme de l'article 1134 alinéa 1er n'est plus soutenable[800] en droit privé. Il n'est plus en parfaite adéquation avec la conjoncture économique, facteur d'instabilité. Alors, le juge, qui ne devrait pas

---

[799] Pour la jurisprudence, voir par exemple : CE, 26 septembre 2007, *OPHLM du Gard*, *Leb.*, p. 942 ; *BJCP* 2007, p. 462, concl. N. Boulouis ; CE, 15 février 2008, *Commune de la Londe-les-Maures*, *Contrats et Marchés publics* 2008, comm. n° 78, note J.-P. Piétri. Pour la doctrine, voir : J. Boucher, B. Bourgeois-Machureau, « Les trois visages de la cause dans les contrats administratifs », *ADJA* 2008, p. 575. Voir également : F. Chénédé, *Op. cit.*, *AJDA* 2009, p. 927 et s.

[800] Voir l'étude *précitée*, « Que reste-t-il de l'intangibilité du contrat ? », *Droit & Patrimoine*, n° 58, mars 1998, p. 42 et s.

« rougir » d'intervenir dans une relation contractuelle devenue, plus qu'inégalitaire, incontestablement injuste doit-il demeurer en contemplation de la loi initiale et sacralisée des parties ? Aucunement, et le juge choisit en toute logique de faire une entorse à la rigueur du principe de la force obligatoire, sans pour autant abandonner la portée persistante de la solution *Canal de Craponne*. Il semble aujourd'hui ambitionner en toute discrétion le pouvoir de révision de son homologue en droit administratif des contrats. Son aspiration à procéder au règlement d'un conflit mettant en jeu une situation imprévisible témoigne de ce qu'il ne souhaite plus rester en marge du traitement de l'état d'imprévision et tente par conséquent d'agir comme le juge administratif en imposant de nouvelles négociations aux parties et en faisant de son éventuelle intervention, une menace potentielle aux intérêts des contractants. Car la théorie manque en fait. Cependant, en tentant de contourner la difficulté *Canal de Craponne*, par la création d'une obligation de renégocier puis en renouvelant sa vision de la cause contractuelle, le juge déroge petit-à-petit, de manière inéluctable, au principe de l'intangibilité des obligations, ce qui semble précisément coïncider avec l'instabilité des circonstances économiques qui conditionnent l'exécution des contrats. Mais c'est aussi la principale source d'inquiétudes de la doctrine, apparemment traditionnelle, défavorable à l'introduction de la théorie de l'imprévision en droit privé des contrats. En effet, l'intangibilité des obligations sert *a priori* la bonne conduite de l'entreprise contractuelle et participe en doctrine de la conception volontariste du contrat. L'échange de la parole donnée revêt ici un caractère fondamental mais il demeure en revanche très éloignée de la flexibilité contractuelle voulue par le juge administratif et, au-delà, par l'Union européenne et par la pratique internationale des contrats commerciaux. Fondamental, ce principe l'est assurément. Le juge administratif l'admet mais il lui donne une physionomie particulière de nature à le concilier avec la non moins fondamentale prise en compte de la théorie de l'imprévision. Or, c'est d'ailleurs ce qui explique que le juge invite fermement les parties à engager de nouvelles négociations avant même d'ordonner l'indemnité d'imprévision.

Ainsi, le juge judiciaire se rapproche peu ou prou de la vision administrativiste de la théorie de l'imprévision. En adoptant l'obligation de renégocier, il a sérieusement entamé la solution *Canal de Craponne.* Et en exploitant la caducité du contrat frappé par une disparition de sa cause, il opte pour un traitement audacieux – et qui n'est peut-être pas le plus judicieux – de l'état d'imprévision. Mais l'extinction de la cause comme justification à l'état d'imprévision ôte-t-elle pour autant son intérêt à l'obligation de renégocier ? Thierry Favario souligne à ce titre qu'« entre solliciter une notion polymorphe et controversée et dilater encore le contenu de la bonne foi, la Cour de cassation a opéré un choix qui n'est pas le moins audacieux. Il reste à déterminer si la renégociation du contrat et la caducité du contrat justifiée par la disparition de la cause sont deux remèdes alternatifs à l'imprévision ou si la seconde se substitue désormais à la première, voire si les deux sont complémentaires, la caducité sanctionnant l'absence de solution négociée »[801]. L'intégration cohérente de la jurisprudence intervenue de 1992 à 2010 incite pourtant à constater une évolution en crescendo tendant vers la complémentarité des solutions. Aussi, l'obligation de renégocier, qui a connu un véritable perfectionnement au fil des arrêts, se trouve parachevée par la caducité du contrat prononcée du fait de la disparition de la cause. En amont, l'exigence d'engager de nouvelles négociations doit inciter les parties à conclure un nouvel accord visant la résorption à l'amiable de l'état d'imprévision. En cas d'échec des renégociations, la caducité du contrat apporte alors en aval une réponse subsidiaire au bouleversement de l'économie générale du contrat. Encore faut-il reconnaître que dans l'affaire Soffimat le juge n'a pas estimé opportun d'inviter les parties à engager de nouvelles discussions[802]. C'est là que le bât blesse. Il aurait sûrement dû sommer les parties de tenter de

---

[801] T. Favario, *Op. cit.*, *JCP G* 2010, n° 43, p. 1056.

[802] Il convient de noter que les parties avaient clairement entendu exclure la révision du contrat pour imprévision par le truchement d'une « clause spécialement insérée (art. 12) pour permettre éventuellement une renégociation à raison des nouvelles circonstances économiques, *mais seulement au terme de la convention si elle était reconduite* » (T. Genicon, *Op. cit.*, *D.* 2010, p. 2485). L'obligation de renégocier s'est donc, semble-t-il, trouvée neutralisée par la clause du contrat. Or, nous l'avons vu, le juge judiciaire refuse de déroger à une stipulation claire et précise du contrat, s'attachant à respecter avec minutie les clauses contractuelles (voir *supra*, p. 192 et s.). Ainsi, l'exigence de renégociations allait, sans nul doute, à l'encontre de la volonté affirmée des parties, ce qui explique que le juge ait préféré ne pas les imposer aux parties et écarter par là même l'obligation d'engager de nouvelles négociations.

s'entendre à l'amiable, faute de quoi elles pourraient se voir contraintes d'exécuter un contrat qu'elles n'auraient pas choisi, ou, du moins, renvoyer le règlement de l'affaire à la Cour d'appel de Paris en réservant sa solution au cas où « les parties n'auraient pas réussi à s'entendre dans ce délai », comme le Conseil d'Etat aurait pu le faire. Sans doute a-t-il estimé, eu égard à la « clause implicite de non-imprévision »[803], que des renégociations exigées seraient en contradiction avec l'esprit du contrat. Mais quand bien même, la conduite de nouvelles négociations ordonnées par le juge sous la menace d'une possible ingérence dans leur contrat, doit continuer de revêtir une dimension fondamentale. Les parties, seules à savoir ce qu'elles veulent vraiment et ce qu'elles sont prêtent à concéder, doivent avoir l'obligation d'apporter, autant que possible, un traitement amiable à l'état d'imprévision.

Malgré cet oubli regrettable, il n'en demeure pas moins qu'avec cet arrêt, en plus des brèches ouvertes ça et là, « on ne voit pas comment esquiver le coup. (…) Car tout y est, ou presque, de la théorie de l'imprévision »[804]. En effet et il semble justement que les magistrats de la Cour de cassation affinent l'esquisse d'une théorie de l'imprévision judicieusement applicable en droit privé. En effet, selon Jean-François Weber, « la sécurité juridique, qui est la première mission de la Cour, conduit à privilégier des évolutions « à petit pas » plutôt que des revirements spectaculaires, dont l'application aux affaires en cours pose de redoutables questions »[805]. Ainsi l'obligation de renégocier constitue les jalons d'une possible réception des théories de l'imprévisible. La caducité du contrat pour disparition de sa cause se conçoit naturellement et dans sa continuité, comme la réponse à l'échec des renégociations. C'est exactement la procédure qui gouverne l'office du juge administratif confronté au règlement d'une situation imprévisible, à ceci près qu'il considère que la cause du contrat ne disparaît pas. En droit des contrats administratifs, elle est donc, au pire, momentanément annihilée – la théorie de l'imprévision procède en effet de difficultés d'exécution qui ont un caractère nécessairement temporaire. La cause continue donc d'exister au-delà

---

[803] T. Genicon, *Op. cit.*

[804] *Idem.*

[805] Communication J.-F. Weber *précitée.*

de la période extracontractuelle[806], ce qui justifie la préférence du juge administratif à allouer une indemnité d'imprévision. L'obligation de l'une des parties devient certes plus onéreuse pendant un laps de temps provisoire, mais la cause se maintient[807]. Elle est tout au moins amoindrie. Mais, extinction et amenuisement ne sont pas ici équivalents.

La politique *Canal de Craponne* a connu un infléchissement irréductible. Doit-elle être pour autant écartée du droit positif ? Cette évolution était, sinon nécessaire, du moins inévitable au regard des besoins sociétaux d'une part, mais au regard aussi de la réciprocité des intérêts économiques des parties en jeu dans les contrats. Or, au-delà de sa déliquescence apparente, cet arrêt conserve un intérêt majeur qui ne doit pas maintenant être oublié : il permet en effet de circonscrire l'accès au contentieux et de canaliser l'intervention du juge dans le rapport d'obligations – d'ailleurs en droit administratif, le juge l'exploite en ce sens. L'interprétation rigoriste de la force obligatoire depuis la solution *Canal de Craponne* sert à l'évidence l'auto-limitation du juge, ce qui est justement décisif en matière d'imprévision. Elle encourage en outre les parties à faire preuve d'une grande prévoyance, la pratique des clauses contractuelles en témoigne. « En définitive, la règle traditionnelle de la Cour constituerait donc un hommage à la liberté contractuelle et une œuvre de responsabilisation des contractants »[808]. Aussi, cette solution demeure de rigueur et sa portée, bien qu'atténuée[809], doit nécessairement perdurer en droit positif comme une référence raisonnable à destination du juge censé contenir la portée de son intrusion et à destination des parties pour apprécier le degré de prévoyance de leurs prévisions. « Contrairement à ce que considère une doctrine désormais majoritaire, il ne nous semble guère que la jurisprudence Craponne soit une vieillerie dont il

806 Voir *infra*, p. 532 et s.

807 Thomas Genicon évoque également la nécessité d'une « quasi-disparition » de la cause (*Op. cit.*, p. 2485).

808 D. Mazeaud, *Op. cit.*, *D.* 2010, p. 2481, n° 6.

809 *Idem.* Selon Denis Mazeaud, « en clair et en bref, la Cour de cassation admet implicitement et potentiellement avec cet arrêt la caducité du contrat pour imprévision sur le fondement de la cause, et provoque une fissure dans le « Canal de Craponne » ».

faudrait se débarrasser absolument. On osera même admirer ce juge qui sait rester à sa place en refusant de jouer au justicier et qui, forcément très conscient de l'injustice faite à l'échelle de l'espèce (on se rappellera que le déséquilibre était caricatural), n'en maintient pas moins l'intransigeance d'un principe qu'il sait bon à l'échelle du système juridique tout entier »[810].

[810] T. Genicon, *Op. cit.*, *D.* 2010, p. 2485.

Conclusion du Chapitre 2

Le « big bang contractuel »[811] n'a pas eu lieu. Mais ce qui a eu lieu, en revanche, c'est que, et le juge et le législateur ont tenté de tempérer « l'encombrante » solution *Canal de Craponne*. La théorie de l'imprévision est, semble-t-il, *a priori* sur le point d'être consacrée en droit privé des obligations. Mais on ne sait pas encore d'où le coup va partir : soit du législateur, soit du juge judiciaire.

Le législateur l'a montré, il se laisse volontiers séduire par la théorie de l'imprévision surtout en période de crise. Peut-être d'ailleurs que « la récente crise financière qui a relancé l'intérêt pour la question et la compétition des systèmes juridiques dans laquelle la solution française actuelle paraît constituer un handicap »[812], seront le catalyseur d'une réflexion plus profonde tendant à transposer une fois pour toute la théorie administrative de l'imprévision en droit privé. De l'opinion générale, le législateur cherche à « tempérer la solution donnée par l'arrêt *Canal de Craponne* »[813]. Il faut donc s'attendre, à l'avenir, à un important développement intéressant la consécration de la révision judiciaire pour imprévision. C'est d'ailleurs ce qui semble s'engager : récemment, une proposition de loi visant à permettre la renégociation d'un contrat en cas de changements de circonstances imprévisibles durant son exécution[814] a été renvoyée pour examen à la Commission des lois constitutionnelles où elle est actuellement débattue. Proche de ce que propose le Projet de la Chancellerie, cette proposition comporte un article unique[815] qui, inspiré par le

[811] D. Mazeaud, « Regards positifs et prospectifs sur le nouveau monde contractuel », *LPA* 2004, n° 92, p. 47, n° 6.

[812] E. Savaux, « L'introduction de la révision ou de la résiliation pour imprévision. Rapport français », *RDC* 2010, p. 1057, spéc. 1059.

[813] L. Thibierge, Thèse *précitée*, n° 310, p. 190.

[814] Proposition de loi enregistrée à la Présidence de l'Assemblée nationale le 22 juin 2011. Accessible en ligne depuis l'adresse < http://www.assemblee-nationale.fr/13/propositions/pion3563.asp >, consulté le 4 janvier 2012.

[815] L'article 1134 du code civil est complété par un alinéa ainsi rédigé : « Si un changement de circonstances imprévisible, rend l'exécution excessivement onéreuse pour une partie qui n'avait pas accepté d'en assumer le risque, celle-ci peut demander une renégociation à son cocontractant mais doit continuer à exécuter ses

solidarisme contractuel, institue l'obligation de renégocier et prévoit que le juge ne pourra être saisi que si les parties manifestent leur accord. Ce dernier se verrait donc conférer le « pouvoir exceptionnel » de révision du contrat à ceci près qu'il ne pourrait vraisemblablement l'exploiter qu'avec l'accord des contractants.

Le juge judiciaire n'est pas en reste. De l'obligation de renégocier à la disparition de la cause du contrat, il n'a eu de cesse de remédier à la rigueur du principe de la force obligatoire dont l'interprétation dogmatique en doctrine depuis le *Canal de Craponne* laisse le droit privé des obligations à la marge de la pratique administrative et internationale des contrats. Lucides sur cet état du droit, les juridictions judiciaires ont fait preuve d'une hardiesse inédite en prenant le soin d'apprécier les changements imprévisibles de circonstances économiques. L'évolution jurisprudentielle a été véloce. Une vingtaine d'années a ainsi suffi à perfectionner l'obligation de renégocier et à découvrir un moyen de dissoudre l'état d'imprévision. Pierre par pierre, le juge semble donc construire l'édifice d'une théorie judiciaire de l'imprévision. La caducité du contrat – qui n'est pas la solution la plus opportune – devient le mode de traitement de l'état d'imprévision. Si l'obligation d'engager de nouvelles discussions a de prime abord procédé du solidarisme contractuel[816], combinée à la disparition de la cause du contrat, elle participe plus, à la réflexion, du pragmatisme juridique. Or à l'évidence, même s'il est indéniable que les solutions du juge judiciaire convergent vers celles du juge administratif, ni la bonne foi qui n'est pas suffisante pour expliquer l'imprévision[817] ni la caducité du contrat pour disparition de sa cause qui, indubitablement réduite, n'en demeure pas moins existante, ne satisfont les exigences de la théorie administrative. Cette jurisprudence, néanmoins novatrice, a le mérite de renouveler l'interprétation du principe de la force obligatoire qui se trouve

---

obligations durant la renégociation. En cas de refus ou d'échec de la renégociation, le juge peut, si les parties en sont d'accord, procéder à l'adaptation du contrat, ou à défaut y mettre fin à la date et aux conditions qu'il fixe ».

[816] Le solidarisme contractuel est un courant de pensée actuellement en déclin du fait qu'il s'intègre malaisément à la réalité du monde contractuel. Or il n'en demeure pas moins que l'obligation de procéder à des renégociations se fonde sur la solidarité contractuelle des parties. Voir par exemple : D. Mazeaud, *Op. cit.*, p. 2481, n° 8.

[817] P. Sargos, Rapport *précité*, n° 45.

désormais plus en adéquation avec la réalité du monde contractuel. Cette considération participe en définitive d'une vision modernisée du droit privé des obligations. Mais « il n'en reste pas moins qu'un droit qui consacre une conception dogmatique de l'intangibilité du contrat tout en disposant d'un droit de l'exécution peu rigoureux donne l'impression de raisonner à l'envers. Car ce qui est économiquement souhaitable, c'est un droit de l'exécution rigoureux accompagné d'une conception souple de l'intangibilité ; soit l'inverse de ce que nous faisons »[818]. En tout état de cause, seule la révision judiciaire du contrat continue d'être réfutée. La frilosité du législateur témoigne en réalité de son refus – louable – de consacrer un principe général de révision des conventions qui aurait tendance à menacer la sécurité des relations contractuelles. Parallèlement, l'audace contenue du juge judiciaire porte la marque d'une réticence à revenir sur la solution *Canal de Craponne*. La symbolique de cet arrêt conservateur embarrasse et déconcerte à la fois le juge et le législateur qui ne savent plus comment moderniser le droit des obligations sans renoncer au *Canal de Craponne*. Mais chaque brèche ouverte par l'un ou l'autre est constitutive d'une percée de la théorie de l'imprévision en droit privé qui tente de s'affranchir du dogme de la force obligatoire. Pour autant, la négation constante de la révision judiciaire soulève deux interrogations. Le problème se pose d'abord, lorsque, en l'absence de clauses d'adaptation du contrat un événement imprévisible et extérieur à la volonté des parties bouleverse son économie générale. La question est alors de savoir jusqu'où les contractants pouvaient raisonnablement prévoir le risque d'un changement de circonstances. C'est ce que le juge administratif observe quand il évoque le seuil d'imprévision[819] et c'est là tout l'enjeu de la mise en œuvre de la théorie. Ces clauses permettent aux parties de discuter l'économie du contrat bouleversée, dans le cadre de renégociations. Ensuite, que reste-t-il à la partie lésée par le changement de circonstance si les renégociations prévues par les termes du contrat sous la forme de clause de *hardship*, échouent ? La seule alternative ne serait-elle pas le recours au juge ? Seul son office pourrait permettre d'adapter le contrat pour rétablir un juste équilibre des prestations. Car la révision

---

[818] X. Lagarde, « Brèves réflexions sur l'attractivité économique du droit français des contrats », *D*. 2005, p. 2745.

[819] Voir *infra*, p. 578 et s.

judiciaire vaut mieux que l'annulation du contrat – fut-ce-t-elle la caducité des obligations – qui ne profite, en somme, ni au créancier censé être de bonne foi ni au débiteur seul à devoir supporter les charges exceptionnelles du fait d'un changement imprévisible des circonstances économiques. C'est aussi la raison pour laquelle, « quoi qu'il en soit, l'ingérence exceptionnelle du juge en cas d'imprévision nous semble souhaitable, du moins si l'on accepte d'en finir avec l'image irréaliste du contrat conçu comme une nature morte, figure abstraite déconnectée des réalités politiques, économiques et sociales, et qu'on l'envisage comme un organisme vivant et sensible à l'environnement qui l'entoure, susceptible comme tel d'évolutions et de modifications. Le pouvoir exceptionnel du juge, lorsque le changement imprévisible de circonstances bouleverse profondément l'économie du contrat et lorsque la voie de la renégociation conventionnelle, préalable nécessaire à son intervention, a échoué, constitue, en effet, en situation de crise, la seule alternative à l'inexécution du contrat et à sa rupture, le seul remède propre soit à sauvegarder le contrat et à assurer sa pérennité, s'il se traduit par une révision, soit à préserver les intérêts légitimes du contractant que le changement imprévisible de circonstances accable quand il se solde par la cessation des effets du contrat pour l'avenir »[820].

[820] D. Mazeaud, « L'arrêt « Canal » moins ? », *D.* 2010, p. 2481.

Conclusion du titre I

La convergence spontanée du droit, public et privé, des contrats tend vers une rationalisation du régime de l'imprévision sous l'égide des intérêts économiques en jeu[821]. Or, si elle n'a pas encore permis de consacrer la théorie en droit des obligations, c'est que cette convergence n'a pas, en tout état de cause, abouti. Mais il n'en reste pas moins qu'elle tend inéluctablement vers un point de réunification – telles, en mathématiques, deux droites parallèles qui à l'infini se rejoignent – incessamment atteint, une fois que la théorie de l'imprévision sera consacrée en droit contractuel privé. Aussi, cette convergence réciproque et spontanée s'explique du fait qu'elle s'effectue indépendamment des tendances traditionnalistes de chacun des deux droits contractuels, au regard de considérations fatalement divergentes selon qu'on se place au plan du droit public ou du droit privé.

L'alignement du droit des contrats administratifs sur le droit privé des obligations n'a d'abord rien d'un phénomène curieux. La création prétorienne de la théorie de l'imprévision s'est faite concomitamment à la vision civiliste du contrat. « *De facto* la perspective du juge englobe le droit privé des contrats comme règle ou comme référence »[822]. Il est donc certain que le juge administratif n'ignorait pas en 1916 la portée du « célébrissime arrêt *Canal de Craponne* »[823]. En débarrassant le principe de la force obligatoire de sa rigueur dogmatique, le juge a opéré un choix singulier : il consacre la théorie de l'imprévision tout en encadrant sa mise en œuvre par le respect de quelques principes civilistes. Aussi, il invite fermement les parties à engager de nouvelles négociations, cherchant à faire l'économie de son intervention dans la relation contractuelle. La règle de l'article 1134 alinéa 3 qui doit gouverner la conduite des renégociations sert l'appréciation par le juge administratif du comportement des parties comme elle sert celle du juge judiciaire. Si les renégociations menées

---

821 Voir *infra*, p. 570 et s.

822 N. Boulouis, *Op. cit.*, p. 921, spéc. 922. L'auteur ajoute que « les rapporteurs publics s'attachent toujours à aller non seulement jeter un regard, mais à étudier ce qui se passe du côté du droit privé. Cela fait partie intégrante de la méthode de travail sur un dossier ».

823 T. Genicon, *Op. cit.*, p. 2485.

de bonne foi échouent, le juge administratif va se livrer à la recherche de la commune intention des parties. Partant, il exploite la méthode traditionnelle d'interprétation du contrat issue du code civil – sans pour autant lui donner la même portée. Mais, ce faisant, il s'aligne spontanément sur l'esprit civiliste. « Il va de soi que lorsque le juge administratif applique des articles du code civil, plus largement des textes dont le juge judiciaire fait également application (...) le « réflexe privatiste » s'impose »[824]. Le carcan civiliste permet de faire une application exceptionnelle de la théorie, ce qui est d'autant plus vrai que la pratique des clauses contractuelles coutumière en droit privé réduit encore les chances qu'elle a de s'appliquer. L'insertion d'une clause d'imprévision entre dans le champ des prévisions contractuelles et relève dès lors du devoir de prévoyance des parties, cher aux privatistes, et qui doit procéder d'une anticipation sur l'avenir des événements possiblement réalisables au cours de l'exécution du contrat.

Cet alignement sur le droit privé pose évidemment la question du degré d'administrativité du régime de l'imprévision dont on voit, avec l'évolution jurisprudentielle et législative du droit privé, qu'il risque de ne plus être une particularité du droit administratif. La théorie possède en effet d'indéniables caractéristiques du droit commun. La tendance traditionnaliste du droit public à proclamer son indépendance par rapport au droit privé s'est souvent attachée à ériger ses solutions au-dessus de celles du droit commun. Cette nécessité de justifier l'autonomie du droit administratif a fait de la théorie de l'imprévision une solution originale, une particularité du droit public qui se justifie par l'exorbitance. Or la convergence du droit public vers le droit privé témoigne bien de ce que la théorie n'ignore pas les principes civilistes qui servent au juge de standard de référence.

Ensuite, l'alignement du droit des obligations sur le droit public contractuel s'est manifesté à deux égards : d'une part, le législateur injecte avec parcimonie quelques doses d'imprévision deci-delà en matière contractuelle. D'autre part, le juge judiciaire, s'il n'a pas abandonné la portée de sa solution *Canal de Craponne*, déroge actuellement à la stricte interprétation du principe de la force obligatoire en instituant l'obligation de renégocier le contrat gravement déséquilibré et en exploitant la disparition de la cause

[824] N. Boulouis, *Op. cit.*, p. 922.

objective de l'engagement. La tendance traditionnaliste du droit privé qui réside dans la sacralisation de la loi des parties fixée lors de la conclusion du contrat, semble maintenant cédée sous la pression des intérêts économiques. La position privatiste, isolée en droit positif et qui manque d'attractivité par rapport aux autres systèmes juridiques, aime à contempler le pragmatisme juridique du droit administratif. Cette identification du droit privé à la pratique administrative constitue le centre d'impulsion d'une convergence presque aboutie en adéquation avec le droit du commerce international et le droit européen comparé, signes d'une convergence suggérée.

TITRE II
LA CONVERGENCE SUGGEREE

La convergence des régimes de l'imprévision est suggérée au plan supra-étatique. Le monde actuel des affaires ne se contente plus de la sphère locale, il exporte ses ambitions au-delà des frontières de l'Etat. Aussi, dans une économie de marché libérale et mondialisée, la formation d'un contrat peut inéluctablement revêtir une dimension internationale. Le droit français des contrats ne saurait donc ignorer les influences extérieures du droit du commerce international et du droit européen comparé. Les opérations commerciales s'effectuent très souvent sur les marchés étrangers, les entreprises nationales devant faire face à une concurrence accrue. Ainsi la recherche d'une rentabilité économique efficace ainsi que la quête de profits toujours plus importants nécessitent qu'elles exportent leurs produits commerciaux, leurs savoir-faire de production au-delà de leur propre territoire national et cela passe par la conclusion de contrats par définition internationaux.

Or, la théorie de l'imprévision a droit de cité tant dans le droit du commerce international que dans le droit des principaux Etats membres de l'Union européenne. C'est dire si le droit privé des obligations en France fait figure d'étonnement voire de doctrine démodée. Aussi le dogme fondé sur le *Canal de Craponne* n'est actuellement plus, en l'état, soutenable. S'il doit bien évidemment demeurer un point d'ancrage pour le juge de l'imprévision, son interprétation mériterait d'être assouplie au regard de la flexibilité du contrat, ce qui cadrerait bien plus avec la pratique internationale et européenne des affaires.

L'internationalisation des échanges commerciaux pose ainsi le problème de la détermination de la loi applicable. Nombreux sont les conflits de lois qui surviennent lors de litiges mettant en jeu des contrats internationaux. Les techniques contractuelles varient en effet d'un Etat à un autre. La loi du for doit-elle nécessairement s'appliquer ? Il ne semble pas. Le juge peut procéder à l'application d'une loi étrangère si les obligations des parties ont été contractées sous son autorité et si celle-ci s'avère plus à même d'apporter une solution au litige. Aussi, la concurrence entre deux lois n'est pas à écarter. Imaginons une entreprise chilienne contracter avec une entreprise française. La survenance d'un changement imprévisible des circonstances économiques aura une incidence indubitablement différente sur le contrat selon que la loi chilienne, qui admet la révision pour imprévision[825], s'applique ou pas. Il faudra donc qu'elle adopte la plus grande prudence avant de conclure un contrat sur le territoire français. Cette considération témoigne donc de la difficulté pour les opérateurs économiques de conclure des contrats à l'échelle mondiale, en l'absence d'harmonisation du droit des contrats. Pour autant, la liberté contractuelle permet aux parties de déterminer par le jeu d'une clause[826], la loi applicable au contrat international. Ainsi, elles peuvent non seulement décider qu'en cas de litige telle ou telle loi devra être mise en application mais aussi faire expressément référence à la *lex mercatoria* ou aux Principes généraux du droit international qui, d'une manière générale consacrent l'imprévision. C'est donc bien que le juge judiciaire sait opportunément exploiter la théorie lorsque les stipulations contractuelles, frappées par la survenance d'une situation exceptionnelle, font clairement référence à la *lex mercatoria.*

L'imprévision dans le droit du commerce international est admise. Nombreuses sont ainsi les influences internationales consacrant un dispositif susceptible d'apporter un traitement aux changements imprévisibles des circonstances économiques au cours de l'exécution du contrat. La *lex mercatoria* dont procèdent les principes Unidroit et le concept de *hardship*, inspire le droit national des contrats, tout comme les sentences des juridictions arbitrales (Chapitre 1).

Par ailleurs, le droit européen comparé témoigne d'une généralisation de l'imprévision. La plupart des Etats membres comme l'Allemagne, l'Italie, les Pays-Bas et la Grande Bretagne, par exemple, admettent un mécanisme proche de la théorie administrative de l'imprévision, tantôt fondé sur le principe de bonne foi, tantôt justifié par l'équité (Chapitre 2).

---

[825] J.-L. Mouralis, *Op. cit.*, n° 110.

[826] M.-L. Niboyet, « Contrats internationaux – Détermination du droit applicable – Le principe d'autonomie (sa signification) », *JCl. Droit international*, Fasc. 552-20, 1998 ; H. Batiffol, « La loi appropriée au contrat » *in Le droit des relations économiques internationales*, Etudes offertes à B. Goldman, Litec, 1982, p. 2 ; A.-F. Schnitzer, « La loi applicable au contrat », *Rev. crit. DIP* 1955, p. 459.

CHAPITRE 1
L'IMPREVISION EN DROIT DU COMMERCE INTERNATIONAL

Historiquement, l'article 79-1 de la Convention des Nations-Unies[827] du 11 avril 1980 relatif au contrat de vente internationale de marchandises n'admet pas l'imprévision. Avec le développement mondial du commerce et l'internationalisation du droit commercial, il s'est donc avéré nécessaire de combler les lacunes du droit international des contrats. La création du GATT[828] en 1947 puis de l'OMC[829] en 1995 qui ont participé d'une accélération de la mondialisation et de la libéralisation des échanges commerciaux, a influencé l'accroissement du commerce international et *a fortiori*, l'interdépendance des économies nationales. Dans un tel contexte, les opérateurs économiques dont l'Etat fait désormais partie intégrante ont alors tenté de se prémunir contre les changements de circonstances susceptibles de produire un état d'imprévision de nature à bouleverser

---

[827] Cette Convention a été conclue à Vienne et ratifiée par la France le 22 décembre 1987 (décret n° 87-1034). « La Convention des Nations Unies sur les contrats de vente internationale de marchandises (CVIM) a pour objet de fournir un régime moderne, uniforme et juste pour les contrats de vente internationale de marchandises. Elle contribue ainsi de manière considérable à la sécurisation des échanges commerciaux (…) ». Accessible en ligne depuis l'adresse : < http://www.uncitral.org/uncitral/fr/uncitral_texts/sale_goods/1980CISG.html >, consulté le 3 mai 2012.

[828] Le GATT (*General Agreement on Tariffs and Trade*, Accord général sur les tarifs douaniers et le commerce) a été conclu au lendemain de la Seconde Guerre mondiale, en octobre 1947, parce que, à cette époque, « la coopération économique internationale est considérée comme le meilleur garant du maintien de la paix ». Sans avoir la qualité d'Organisation internationale, il vise « l'organisation de négociations commerciales multilatérales chargées de libéraliser le commerce mondial » (pour une étude approfondie, voir le dossier de la Documentation française : « L'Organisation mondiale du commerce (OMC) », 2011. Accessible en ligne depuis l'adresse : < http://www.ladocumentationfrancaise.fr/dossiers/omc-index.shtml >, consulté le 10 janvier 2012).

[829] L'OMC (Organisation Mondiale du Commerce) a été instituée à la suite des Accords de Marrakech d'avril 1994, en janvier 1995. Elle succède au GATT et « a pour mission la libéralisation du commerce des biens et des services à l'échelle mondiale, libéralisation assortie de la création d'une juridiction des conflits commerciaux » (pour une étude approfondie, voir le dossier de la Documentation française, *précité*).

l'économie des contrats et de garantir par là-même une certaine stabilité de leur relation contractuelle. Le *hardship* était donc devenu un paramètre à considérer pour prévenir une éventuelle exécution anormale des contrats. Aussi, l'article 79-1 CVIM est désormais libellé comme suit : « une partie n'est pas responsable de l'inexécution de l'une quelconque de ses obligations si elle prouve que cette inexécution est due à un empêchement indépendant de sa volonté et que l'on ne pouvait raisonnablement attendre d'elle qu'elle le prenne en considération au moment de la conclusion du contrat, qu'elle le prévienne ou le surmonte ou qu'elle en prévienne ou surmonte les conséquences »[830]. Sans qu'il soit besoin d'analyser l'ensemble des Conventions internationales sur la question, il conviendra de souligner que l'imprévision en droit international est le plus souvent envisagée sous l'angle de la *lex mercatoria.* Source informelle du droit du commerce international[831], elle se compose d'un ensemble de principes et de règles uniformes résultant de la pratique commerciale et qui permettent d'encadrer les rapports contractuels au plan international. C'est dans ce contexte que la théorie de l'imprévision est conçue sous la forme du *hardship.* En effet, comme l'état d'imprévision engendre inéluctablement un conflit entre les parties,

---

[830] Il convient de souligner que l' « empêchement » au sens de la Convention est une hypothèse constitutive d'une situation de *hardship*. Voir en ce sens l'Avis n° 7 du Comité consultatif de la Convention de Vienne qui précise qu' « un changement de circonstances qu'on ne pouvait pas raisonnablement escompter qu'il fût pris en compte et rendant l'exécution excessivement onéreuse (« *hardship* »), peut être qualifié d'« empêchement » au sens de l'article 79 (1). Le libellé de l'article 79 n'assimile pas expressément le terme « empêchement » à un événement qui rend l'exécution absolument impossible. Dès lors, une partie qui se trouve dans une situation de « *hardship* » peut l'invoquer comme cause d'exonération de responsabilité en vertu de l'article 79 ». Accessible en ligne depuis l'adresse : < http://www.cisg.fr/cgi-bin/content.cgi?name=avis7 >, consulté le 8 mars 2012.

[831] Le droit commercial international est un droit complexe de par sa nature protéiforme. Faisant à la fois usage des droits étatiques, du droit international, des codifications d'origine privée ou des principes généraux dégagées par la jurisprudence, le droit du commerce international attribue un rôle particulier à la *lex mercatoria*. Or, il convient de noter que l'application de la *lex mercatoria* n'est pas sans faire polémique. En doctrine, la question est notamment de savoir si elle constitue « un ordre juridique positif autonome » (voir par exemple : Le droit des relations économiques internationales, *in* Etudes offertes à B. Goldman, éd. par P. Fouchard, Ph. Kahn et A. Lyon-Caen, *RIDC*, vol. 36, n° 2, 1984, p. 434).

c'est alors par la voie des négociations que le traitement du litige aura le plus de chance de trouver une issue favorable à l'échelle internationale. Aussi, pour accroître la flexibilité du contrat et favoriser la conduite de nouvelles discussions, les parties ont tendance à inclure des clauses visant l'application en cas de litige de la *lex mercatoria* dont les règles sont plus flexibles et l'arbitrage des situations de *hardship* dont les sentences font expressément référence à la *lex mercatoria*. Donc, dans la pratique, les opérateurs du commerce international choisissent le plus souvent de soumettre l'état d'imprévision à l'arbitrage. Ainsi, le recours à l'arbitrage international, mode alternatif de règlement des différends, favorise le traitement amiable des conflits commerciaux par le truchement des négociations. En effet, les pouvoirs de l'arbitre sont *de facto* plus souples que les pouvoirs juridictionnels et « il est de principe constant que la validité de constitution d'un tribunal arbitral et ses pouvoirs dépendent entièrement de la volonté des parties (…) »[832].

Les codifications qui résultent de la *lex mercatoria*, tels les Principes Unidroit, sont de nature à influencer le droit contractuel des Etats[833], notamment en matière de *hardship* en ce qu'il caractérise l'imprévision au plan international (Section 1). En outre, la jurisprudence internationale consacre la révision pour imprévision, le plus souvent par la voie de l'arbitrage des différends commerciaux internationaux (Section 2).

SECTION 1. L'INFLUENCE DE LA *LEX MERCATORIA*

La *lex mercatoria* exerce une certaine influence sur les droits internes des Etats et plus particulièrement sur le droit commercial. C'est aussi peut-être la raison pour laquelle le droit du commerce en France est bien plus pragmatique que ne le sont les autres branches du

---

[832] Ph. Kahn, « L'interprétation des contrats internationaux », *JDI* (Clunet), 1981, p. 5, spéc. p. 20.

[833] En France, le Rapport *précité* de Pierre Sargos regrette que les dispositions de l'avant-projet Catala n'aillent pas aussi loin que ce que préconisent les Principes Unidroit en matière de *hardship*. Le projet Terré *a contrario* incorpore les principes du droit international et plus spécifiquement, en matière d'imprévision, les Principes Unidroit et les Principes généraux du droit.

droit privé. Source du droit et synonyme de flexibilité contractuelle, la *lex mercatoria* est à la fois étroitement liée à la création des Principes Unidroit et à l'évolution du concept de *hardship*.

Au début des années 1970, l'Institut international pour l'unification du droit privé[834] a procédé à l'élaboration de règles générales relatives aux contrats du commerce international. Il s'agit d'un « Code de bonne conduite international du droit des contrats »[835], communément appelé, depuis leur première version en 1994, les Principes Unidroit[836]. Or, tandis que la *lex mercatoria* réunit les principes généraux, la coutume et les usages du commerce international, les Principes Unidroit ont vocation à « étudier les moyens et méthodes en vue de moderniser, harmoniser et coordonner le droit privé – en particuliers le droit commercial – (…) et, à cette fin, d'élaborer des instruments de droit uniforme, des principes et des règles »[837]. Depuis leur publication en 1994 et plus encore, depuis la révision[838] dont ils ont fait l'objet en 2004, ces Principes sont au centre d'une importante

---

[834] Créé en 1926 dans le cadre de la Société des Nations et rétabli en 1940, Unidroit est une organisation intergouvernementale située à Rome et composée de soixante-trois Etats dont les Etats membres de l'Union européenne et les Etats Nord-américains. En adhérant au Statut organique entré en vigueur le 26 mars 1993 de l'Institut, les Etats s'engagent à promouvoir les Principes Unidroit.

[835] G. Farjat, « Nouvelles réflexions sur les codes de conduite privée », *in Les transformations de la régulation juridique*, 1998, p. 151.

[836] Composés d'un Préambule et de 211 articles, ces « Principes sont privés d'un organe juridictionnel spécifique assurant leur interprétation uniforme. Facteur de certitude dans la mesure où ils codifient le droit des contrats commerciaux internationaux, ils risquent de devenir un vecteur d'insécurité si les juges les interprètent conformément à l'esprit de leur système juridique d'origine et si les arbitres s'en servent pour rendre une décision conforme à leur propre sens de la justice » (B. Fauvarque-Cosson, « Les contrats du commerce international, une approche nouvelle : Les principes d'Unidroit relatifs aux contrats du commerce international », *RIDC*, 1998, Vol. 50, p. 463, n° 3).

[837] < http://www.unidroit.org/dynasite.cfm?dsmid=103293 >, consulté le 10 janvier 2011.

[838] Les rédacteurs des Principes ont décidé de les réformer en 2004 pour tenir compte du développement du Commerce électronique (185 articles contre 120 en 1994) ; la dernière révision des Principes Unidroit s'est faite en 2010 et porte « sur la restitution en cas d'annulation du contrat, l'illicéité, les conditions, et sur la pluralité de débiteurs et de créanciers ».

production scientifique et doctrinale[839]. Le débat porte essentiellement sur la valeur juridique de tels Principes, au regard notamment de la *lex mercatoria*. Pour autant, en Préambule, dans l'objet des Principes, les rédacteurs ont pris soin d'annoncer qu'ils étaient de nature à s'appliquer lorsque les parties se réfèrent notamment à la *lex mercatoria*. C'est donc bien qu'ils sont, sinon égaux en valeur, du moins incorporés à la *lex mercatoria*[840]. Quoi qu'il en soit, l'arbitrage international est le domaine de prédilection de l'application de ces deux *corpus* de règles. A la différence des juges, les arbitres ne sont pas tenus par la loi du for de sorte qu'ils ont la faculté de procéder à la résolution du litige en référence aux usages commerciaux et non plus qu'au droit. Aussi, « en France, ces Principes ont reçu une large diffusion auprès des praticiens et des universitaires. Certains textes ont été appliqués par des arbitres et même par des juridictions du fond »[841]. C'est dire si l'influence des Principes Unidroit et plus généralement de la *lex mercatoria* sur le droit interne des Etats est importante. Ces Principes qui instituent un Code international de bonne conduite disposent d'un régime du *hardship* très proche du mécanisme de la théorie de l'imprévision (I).

---

[839] Voir par exemple : C. Kessedjian, « Un exercice de rénovation des sources du droit des contrats du commerce international : Les Principes proposés par l'Unidroit », *Revue critique de droit international privé*, 1995, n° 4, p. 641 ; J. Huet, « Les contrats commerciaux internationaux et les nouveaux Principes d'UNIDROIT », *LPA*, 1995, n° 135, p. 8 ; C. Larroumet, « La valeur des principes d'Unidroit applicables aux contrats du commerce international », *JCP G*, n° 14, 2 avril 1997, I, p. 4011 ; B. Fauvarque-Cosson, *Op. cit.*, p. 463 ; B. Fages, « Les principes Unidroit 2004 : le second souffle », *Rev. Lamy Droit civil*, 1/1/2005, n° 12, p. 9 ; F. Bortolotti, « Référence aux Principes UNIDROIT dans la pratique contractuelle et les contrats modèles », *Bull. de la Cour Internationale d'Arbitrage de la CCI*, 1/10/2005, p. 61 ; I. Rueda, « L'adaptation du droit des contrats d'origine internationale et communautaire à la dématérialisation des échanges », *RIDC*, 2006, n° 3, p. 925 ; G. Paolo Romano, « Le choix des Principes UNIDROIT par les contractants à l'épreuve des dispositions impératives », *JDI*, 2007-2, p. 473.

[840] La présente étude entendra de manière synonymique les Principes Unidroit et la *lex mercatoria* en ce qu'ils semblent *a priori* y être incorporés. Voir en revanche les analyses sur ce point : C. Larroumet, *Ibid.*, n° 14, 2 avril 1997, I, p. 4011 ; B. Fauvarque-Cosson, *Ibid.*, p. 463.

[841] B. Fauvarque-Cosson, *Ibid.*, p. 463, n° 6.

La *lex mercatoria* appréhende également le concept de *hardship*. Elle en est sans doute aussi l'instigatrice. Le *hardship* est étroitement associé à la crise du contrat[842]. Il traduit la période durant laquelle l'exécution contractuelle est devenue excessivement onéreuse au point de la rendre complètement anormale pour l'un des contractants. Le *hardship* est alors un élément du contrat contrairement à la théorie de l'imprévision qui demeure d'essence jurisprudentielle. En cela, il revient aux parties de définir au mieux les caractéristiques du *hardship* ainsi que les mécanismes permettant l'adaptation du contrat et cela, au moment de sa conclusion. L'enjeu est de taille d'autant que c'est en fonction de cette rédaction que le bon déroulement du processus contractuel sera conditionné. Or, la difficulté de prévoir à l'avance une situation imprévisible n'a d'égale que celle d'établir des mécanismes de résorption de l'état de *hardship*. Il s'avère que le concept de *hardship* participe d'une complexification de l'imprévision contractuelle (II).

I/ Les Principes Unidroit, l'institution d'un Code international de bonne conduite

Les Principes Unidroit consacrent la théorie de l'imprévision dans une version pour le moins congruente (A). Toutefois, leur visée codificatrice pose la question de savoir si ces Principes ont réellement acquis la valeur juridique contraignante nécessaire à une application effective de leurs dispositions (B).

A) Une consécration congruente de l'imprévision

C'est bien par le truchement du concept de *hardship*[843] que la théorie de l'imprévision a été consacrée aux articles 6.2.1 à 6.2.3 des Principes Unidroit. Défini comme « résultant de la survenance d'événements altérant fondamentalement l'équilibre des prestations, inconnus ou non raisonnablement prévisibles lors de la conclusion du

---

[842] Voir en ce sens : F. Magar, « Ingénierie juridique : pratique des clauses de rencontre et renégociation », *D.* 2010, n° 30, p. 1959.

[843] Voir *infra*, p. 359 et s. Les Principes Unidroit ont consacré une section entière au hardship au sein du Chapitre 6 – « Exécution ». Cette section 2 « Hardship » fait suite à une section intitulée « Exécution en général ».

contrat, dont la partie lésée n'a pas le contrôle et dont elle ne doit pas assumer le risque »[844], le *hardship* sous-tend le mécanisme de l'imprévision dans les contrats internationaux si bien qu'il s'apparente en tout état de cause à la théorie administrative française. D'ailleurs, à ce titre, l'Institut ne cache pas sa tendance à procéder à « des incursions dans le domaine du droit public *qui* s'avèrent occasionnellement nécessaires »[845]. Cette considération témoigne ainsi de ce que l'Institut cherche à unifier les pratiques du commerce international : la tentative de modélisation du droit privé des contrats *lato sensu* passe par une méthode comparatiste tendant à examiner tant le droit national des Etats que la pratique des contrats internationaux et la jurisprudence arbitrale. Or, le constat est patent : la théorie de l'imprévision y est partout admise. Il a dès lors paru évident que les principes Unidroit lui accorde les faveurs de la codification.

Trois articles brossent le portrait de la théorie de l'imprévision. En disposant que « les parties sont tenues de remplir leurs obligations, quand bien même l'exécution en serait devenue plus onéreuse, sous réserve des dispositions suivantes relatives au hardship », l'article 6.2.1 réussit le tour de force d'affirmer toute la rigueur du principe de la force obligatoire sous l'épigraphe « respect du contrat » et dans le même temps la portée juridique réelle qu'il serait souhaitable de lui attribuer : la force obligatoire du contrat n'est en rien un principe absolu, ce qui permet la prise en compte du changement imprévisible de circonstances. Aussi, l'article 6.2.2 évoque qu' « il y a hardship lorsque surviennent des événements qui altèrent fondamentalement l'équilibre des prestations, soit que le coût de l'exécution des obligations ait augmenté, soit que la valeur de la contreprestation ait diminué, et a) que ces événements sont survenus ou ont été connus de la partie lésée après la conclusion du contrat ; b) que la partie lésée n'a pu, lors de la conclusion du contrat, raisonnablement prendre de tels événements en considération ; c) que ces événements échappent au contrôle de la partie lésée ; et d) que le risque de ces événements n'a pas été assumé par la partie lésée ».

---

[844] P. Sargos, Rapport *précité*, n° 43.

[845] <http://www.unidroit.org/dynasite.cfm?dsmid=103293>, consulté le 30 janvier 2008.

Cette définition générale n'est pas sans rappeler le dispositif de la théorie de l'imprévision dans le droit des contrats administratifs. Apparaissent alors en filigrane les notions de bouleversement économique, d'imprévisibilité et d'extériorité qui sont de nature à provoquer une exécution gravement anormale du contrat. Cet article propose donc un strict encadrement juridique de l'imprévision dont l'application est circonscrite par la réunion de plusieurs conditions cumulatives. Il va sans dire que « les Principes Unidroit ont consacré la théorie de l'imprévision dans une forme très aboutie »[846]. Ainsi, le bouleversement imprévisible de l'économie générale du contrat suppose tantôt une aggravation des charges contractuelles initialement prévues – c'est d'ailleurs le cas le plus fréquent – tantôt une nette dépréciation de la contrepartie. Si la proximité de la situation de *hardship* et de l'état d'imprévision est évidente, il convient néanmoins de noter une différence fondamentale : le *hardship* implique que la prestation n'ait pas encore été exécutée tandis que l'état d'imprévision en droit administratif peut être invoqué une fois le contrat entièrement exécuté[847]. L'article 6.2.3 prévoit enfin qu' « 1) en cas de hardship, la partie lésée peut demander l'ouverture de renégociations. La demande doit être faite sans retard indu et être motivée. 2) La demande ne donne pas par elle-même à la partie lésée le droit de suspendre l'exécution de ses obligations. 3) Faute d'accord entre les parties dans un délai raisonnable, l'une ou l'autre peut saisir le tribunal. 4) Le tribunal qui conclut à l'existence d'un cas de hardship peut, s'il l'estime raisonnable : a) mettre fin au contrat à la date et aux conditions qu'il fixe ; ou b) adapter le contrat en vue de rétablir

---

[846] J.-P. Grandjean, « Table ronde : Les remèdes jurisprudentiels. L'imprévision dans l'arbitrage », *RDC* 2010, n° 1, p. 491.

[847] Voir *supra*, p. 69. Cette considération s'explique du fait qu'en droit administratif, l'une des parties au contrat – l'administration – a des pouvoirs exorbitants, ce qui rend d'emblée le rapport d'obligations inégalitaire ; aussi, la possibilité du cocontractant de réclamer en justice le bénéfice de la théorie de l'imprévision alors même qu'il aurait fini d'exécuter son obligation, doit être considérée comme la contrepartie de cette exorbitance (voir en ce sens, les conclusions du Commissaire du Gouvernement Chardenet, *loc. cit.*, p. 16, note 28). Or, dans une relation strictement privée, c'est-à-dire qui n'implique que des personnes physiques ou morales de droit privé, la possibilité de demander une indemnité d'imprévision n'a plus rien d'opportun si le débiteur a finalement réussi à exécuter le contrat, si bien que cette considération n'a pas lieu d'être en droit privé.

l'équilibre des prestations ». Comme en matière d'imprévision, la procédure à suivre en cas de *hardship* est très exactement la même. Les parties doivent d'abord engager de nouvelles discussions autour de l'économie gravement bouleversée du contrat et ce, en vue de conclure un nouvel accord. Ensuite, en cas d'échec des renégociations, le juge peut être saisi aux fins d'une adaptation des termes contractuels aux nouvelles circonstances économiques ou d'une résiliation « à la date et aux conditions qu'il fixe ».

Les Principes Unidroit consacrent en tout état de cause le pouvoir exceptionnel du juge de réviser le contrat frappé par une situation de *hardship*. Or, si au plan international, le juge a la faculté de procéder à l'adaptation des stipulations contractuelles alors même que les montages contractuels sont ici le plus souvent complexes, c'est bien qu'au niveau interne, les arguments des détracteurs de la révision pour imprévision ne sont pas, de fait, opérants. Ce traitement de la situation de *hardship* est gage d'une sécurité juridique nécessaire à la stabilité des relations contractuelles conclues à l'international. Toutefois, le règlement de la situation de *hardship* est conditionné par l'obligation de poursuivre l'exécution des obligations aussi onéreuses soient elles, même en période de renégociations. La finalité de cette condition, tout comme celles relatives au « retard indu » et à la nécessité de motiver la demande tendant à engager de nouvelles discussions amiables, permet d'éviter les recours purement dilatoires ou fallacieux. A ce titre, est implicitement suggéré le respect du principe général de bonne foi[848] ainsi que le devoir de loyauté[849]. Il semble d'ailleurs que la

[848] Même s'il n'est pas explicitement formulé dans les trois articles de la section « Hardship », il convient de noter que le commentaire qui suit l'article 6.2.3 (point 5) fait expressément référence au principe général de bonne foi prévu par l'article 1.7 des Principes Unidroit. La bonne foi doit servir à la fois la demande d'ouverture des nouvelles discussions – qui ne doit pas être une « pure manœuvre tactique » – ainsi que l'attitude des parties pendant la durée des renégociations – qui doivent agir « de façon positive, notamment en s'abstenant de toute forme d'obstruction et en donnant toutes les informations nécessaires ».

[849] Le commentaire qui suit l'article 6.2.3 (point 5) fait plus justement référence au « devoir de coopération » des parties, tel que prévu à l'article 5.1.3 des Principes Unidroit.

rédaction de la section *Hardship* des Principes Unidroit ait en partie[850] inspiré non seulement le législateur[851] mais aussi le juge judiciaire, en témoignent la consécration de l'obligation de renégocier sur le fondement de la bonne foi dans l'arrêt *Chevassus-Marche* en 1998 – soit quatre ans après la parution de la première version des Principes Unidroit – et la généralisation de cette obligation à l'ensemble des contrats de droit privé dans l'arrêt du 16 mars 2004 – soit l'année de la confirmation des Principes Unidroit, que le juge judiciaire ne saurait ignorer.

En revanche, compte tenu de la définition et des effets de la situation de *hardship*, il serait intéressant de se poser la question de savoir si le juge de l'imprévision s'est également laissé inspirer par les Principes Unidroit. Il ne semble pas, sauf à commettre un anachronisme, mais la correspondance avec la théorie administrative de l'imprévision est telle que c'est même à se demander si ce n'est pas l'Institut d'Unidroit qui a, en définitive, tout simplement codifié la solution *Gaz de Bordeaux* et les conclusions de son Commissaire du Gouvernement. Quoi qu'il en soit, l'influence de ces Principes sur le droit national des Etats pose la question de la portée juridique qu'ils revêtent en droit du commerce international.

---

[850] En partie seulement, car nous verrons que les Principes du droit européen des contrats sont également une source importante d'inspiration pour la jurisprudence judiciaire et, plus généralement, pour le droit privé *lato sensu* (voir *infra*, p. 444 et s.).

[851] Le projet de réforme Terré est celui qui, en France, s'inspire le plus des Principes Unidroit (voir par exemple en ce sens : J.-P. Grandjean, *Op. cit.*, p. 491). Il convient également de remarquer que Pierre Sargos a regretté que l'avant-projet de réforme Catala ne se soit pas laissé plus inspiré par les Principes Unidroit notamment pour admettre la théorie de l'imprévision (Rapport *précité*, n° 42 et 43). Il semble donc que le législateur français soit désormais animé par le pragmatisme de ces Principes. Or, c'est d'ailleurs l'une des vocations des Principes Unidroit, exprimées dans le Préambule, que de « servir de modèle aux législateurs nationaux ». Nombres d'Etats comme la Russie, la Chine, la Lituanie ou l'Estonie par exemple ont, à ce titre, réformé leur droit des contrats sur le modèle des Principes Unidroit.

B) La valeur juridique des Principes Unidroit

Les Principes Unidroit n'ont pas la prétention d'être juridiquement contraignants. Ce sont « des règles générales propres à régir les contrats du commerce international. Ils s'appliquent lorsque les parties acceptent d'y soumettre leur contrat »[852]. *A priori*, ils n'acquièrent force de loi que s'ils font l'objet d'une contractualisation. A défaut, ils forment alors un référentiel visant une standardisation du droit et des pratiques contractuelles commerciales à l'échelle internationale. Selon le Professeur Claude Witz, « la nature non contraignante de ces principes marque (...) un changement de méthode dans l'harmonisation et l'unification du droit. A la différence des conventions internationales (...) ces principes à large portée ne valent que par leur pouvoir de persuasion »[853]. Ainsi, comme cela peut être le cas relativement aux Principes généraux du droit ou à la *lex mercatoria*, ce sont les parties qui accepteront, ou pas, que leur convention soit soumise à l'application des Principes Unidroit. C'est donc la volonté des parties qui, expresse ou tacite, conditionne la valeur juridique des Principes. « En d'autres termes, les principes n'ont pas de valeur obligatoire autonome et ils ont simplement la valeur de stipulations contractuelles »[854].

1. La valeur contractuelle des Principes

Les Principes Unidroit n'ont pas de valeur juridique autonome[855] : l'article 1.4 affirme très clairement que « les principes ne limitent pas l'application des règles impératives, d'origine nationale, internationale

---

[852] Préambule des Principes Unidroit. Accessible en ligne depuis l'adresse : <http://www.unidroit.org/french/principles/contracts/principles2010/integralversion principles2010-f.pdf>, consulté le 10 janvier 2011.

[853] « M.-J. Bonell - Principes relatifs aux contrats du commerce international », *RIDC* 1995, vol. 47, n° 3, p. 799.

[854] C. Larroumet, « La valeur des principes d'Unidroit applicables aux contrats du commerce international », *JCP G*, n° 14, 2 Avril 1997, I, p. 4011, n° 11. Voir également : B. Fauvarque-Cosson, « Les contrats du commerce international, une approche nouvelle : Les principes d'Unidroit relatifs aux contrats du commerce international », *RIDC*, 1998, vol. 50, p. 463, n° 2.

[855] C. Larroumet, *Ibid.*, p. 4011 ; B. Fauvarque-Cosson, *Ibid.*, p. 463, n° 3 et 5.

ou supranationale, applicables selon les règles pertinentes du droit international privé ». Ils n'ont donc pas vocation à se substituer à la loi ou aux conventions ou traités internationaux qui s'imposent *ipso facto* aux parties, ce qui semble pour le moins légitime puisque les principes n'ont pas fait l'objet d'une ratification par les Etats membres.

Ainsi, la référence de la volonté des parties aux Principes Unidroit s'articule nécessairement avec l'application de la loi applicable au contrat. Ce n'est en définitive qu'en l'absence de détermination précise de la loi applicable au contrat que les principes feront l'objet d'une application juridictionnelle. Ainsi, le juge étatique ne leur donne une portée normative qu'à titre subsidiaire. « Par conséquent, les principes d'Unidroit ne peuvent que compléter le droit applicable au contrat international et à condition que ce droit applicable l'autorise, c'est-à-dire que les principes ne s'appliqueront que dans la mesure où ils interviennent dans le domaine des dispositions du droit applicable qui sont supplétives »[856].

Dès lors que les parties se réfèrent aux Principes Unidroit dans leur convention, ils acquièrent en tout état de cause une valeur contractuelle comme n'importe quelle autre stipulation. Or, puisque la théorie de l'imprévision s'y trouve matérialisée sous la forme du *hardship*, elle revêt la même valeur contractuelle que les Principes. Aussi, se peut-il que le juge la mette en œuvre au prétexte de la volonté des parties alors même qu'elle n'est toujours pas consacrée en droit civil français ? Le juge se doit de faire une application rigoureuse des termes du contrat mais l'étendue de son pouvoir juridictionnel est semble-t-il subordonnée aux dispositions du code civil. En vertu de la hiérarchie des normes kelsénienne, une norme impérative telle la loi nationale ou les traités et conventions internationaux est par nature susceptible d'écarter l'application des Principes Unidroit et par là-même la théorie de l'imprévision. Aussi, le juge appliquera vraisemblablement la section « hardship », conformément à la volonté des parties, mais comme il n'a pas (encore ?) le pouvoir de réviser le contrat, il écartera l'application de l'article 6.2.3 des Principes Unidroit, parce que la loi prime les stipulations du contrat. Le juge

[856] C. Larroumet, *Op. cit.*, p. 4011, n° 17.

choisira tout au plus d'user des Principes comme moyen d'interpréter ou de compléter le droit international uniforme.

En revanche, la situation est tout autre lorsque le règlement du litige est porté devant une juridiction arbitrale. En effet les Principes Unidroit paraissent plus appelés à régler les conflits en matière d'arbitrage. L'arbitre est alors tenu de rendre une solution conforme aux règles du droit applicables au contrat international, sauf si les parties ont inséré dans leur convention une clause compromissoire. D'ailleurs, à ce titre, le commentaire suivant l'article 1.4 incite « les parties qui souhaitent choisir les Principes comme loi régissant leur contrat de combiner une telle clause de conflit de lois avec une clause compromissoire ». La présence d'une telle clause confère alors à l'arbitre la faculté de résoudre le litige *ex aequo et bono*, c'est-à-dire conformément à l'équité[857]. L'arbitre dans ce cas est donc dispensé d'appliquer les règles du droit. Mais, s'il choisit de motiver sa sentence par l'application d'une règle de droit, il devra alors préciser en quoi elle est conforme à l'équité[858]. Ainsi, l'arbitre n'est pas étroitement lié par la loi nationale – comme le serait le juge étatique – de sorte qu'il peut faire application des Principes Unidroit, lorsque les parties y font référence dans leur contrat, et rétablir l'équité dans la relation contractuelle en mettant en œuvre la théorie de l'imprévision.

Or, en dehors d'une référence des parties aux Principes Unidroit, il n'en demeure pas moins que, certes privés de force obligatoire, ils sont néanmoins pourvus d'une valeur matricielle.

---

[857] En France, la clause compromissoire est, en droit privé des contrats, la clause contractuelle par laquelle les parties conviennent du recours à l'arbitre en cas de désaccord. Les articles 1478 et suivants du Code de procédure civile, dont la rédaction est issue du décret n° 2011-48 du 13 janvier 2011, exposent la procédure relative à l'arbitrage interne et plus précisément « la sentence arbitrale ». L'amiable composition consiste alors à ce que l'arbitre tranche le litige en équité et non plus en vertu des règles de droit. L'arbitre peut donc être n'importe quelle personne désignée par les parties dans le contrat : professionnels, juge à la retraite. Le juge étatique peut aussi être investi par les parties de la qualité d'amiable compositeur en vertu de l'article 12 du Code de procédure civile. Il convient par ailleurs de noter que l'arbitrage en droit interne est différent de l'arbitrage en droit international (voir *infra*, p. 365).

[858] Civ. 2ème, 10 juillet 2003, *P. / D.*, Juris Data n° 2003-019932 ; Civ. 1ère, 1er février 2012, n° 11-11.084.

2. La valeur matricielle des Principes

A défaut d'avoir une valeur juridique contraignante *ab initio* et en l'absence de tout renvoi contractuel à leur application, les Principes Unidroit ne peuvent être considérés que comme un standard de référence tendant à influencer le contenu des contrats internationaux, soit que les parties les prennent en modèle pour élaborer leur convention, soit que le législateur[859] ou le juge étatique s'en inspire pour interpréter ou compléter les règles du droit national. En cela, les Principes disposent d'une valeur matricielle qui, non seulement fédéralise la pratique des contrats du commerce international mais suggère également une convergence de l'ensemble des droits nationaux des contrats. « Le phénomène de circulation de modèles s'amplifie, grâce, notamment, aux organisations internationales qui, dans le domaine contractuel, délaissent quelque peu la méthode des conventions internationales au profit de l'élaboration de « Principes » dépourvus de force obligatoire, destinés, non pas à être ratifiés mais à servir de modèles aux législateurs ou aux parties contractantes. Ce phénomène illustre le rôle toujours important, malgré de vives attaques, du droit codifié, ainsi que les avancées du droit mou (Soft Law) »[860]. La visée unificatrice des Principes Unidroit témoigne de ce que leurs rédacteurs ont ambitionné : en compilant le droit contractuel et les solutions jurisprudentielles de nombreux pays, ils ouvrent la voie à une convergence suggérée. « En bénéficiant de la sécurité juridique qu'apporte un ensemble neutre de règles codifiées »[861], les parties ont de plus en plus souvent tendance à recourir aux Principes[862], ce qui contraint nécessairement juges et législateurs à en tenir compte pour faire évoluer leur modèle juridique.

---

[859] Le législateur doit ici être entendu largement puisque les Principes Unidroit ont autant d'influence au niveau du droit national et notamment du droit positif français qu'au plan du droit européen (voir *infra*, p. 453 et s.).

[860] S. Amrani Mekki, B. Fauvarque-Cosson, « Droit des contrats. Octobre 2009 - novembre 2010 », *Op. cit.*, p. 472.

[861] B. Fauvarque-Cosson, *Op. cit.*, p. 463, n° 34.

[862] Voir le commentaire des rédacteurs sous le Préambule des Principes Unidroit. Accessible en ligne depuis l'adresse : <http://www.unidroit.org/french/principles/contracts/principles2010/integralversion principles2010-f.pdf>, consulté le 10 janvier 2011.

Ainsi, leur absence de force juridique contraignante n'empêche pas – bien au contraire – d'influencer l'harmonisation du droit des contrats. Car l'utilisation répétée des Principes par les contractants manifeste l'intérêt certain qu'ils représentent en droit des contrats internationaux, ce qui ne saurait être ignoré ni par les législateurs nationaux et internationaux ni par les juges étatiques. Aussi, il va sans dire que « l'effectivité des Principes Unidroit est grandissante »[863]. La considération de la référence réitérée à l'article 6.2.3 des Principes Unidroit prouve que les parties ont entendu soumettre leur contrat à la révision et plus particulièrement, à défaut d'entente lors des renégociations, à la révision judiciaire.

A l'échelle internationale, la théorie de l'imprévision est consacrée sous la forme du *hardship* mais la tentative de contractualiser une théorie qui par définition fait appel à des situations absolument imprévisibles relève d'une mission quasi impossible et finit par complexifier la pratique du droit des contrats.

II/ LE CONCEPT DE *HARDSHIP*, UNE COMPLEXIFICATION DE L'IMPREVISION CONTRACTUELLE

Le *hardship*[864] est un concept qui a non seulement inspiré le droit privé des obligations mais également le droit des contrats

---

[863] J.-P. Grandjean, *Op. cit.*, p. 491.

[864] « *In the event that during the period of this agreement, the general situation and/or the data on which this agreement is based are substantially changed so that either party suffers severe and unforeseeable hardship, they shall consult and show mutual understanding with a view to making such adjustments as would appear to be necessary and such revisions as would be justified by circumstances which could not reasonably be foreseen, as of the date on which this agreement was entered into, in order to restore the- equitable character of this agreement* » (contrat Occidental - S.C.A.P.). « Dans l'hypothèse où pendant la durée d'exécution de cet accord, la situation générale et/ou les données sur lesquelles il a été établi changent de façon substantielle au point que l'une ou l'autre des parties subisse des difficultés d'exécution graves et imprévisibles, elles devront se concerter et faire preuve de compréhension mutuelle en vue de faire des ajustements qui apparaitraient nécessaires et des révisions qui seraient justifiées par des circonstances qui n'auraient pas été raisonnablement prévisibles à la date à laquelle l'accord a été conclu, dans le but de rétablir le caractère équitable dudit accord » (traduction libre). « *Substantial hardship shall mean if at any time or from time to time during the term*

administratifs. Il s'agit d'une pratique contractuelle privatiste qui ne concerne en principe que les contrats à exécution successive ou dont le paiement est échelonné dans le temps[865]. Le *hardship* est en droit international synonyme d'imprévision[866] de sorte qu'il organise le traitement contractuel du changement de circonstances à l'origine du bouleversement de l'économie générale du contrat. L'utilité de la clause de *hardship*[867] ne fait alors aucun doute (A) mais le mécanisme

---

of this agreement without default of the party concerned there is the occurrence of an intervening event or change of circumstances beyond said party's control when acting as a reasonable and prudent operator such that the consequences and effects of which are fundamentally different from what was contemplated by the parties at the time of entering into this agreement (such as, without limitation, the economic consequences and effects of a novel economically available source of energy), which consequences and effects place said party in the situation that then and for the foreseeable future all annual costs (including, without limitation, depreciation and interest) associated with or related to the processed gas which is the subject of this agreement exceed the annual proceeds derived from the sale of said gas » (contrat Ekofisk). « "Substantial hardship" signifie que si à un moment donné pendant la durée de l'accord, sans que la partie concernée n'ait commis de faute, survient un événement ou un changement de circonstances hors du contrôle de ladite partie, lorsqu'elle agit en tant qu'opérateur raisonnable et prudent, et que la survenance de l'événement entraîne des conséquences et des effets fondamentalements différents de ceux qui avaient été envisagés par les parties au moment de la conclusion de l'accord (tel que, sans limitation, les conséquences économiques et les effets d'une nouvelle source d'énergie économiquement accessible) et que ces conséquences placent les parties dans une situation où maintenant et dans un futur prévisible, tous les coûts annuels (incluant, sans limitation, la dépréciation et les intérêts) associés ou reliés au gaz traité, qui est l'objet de l'accord, dépassent les recettes annuelles provenant de la vente dudit gaz » (traduction libre). (Définitions en anglais produites par : B. Oppetit, « L'adaptation des contrats internationaux aux changements de circonstances : La clause de hardship », *JDI Clunet*, 1974, p. 794, spéc. p. 799 et 800).

[865] Voir par exemple en ce sens : M. Fontaine, *Op. cit.*, 1976, p. 7 ; B. Oppetit, *Ibid.*, 1974 p. 794. Il convient aussi de remarquer que les articles 1135-1 à 1135-3 de l'avant-projet Catala ne consacrent expressément la révision conventionnelle que pour les contrats de longue durée.

[866] F. Magar, « Ingénierie juridique : pratique des clauses de rencontre et renégociation », *D.* 2010, n° 30, p. 1959

[867] B. Oppetit, *Op. cit.*, p. 794 et s. ; M. Fontaine, « Les clauses de hardship, aménagement conventionnel de l'imprévision dans les contrats à long terme », *Dr. prat. com. int.*, mars 1976, p. 7 ; M. Fontaine, P. de Ly, *Droit des contrats internationaux, analyse et rédaction des clauses*, Bruylant, 2003, p. 500 et s. ; M. Almeida Prado, *Le hardship dans le droit du commerce international*, Bruylant,

d'adaptation du contrat qu'elle institue relève d'une réelle complexité qui la dessert en pratique (B).

A) L'utilité de la clause de hardship

La clause de *hardship* est décisive en droit des contrats. Les affaires internationales dépendent du contexte fluctuant de l'économie mondiale. Aussi, l'insertion de ce type de clause procède de la volonté des parties d'adapter leur engagement initial au changement des circonstances économiques. Quelques notions générales en droit international permettront ainsi de dresser le régime d'activation de la clause. Du reste, la plupart des contrats du commerce international intègre le couplage clause de *hardship* – clause compromissoire afin d'améliorer le traitement de l'imprévision.

1. Notions générales

En droit international, la clause de *hardship* est traditionnellement définie « comme celle aux termes de laquelle les parties pourront demander un réaménagement du contrat qui les lie si un changement intervenu dans les données initiales au regard desquelles elles s'étaient engagées vient à modifier l'équilibre de ce contrat au point de faire subir à l'une d'elles une rigueur (« *hardship* ») injuste »[868]. Elle a ainsi pour vocation d'apporter un traitement contractuel à l'état d'imprévision en prévoyant la tenue de renégociations[869]. Elle participe d'une anticipation sur le futur et relève des prévisions des parties. Rien ne permet en outre de penser que la clause de *hardship* procède du droit anglo-saxon ni même du droit américain[870]. Sa terminologie est en tout état de cause trompeuse. En définitive, c'est bel et bien la pratique internationale des contrats commerciaux qui a amplement contribué à la généralisation des clauses de *hardship* au point d'ailleurs que la Chambre de Commerce Internationale (CCI) a

---

2007, 345 p. ; L. Thibierge, Thèse *précitée*, n° 64 et s ; U. Draetta, « Les clauses de force majeure et de hardship dans les contrats internationaux », *RDAI*, 2002, p. 347.

[868] B. Oppetit, *Ibid.*, 1974, spéc. p. 797 (3).

[869] Voir *supra*, p. 256 et s.

[870] Voir par exemple en ce sens : B. Oppetit, *Ibid.*, p. 794, spéc. p. 797 (3).

opéré le choix d'en faire paraître un modèle spécialement destiné aux parties soucieuses de se prémunir au mieux contre le risque d'un changement de circonstances au cours de l'exécution du contrat[871].

2. L'activation de la clause

La formulation d'une clause de *hardship* comprend toujours deux parties : la définition de l'événement perturbateur et le régime applicable au contrat frappé par un état d'imprévision. La plus grande diligence[872] est alors préconisée dans la rédaction d'une telle clause, ce qui est à la fois gage de sécurité juridique et risque d'incertitude.

D'abord, les parties doivent déterminer le type d'événement qui sera de nature à déclencher le jeu de la clause. Cette identification passe tantôt par la production d'une liste exhaustive d'hypothèses dans lesquelles la clause est susceptible d'être appliquée, tantôt par la référence « générique »[873] au changement de circonstances, ce qui est aussi le cas le plus courant. Ainsi, selon le Professeur Bruno Oppetit, le *hardship* constitue « le critère de l'opportunité de la réadaptation du contrat », « le seuil de déclenchement de la procédure »[874]. En concourant à l'activation de la clause, il est donc le fait générateur du dispositif qu'elle prévoie. C'est en vertu de la liberté contractuelle que les parties envisagent une définition générale de l'état de *hardship*, soit qu'elles souhaitent englober le plus d'événements susceptibles de faire jouer la clause, soit qu'elles n'ont précisément aucune idée de ce qu'il adviendra lors de l'exécution du contrat. Etre capable d'exposer

[871] « Lorsqu'une partie contractante établit que (a) l'exécution de ses obligations contractuelles est devenue excessivement onéreuse en raison d'un événement hors de son contrôle et ne pouvant être raisonnablement prévu au moment de la conclusion du contrat, et que ; (b) cette partie ne pouvait raisonnablement éviter ou surmonter cet événement ou ses effets ; les parties s'obligent, dans un délai raisonnable après que la présente clause ait été invoquée à négocier de nouvelles conditions contractuelles prenant raisonnablement en compte les conséquences de l'événement » (*ICC Force majeure clause 2003 – Hardship clause 2003*, ICC, publication n° 650, 2003).

[872] « La loi contractuelle. Contenu de la loi contractuelle : obligations des parties », *Coll. Lamy Droit du contrat*, mai 2008, étude 348, n° 348-30.

[873] J. Mestre, J.-C. Roda, « Clause d'imprévision » *in* « Les principales clauses des contrats d'affaires », *LEXTENSO*, 2011, p. 473 et spéc. p. 474, n° 813.

[874] B. Oppetit, *Op. cit.*, p. 794 et s.

dans une clause un mécanisme précis en réponse à une situation absolument imprévisible ou dont les effets sont exceptionnels relève presque de l'ésotérisme. Plus que cela, les parties entendent réajuster leurs stipulations contractuelles lorsque l'économie générale du contrat subit une « modification substantielle »[875] telle qu'elle provoque un véritable bouleversement de leurs prévisions initiales. « Ce n'est plus le même contrat qui les lie aujourd'hui »[876]. En outre, le critère de gravité, s'il n'est pas explicitement formulé, sous-tend l'application de la clause de *hardship*[877] et participe du bouleversement de l'économie générale du contrat.

Les parties vont également organiser les modalités de règlement de la situation de *hardship*. Une fois réunies les conditions de mise en œuvre de la clause, elles doivent avoir prévu tant le « délai raisonnable »[878] durant lequel se tiennent les renégociations, que le régime applicable à la conduite des discussions[879] – l'obligation de

---

[875] B. Oppetit, *Op. cit.*, spéc. p. 802 (9).

[876] *Idem*, spéc. 803. A ce titre, il convient de remarquer que la situation de *hardship* est proche de la théorie anglaise de la *frustration* qui implique un contexte économique complètement différent de celui de la conclusion du contrat (voir en ce sens : M. Almeida Prado, « Le hardship dans le droit du commerce international », *RIDC*, vol. 58, n° 4, 2006, p. 1295 ; voir également, *infra*, p. 408 et s.).

[877] Voir également en ce sens : B. Oppetit, *Ibid.*, spéc. p. 803.

[878] Voir en ce sens : L. Thibierge, Thèse *précitée*, n° 64 ; B. Oppetit, *Ibid.*, spéc. p. 807. Il convient de souligner à ce titre que le Professeur mentionne le « délai assez bref » et non pas le « délai raisonnable ».

[879] Le régime de la clause de *hardship* prévoit à la fois l'échec des renégociations et le sort du contrat pendant leur conduite. En droit international, il est fréquent que les parties s'engagent à recourir à un tiers lorsqu'elles n'arrivent pas à s'entendre sur les modalités d'un nouvel accord (voir en ce sens : J. Mestre, J.-C. Roda, *Op. cit.*, spéc. p. 478 et p. 479, n° 821 et 823 ; « La loi contractuelle. Contenu de la loi contractuelle : obligations des parties », *Op. cit.*, étude 348, n° 348-30 ; B. Oppetit, *Ibid.*, spéc. p. 808 et s.). Les parties peuvent également prévoir les modalités d'une résiliation du contrat « sans frais ni dommage », en cas d'échec des renégociations (voir par exemple : *ICC Force majeure clause 2003 – Hardship clause 2003*, ICC, publication n° 650, 2003). Les modalités de l'adaptation du contrat sont en outre contenues dans la clause. Il est donc possible en droit international que cette dernière organise la suspension du contrat et de ses obligations durant la conduite des nouvelles discussions (J. Mestre, J.-C. Roda, *Op. cit.*, spéc. p. 479, n° 822 ; B. Oppetit, *Op. cit.*, spéc. p. 807).

renégocier est un « effet de plein droit »[880] de l'activation de la clause – ou que la répartition « équitable »[881] de la charge extracontractuelle. D'une manière générale, les parties font appel à des considérations d'équité dans la rédaction de la clause de *hardship*, ce qui suscite l'intention de coopérer[882] dans cette phase ardue de réaménagement conventionnel. L'imprévision engendre une situation exceptionnelle qui a des répercussions désastreuses sur l'exécution du contrat et par-delà sur l'intérêt économique du contractant malchanceux[883]. L'équité se justifie donc. Les notions de « seuil » ou d' « excès » témoignent du caractère extraordinaire de la situation de *hardship*[884]. Les parties devront à nouveau discuter l'économie du contrat et définir de manière équitable de nouvelles modalités financières tendant à résorber l'état d'imprévision. La clause devra enfin convenir de l'issue de la situation. Les parties peuvent avoir préalablement envisagé d'adapter leur contrat aux nouvelles conditions économiques mais, en cas d'échec des renégociations menées de bonne foi, elles auront également pu décider d'y mettre un terme. Toutefois, la pratique des contrats du commerce international montre bien que l'adaptation est préférée par les opérateurs à la nullité. Le maintien des stipulations contractuelles revêt une dimension fondamentale et il se trouve même

---

[880] Voie en ce sens : J. Mestre, J.-C. Roda, *Ibid.*, spéc. p. 475, n° 816.

[881] L'équité est en droit international, une notion prégnante de la clause de *hardship* (voir en ce sens : B. Oppetit, *Ibid.* spéc. p. 803 (10) ; J. Mestre, J.-C. Roda, *Ibid.*, spéc. p. 475, n° 814). C'est en somme plus la caractéristique des conséquences « inéquitables » de la situation de *hardship* qui participe de la rédaction de la clause. Selon le Professeur Bruno Oppetit, il s'agit d'y introduire un « élément de justice ».

[882] Le devoir de coopérer revêt un caractère fondamental en droit international. L'incertitude qui règne dans les relations internationales contractuelles pousse les parties à inclure dans les clauses des critères subjectifs tels que l'équité, « le raisonnable » (G. Weiszberg, *Le « raisonnable » en droit du commerce international*, Thèse Paris II, sous la dir. D. Bureau, 2003) ou la bonne foi pour définir l'attitude qu'elles doivent adopter et favoriser par là-même les renégociations. Voir aussi, F. Magar, *Op. cit.*, p. 1959.

[883] « Le plus souvent, les parties évoquent l'idée d'un préjudice (*« considérable »*) causé à l'une d'elles » pour qualifier cette situation exceptionnelle (J. Mestre, J.-C. Roda, *Ibid.*, spéc. p. 474, n° 814).

[884] C'est également ce qui explique, en France, dans la théorie générale des contrats administratifs, « la période extracontractuelle » telle que la nomme la doctrine administrativiste ; voir *infra*, p. 500 et s.

que la clause renferme, comme ultime solution, le recours à l'arbitrage[885].

3. Le couplage clause de *hardship* – clause compromissoire

Il est actuellement fréquent que les parties intègrent dans leurs prévisions une combinaison du jeu de deux clauses. Ainsi, le couplage clause de *hardship* - clause compromissoire permet de confier la résolution du conflit à un tiers, l'arbitre. Cette considération témoigne de la volonté des parties d'apporter une certaine souplesse au rapport d'obligations. En vertu de la liberté contractuelle qui les anime, elles peuvent décider d'atténuer la rigueur de la force obligatoire de leur convention. Aussi, « il est à cet égard prudent de confier la constatation du *hardship* à un tiers »[886]. D'ailleurs, la plupart des modèles internationaux proposent à ce titre d'insérer ce couplage dans les clauses contractuelles afin d'atténuer le risque d'une trop grande rigueur juridictionnelle – comme ce peut-être le cas en droit interne français des contrats. En effet, la *lex mercatoria* adhère à la théorie de la révision pour imprévision. Elle préconise la révision du contrat, non pas par une juridiction, mais par le recours à l'arbitrage international. Les Principes Unidroit comme la CCI[887] recommandent alors aux parties de remettre le règlement de la situation de *hardship* sous le patronage de l'arbitre. Celui-ci détient des compétences différentes de celles du juge. Bien plus flexibles que les pouvoirs juridictionnels, les pouvoirs de l'arbitre consistent à la faculté de procéder lui-même à l'adaptation du contrat frappé par une situation de *hardship*. Sa sentence s'impose de plein droit aux parties contractantes[888]. Il détient donc le pouvoir de rééquilibrage du contrat qui échappe aux juges.

---

[885] Pour une analyse approfondie, voir : B. Oppetit, *Op. cit.*, p. 794, spéc. p. 808 et s. et 811, n° 16 et s et n° 20.

[886] « La loi contractuelle. Contenu de la loi contractuelle », *Op. cit.*, n° 348-30. Il convient de souligner que les auteurs de cette étude estiment, en outre, que « le tiers *devrait* être considéré comme un mandataire des parties ».

[887] Voir pour les Principes Unidroit : *supra*, p. 350 et s. Voir pour la CCI : *ICC Force majeure clause 2003 – Hardship clause 2003*, publication *précitée*.

[888] Voir *infra*, p. 371 et s.

L'utilité de la clause de *hardship* ne fait aucun doute. Elle implique néanmoins une certaine complexité de procédure qui est source de contestations des parties : de sa définition générale à la précision de ses effets sur le contrat, une telle clause souffre manifestement du régime très complexe qu'elle prévoit.

B) La complexité du régime contractuel

De l'avis général, la clause de *hardship* institue un régime qui manque de simplicité[889]. « La complexité des modalités du mécanisme d'adaptation »[890] du contrat n'y est d'ailleurs pas étrangère. Il convient de rappeler que la clause doit par anticipation sur le futur envisager les solutions propres à pallier les effets d'une situation absolument exceptionnelle. Lors de la conclusion du contrat, les parties n'ont donc pas concrètement les moyens de procéder avec exactitude à une anticipation précise de ce qui pourra éventuellement bouleverser l'exécution contractuelle. La plus grande objectivité pousse cette constatation. Elles ne connaissent ni la nature de l'événement ni l'intensité de ses effets et c'est pourtant en fonction de ces éléments que le dispositif relatif au réaménagement du contrat en situation de *hardship* doit être adapté. Le mécanisme d'adaptation prévu par la clause et fixé au moment de la conclusion du contrat ne peut donc correspondre en tout point à la situation rencontrée par les parties, ce qui est *a priori* facteur d'incertitude et de nature à susciter les contestations[891]. En tout état de cause, la rédaction préalable de la clause de *hardship* semble précisément raisonner à l'envers car en tentant d'organiser en amont les conséquences de la survenance d'un événement possiblement réalisable, elle complique en aval le traitement du bouleversement économique et néglige la clarté du contrat pourtant indispensable aux parties, au juge ou à l'arbitre. L'efficacité de la clause n'est donc pas mise en cause à la différence

---

[889] B. Opetit, *Op. cit.*, spéc. p. 806 et s., n° 14 et s. ; M. Mekki, « Hardship et révision des contrats 1. Quelle méthode au service d'une harmonisation entre les droits ? », *JCP G*, n° 49, 6 décembre 2010, p. 1219, spéc. n° 18.

[890] B. Opetit, *Ibid.*, spéc. p. 806, n° 14.

[891] M. Mekki, « *Hardship* et révision des contrats 1. Quelle méthode au service d'une harmonisation entre les droits ? », *Ibid.*, p. 1219, spéc. n° 18 ; J. Mestre, J.-C. Roda, *Op. cit.*, spéc. p. 480 et s., n° 824 et s.

de son efficience réelle[892]. Rien ne permet donc de penser que la clause de *hardship* institue un mécanisme plus opportun que celui de la théorie de l'imprévision. L'insertion d'une telle clause participe à l'évidence de la diligence des parties, essentielle lors de la conclusion du contrat.

Du reste, la clause de *hardship* est libellée en des termes nécessairement généraux parce que les parties cherchent à exercer une emprise sur une situation future et imprévisible. Aussi, la généralité prégnante dans la formulation de la clause suppose *a fortiori* une interprétation[893] de l'intention présumée des parties. La tâche revient au juge ou à l'arbitre qui devra s'assurer de savoir ce que les parties ont vraisemblablement voulu et apprécier la mesure déterminable de l'ajustement contractuel à effectuer au regard des préconisations des parties. Aussi, dès lors qu'il s'agit d'interpréter les stipulations du contrat, la résultante de cette interprétation sert l'incertitude. Rien ne justifie la prévalence de telle ou telle intention des parties sur une autre. En définitive, il est tout aussi incertain qu'invérifiable de procéder à la révision du contrat sur le fondement de la volonté des parties. L'on ne saurait donc dire avec exactitude si la solution retenue de réaménagement du contrat cadre objectivement avec la commune intention.

Par ailleurs, le recours à des notions telles que « l'équité »[894] ou « le juste »[895] participe de la nécessité de recourir à l'interprétation de

---

[892] G. Piette, *La correction du contrat*, Préf. M. Menjucq, PUAM, 2004, n° 299 ; F. Magar, *Op. cit.*, p. 1959 ; Ph. Stoffel-Munck, *Regards sur la théorie de l'imprévision. Vers une souplesse contractuelle en droit privé français contemporain*, Préf. R. Bout, PUAM, 1994, n° 107.

[893] M. Mekki, « *Hardship* et révision des contrats 1. Quelle méthode au service d'une harmonisation entre les droits ? », *Op. cit.*, p. 1219, spéc. n° 18. Le concept de *hardship* comme les Principes Unidroit font l'objet nécessairement d'une interprétation. Mais en l'absence d'un instrument d'uniformisation, les interprétations sont souvent le vecteur d'une insécurité juridique persistante.

[894] Voir en ce sens : B. Oppetit, *Op. cit.*, spéc. p. 803 (10) : « l'appel au concept d'équité paraît tout de même curieux, en ce qu'il donne une coloration morale à une appréciation reposant par ailleurs sur un critère beaucoup plus neutre et objectif, tant à propos de l'origine du « *hardship* » que de son importance. L'équité est une notion vague, difficile à apprécier en termes économiques, dangereuse même par l'insécurité qu'elle crée ».

la clause de *hardship*. L'incertitude du choix de ces critères subjectifs pour encadrer le régime de cette clause contraint nécessairement le juge ou l'arbitre à interpréter la commune intention des parties par leur truchement, ce qui rappelle les considérations de la justice commutative[896]. Soulignons à ce titre que le droit du commerce international se veut bien plus pragmatique que le droit privé des obligations. La variabilité du monde des affaires manifeste la nécessité d'une plus grande flexibilité contractuelle. Aussi, le rappel traditionnel de concepts moraux et universels manifeste la souplesse recherchée par les parties lors de la conclusion du contrat. Mais il est cependant rare que la clause de *hardship* soit « toujours précisément adaptée aux besoins des parties qui réclament, fréquemment, une clause sur mesure »[897]. Et, cela semble pour le moins normal, puisque c'est dans le contexte concomitant à la formation du contrat que cette clause est rédigée et, plus encore, elle tente d'appréhender à l'avance des mécanismes au service de la révision postérieure du contrat. Or, dans un tel contexte, l'interprétation de la clause est indispensable mais demeure source de conflits.

Il semble en définitive que le développement des clauses de *hardship* contribue à complexifier le droit et la pratique des contrats. En cherchant à contractualiser la théorie de l'imprévision au moment de la conclusion, les parties se livrent à un exercice périlleux de prévisions – la situation exceptionnelle ne produisant ses effets qu'au cours de l'exécution contractuelle. Ce raisonnement se fait dès lors en dépit du bon sens. Le *hardship* doit s'évaluer *a priori* et de manière à la fois précise dans son mécanisme et générale dans ses termes alors que la théorie de l'imprévision développe ses effets bénéfiques *a posteriori*, c'est-à-dire une fois intervenu le changement des circonstances économiques. L'imprévision contractuelle est en somme très complexe. Envisager la résorption du *hardship* ou de l'imprévision s'avère donc bien plus ardu par la voie conventionnelle que par la voie juridictionnelle. Les limites de la clause de *hardship*

---

[895] Voir *supra*, la définition de la clause de *hardship* proposée par le Professeur Bruno Oppetit, p. 361.

[896] Voir *infra*, p. 550 et s.

[897] M. Mekki, « *Hardship* et révision des contrats 1. Quelle méthode au service d'une harmonisation entre les droits ? », *Op. cit.*, p. 1219, spéc. n° 18.

sont ainsi nombreuses[898] et contrarient finalement le procédé contractuel. Aussi, la consécration de la révision pour imprévision dans la jurisprudence internationale est propice à l'adaptation appropriée du contrat au nouveau contexte économique.

SECTION 2. LA CONSECRATION DE LA REVISION POUR IMPREVISION PAR LA JURISPRUDENCE INTERNATIONALE

La révision pour imprévision a droit de cité dans la jurisprudence internationale. C'est principalement en matière d'arbitrage qu'elle trouve à s'appliquer sous la forme du *hardship*.

Ainsi, au cours du siècle dernier, le recours à l'arbitrage s'est considérablement développé dans les contrats du commerce international, spécifiquement parce qu'il s'agit d'un mode de résolution pacifique des conflits. C'est aussi en raison de la flexibilité qu'implique ce mode de règlement que les parties choisissent d'y soumettre leur différend contractuel, en vertu de la liberté contractuelle qui les anime. Elles décident alors d'un commun accord, tantôt lors de la conclusion du contrat au moyen d'une clause compromissoire, tantôt une fois le litige né, de confier le règlement du conflit à un tiers. Le recours à l'arbitrage est donc une manifestation de l'autonomie de la volonté : c'est aussi « l'œuvre de la volonté des parties »[899]. Partant, le consentement à l'arbitrage résulte de la souplesse des pouvoirs arbitraux qui permettent de favoriser la conclusion d'un accord entre les parties. L'arbitre doit en somme non seulement tenir compte du droit applicable au contrat, mais il doit également se référer aux « usages du commerce international ». Il se peut aussi qu'il tranche le litige sur la base de l'équité, si les parties lui ont attribué la qualité d'amiable compositeur. La sentence arbitrale s'impose donc avec force aux parties, telle une décision juridictionnelle sauf que « la marge de manœuvre de l'arbitre peut paraître plus grande que celle du juge »[900].

---

[898] Pour une étude approfondie, voir : F. Magar, *Op. cit.*, p. 1959.

[899] L. Cavaré, *Le droit international positif*, t. II, Pédone, 1969, p. 176.

[900] J.-P. Grandjean, « Table ronde : Les remèdes jurisprudentiels. L'imprévision dans l'arbitrage », *RDC* 2010, n° 1, p. 491.

L'arbitre a le plus souvent tendance à utiliser la *lex mercatoria*[901], principale source du droit de l'arbitrage, pour résoudre les litiges relatifs à l'imprévision. Il peut, tout en appliquant les dispositions du droit étatique au contrat, les interpréter à la lumière des Principes généraux du droit[902], des Principes Unidroit ou de la coutume et des usages du commerce international. Le concept de *hardship* y est d'ailleurs communément admis. Mais, le *hardship* n'est pas pour autant l'équivalent de la théorie de l'imprévision[903]. Or, si, un temps, il a fallu que les parties prévoient une clause d'adaptation du contrat, sous la forme d'une clause de *hardship*, pour que l'arbitre consente à la révision du contrat, les juridictions arbitrales ont amorcé dès 1987 une évolution en faveur de la théorie de l'imprévision : elles l'appliquent désormais en dehors de toute référence contractuelle. Aussi, avec l'internationalisation des échanges, le droit du commerce international influence par son pragmatisme et sa flexibilité le droit contractuel des Etats. Le monde des affaires, les transactions commerciales se développent inéluctablement à l'échelle internationale. La souplesse du contrat est alors de mise, notamment parce qu'elle est un facteur de sécurité juridique, mais également,

---

[901] M.-L. Niboyet, « Contrats internationaux », *JCl. Droit international*, Fasc. 552-20, 1998, spéc. n° 63 ; F. Osman, *Les principes généraux de la lex mercatoria, contribution à l'étude d'un ordre juridique anational*, préf. E. Loquin, LGDJ, 1992 ; Ph. Kahn, « Les principes généraux du droit devant les arbitres du commerce international », *JDI* 1989, p. 305.

[902] Il semble bien difficile en pratique de distinguer avec précisions les Principes généraux du droit des usages du commerce international. Voir par exemple : E. Gaillard, « La distinction des principes généraux du droit et des usages du commerce international », *in Etudes offertes à P. Bellet*, Litec 1991, p. 203 ; Ph. Kahn, « Les principes généraux du droit devant les arbitres du commerce international », *JDI* (Clunet) 1989, p. 305 ; E. Loquin, « La réalité des usages du commerce international », *RID comp.* 1989, p. 163 ; Ph. Fouchard, « Les usages, l'arbitre et le juge », *in Le droit des relations économiques internationales*, Etudes offertes à B. Goldman, Litec, 1982, p. 67 et s. ; Y. Derains, « Le statut des usages du commerce international devant les juridictions arbitrales », *Rev. arb.* 1973, p. 122 ; B. Goldman, « Frontières du droit et lex mercatoria », *Arch. phil. dr.* 1964, p. 177 et s.

[903] Le *hardship* fait partie des prévisions contractuelles fixées lors de la conclusion du contrat. Formulé *a priori* sous forme de clause, il s'agit donc plus d'une prise en compte contractuelle de l'imprévision. Le *hardship* sert dès lors la contractualisation de la théorie de l'imprévision. Cette dernière est en revanche une théorie d'ordre public qui s'applique *a posteriori*, indépendamment des stipulations contractuelles.

parce qu'elle permet une adaptation de ses stipulations à la variabilité contemporaine de la conjoncture économique et à la fluctuation des échanges commerciaux. Le *hardship* est à l'heure actuelle une réalité. Il est donc opportun que les arbitres internationaux lui accordent une attention particulière, précisément en mettant en jeu la théorie de l'imprévision. Or, en admettant que les sentences arbitrales sont reconnues comme des jurisprudences par la Cour de cassation et qu'elle admet aussi la « juridicité de la *lex mercatoria* »[904], une nouvelle brèche n'est-elle pas ouverte en faveur de la réception de la théorie de l'imprévision en droit français des obligations ? Puisque les sentences arbitrales sont soumises à l'*exequatur*, elles ont un impact national sur le droit contractuel des Etats (I). Aussi, le droit privé des contrats en France n'est pas sans connaître la pression du commerce international.

Si longtemps l'Etat souverain s'est contenté d'exercer ses prérogatives régaliennes sur le territoire national, il est actuellement un opérateur économique à part entière du commerce international. Les contrats d'Etat sont alors subordonnés au respect de la *lex mercatoria*. Ainsi lorsqu'ils sont frappés par une situation d'imprévision, les contrats d'Etat sont le plus souvent soumis à l'arbitrage international (II).

I/ L'IMPACT NATIONAL DES SENTENCES DES JURIDICTIONS ARBITRALES

Bien qu'il n'en ait pas toujours été ainsi[905], les juridictions arbitrales admettent depuis fort longtemps[906] la théorie de

---

[904] M.-L. Niboyet, « Contrats internationaux », *Op. cit.*, n° 64.

[905] Les arbitres internationaux ont un temps considéré que l'absence de clause d'adaptation du contrat (ou clause de *hardship*) faisait obstacle à une révision de ses stipulations, quel qu'en soit devenu le coût de l'obligation, et ce, en vertu de la volonté des parties contractantes. Ne pouvant pas ignorer l'éventualité d'un changement des circonstances, elles auraient alors délibérément consenti à la négation de la théorie de l'imprévision (CCI 2216-1974, *JDI* Clunet, 1975, p. 917, obs. Y. Derains ; CCI 2708-1977, *JDI* Clunet, 1976, p. 943, obs. Y. Derains ; CCI 2673-1976, *JDI* Clunet, 1977, p. 947, Y. Derains). Dans cette dernière affaire, l'arbitre a estimé que « la nécessité de respecter la stabilité des relations commerciales s'oppose à toute remise en question ou révision du contrat à cause d'événements postérieurs à sa conclusion tant qu'ils ne sont pas constitutifs de force

l'imprévision. La fin du siècle dernier a été révélatrice d'une incertitude économique grandissante propre à bouleverser l'économie générale des contrats internationaux. Les arbitres ont donc été plus souvent confrontés au règlement de situations de *hardship*, impliquant une exécution excessivement onéreuse des obligations contractuelles. La prise en compte de l'imprévision dans l'arbitrage international ne fait alors aucun doute (A). Pour autant, la question se pose de savoir dans quelles mesures les sentences arbitrales ont force exécutoire dans l'ordre juridique interne. L'*exequatur* des sentences arbitrales permet ainsi de mesurer leur impact national (B).

A) L'imprévision dans l'arbitrage international

La théorie de l'imprévision a été effectivement consacrée lors d'une sentence arbitrale de 1987. Ceci étant, quelques sentences antérieures laissaient présumer un assouplissement de la jurisprudence arbitrale rendue en la matière jusqu'à cette date. Ainsi, la Cour arbitrale de la Chambre commerciale internationale a eu l'occasion de définir la théorie de l'imprévision et d'en délimiter l'application dans un périmètre assurant la sécurité des relations contractuelles. Une sentence[907] de 1971 a d'abord strictement circonscrit le champ d'application de la théorie en considérant que « *the principle* "Rebus sic stantibus" *is universally considered as being of strict and narrow interpretation, as a dangerous exception to the principle of sanctity of contracts. Whatever opinion or interpretation lawyers of different*

---

majeure ou tant qu'une telle révision n'est pas expressément prévue et réglementée dans le contrat ».

906 La doctrine (voir par exemple : Ph. Kahn, « L'interprétation des contrats internationaux », *JDI* Clunet, 1981, p. 5, spéc. p. 20) fait traditionnellement remonter le premier cas d'imprévision dans l'arbitrage international à la sentence rendue le 2 juillet 1956 par Messieurs Ripert et Panchaud dans l'affaire, restée célèbre, « *Société d'études et d'entreprises* » (*JDI* Clunet, 1959, p. 1074, obs. B. Goldman). Les arbitres avaient considéré que « s'agissant d'un contrat international conclu sans intention spéculative, il y a lieu d'admettre que la garantie de dévaluation était voulue par les parties, sauf convention expresse ». Ainsi, avait été supposée l'existence d'une clause de garantie de change dans le contrat, tacitement convenue entre les parties.

907 CCI 1512-1971, *JDI* Clunet, 1974, p. 905, obs. Y. Derains. Voir également dans le même sens : CCI 8486-1996, *Rec. des sentences arbitrales*, 1996-2000

countries may have about the 'concept' of changed circumstances as an excuse for nonperformance, they will doubtless agree on the necessity to limit *the application of the so-called 'doctrine rebus sic stantibus' (sometimes referred to as 'frustration', 'force majeure', 'Imprévision', and the like) to cases where compelling reasons justify it, having regard not only to the fundamental character of the changes, but also to the particular type of the contract involved, to the requirements of fairness and equity and to all circumstances of the case. It should be obvious that none of the requirements which might justify the application of the 'doctrine' are fulfilled in this case. As a general rule, one should be particularly reluctant to accept it when there is no gap or lacuna in the contract and when the intent of the parties has been clearly expressed* (…) »[908]. Aussi, la partie ayant subi un préjudice économique ne peut légitimement se prévaloir de la théorie de l'imprévision, ou plus exactement en l'espèce de la clause *Rebus sic stantibus*, à raison de sa propre imprévoyance. En effet, à défaut d'avoir anticipé la situation au moyen d'une clause d'adaptation du contrat, l'arbitre décide que l'imprévision doit nécessairement être limitée à certaines hypothèses très précises, sans quoi elle deviendrait dangereuse pour la sécurité juridique. Certes il rejette son application sur le fond mais il laisse une brèche ouverte à une utilisation parcimonieuse de la théorie vraisemblablement justifiée par l'anormalité de la situation contractuelle.

---

[908] « Le principe « Rebus sic stantibus » est universellement considéré comme étant d'interprétation stricte et étroite et comme une dangereuse exception au principe de l'inviolabilité des contrats. Quelle que soit l'opinion ou l'interprétation que les juristes des différents pays puissent avoir en ce qui concerne le « concept » du changement de circonstances comme une excuse à la non-exécution, ils s'accorderont sans doute sur la nécessité de limiter l'application de la soi-disant doctrine « Rebus sic stantibus » (quelque fois désignée sous le vocable de frustration, force majeure, imprévision et autres termes similaires) à des cas où des raisons impérieuses le justifie, en considérant non seulement le caractère fondamental de ces changements mais également le caractère particulier du contrat en cause, les exigences de loyauté et d'équité ainsi que toutes les circonstances de l'affaire. Il semble évident qu'aucune des exigences qui justifieraient l'application de la doctrine ne soient réunies en l'espèce. En règle générale, il faut être particulièrement réticent à appliquer ce principe lorsqu'il n'y a ni failles, ni lacunes dans le contrat et lorsque l'intention des parties a été clairement exprimée » (traduction libre).

Une autre sentence[909] de 1976 a fait de l'équilibre financier une composante de la *lex mercatoria*, ce qui laissait supposer que la théorie de l'imprévision était susceptible d'être introduite en droit de l'arbitrage international. Ainsi, en considérant que « toute transaction commerciale est fondée sur l'équilibre des prestations réciproques et que nier le principe reviendrait à faire du contrat commercial un contrat aléatoire, fondé sur la spéculation ou le hasard. *Que* c'est une règle de la *lex mercatoria* que les prestations restent équilibrées sur le plan financier (...) *que* les contrats doivent s'interpréter de bonne foi, chaque partie ayant l'obligation d'avoir à l'égard de l'autre un comportement qui ne puisse lui nuire et la renégociation raisonnable étant coutumière dans les contrats économiques internationaux », l'arbitre a usé d'un pouvoir créateur tendant à ouvrir la voie à une réception de la théorie de l'imprévision. En effet, en intégrant le principe de l'équilibre financier dans la *lex mercatoria*, il a délibérément suggéré que le grave bouleversement de l'économie générale d'un contrat se devait d'être rétabli dans le cadre de renégociations menées de bonne foi par les parties. Et, comme le contrat contenait une clause proche de celle de *hardship*, l'arbitre a, semble-t-il, retenu la mauvaise foi du contractant qui ne subissait pas les effets du grave déséquilibre de l'économie du contrat. « Le prix est donc fixé en fonction des conditions existant au moment de la conclusion du contrat et il variera en fonction de paramètres qui reflètent les variations des valeurs des différents éléments qui composent le produit ou la prestation »[910].

Mais c'est en 1987 qu'a été consacrée sur le fondement du principe de la bonne foi[911], la théorie de l'imprévision dans l'arbitrage international. L'affaire[912] portait sur la réalisation d'édifices dans le

---

909 CCI 2291-1976, *JDI* Clunet, 1976, p. 989, obs. Y. Derains.

910 Ph. Kahn, « *Lex mercatoria* et contrats internationaux », *in Le contrat économique international*, Bruxelles, 1975, p. 195.

911 Ce principe irrigue en substance toute la lex mercatoria. Plus qu'un principe directeur, la bonne foi est parfois considérée dans la pratique des contrats commerciaux internationaux comme un véritable principe fondateur. Elle serait donc « de l'essence de *la lex mercatoria* » (B. Goldman, « La *lex mercatoria* dans les contrats et l'arbitrage internationaux : réalité et perspectives », *JDI*, 1979, p. 475).

912 CCI 4761-1987, *JDI* Clunet, 1987, p. 1012, obs. S. Jarvin.

cadre d'un contrat de sous-traitance des travaux conclu à prix forfaitaire entre deux sociétés italiennes et une société libyenne. Le contrat principal liait cette dernière à un maître de l'ouvrage libyen. A cause de l'augmentation considérable du coût des matériaux indispensables à la bonne conduite du chantier et constitutive de circonstances exceptionnelles propres à créer une situation d'imprévision, les sociétés ont entrepris de nouvelles discussions autour du bouleversement de l'économie du contrat, aboutissant à la conclusion de plusieurs avenants. Mais, l'exécution contractuelle est demeuré anormale – l'arbitre soulignant à ce titre l'imprudence des parties. A noter que le maître de l'ouvrage n'a jamais consenti à la révision du prix initialement fixé, malgré les sollicitations de son cocontractant, la société libyenne. Aussi, les sociétés italiennes décident d'abandonner le chantier avant le terme du contrat si bien que la société libyenne sollicite la résiliation du contrat. Les premières sociétés saisissent alors la CCI aux fins d'un arbitrage de la situation d'imprévision. Participant d'une réelle tempérance de la jurisprudence arbitrale, la sentence explique que « la *lex mercatoria* donne effet à la théorie de l'imprévision, qui procède du principe que la règle *pacta sunt servanda* trouve sa limite dans le principe supérieur de la bonne foi » et (…) « qu'il est manifestement contraire à la bonne foi et, partant, abusif de maintenir des obligations imposées au débiteur par le contrat si les circonstances existant lors de sa conclusion se sont modifiées à un point tel que l'économie de ce contrat se trouve bouleversée ». L'arbitrage a ainsi donné lieu à un accord des parties sur la résiliation du contrat et à une répartition équitable entre les parties des charges extracontractuelles inhérentes aux circonstances exceptionnelles.

D'autres sentences arbitrales[913] sont ensuite venues confirmer la place de la théorie de l'imprévision. Deux sentences[914] en 1996 font notamment référence à la section *hardship* des Principes Unidroit, témoignage de leur opportunité dans le droit de l'arbitrage

[913] Par exemple : CCI 5953-1989, *Rec. des sentences arbitrales*, 1986-1990, comm. Y. Derains ; CCI 8016/CK, P. Delvolvé, P. Mayer, J.-D. Bredin, 30 octobre 1995, *The Channel Tunnel Group Ldt., France-Manche SA c/ The British Railways Board et SNCF* (rejet).

[914] CCI 8365-1996, *Rec. des sentences arbitrales* ; CCI 8486-1996, *précitée.*

international. La première affaire correspondait à une situation de *hardship*. L'une des parties subissait une charge économique, non raisonnablement prévisible lors de la conclusion du contrat, si bien qu'elle exécutait ses obligations dans des conditions gravement anormales. Cette sentence a donc conclu à l'application des articles 6.2.1 et suivants des Principes. Dans la seconde affaire l'arbitre a refusé le bénéfice du *hardship*, faute d'un véritable bouleversement de l'économie contractuelle[915]. Cette sentence semble se faire l'écho de celle de 1971, bien qu'il convienne de souligner qu'en se référant aux Principes, l'arbitre a également circonscrit le périmètre du *hardship* d'Unidroit invocable par les contractants devant les juridictions arbitrales. Pour s'en prévaloir, la situation contractuelle des parties doit précisément correspondre à une situation d'imprévision et réunir strictement les conditions d'application prévues par le dispositif des Principes. Ainsi, les parties peuvent tant se prévaloir de la clause *Rebus sic stantibus*, que de l'imprévision ou du *hardship* comme de la survenance de circonstances exceptionnelles, voire même de la théorie anglaise de la *frustration*[916] pour revendiquer l'ajustement du contrat aux nouvelles circonstances économiques. Or, la pratique de l'arbitrage témoigne de ce que les arbitres ne s'octroient pas le pouvoir de refaire le contrat. Il semble *a priori* jouer un rôle de conciliateur dans le cadre d'une procédure amiable, invitant les parties à aménager leur accord initial. Le recours à un « tiers observateur »[917] permet à l'arbitre de faire l'économie d'une intervention dans le rapport contractuel et de faciliter l'aboutissement des renégociations

---

[915] « Article 6.2.1 of the UNIDROIT Principes expressly provides that the mere fact that the performance of the contract entails a higher economic burden for one of the parties does not suffice to assume that there is harship » (...) « the circumstances raised by the defendant fall within the economic risk to be borne by the defendant ». « L'article 6.2.1 des Principes Unidroit indique explicitement que le simple fait que l'exécution du contrat implique une charge économique plus importante pour l'une des parties ne suffit pas à caractériser la situation de hardship » (...) « les circonstances soulevées par le défendeur font partie des risques économiques qui lui incombent » (traduction libre). Voir aussi en ce sens : CCI 8016/CK, 30 octobre 1995 (G. Marcou, « La sentence arbitrale relative à la Convention d'utilisation du tunnel sous la Manche par la SNCF et British Rail », *Annuaire français de droit international*, volume 43, 1997. p. 810 et s).

[916] Voir, par exemple : CCI 1512-1974, *précitée*.

[917] J.-P. Grandjean, *Op. cit.*, p. 491.

de bonne foi. « Le fait, pour les parties, de savoir que l'arbitre statuera en connaissance de leurs positions respectives adoptées lors de la phase de renégociation, opère comme une sorte de stimulateur de bonne foi. Un autre stimulant est, dans cette situation, l'incertitude tenant à ce que sera la décision du tribunal arbitral en cas d'échec de la renégociation : les parties peuvent préférer transiger plutôt que de courir l'aléa d'une décision »[918].

La tendance des arbitres internationaux à admettre la théorie de l'imprévision n'est-elle pas susceptible d'opérer une influence sur un éventuel changement du droit interne des Etats ? Si les sentences arbitrales ont un impact national, c'est notamment parce qu'elles sont soumises à l'*exequatur*.

B) L'*exequatur* des sentences arbitrales

En France, les sentences arbitrales sont subordonnées à l'*exequatur*[919] de sorte que leur exécution dépend de la force exécutoire que l'autorité judiciaire nationale leur a attribué. Or, « (...) la procédure d'exequatur n'a pas seulement pour objet, comme son nom pourrait le laisser croire, d'autoriser des mesures d'exécution proprement dites. Elle vise, de manière très générale, la légalisation (la naturalisation selon le mot de Bartin) du jugement étranger à toutes fins utiles »[920]. Aussi, le label national qu'obtient la sentence participe d'une tension vers la convergence du Droit. Si l'arbitre international conclut à l'application de la théorie de l'imprévision, l'*exequatur* peut constituer un « faire-valoir » de la solution au plan national. Cette reconnaissance étatique de la solution d'une juridiction privée, comme la CCI, a alors un impact sur le droit interne.

Les sentences arbitrales internationales sont des décisions juridictionnelles. Elles ne valent cependant que parce que les parties se sont contractuellement engagées à respecter la solution arbitrale –

[918] *Idem.*

[919] « Ordre d'exécution, donné par l'autorité judiciaire, d'une sentence rendue par une justice privée » (*Lexique des termes juridiques*, Dalloz, entrée « exequatur »).

[920] T. civ. Seine, 26 juin 1953, *Rev. crit. DIP* 1954, p. 200, note Ph. Francescakis.

le plus souvent d'ailleurs, les arbitres n'ont qu'à valider le protocole d'aménagement du contrat résultant des renégociations. Or, comme elles n'appartiennent pas à un ordre juridique existant, les sentences doivent nécessairement recevoir l'*exequatur* afin que leur réception en droit français soit régulière. C'est alors conformément à la procédure relative à l'arbitrage, applicable en droit interne, qu'elles pourront profiter sur le territoire national d'une reconnaissance avérée[921]. La jurisprudence de la Cour de cassation est, à ce titre, constante en la matière. Aussi, pour qu'une sentence soit valablement applicable, elle ne doit pas être manifestement incompatible avec l'ordre public international[922]. A défaut, le juge n'accordera pas l'*exequatur*. Mais, il convient de souligner la variabilité de la notion d'ordre public international. Cette notion vague et incertaine est en effet indubitablement subordonnée à l'interprétation du juge de l'*exequatur*. Donc, la réception d'une sentence en droit interne fait l'objet d'un contrôle d'opportunité politique lié à la volonté du juge. Est-ce dire que la sentence admettant la théorie de l'imprévision serait écartée de l'*exequatur* au motif qu'elle n'est pas encore consacrée en droit civil français ? Il ne semble pas car la France est engagée dans la Convention de New York qui organise la reconnaissance et l'exécution des sentences arbitrales étrangères[923]. A ce titre, elle se doit de respecter les dispositions contenues relatives à l'introduction des sentences en droit interne et puisque la théorie de l'imprévision n'est

---

[921] L. Cadiet et E. Jeuland, *Droit judiciaire privé*, Litec, 6ème éd., 2009, n° 1036 ; Ph. Fouchard, « Quand un arbitrage est-il international ? », *Rev. arb.* 1970, p. 59 ; Y. Loussouarn, « De l'exequatur des sentences arbitrales étrangères non motivées », *D.* 1957, chron. p. 191.

[922] Ce qui laisse une large marge d'appréciation au juge de l'*exequatur*. D'ailleurs, la Cour de cassation n'hésite pas à rejeter une demande d'*exequatur* sur le fondement de la violation de l'ordre public international (Voir par exemple : Civ. 1ère, 6 mai 2009, *Mandataires judiciaires associés c/ International Company For Commercial Exchanges (Income)*, Bull. 2009, I, n° 86 ; Civ. 1ère, 9 mars 2011, *Sté Chantiers de l'Atlantique (CAT) / Sté Gaz Transport et Tecnigaz*, n° 10-18763, Inédit).

[923] Cette convention a été conclue à New York le 10 juin 1958. Elle dispose, en son article III, que « chacun des Etats contractants reconnaîtra l'autorité d'une sentence arbitrale et accordera l'exécution de cette sentence conformément aux règles de procédure suivies dans le territoire où la sentence est invoquée, aux conditions établies dans les articles suivants (…) ». En France, elle est entrée en vigueur le 24 septembre 1959.

pas incompatible avec l'ordre public international – bien au contraire elle est admise en droit international sous la forme de *hardship* tant dans la *lex mercatoria*, que dans les Principes Unidroit – le juge français de l'*exequatur* devra donner force exécutoire à la sentence arbitrale étrangère qui l'applique. De même qu'à l'international, les parties contractantes prévoient, le plus souvent, le principe de l'adaptation[924] du contrat dans leurs clauses, sous la forme du *hardship* principalement. Du reste, il convient de souligner que la mission de l'arbitre dépend strictement de la volonté des parties. C'est donc relativement à l'article 1134 alinéa 1er du code civil que la solution arbitrale doit s'entendre.

Une fois l'*exequatur* obtenu, la sentence arbitrale qui a déjà l'autorité de la chose jugée entre les parties peut être invoquée à l'appui d'une contestation. L'*exequatur* est donc étroitement rattaché à la notion de justiciabilité. Ainsi, les contractants peuvent se prévaloir en droit interne français des sentences arbitrales internationales. Il est aussi de principe constant d'affirmer que le droit français de l'arbitrage est l'un des plus aboutis en la matière.

Partant, l'application de la théorie de l'imprévision pour les contrats de droit privé en France existe, certes de manière détournée, par la voie arbitrale, mais, ce faisant, les parties évitent de recourir au juge judiciaire du contrat. Or, pour autant, le juge de l'*exequatur* est un juge judiciaire[925]. C'est dire si le rejet de la théorie de l'imprévision en droit des obligations est artificiel. Les autorités judiciaires admettent la juridicité tant de la *lex mercatoria* que des Principes Unidroit. Elles font même appliquer les sentences qui appliquent la théorie par le truchement de l'exequatur. Mais, l'imprévision demeure ignorée par le droit civil français, ce qui semble pour le moins équivoque.

---

[924] Voir dans le même sens : B. Oppetit, *Op. cit.*, spéc. p. 799 et s.

[925] Aux termes de l'article R. 212-8 du Code de l'organisation judiciaire, « le tribunal de grande instance connaît à juge unique (…) des demandes en reconnaissance et en exequatur des décisions judiciaires et actes publics étrangers ainsi que des sentences arbitrales françaises ou étrangères (…) ».

Si la révision par l'arbitre du contrat économiquement bouleversé existe dans le droit du commerce international, les contrats d'Etat font aussi l'objet d'un arbitrage international lorsqu'ils sont frappés par une situation d'imprévision.

II/ L'ARBITRAGE DES SITUATIONS D'IMPREVISION FRAPPANT LES CONTRATS D'ETAT

Avec le développement du commerce international, l'Etat s'est vu confronté de plus en plus souvent au monde des affaires. La mondialisation des échanges a alors nécessité qu'il s'insère stratégiquement dans les relations économiques[926], en procédant plus particulièrement à la passation de contrats. Ainsi, les contrats d'Etat sont des contrats *sui generis*, des contrats spéciaux internationaux qui associent l'Etat[927] à des entreprises étrangères. D'une manière générale, leur objet porte sur la réalisation d'investissements menés pour satisfaire un besoin d'intérêt général. La doctrine[928] considère à ce titre qu'il s'agit de contrats de développement économique. Aussi, les contrats d'Etat procèdent d'une relation économique et financière qui implique une coopération étroite entre les parties. Partant, les sociétés privées qui contractent avec un Etat cherchent avant tout à se

---

[926] Voir pour une analyse approfondie : S. Cassese, *Au-delà de l'Etat*, Bruylant, 2011.

[927] L'Etat est ici entendu au sens large, ce qui comprend également l'ensemble des organes étatiques disposant ou non d'une personnalité juridique distincte, notamment ceux qui exercent une mission d'intérêt général. L'Etat peut en outre conclure un contrat sans que celui-ci ne soit qualifié de contrat d'Etat. Il convient alors d'établir une distinction selon que le contrat est un contrat « classique » où l'Etat est une partie contractante ou selon qu'il est spécifiquement un contrat d'Etat. Pour une analyse approfondie, voir : P. Mayer, « La neutralisation du pouvoir normatif de l'Etat en matière de contrat d'Etat », *JDI*, 1986, p. 12. L'auteur ajoute à ce titre que « le concept même de contrat d'Etat (*stricto sensu*) exclut l'application du droit de l'Etat au lien contractuel ».

[928] En doctrine, les contrats d'Etat sont le plus souvent qualifiés de « contrats de développement économique » ou de « contrats d'investissement » (V. par exemple : Ph. Kahn, « L'interprétation des contrats internationaux », *JDI* (Clunet), 1981, p. 5, spéc. p. 23 ; Ph. Leboulanger, *Les contrats entre États et entreprises étrangères*, préf. B. Goldman Economica, Paris, 1985 ; J.-P. Laviec, *Protection et promotion des investissements*, PUF, Paris 1985).

prémunir de l'exorbitance de ses pouvoirs de puissance publique[929] par l'insertion de clauses, telles que la clause compromissoire ou la clause tendant à l'application de la *lex mercatoria*. Au moment de la conclusion du contrat, elles tentent donc de garantir une souplesse au rapport d'obligations dans l'hypothèse d'un éventuel litige. En effet, dans la pratique internationale des affaires et, *a fortiori*, dans les échanges contractuels commerciaux, la flexibilité du contrat est la condition *sine qua none* du succès de l'opération communément conclue. L'incertitude prégnante du monde actuel des affaires témoigne de la nécessité pour les parties contractantes de pouvoir adapter leurs stipulations contractuelles aux fluctuations économiques susceptibles de bouleverser ce qu'elles avaient initialement décidé. Ainsi, en prévoyant la possibilité de recourir à l'arbitrage ou en s'assurant de l'application de la *lex mercatoria*, les parties procèdent à l'établissement de clauses contractuelles ductiles en ce qu'elles seront ultérieurement révisables.

Dans un tel contexte, le *hardship* n'est pas une situation méconnue des contrats d'Etat. Les investissements économiques internationaux sont souvent l'objet de projets contractuels de grande envergure qui impliquent des capitaux considérables et dont la réalisation dépend généralement d'une longue durée d'exécution[930]. A ce titre, ils sont inéluctablement soumis à la variation des circonstances extérieures susceptibles d'influencer l'exécution du contrat au point d'en bouleverser l'économie générale et de conduire ensuite l'un des contractants – le plus souvent la société étrangère – à exécuter son obligation dans des conditions gravement anormales, c'est-à-dire fondamentalement différentes de ce qu'il avait pu raisonnablement prévoir lors de la conclusion du contrat. Il n'est donc pas rare que le

---

[929] En droit international, l'Etat a le privilège de pouvoir profiter d'une immunité de juridiction. Or, lorsqu'il est contractuellement engagé dans des relations commerciales internationales, l'Etat refuse en principe le bénéfice de l'immunité juridictionnelle. Il est cependant fréquent qu'elle soit invoquée, plus particulièrement par les organes de l'Etat qui agissent en son nom et pour son compte (Voir en ce sens : Ph. Leboulanger, *Ibid.*).

[930] L'exemple le plus topique est sûrement celui des concessions internationales pétrolières qui se sont multiplié au milieu du XXème siècle pour favoriser notamment le développement économique des pays émergents. C'est d'ailleurs à cette époque, avec notamment la création en 1960 de l'OPEP (Organisation des Pays Exportateurs de Pétrole), que la notion de contrat d'Etat s'est développée en doctrine.

contrat d'Etat contienne une clause de *hardship* ou fasse expressément référence aux Principes Unidroit de sorte que sa révision soit postérieurement concevable. Or, si cette considération manifeste la souplesse avec laquelle les parties envisagent l'exécution de leurs obligations réciproques, l'insertion d'une clause compromissoire tendant à l'arbitrage international du contrat d'Etat participe également d'un renforcement de la flexibilité contractuelle recherchée.

L'arbitrage des contrats d'Etat n'était pas pour autant la procédure ordinaire prévue pour le règlement des conflits. La validité de la clause compromissoire insérée dans un contrat où l'Etat est partie prenante n'a d'ailleurs été admise qu'en 1966 par la Cour de cassation[931]. Or, les entreprises étrangères, dans leur quête de sécurité juridique et, conscientes de dépendre de la « super puissance » de l'Etat[932] avec lequel elles ont contracté, cherchent à soustraire le contrat du recours aux juridictions nationales. C'est ainsi que s'est donc développé le recours à l'arbitrage, par une manifestation de la volonté des parties notamment due à l'intensification des relations commerciales de l'Etat[933].

---

[931] Civ. 1ère, 2 mai 1966, *Galakis, Bull. civ. 1966,* I, p. 256 ; *JCP* 1966, II, p. 14798, note Ph. Ligneau ; *JDI* (Clunet) 1966, p. 648, note P. Level ; *D.* 1966, p. 575, note J. Robert ; *Rev. crit. DIP* 1967, p. 553, obs. B. Goldman. Voir aussi : TC, 19 mai 1958, *Société Myrtoon Steamship*, *Rec.*, p. 473.

[932] Les contractants peuvent légitimement craindre que la souveraineté de l'Etat nuise à l'équilibre de la relation contractuelle. Etant une Nation souveraine sur son territoire, l'Etat pourrait être tenté d'exercer ses prérogatives de puissance publique au détriment de ses partenaires. Tandis qu'il aurait tendance à vouloir confier le règlement du conflit à ses propres juridictions, ses partenaires optent plutôt pour un mode de résolution alternatif comme l'arbitrage. Ce constat de déséquilibre doit cependant être nuancé. De l'avis général, les agents économiques du commerce international susceptibles de contracter avec les Etats sont des « professionnels avertis » censés ne pas ignorer les risques inhérents à l'exécution des contrats d'investissements. Ainsi, l'« un des principes clés de l'interprétation des contrats internationaux repose sur l'idée que les contractants sont des professionnels avertis, de force sensiblement égale et donc aptes à insérer dans leurs contrats les clauses correspondant à leurs besoins » (Ph. Khan, *Op. cit.*, p. 5, spéc. p. 25). Voir également : P. Weil, *Droit international et contrats d'État*, *in Mélanges P. Reuter*, Pedone 1981, p. 550.

[933] Il convient de noter qu'en France, l'arbitrage en droit administratif est par principe prohibé. Les personnes morales de droit public n'ont donc pas le droit de recourir à l'arbitre. Mais avec le développement des relations commerciales de

Ceci étant, le contrat d'Etat peut subir, au cours de son exécution, une aggravation des charges initialement prévues et ce, dans des proportions anormales. Cette hypothèse est alors constitutive d'une situation de *hardship*. Ainsi, quelques sentences arbitrales font précisément référence à la théorie de l'imprévision, sans toutefois qu'elle ne soit constamment appliquée. En effet, comme dans le contentieux administratif français, l'arbitre international s'applique à ne la mettre qu'exceptionnellement en œuvre. Il ne s'agit donc pas, non plus, d'en faire un mode normal de révision du contrat à l'échelle internationale. L'arbitre s'attache à contrôler si le changement de circonstances – ou ses effets sur le contrat d'Etat – a vraisemblablement été exceptionnel. A défaut, la théorie de l'imprévision est écartée de la solution arbitrale. Ce fut par exemple le cas dans l'affaire *Société Aminoil c/ Gouvernement de l'Etat du Koweit*[934] du 24 mars 1982 et dans l'affaire *CMS Gas Transmission Cy c/ République argentine*[935] du 25 septembre 2007. Aussi, la

---

l'Etat, le recours à l'arbitrage s'est amplifié. Voir en ce sens l'intervention de M. Jean-Marc Sauvé, Colloque du 30 septembre 2009 organisé par la Chambre Nationale pour l'Arbitrage Privé et Public, « L'arbitrage et les personnes morales de droit public » :
Accessible en ligne depuis l'adresse : < http://www.conseil-etat.fr/fr/discours-et-interventions/larbitrage-et-les-personnes-morales-de-droit-public.html >, consulté le 3 novembre 2011.

934 Trib. Arb. Paris, 24 mars 1982, P. Reuter (Président), H. Sultan, Sir G. Fitzmaurice, *American Independant Oil Cy (Aminoil) c/ Koweit*, *JDI* (Clunet), 1982, p. 869, comm. Ph. Kahn. Pour une analyse approfondie, voir : G. Bastid-Burdeau, « Droit international et contrats d'Etats - La sentence *Aminoil contre Koweit* du 24 mars 1982 », *Annuaire français de droit international*, vol. 28, 1982, p. 454, spéc. p. 461 et 462. Dans cette affaire, les parties avaient invoqué, en vain, l'application de la clause *Rebus sic stantibus* et de la théorie de l'imprévision, l'arbitre s'en tenant au respect des termes contractuels.

935 CIRDI (Centre international pour le règlement des différends relatifs aux investissements dont la création résulte de la Convention de Washington du 18 mars 1965), 25 sept. 2007, G. Guillaume (Président), N. Elaraby, J. Crawford (Membres du Comité ad hoc), *CMS Gas Transmission Cy c/ République argentine* (cité par E. Gaillard, « Chronique des sentences arbitrales », *JDI* (Clunet), n° 1, janvier 2008, chron. 3. Dans cette affaire, l'arbitre a considéré que « passing to the dispute, the Tribunal referred to its previous findings about the tariff regime. It analyzed the general principles of Argentine law applicable in this respect, mentioning the Gaz de Bordeaux decision as a landmark decision which was at the origin of the theory of « imprévision ». It added however that it did not need to look into general principles

réunion des conditions d'application de la théorie de l'imprévision s'apprécie strictement, comme dans la jurisprudence administrative française. Le devoir de renégocier y a également une place prépondérante[936]. En somme, la seule véritable différence qui existe entre le droit interne en France et le droit de l'arbitrage international réside dans les critères d'interprétation respectivement retenus par le juge administratif et l'arbitre. L'un se fonde sur une appréciation objective des éléments constitutifs de l'état d'imprévision tandis que l'autre, sans faire expressément référence à la notion d'imprévisibilité, évalue le caractère exceptionnel de l'événement au moyen de notions purement subjectives telles que le juste, le raisonnable ou l'équitable. Le principe de bonne foi en revanche est tout aussi prégnant dans la théorie générale des contrats administratifs que dans l'arbitrage international des situations d'imprévision[937]. En conséquence, la

---

of law to find an answer as to how the contract in this case could have been adjusted to new economic realities. It observed that the pertinent mechanisms were embodied in the Law and the License itself and that those mechanisms had not been used ». « En jugeant le litige, le tribunal s'est référé à ses précédentes conclusions sur le régime tarifaire. Il a analysé les principes généraux du droit applicable en Argentine dans ce cas, en mentionnant que la décision Gaz de Bordeaux était la décision historique à l'origine de la théorie de l'« imprévision ». Il a cependant ajouté qu'il n;avait pas besoin de chercher dans les principes généraux du droit pour solutionner le litige afin de determiner comment dans ce cas, le contrat pouvait être réajusté en fonction des nouvelles réalités économiques. Il a fait remarquer que des mécanismes pertinents étaient contenus dans la loi et dans le contrat lui-même et que ces mécanismes n'avaient pas été utilisés » (traduction libre).

[936] En droit international, l'obligation de renégocier un contrat dont l'économie générale a été bouleversée à cause d'un changement des circonstances extérieures est de principe constant. L'exemple le plus topique est sûrement celui du « Plateau continental de la Mer du Nord » (CIJ, 20 février 1969, *République fédérale d'Allemagne c/ Danemark et République fédérale d'Allemagne c/ Pays-Bas*, *Rec.* CIJ, p. 47). L'arbitrage international s'inspire à ce titre de la jurisprudence rendue par la Cour internationale. Aussi le devoir de négocier y est admis de la même manière (voir par exemple : Trib. Arb. Paris, 24 mars 1982, *précité*).

[937] En droit international, le principe de bonne foi revêt une dimension fondamentale (R. Kolb, *La bonne foi en droit international public. Contribution à l'étude des principes généraux de droit,* PUF, 2000, 795 p. ; P. Mayer, « Le principe de bonne foi devant les arbitres du commerce international », *in Etudes de droit international en l'honneur de P. Lalive*, 1993, p. 543 ; Ph. Kahn, *Op. cit.*, spéc. p. 18). Il irrigue ainsi la plupart des sentences arbitrales (voir par exemple : CCI 5953-1989, *précitée* ; CCI 5485-1987, *Rec. des sentences arbitrales*, 1989 ; CCI 2508-1976, *JDI* (Clunet), 1977 ; CCI 4761-1987, *JDI* (Clunet), 1987, *précitée*).

révision du contrat d'Etat économiquement bouleversé par la survenance d'un changement exceptionnel de circonstances est peu ou proue envisagée de la même manière par le juge administratif et l'arbitre international – la différenciation des interprétations n'étant qu'une distinction ténue au regard de la réelle reconnaissance de cette théorie similairement appliquée. En définitive, « l'ajustement de prix, d'après l'arbitre, doit permettre la survie du contrat dans des conditions raisonnables sans plus. Il s'agit bien de maintenir une relation bilatérale dans une optique d'économie d'entreprise »[938]. C'est aussi ce qui sous-tend l'application de la théorie administrative de l'imprévision.

La théorie de l'imprévision a en outre fait l'objet d'une application retentissante dans l'affaire « qui opposa l'Algérie (Sonatrach) aux Etats Unis (El Paso), à la France (Gaz de France) et à la Grande-Bretagne (British Gas Corporation) »[939]. Une série de contrats de vente de gaz naturel avait été passée à la fin des années 1960 par l'Algérie avec plusieurs sociétés étrangères. Manifestement conclues pour satisfaire un besoin d'intérêt général dans chacune des Nations en cause, ces conventions de longue durée avaient subi les effets du temps et des circonstances si bien que leur économie générale s'en trouvait bouleversée. L'exécution des obligations de Sonatrach se faisait alors dans des conditions fondamentalement différentes de ce qu'elle avait pu raisonnablement prévoir lors de la conclusion des contrats. Le prix de base du gaz naturel, qui ne correspondait plus à la réalité du marché, justifiait donc une révision des contrats conforme au prix du pétrole[940]. Aussi, en choisissant d'accorder le bénéfice de la théorie de l'imprévision, l'arbitre international a estimé que le changement des circonstances économiques était constitutif d'une situation de *hardship* qui avait ensuite conduit le vendeur à exécuter ses obligations dans des conditions gravement anormales.

L'arbitrage international des situations d'imprévision, s'il n'est pas particulièrement fréquent en pratique, demeure néanmoins largement

---

[938] Ph. Kahn, *Ibid.*, p. 5, spéc. p. 27.

[939] Aff. citée par Ph. Kahn, *Ibid.*, spéc. p. 27 et 28.

[940] Pour une analyse approfondie, voir : Ph. Kahn, *Op. cit.*, spéc. p. 27 et 28.

admis. La rigueur du contrat ne s'accorde guère avec la vie des affaires. Les opérateurs économiques déploient moult procédés afin de stimuler la flexibilité contractuelle et de permettre aussi l'adaptation des stipulations de leurs contrats.

Conclusion du Chapitre 1

Le droit du commerce international exerce en définitive une influence indéniable sur le droit national des contrats. La mondialisation, l'interdépendance des économies des Etats et la multiplication des transactions financières et commerciales à l'échelle internationale ont accru les risques inhérents à l'exécution des contrats. Le contexte économique contemporain est, en effet, devenu plus qu'incertain si bien que l'adaptation du contrat international aux nouvelles circonstances s'est avérée capitale[941]. L'imprévision devient un paramètre supplémentaire des prévisions contractuelles des parties qui prévoient son traitement sous la forme d'une clause de *hardship*. En France, ce concept a inspiré à la fois le droit des contrats administratifs et le droit privé des obligations[942]. Depuis la fin du XXème siècle, le contenu des contrats évolue sensiblement à la faveur de la liberté contractuelle des parties vers la révision du contrat. Il est actuellement primordial de se prémunir contre les effets des changements de circonstances lors de la conclusion du contrat. Or, en l'absence de considération pour le *hardship*, les parties peuvent également se prévaloir de la théorie de l'imprévision devant une juridiction arbitrale internationale. Le commerce international fait d'ailleurs à ce titre une place toute particulière à l'arbitrage des situations d'imprévision, qui participe d'un mode de résolution plus flexible des conflits contractuels internationaux. Certes le contentieux en la matière n'est pas étendu – ce qui semble pour le moins normal puisqu'au plan international, la théorie fait l'objet d'une application exceptionnelle comme en droit des contrats administratifs. Pour autant, le recours à l'arbitrage tend à se développer et est sans cesse plus important[943]. Aussi, il est actuellement, quasi systématique. Or, lorsque la théorie de l'imprévision est invoquée par les parties et qu'elle est susceptible de produire ses effets dans le cas d'espèce, l'arbitre va nécessairement chercher à faire l'économie d'une

---

[941] Ph. Fouchard, « L'adaptation des contrats à la conjoncture économique », *Rev. arb.*, 1979, p. 67.

[942] Voir *supra*, p. 256 et s.

[943] Voir par exemple : I. Beyneix, L.-C. Lemmet, « L'arbitrage international est-il encore véritablement un mode alternatif de règlement des différends ? », *RTD Com.* 2012, p. 225.

intervention dans le contrat international. Le plus souvent, c'est par la voie des renégociations que le contrat est ajusté à la conjoncture économique. Il est donc extrêmement rare que l'arbitre réaménage les stipulations contractuelles. En matière d'imprévision, la conduite des renégociations est impérative au point que les parties doivent mettre en œuvre tous les moyens nécessaires pour parvenir à un accord amiable. « Toutefois, sans conclure à l'existence d'une stricte obligation d'aboutir à la réadaptation, on peut néanmoins estimer que tant les exigences de la bonne foi que l'intention des parties, concrétisée par l'existence même de la clause de « *hardship* », imposent aux partenaires les obligations respectives de faire une proposition raisonnable et d'accepter une telle proposition, sous peine d'engager leur responsabilité »[944]. Aussi, l'obligation de renégocier de bonne foi[945] revêt en droit du commerce international une importance primordiale, notamment parce que les opérations commerciales, objets des contrats internationaux, sont des entreprises de grande envergure qui mettent en jeu d'importants intérêts financiers et représentent le plus souvent, un enjeu économique majeur. Les relations économiques internationales impliquent alors que les parties adoptent une attitude loyale l'une envers l'autre afin non seulement de faciliter les nouvelles discussions mais également de favoriser une entente permettant le maintien du lien contractuel. Le principe de la bonne foi irrigue en substance le mécanisme de l'imprévision et permet d'apporter en droit international un traitement de l'état d'imprévision. C'est aussi dans la *lex mercatoria*, dans les Principes Unidroit et dans les sentences des juridictions arbitrales que le principe est constamment rappelé lorsqu'il s'agit d'imprévision. Même la clause de *hardship* implique une sous-tension de la bonne foi, quand bien même le principe n'aurait pas fait l'objet d'une formulation expresse. Or, comme toute notion subjective, son appréciation passera nécessairement par une interprétation juridictionnelle, tout comme les dispositions de la *lex mercatoria* ou des Principes Unidroit[946], et de la clause de *hardship*, interprétation qui demeure, en tout état de cause, vectrice d'insécurité.

[944] B. Oppetit, *Op. cit.*, spéc. p. 806 et 807.

[945] M. Santa-Croce, « Contrats internationaux », *JCl. Droit international*, Fasc. 552-70, 2008, n° 29 et s.

[946] Voir en ce sens : B. Fauvarque-Cosson, *Op. cit.*, p. 464 et s.

Partant, en droit international, le seul critère objectif retenu pour qualifier l'état d'imprévision se fonde sur le grave[947] déséquilibre des prestations réciproques[948].

Dans un contexte de mondialisation et de libéralisation des échanges commerciaux, il serait inconcevable de nier la portée normative de la *lex mercatoria* ou des solutions arbitrales internationales. L'imprévision, qui y est remarquablement accueillie, influence la plupart des droits contractuels nationaux, en témoigne par exemple le droit européen comparé.

---

[947] De l'avis général, il ne doit pas s'agir d'un simple déséquilibre mais plus d'un véritable bouleversement de l'économie contractuelle. Le déséquilibre doit donc être particulièrement accusé, c'est-à-dire « substantiel » (voir en ce sens : B. Oppetit, *Op. cit.*, spéc. p. 802). Le Professeur Bruno Oppetit explique que « le caractère substantiel du « hardship » ne s'apprécie pas dans l'absolu, mais relativement, par rapport à l'équilibre contractuel ».

[948] La notion d' « équilibre des prestations réciproques » revêt une importance particulière en droit de l'arbitrage international. Elle sert l'interprétation de la volonté des parties et participe d'une règle fondamentale du droit international : « toute transaction commerciale est fondée sur l'équilibre des prestations réciproques » (Ph. Kahn, *Op. cit.*, p. 18).

CHAPITRE 2
L'IMPREVISION EN DROIT EUROPEEN COMPARE

Les Etats membres de l'Union européenne dont la France fait partie ont pour la plupart adopté une théorie de l'imprévision. Au-delà même des frontières européennes, la théorie est admise selon des considérations similaires à la théorie administrative de l'imprévision qui sert *de facto* de modèle de référence[949]. C'est bien que la célèbre solution *Gaz de Bordeaux* ainsi que les conclusions remarquables du Commissaire du Gouvernement Chardenet ont eu un retentissement international et se sont donc exportées vers la plupart des droits nationaux. Les Etats-Unis[950], la Jordanie[951], l'Egypte[952], le Chili[953] et

[949] Quelques sentences arbitrales internationales relatives à l'imprévision font expressément référence à l'arrêt *Gaz de Bordeaux* qui est, depuis 1916, la « décision repère » (*the landmark decision*) en matière d'imprévision. Voir *supra*, p. 384, note 935.

[950] Voir : R. David, « L'imprévision dans les droits européens », *in Etudes offertes à A. Jauffret*, 1974, p. 213.

[951] Le législateur jordanien admet la théorie de l'imprévision aux termes de l'article 205 du code civil : « par la suite d'événements exceptionnels, imprévisibles et ayant un caractère de généralité, l'exécution de l'obligation contractuelle, sans devenir impossible, devient excessivement onéreuse de façon à menacer le débiteur d'une perte exorbitante, le juge peut, suivant les circonstances et après avoir pris en considération les intérêts des parties, réduire, dans une mesure raisonnable, l'obligation devenue excessive » (cité par J.-L. Mouralis, *Op. cit.*, n° 111, p. 18. Le Professeur fait référence à l'ouvrage de N. Comair-Obeid, Les contrats en droit musulman des affaires, Economica, 1995, n° 2-7, p. 147).

[952] La théorie de l'imprévision est admise au titre de l'article 147 du code civil égyptien de 1948 qui dispose que « le contrat fait la loi des parties. Il ne peut être révoqué ni modifié que de leur consentement mutuel, ou pour les causes prévues par la loi. Toutefois, lorsque en raison d'événements exceptionnels, imprévisibles, et ayant un caractère de généralité, l'exécution de l'obligation contractuelle, sans devenir impossible, devient excessivement onéreuse de façon à menacer le débiteur d'une perte exorbitante, le juge, suivant les circonstances et après avoir pris en considération les intérêts des parties, peut réajuster, dans une mesure raisonnable, l'obligation devenue excessive » (cité par J.-L. Mouralis, *Ibid.* ; J. Ghestin, Ch. Jamin, M. Billiau, *Op. cit.*, n° 348, p. 414. Les Professeurs font tout deux référence à la thèse de MOHAMED A. G., *in La force obligatoire du contrat en droit musulman et la théorie de l'imprévision en droit égyptien*, Thèse Paris, 1957, p. 406).

la Suisse[954], notamment, ont développé un mécanisme de l'imprévision conforme à l'opportunité et à l'utilité économique qu'elle procure. Certes, quelques ordres juridiques sont encore hostiles à l'introduction de la théorie de l'imprévision, comme le Québec[955]. Très attachés à la règle *Pacta sunt servanda*, ces Etats adoptent une attitude proche de la position privatiste française et, de ce fait, s'exposent aussi à la critique doctrinale.

« L'étude, même sommaire, du droit comparé montre ainsi que de nombreux systèmes juridiques admettent le principe de la modification ou de la résiliation du contrat pour une cause autre qu'un cas de force majeure »[956]. Partant, le droit européen comparé[957] offre

---

[953] Au Chili, l'imprévision a fait l'objet d'une consécration législative en 1974 en raison de la crise économique des années 1972-1973, marquée par une très forte inflation (voir : J.-L. Mouralis, *Op. cit.*, n° 110, p. 17).

[954] En Suisse c'est par la voie jurisprudentielle et sur le fondement de la bonne foi que la théorie de l'imprévision a été consacrée. L'article 2 du code civil expose à ce titre que « chacun est tenu d'exercer ses droits et d'exécuter ses obligations selon les règles de la bonne foi ». Le Tribunal fédéral a estimé en 1974 qu'une « intervention du juge à la demande d'une partie, basée sur l'article 2 du Code civil, est subordonnée à un déséquilibre des prestations, ensuite d'un changement extraordinaire des circonstances, tel que le partage des risques déterminé par le contrat n'est plus supportable pour l'une des parties et que la persistance du cocontractant dans la volonté de faire valoir ses droits est, eu égard aux circonstances de l'espèce, abusive » (cité par J. Ghestin, Ch. Jamin, M. Billiau, *Op. cit.*, p. 412, notes 299, 300 et 301. Le Professeur témoigne de ce que la théorie de l'imprévision est « telle qu'elle est présentée par la doctrine française »).

[955] Nombreux sont les auteurs qui s'étonnent de la non considération de la théorie de l'imprévision au moment de la récente réforme du code civil québécois et ce, malgré l'approbation apparente du législateur national favorable à la justice contractuelle (voir en ce sens : P.-G. Jobin, « L'étonnante destinée de la lésion et de l'imprévision dans la réforme du code civil au Québec », *RTD Civ.* 2004, p. 693 ; J. Bédard, « Réflexions sur la théorie de l'imprévision en droit québécois », *McGill Law Journal*, t. 42, 1997, p. 761 ; S. Martin, « Pour une réception de la théorie de l'imprévision en droit positif québécois », *Les Cahiers de droit*, vol. 34, n° 2, 1993, p. 599).

[956] J. Ghestin, Ch. Jamin, M. Billiau, *Ibid.*, n° 348, p. 414.

[957] La présente étude ne traitera que le droit des Etats membres de l'Union européenne. Etant l'un des principaux Etats fondateurs de l'Union et ayant adhéré à l'ensemble des traités et textes fondateurs, la France est également engagée dans le processus d'harmonisation du droit européen des contrats. A ce titre, il est intéressant d'analyser la théorie de l'imprévision telle qu'admise dans le droit des

une vision élargie de la généralisation de l'imprévision au sein de l'Union européenne. Nombreux sont les Etats membres qui reconnaissent la pertinence de la théorie et qui l'applique comme en droit administratif, de manière très exceptionnelle. Le rejet persistant de l'imprévision par le juge judiciaire français dénote, notamment parce que le législateur européen tente d'unifier le droit des contrats[958]. Aussi, chacun des systèmes juridiques de l'Union européenne exerce une influence, voire une pression, sur les systèmes voisins. C'est d'ailleurs ce qu'il se passe relativement au droit des obligations en France. Dans un tel contexte, le législateur européen cherche *a priori* à réduire le risque de conflits d'influences entre les Etats, en proposant une harmonisation du droit contractuel.

La théorie de l'imprévision est consacrée dans le droit national des principaux Etats membres (Section 1). Seule la Grande-Bretagne, pays du *Common wealth*, a adopté la théorie de la *frustration*, un mécanisme atypique, proche de la théorie française de l'imprévision et qui, au fond, demeure un cas de force majeure assouplie (Section 2).

SECTION 1. LA CONSECRATION DE L'IMPREVISION DANS LE DROIT NATIONAL DES PRINCIPAUX ETATS MEMBRES

Rares sont les pays de l'Union européenne à récuser la théorie de l'imprévision. Parmi les principaux Etats membres, seule la Belgique adopte une conception similaire à celle du juge judiciaire français, fondée sur une interprétation rigoriste de la force obligatoire[959] des contrats. Le rejet de l'imprévision en droit belge résulte d'un arrêt de la Cour de Cassation du 19 mai 1921, inspiré pour partie de l'arrêt *Canal de Craponne*. Mais, c'est en 1924 que la théorie de

principaux Etats membres et de comparer ce qui est consacré au sein de l'Union européenne avec la position privatiste française.

[958] Voir, *infra*, p. 450 et s.

[959] Voir en ce sens : P. Wéry, *Droit des obligations - Théorie générale des contrats*, Précis de la Faculté de droit de l'Université catholique de Louvain, vol. 1, Larcier, 2010, p. 514, n° 581. Voir également : D. Philippe, *Changement de circonstances et bouleversement de l'économie contractuelle*, Thèse, Bruylant, 1986, p. 155 et s. ; J. Périlleux, « Rapport belge », *in La bonne foi*, Travaux de l'Association H. Capitant, t. XLIII, Litec, 1992, p. 248.

l'imprévision a été précisée[960] et définitivement écartée en droit belge[961]. Malgré la controverse doctrinale, la théorie demeure en marge du droit positif belge qui prévoit en outre quelques dispositions législatives[962] permettant la révision pour imprévision ou la résiliation de certains contrats. D'autres procédés juridiques[963] remédient également à l'absence d'une théorie de l'imprévision. Ainsi, selon le Professeur Patrick Wéry, « dès lors que l'exécution en nature de l'obligation demeure possible, celle-ci doit être assumée, quoi qu'il en coûte au débiteur. Et ni l'écoulement du temps ni l'équité n'autorisent le juge à affranchir une partie du contrat devenu déséquilibré ou à le réviser »[964].

En revanche, la théorie de l'imprévision est, partout ailleurs, admise. L'Allemagne, les Pays-Bas, l'Espagne, l'Italie, la Pologne, la Hongrie, la Grèce, le Portugal, la Suède, la Finlande et le Danemark, principalement, ont consacré, tantôt par la voie législative, tantôt par la voie jurisprudentielle, la révision du contrat pour imprévision. Conscients que le temps et les circonstances peuvent avoir un effet dévastateur sur l'exécution contractuelle, ces systèmes juridiques ont

---

[960] « La théorie qui tend à faire admettre qu'en toute matière, la partie lésée par un contrat peut être déliée de ses engagements lorsque des événements extraordinaires, échappant à toute prévision au moment où le contrat a pris naissance, en ont altéré si profondément l'économie, qu'il soit certain qu'elle n'aurait pas consenti à assumer l'aggravation des charges qui en résulte » (Cass., 30 octobre 1924, *Pas.*, 1924, I, p. 565, *B.J.*, 1925, col. 297 : cité par P. Wéry, *Op. cit.*, p. 513, note 2689).

[961] Civ. Gand, 21 juin 1933, *B.J.*, 1934, col. 48 ; Cass., 31 octobre 1935, *Pas.*, 1936, I, p. 22, note 1 ; Cass., 19 novembre 1982, *Pas.*, 1983, I, p. 342, note 2 ; Cass., 30 novembre 1989, *Pas.*, 1990, I, p. 392 ; Cass., 7 février 1994, *Pas.*, 1994, I, p. 150 (jurisprudence citée par P. Wéry, *Ibid.*, p. 514 et s.).

[962] Pour une analyse détaillée, voir : P. Wéry, *Ibid.*, p. 514, n° 582.

[963] Les parties sont, par exemple, libres d'insérer dans leur contrat des clauses de *hardship* en vertu de la liberté contractuelle qui les anime. Destinées à provoquer la révision du contrat ou sa résiliation elles seront susceptibles de jouer en cas de changement des circonstances économiques en vue de la conduite de renégociations autour du prix contractuel initialement décidé. Les parties ont ensuite la faculté de se prévaloir de leur droit de résiliation unilatérale si elles sont engagées dans un contrat de longue durée. Elles peuvent enfin invoquer la caducité du contrat pour disparition de l'objet ou l'abus du droit (pour une analyse approfondie, voir : P. Wéry, *Ibid.*, p. 516, n° 584 et s.).

[964] *Ibid.*, p. 514, n° 581.

intégré un mécanisme visant l'adaptation des stipulations du contrat à l'évolution de la conjoncture économique. La sécurité juridique des relations contractuelles justifie le plus souvent le réaménagement de ce qui a été initialement voulu par les parties. Or, l'ajustement du contrat demeure exceptionnel. La théorie de l'imprévision est l'objet d'une application parcimonieuse comme en droit des contrats administratifs ou en droit commercial international. Aussi, la position des juges français et belges détonne au sein de l'Union, d'autant qu'actuellement la théorie est introduite dans de nombreux droits positifs nationaux. En effet, la considération de ce que l'instabilité économique est susceptible de bouleverser l'économie contractuelle témoigne de l'opportunité, voire de la nécessité, d'une réception de la théorie dans l'ensemble des ordres juridiques européens. Ainsi, la généralisation de l'imprévision au sein de l'Union européenne constitue un vecteur de convergence suggérée, la Cour de Cassation manifestant le plus grand intérêt à l'environnement juridique européen.

Tantôt consacrée sur le fondement du principe de la bonne foi (I), tantôt justifiée par l'équité (II), la théorie de l'imprévision a droit de cité dans le droit positif des Etats membres de l'Union européenne, ce qui explique la tendance à l'harmonisation du droit des contrats, spécifiquement en matière d'imprévision.

I/ L'IMPREVISION CONSACREE SUR LE FONDEMENT DU PRINCIPE DE BONNE FOI

Nombreux sont les Etats de l'Union européenne à avoir choisi d'admettre la théorie de l'imprévision au soutien du principe de la bonne foi, ce qui, au fond, n'est pas concevable en droit français des obligations.

En Allemagne, la théorie de l'imprévision est consacrée sur le fondement du principe de la bonne foi. C'est l'article 242 du BGB[965] qui ordonne *Treu und Glauben* comme principe directeur du droit civil allemand, notamment dans le cadre de l'exécution des contrats. Selon Oertmann, « la *Geschäftsgrundlage* est formée par la représentation (...) que se sont faites les parties de la présence ou de la survenance de

[965] *Bürgerliches Gesetzbuch* (code civil allemand).

certaines circonstances sur la base de laquelle la volonté contractuelle s'est construite. Elle vise également une pareille représentation, propre à l'une des parties, mais qui, apparue à la conclusion du *negotium*, a été reconnue par le partenaire éventuel dans sa signification réelle et n'a pas été contestée par lui »[966]. C'est en somme ce qui caractérise en droit français des contrats la cause contractuelle[967], c'est-à-dire la contrepartie objective que les contractants en s'engageant dans la voie contractuelle peuvent légitimement espérer retirer de l'entreprise contractuelle. Il s'agit donc bien du bénéfice futur escompté que les parties sont en droit d'attendre, une fois l'opération contractuelle réalisée. Partant, la bonne foi suppose que, lorsque cette contrepartie a disparu en cours d'exécution, le contrat soit réajusté au regard des nouvelles circonstances. *Treu und Glauben* a ainsi d'abord été défini comme un principe de confiance réciproque[968]. Caractéristique de la loyauté que les parties doivent entretenir pendant toute la durée d'exécution contractuelle, la bonne foi doit se manifester précisément lorsqu'un changement de circonstances tend à bouleverser l'économie du contrat au point qu'une des parties voit disparaître le fondement de ce sur quoi elle s'était préalablement engagée. Dès lors, le contractant qui n'a pas à supporter la charge imprévue ne peut en toute bonne foi exiger l'exécution des obligations de son cocontractant. En effet, si les circonstances se sont modifiées au point qu'elles n'ont plus rien à voir avec celles qui avaient présidé lors de la conclusion du contrat, son exécution devient alors anormale. Cette situation justifie la révision judiciaire ou l'annulation du contrat, notamment si les renégociations

---

[966] D. Philippe, Thèse *précitée*, p. 227, note 5 (traduction libre). Voir également : W.-T. Schneider, « La codification d'institutions prétoriennes », *RIDC*, 2002, n° 4, p. 959, spéc. p. 965. Aux termes de l'analyse, « la version allemande de la théorie de l'imprévision part du principe que tout contrat repose sur un fondement général dont les parties étaient implicitement convenues, dans la mesure où il s'agissait d'une vision commune ou d'un motif unilatéral mais connu du cocontractant ».

[967] Voir également, en ce sens : J.-L. Mouralis, *Op. cit.*, p. 17, n° 109. En droit civil allemand, l'anéantissement du « fondement contractuel » se retrouve dans la notion *Welgfall der Geschäftsgrundlage*.

[968] A rapprocher du principe de confiance légitime prévu par le droit européen des contrats. Voir *infra*, p. 474 et s.

ont échoué. C'est alors la *Geschäftsgrundlage* qui fonde le réaménagement par le juge des termes contractuels[969].

Par ailleurs, la théorie de l'imprévision a fait l'objet d'une codification. Le législateur allemand a incorporé l'article 313 « Troubles du fondement contractuel » aux dispositions du BGB[970] qui précise que « 1. Lorsque les circonstances qui ont été le fondement du contrat ont gravement changé après la conclusion du contrat, de sorte que les parties n'auraient pas conclu le contrat ou du moins ne l'auraient pas conclu dans les mêmes conditions si elles avaient agi en connaissance de cause, une adaptation peut être demandée dans la mesure où l'exécution du contrat initial ne peut être exigée de l'une des parties, eu égard à toutes les circonstances de l'espèce et plus spécialement à la répartition contractuelle ou légale des risques. 2. Est assimilé à un changement de circonstances le fait que les conceptions essentielles des parties qui ont été le fondement du contrat se révèlent erronées. 3. Lorsque l'adaptation du contrat est impossible à réaliser ou qu'elle ne peut être exigée de l'une des parties, la partie défavorisée peut déclarer le contrat résolu. La résolution est remplacée par la résiliation lorsqu'il s'agit d'un contrat à durée indéterminée »[971]. Ainsi,

---

[969] Voir également, en ce sens : J. Ghestin, Ch. Jamin, M. Billiau, *Op. cit.*, n° 348, p. 411.

[970] C'est en 2001 que la théorie de l'imprévision a été codifiée en Allemagne (voir en ce sens : Ph. Hujo, *Force majeure et Imprévision : Une analyse comparatiste entre le droit français, le droit anglais et le droit allemand*, GRIN Verlag, 2008, p. 47). Elle est formulée comme suit :
§ 313 BGB *Störung der Geschäftsgrundlage* : « (1) *Haben sich Umstände, die zur Grundlage des Vertrags geworden sind, nach Vertragsschluss schwerwiegend verändert und hätten die Parteien den Vertrag nicht oder mit anderem Inhalt geschlossen, wenn sie diese Veränderung vorausgesehen hätten, so kann Anpassung des Vertrags verlangt werden, soweit einem Teil unter Berücksichtigung aller Umstände des Einzelfalls, insbesondere der vertraglichen oder gesetzlichen Risikoverteilung, das Festhalten am unveränderten Vertrag nicht zugemutet werden kann.*
(2) *Einer Veränderung der Umstände steht es gleich, wenn wesentliche Vorstellungen, die zur Grundlage des Vertrags geworden sind, sich als falsch herausstellen.*
(3) *Ist eine Anpassung des Vertrags nicht möglich oder einem Teil nicht zumutbar, so kann der benachteiligte Teil vom Vertrag zurücktreten. An die Stelle des Rücktrittsrechts tritt für Dauerschuldverhältnisse das Recht zur Kündigung* ».

[971] W.-T. Schneider, *Op. cit.*, p. 959, spéc. p. 968.

il est de principe constant en droit allemand que l'article 313 du BGB s'applique si l'une des parties se trouve dans l'incapacité économique d'assumer ses obligations contractuelles initialement fixées. Encore faut-il que l'équilibre des prestations ait été profondément bouleversé à cause de la survenance d'un « changement grave » des circonstances. Dès lors, l'interprétation de l'article 313 du BGB ordonne la conduite de renégociations de bonne foi. Le bouleversement de l'économie contractuelle justifie que les parties se rencontrent à nouveau pour discuter du traitement à donner à l'état d'imprévision. C'est d'ailleurs le principe de bonne foi qui implique *a priori* – c'est-à-dire avant toute intervention judiciaire – une tentative de réaménagement amiable des stipulations du contrat. En cas d'échec des nouvelles discussions, le juge allemand détient le pouvoir de réviser les conventions gravement déséquilibrées. « La dissolution du contrat est l'exception »[972]. Aussi, est-il préférable en droit allemand de procéder à l'adaptation judiciaire du contrat plutôt qu'à son annulation, afin de conserver le lien contractuel. La théorie allemande de l'imprévision est en définitive proche de la théorie administrative française. A ce titre, il convient de remarquer qu'en Allemagne, la théorie a d'abord résulté d'une construction jurisprudentielle développée au début du XXème siècle[973], sans doute inspirée de la solution *Gaz de Bordeaux*.

Partant, « la nécessité d'un droit au changement du contrat n'a jamais été niée par les juristes allemands »[974]. Mais il demeure exceptionnel que la théorie de l'imprévision soit mise en œuvre[975] au contentieux.

---

972 Ph. Hujo, *Op. cit.*, p. 48; J. Ghestin, Ch. Jamin, M. Billiau, *Op. cit.*, n° 348, p. 412.

973 On fait traditionnellement remonter la première application de la théorie de l'imprévision aux années 1920 – soit quatre ans après la consécration française de la théorie – qui ont été marquées par une période de très forte inflation. Voir : RG, 3 février 1922, *RGZ* 103, 328 ; voir également : RG, 15 octobre 1918, *RGZ* 94, 45 ; RG, 21 septembre 1920, *RGZ* 100, 129 (jurisprudence citée par W.-T. Schneider, *Op. cit.*, p. 959, spéc. p. 964 et 965).

974 W.-T. Schneider, *Ibid.*, p. 959, spéc. p. 964.

975 Plusieurs conditions sont strictement imposées par le juge allemand. Or, il convient de noter que la condition d'imprévisibilité ne jouit pas de la même considération qu'en France, le juge administratif estimant qu'il s'agit d'une condition impérative subordonnant le jeu de l'imprévision et ce, à la différence du

La codification allemande relative à la théorie de l'imprévision a par ailleurs connu un rayonnement formidable au sein de l'Union européenne. Aussi, elle constitue un modèle pour les législateurs nationaux voisins. Au Portugal, la théorie a été consacrée par le législateur aux termes de l'article 437 du code civil[976] de 1966. Ces dispositions précisent donc les modalités du traitement d'une situation imprévisible résultant d'un grave changement des circonstances économiques de nature à affecter l'économie du contrat. Comme en droit allemand, la théorie n'a vocation à jouer que si les conditions initiales à l'origine de l'accord de volonté et fixées lors de la conclusion du contrat, se sont profondément modifiées au cours de l'exécution. Le juge portugais se voit dès lors confié à ce titre le pouvoir exceptionnel de révision du contrat, conformément à la volonté du législateur. Toutefois, si l'adaptation des stipulations n'est pas réalisable, le contrat pourra être résilié. En droit portugais, la théorie de l'imprévision est une manifestation des exigences du principe de la bonne foi qui innerve l'ensemble du droit des contrats.

La théorie allemande de l'imprévision a en outre influencé la codification hellénique. Le législateur de 1940 a ordonné le principe de l'adaptation des contrats dont l'économie a été gravement modifiée en raison de la survenance d'un changement de circonstances. L'article 388 du code civil grec[977] pose le régime de l'imprévision, en

---

juge allemand. Pour une étude approfondie, voir : D. Philippe, Thèse *précitée*, p. 254 et s. ; J. Ghestin, Ch. Jamin, M. Billiau, *Op. cit.*, n° 348, p. 411 et 412.

[976] R. David, *Op. cit.*, p. 213, spéc. p. 220 ; J.-L. Mouralis, *Op. cit.*, n° 110, p. 17 ; J. Ghestin, Ch. Jamin, M. Billiau, *Ibid.*, n° 348, p. 414. L'article 437 du code civil portugais se trouve à la sous-section VII intitulé « *Resolução ou modificação do contrato por alteração das circunstâncias* » (« Résolution ou modification du contrat au regard de l'évolution des circonstances » - traduction libre) : « *Condições de admissibilidade. 1. Se as circunstâncias em que as partes fundaram a decisão de contratar tiverem sofrido uma alteração anormal, tem a parte lesada direito à resolução do contrato, ou a modificação dele segundo juízos de equidade, desde que a exigência das obrigações por ela assumidas afecte gravemente os princípios da boa fé e não esteja coberta pelos riscos próprios do contrato. 2. Requerida a resolução, a parte contrária pode opor-se ao pedido, declarando aceitar a modificação do contrato nos termos do número anterior* ».

[977] J.-P. Zepos, « Quinze années d'application du Code civil hellénique (1946-1961) », *RIDC*, vol. 14, n° 2, 1962, p. 281 ; R. David, *Ibid.*, p. 213, spéc. p. 219 ; J.-

vertu du principe de la bonne foi. « Aux termes de cette disposition, si les circonstances, sur lesquelles, eu égard à la bonne foi et aux usages admis dans les affaires, les parties se sont principalement basées pour la conclusion d'un contrat synallagmatique, ont ultérieurement changé pour des raisons extraordinaires et ne pouvant être prévues, et que, à cause de ce changement, la prestation du débiteur, eu égard aussi à la contre-prestation, soit devenue démesurément onéreuse, le tribunal peut, à la demande du débiteur, la ramener, suivant son appréciation, à la mesure convenable, ou même décider la résolution du contrat tout entier ou dans sa partie non encore exécutée »[978]. Ainsi, a donc été consacrée la révision judiciaire pour imprévision dont il convient de remarquer que seuls les contrats synallagmatiques sont concernés par ce principe d'adaptation. Le juge grec fait en revanche une application parcimonieuse de la théorie dont l'encadrement juridique est strictement défini par plusieurs critères de mise en œuvre[979]. Pour autant, contrairement à la théorie administrative française, une fois le contrat intégralement exécuté, la partie lésée ne peut plus demander le bénéfice de l'imprévision[980]. Ainsi, selon le Professeur Pan J. Zepos, « au moyen de cette disposition le Code civil hellénique a combiné la théorie allemande de la *Geschäftsgrundlage* avec la théorie française de l'imprévision, en y introduisant cependant certaines variantes essentielles »[981].

La théorie de l'imprévision a aussi un droit de cité dans le droit autrichien des contrats, correspondant peu ou prou à la théorie allemande. Consacrée par la voie jurisprudentielle et fondée sur le principe de la bonne foi – comme en droit allemand – la révision du contrat pour imprévision se justifie par la modification en profondeur de l'économie contractuelle. Ainsi, lorsque les circonstances initiales qui avaient présidé lors de la conclusion du contrat, ont été

L. Mouralis, *Op. cit.*, n° 110, p. 17 ; J. Ghestin, Ch. Jamin, M. Billiau, *Op. cit.*, n° 348, p. 413.

[978] J.-P. Zepos, *Op. cit.*, spéc. p. 297, n° 12.

[979] Pour une analyse approfondie des conditions d'exécution de la théorie, voir : J.-P. Zepos, *Ibid.*, spéc. p. 298 et 299, n° 12.

[980] Cass. 584/1956, EEN.24.384 ; Cass. 442/1957, EEN.25.29 (jurisprudence citée par : J.-P. Zepos, *Ibid.*, spéc. p. 298, n° 12).

[981] *Ibid.*, spéc. p. 298, n° 12.

complètement bouleversées en raison de la survenance d'un événement perturbateur, extérieur aux parties, le tribunal peut, en cas d'échec des renégociations, ordonner l'adaptation du contrat. Cette jurisprudence se fonde, semble-t-il, sur l'article 936 du code civil autrichien qui prévoit à ce titre que « la stipulation par laquelle on convient de conclure un contrat dans l'avenir n'est obligatoire que lorsqu'on a déterminé l'époque de la conclusion ainsi que les conditions principales du contrat et que les circonstances n'ont pas changé dans l'intervalle de manière à ce que le but expressément déterminé ou résultant des circonstances ait été rendu impossible, ou encore, que la confiance de l'une ou l'autre partie se trouve détruite »[982]. Il ne s'agit pas à proprement parler, d'une véritable réception de la théorie dans les dispositions du code civil. Mais, il n'en demeure pas moins que les éléments constitutifs de l'imprévision s'y trouvent caractérisés et qu'une considération particulière est faite au changement de circonstances de sorte que le juge autrichien puisse fonder la théorie sur un fondement légal.

Les systèmes juridiques scandinaves ont développé une théorie originale, comparable à celle de l'imprévision allemande. D'origine jurisprudentielle, « la théorie des *suppositions* (*présomptions*) des parties formulée surtout par Ussing au Danemark »[983] participe *de facto* du réalisme juridique propre aux pays nordiques. S'engager dans une relation contractuelle suppose qu'aient été préalablement définies les attentes de chacune des parties. Ainsi, lors de la conclusion du contrat, les parties fixent en fonction de la conjoncture contemporaine les conditions d'exécution de leurs obligations respectives. Or si ces prévisions sont bouleversées par l'effet d'un changement exceptionnel de circonstances au point qu'elles ne correspondent plus en rien aux circonstances initiales censées régir le contrat, la partie lésée ne sera plus en mesure de voir les attentes qu'elle pensait retirer de l'opération contractuelle, se concrétiser. L'adaptation judiciaire des

---

[982] V. Foucher, *Collection des lois civiles et criminelles des Etats modernes : Code civil général de l'empire d'Autriche*, vol. 3, Imprimerie Royale, 1836, p. 237 et 238.

[983] B. Godenhielm, « Om sâljarens bundenhet under àndrade fo rhallanden », *RIDC*, vol. 7, n° 2. Avril-juin 1995, p. 440. Egalement disponible en ligne sur : < http://www.persee.fr/web/revues/home/prescript/article/ridc_0035-3337_1955_num_7_2_9274 >, consulté le 3 mars 2012.

stipulations du contrat est alors concevable, pourvu que les parties aient tenté de trouver un accord amiable par la voie des renégociations. C'est alors le principe de la bonne foi, cher aux législations scandinaves, qui justifie la théorie des *suppositions*. En effet, la partie qui ne supporte pas les conséquences financières de l'imprévision ne saurait exiger, eu égard au principe de loyauté – très prégnant dans le droit finlandais par exemple – l'exécution de l'obligation devenue excessivement onéreuse. La Finlande, le Danemark et la Suède ont dès lors consacré leur propre théorie de l'imprévision, somme toute très proche de la conception administrative française.

Une attention particulière doit enfin être portée à l'imprévision en droit espagnol des contrats qui l'admet sur la base d'un mécanisme des plus singuliers contrastant avec ce qui est habituellement reconnu dans le droit contractuel des Etats membres de l'Union européenne.

En Espagne, la théorie de l'imprévision est principalement[984] reconnue au titre de la clause *Rebus sic stantibus*. D'origine jurisprudentielle, la révision du contrat pour imprévision n'en demeure pas moins appliquée de manière très exceptionnelle par le juge espagnol. Dès lors cette clause implicite n'aura vocation à jouer qu'au cas d'un changement fondamental des circonstances. Ainsi, lorsque les conditions initialement fixées lors de la conclusion du contrat se sont modifiées au point que l'exécution de l'obligation s'avère disproportionnée, la clause *Rebus sic stantibus* va permettre « la révision *du contrat* pour modérer de façon équitable le coût excessif des prestations en les adaptant aux nouvelles circonstances »[985]. Or, le jeu de la clause est subordonné à la réunion de plusieurs conditions cumulatives strictement appréciées par le tribunal espagnol[986], au premier rang desquelles se trouvent « l'altération extraordinaire des circonstances, la disproportion

---

[984] L'altération de la cause du contrat sert parfois la révision pour imprévision en droit contractuel espagnol (voir en ce sens : M. Mekki, *Op. cit.*, *JCPG* 2010, n° 49, p. 1219, spéc. note 18).

[985] F. Ruiz Ruiz, « L'introduction de l'euro et la continuité des contrats sur des obligations pécuniaires », *RTDE* 2000, p. 705.

[986] Pour une analyse des conditions d'application de la clause, voir : F. Ruiz Ruiz, *Ibid.*, spéc. notes 50 et 51.

exorbitante des prestations et l'imprévisibilité radicale de l'altération », ce qui explique la rareté de sa mise en œuvre. L'application de la clause procède alors du principe de la bonne foi[987] qui implique que les parties engagent des renégociations autour du bouleversement de l'économie contractuelle. En cas d'échec des renégociations, le *Tribunal supremo* a eu l'occasion d'expliquer en quoi la jurisprudence espagnole « attentive au respect et à l'effectivité que l'on doit concéder aux préceptes légaux, mais pas étrangère aux exigences de la réalité, quand celles-ci parviennent à constituer de vrais impératifs de justice, n'a pas pu faire autrement que d'admettre la possibilité de la reconnaissance de la clause »[988]. Il précise néanmoins que « la clause *rebus sic stantibus* n'est pas le remède à l'imprévision des contractants, mais aux événements étrangers à la volonté de ceux-ci »[989].

L'étude du droit comparé des contrats dans l'Union européenne révèle que le principe de la bonne foi qui sous-tend la théorie de l'imprévision dans les droits positifs étrangers ne s'entend pas de la même manière qu'en droit français des contrats. Il sert la considération des intérêts et des attentes des parties dans les législations d'inspiration allemande. Ces dernières connaissent *a priori* en s'engageant dans la voie contractuelle, les attentes respectives de l'une et de l'autre – la conclusion du contrat révèle d'ailleurs qu'aucune des parties ne s'est opposée aux attentes de l'autre, quoiqu'implicitement formulées – si bien que l'exécution en l'état du contrat dont l'économie a été gravement bouleversée en raison d'un changement de circonstances économiques, ne saurait être légitimement revendiqué par le contractant prospère. Le principe de la bonne foi s'y oppose formellement et vise *a contrario* la correction du contrat.

---

[987] « Le rétablissement de la base contractuelle est la juste conséquence de la bonne foi, dans un sens objectif » (STS, 23 novembre 1962, Aranzadi, n° 5.005, p. 3414 – texte et jurisprudence cités par F. Ruiz Ruiz, *Op. cit.*, spéc. note 40). Voir également, en ce qui concerne la clause *Rebus sic stantibus*, *supra*, p. 126 et s.

[988] F. Ruiz Ruiz, *Ibid.*, spéc. note 41.

[989] STS, 31 octobre 1963, Aranzadi, n° 4.264 (cité par : F. Ruiz Ruiz, *Ibid.*, spéc. note 52).

La théorie de l'imprévision a par ailleurs été consacrée dans d'autres droits européens, non plus sur le fondement du principe de la bonne foi, mais au titre, plutôt, de l'équité.

II/ L'IMPREVISION CONSACREE SUR LE FONDEMENT DE L'EQUITE

D'autres Etats de l'Union européenne ont préféré consacrer la théorie de l'imprévision sur le fondement de l'équité, notion incertaine qui suppose une interprétation subjective.

Aux Pays-Bas, la théorie de l'imprévision résulte d'une intervention du législateur et se trouve codifiée à l'article 258 du code civil néerlandais qui dispose que « le juge peut, à la demande de l'une des parties, modifier les effets du contrat ou le résilier en tout ou en partie en raison de circonstances imprévues d'une nature telle que, d'après les critères de la raison et de l'équité, l'autre partie ne peut s'attendre au maintien intégral du contrat. La modification ou la résiliation peut être accordée avec effet rétroactif »[990]. La révision judiciaire du contrat est alors consacrée au soutien du raisonnable et de l'équité[991]. « Dans le droit civil néerlandais la règle de l'imprévision est codifiée. C'est un exemple frappant de l'acceptation de l'effet limitatif de la notion de la raison et de l'équité : finalement la notion de la raison et l'équité, dans son effet complétif et limitatif, constitue un concept utile, opportun et indispensable »[992]. Par analogie avec la théorie allemande, le raisonnable et l'équité justifient la considération des attentes légitimes des parties.

---

[990] Livre 6 du *BurgerlijkWetboek* (code civil néerlandais). Voir : J. Ghestin, Ch. Jamin, M. Billiau, *Op. cit.*, n° 348, p. 414.

[991] Le raisonnable et l'équité se retrouvent en droit néerlandais dans la notion « *redelijkeid en billijkheid* », et ce, par opposition à la notion « *goede trouw* » qui équivaut à la bonne foi telle qu'admise en droit français des contrats. Il convient de noter que « le raisonnable » est un critère retenu tant par la *lex mercatoria* (voir *supra*, p. 350 et s.) que par les Principes européens du droit des contrats (voir *infra*, p. 443 et s).

[992] D. Dankers-Hagenaars « La bonne foi dans l'exécution du contrat », *in La bonne foi*, Travaux de l'Association Henri Capitant, Journées louisianaises, Litec 1992, t. XLIII, p. 323.

En Italie, ce sont les articles 1467 à 1469 du *codice civile* qui organisent le traitement de l'imprévision sous l'intitulé « *L'eccessiva onerosità sopravvenuta* »[993]. Le premier dispose que « dans les contrats à exécution continue ou périodique ou bien à exécution différée, si la prestation de l'une des parties est devenue excessivement onéreuse ensuite de la survenance d'événements extraordinaires et imprévisibles, celle-ci peut demander la résolution du contrat, assortie des effets prévus par l'article 1458. La résolution ne peut être demandée si les charges nouvelles rentrent dans l'aléa normal du contrat. La partie contre laquelle la résolution est demandée, peut l'éviter en offrant de modifier équitablement les conditions du contrat »[994]. Le deuxième article précise que « si dans l'hypothèse visée à l'article précédent, il s'agit d'un contrat dans lequel une seule des parties a assumé des obligations, celle-ci peut demander une réduction de la prestation ou bien une modification des modalités d'exécution, permettant de continuer cette exécution selon l'équité »[995]. En revanche, l'article 1469 du code civil italien exclut expressément l'application de « l'excessive onérosité » aux contrats aléatoires. Ainsi a donc été consacrée sur la base de l'équité, la révision judiciaire du contrat pour imprévision. Or, il convient de remarquer que l'article 1467, cœur de la théorie de l'imprévision, fait de la demande en résolution, un moyen d'encourager la conclusion d'un accord amiable entre les parties. C'est alors à celle qui ne subit pas les effets néfastes de la situation d'imprévision de trouver un aménagement équitable des stipulations du contrat. Selon le Professeur Jean-Louis Mouralis, « révision et résiliation ne s'opposent donc pas, mais se complètent : le législateur espère que la menace de résiliation incitera le bénéficiaire de l'imprévision à proposer un rééquilibrage raisonnable des prestations »[996]. Toutefois, à la différence de la théorie française de l'imprévision et pareillement à la codification hellénique, une fois le contrat intégralement exécuté, la partie lésée ne peut plus demander le bénéfice de l'imprévision. Ce dispositif légal témoigne en tout état de cause, de ce que la

[993] « La survenue de l'excessive onérosité » (traduction libre).

[994] Texte cité par : J. Ghestin, Ch. Jamin, M. Billiau, *Op. cit.*, n° 348, p. 413.

[995] *Idem.*

[996] *Op. cit.*, n° 110, p. 17.

conservation du lien contractuel revêt un caractère fondamental en droit italien, et ce, conformément à la théorie administrative de l'imprévision. L'excessive onérosité est alors appréciée par le juge au regard du déséquilibre substantiel des prestations réciproques des parties.

S'il est communément admis que la théorie de l'imprévision procède en droit italien d'une disposition légale, il n'en demeure pas moins que la jurisprudence avait déjà fait œuvre créatrice avant sa codification, très inspirée par la théorie allemande. Justifiée par l'altération du fondement contractuel présidant lors de la conclusion du contrat, la « *presupposizione* » demeure également un mécanisme proche de la théorie de l'imprévision. Définie par la Cour de Cassation italienne[997] comme « une situation de fait, commune aux parties et indépendante de leur volonté, dont les parties ont tenu compte au cours de la formation du contrat, bien qu'elles n'y aient pas fait référence dans le contrat même », cette théorie s'éloigne pourtant de l'imprévision française en ce qu'elle n'impose aucune condition d'imprévisibilité. Elle sera en revanche applicable si la disparition du fondement contractuel, comme le bouleversement de l'économie initiale du contrat, résulte d'un changement des circonstances économiques.

Le droit roumain mérite une attention particulière. Si la théorie de l'imprévision était admise par la jurisprudence au titre des articles 969 et 970 du code civil[998], elle est désormais l'objet d'une codification

---

[997] Cass. 25 mai 2007 : voir l'article de C. Dapei « Italie - La théorie de l'imprévision et de la présupposition à la lumière d'un récent arrêt du 25 mai 2007 rendu par la Cour de cassation italienne ». Accessible en ligne depuis l'adresse : < http://m2bde.u-paris10.fr/content/italie-la-th%C3%A9orie-de-l%E2%80%99impr%C3%A9vision-et-de-la-pr%C3%A9supposition-%C3%A0-la-lumi%C3%A8re-d%E2%80%99un-r%C3%A9cent-arr%C3%AAt-du >, consulté le 4 avril 2010.

[998] La rédaction des anciens articles 969 et 970 du code civil roumain était très proche des articles 1134 et 1135 du code civil français. Le premier mentionnait la portée du principe de la force obligatoire du contrat tandis que le second précisait les effets des conventions. Pourtant, à la différence du juge judiciaire français, les tribunaux roumains appliquaient la théorie de l'imprévision sur le fondement d'une combinaison de ces deux articles et plus particulièrement sur « les suites que l'équité (…) donne à l'obligation d'après sa nature ». L'interprétation de ces deux articles par le juge roumain était donc plus libérale en matière d'imprévision.

explicite depuis la réforme[999] de 2011. L'article 1271 du Nouveau code civil roumain propose dorénavant un traitement adéquat de l'imprévision[1000] et dispose que « 1. Les parties sont tenues d'exécuter leurs obligations, même si l'exécution est devenue plus onéreuse, soit en raison de l'augmentation des coûts pour l'exécution de l'obligation, soit en raison de la diminution de la valeur de la contreprestation. 2. Si l'exécution du contrat est devenue excessivement onéreuse en raison d'un changement exceptionnel des circonstances de manière qu'il serait manifestement injuste d'obliger le débiteur d'exécuter sa prestation, le juge peut imposer : (a) l'adaptation du contrat, en vue de distribuer équitablement entre les parties les pertes et les bénéfices qui résultent du changement des circonstances ; (b) la cessation du contrat, au moment et dans les conditions établis par le juge. 3. a) le changement des circonstances est intervenu après la conclusion du contrat ; b) le changement des circonstances, ainsi que son étendue, n'ont pas été et ne pouvaient pas être pris en compte par le débiteur, d'une manière raisonnable, au moment de la conclusion du contrat ; c) le débiteur n'a pas assumé le risque du changement des circonstances, et il ne peut pas être raisonnablement considéré que le débiteur aurait assumé ce risque ; d) le débiteur a essayé, dans un délai raisonnable et avec bonne foi, la négociation de l'adaptation raisonnable et équitable du contrat »[1001]. C'est alors le principe de l'équité qui justifie la révision judiciaire du contrat pour imprévision. Cet article, à la fois inspiré de la théorie administrative française et de la codification italienne, définit avec précisions le mécanisme, les conditions d'application et les effets de l'imprévision. Ainsi, au moment de la conclusion du contrat, les parties fixent un équilibre de leurs prestations réciproques conforme à leur liberté contractuelle. Lorsqu'un changement exceptionnel de circonstances provoque une situation d'imprévision de nature à bouleverser l'économie du contrat,

---

[999] Le code civil roumain de 1865 a été réformé par la loi n° 287/2009, modifiée par la loi n° 71/2011. Il est entré en vigueur le 1er octobre 2011.

[1000] Voir l'article du Cabinet d'Avocats Gide, « Le Nouveau Code civil roumain : l'avènement de l'imprévision contractuelle », p. 6. Accessible en ligne depuis l'adresse :
<http://www.gide.com/front/FR/actualites/PDF/GLN_nwsl_PECO42_FR_oct2011.pdf >, consulté le 3 janvier 2012.

[1001] Texte mentionné dans l'article du Cabinet d'Avocats Gide, *précité*.

de nouvelles discussions devront se tenir à l'initiative du débiteur lésé afin d'ajuster à l'amiable les stipulations contractuelles aux nouvelles conditions économiques. Ce n'est alors qu'en cas d'échec des renégociations que le juge interviendra au sein du rapport d'obligations. Conformément à la théorie administrative de l'imprévision, il ne détient pas le pouvoir de réviser au principal le contrat. C'est donc aux parties de trouver un aménagement contractuel à l'état d'imprévision. Par ailleurs, l'imprévision en droit des contrats roumains s'est inspirée de la codification italienne en ce que le grave déséquilibre des prestations réciproques des parties est apprécié par le juge au regard de l'excessive onérosité de l'obligation. Aussi, la théorie roumaine de l'imprévision parvient à concilier tant la force obligatoire du contrat que la justice contractuelle conformément à l'équité. « Dans le Nouveau Code Civil, le principe de la force obligatoire du contrat n'est plus une règle absolue et est soumis aux exigences de la vie sociale et économique »[1002].

L'étude du droit européen comparé des contrats témoigne de ce que là où la théorie de l'imprévision est consacrée, son application demeure très réservée[1003]. C'est dire combien la théorie constitue en droit des contrats, une exception. Identiquement, le droit anglais prévoit un mécanisme proche de la théorie française de l'imprévision, parcimonieusement appliqué par le juge. Il s'agit de la théorie dite de la « *frustration* ».

SECTION 2. LA CONSECRATION ANGLAISE DE LA *FRUSTRATION*, UN MECANISME PROCHE DE LA THEORIE FRANÇAISE DE L'IMPREVISION

L'imprévision en droit anglais des contrats a été déniée jusqu'à la deuxième moitié du XIXème siècle. Les juridictions procédaient à une interprétation stricte du pendant anglais du principe de la force obligatoire des conventions[1004], précisément comme le fait,

[1002] Article du Cabinet d'Avocats Gide, *précité.*

[1003] D. Tallon, « La révision du contrat pour imprévision au regard des enseignements récents du droit comparé », *in Droit et vie des affaires*, Etudes à la mémoire d'A. Sayag, Litec, 1997, p. 403, spéc. p. 411.

[1004] *Paradine v. Jane,* 1647 Al 26, 82 ER 897. La Cour a considéré que « (…) *when the party by his own contract creates a duty or charge upon himself, he is bound to* aujourd'hui encore, le juge judiciaire en droit privé des contrats. Cette rigueur jurisprudentielle a pourtant connu un infléchissement notable en 1863 à l'occasion de l'arrêt *Taylor v. Caldwell*[1005]. Ainsi, la théorie de l'imprévision a-t-elle d'abord été consacrée sur le fondement des *implied terms*, c'est-à-dire des clauses implicites. « C'était en fait reconnaître l'existence d'une clause *rebus sic stantibus* »[1006]. En effet, si les parties avaient pu prévoir la survenance de cet événement *a priori* imprévisible (incendie) elles auraient à l'évidence inséré une clause visant la disparition du contrat pour impossibilité d'exécution de l'obligation contractuelle. La Cour a alors estimé qu'une telle clause était sous-entendue dans le contrat de sorte que le débiteur fut exonéré de sa responsabilité. Certes, il ne s'agissait pas encore de réviser les stipulations contractuelles. D'ailleurs, il semble plus que cette affaire ait mis en jeu un cas de force majeure plutôt qu'une situation d'imprévision, qui n'était pas non plus admise par la jurisprudence anglaise[1007]. En effet, c'est l'impossibilité absolue

---

make it good, if he may, notwithstanding any accident by inevitable necessity, because he might have provided against it by contract. And therefore if the lessee covenants to repair a house, though it be burnt by lightning, or thrown down by ennemies yet ought to be repaired ». « (...) lorsque l'une des parties s'engage par contrat à remplir une obligation ou un devoir, elle est obligée d'y parvenir, si elle peut, malgré la survenance d'un événement inévitable, parce qu'elle aurait pu se prémunir contre cet événement dans le contrat. C'est pourquoi si le locataire s'engage à réparer une maison, meme si elle a été détruite, brûlée par la foudre ou détruite par des ennemis, il reste dans l'obligation de la réparer » (traduction libre).

1005 Avant de faire application de la théorie des *implied terms*, le juge Blackburn réaffirme toutefois dans cette affaire (3 B & S 826), la portée de la règle impérative *Pacta sunt servanda* : « *where there is a positive contract to do a thing, not in itself unlawful, the contractor must perform it or pay damages for not doing it, although in consequence of unforeseen accident, the performance of his contract has become unexpectedly burdensome or event impossible* ». « Lorsqu'il y a un contrat réel en vertu duquel on s'engage à faire quelque chose, qui n'est pas en lui-même illégal, le contractant doit l'exécuter ou payer des dommages et intérêts en cas d'inexécution, bien qu'en conséquence d'un accident imprévisible, l'exécution du contrat soit devenue inopinément onéreuse voire même impossible » (traduction libre).

1006 J. Ghestin, Ch. Jamin, M. Billiau, *Op. cit.*, n° 348, p. 413.

1007 Voir, par exemple, en ce sens : J. Ghestin, Ch. Jamin, M. Billiau, *Ibid.*, note 302 ; B. Fauvarque-Cosson, « Le changement de circonstances », *RDC* 2004, n° 1, p. 67, spéc. n° 15, note 35.

d'exécution de l'obligation qui sous-tend la solution de la Cour[1008]. Par ailleurs, la théorie des *implied terms* a contribué à l'avènement de la *frustration,* laconiquement définie à l'occasion de cet arrêt, tout comme le *Law Reform Act*[1009] de 1943 qui concerne le concept de *frustrated contract.*

Cette jurisprudence novatrice fondée sur la théorie des *implied terms* a néanmoins été abandonnée[1010] au profit de la théorie de la *frustration* élaborée par la Chambre des Lords dans l'arrêt de 1956 *Davis Contractors ltd v. Fareham Urban District Council.* Le changement de circonstances est désormais pris en compte par les juridictions anglaises au titre de la théorie de la *frustration* dont le champ d'application est plus large que celui de la théorie des *implied terms.* Pour autant, le sort du contrat demeure le même : il disparaît pour l'avenir. Aux termes de l'arrêt, Lord Reid expliquait à ce titre que « *the question is whether the contract which they did make is, on its true construction, wide enough to apply to the new situation: if it is not, then it is at an end* »[1011].

Le droit contractuel anglais n'est donc pas hermétique à l'imprévision. Il est d'ailleurs concevable de comparer la théorie administrative et la théorie de la *frustration* en ce qu'elles tendent toutes deux vers la considération objective du changement de circonstances. A ce titre imprévision et frustration présentent, de prime abord, une similitude apparente (I).

[1008] Un incendie avait dévasté une salle de spectacle, ce qui avait empêché la réalisation d'un concert. Dès lors, la « destruction de la chose », objet du contrat, avait rendu impossible l'exécution de l'obligation par le débiteur (voir en ce sens : J. Ghestin, Ch. Jamin, M. Billiau, *Op. cit.*, n° 348, p. 413).

[1009] Pour un historique et une analyse approfondie de la notion de *frustration*, voir : H. Lesguillons, « Frustration, Force majeure, Imprévision, Wegfall der Geschäftsgrundläge », *DPCI* 1979, t. 5, n° 4, p. 507 et s.

[1010] D. Philippe, Thèse *précitée*, p. 351 ; J.-L. Mouralis, *Op. cit.*, n° 109, p. 17 ; J. Ghestin, Ch. Jamin, M. Billiau, *Ibid.*, n° 348.

[1011] « La question est de savoir si le contrat qui a été conclu est, dans sa véritable élaboration, assez large pour s'appliquer à la nouvelle situation : s'il ne l'est pas, il prend fin » (traduction libre).

Or, de l'avis général[1012], la théorie de l'imprévision n'est pas le parfait homologue de la théorie de la *frustration*. Tandis que l'une vise l'adaptation des stipulations du contrat aux nouvelles circonstances économiques, la seconde, qui ne prévoit aucun pouvoir exceptionnel de révision au juge, vise la disparition du contrat et met fin à la relation contractuelle. Aussi, la *frustration* semble plutôt procéder d'une conception assouplie de la force majeure (II).

I/ IMPREVISION ET *FRUSTRATION*, UNE SIMILITUDE APPARENTE

Instituée par la Chambre des Lords en 1956, la théorie de la *frustration* résulte d'une construction prétorienne issue de la décision *Davis Contractors Ltd* aux termes de laquelle Lord Radcliffe définit le concept : « *frustration occurs when the law recognizes that without default of either party a contractual obligation has become incapable of being performed because the circumstances in which the performance is called for would render it a thing radically different from that which was undertaken by the contract. Non foedera veni. It was not this that I promised to do* »[1013]. La proximité conjoncturelle de la théorie de la *frustration* et de la théorie de l'imprévision est *a priori* manifeste. Le changement de circonstances fait l'objet d'une attention particulière pendant l'exécution contractuelle, comme dans la théorie générale du contrat administratif, et participe alors d'une cause exonératoire de responsabilité. La *frustration* appréhende donc un traitement de l'état d'imprévision permettant de pallier les difficultés d'exécution. Pour autant, cette théorie demeure d'application exceptionnelle. Tous les changements de circonstances ne sont pas de nature à déclencher le jeu de la *frustration*. Ainsi, comme l'a souligné the *Court of Appeal*, « *not every supervening event which prevents performance of the contract will result in its*

[1012] D. Philippe, Thèse *précitée*, p. 390 et s. ; L. Thibierge, Thèse *précitée*, n° 353, p. 222 ; J. Ghestin, Ch. Jamin, M. Billiau, *Op. cit.*, n° 348, p. 413 ; J.-L. Mouralis, *Op. cit.*, n° 109, p. 17 ; Ph. Hujo, *Op. cit.*, p. 27 et s.

[1013] House of Lords, *Davis contractors, Ltd. v Fareham Urban District Council,* (1956) A.C. 696. « La frustration survient lorsque la loi reconnaît que, sans qu'il n'y ait de faute commise par l'un ou l'autre des contractants, l'obligation contractuelle n'est plus susceptible d'être exécutée car les circonstances rendent les clauses du contrat radicalement différentes de ce qui avait été initialement prévu. Non foedera veni : ce n'est pas ce qui avait été décidé » (traduction libre).

*being frustrated because it may be apparent from the general nature of the contract, its particular terms and the context in which it was made that it was intended to apply in the circumstances that have arise*n »[1014]. C'est alors le contexte économique concomitant à la conclusion du contrat qui participe d'une appréciation par le juge des effets objectifs du changement de circonstances sur l'exécution contractuelle. Ainsi, quand bien même l'obligation serait devenue plus onéreuse sous l'effet de la survenance d'un événement imprévisible, la *frustration* ne serait pas pour autant applicable. Il faudra dès lors un véritable bouleversement de l'économie contractuelle, tel que le juge administratif l'exige en matière d'imprévision. Partant, cette théorie n'a vocation à jouer que si les conditions qui ont présidé lors de la conclusion du contrat sont devenues absolument différentes au cours de son exécution[1015]. En définitive, l'état de *frustration*, « (…) dans le contexte de l'opération contractuelle, détruit les raisons profondes de l'exécution du contrat, même si cette exécution est possible. Il ne peut s'agir que d'événements qui affectent de manière essentielle la raison ou la cause qui justifiait l'exécution par une partie de ses obligations »[1016]. En d'autres termes, c'est l'intérêt des parties qui se trouve, non pas simplement altéré, mais absolument annihilé de sorte que l'exécution de l'obligation en cause n'a plus aucune raison d'être. L'échange de consentement initial n'aurait alors pas été cristallisé dans les mêmes conditions si bien que les termes contractuels auraient évidemment contenu le traitement d'une telle situation frustrante. Ce constat conforme à l'analyse du Professeur Henri Lesguillons d'après lequel en matière de *frustration*, « la commune intention des parties est défaite »[1017], participe alors d'une certaine idée que se font les

[1014] Court of Appeal, *CTI Group INC v Transclear SA*, (2008) EWCA Civ 856. « Tout événement qui empêche l'exécution du contrat, n'entraînera pas automatiquement la frustration car il peut être évident, de par la nature du contrat, de ses termes et du contexte dans lequel il a été conclu, qu'il pouvait s'appliquer aux nouvelles circonstances » (traduction libre).

[1015] En ce sens, la théorie de la *frustration* est assez proche du concept de *hardship* (pour une analyse approfondie voir : M. Almeida Prado, « Le hardship dans le droit du commerce international », *RIDC*, vol. 58, n° 4, 2006, p. 1295). Voir également, B. Oppetit, *Op. cit.*, spéc. p. 804. Voir, *supra*, p. 363 et s.

[1016] B. Grelon, « Les entreprises et l'euro : de quelques aspects juridiques », *Rev. des Sociétés*, 1997, n° 2, p. 5.

[1017] H. Lesguillons, *Op. cit.*, p. 512.

juridictions anglaises de la justice contractuelle. Lord Watson expose à ce titre que « *the legal effect of frustration 'does not depend on their intention or their opinions, or even knowledge, as to the event'. On the contrary, it seems that when the event occurs 'the meaning of the contract must be taken to be, not what the parties did intend (for they had neither thought nor intention regarding it), but that which the parties, as fair and reasonable men, would presumably have agreed upon if, having such possibility in view, they had made express provision as to their several rights and liabilities in the event of its occurrence'* »[1018].

L'imprévisibilité du changement de circonstances est en outre un critère impératif de l'application de la théorie de la *frustration*. Identiquement à l'imprévision française, l'état de *frustration* n'est constitué que si la situation exceptionnelle ne résulte pas du fait des parties. Elle doit alors procéder d'une cause étrangère à la volonté, concourant à la réalisation d'un incident d'exécution. Dès lors, les difficultés que rencontre la partie lésée sont considérées, en tout état de cause, comme étant gravement anormales de sorte qu'elles justifient un traitement sinon juridictionnel, du moins amiable de la situation « frustrante ». Lord Simon précise aussi dans l'arrêt *National Carriers LTD v Panalpina lTd*[1019], les effets de l'événement imprévisible au regard desquels *« frustration of a contract takes place when there supervenes an event (without default of either party and for which the contract makes no sufficient provision) which so significantly changes the nature (not merely the expense or onerousness) of the outstanding contractual rights and/or obligations from what the parties could reasonably have contemplated at the time of its execution that it would be unjust to hold them to the literal sense*

[1018] *Dahl v Nelson, Donkin & Co* (1881) 6 App. Cas. 38, at. 59. « L'effet légal de l'imprévision ne dépend pas des intention ou des opinions des parties, ni même de leur connaissance de l'événement. Au contraire, il apparaît que, lorsque survient un événement, le contrat doit être appliqué, non en fonction des intentions des parties (car elles n'avaient pas envisagé et encore moins pris de dispositions par rapport à la survenance de cet événement), mais en fonction du sens que les parties, en tant que personnes justes et raisonnables, auraient probablement donné à leur contrat, si elles avaient eu l'événement à l'esprit, elles auraient établi des prévisions expresses sur les doits et obligations en cas de survenance de cet événement » (traduction libre).

[1019] (1981) AC 675, at. 700.

of its stipulations in the new circumstances ; in such case the law declares both parties to be discharged from further performance »[1020]. Cette considération paraît très proche de l'article 1156 du code civil français selon lequel l'esprit doit primer sur la lettre du contrat puisque la modification radicale de la nature des obligations contractuelles initialement fixées lors de la conclusion du contrat emporte le contenu contractuel au profit d'une interprétation libérale du juge anglais. Comme le juge administratif en France, ce dernier va donc rechercher l'intention présumée des parties et les attentes qu'elles peuvent légitimement avoir au regard de l'opération contractuelle qu'elles ont décidée.

Il convient par ailleurs de noter que la théorie de la *frustration*, comme l'imprévision administrative, présente un caractère subsidiaire. La pratique commerciale témoigne de ce que les parties cherchent, avant de recourir au juge anglais, à renégocier les termes du contrat dont l'économie a été bouleversée sous l'effet d'un changement de circonstances. Depuis l'arrêt en 1990 *Williams v Roffey Bros*[1021], le changement de circonstances justifie la tenue de nouvelles discussions pour remédier à l'exécution anormale du contrat. Ainsi, la conclusion d'un nouvel engagement en vue d'adapter le prix contractuel initialement fixé aux nouvelles conditions économiques demeure désormais conforme à la *consideration*[1022] anglaise. Aussi, le traitement amiable de l'état de *frustration* est nécessairement

---

[1020] « La frustration d'un contrat intervient lorsqu'un événement (sans faute commise par l'une ou l'autre des parties et pour lequel le contrat n'établit pas de prévisions suffisantes) modifie de façon significative la nature (pas seulement en terme de dépense et de pénibilité) des droits et obligations des parties par rapport à ce qu'elles avaient pu raisonnablement prévoir, au point qu'il serait injuste de les obliger de respecter le sens littéral de leurs stipulations dans ces nouvelles circonstances. Dans un tel cas, la loi déclare les deux parties libérées de l'exécution du contrat » (traduction libre).

[1021] (1990) 1 All ER 512.

[1022] Longtemps, en droit anglais, la *consideration* a fait obstacle à la conclusion d'un nouvel accord au cours de l'exécution d'un contrat principal, ce qui, forcément, empêchait la conduite de renégociations. Il était alors inconcevable de laisser une partie revenir sur les stipulations contractuelles initiales qu'elle avait librement consenties. Ainsi le juge a-t-il préféré réviser sa jurisprudence pour permettre une révision amiable du contrat, en cas de *frustration*.

privilégié et c'est d'ailleurs le mode le plus fréquent de résolution des situations frustrantes dans les pays du *Common Law*. Le partage des risques non raisonnablement prévisibles lors de la conclusion du contrat procède alors d'une obligation de renégocier[1023] les termes contractuels, et plus particulièrement le prix. La révision du contrat pour *frustration* est par conséquent similaire à la révision du contrat pour imprévision puisque c'est *a priori* par la voie des renégociations engagées par les parties que la situation exceptionnelle sera réglée. Ce n'est qu'à défaut d'entente qu'elle fera l'objet d'un traitement juridictionnel. L'intervention des juges anglais et français ne se fait qu'*a posteriori*, c'est-à-dire à titre subsidiaire lorsque les renégociations échouent.

Aussi, est-il concevable d'affirmer que la théorie de la *frustration* est en droit français des contrats l'équivalent de la théorie de l'imprévision en ce qu' « il serait déraisonnable, bien que théoriquement possible, d'obliger les parties à poursuivre l'exécution du contrat »[1024] dont les obligations ont été frappées par une situation exceptionnelle. C'est la justice contractuelle qui gouverne la protection des intérêts des parties au titre de la *frustration*. La transformation radicale du contexte économique présidant au moment de la conclusion du contrat justifie qu'il soit dérogé au principe de la force obligatoire. Ainsi, la *frustration* constitue seulement une limite objective à la règle *Pacta sunt servanda*, à la différence de la théorie des *implied terms* qui se fonde sur la volonté des parties.

Il est, pour autant, couramment admis que la *frustration* procède plus d'une conception assouplie de la force majeure. En effet, hormis le fait que le juge anglais ne dispose que d'un pouvoir de résiliation du contrat, la théorie de la *frustration* a été instituée sur la base d'une interprétation extensive de la notion d'*impossibility*. En somme, « la frustration se rapproche de la force majeure et de l'imprévision »[1025].

[1023] Voir en ce sens : M.-H. Maleville-Costedoat, « René-Marie Rampelberg, Repères romains pour le droit européen des contrats », *RTD Civ.* 2006, p. 423.

[1024] H. Lesguillons, *Op. cit.*, p. 512, spéc. 514.

[1025] D. Philippe, « L'usage des termes juridiques anglo-saxons dans la vie des affaires », *in Mélanges M. Fontaine* Larcier, 2003, p. 503 ; D. Philippe, Thèse *précitée*, p. 333 et s. Voir également l'analyse d'Henri Lesguillons qui, en sens

II/ La *frustration*, une conception assouplie de la force majeure

La théorie de la *frustration* est généralement associée en doctrine à la force majeure[1026]. Deux raisons essentielles nourrissent cette représentation. La première consiste à rapprocher leurs effets respectifs puisqu'elles impliquent toute deux la fin du lien contractuel tandis que la seconde témoigne de l'identité des pouvoirs du juge anglais en matière de *frustration* et du juge français confronté à un cas de force majeure. Pour autant, la *frustration* n'est pas non plus le parfait homologue de la théorie de la force majeure[1027].

La théorie française de la force majeure procède d'une impossibilité totale d'exécution d'une obligation contractuelle du fait d'un changement de circonstances. Aussi, le règlement d'un cas de force majeure ne peut qu'aboutir à la disparition du contrat. L'une des parties se trouve dans l'impossibilité absolue de pourvoir aux engagements qu'elle avait initialement contractés. Il s'agit là d'une différence fondamentale avec la théorie de l'imprévision selon laquelle l'exécution contractuelle est encore possible. La force majeure rend vaine l'exécution des obligations contractées si bien qu'une révision du contrat serait tout aussi artificielle. Dès lors, l'anéantissement du contrat constitue un traitement légitime de la force majeure.

---

inverse, explique qu' « une notion comme la frustration utilisée dans le système anglais est parfaitement irréductible à la notion de force majeure ou à celle de l'imprévision : tantôt elle se rapproche de l'une, tantôt elle se rapproche de l'autre. Elle ne coïncide jamais absolument avec l'une des deux » (*Op. cit.*, p. 507, spéc. p. 508 et 509).

[1026] Voir par exemple : D. Philippe, Thèse *précitée*, p. 390 et s. ; L. Thibierge, Thèse *précitée*, n° 353, p. 222 ; J. Ghestin, Ch. Jamin, M. Billiau, *Op. cit.*, n° 348, p. 413 ; J.-L. Mouralis, *Op. cit.*, n° 109, p. 17 ; Ph. Hujo, *Op. cit.*, p. 27 et s ; B. Fauvarque-Cosson, « Le changement de circonstances », *RDC* 2004, n° 1, p. 67, spéc. n° 15 ; A.-H. Puelinckx, « Frustration, Hardship, Force Majeure, Imprévision, Wegfall der Geschäftsgrundlage, Unmöglichkeit, Changed Circumstances », *Rev. Arb.* 1986, n° 2, p. 47, spéc. p. 50.

[1027] Voir l'étude détaillée de Henri Lesguillons qui souligne les différences qui existent entre la *frustration* et les théories de la force majeure et de l'imprévision (*Op. cit.*, spéc., p. 512 et s.).

Or, puisque la théorie de la *frustration* implique également la disparition du contrat, la doctrine a eu tôt fait de l'assimiler à la force majeure. Cette pensée a d'ailleurs été confortée par le fondement en vertu duquel la théorie de la *frustration* a été adoptée par la Chambre des Lords. En effet, dans l'arrêt *Davis Contractors Ltd*, c'est en étirant la notion d'impossibilité que la Chambre des Lords a élaboré cette théorie[1028]. Autrement dit, la *frustration* ne procède en droit anglais que d'une conception assouplie de la force majeure. De l'impossibilité totale d'exécution, la jurisprudence anglaise a glissé vers l'impossibilité relative précisément parce que, même si l'obligation demeure en théorie possible, elle n'est plus exécutable en l'état. A ce titre, seule la disparition du contrat est concevable, à moins que les parties n'aboutissent à un nouvel accord par la voie des renégociations. La *frustration* est alors sous-tendue par une interprétation extensive des clauses de force majeure, ce qui témoigne du degré de liberté que s'arrogent les juges anglais.

Ainsi, la « *frustration of contract* » se traduit par une « *impossibility of performance* ». La force majeure est dès lors une notion plus large que la *frustration* qui constitue par voie de conséquence l'une de ses ramifications. L'évolution de la jurisprudence anglaise témoigne de ce que la *frustration* a à l'origine servi à libérer le contractant lésé d'une obligation devenue absolument impossible[1029]. L'exécution matérielle du contrat n'était alors pas concevable. Plus encore, le bouleversement de l'économie contractuelle était, de ce temps, largement ignoré et ne faisait l'objet d'aucun traitement. Ensuite, la théorie de la *frustration* a été admise au titre de la « *commercial impossibility* »[1030] sans pour autant convaincre la doctrine anglaise. Ainsi, cette conception a-t-elle été abandonnée après le premier conflit mondial. La théorie moderne de

---

[1028] Voir en ce sens : L. Thibierge, Thèse *précitée*, n° 360, p. 226.

[1029] *Taylor v. Caldwell*, 3 B & S 826 (destruction de la chose, essentielle pour l'exécution du contrat) ; *Robinson v. Davidson*, (1871) LR 6 Exch 269 (maladie, mort) ; *F.A Tampling Steamship Co v. Anglo-Mexican Petroleum Prod. Co.*, (1916) 2 AC 397 (réquisition d'un navire par l'Amirauté) ; *Condor v. The Baron Knights*, (1966) 1 WLR 87 (maladie, incapacité).

[1030] Voir en ce sens : L. Thibierge, Thèse *précitée*, n° 360, p. 226.

la *frustration* évoque actuellement l'idée d'une impossibilité d'exécution. Quoiqu'encore théoriquement possible, l'exécution d'une obligation devenue excessivement onéreuse sous l'effet d'un changement imprévisible de circonstances constitue une situation frustrante pour l'une des parties au même titre finalement qu'un cas de force majeure. Le bouleversement de l'économie du contrat relève en conséquence d'une *impossibility of performance* de sorte que l'exécution de l'obligation initialement fixée ne peut plus se faire conformément au contexte économique de la conclusion du contrat. Au fond, il ne s'agit donc pas à proprement parler d'une impossibilité absolue d'exécution matérielle du contrat car l'exécution de l'obligation demeure toujours possible, mais plus d'une impossibilité morale en ce sens que la partie lésée perd tout intérêt à exécuter son obligation. Aussi, considérer que l'obligation doit demeurer en l'état et être inéluctablement exécutée par le cocontractant malchanceux se heurte à l'idéal de justice contractuelle recherchée par la Chambre des Lords au moment de l'introduction de la théorie de la *frustration*. C'est pourquoi le bouleversement économique « frustre » dorénavant le contrat en droit anglais. En somme, la frustration relève tantôt de situations d'imprévision (bouleversement de l'économie contractuelle) tantôt d'un cas de force majeure (impossibilité totale d'exécution des obligations contractées). Ce qui compte en définitive c'est de mettre fin à la situation frustrante au regard des attentes des parties.

En outre, la théorie de la *frustration*, lorsqu'elle est mise en œuvre par les juridictions anglaises, conduit à l'anéantissement du lien contractuel. L'obligation en cause est à ce point annihilée qu'elle justifie la disparition du contrat « frustré ». Ainsi, se fonde le second point commun de la *frustration* et de la force majeure. Le juge français prononce la résiliation pour cause de force majeure comme le juge anglais constate la disparition du contrat en matière de *frustration*. « La frustration d'un contrat ne donne jamais au juge un pouvoir d'adaptation des termes contractuels »[1031]. Dès lors que les conditions d'application de la théorie sont réunies, le contrat fait l'objet d'une résiliation automatique[1032]. Peu importe finalement la

---

[1031] H. Lesguillons, *Op. cit.*, spéc. p. 515.

[1032] H. Lesguillons, *Op. cit.* ; Ph. Hujo, *Op. cit.*, p. 27. C'est ce que l'on appelle la *frustration of purpose*, théorie du *Common Law* qui permet la résiliation du contrat pérennité de la relation contractuelle. En Angleterre, le juge ne s'est pas vu confier le pouvoir exceptionnel de révision du contrat pour *frustration*. Ainsi, ce qui fait l'originalité de la théorie française de l'imprévision, à savoir l'octroi d'un pouvoir exceptionnel au juge de révision du contrat, est fermement rejeté en droit anglais. Le juge ne peut procéder à l'adaptation des stipulations du contrat aux nouvelles circonstances économiques. Partant, la résiliation du contrat « frustré » est automatique parce que l'intérêt des parties a complètement disparu en cours d'exécution. Les attentes légitimes des parties ne peuvent donc plus être satisfaites, et en l'absence d'une révision judiciaire, le contrat ne saurait être exécuté en l'état sans contrarier l'idéal de justice contractuelle. L'obligation à exécuter n'est plus la même que celle qui a été contractée si bien que, même si son exécution est matériellement concevable, elle reste néanmoins gravement anormale, ce qui justifie la résiliation du contrat pour cause de bouleversement économique.

La théorie de la *frustration* participe dès lors d'un cas de force majeure assouplie. Ceci étant, en France, le bouleversement de l'économie contractuelle n'est pas *a priori* constitutif d'une hypothèse de force majeure, sauf à considérer que le grave déséquilibre économique ne puisse être définitivement résorbé par une révision du contrat. Et, aux termes de l'analyse du Professeur Henri Lesguillons, *frustration* et force majeure ne sont pas en tout point analogues. « Il existe une différence théorique importante entre la frustration et la force majeure.

En effet dans la force majeure, on s'attachera à relever si un événement a empêché une partie d'accomplir son obligation. Tout autre est l'optique de la frustration : il est nécessaire que l'événement provoquant cette frustration vienne remettre en cause la commune intention des parties »[1033]. Par ailleurs, la *frustration* se distingue encore de la théorie française de la force majeure qui constitue une

---

lorsque ce dernier « perd toute utilité ou sa raison d'être » (D. Philippe, « Les clauses relatives au changement de circonstances dans les contrats à long terme », *in La vie du contrat* à prestations successives, Bruylant, 1991, p. 161 et s.). Il est coutumièrement allégué en droit anglais que « *the frustration is operated to « kill the contract »* » de sorte que la résiliation du contrat est automatique.

[1033] H. Lesguillons, *Op. cit.*, spéc. p. 515.

cause justificatrice de l'inexécution de l'obligation et exonératoire de responsabilité. En revanche, « la *frustration* n'excuse pas le « *breach of contract* »[1034].

Comme les théories de la force majeure en France et de l'imprévision administrative, la théorie de la *frustration* constitue une limite à la règle *Pacta sunt servanda*. Ainsi, lorsque le contrat perd toute sa signification économique, la *frustration* parce qu'elle constitue un cas d'inexécution du contrat résultant d'une interprétation souple de la force majeure permet de garantir la justice contractuelle et participe d'une influence sur le droit privé des obligations. A l'aube d'une refonte du droit des contrats en France, certains auteurs ont ainsi proposé que l'introduction de la théorie de l'imprévision se fonde sur une conception souple de la théorie de la force majeure[1035], relativement à la théorie anglaise de la *frustration*.

[1034] Ph. Hujo, *Op. cit.*, p. 27.

[1035] Voir par exemple, en ce sens : S. Amrani Mekki, B. Fauvarque-Cosson, *Op. cit.*, p. 472 ; T. Genicon, « Les traitements légaux : mesures préventives », *RDC* 2010, p. 456 et p. 465. Le Doyen Maurice Hauriou avait aussi suggéré de rapprocher l'imprévision de la force majeure : « Ainsi la théorie de l'imprévision s'accompagne d'une conception élargie du cas de force majeure » (note sous *Gaz de Bordeaux*, *précitée*, p. 18).

Conclusion du Chapitre 2

L'examen du droit européen comparé des contrats souligne que la plupart des Etats membres dispose d'une théorie de l'imprévision. Quel que soit le vocable utilisé – *frustration*, imprévision, *eccessiva onerosita* ou *Geschäftsgrundlage* – ces systèmes juridiques organisent tous un mécanisme permettant de remédier aux effets d'une situation imprévisible de nature à bouleverser l'économie contractuelle. Qu'il nous soit dès lors permis d'insister sur le fait que dans tous ces pays, aucune aggravation de l'insécurité juridique n'a été remarquée. « Ainsi, tombe l'un des argument les plus importants que l'on invoque chez nous à l'encontre de cette théorie » [1036].

Seuls quelques irréductibles Etats au premier rang desquels la France soutenue par la Belgique, le Luxembourg et l'Irlande, continuent à condamner la théorie de l'imprévision au profit d'une interprétation stricte du principe de la force obligatoire. La parole donnée lors de l'échange de consentement est sacralisée au détriment de la justice contractuelle. Aussi, la direction choisie par ces différents droits positifs détonne au sein de l'Union européenne et contraste d'autant plus que la tendance du législateur européen vise l'unification du droit des contrats. Cette quête d'harmonisation témoigne de ce que la position privatiste en France et, *a fortiori* celle des autres systèmes juridiques réfractaires, doit nécessairement converger vers le droit contractuel des Etats membres qui consacrent d'ores et déjà la théorie de l'imprévision. Car le rejet de l'imprévision ne relève « finalement que d'un choix de politique judiciaire qui pourrait être remis en question, soit par une modification législative soit par la prise en considération des droits étrangers »[1037], soit par le juge lui-même[1038]. La pression européenne, qu'elle provienne du législateur ou de

---

[1036] J.-L. Mouralis, *Op. cit.*, spéc. p. 18, n° 113.

[1037] J. Ghestin, Ch. Jamin, M. Billiau, *Op. cit.*, n° 347, p. 410.

[1038] Puisque le rejet de la théorie de l'imprévision en France relève d'un choix de politique judiciaire, l'on ne voit pas pourquoi le juge ne pourrait pas réviser sa jurisprudence d'antan. Voir également, l'analyse du Professeur Bénédicte Fauvarque-Cosson qui explique qu' « il ne paraît ni fondamentalement impossible ni pratiquement irréaliste de conférer cette mission aux juges » (« Le changement de circonstances », *Op. cit.*, p. 67, spéc. n° 17).

l'influence des droits positifs des autres Etats membres, pousse alors les Etats récalcitrants à faire évoluer le droit des contrats vers la réception de la théorie de l'imprévision. D'ailleurs, c'est ainsi que l'obligation des parties de renégocier un contrat économiquement bouleversé par un changement imprévisible des circonstances s'est trouvé stimulée en France[1039] et en Belgique[1040], au regard du principe de la bonne foi. Cette orientation nouvelle serait-elle le signe annonciateur d'une consécration de l'imprévision ? Une grande partie de la doctrine française le pense car le contexte juridique européen tend à influencer un alignement du droit privé des obligations sur celui des Etats qui ont déjà admis la théorie de l'imprévision. Nombreux sont d'ailleurs les auteurs à proposer quelques pistes de réflexion pour favoriser sa réception, inspirées du droit positif allemand, anglais ou italien. Certains[1041], partisans du solidarisme contractuel, préconisent un élargissement de la notion de bonne foi – jusque-là cantonnée à l'obligation de renégocier le contrat – pour reconnaître la révision judiciaire pour imprévision, conformément à la théorie allemande. D'autres[1042], plus pragmatiques, proposent d'adopter une conception plus souple de la force majeure, élargie aux cas d'imprévision, comme cela se fait en droit anglais avec la théorie de la *frustration*. Le Professeur Thierry Genicon a en outre exposé un point de vue original en prônant une théorie à mi-chemin entre la théorie italienne de l'*eccessiva onerosita* et la théorie de la *frustration*[1043]. C'est bien que les droits positifs des Etats membres s'inspirent mutuellement.

En France, la recevabilité de la théorie de l'imprévision en droit privé des obligations ne doit plus maintenant faire de doutes.

[1039] Voir, *supra*, p. 310 et s.

[1040] Plus tardivement que la France, mais sûrement influencée par son évolution jurisprudentielle en la matière, la Cour de cassation belge vient récemment de consacrer l'obligation de renégocier le contrat dont l'économie a été gravement bouleversée sous l'effet d'un changement de circonstances. Voir : Cass. civ., 1ère ch., 19 juin 2009, *Scafom International SPRL c/ Lorraine Tubes SAS*, n° C.07.0289.N. Voir également : P. Ancel, B. Fauvarque-Cosson, R. Wintgen, D. Philippe, « Droit comparé des contrats », *RDC* 2011/3, p. 963 et s.

[1041] Voir *supra*, p. 266 et s.

[1042] S. Amrani Mekki, B. Fauvarque-Cosson, *Op. cit.*, p. 472.

[1043] « Théorie de l'imprévision... ou de l'imprévoyance ? », *Op. cit.*, p. 2485.

« Étroitement encadrée, une telle réforme ne serait pas vecteur d'instabilité économique ou contractuelle (…) »[1044]. Il est aussi de principe constant, dans n'importe quel droit positif des Etats favorables à l'imprévision, que la théorie doit rester d'application exceptionnelle afin de garantir la sécurité juridique des relations contractuelles.

[1044] B. Fauvarque-Cosson, « Le changement de circonstances », *RDC* 2004, n° 1, p. 67, spéc. n° 17.

Conclusion du titre II

« Chaque jour, dans le monde entier, des millions de tonnes de marchandises font l'objet de ventes internationales qui transitent par de nombreux ports, aéroports et autres frontières »[1045]. Aussi n'est-il pas concevable de continuer à ignorer la théorie de l'imprévision au regard d'un tel degré de pénétration des économies nationales. Qu'il s'agisse de la pratique du commerce international, de l'influence de la *lex mercatoria* ou de la poussée des systèmes juridiques européens, tous admettent l'opportunité d'un mécanisme de l'imprévision au vu de l'intérêt économique qu'elle procure. La position civiliste en France étonne, dérange d'autant plus que le contexte juridique international est favorable à l'imprévision. « L'observation de la pratique contractuelle internationale ne peut qu'inciter à réviser la typologie contractuelle classique et à systématiser les nouveaux standards juridiques du droit des obligations, souvent assez éloignés des traditions juridiques européennes »[1046]. Partant, la défaillance de quelques systèmes juridiques hostiles à la théorie exhorte les parties à insérer dans leur contrat, des clauses tendant à se prémunir contre les changements imprévisibles des circonstances. « Un grand saut dans le temps permet de constater l'utilisation de plus en plus fréquente dans la pratique contemporaine de clauses d'inspiration anglo-saxonne, telles la clause de *hardship* ou autre *material adverse change clause*, par lesquelles les parties font entrer dans le champ contractuel l'éventualité d'un changement de circonstances extérieures venant bouleverser l'équilibre qui avait présidé à la conclusion du contrat »[1047]. Le *hardship* participe d'un mode de règlement contractuel de l'état d'imprévision conforme à la volonté des parties. C'est bien que leur intention commune réside dans l'adaptation du contrat dès lors qu'un changement de circonstances bouleverse son économie. On ne comprend pas bien pourquoi le juge judiciaire en France notamment continue d'éluder la révision – ou la résiliation – pour imprévision. Par conséquent, sa consécration pourrait permettre

[1045] R. Névry, « L'adaptation du prix dans une vente internationale de marchandise par l'arbitre international », *Penant*, n° 838, p. 20 et s.

[1046] B. Oppetit, *Op. cit.*, p. 794, spéc. p. 812.

[1047] J. Moury, « Le droit confronté à l'omniprésence du risque », *D.* 2012, p. 1020.

d'aboutir à une véritable harmonisation avec les ordres juridiques, européens et internationaux, de sorte que « chaque acteur économique se trouve dans des conditions concurrentielles équivalentes »[1048].

La théorie de l'imprévision résulte inéluctablement d'une nécessité économique dont l'existence est capitale en période de crise. L'instabilité de la conjoncture économique induit actuellement une convergence spontanée du droit privé des contrats vers le droit commercial international et le droit des principaux Etats membres de l'Union européenne, convergence qui, depuis fort longtemps, ne cesse de progresser. La pratique contractuelle témoignait déjà de l'utilité économique que procure l'imprévision prévue sous la forme de clause. D'ailleurs, ce sont les usages du commerce international – usages qui déjà s'étaient inspirés de la théorie administrative – qui ont influencé la prise en considération de la théorie de l'imprévision dans les droits positifs étrangers et qui ont souligné l'importance économique qu'elle revêt dans le processus contractuel. La justice contractuelle sous-tend cette considération. La crise actuelle, économique et financière, succédant notamment à la crise de l'acier[1049] à la fin de l'année 2003 manifeste le bien-fondé de l'introduction de cette théorie en droit des contrats ainsi que son « improbable désuétude »[1050]. En permettant le rétablissement de l'économie du contrat, elle garantit la sécurité juridique des relations contractuelles et assure une certaine flexibilité aux contrats, spécifiquement recherchée en période d'instabilité économique.

[1048] J. Ghestin, Ch. Jamin, M. Billiau, *Op. cit.*, p. 415, n° 349.

[1049] Pour une analyse approfondie, voir : S. Abbatucci, B. Sablier, V. Sablier, « Crise de l'acier : le retour de l'imprévision dans les marchés de travaux », *AJDA* 2004, p. 2192.

[1050] L. Clouzot, *Op. cit.*, *RFDA* 2010 p. 937.

Conclusion de la deuxieme Partie

La convergence des régimes de l'imprévision est manifestement inéluctable. En effet, les périodes de grande instabilité économique ont poussé les systèmes juridiques à développer des mécanismes tendant à garantir une certaine sécurité juridique et une stabilité des relations contractuelles. Dans la théorie générale des contrats administratifs, la permanence du contrat revêt une dimension fondamentale notamment parce que l'opération contractuelle dont l'objet est de satisfaire un impératif d'intérêt général, doit aboutir. La bonne foi[1051], l'équité, la justice contractuelle sont autant de facteurs objectifs qui permettent d'encadrer la révision judiciaire du contrat pour imprévision. L'étude du droit comparé des contrats en témoigne. C'est alors, au contraire, l'absence d'un mécanisme de l'imprévision qui constitue un vecteur d'insécurité pour les parties, ce qui explique leur tendance à l'insertion, toujours plus fréquente, de clauses de *hardship*.

Spontanément, en droit interne, le régime administratif de l'imprévision converge vers le droit privé des obligations. Il ne s'agit pas en effet pour le juge ni d'appliquer la théorie de l'imprévision avec légèreté, ni d'interpréter les termes contractuels de manière fantaisiste. La commune intention des parties est certes présumée par le juge administratif. Néanmoins, l'interprétation du contrat reste strictement encadrée par les principes du droit civil. Ainsi, le juge n'applique pas *a priori* l'imprévision, il invite les parties à renégocier leur contrat afin de permettre une adaptation amiable de ses stipulations aux nouvelles circonstances. C'est en cela que le régime de l'imprévision en droit privé des contrats témoigne d'un premier pas vers un alignement sur le droit public des contrats. La renégociation du contrat économiquement bouleversé est devenue une obligation à la charge des parties en vertu du principe de la bonne foi. A noter toutefois que le régime de l'imprévision n'est pas totalement ignoré en

---

[1051] La bonne foi, ici, doit être comprise objectivement, c'est-à-dire conformément à l'acception allemande, parce que seule cette interprétation permet de fonder la révision judiciaire du contrat pour imprévision. La disparition du fondement contractuel met en échec les attentes légitimes des parties si bien que la bonne foi objective doit nécessairement impliquer que le juge mette fin à l'exécution anormale de l'obligation. Voir, *supra*, p. 395 et s.

droit privé des obligations puisque le législateur est quelque fois intervenu pour remédier à son absence dans des cas bien définis. Un second pas a été franchi par la Cour de cassation, s'inspirant à coup sûr de la jurisprudence allemande relative à la disparition du fondement contractuel, à l'occasion de l'arrêt *Soffimat* de 2010. La disparition de la cause objective du contrat déroge à la rigueur du principe de la force obligatoire des conventions, jusque-là admise au regard du *Canal de Craponne* – rigueur qui n'a actuellement plus lieu d'être au vu du contexte juridique international. La prochaine étape n'est-elle donc pas l'introduction ferme et définitive d'une théorie de l'imprévision conforme aux impératifs du droit civil ? Assurément, d'autant que l'Union européenne prône et agit en faveur de l'unification du droit des contrats et que, non seulement le commerce international, mais le droit positif des Etats membres aussi, suggèrent une convergence des droits et témoignent un peu plus de la marginalisation du droit privé des obligations en France.

L'imprévision n'est pas une spécificité du droit administratif, en atteste l'examen du droit comparé des contrats. Quelle que soit la nature du contrat économiquement bouleversé, l'exécution de l'obligation litigieuse se fait dans des conditions gravement anormales et le préjudice subi par la partie lésée dépasse toutes les prévisions qu'elle avait pu envisagées lors de la conclusion du contrat indépendamment de son essence privée ou publique. En cela, le préjudice n'entre plus dans la catégorie de l'aléa normal contenu dans toute convention de droit public comme de droit privé. Aucun homme raisonnable, aucun « bon père de famille » ne contracterait dans les conditions d'un bouleversement économique d'un contrat. C'est une certitude. Partant, la révision du contrat est nécessaire et si les renégociations échouent, elle devrait entrer dans le champ des compétences juridictionnelles à titre d'exception à la force obligatoire. Le droit privé des obligations ne peut plus ignorer la justice contractuelle, plus particulièrement dans un contexte économique actuellement très difficile. L'adaptation des stipulations contractuelles devrait être envisagée voire éventuellement la résiliation du contrat, pour mettre fin à une situation devenue absolument injuste. Le champ des possibles est ouvert que le droit privé des obligations s'inspire du droit administratif, des usages du commerce international ou du droit positif des Etats membres ou bien qu'il attende l'intégration forcée des régimes de l'imprévision par le législateur européen. Car c'est bien ce qu'il risque de se passer : le droit privé des contrats risque de se retrouver contraint d'appliquer l'imprévision si le législateur européen, peut-être même la jurisprudence de la Cour de justice, l'ordonne, et cela, sans que le juge judiciaire ou le législateur français puisse mot dire. L'imprévision doit alors être considérée comme entrant dans le champ de l'opportunité économique. Aussi, en période de crise, elle fait l'objet d'une réflexion doctrinale d'une créativité exceptionnelle et connaît un renouveau certain.

PARTIE III

VERS UNE UNIFICATION DES REGIMES DE L'IMPREVISION DANS LE DROIT DES CONTRATS ?

Introduction de la Partie III

L'imprévision n'est pas une véritable particularité de la théorie générale des contrats administratifs. La théorie jurisprudentielle qui prévoit la révision judiciaire de ses stipulations l'est en revanche, en ce sens que le juge judiciaire choisit de l'ignorer. C'est alors un choix de politique jurisprudentielle que le juge judiciaire a fait... au XIXème siècle. Comment peut-il encore occulter au XXIème siècle l'opportunité d'une telle théorie, pourtant reconnue, à peu près partout, dans le monde ? Le contexte économique difficile généré par la crise actuelle est un facteur d'instabilité de l'économie contractuelle et la doctrine française partisane de l'introduction de la théorie ne cesse de faire preuve d'une exceptionnelle production en la matière[1052]. L'opposition droit public-droit privé n'est dès lors plus soutenable en matière d'imprévision. En effet, la convergence réciproque est si prégnante que seule une unification des régimes – ce qui n'empêche pas pourtant quelques modularités dans l'acception afin que chacun des droits conserve sa spécificité – est désormais concevable. Or, plus que cela, l'intégration des régimes de l'imprévision relève d'ores et déjà d'une certitude, en témoigne à notre sens la construction de l'Union européenne[1053].

De la création de la Communauté économique européenne à l'intégration progressive de nouveaux Etats membres, l'UE s'est construite sur des bases essentiellement économiques. La réalisation

---

[1052] Voir par exemple : B. Cavalié, « Le projet de réforme du droit des contrats face à la crise : Quel avenir pour la théorie de l'imprévision », *in* Les contrats à l'épreuve de la crise, *Rev. Lamy Droit civil*, n° 62, juillet-août 2009, p. 70 ; M. Mekki, « Les doctrines sur l'efficacité du contrat en période de crise », *RDC* 2010, p. 383 ; P. Stoffel-Munck, « Les répliques contractuelles », *RDC* 2010, p. 430 ; S. Amrani Mekki, B. Fauvarque Cosson, *Op. cit.*, *D.* 2011 p. 472.

[1053] Ci-après dénommée UE. La construction de l'UE a débuté en 1957 avec l'adoption du Traité de Rome (Traité CE) instituant la Communauté économique européenne. D'autres traités ont par la suite été adoptés au premier rang desquels le Traité de Maastricht (Traité UE) en 1992 et le Traité d'Amsterdam en 1997 qui ont amplement favorisé l'intégration économique des Etats membres. Depuis le 1er décembre 2009, le Traité de Lisbonne est entré en vigueur. La France a procédé à sa ratification le 13 décembre. Il modifie le Traité UE et le Traité CE qui a été remplacé à cette occasion par le Traité sur le fonctionnement de l'UE (TFUE).

du marché commun européen devait permettre une harmonisation de la pratique des affaires et *a fortiori* des droits contractuels, une équivalence économique entre les acteurs du commerce européen et une concurrence harmonieuse dans chaque Etat membre – pour faire face notamment à la concurrence sauvage de certains pays tiers. La création d'un espace économique unique était alors au cœur du Traité de Rome. Ce bref rappel historique marque l'importance que revêt l'économie au sein de l'UE, mais par-delà dans le monde actuel. Aussi l'on comprend mieux la raison pour laquelle le droit de l'UE, comme celui de la CEDH[1054] qui s'influencent mutuellement[1055], se posent en faveur de la théorie de l'imprévision. En tant que théorie économique, elle doit avoir droit de cité en droit européen des contrats. Irriguée par un certain pragmatisme juridique, elle s'inscrit parfaitement dans le déroulement du processus contractuel et permet de s'adapter au mieux à la réalité économique.

[1054] La Convention européenne de sauvegarde des droits de l'Homme a été adoptée le 4 novembre 1950 dans le cadre du Conseil de l'Europe qu'il convient de ne pas confondre avec l'institution européenne, le Conseil de l'UE. La France a ratifié la CEDH en 1974. Elle vise la protection des droits et libertés fondamentaux et confie à la Cour européenne des droits de l'homme, qui siège à Strasbourg depuis 1998, la résolution des litiges mettant en jeu la violation d'un droit ou liberté garanti par la Convention. Il s'agit d'un texte à vocation internationale et non pas seulement destiné à s'appliquer dans le cadre de l'UE. En effet, le Conseil de l'Europe réunit des Etats qui n'appartiennent pas nécessairement à l'UE. Pour autant, cette Convention procède d'une réelle importance dans l'UE. Depuis l'entrée en vigueur du Traité de Lisbonne, l'UE elle-même a adhéré à la Convention à côté de ses Etats membres. La CJUE - Cour de Justice de l'UE qui siège à Luxembourg (avant l'adoption du Traité de Lisbonne, cette institution européenne était dénommée CJCE - Cour de Justice des Communautés européennes - mais le Traité a eu pour vocation de supprimer les Communautés) et la Cour européenne des droits de l'homme sont des organes juridictionnels complémentaires. La première fut d'abord chargée de régler les conflits de nature économique tandis que la Cour EDH tendait à la protection des libertés fondamentales. Aujourd'hui, la frontière entre économie et liberté n'a plus lieu d'être et chacune des Cours exerce une influence sur le droit des contrats, particulièrement en matière d'imprévision. Si le bouleversement économique du contrat semble relever de la compétence de la Cour de justice, la liberté contractuelle des parties semble alors procéder de la CEDH.

[1055] D. Simon, « Des influences réciproques entre CJCE et CEDH : « Je t'aime, moi non plus » ? », *Pouvoirs*, 2001/1, n° 96, p. 31.

L'intégration européenne connaît aussi une accélération depuis le début du siècle. Les nouveaux défis économiques[1056], l'interdépendance croissante des économies européennes, la recherche d'une concurrence harmonisée entre les opérateurs économiques de l'Union, la mondialisation des échanges et les relations économiques avec les pays tiers, l'instabilité de la conjoncture économique, due notamment à la crise sans précédent qui touche la plupart des économies occidentales, sont autant de facteurs qui demandent une intégration des systèmes juridiques européens pour favoriser un cadre économique cohérent et efficace. Or, la crise est actuellement le théâtre d'un défaut manifeste d'harmonisation des systèmes économiques et d'un manque de coordination des gouvernements des Etats membres. L'aboutissement d'une unification serait dans un tel contexte une nécessité politique et économique. Si l'on combine cela à la nécessité d'admettre une théorie à visée économique telle que l'imprévision, il se pourrait que le droit privé soit mis devant le fait accompli, à devoir appliquer une théorie qu'il n'aura pas fait sienne. Ne serait-ce pas dommage que ni le législateur ni le juge judiciaire ne puisse mot dire sur l'application d'une théorie qu'ils ont si longtemps rejetée de manière délibérée ? L'évolution des systèmes juridiques démontre que la théorie de l'imprévision est non seulement une nécessité en droit des contrats mais surtout qu'elle n'est pas un vecteur d'insécurité juridique. Appliquée sporadiquement, elle est même bien au contraire vectrice de la stabilité économique de la relation contractuelle. Ainsi, le modèle juridique français exporté à peu près partout dans le monde devrait s'adapter hâtivement à la

---

[1056] Actuellement, le développement du commerce électronique qui transcende les frontières aussi bien nationales qu'européennes, constitue par exemple un nouvel enjeu économique de l'UE. Plus encore, la crise économique et financière qui frappe depuis 2008 les économies nationales de l'UE et plus largement du monde occidental a généré un grave accroissement des dettes publiques des Etats. Les déficits publics se sont creusés au point de provoquer la « faillite » de certains Etats membres. Les PIGS (Portugal, Irlande, Grèce et Espagne) connaissent de graves difficultés financières susceptibles de perturber la zone euro. En France, l'état des finances publiques est préoccupant : l'Etat, les collectivités publiques et la Sécurité sociale sont gravement endettés ; les entreprises publiques et privées voient leur compétitivité diminuer dans un contexte toujours plus difficile de concurrence. Aussi, la sortie de crise ainsi que l'assainissement des finances publiques des Etats membres constituent un enjeu économique majeur de l'UE.

réalité contemporaine économique et juridique. Le droit roumain[1057] dont le code civil était très largement inspiré du code napoléonien de 1804 vient d'ailleurs à l'occasion d'une réforme du droit des obligations de consacrer la théorie de l'imprévision, abandonnant à ce titre l'exemple français. La France connaît un rayonnement international, particulièrement lorsqu'il s'agit de son droit civil. Ne devrait-elle donc pas continuer à servir de modèle juridique, en s'intégrant dans son temps ?

Mais, à trop longtemps réfléchir à la manière d'introduire la théorie de l'imprévision en droit privé des obligations – car sa réception est inéluctable – tant le législateur national que le juge judiciaire risquent de se voir devancés par le législateur européen ou par la jurisprudence de la Cour de justice. Reste à savoir si le juge et le législateur préfèrent envisager l'intégration de la théorie de l'imprévision en droit privé de manière contrainte ou de manière adaptée par leurs soins.

L'intégration européenne des régimes de l'imprévision est inéluctable. La plupart des droits positifs de l'UE la reconnaisse de sorte que le législateur tend vers une harmonisation de ses régimes. La théorie de l'imprévision est *de facto* une nécessité économique en droit des contrats. Comme le législateur européen, la jurisprudence de la Cour de justice va dans le sens de l'harmonisation (Titre I).

Actuellement, il peut être légitimement pressenti l'émergence d'un droit commun de l'imprévision. En effet, au-delà des apparentes spécificités du droit public et du droit privé des contrats, la théorie de l'imprévision est une théorie à visée exclusivement économique. Aussi, procède-t-elle davantage de la théorie et du droit économique des contrats[1058] qui transcende la *summa divisio* droit public-droit privé, notamment en matière d'imprévision (Titre II).

[1057] Voir *supra*, p. 406 et s.

[1058] La théorie économique du contrat, celle de la *Law and economics*, résulte d'un courant de pensées doctrinal moderne qui associe l'analyse juridique du contrat et l'analyse économique. La théorie de l'imprévision y a droit de cité en tant que théorie économique du droit des contrats administratifs. Voir, *infra*, p. 567.

TITRE I
L'INTEGRATION EUROPEENNE DES REGIMES DE L'IMPREVISION

L'attraction des Principes Unidroit et du concept de *hardship*[1059] a servi de modèle au législateur européen. En effet, sous l'impulsion de ces Principes et plus généralement de la *lex mercatoria*, un projet européen d'harmonisation du droit des contrats, favorable à une application unifiée de la théorie de l'imprévision, a vu le jour. Par l'effet de nombreuses directives, la Commission de l'Union européenne a souvent incité les Etats membres, et plus spécifiquement, la France, à procéder à quelques évolutions de leur droit national des contrats. Pour autant, cette politique s'est révélée insuffisante. Il est alors apparu nécessaire de dégager des principes généraux essentiels à la pratique contractuelle à l'échelle européenne et propres à unifier le droit contractuel des Etats membres. Dans le contexte de la réflexion sur « l'acquis communautaire »[1060], la reconnaissance de principes généraux de droit européen des contrats et la création d'un cadre commun de références en matière contractuelle ont permis d'établir un lien entre le droit des contrats administratifs et le droit privé des obligations, notamment en matière d'imprévision. La Commission européenne s'est d'ailleurs toujours montrée favorable à l'admission de la théorie de l'imprévision dans le droit des contrats. Déjà, parce que nombre d'Etats membres l'admettent[1061]. Il convient dès lors de remarquer que les sources européennes d'unification du droit des contrats admettent la théorie de l'imprévision, qu'il s'agisse du code européen des contrats ou des Principes de droit européen des contrats. Même la jurisprudence européenne est propice à la révision du contrat pour imprévision. C'est bien que l'unification du droit des contrats est en marche au sein de l'Union et, dans son sillage, le droit privé des obligations évolue de manière inévitable au gré des efforts du juge judiciaire et du législateur.

[1059] Voir *supra*, p. 347 et s.

[1060] L'acquis communautaire regroupe le droit primaire et l'ensemble du droit dérivé de l'UE (les directives et les règlements principalement). Du fait de la disparition des Communautés après l'adoption du Traité de Lisbonne, le terme « communautaire » est devenu impropre à la qualification du droit de l'UE. Aussi, il ne sera utilisé dans la présente étude que pour qualifier l' « acquis ».

[1061] Voir *supra*, p. 391 et s.

La théorie européenne de l'imprévision est d'autant plus séduisante qu'elle a le mérite de fédérer les diverses approches de son application. Elle conjugue à la fois les influences internationale et arbitrale, la force de la théorie administrative et l'attraction des droits positifs étatiques qui reconnaissent l'utilité de son régime. Aussi, elle présente l'intérêt de réunir les caractéristiques fondamentales de l'imprévision communes à chacune des conceptions, tout en tenant compte de la spécificité des traditions juridiques nationales. Dès lors le régime européen de l'imprévision procède d'une véritable légitimité qui devrait vraisemblablement conduire à l'application unifiée de cette théorie. Cependant, elle entre en concurrence avec la conception étatique de certains ordres juridiques, comme celui de la France ou de la Belgique, clairement attachés à leur souveraineté nationale. Ainsi, se trouve mis à mal l'aboutissement d'un régime harmonisé de l'imprévision.

Les institutions européennes, *lato sensu*, manifestent un véritable engouement pour la théorie de l'imprévision. L'unification de ses régimes est alors en perspective (Chapitre 1).

La synthèse des diverses influences relatives à l'imprévision révèle la connexité de ses régimes (Chapitre 2).

CHAPITRE 1
LA PERSPECTIVE D'HARMONISATION DES REGIMES DE L'IMPREVISION

Les systèmes juridiques se livrent une compétition acharnée dans l'harmonisation du droit des contrats au sein de l'UE. Tel est également le cas s'agissant de l'imprévision. Ainsi, la recherche d'une unification au plan européen révèle une lutte des conceptions étatiques du principe de la force obligatoire des conventions, selon que domine la tradition romaniste, la tradition germanique ou la *Common Law*. Si la première sacralise l'accord de volontés, les deux autres témoignent d'une plus grande souplesse : la force obligatoire du contrat trouve sa limite dans le principe de la bonne foi d'une part et dans le respect de la justice contractuelle d'autre part[1062].

« Cette compétition s'exprime alors au travers de l'application de règles de conflit de lois qui, telle une gare ferroviaire de triage, orientent le plaideur vers tel ou tel ordre juridique, emportant en chemin des avantages juridiques différents selon la destination choisie. Un ordre juridique établissant ainsi des règles courtes de prescription, un autre admettant de façon large le dommage par ricochet, un troisième encore admettant l'imprévision »[1063]. Aussi, pour tenter d'apaiser les rivalités entre les ordres juridiques européens et favoriser une équivalence tant juridique qu'économique favorable à l'épanouissement du commerce au sein de l'Union, les institutions européennes ont développé une politique audacieuse visant l'harmonisation du droit des contrats et tendant, de ce fait, à unifier les régimes de l'imprévision. Qu'il s'agisse des orientations ordonnées par le Triangle institutionnel, de la richesse des codifications du droit européen des contrats ou de la jurisprudence des Cours[1064], la révision

---

[1062] Voir *supra*, respectivement, p. 395 et s. (la bonne foi dans la tradition germanique) et p. 408 et s. (la justice contractuelle dans la *Common Law*).

[1063] E. Cashin Ritaine, « Nouvelles tendances en droit des obligations – Quel droit s'applique ? », *Rev. dr. unif.* 2008, p. 69 et s., spéc. p. 79 et 80. Egalement accessible en ligne depuis l'adresse :
< http://www.unidroit.org/english/publications/review/articles/2008-1&2/069-100.pdf >, consulté le 4 mai 2012.

[1064] Seront successivement abordées la jurisprudence de la Cour de Justice de l'UE, largement, et celle de la Cour européenne des droits de l'Homme, succinctement, pour imprévision est consacrée avec plus ou moins de vigueur. En effet, chacune des sources européennes qui admet le bénéfice de cette théorie n'en est pas moins une source contraignante. Certaines ont une force juridique indéniable, d'autres n'ont aucune valeur contraignante. Caractéristiques de la *Soft Law*, ces dernières ne sauraient être ignorées par les droits positifs parce qu'elles ont néanmoins l'avantage de proposer un cadre juridique cohérent pour la pratique contractuelle.

Ainsi, peut-il être constaté la tendance générale des droits étatiques à un alignement de leur droit contractuel sur le modèle européen.

La politique européenne relative à la théorie de l'imprévision catalyse à l'évidence la mise en conformité des droits contractuels. Chacune des institutions œuvre pour l'unification de ses régimes et contribue à accroître la cohérence et l'efficacité de la pratique contractuelle au sein de l'UE. L'élaboration d'un code ainsi que l'institution de Principes fondamentaux participent également de cette quête d'harmonisation. L'impulsion politique européenne est alors indiscutable (Section 1).

Par ailleurs, la Cour de justice qui s'est vu confier par le législateur européen le pouvoir d'interprétation uniforme du droit de l'UE influence par sa jurisprudence l'évolution du droit positif des Etats membres. L'interprétation qu'elle fait de l'imprévision est ensuite ordonnée dans la jurisprudence des juridictions étatiques. A ce titre, elle exerce une contrainte légitime[1065] sur le droit contractuel national (Section 2).

---

dont il convient toutefois de remarquer qu'elle n'est pas une institution européenne à proprement parler. Pour des raisons de commodités et parce que non seulement les Etats membres mais aussi l'UE, récemment, ont adhéré à la CEDH, la jurisprudence de la Cour européenne relative à l'imprévision sera développée dans le présent chapitre.

[1065] L'adhésion libre de la France aux Traités constitutifs de l'UE et à son droit dérivé implique en définitive une contrainte légitime exercée par les institutions européennes. L'Etat français est tenu de respecter les obligations émanant de l'UE qu'il a contractées. Ainsi, doit-il obligatoirement transposer les directives européennes dans le délai imparti et appliquer immédiatement les règlements européens. De plus les juridictions nationales se doivent de suivre les orientations jurisprudentielles européennes.

SECTION 1. L'IMPULSION POLITIQUE

Pilier de l'UE, le marché intérieur constitue l'une des principales réalisations du Traité de Maastricht du 7 février 1992. Fondé sur le respect de quatre libertés économiques – la libre circulation des personnes, des marchandises, des services et des capitaux – il implique un fort degré d'intégration économique susceptible de favoriser le libre échange, la croissance et la compétitivité et l'ouverture à la concurrence. La création de l'Espace économique européen en mai 1992 a également permis de consolider les relations économiques et le libre échange avec les pays de l'AELE[1066] en étendant le champ d'application des libertés économiques à de nouveaux pays. Cet espace sans frontières participe notamment de la coopération judiciaire en matière civile, objectif soutenu par le Traité d'Amsterdam du 2 octobre 1997 tendant à établir un espace de liberté, de sécurité et de justice. La disparition de la structure en piliers ordonnée par le Traité de Maastricht témoigne alors de ce que le législateur européen vise l'unification et l'intégration des systèmes économiques. Or, le manque d'harmonisation des législations au sein de l'UE est vu comme un frein au bon fonctionnement du marché intérieur. Aussi, en tant que gardienne des libertés, la Commission européenne, encouragée par le Parlement européen et le Conseil de l'UE, a engagé une politique d'harmonisation des droits, plus spécifiquement du droit des contrats, en vue de l'institution d'un droit commun européen des contrats. Dans un tel contexte, la contractualisation a une visée essentiellement économique et contribue au développement du marché intérieur. C'est dire si la théorie de l'imprévision constitue l'un des enjeux de l'intégration économique. En permettant le rétablissement de l'économie du contrat, elle permet de garantir une meilleure sécurité juridique des relations économiques nouées sur le territoire de l'UE.

Ainsi, au milieu des années 1990, la Commission européenne a donc lancé un vaste programme d'harmonisation du droit des contrats,

---

[1066] L'Association Européenne de Libre Echange, créée le 4 janvier 1960 par la Convention de Stockholm, est une union d'Etats qui n'ont pas souhaité intégré la Communauté Economique Européenne instituée par le Traité de Rome. Elle ne compte actuellement plus que quatre pays (la Norvège, la Suisse, l'Islande et le Liechtenstein), les autres Etats ayant adhéré à l'UE (l'Autriche et le Danemark par exemple).

le but initial étant non pas d'imposer une unification trop précoce et contrainte des droits contractuels mais plus de rechercher les points de convergence existant entre les différents systèmes juridiques européens. Après avoir incité les Etats membres à procéder à des modifications ponctuelles de leur droit des contrats par la voie des directives[1067], la Commission a pris conscience du fait que le droit contractuel dans l'UE présentait un caractère trop fragmentaire. « Le travail d'harmonisation mené jusqu'alors ressemble trop à un édifice reposant sur du sable mouvant. Un marché véritablement unique appelle pourtant un droit des contrats largement unifié »[1068]. Le Groupe Acquis[1069] a alors été chargé de rationaliser le droit européen des contrats en dégageant des principes contractuels communs dans le droit européen existant. Cette recherche nécessairement préalable à toute entreprise d'harmonisation a vocation à servir de socle à la réflexion autour de la construction du droit européen des contrats et plus spécialement autour de l'élaboration du cadre commun de référence sollicité par la Commission. Les Principes de l'acquis ont dès lors mis en lumière des règles directrices transversales telles que

[1067] Voir notamment : Directive 85/577/CEE du Conseil du 20 décembre 1985 concernant la protection des consommateurs dans le cas de contrats négociés en dehors des établissements commerciaux ; Directive 93/13/CEE du Conseil du 5 avril 1993 concernant les clauses abusives dans les contrats conclus avec les consommateurs ; Directive 97/7/CE du Parlement européen et du Conseil du 20 mai 1997 concernant la protection des consommateurs en matière de contrats à distance ; Directive 2002/65/CE du Parlement européen et du Conseil du 23 septembre 2002 concernant la commercialisation à distance de services financiers auprès des consommateurs, et modifiant les directives 90/619/CEE, 97/7/CE, et 98/27/CE ; Directive 2000/31/CE du Parlement européen et du Conseil du 8 juin 2000 relative à certains aspects juridiques des services de la société de l'information, et notamment du commerce électronique, dans le marché intérieur.

[1068] C. Witz, « O. Lando et H. Beale (éd.), The Principles of European Contract Law, part. I, Non-performance and Remédies », *RIDC*, vol. 48, n° 1, 1996. p. 228, spéc. p. 229.

[1069] Le Groupe de recherche sur le droit privé communautaire en vigueur, communément appelé le Groupe Acquis communautaire, est un groupe de recherche créé en 2000 par des membres de la communauté universitaire des différents Etats membres. Il a ensuite intégré le Réseau commun pour le droit des contrats européens.

la bonne foi et la prise en compte des attentes légitimes des parties[1070], notions fondamentales de la théorie de l'imprévision[1071]. Ainsi, aux fins de cette recherche, il s'agissait d'y voir clair dans ce « grand marché du droit dans lequel la compétition est rude et la concurrence pas toujours loyale entre les différents modèles contractuels que sont le droit romano-germanique, la *Common Law* et les instruments européens et internationaux d'harmonisation ou d'unification du droit des contrats »[1072].

Ainsi, les codifications[1073] du droit européen des contrats procèdent d'un dynamisme de nature à favoriser la réflexion pour l'unification du droit européen des contrats et, *a fortiori*, des régimes de l'imprévision (I).

La politique du Triangle institutionnel s'oriente actuellement vers une consécration européenne de l'imprévision. Ainsi, le rôle éminemment politique de la Commission sert l'entreprise d'harmonisation du droit européen des contrats - non sans déplaire à une partie de la doctrine française - et cela, en vertu du respect de la démocratie participative. Aussi, son action directrice tend à dégager le dénominateur commun des droits contractuels de l'UE en dépassant les spécificités apparentes de chacun des systèmes juridiques, ce qui constitue un moteur de l'unification des régimes de l'imprévision. « La boîte à outils » proposée par le cadre commun de référence a dès lors servi le choix du Triangle institutionnel de coordonner l'unification du droit européen des contrats par le truchement du règlement obligatoire (II).

1070 Voir en ce sens : C. Aubert de Vincelle, « La recherche d'une cohérence en droit européen : de l'acquis communautaire à l'ébauche d'un droit européen des contrats », *in Droit européen du contrat et droits du contrat en Europe. Quelles perspectives pour quel équilibre* (sous la dir. de G. Wicker), Litec, 2008, p. 12.

1071 Voir *infra*, p. 477 et s.

1072 D. Mazeaud, « Rapport de synthèse », *in Droit européen du contrat et droits du contrat en Europe. Quelles perspectives pour quel équilibre* (sous la dir. de G. Wicker), Litec, 2008, p. 78, n° 2.

1073 D'autres codifications privées ont été conduites, comme le Projet anglais McGregor de *Contract Code* ou le Projet de Code commun des obligations en Europe élaboré par l'Association Henri Capitant en 1953. Seules les principales codifications seront abordées dans cette section.

I/ LE DYNAMISME DES CODIFICATIONS DU DROIT EUROPEEN DES CONTRATS

Le projet européen d'harmonisation du droit des contrats, et de ce fait, des régimes de l'imprévision, résulte pour partie de travaux académiques commandés par la Commission. Le dynamisme de ces codifications doctrinales a très amplement stimulé l'unification des droits contractuels de l'UE. Hormis le fait qu'elles aient été l'objet de vives critiques[1074], elles sont une œuvre incontournable dans la perspective européenne d'harmonisation du droit des contrats[1075] et fondée sur une analyse comparative conséquente des droits et de la pratique contractuels. La synthèse que propose chacune de ces codifications fixe des règles uniformes mais dépourvues de valeur contraignante. L'imprévision y a ainsi droit de cité que ce soit au sein des Principes Lando[1076] (A) ou dans le Code Gandolfi[1077] (B).

[1074] Voir notamment : B. Fauvarque-Cosson, « Faut-il un Code civil européen ? », *RTD civ.* 2002, p. 463 ; G. Cornu, « Un Code civil n'est pas un instrument communautaire », *D.* 2002, p. 351 ; Y. Lequette, « Quelques remarques à propos du projet de Code civil européen de M. von Bar », *D.* 2002, p. 2202 ; Ph. Malinvaud, « Réponse – hors délai – à la Commission européenne : à propos d'un Code européen des contrats », *D.* 2002, p. 2542 ; J. Huet, « Nous faut-il un "euro" droit civil ? », *D.* 2002, p. 2611 ; Ph. Malaurie, « Le Code civil européen des obligations et des contrats, une question toujours ouverte », *JCPG* 2002, p. 110 ; V. Heuzé, « A propos d'une initiative européenne en matière de droit des contrats », *JCP G* 2002, p. 152.

[1075] Le Professeur Claude Witz souligne à juste titre que l' « on ne peut être qu'admiratif de l'immense travail de recensement, de synthèse et de comparaison qui a été ainsi accompli » (*Op. cit.*, p. 228, spéc. p. 230).

[1076] Pour une étude approfondie, voir : B. Fauvarque Cosson, « Droit européen et international des contrats : l'apport des codifications doctrinales », *D.* 2007, p 96 ; D. Tallon, « Les principes pour le droit européen du contrat », Defrénois, 2000, p. 683 ; D. Mazeaud, « A propos du droit virtuel des contrats. Réflexion sur les Principes Unidroit et de la Commission Lando », *in* Mélanges M. Cabrillac, LGDJ, 1999, p. 205 et s. ; G. Lefebvre et E. Sibidi Darankoum, « Phénomène transnational et droit des contrats : les Principes européens », *RDAI*, n° 1, 1999, p. 47 ; D. Tallon, « Vers un droit européen des contrats ? », *in* Mélanges offerts à A. Colomer, 1993, Litec, p. 485 et s.

[1077] Pour une étude approfondie, voir : M.-L. Ruffini Gandolfi, « Problèmes d'unification du droit en Europe et le Code européen des contrats », *RIDC* 2002, vol. 54, n° 4, p. 1075 ; J.-P. Gridel, « Sur l'hypothèse d'un Code européen des contrats : les propositions de l'Académie des privatistes européens (Pavie) », *Gaz. Pal.*, n° 53, 2003, p. 3.

A) *Les Principes Lando*

Les Principes du droit européen des contrats ont été élaborés par la Commission sur le droit européen des contrats[1078], à l'initiative du Professeur Ole Lando. Publiés, en partie[1079], en 1997, ces Principes sont le fruit d'un travail comparatiste considérable tenant compte du droit positif des douze principaux Etats membres de l'UE et du droit conventionnel international, principalement. Ils tendent vers l'institution d'un corps de règles uniformes, caractérisées par une grande flexibilité, relatives à l'exécution et à l'inexécution des contrats. Les Principes du droit européen des contrats participent en cela d'une réelle modernité conforme à l'objectif de la Commission d'harmoniser les droits des contrats sur le territoire de l'UE. Aussi, ils n'ont vocation qu'à régir les contrats conclus sur le sol des Etats membres, en vue d'améliorer et de favoriser le développement et le fonctionnement du marché intérieur.

Or, l'application de ces Principes est subordonnée à la volonté des parties. Ils ne disposent d'aucune valeur juridique autonome ni même d'une portée contraignante. Aucun organe unique ne s'est vu confier non plus leur interprétation uniforme. L'article liminaire 1.101 - alinéa 3 - des Principes[1080] dispose en ce sens qu' « ils peuvent recevoir

---

[1078] La Commission Lando a été créée en 1980 et regroupe des universitaires de plusieurs Etats membres (le droit français y est représenté par le Professeur Denis Tallon). D'initiative privée, le programme de recherche qu'elle conduisit, débuta au milieu des années 1970. Or, la Commission européenne n'apportera son soutien à cette entreprise bénévole qu'au début des années 1990.

[1079] R. Filippo, « Principes du droit européen du contrat, version française préparée par Georges Rouhette avec le concours d'Isabelle de Lamberterie, Denis Tallon et Claude Witz », *RIDC* 2004, vol. 56, n° 3, p. 749.

[1080] « Article 1.101 : Applications des Principes
1. Les présents Principes sont destinés à s'appliquer en tant que règles générales du droit des contrats dans L'Union européenne.
2. Ils s'appliquent lorsque les parties sont convenues de les incorporer à leur contrat ou d'y soumettre celui-ci.
3. Ils peuvent recevoir application lorsque les parties
a) sont convenues que leur contrat serait régi par "les principes généraux du droit", la "lex mercatoria" ou une expression similaire,
b) ou n'ont pas choisi de système ou de règles de droit devant régir leur contrat.

application lorsque les parties sont convenues que leur contrat serait régi par "les principes généraux du droit", la "lex mercatoria" ou une expression similaire, ou n'ont pas choisi de système ou de règles de droit devant régir leur contrat ». En dehors d'une référence contractuelle des parties comme loi applicable au contrat, les Principes Lando demeurent donc une codification doctrinale sans réelle portée juridique. Ils acquièrent lors de la conclusion du contrat, une valeur contractuelle[1081] comme n'importe quelles autres clauses. Comme la loi prime les stipulations contractuelles, ces Principes sont alors des règles générales qui n'occupent tout au plus qu'une fonction subsidiaire propre à compléter le droit contractuel national. C'est d'ailleurs le principal reproche formulé à l'encontre des Principes du droit européen des contrats.

Par ailleurs, aux termes de l'alinéa 4, les Principes Lando sont susceptibles de jouer un rôle substantiel lorsque le droit applicable au contrat ne permet pas d'apporter une solution appropriée au litige. En revanche, la tendance grandissante des parties à s'y référer a non seulement influencé le législateur européen mais les législateurs nationaux également, à en tenir compte dans les réformes respectives des droits des contrats. Ils sont dès lors devenus une source d'inspiration, un modèle de référence servant l'unification du droit contractuel au sein de l'UE. Ils constituent ainsi une matrice permettant le développement des textes réglementaires et législatifs européens, un catalyseur d'idées autour de l'unification du droit européen des contrats. D'ailleurs, le Professeur Claude Witz avait déjà exprimé, en 1996, une idée analogue. « Nous croyons davantage aux effets à long terme des Principes sur le processus d'harmonisation du droit des contrats en Europe ainsi qu'au bouillonnement d'idées que la parution de ces Principes devrait susciter auprès des juristes des pays membres »[1082]. Les Principes Lando sont ainsi les précurseurs de la volonté européenne d'harmoniser les droits contractuels et plus largement du mouvement européen en faveur de son unification.

---

4. Ils peuvent, en cas d'insuffisance du système ou des règles de droit applicables, procurer la solution de la question posée ».

[1081] A rapp. de la valeur contractuelle des Principes Unidroit. Voir *supra*, p. 355 et s.

[1082] C. Witz, *Op. cit.*, spéc. p. 229.

Les Principes du droit européen des contrats consacrent la théorie de l'imprévision au sein du Chapitre 6 « Contenu et effets ». Après avoir rappelé la fermeté du principe de la force obligatoire du contrat chère à la tradition romaniste, l'article 6-111 des Principes[1083] pose une obligation de renégocier le contrat économiquement bouleversé sous l'effet d'un changement imprévisible de circonstances. L'événement - ou ses effets sur le contrat - doit avoir dépassé toutes les prévisions des parties de sorte que l'une d'entre elles exécute son obligation dans des conditions gravement anormales. Aussi l'exécution excessivement onéreuse du contrat est propre à déclencher l'obligation d'engager de nouvelles discussions en vue de procéder à un règlement amiable de la situation d'imprévision. Le réaménagement concerté des stipulations du contrat est alors favorisé. En cas d'échec des renégociations, les Principes confient au juge le pouvoir exceptionnel de révision du contrat « de façon à distribuer équitablement entre les parties les pertes et profits qui résultent des changements de circonstances ». Si la révision n'est pas envisageable, il pourra donc prononcer la résiliation du contrat. L'équité paraît sous-tendre la révision judiciaire pour imprévision. Or, il semble que les rédacteurs des Principes aient été animés plus par l'idée qu'ils se faisaient de la justice contractuelle. Par ailleurs, les renégociations doivent être conduites de bonne foi. Toutefois, le principe de la bonne

---

[1083] « Article 6.111 : Changement de circonstances

1. Une partie est tenue de remplir ses obligations, quand bien même l'exécution en serait devenue plus onéreuse, soit que le coût de l'exécution ait augmenté, soit que la valeur de la contre-prestation ait diminué.

2. Cependant, les parties ont l'obligation d'engager des négociations en vue d'adapter leur contrat ou d'y mettre fin si cette exécution devient onéreuse à l'excès pour l'une d'elles en raison d'un changement de circonstances

a) qui est survenu après la conclusion du contrat,

b) qui ne pouvait être raisonnablement pris en considération au moment de la conclusion du contrat,

c) et dont la partie lésée n'a pas à supporter le risque en vertu du contrat.

3. Faute d'accord des parties dans un délai raisonnable, le tribunal peut

a) mettre fin au contrat à la date et aux conditions qu'il fixe,

b) ou l'adapter de façon à distribuer équitablement entre les parties les pertes et profits qui résultent du changement de circonstances.

Dans l'un et l'autre cas, il peut ordonner la réparation du préjudice que cause à l'une des parties le refus par l'autre de négocier ou sa rupture de mauvaise foi des négociations ».

foi demeure implicitement mentionné dans l'article. La sanction de la mauvaise foi manifeste est en revanche très explicite.

Les Principes Lando ont réussi le tour de force de dégager l'intérêt commun des trois traditions juridiques présentes au sein de l'UE. La théorie de l'imprévision est alors conforme à la tradition romaniste – la rigueur du principe de la force obligatoire est strictement rappelée – à la tradition germanique – le principe de la bonne foi devient un principe directeur du droit européen des contrats – et à la *Common Law* – le fondement de la théorie résulte de la justice contractuelle. Bien qu'ils aient été largement décriés en doctrine, ces Principes constituent le moteur de l'unification du droit européen des contrats[1084]. Aussi, « à long terme, ces principes faciliteront l'harmonisation du droit commun des contrats dans l'Union européenne »[1085], en témoigne par exemple l'élaboration du Cadre commun de référence.

B) Du Code Gandolfi au Cadre commun de référence

L'idée d'un code civil européen a très tôt été affirmée par le Parlement européen[1086]. Le projet a donc été confié en 1992 à l'Académie des Privatistes européens créée à Pavie, sous l'égide du Professeur Giuseppe Gandolfi. Or, l'institution d'un code civil européen[1087] a été souvent débattue en doctrine[1088] au point d'être

---

[1084] Voir également en ce sens : B. Fauvarque-Cosson, « Droit européen et international des contrats : l'apport des codifications doctrinales », *D.* 2007, p. 96.

[1085] C. Witz, *Op. cit.*, p. 228.

[1086] Résolution A2-157/89 du 26 mai 1989 sur un effort de rapprochement du droit privé des Etats membres (*JOCE*, 26 juin 1989, n° C158, p. 400) ; Résolution A3-0329/94 du 6 mai 1994 sur l'harmonisation de certains secteurs du droit privé des Etats membres (*JOCE*, 25 juillet 1994, n° C205, p. 518) ; Résolution B5-0228, 0229,0230/2000 du 16 mars 2000 concernant le programme de travail de la Commission pour 2000 (*JOCE*, 29 décembre 2000, n° C377, p. 323).

[1087] L'idée d'un Code civil européen a suscité la rédaction de quelques projets, à côté de l'initiative du Professeur Gandolfi, comme le Code Von Bar conduit par le *Study group*. Sollicité par l'UE, ce dernier Code se fonde sur les Principes Lando et vise l'unification du droit des contrats au plan de l'UE.

désormais abandonnée par la Commission[1089]. En France, l' « euroscepticisme » est de mise. Fustigeant les raisons fondamentales de cette éventuelle élaboration, le Professeur Yves Lequette explique que le « code européen commun de droit privé (...) est alors perçu comme un instrument destiné à favoriser l'unification des peuples de l'Europe, dans le sens d'une intégration toujours plus poussée, mise au service d'un fédéralisme toujours plus prégnant. Il s'agit d'œuvrer, à l'émergence d'un super-Etat qui domine les Etats subordonnés et dont l'intervention dans le domaine du droit civil présente l'intérêt d'entraîner à terme la suppression des codes civils nationaux qui contribuent à la cohésion de sociétés nationales promises à la disparition. Le Code européen est alors perçu comme un levier permettant d'accentuer et d'accélérer la fusion des peuples de l'Europe en une seule entité »[1090]. Si cette réflexion est défendable elle n'en demeure pas moins artificielle.

Le Projet Gandolfi « ne prétend aucunement entrer de force et tel quel dans les programmes d'enseignement des universités ou le droit positif de l'Union européenne »[1091]. Le pragmatisme et la modestie[1092] du projet ont été clairement affirmés. Ainsi, l'objectif « n'était pas plus de rechercher un éventuel « fonds commun » (le fameux *common core*) des droits européens que de réaliser une sorte de synthèse des différents systèmes en présence, par le moyen de compromis

---

[1088] Y. Lequette, « Vers un code civil européen ? », *Pouvoirs* 4/2003 (n° 107), p. 97 ; Y. Lequette, « Le Code européen est de retour », accessible en ligne depuis l'adresse : <http://ec.europa.eu/justice/news/consulting_public/0052/contributions/226_fr.pdf>, consulté le 4 juin 2012. Voir également *supra*, p. 442, note 1074.

[1089] Voir *infra*, p. 446. Voir également : L. Leveneur, « Le Code civil et le droit communautaire », *in Le Code civil, un passé, un présent, un avenir*, Dalloz, 2004, p. 950 ; M.-A. Ribeyre, « Le Code européen des contrats : histoire d'un malentendu », *Dr. et patr.* 2003, n° 4, p. 6.

[1090] Y. Lequette, « Le Code européen est de retour », *précité*, n° 18 (à propos du Code Von Bar essentiellement).

[1091] J.-P. Gridel, *Op. cit.*, p. 3.

[1092] Voir en ce sens : J.-P. Gridel, *Ibid.*, p. 4 ; X. Blanc-Jouvan, « ACADÉMIE des PRIVATISTES EUROPÉENS et Giuseppe GANDOLFI (coordinateur) - Code européen des contrats - Avant-projet, Livre premier, 1, 2ème éd., Milan, Giuffrè, 2002, LVIII + 576 pages », *RIDC* 2-2004, p. 505.

savamment dosés, mais seulement de trouver, pour chaque problème et grâce à une démarche très pragmatique, la solution la plus adaptée et la plus efficace - ce qui implique évidemment des choix clairs : et s'il est bien question ici de puiser aux sources les plus variées, le souci n'en reste pas moins constant d'être « sobre de nouveautés », suivant l'expression de Portalis, et d'éviter des innovations qui pourraient bouleverser de façon trop brutale l'ordre établi dans chaque pays »[1093].

C'est alors dans cette optique que la théorie de l'imprévision a été adoptée par le Projet Gandolfi. L'article 157 du Code[1094] ordonne ainsi très clairement une obligation de renégocier les stipulations du contrat lorsque « des événements extraordinaires et imprévisibles » ont gravement bouleversé son économie. En cas d'échec des nouvelles discussions, le juge se voit attribuer le pouvoir exceptionnel d'adapter

---

[1093] X. Blanc-Jouvan, *Op. cit.*, p. 505, spéc. p. 506.

[1094] Article 157 « Nouvelle négociation du contrat » :
« 1. Si des événements extraordinaires et imprévisibles, comme ceux indiqués dans l'article 97 alinéa 1, se sont produits, la partie qui entend se prévaloir de la faculté prévue par cette règle doit adresser à la contrepartie une déclaration contenant les indications nécessaires et préciser en outre - sous peine de nullité de la requête - quelles différentes conditions elle propose pour maintenir en vie le contrat en question. À cette déclaration s'appliquent les dispositions figurant dans les articles 21 et 36 alinéa 2.
2. Aucune action ne peut être entreprise avant que se soient écoulés six (trois) mois à compter de la réception de la susdite déclaration, afin de donner la possibilité aux parties de définir la question de manière extrajudiciaire, étant préservée la faculté, en cas d'urgence, de demander au juge les mesures contenues dans l'article 172.
3. Si le cas prévu dans l'alinéa 1 se réalise, la contrepartie peut intimer, à la partie qualifiée à exercer la faculté ici prévue, de déclarer dans un délai non inférieur à soixante jours si elle entend ou non demander la renégociation du contrat. Ce délai inutilement écoulé, il est considéré à tous les effets que le sujet en question y a renoncé. À cette susdite intimation s'appliquent les dispositions figurant dans les articles 21 et 36 alinéa 2.
4. Si avant le délai figurant dans l'alinéa 2 qui précède les parties n'aboutissent pas à un accord, le sujet qualifié a le devoir dans les soixante jours qui suivent, sous peine de déchéance, de porter sa requête à la connaissance du juge selon les règles de procédure applicables du lieu où le contrat doit être exécuté.
5. Le juge, après avoir évalué les circonstances et compte tenu des intérêts et des requêtes des parties, peut, en faisant éventuellement recours à une expertise, modifier ou résilier le contrat dans son ensemble ou dans sa partie inexécutée, et, s'il y a lieu et que cela soit requis, ordonner les restitutions et condamner à la réparation du dommage » (Article reproduit *in Gaz. Pal.*, n° 56, 2003, p. 7).

les termes du contrat aux nouvelles circonstances, ou le cas échéant de le résilier. Les attentes légitimes des parties semblent justifier la révision judiciaire pour imprévision. La théorie est donc consacrée au regard de l'objectif du Projet Gandolfi tendant à « proposer des règles porteuses d'issues pratiques et homogènes, largement puisées dans le fonds commun romaniste, ouvertes aussi aux suggestions anglo-saxonnes »[1095].

L'Avant-projet de code européen des contrats, s'il n'a pas vocation à s'appliquer, n'en demeure pas moins un outil servant la révision de l'acquis communautaire par la Commission et un catalyseur suscitant la promotion d'idées réformatrices. C'est d'ailleurs à ce titre que la Commission Von Bar a été créée en 1998. Etroitement associée à la Commission Lando, cette dernière, financée par la Commission, s'est vu confier l'élaboration d'un code civil européen. Or, ce projet a été très largement décrié en France[1096] parce que la méthode employée tend à « transgresser ouvertement les objectifs affichés par la Commission »[1097]. Pour autant, le Projet du Professeur Von Bar, publié début 2008, est repris dans le Livre vert de la Commission[1098] paru en juillet 2010, au titre du cadre commun de référence. Ce cadre préalablement établi constitue un socle sur la base duquel doit s'articuler la réflexion autour d'un droit européen commun des contrats. Il est donc « un instrument qui permet non seulement d'harmoniser l'acquis existant, mais aussi de renforcer la convergence entre les règles nationales »[1099].

[1095] J.-P. Gridel, *Op. cit.*, p. 3.

[1096] Y. Lequette, « Vers un code civil européen ? », *Op. cit.* p. 97 ; Y. Lequette, « Le Code européen est de retour », précité ; Y. Lequette, « Quelques remarques à propos du projet de Code civil européen de M. von Bar », *Op. cit.*, p. 2202. Voir également la motion de l'Académie des Sciences morales et politiques sur le projet de code civil européen, accessible en ligne depuis l'adresse :
<http://www.asmp.fr/travaux/avis/codecivil.pdf>, consulté le 3 mars 2012.

[1097] Y. Lequette, « Le Code européen est de retour », *précité*, n° 3. Voir également : B. Fauvarque-Cosson, « Terminologie, principes, élaboration de règles modèles : les trois volets du cadre commun de référence », *RDC* 2009, p. 781, spéc. p.783.

[1098] Voir *infra*, p. 453 et s.

[1099] K. Garcia, *Le droit civil européen : Nouveau concept, nouvelle matière*, Larcier, 2008, p. 276, n° 335.

Le dynamisme des codifications du droit européen des contrats comme le mouvement plus général en faveur de l'harmonisation des droits contractuels au sein de l'UE, témoigne dès lors de l'orientation politique du Triangle institutionnel.

II/ L'ORIENTATION POLITIQUE DU TRIANGLE INSTITUTIONNEL

Composé de la Commission – centre d'impulsion de la politique européenne – du Conseil de l'UE – représentation des Etats et des gouvernements étatiques – et du Parlement européen – organe législatif – le Triangle institutionnel œuvre en faveur d'une consécration unifiée de la théorie de l'imprévision. La politique d'harmonisation de la Commission (A) et les règlements du Parlement européen et du Conseil (B) sont dès lors destinés à produire leurs pleins effets au sein des Etats membres.

A) La politique d'harmonisation de la Commission européenne

« Un marché unique appelle un instrument contractuel unique »[1100]. La Commission européenne est la gardienne des traités, elle promeut l'intérêt général au sein de l'UE. Aux termes de l'article 211 du traité de Rome[1101], la Commission doit assurer le fonctionnement et le développement du marché commun. A ce titre, elle tend à rechercher l'efficacité économique de la pratique contractuelle et vise l'harmonisation du droit européen des contrats. Le droit matériel des contrats sous-tend la concrétisation du marché commun de sorte que la Commission tente d'établir un cadre cohérent, propre à garantir la cohésion de l'action contractuelle au plan européen. Longtemps, elle s'est contentée de fixer, par le jeu des directives, les règles relatives à

[1100] D. Tallon, « Vers un droit européen des contrats ? », *Op. cit.*, p. 485 et s. Voir également en ce sens : C. Witz, « Plaidoyer pour un Code européen des obligations », *D.* 2000, p. 79.

[1101] L'article 211 du Traité CE a été abrogé suite à l'adoption du TFUE en 2008 (*JOUE*, n° C 115 du 9 mai 2008 p. 1). Toutefois, la compétence de la Commission dans la politique d'harmonisation du droit des contrats s'est initialement inscrite dans le cadre des dispositions du Traité CE.

certaines catégories de contrats spéciaux[1102]. Cette orientation ne s'est pas révélée concluante. La spécialité des directives ne permettait donc pas d'atteindre l'objectif d'harmonisation souhaité par la Commission. Aussi, « à une démarche « verticale » devait se substituer une démarche « horizontale », l'approche secteur par secteur devait se transformer en approche transversale des contrats en Europe »[1103].

Ainsi, au début du XXIème siècle, cette politique a connu une profonde transformation de nature à accélérer l'harmonisation du droit des contrats. C'est dès lors à l'initiative de la Commission qu'un projet de « cadre commun de référence »[1104] a été élaboré sous l'égide du Réseau commun pour le droit des contrats européens[1105].

La Commission a donc œuvré par l'effet de nombreux textes[1106] en faveur de l'institution d'un droit unifié des contrats. Dans son Premier rapport[1107] sur l'état d'avancement du cadre commun de référence et de la révision de l'acquis, paru en septembre 2005, la Commission

---

[1102] Les contrats de consommation par exemple. Voir *supra*, p. 440, note 1067.

[1103] C. Aubert de Vincelles, *Op. cit.*, p. 10.

[1104] L'élaboration du cadre commun de référence (« *Draft Common Frame of Reference* ») s'est faite dans le cadre du « Sixième programme-cadre pour la recherche et le développement technologique » (2002-2006) de la Commission européenne et a été élaboré sur la base des principes contractuels du Code Von Bar, principalement. Le cadre commun de référence, dans sa première version, a été publié en janvier 2008.

[1105] Ce Réseau, financé par le « Sixième programme-cadre » de la Commission, est principalement composé du Groupe d'étude sur le Code civil européen (*Study Group for a European Civil Code*) conduit par le Professeur Christian Von Bar, du Groupe Acquis communautaire et de l'*Insurance Group* chargé de l'étude du droit des assurances. L'Association Henri Capitant et la Société de législation comparée ont également rejoint le Réseau en 2005.

[1106] Communication de la Commission au Conseil et au Parlement européen du 11 juillet 2001 concernant le droit européen des contrats (COM (2001) 398 final) ; Communication de la Commission au Parlement européen et au Conseil du 12 février 2003 sur le Plan d'action relatif au droit européen des contrats (COM (2003) 68 final) Communication de la Commission du 11 octobre 2004 au Parlement européen et au Conseil concernant le droit européen des contrats et révision de l'acquis : la voie à suivre (COM (2004) 651 final).

[1107] COM (2005) 456 final.

manifeste l'intérêt et la nécessité d'élaborer un cadre commun de référence qui « aurait vocation à proposer des définitions claires des termes juridiques, à énoncer des principes fondamentaux et à formuler des règles cohérentes et modernes de droit des contrats, ces éléments étant destinés à être utilisés lors de la révision de la législation sectorielle européenne en vigueur ou, le cas échéant, lors de l'élaboration de nouveaux textes »[1108]. En février 2007, le Livre vert sur la révision de l'acquis communautaire en matière de protection des consommateurs témoigne de la visée harmonisatrice poursuivie par la Commission en matière de droit de la consommation. Aussi, selon elle, « l'idéal serait, au terme de l'exercice, de pouvoir dire aux consommateurs européens : Où que vous soyez dans l'Union européenne et où que vous achetiez, la situation ne change pas : vos droits essentiels restent les mêmes »[1109].

Or, pour autant, dans son Deuxième rapport[1110] sur l'état d'avancement du cadre commun de référence, la Commission exprime nettement que ce cadre commun « n'est pas destiné à assurer une harmonisation à grande échelle du droit privé ou à se transformer en un code civil européen ». La promotion du cadre commun de référence en droit des contrats n'a pas été favorablement accueillie dans tous les Etats de l'UE. La France notamment, exclut, tant pour des raisons politiques que pour des motifs idéologiques, toute compétence du législateur européen en matière contractuelle[1111]. En effet, comme l'explique le Professeur Denis Mazeaud, l'entreprise d'harmonisation contractuelle à l'échelle européenne (...) « se traduirait, au moins dans une certaine mesure, par la disparition, à plus ou moins long terme des codes nationaux qui constituent, dans certains pays, un des ferments de l'identité nationale »[1112]. Ainsi,

---

1108 <http://ec.europa.eu/justice/contract/dates/index_fr.htm>, consulté le 10 mai 2012.

1109 COM (2006) 744 final.

1110 COM (2007) 447 final.

1111 B. Fauvarque-Cosson, « Faut-il un Code civil européen ? », *Op. cit.*, spéc. n° 8 ; Y. Lequette, « Vers un Code civil européen ? », *Op. cit.*, p. 99 ; Ph. Malinvaud, « Réponse – hors délai – à la Commission européenne : à propos d'un Code européen des contrats », *Op. cit.*, spéc. p. 2544.

1112 « Rapport de synthèse », *Op. cit.*, p. 77, spéc. p. 89, n° 34.

n'est-il plus question d'imposer une harmonisation du droit des contrats par la voie du cadre commun de référence, au regard des problématiques relevées par certains Etats membres.

La Commission n'a cependant pas renoncé, comme en atteste le Livre vert relatif aux actions envisageables en vue de la création d'un droit européen des contrats pour les consommateurs et les entreprises[1113], paru le 1er juillet 2010. Cette nouvelle communication de la Commission propose non seulement les actions à envisager dans le domaine contractuel pour renforcer le marché intérieur et apaiser les divergences entre les droits des contrats des Etats membres, mais prévoit aussi le lancement d'une consultation publique. Or, entre 2007 et 2010, a surgi une crise économique et financière sans précédent, dont les effets imprévisibles ont été d'une telle envergure que les droits et économies nationaux se sont trouvés gravement dépassés. Aussi, comme « le marché intérieur repose sur une multitude de contrats, régis par différents droits nationaux des contrats », la Commission a renouvelé, dans un souci d'assurer la sécurité juridique ainsi que la stabilité des relations économiques, son désir de pacifier les disparités entre les droits nationaux des contrats. « Un texte instituant un droit européen des contrats aiderait l'Union européenne à atteindre ses objectifs économiques et à se remettre de la crise. Le programme de Stockholm[1114] pour 2010-2014 mentionne que l'espace judiciaire européen devrait servir à soutenir l'activité économique sur le marché intérieur ». En somme, la crise a montré les limites de la construction juridique et économique de l'UE. Le manque de coordination politique et la mauvaise gouvernance économique, mis à mal par les intérêts particuliers de chaque Etat membre, ont manifestement pointé un défaut d'harmonisation au sein de l'UE propre à déstabiliser les marchés financiers. Le besoin de stabilité économique et *a fortiori* des relations contractuelles est actuellement bien prégnant. Pour la Commission, l'heure est donc à la recherche d'une intégration plus forte des économies européennes, ce qui passe

---

[1113] COM (2010) 348 final. Les passages suivants cités entre parenthèses sont tirés du Livre vert de 2010.

[1114] Le Programme de Stockholm de l'UE s'intitule « une Europe ouverte et sûre qui sert et protège les citoyens » (*JOUE*, C 115 du 4 mai 2010). Il a vocation à établir les orientations de l'UE dans le domaine de la justice, de la liberté et de la sécurité.

inéluctablement par l'intégration des systèmes juridiques et des droits nationaux des contrats. Ainsi, « l'Union pourrait combler les vides juridiques existant en matière de contrats en adoptant des instruments efficaces pour supprimer les barrières du marché liées aux divergences entre les droits des contrats. (…) L'Union pourrait ainsi jouer un rôle moteur en fixant des normes internationales uniformes dans ce domaine, ce qui, à son tour, donnerait à l'économie européenne un avantage concurrentiel dans le monde ».

Attentive aux réactions des éminents groupes de chercheurs pendant la consultation publique[1115], la Commission a adopté une Proposition de Règlement relatif à un droit commun européen de la vente[1116], le 11 octobre 2011. L'audace du texte n'a d'égale que son aspect novateur. La théorie de l'imprévision y est d'ailleurs formellement consacrée[1117]. La Commission promeut ainsi une harmonisation d'un pan des plus importants du droit des contrats : la vente. A ce titre, l'institution d'un droit commun de la vente au plan européen permet de surmonter les divergences existantes entre les droits nationaux des contrats, ce qui favorise à long terme la compétitivité économique des entreprises européennes sur la scène internationale[1118]. D'autant plus importante en cette période de grave

---

[1115] De nombreux avis ont été remis à la Commission pendant la consultation publique ouverte du 3 mai 2011 au 1er juillet 2011. Une Etude de faisabilité a également été publiée le 3 mai 2011 par le Groupe d'Experts créé par la Commission le 26 avril 2010 (*JOUE*, L 105/109). Pour plus d'informations sur l'étude de faisabilité et les avis des groupes de chercheurs, voir : <http://ec.europa.eu/justice/contract/expert-group/index_fr.htm>, consulté le 1er juin 2012.

[1116] COM (2011) 635 final.

[1117] Voir *infra*, p. 459 et s.

[1118] La Commission souligne que « les divergences entre droits des contrats, ajoutées aux coûts de transaction supplémentaires et à la complexité accrue qu'elles engendrent à l'occasion de transactions transfrontières, découragent un grand nombre de professionnels, notamment les PME, de conquérir les marchés d'autres États membres. Elles ont également pour effet de restreindre la concurrence sur le marché intérieur. La valeur des transactions commerciales transfrontières auxquelles il est renoncé chaque année, uniquement en raison des différences entre les législations contractuelles, atteint des dizaines de milliards d'euros » (*in* COM (2011) 635 final).

tourmente économique, cette finalité nécessairement économique qui s'inscrit dans le cadre de la relance économique favorisant une sortie de crise, doit conduire à amortir les effets de la crise, d'où l'importance de l'enjeu d'une harmonisation en matière contractuelle à l'échelle européenne. Dès lors, il s'agirait de garantir un ensemble autonome de règles uniformes propres à régir les contrats du commerce européen. D'ailleurs, le règlement ne serait applicable qu'aux seules opérations transfrontalières effectuées sur le territoire de l'UE. Mais ce qu'il y a de plus hardi dans cette entreprise d'harmonisation c'est que « le droit commun européen de la vente sera un second régime de droit contractuel au sein du droit national de chaque Etat membre. Lorsque les parties seront convenues de faire usage du droit commun européen de la vente, ses dispositions seront les seules règles nationales applicables pour les matières relevant de son champ d'application, auquel cas, aucune autre règle nationale ne pourra s'appliquer »[1119]. C'est dire si le juge judiciaire français s'expose à l'intégration obligatoire de la théorie de l'imprévision. Dès l'entrée en vigueur du règlement, il ne sera plus question de débattre de l'opportunité d'une réception de cette théorie en droit privé des obligations, le juge judiciaire sera tenu de l'appliquer au titre d'un impératif du droit de l'UE.

La promotion d'un instrument contractuel unique et opérant est indispensable à l'heure actuelle, le but étant à l'évidence de « dépasser les divergences existantes et *d'*harmoniser les convergences »[1120], en vue notamment de favoriser la relance économique. La Commission a donc fait le choix du règlement obligatoire, auquel adhèrent à la fois le Conseil de l'UE et le Parlement européen.

B) Le caractère obligatoire des règlements du Parlement et du Conseil de l'UE

Le choix du législateur européen de passer par la voie du règlement n'a rien d'anodin. Il s'agit ici précisément de contourner la

[1119] Et la Commission d'ajouter : « comme le droit commun européen de la vente ne couvrira pas tous les aspects d'un contrat, les dispositions existantes du droit civil national qui est applicable au contrat continueront de régir ces questions résiduelles » (*in* COM (2011) 635 final).

[1120] C. Aubert de Vincelles, *Op. cit.*, p. 10.

concurrence des systèmes juridiques et d'assurer une cohérence par l'institution d'un cadre commun utile à la pratique contractuelle. Les opérateurs économiques européens seraient dès lors placés dans une véritable équivalence économique. Principales sources du droit dérivé, le règlement produit ses effets dans le droit positif des Etats membres dès son entrée en vigueur. A la différence des directives européennes[1121], « le règlement a une portée générale. Il est obligatoire dans tous ses éléments et directement applicable dans tout Etat membre »[1122]. Cette considération témoigne de ce que le législateur européen aspire plus que tout à s'émanciper du bon vouloir des Etats membres. En effet, les nombreuses divergences en matière contractuelle sont longtemps parues irréductibles. Le jeu des directives n'a pas suffi à harmoniser les droits nationaux des contrats et l'échec du cadre commun de référence atteste l'attachement de certains droits positifs à leur propre tradition juridique. Préférer la voie du règlement européen obligatoire[1123] c'est aussi en somme imposer l'harmonisation du droit des contrats aux Etats membres, nécessaire à la sortie de crise. En outre, l'interprétation du règlement est confiée à un organe unique, la CJUE, ce qui permet de promouvoir une interprétation uniforme du droit européen des contrats.

L'éviction des droits nationaux par les règlements de l'UE relatifs au droit harmonisé des contrats procède désormais d'une certitude, qu'il s'agisse d'unifier la loi applicable au contrat en cas de conflits de lois (1) ou d'élaborer les règles uniformes du droit européen de la vente (2).

[1121] Les directives nécessitent une transposition en droit interne français, qui conditionne leur effet direct. Elles ordonnent une orientation générale en vue de la réalisation d'un objectif européen et laissent à la charge des Etats la faculté de mettre en œuvre tous les moyens dont ils disposent pour atteindre l'objectif fixé, en vertu de leur pouvoir discrétionnaire d'appréciation.

[1122] Article 288 al. 2 TFUE.

[1123] « Une méthode plus contraignante, de substitution totale cette fois, pourrait être envisagée. Il n'y aurait alors plus, à terme, de coexistence entre règles nationales et règles communautaires puisque ces dernières primeraient. Tel serait le cas si le droit européen des contrats se voyait imposé au travers d'un traité ou d'un règlement » (K. Garcia, *Op. cit.*, p. 276, n° 335).

1. Le Règlement Rome I, l'unification du droit applicable au contrat

Jusque très récemment, était encore appliquée en matière de conflit de loi applicable au contrat, la Convention de Rome adoptée le 19 juin 1980 qui «*faisait* rempart à l'éviction totale des droits nationaux par les instruments d'unification. (...) Or, ce bastion *a disparu* avec la transformation de cette convention internationale en règlement communautaire »[1124].

Désormais, c'est le Règlement (CE) n° 593/2008 du Parlement européen et du Conseil du 17 juin 2008 sur la loi applicable aux obligations contractuelles qui régit la matière. Ainsi, le Règlement Rome I[1125] définit les règles uniformes du droit conflictuel tendant à simplifier les modalités de détermination de la loi applicable au contrat. Son entrée en vigueur a été le premier signe de l'unification du droit européen des contrats civils et commerciaux[1126].

Dans le Livre vert sur la transformation de la Convention de Rome de 1980 sur la loi applicable aux obligations contractuelles en

---

[1124] H. Boucard, « Les instruments internationaux d'unification : concurrence ou modèle pour les droits nationaux », *in Droit européen du contrat et droits du contrat en Europe. Quelles perspectives pour quel équilibre* (sous la dir. de G. Wicker), Litec, 2008, p. 21, spéc. p. 25 et note 23. Le Professeur souligne en réalité que « pour l'instant, la Convention de Rome fait rempart à l'éviction totale des droits nationaux par les instruments d'unification. Si l'article 3 pose le principe de la liberté de choix de la loi applicable au contrat, la loi est ici synonyme de droit national. Or, ce bastion pourrait bien disparaître avec la transformation de cette convention internationale en règlement communautaire ».

[1125] Le Règlement Rome I est entré en vigueur le 24 juillet 2008 (*JOUE*, L 177 du 4 juillet 2008).

[1126] Il convient toutefois de noter qu'il fait suite au Règlement (CE) n° 44/2001 du Conseil du 22 décembre 2000 concernant la compétence judiciaire, la reconnaissance et l'exécution des décisions en matière civile et commerciale (Bruxelles I) et au Règlement (CE) n° 864/2007 du Parlement européen et du Conseil du 11 juillet 2007 sur la loi applicable aux obligations non contractuelles (Rome II). Les Règlements Bruxelles I, Rome II et Rome I fixent un ensemble de règles contraignantes et uniformes en matière de détermination de la loi applicable aux obligations et de détermination de la compétence juridictionnelle.

instrument communautaire ainsi que sur sa modernisation[1127], la Commission souligne la propension croissante des parties à se référer à un droit non étatique comme loi applicable au contrat[1128]. Aussi, afin de généraliser la pratique contractuelle, elle a préféré étendre la liberté de choix des parties qui pourront dorénavant prévoir l'application d'une convention internationale[1129] de principes ou même d'une loi nationale d'un Etat tiers à l'UE. Cette modernisation vient alors contrebalancer le principe de la Convention de Rome de 1980 selon lequel seule est *a priori* applicable au contrat la loi étatique. En effet, la référence à un droit non étatique ne jouait qu'une fonction subsidiaire en concourant à l'interprétation de la loi étatique. En outre, le considérant 14 du Règlement Rome I prévoit l'existence future d'un instrument contractuel européen et dispose donc que « si la Communauté adopte dans un instrument juridique approprié des règles de droit contractuel substantielles, comportant des termes et des conditions types, un tel instrument peut prévoir que les parties sont libres de choisir d'appliquer ces règles ». Dès lors, le juge national français peut être tenu d'appliquer à un contrat de droit privé une loi qui n'est pas la sienne si les parties en ont fait mention.

En effet, tandis que la Convention de Rome de 1980 précisait les « liens étroits » de rattachement d'un contrat à une loi étatique, le Règlement Rome I abandonne ce critère au profit d'une plus grande flexibilité. Si les parties choisissent par exemple l'application des Principes Unidroit, le juge judiciaire devra inéluctablement faire application de la théorie de l'imprévision en cas de changement exceptionnel des circonstances. Ainsi, le droit des obligations est maintenant susceptible d'être évincé par la mention contractuelle des

---

[1127] COM (2002) 654 final.

[1128] « Il est de pratique de plus en plus courante en matière de commerce international que les parties se réfèrent non pas à la loi de tel ou tel Etat, mais directement aux règles d'une convention internationale telle que la Convention de Vienne du 11 avril 1980 sur la vente internationale de marchandises, aux usages du commerce international, aux principes généraux du droit, à la lex mercatoria, ou encore à des codifications privées récentes tels que les Principes UNIDROIT sur les contrats du commerce international ».

[1129] Considérant 13 du Règlement. A rapp. de l'analyse de la portée juridique du Préambule (Voir *infra*, p. 485 et s.).

parties à un droit non étatique. La Commission explique à juste titre que « le choix de règles non étatiques *pourrait* constituer un choix de loi (...) *puisqu'*il n'y aurait pas lieu de refuser cette pratique au juge étatique dès lors qu'elle est admise, dans beaucoup d'Etats, pour les arbitres »[1130]. Non seulement le Règlement Rome I modernise le droit européen des contrats en matière de conflits de loi, mais il tend à sécuriser également les relations contractuelles et harmonise plus généralement le droit privé matériel. Or, si la théorie de l'imprévision nécessite actuellement une référence contractuelle des parties à un droit non étatique ou à un droit positif d'un Etat qui la reconnaît, l'entrée en vigueur du futur Règlement relatif au droit commun européen de la vente risque de favoriser d'autant plus l'application de cette théorie.

2. Le futur Règlement relatif au droit commun européen de la vente

La Proposition de Règlement[1131] du Parlement européen et du Conseil relatif à un droit commun européen de la vente consacre pleinement la théorie de l'imprévision dans son article 89 intitulé « Changements de circonstances »[1132]. Cette proposition a déjà suscité

[1130] Livre vert sur la transformation de la Convention de Rome de 1980 sur la loi applicable aux obligations contractuelles en instrument communautaire ainsi que sur sa modernisation, *précité*, p. 25. Voir également *supra*, p. 457 et s.

[1131] La proposition de Règlement 2011/0284 (COD) fait suite à celle de la Commission (COM (2011) 635 final). Elle est actuellement en cours de première lecture au Parlement et en attente de discussions au Conseil de l'UE. Ce faisant, il est probable que ce texte fasse l'objet de modifications ultérieures.

[1132] « 1. Une partie doit exécuter ses obligations quand bien même l'exécution en serait devenue plus onéreuse, soit que le coût de l'exécution ait augmenté, soit que la valeur de la contreprestation ait diminué. Lorsque l'exécution devient excessivement onéreuse en raison d'un changement exceptionnel de circonstances, les parties ont l'obligation d'engager des négociations en vue d'adapter le contrat ou d'y mettre fin.
2. Si les parties ne parviennent pas à un accord dans un délai raisonnable, un tribunal peut, à la demande de l'une ou l'autre partie :
(a) adapter le contrat afin de le mettre en conformité avec ce que les parties auraient raisonnablement convenu au moment de la conclusion du contrat si elles avaient tenu compte du changement de circonstances ; ou
(b) mettre fin au contrat à une date et selon des modalités que le tribunal fixera.
3. Les paragraphes 1 et 2 s'appliquent seulement si :

de nombreux commentaires doctrinaux[1133] car l'innovation est grande tant en ce qui concerne la procédure d'intégration choisie par les institutions européennes que le contenu de quelques-unes de ses dispositions, particulièrement celle qui prévoit la théorie de l'imprévision. La rédaction de cet article 89 n'est pas sans faire écho à celle de la Section *hardship* des Principes Unidroit[1134] ni à celle de l'article 6.111 des Principes du droit européen des contrats[1135].

Après avoir rappelé la portée impérative du principe de la force obligatoire des conventions, le législateur européen propose une théorie de l'imprévision très aboutie au cas d'un changement exceptionnel des circonstances. Proche de la théorie administrative, le mécanisme européen de l'imprévision[1136] combine à la fois les influences internationales, celles du droit européen comparé des contrats, notamment l'influence germanique, et celles des codifications académiques sollicitées par l'UE. En cela, la théorie de l'imprévision procède d'une grande richesse, voire d'une certaine perfection : très complète et bien construite, elle renferme un régime juridique parfaitement équilibré. Aussi, elle est à ce titre susceptible de rallier les positions divergentes des quelques systèmes juridiques européens qui la renient encore. Une communion d'intérêts peut naître

---

(a) le changement de circonstances est intervenu postérieurement à la conclusion du contrat ;
(b) la partie invoquant le changement de circonstances n'avait pas pris et ne pouvait être censée avoir pris en compte la possibilité ou l'importance du changement de circonstances ; et
(c) la partie lésée n'a pas assumé, et ne peut être raisonnablement considérée comme ayant assumé, le risque de ce changement de circonstances ;
4. Aux fins d'application des paragraphes 2 et 3, le terme « tribunal » inclut un tribunal arbitral ».

[1133] Par exemple : B. Fauvarque-Cosson, « Vers un droit commun européen de la vente », *D.* 2012 p. 34 ; G. Paisant, « La proposition d'un droit commun de la vente ou l'esperanto contractuel de la Commission européenne », *JCPG*, n° 18, 2012, p. 560 ; C. Aubert de Vincelles, « Premiers regards sur la proposition d'un droit commun européen de la vente », *JCPE*, n° 51, 2011, act. 683.

[1134] Voir *supra*, p. 350 et s.

[1135] Voir *supra*, p. 443 et s.

[1136] Il convient toutefois de noter que le champ d'application de ce texte exclut expressément les contrats de droit public.

alors autour de cette théorie européenne, là où d'autres projets ont échoué. En effet, le droit commun européen de la vente présente « l'avantage d'*être* un droit unique »[1137], uniformément appliqué sur le territoire de l'UE et qui permet des relations commerciales améliorées entre les entreprises des Etats membres mais également avec celles des Etats tiers à l'UE. Ainsi, les opérateurs du commerce européen sont placés dans une situation juridique et économique équivalente, ce qui favorise les échanges commerciaux d'une part, et stimule, d'autre part, la compétitivité économique des entreprises, actuellement chère aux économies nationales des Etats membres - dont les finances publiques sont gravement déséquilibrées par les effets de la crise économique et financière - et, *a fortiori* à l'économie européenne.

Le régime européen de l'imprévision fédère les diverses conceptions de la théorie, tout en alliant la tradition romano-germanique. Certes, son application est « optionnelle »[1138] : encore faudra-t-il que les parties fassent mention expresse de l'application du droit commun européen de la vente pour que la théorie européenne soit mise en œuvre. Mais le régime sera bel et bien applicable à côté du régime contractuel national. Les parties devront donc choisir. Ainsi, la théorie européenne impose fermement une obligation à la charge des parties de tenir de nouvelles discussions autour du bouleversement imprévisible de l'économie contractuelle. Le devoir de renégocier un contrat économiquement bouleversé résulte des Principes du droit européen des contrats, eux-mêmes inspirés en la matière par la théorie administrative[1139]. Les parties doivent ainsi tout mettre en œuvre afin de parvenir à un accord amiable comportant le règlement de la situation d'imprévision. A l'issue d'un délai raisonnable, l'une ou l'autre des parties peut saisir le juge étatique en vue de l'adaptation des stipulations contractuelles aux nouvelles circonstances économiques.

En outre, l'application de la théorie européenne est subordonnée à la réunion de trois conditions d'application. D'abord, l'exécution du

---

[1137] B. Fauvarque Cosson, *Op. cit.*, *D.* 2012, p. 34.

[1138] *Idem.*

[1139] Voir *supra*, p. 443.

contrat doit être devenue excessivement onéreuse au point de causer un véritable bouleversement économique, condition d'application similairement exigée par le juge administratif français.

Intervenu après la conclusion du contrat, le changement de circonstances, ou ses effets, doit ensuite avoir déjoué toutes les prévisions de la partie lésée. Le critère d'imprévisibilité de la situation d'imprévision résulte de la construction jurisprudentielle de l'imprévision en droit des contrats administratifs français.

Il convient de noter que, pour autant, aucune référence à la condition d'extériorité n'est mentionnée dans l'article 89 du droit commun européen de la vente. Est-il alors légitime d'en déduire que la faute de la partie lésée à l'origine de laquelle naît un grave bouleversement de l'économie contractuelle, fut-il imprévisible au moment de la commission de la faute, entraînerait l'application de la théorie européenne de l'imprévision ? Assurément, non ; d'abord, parce que le critère de l'imprévisibilité implique qu'aucune des parties ne puisse être à l'origine de l'état d'imprévision, ensuite, parce que le changement de circonstances n'est pas constitutif d'un risque normal auquel la partie lésée est censée avoir librement consenti lors de la conclusion du contrat. Cette dernière condition d'application est très inspirée de l'article 6.2.2 des Principes Unidroit. En constatant que la partie lésée ne peut être considérée comme avoir assumé le risque du changement de circonstances au moment de la conclusion du contrat, le Tribunal devra alors apprécier l'anormalité du préjudice subi au cours de l'exécution contractuelle, sans doute comme procède le juge administratif en France.

En revanche, la révision judiciaire du contrat pour imprévision se justifie par le recours à la notion d'attentes légitimes, d'essence initialement germanique[1140]. « Adapter le contrat afin de le mettre en conformité avec ce que les parties auraient raisonnablement convenu au moment de la conclusion du contrat si elles avaient tenu compte du changement de circonstances »[1141], revient à réviser ses stipulations en vue de satisfaire les attentes légitimes initiales des parties. Cette considération n'est pas anodine en ce qu'elle est en tout point

---

[1140] Voir *supra*, p. 395 et s.

[1141] Article 89 al. 2 (a) du droit commun européen de la vente.

conforme au principe de confiance légitime tel que développé par la Cour de justice[1142].

Ainsi sera donc prochainement admise la théorie européenne de l'imprévision en droit privé, immédiatement applicable en droit interne – pourvu que les parties y aient fait référence – et dont le régime habilement construit en vertu de la combinaison de nombreuses influences et conceptions sinon diverses, du moins complémentaires, promet un fort degré d'attraction à l'égard des opérateurs du commerce européen. Il semble d'ailleurs à ce titre que l'institution d'un droit commun européen de la vente tend à supplanter la CVIM à laquelle les parties font fréquemment référence dans leur contrat. Plus encore, la coexistence des régimes européen et étatique de l'imprévision, et plus généralement des deux droits contractuels au sein du droit national, risque à plus ou moins long terme de supplanter l'application des droits nationaux des contrats, spécifiquement ceux qui, trop conservateurs, manquent cruellement d'attractivité économique.

Le seul projet de réforme en France du droit privé des obligations conforme au projet européen d'harmonisation du droit des contrats est, en définitive, celui du Professeur François Terré[1143] qui a su adroitement s'inspirer des influences extranationales.

« Les autorités européennes ont imaginé une voie ingénieuse qui pourrait conduire à une sorte d'harmonisation « masquée » du droit européen du contrat »[1144]. Or, la Cour de justice exerce aussi une contrainte légitime – du fait de l'adhésion des Etats membres à l'UE – sur les législations nationales, notamment en ce qui concerne la prise en compte de la théorie de l'imprévision.

SECTION 2. LA CONTRAINTE JURIDICTIONNELLE

La Cour de justice occupe une place prépondérante dans le système institutionnel de l'UE. Chargée de contrôler l'application du

---

[1142] Voir *infra*, p. 474 et s.

[1143] Voir *supra*, p. 305 et s.

[1144] D. Mazeaud, « Rapport de synthèse », *Op. cit.*, p. 89, n° 33.

droit de l'Union et garante du respect des textes fondateurs de son ordre juridique, elle dispose à ce titre d'un large pouvoir juridictionnel dont il convient de remarquer qu'il n'est limité par aucune autre institution européenne. Aussi, les compétences de la Cour de justice procèdent uniquement des Traités fondateurs de l'UE. Or, elle est la seule compétente pour interpréter les Traités de manière authentique[1145] et garantir l'application et l'interprétation uniforme du droit de l'Union dans chacun des Etats membres. Ainsi, la Cour de justice détient un pouvoir qu'aucune autre juridiction nationale ne détient. Chargée d'assurer l'unité et la cohérence du droit de l'Union, elle ne manque pas d'affirmer son autorité[1146] non seulement à l'égard des autres institutions européennes mais également à l'égard des Etats membres. « Sous couvert de l'interprétation du droit communautaire, c'est en effet à un véritable examen du droit national que se livre la Cour de justice (…)[1147]. Mais, hormis sa compétence exclusive en matière d'interprétation du droit de l'Union qui lui permet à la fois de pallier les lacunes du législateur et d'étendre la portée du droit de l'Union, la Cour du Luxembourg dispose également d'une compétence juridictionnelle contentieuse. Elle peut alors, notamment, sanctionner un Etat membre par le truchement du recours en manquement. C'est dire la puissance que revêt la Cour de justice dans l'ordre juridique de l'UE et l'étendue du contrôle juridictionnel qu'elle opère, au point, d'ailleurs, qu'il a été prétendu qu'elle était une juridiction constitutionnelle. Pour autant, il est bien difficile de nier le rôle stratégique de la Cour de justice. En assurant le caractère commun du droit primaire et dérivé de l'Union, sa politique jurisprudentielle s'inscrit dans une approche fédéraliste, néanmoins soucieuse du respect de la souveraineté des Etats membres. En

---

1145 C'est le plus souvent au moyen des questions préjudicielles prévues par l'article 267 du Traité FUE que la Cour de justice procède à l'interprétation des normes européennes.

1146 « La Communauté Economique européenne est une communauté de droit en ce que ni ses Etats membres ni ses institutions n'échappent au contrôle de la conformité de leurs actes à la charte constitutionnelle de base qu'est le traité » (CJCE, 23 avril 1986, *Parti écologiste Les Verts c/ Parlement européen*, aff. 294/83, Rec., p. 1339, spéc. p. 1365, n° 23).

1147 H. Gaudin, « La Cour de justice, juridiction constitutionnelle ? », *RAE*, 2000, p. 209.

somme, elle assure l'intégration du droit de l'Union dans le droit positif des ordres juridiques nationaux et l'arme dont elle dispose pour affirmer l'autorité de son droit est immanquablement le principe de primauté du droit de l'UE consacré à l'occasion de l'arrêt *Costa c/ ENEL*[1148].

Historiquement, la création de la CJCE par le Traité CECA[1149] le 18 avril 1951 devait permettre le règlement des conflits de nature essentiellement économique, le contentieux des libertés fondamentales ayant été confié un an plus tôt, le 4 novembre 1950, à la Convention EDH dont la fonction visait exclusivement la protection des droits fondamentaux. « En dehors de la garantie des libertés économiques liées à la réalisation du marché commun, (...) le traité de Rome était particulièrement discret sur la sauvegarde des droits fondamentaux. (...) Les questions d'intégration économique relevaient du droit communautaire et de la compétence de la Cour de Luxembourg, tandis que les problèmes liés à la protection des droits de l'homme entraient dans le champ de la Convention européenne des droits de l'homme et dans la compétence des organes de Strasbourg. (...) Pour autant, il était également clair que les deux juridictions européennes ne pouvaient fonctionner dans l'ignorance de leurs jurisprudences respectives »[1150]. Ainsi, respectivement cantonnée à un domaine de compétence strictement limité, il n'en a pas moins demeuré l'exercice d'une influence réciproque des deux Cours sur leur jurisprudence. Si le contentieux des contrats, dont la finalité est de promouvoir le marché commun, a d'abord procédé de la CJCE, la Cour EDH n'a pas manqué de se saisir par la suite de la matière contractuelle. Les Etats membres dont la législation est en contradiction avec le droit de l'UE ou la Convention sont ainsi condamnés et fermement invités à faire évoluer leur droit national.

1148 CJCE, 15 juillet 1964, *Costa c/ ENEL*, aff. 6/64, *Rec.*, p. 1141. Voir *infra*, p. 487.

1149 La Communauté européenne du Charbon et de l'Acier est la première organisation européenne créée pour consolider la paix et reconstruire l'économie européenne en permettant la libre circulation du charbon et de l'acier notamment. Elle comprenait les Pays-Bas, la Belgique, le Luxembourg, la France, l'Italie et l'Allemagne.

1150 D. Simon, *Op. cit.*, spéc. p. 32 et 33.

La Cour de justice dispose d'un pouvoir créateur de droit en vertu duquel elle comble les carences du législateur européen ou étend la portée du droit de l'Union. Elle a ainsi dégagé plusieurs principes, tantôt des Principes généraux du droit de l'Union, tantôt des principes institutionnels[1151]. En matière d'imprévision, l'intensité des Principes généraux du droit crée un véritable engouement propice à la généralisation de la théorie (I).

L'interprétation authentique de la Cour de justice est du reste un moyen de contraindre les Etats membres récalcitrants à admettre une théorie de l'imprévision conforme à l'impératif d'uniformité qu'elle poursuit au titre d'une jurisprudence audacieuse (II)

I/ L'INTENSITE DES PRINCIPES GENERAUX DU DROIT DE L'UE

D'origine jurisprudentielle, les Principes généraux du droit de l'UE[1152] ont vocation à compléter les Traités. Ils sont donc, à ce titre, consubstantiels aux Traités. Le rayonnement de deux principes a permis le développement d'idées constructives très proches du pragmatisme juridique impliqué par l'imprévision. Et le principe de proportionnalité (A) et le principe de la confiance légitime (B) contribuent à justifier la théorie en droit des contrats.

A) La montée en puissance du principe de proportionnalité

Etroitement associé au principe de subsidiarité[1153], le principe de proportionnalité est présent dans les traités à titre implicite. S'il a

---

[1151] L'un des principes institutionnels les plus importants est celui de l'équilibre institutionnel qui a été découvert à l'occasion de l'arrêt *Meroni* du 13 juin 1958 (aff. 9/56, *Rec.*, p. 11) et aux termes duquel la Cour de justice a défini le principe selon lequel « chaque institution agit dans les limites des attributions qui lui sont conférées ». D'autres principes institutionnels comme par exemple celui de la coopération loyale permettent d'organiser les rapports entre les institutions européennes.

[1152] Ci-après dénommés PGDUE.

[1153] Le principe de subsidiarité qui organise la répartition des compétences entre l'UE et les Etats membres, a été consacré tardivement à l'occasion du Traité de Maastricht de 1992 qui prévoit que « le présent Traité marque une nouvelle étape dans le processus créant une Union sans cesse plus étroite entre les peuples de d'abord été introduit pour circonscrire l'action de l'UE, il a par la suite été étendu en vue d'encadrer le pouvoir étatique et spécifiquement la pratique du droit national. Aussi, la teneur du principe au plan européen a donc fini par être transposée à la matière contractuelle. La disproportion en droit contractuel est par conséquent susceptible d'être sanctionnée par la Cour de justice.

1. Notions générales

Le principe de proportionnalité a été précocement reconnu par la CJCE, à l'occasion de l'arrêt *Fédération charbonnière de Belgique c/ Haute autorité*[1154] en 1956. C'est lors de l'arrêt *SA Buitoni* de février 1979 que la Cour de justice l'a ensuite érigé au rang de Principe général du droit communautaire[1155]. Le juge européen a défini le principe de proportionnalité dans l'arrêt *Denkavit Nederland*[1156], principe aux termes duquel « les actes des institutions de la communauté ne dépassent pas les limites de ce qui lui est approprié et nécessaire pour atteindre le but recherché ». Le traité de Maastricht, comme celui de Lisbonne n'a fait que reprendre l'état de la jurisprudence et dispose qu'« en vertu du principe de proportionnalité, le contenu et la forme de l'action de l'Union n'excèdent pas ce qui est nécessaire pour atteindre les objectifs des traités ». Au final, selon ce

---

l'Europe, dans laquelle les décisions sont prises le plus près possible des citoyens » (article A) et dispose en son article 3B que « la Communauté agit dans les limites des compétences qui lui sont conférées et des objectifs qui lui sont assignés par le présent traité. Dans les domaines qui ne relèvent pas de sa compétence exclusive, la Communauté n'intervient, conformément au principe de subsidiarité, que si et dans la mesure où les objectifs de l'action envisagée ne peuvent pas être réalisés de manière suffisante par les États membres et peuvent donc, en raison des dimensions ou des effets de l'action envisagée, être mieux réalisés au niveau communautaire. L'action de la Communauté n'excède pas ce qui est nécessaire pour atteindre les objectifs du présent traité ». En revanche, le Protocole n° 2 annexé au Traité de Lisbonne sur l'application des principes de subsidiarité et de proportionnalité concerne également l'organisation du système de répartition des compétences au sein de l'UE.

[1154] CJCE, 16 et 29 juillet 1956, *Fédération charbonnière de Belgique c/ Haute autorité*, aff. 8/55, *Rec*., p. 201.

[1155] CJCE, 20 février 1979, *SA Buitoni*, aff. 122/78, *Rec*., p. 677.

[1156] CJCE, 17 mai 1984, *Denkavit Nederland*, aff. 15/83, *Rec*. p. 2171.

principe, l'UE doit veiller à ne pas outrepasser ses pouvoirs dans l'édiction de ses normes, veillant toujours à se limiter aux objectifs fixés. Le principe de proportionnalité est inclus dans celui de subsidiarité, car si ce dernier conditionne le champ d'action de l'UE, le premier vient définir les conditions de cette action. Aussi, le respect du principe de proportionnalité s'apprécie au regard de la flexibilité de l'acte européen en cause. Les Etats membres doivent pouvoir disposer d'une marge de manœuvre suffisante dans l'application du droit de l'Union. Or, le principe de proportionnalité n'a pas eu vocation à rester cantonné au plan européen pour servir la répartition des compétences entre les Etats membres et l'UE. Il s'est trouvé peu à peu mobilisé au sein du droit national pour encadrer l'action publique des Etats et assurer une protection juridique effective aux individus. Ainsi, « d'une manière générale, le principe de proportionnalité est considéré comme une norme objective visant à protéger les particuliers, « *lesquels en tirent un droit subjectif de caractère fondamental* ». (…) On peut considérer que le principe de proportionnalité joue un rôle fondamental dans la protection juridique de l'individu en ce qu'il remplit une fonction « *modératrice* » ou « *relativisante* » dans l'exercice du pouvoir »[1157].

La montée en puissance du principe de proportionnalité à la fin du XXème siècle a été le vecteur d'une considération plus étroite de l'équilibre contractuel. En tant que PGDUE, son champ d'application a en effet pénétré la plupart des disciplines juridiques et spécifiquement celle du droit des contrats. Depuis l'arrêt *Wachauf*[1158] de 1989, le principe de proportionnalité prime dans l'ordre juridique des Etats membres. C'est dire s'il s'impose aux droits nationaux. Or, si, très tôt, le droit administratif a substantiellement appliqué le principe[1159], le droit privé des obligations a, en revanche, longtemps

---

[1157] E. Carpano, *Etat de droit et droits européens*, L'Harmattan, 2005, p. 369.

[1158] CJCE, 13 juillet 1989, *Wachauf*, aff. 5/88, *Rec.*, p. 2609.

[1159] Le principe de proportionnalité fait l'objet d'une application accrue en droit administratif, ce qui est pour le moins légitime du fait de l'exorbitance des pouvoirs de l'Administration. La production doctrinale est importante en matière de proportionnalité (voir par exemple : M. Guibal, « De la proportionnalité », *AJDA* 1978, p. 477 ; X. Philippe, *Le contrôle de proportionnalité dans les jurisprudences constitutionnelle et administrative françaises*, Economica, coll. Science et droit administratifs, PUAM, 1990, 499 p.). Le juge administratif a eu l'occasion à de récusé sa portée juridique ignorant l'exigence de proportionnalité au sein du rapport contractuel. Pour autant, la fin du XXème siècle a été propice à un attachement plus grand de la doctrine civiliste au principe de proportionnalité. La réflexion était engagée[1160]. En droit des

---

nombreuses reprises de contrôler l'adéquation et la nécessité de la mesure à l'objectif d'intérêt général qu'elle poursuit (voir par exemple : CE, Ass., 19 mai 1933, *Benjamin*, *Rec.*, p. 541 ; CE, 28 mai 1971, *Ville Nouvelle Est*, *Rec.*, p. 409, concl. G. Braibant ; CE Ass., 19 avril 1991, *M. Belgacem*, *Rec.* p. 152 ; CE Ass., 19 avril 1991, *Mme Babas*, *Rec.* p. 162). En outre, le principe de proportionnalité occupe une place importante en droit des marchés publics. Il s'applique essentiellement pour limiter le pouvoir discrétionnaire du pouvoir adjudicateur, notamment en matière de publication des avis de marchés (OCDE, *L'intégrité dans les marchés publics. Les bonnes pratiques de A à Z*, OECD Publishing, 2008, p. 34 ; A.-L. Durviaux, *Logique de marché et marché public en droit communautaire : Analyse critique d'un système*, Larcier, 2006, p. 386, n° 360). L'exigence de proportionnalité relative aux marchés publics procède également de l'UE. La position commune du 20 mars 2003 adoptée par le Conseil de l'UE ((CE) n° 33/2003) en vue de l'adoption d'une directive du Parlement européen et du Conseil relative à la coordination des procédures de passation des marchés publics de travaux, de fournitures et de services précise par exemple que « la réalisation de la libre circulation des marchandises en matière de marchés publics de fournitures et la réalisation de la liberté d'établissement et de la libre prestation de services en matière de marchés publics de travaux et de services, pour les marchés conclus dans les Etats membres pour le compte de l'Etat, des collectivités territoriales et d'autres organismes de droit public, nécessitent, parallèlement à l'élimination des restrictions, la mise en œuvre des dispositions en matière de coordination des procédures nationales de passation des marchés publics qui soient fondées sur les règles régissant ces trois libertés et sur les principes qui s'en dégagent, tels que les principes d'égalité de traitement, dont le principe de non-discrimination n'est qu'une expression particulière, de reconnaissance mutuelle, de proportionnalité, de transparence ainsi que sur une mise en concurrence effective des marchés publics » (*JO* C 147 E du 24.6.2003, p. 1). Il convient par ailleurs de remarquer que le principe de proportionnalité est également appliqué par le Conseil constitutionnel (Décision n° 81-127 DC du 19-20 janvier 1981 dite Sécurité et Liberté ; Décision n° 81-132 DC du 16 janvier 1982 sur la loi de nationalisation ; Décision n° 2003-467 DC du 13 mars 2003 relative à la Loi sur la sécurité intérieure ; Décision n° 2004-492 DC du 2 mars 2004 relative à la Loi portant adaptation de la justice aux évolutions de la criminalité. Voir également pour une étude approfondie : V. Goesel-Le Bihan, « Le contrôle de proportionnalité dans la jurisprudence du Conseil constitutionnel : figures récentes », *RFDC* 2/2007, n° 70, p. 269).

1160 D. Mazeaud, « Le principe de proportionnalité et le droit des contrats », *in* Colloque « Existe-t-il un principe de proportionnalité en droit privé ? », *LPA*, n° 117 (n° spécial), 30 septembre 1998, p. 16 ; N. Molfessis, « Le principe de proportionnalité et l'exécution du contrat », *in* Colloque « Existe-t-il un principe de contrats, l'application du principe témoigne de ce que le juge peut procéder à une intervention au sein du rapport d'obligations tendant à rééquilibrer les stipulations du contrat. Le principe de proportionnalité participe donc d'un effet correctif si bien qu'il s'intègre parfaitement à la théorie de l'imprévision. Quel que soit le stade dans lequel s'inscrit le contrat, le principe s'applique[1161] avec force. Mais il convient de remarquer que « la proportionnalité et l'équilibre contractuel sont au cœur des préoccupations judiciaires, sans pour autant que soient bouleversés les principes traditionnels les plus solidement ancrés en droit civil, telle l'interdiction de la révision pour imprévision »[1162]. Ainsi la théorie est-elle encore écartée au regard même de l'exigence de proportionnalité[1163]. Se peut-il alors que cet état du droit soit en contradiction avec l'acception du principe européen de proportionnalité ? Auquel cas la législation française n'est-elle pas susceptible d'une condamnation de la Cour de justice ? Sûrement si l'on considère la disproportion du bouleversement de l'économie du contrat au regard de l'inertie du juge judiciaire et de l'absence d'intervention législative en la matière. En droit privé, la disproportion des stipulations contractuelles ne fait l'objet d'aucune intervention judiciaire corrective lorsqu'elle procède d'un changement

---

proportionnalité en droit privé ? », *LPA*, n° 117 (n° spécial), 30 septembre 1998, p. 21 ; S. Le Gac Pech, *La proportionnalité en droit privé des contrats*, Thèse, LGDJ, 2000, T. 335, 580 p. ; M. Mekki, « Les effets du contrôle de proportionnalité sur le contrat », *in L'intérêt général et le contrat, Contribution à une étude de la hiérarchie des intérêts en droit privé*, LGDJ, Bibl. dr. privé, n° 411, 2004, p. 489 et s.

[1161] L'exigence de proportionnalité est prescrite tant au stade de la formation du contrat (par exemple : Civ. 1ère, 4 février 1985, *RTD civ.* 1985, p. 537, obs. G. Durry. Voir également, pour une analyse détaillée : D. Mazeaud, « Le principe de proportionnalité et le droit des contrats », *Ibid.*, p. 16) que pendant la phase de son exécution (Cass. com., 2 mars 1993, *Bull. civ.* IV, n° 83, p. 57, *D.*, Som., 11, obs. J. Kullmann ; Civ. 1ère, 5 mai 1998, *Bull. civ.*, I, n° 168 ; Civ. 1ère, 21 février 2006, *Bull. civ.* I, n° 100. Voir également, pour une analyse détaillée : N. Molfessis, *Ibid.*, p. 21).

[1162] S. Amrani Mekki, B. Fauvarque-Cosson, « Droit des contrats. Octobre 2009 - novembre 2010 », *Op. cit.*, p. 472.

[1163] Même s'il convient de souligner que l'évolution jurisprudentielle de la Chambre commerciale de la Cour de cassation dans l'arrêt *Soffimat* du 29 juin 2010 (voir *supra*, p. 325) semble étroitement liée à la montée en puissance du principe de proportionnalité (voir en ce sens : S. Amrani Mekki, B. Fauvarque-Cosson, « Droit des contrats. Octobre 2009 - novembre 2010 », *Ibid.*).

de circonstances qui ne pouvait être raisonnablement prévisible. Or, il n'est pas rare que la Cour de justice sanctionne une législation nationale manifestement disproportionnée.

2. La disproportion en droit contractuel

Originellement, l'acception européenne du principe de proportionnalité procède d'une inspiration du droit allemand[1164]. La progression qu'il connaît actuellement en droit de l'UE s'impose inéluctablement dans tous les domaines du droit national. En ce sens, l'exigence de proportionnalité dépasse le cloisonnement juridique des disciplines. Ainsi « avec elle, se développent la modification, la révision, la réfaction du contrat, comme si le principe de la force obligatoire constituait l'ennemi premier de la proportionnalité »[1165].

La disproportion en droit contractuel est admise lorsqu'un déséquilibre manifestement grave bouleverse l'économie générale du contrat. Le principe de proportionnalité a vocation à jouer pour rétablir l'équilibre des prestations en permettant au juge d'opérer un contrôle de proportionnalité tendant à évaluer le caractère manifestement excessif de l'obligation. Aussi, le contrôle de la proportionnalité poursuit la finalité de sauvegarder la justice contractuelle. Loin de traduire l'idée d'une stricte correspondance des obligations, il contribue à rechercher objectivement l'équilibre contractuel initialement fixé par les parties. Selon le Professeur Le Gac Pech, « le concept de proportionnalité est un instrument de mesure et de sanction »[1166] en ce qu'il implique des limites maximales susceptibles de caractériser l'excès et définit ce qui doit être strictement nécessaire. Il constitue dès lors le caractère de ce qui est et doit demeurer raisonnable dans l'exécution du contrat. Un simple déséquilibre des prestations ne suffit pas pour autant à caractériser la disproportion des stipulations contractuelles. Un bouleversement manifestement grave de l'économie contractuelle est en revanche le signe d'une disproportion assurée au point que l'exécution du contrat

[1164] Voir en ce sens : S. Le Gac Pech, Thèse *précitée*, p. 375 et s.

[1165] N. Molfessis, *Op. cit.*, p. 21.

[1166] Thèse *précitée*, p. 45.

ne se fait plus dans de justes proportions, c'est-à-dire qu'elle est devenue gravement anormale pour l'un des contractants. Le rétablissement de la justice contractuelle s'impose. Le contrôle de la proportionnalité objective des obligations en cause contribue alors au rééquilibrage du contrat. Ainsi, l'office du juge consiste à faire une balance des intérêts en jeu des parties en vue de rétablir les stipulations du contrat dans de justes proportions. En cela, l'exigence de proportionnalité constitue un facteur objectif de la révision judiciaire du contrat.

Or, puisque l'état d'imprévision engendre une grave disproportion – manifestement avérée – des stipulations contractuelles en révélant le caractère excessif du surcoût de l'obligation en cause, la théorie de l'imprévision n'entre-t-elle pas dans le champ de l'exigence de proportionnalité ? Certainement, encore que le juge doit pouvoir exercer le pouvoir exceptionnel de réviser le contrat pour pallier la défaillance de la volonté des parties car c'est bien là ce que l'exigence de proportionnalité implique. Comme le contexte initial de la conclusion du contrat est devenu radicalement différent de celui dans lequel il s'exécute, la disproportion des stipulations contractuelles est alors inéluctable et le juge devra rechercher la proportionnalité objective des obligations initialement fixée par les parties. L'interprétation stricte du principe de la force obligatoire doit donc céder face à l'exigence de proportionnalité pour permettre le rétablissement de l'équilibre contractuel initialement défini.

Le juge administratif opère nécessairement un contrôle de proportionnalité lorsqu'il déclenche la théorie de l'imprévision afin de procéder à une répartition équitable de la charge extracontractuelle. Or, pour le juge judiciaire, « le refoulement du contrôle de proportionnalité au stade de l'exécution du contrat est et demeure le principe »[1167]. Mais il n'a pas non plus ignoré la progression de l'exigence de proportionnalité en droit des contrats. « Dès lors, la comparaison des cas dans lesquels la proportionnalité est exigée de ceux dans lesquels elle est au contraire, refoulée, militera pour une généralisation de l'exigence »[1168]. Certes, bien que le changement

---

[1167] N. Molfessis, *Op. cit.*, p. 21.

[1168] *Idem.*

imprévisible des circonstances demeure encore aujourd'hui cantonné à un refus catégorique de proportionnalité. Pourtant, l'étude du droit européen comparé témoigne de ce que l'exigence de proportionnalité au stade de l'exécution contractuelle prime la règle *Pacta sunt servanda*[1169]. Identiquement, le droit international accorde une réelle importance à la nécessité de maintenir les obligations contractuelles dans de justes proportions. Certes, le terme de « proportionnalité » n'est pas toujours explicitement formulé[1170]. Mais, qu'il s'agisse de la pratique du commerce international ou du droit de la CEDH, la proportionnalité est exigée de la même manière pendant la phase de l'exécution contractuelle. Ainsi, la Cour EDH a par exemple admis, dans l'arrêt *Hutten-Czapska c/ Pologne* du 19 juin 2006, la nécessité d'un équilibre contractuel[1171]. Certes, il ne s'agissait pas de restaurer un grave déséquilibre dû à un changement exceptionnel des circonstances mais cette considération souligne sûrement l'importance que revêt l'exigence de proportionnalité en droit des contrats. En effet, c'est au regard de l'exigence de proportionnalité ordonnée par l'article 1 du protocole 1 de la CEDH que la Cour a sanctionné la législation polonaise comme une atteinte à la liberté contractuelle des

[1169] Voir en ce sens, l'analyse du Professeur Sophie Le Gac Pech (Thèse *précitée*, p. 375 et s).

[1170] D'une manière générale, les juridictions *lato sensu* choisissent d'employer les vocables de « raisonnable » ou de « juste équilibre ». Le Professeur Eric Carpano explique à juste titre que, par exemple « le juge européen peut, en effet, faire référence à un large catalogue lexical pour exprimer cette exigence de proportionnalité : il peut être fait référence au caractère « nécessaire » (voire « strictement nécessaire »), « raisonnable » ou « opportun » d'une mesure ou même à l'idée de « juste équilibre » ou de « justice » (*Op. cit.*, p. 370, n° 384).

[1171] CEDH, Gde Ch., 19 juin 2006, *Hutten-Czapska c/ Pologne* ; P. Ducoulombier, « Quelques considérations autour du rôle de la Cour européenne à propos d'un arrêt pilote », *Rev. L'Europe des libertés*, n° 21, p. 19 ; J.-P. Marguénaud, « La Cour européenne des droits de l'homme à la conquête du droit des contrats au moyen des arrêts pilotes », *RTD. civ* 2006, p. 719. Voir également le rapport de Pierre Sargos, *précité*, n° 44 ; il y est précisé que « l'exigence d'un équilibre contractuel – qui était à la base de l'arrêt prémonitoire de la Cour d'appel d'Aix en Provence du 31 décembre 1873 malencontreusement cassé par la Cour de cassation le 6 mars 1876 – a d'ailleurs été reconnu par la Cour européenne des droits de l'homme dans un arrêt du 19 juin 2006 (*Hutten-Czapska c/ Pologne*) condamnant une législation polonaise limitant à ce point les loyers que les propriétaires ne pouvaient même plus entretenir leur immeuble ».

propriétaires d'immeubles[1172]. En outre, dans un arrêt du 19 septembre 2006, la Grande Chambre de la CJCE précise que des mécanismes de révision doivent être contenus dans les montages contractuels de longue durée[1173].

Ainsi, la tendance grandissante à imposer le respect d'une proportionnalité au stade de l'exécution du contrat s'étend inéluctablement du fait de la montée en puissance du principe de proportionnalité. Il pourrait alors permettre l'adhésion des Etats récalcitrants à la théorie de l'imprévision précisément parce que « la proportion produit l'idée de force et de solidité »[1174].

B) La dynamique du principe de confiance légitime

La confiance légitime est un principe emprunté au droit allemand[1175]. Découvert par le juge de l'UE à l'occasion de l'arrêt

---

[1172] La requérante, Mme Hutten-Czapska, avait formé un recours devant la Cour EDH tendant à alléguer la violation de l'article 1 du Protocole n° 1 de la CEDH relatif à la protection de la propriété. Etait en cause une législation polonaise visant la limitation des loyers perçus par les propriétaires, laquelle poursuivait l'objectif d'une protection accrue des droits sociaux des locataires. Aussi, la requérante, comme nombre de propriétaires polonais, ne pouvait plus assumer les dépenses courantes de son bien, les loyers perçus étant très insuffisants. La Cour a considéré que « l'Etat défendeur doit avant tout, par des mesures légales et/ou autres appropriées, ménager dans son ordre juridique interne un mécanisme qui établisse un juste équilibre entre les intérêts des propriétaires, notamment en donnant à ceux-ci la possibilité de tirer un profit de leurs biens, et l'intérêt général de la collectivité – notamment en prévoyant suffisamment de logements pour les personnes les plus démunies – conformément aux principes de protection du droit de propriété énoncés dans la Convention ». Si l'exigence de proportionnalité n'est pas expressément contenue dans l'article 1 du Protocole 1 de la CEDH, et qu'au contraire il est explicitement prévu que les Etats peuvent prendre des mesures restrictives au droit de propriété et par là-même à la liberté contractuelle, il n'en est pas moins que la Cour vise l'établissement d'un rapport raisonnable de proportionnalité entre l'atteinte aux libertés des propriétaires et la protection des droits des locataires.

[1173] CJCE, Gde Ch., 19 septembre 2006, *Bundesverwaltungsgericht c/ Germany GmbH* et *Arcor AG & Co. KG c/ Bundesrepublik Deutschland,* Aff. jtes C-392/04 et C-422/04, *Rec.,* p. I-8559. Voir également en ce sens, le rapport de Pierre Sargos, *précité*, n° 44.

[1174] D. Diderot, *Œuvres de Denis Diderot*, T. 4, 1818, p. 544.

[1175] A. Masson, *Droit communautaire : Droit institutionnel et droit matériel*, Larcier, 2008, p. 212 ; E. Carpano, *Op. cit.*, p. 360, n° 370.

Algera[1176] du 12 juillet 1957, puis consacré le 5 juin 1973 dans l'arrêt *Commission c/ Conseil*, il a ensuite été érigé en « principe faisant partie de l'ordre juridique de la Communauté »[1177]. C'est dans l'arrêt *Dürbeck* du 5 mai 1981 que le principe de confiance légitime est devenu un « principe fondamental de la Communauté »[1178]. Aussi, comme le principe de proportionnalité, il dépasse également les cloisonnements juridiques et s'impose à tous les domaines du droit national. En droit contractuel, il a dès lors permis de donner corps au concept relatif aux attentes légitimes des parties.

1. Notions générales

La confiance légitime est un PGDUE[1179] « selon lequel le justiciable de bonne foi (...) peut compter sur une certaine stabilité des textes sur lesquels il a fondé certaines décisions, en pratique économiques. En conséquence, un changement trop rapide et imprévisible de ces textes peut justifier à son égard l'octroi d'une indemnité, ou la non-application de la règle nouvelle à ces décision »[1180]. En ce sens, il revêt une dimension nécessairement subjective et procède en outre d'une certaine flexibilité. Etroitement lié au principe plus général de sécurité juridique, il constitue en somme « la sécurité juridique vue sous l'angle du particuliers »[1181]. Ainsi, les destinataires d'une norme européenne doivent être mis en mesure de connaître avec précisions les droits et obligations qui en découlent[1182]. Il s'agit par le truchement du principe de confiance

---

[1176] CJCE, 12 juillet 1957, *Algera c/ Assemblée commune de la CECA*, aff. jtes n° 7/56, 3/57 à 7/57, *Rec.*, p. 81. La Cour y mentionne « la sauvegarde de la confiance légitime dans la stabilité » des situations juridiques.

[1177] CJCE, 3 mai 1978, *Töpfer c/ Commission*, aff. 112/77, *Rec.*, p. 1019.

[1178] CJCE, 5 mai 1981, *Dürbeck/ Hauptzollamt Frankfurt Am Main-Flughafen*, aff. 112/80, *Rec.*, p. 1095.

[1179] CJCE, 4 février 1974, *Cie. Continentale France c/ Conseil*, aff. 169/73, *Rec.*, p. 117.

[1180] *Lexique des termes juridiques*, Dalloz, entrée « confiance légitime ».

[1181] J.-P. Puissochet, « Vous avez dit confiance légitime ? (le principe de confiance légitime en droit communautaire) », *in L'Etat de droit,* Mélanges en l'honneur de G. Braibant, Dalloz, 1996, p. 586.

[1182] Voir en ce sens : A. Masson, *Op. cit.* p. 212, note 72.

légitime de favoriser la préservation d'une situation juridique envers laquelle les individus ont développé une croyance légitime. La Cour de justice a estimé à ce titre que « le droit de réclamer une telle protection s'étend à tout particulier qui se trouve dans une situation de laquelle il ressort que l'administration communautaire a fait naître dans son chef des espérances fondées »[1183].

Or, en tant que PGDUE, le principe de confiance légitime s'impose à la fois aux institutions européennes et aux Etats membres et vise une protection accrue des ressortissants de l'Union. Cependant, ce n'est qu'avec parcimonie que le juge européen opte pour la méconnaissance du principe. Il procède ainsi à une interprétation stricte[1184] du critère de légitimité si bien que la portée juridique du principe de confiance légitime demeure au fond relative[1185]. En effet, « si la violation du principe de la confiance légitime était largement et facilement admise sans discernement, tous les autres principes de droit seraient mis en échec et l'insécurité règnerait »[1186]. Du reste, le critère de légitimité s'apprécie au regard de la prévisibilité de la modification de la situation juridique en cause. Autant dire alors que cette interprétation juridictionnelle, aussi restrictive soit-elle, demeure subjective. Si les individus doivent pouvoir compter sur une stabilité juridique prévisible des normes européennes qui les encadrent, il n'en reste pas moins qu'une admission trop fréquente du principe de confiance légitime risquerait à terme de conduire à une cristallisation du droit, à une rigidité juridique en totale inadéquation avec les exigences économiques du marché intérieur. Ainsi, les opérateurs économiques sont censés pouvoir raisonnablement prévoir les éventuelles modifications de la règlementation qu'ils exploitent. A défaut, ils ne sauraient invoquer à juste titre le principe de confiance légitime.

[1183] CJCE, 19 mai 1983, *Vassili Mavridis c/ Parlement*, aff. 289/81, *Rec.*, p. 1731.

[1184] Voir en ce sens : E. Carpano, *Op. cit.*, spéc. p. 363, n° 373 ; A. Masson, *Op. cit.*, spéc. p. 213 (2) ; J.-P. Puissochet, *Op. cit.*, p. 591.

[1185] Voir par exemple : CJCE, 10 décembre 1972, *Coopératives agricoles de céréales*, aff. n° 95-98/74 et 100/75, *Rec.*, p. 1615.

[1186] F. Hubeau, « Le principe de protection de la confiance légitime dans la jurisprudence de la CJCE », *CDE* 1983, p. 143 et s., spéc. p. 161.

L'acception européenne du principe de confiance légitime tend en tout état de cause à protéger l'intérêt des ressortissants de l'UE des variations brutales de la législation. En cela, le principe est tout à fait transposable en droit des contrats à la théorie de l'imprévision, un peu comme cela se fait en droit allemand[1187]. D'ailleurs, il se pourrait même que le principe de la confiance légitime fonde la théorie, du moins en partie[1188]. L'économie avec laquelle le juge admet le principe s'intègre parfaitement avec la mise en œuvre parcimonieuse de la théorie de l'imprévision. Mais, au-delà de cette observation, il permettrait surtout une considération plus étroite de l'intérêt des contractants. La dynamique que le principe de confiance légitime crée depuis la fin du siècle dernier a contribué à sa transposition en droit contractuel, notamment au titre des attentes légitimes des parties.

2. Les attentes légitimes en droit contractuel

La protection de la confiance légitime existe en droit des contrats mais son acception est différente selon que la tradition juridique de l'Etat obéit à la *Common Law* ou correspond à la conception romano-germanique. Aussi, la considération de la confiance légitime résulte tantôt de l'estoppel[1189] dans le droit anglo-saxon, tantôt des attentes légitimes des parties dans les pays de droit civil. La confiance légitime bénéficie, du reste, d'une protection en droit européen comparé des contrats même si les mécanismes de réparation sont sensiblement différents. En France, la notion est encore émergente. Elle procède de l'influence grandissante du droit de l'UE[1190] et plus particulièrement du principe de confiance légitime. Pourtant, qu'il s'agisse du Conseil d'Etat[1191] ou de la Cour de cassation[1192], le

---

[1187] Voir *supra*, p. 395 et s.

[1188] Voir *infra*, p. 553 et s.

[1189] La notion d'estoppel sera brièvement abordée dans le développement suivant. Pour une étude approfondie, voir : B. Fauvarque Cosson (sous la dir.), *La confiance légitime et l'estoppel*, Coll. Droit privé comparé et européen, vol. 4, Société de Législation Comparée, 2007, 444 p.

[1190] H. Aubry, « Un apport du droit communautaire au droit français des contrats : la notion d'attente légitime », *RIDC* 2005, vol. 57, n° 3, p. 627 et s.

[1191] Voir en ce sens : A. Masson, *Op. cit.*, spéc. p. 212. La jurisprudence du Conseil d'Etat est constante en la matière de sorte qu'il accepte d'appliquer le principe de principe de confiance légitime est actuellement accueilli avec la plus grande réserve.

La notion d'attentes légitimes est étroitement liée au principe de la confiance légitime. Certes, la doctrine civiliste française a le plus souvent tendance à rapprocher cette notion de l'estoppel[1193] qui est une « doctrine célèbre, aux multiples visages et aux contours variables selon les pays (...) *évoquant* la noble idée d'un devoir de cohérence avec soi-même et de loyauté envers les autres »[1194]. Toutefois, les attentes légitimes des contractants semblent plus procéder du droit allemand duquel dérive aussi le principe de la confiance légitime[1195]. Très proche de l'acception européenne du principe, la confiance légitime en droit des contrats peut se définir comme les espérances réelles, nées dans le chef d'un contractant qui se fie aux dires d'autrui, le cocontractant. Ainsi, en droit contractuel, la considération de la confiance légitime sert en tout état de cause l'intérêt des parties, et

---

confiance légitime à la seule condition que les litiges qui lui sont soumis, soient en lien avec le droit de l'UE. Voir par exemple : CE, 9 mai 2001, *Entreprise personnelle transports Freymutb*, req. n° 210944 ; CE, 3 décembre 2001, *Syndicat national de l'industrie pharmaceutique*, req. n° 226514, *Rec.*, p. 624, *RFDA* 2002, p. 166, note P. Cassia ; CE, 19 juin 1992, *Fédération départementale des syndicats d'exploitants agricoles des Côtes-du-Nord*, n° 65432 65632, Tables ; CE Ass., 11 juillet 2001, *FNSEA et a.*, *Rec.* p. 340, *RFDA* 2002, p. 33, concl. F. Séners. En revanche, le Conseil d'Etat refuse de manière systématique l'application du principe de confiance légitime aux litiges relevant du droit purement interne (voir par exemple : CE, 30 décembre 1996, *Brockly*, *Rec.*, p. 526 ; CE Ass., 5 mars 1999, *M. Rouquette, Mme Lipietz et a.*, *Rec.*, p. 37, *RFDA* 1999, p. 257, concl. C. Maugüé).

1192 Notamment en ce qui concerne la rupture des contrats de travail ; voir en ce sens : A. Albarian, *De la perte de confiance légitime en droit contractuel. Essai d'une théorie*, Ed. Mare et Martin, Bibl. des thèses, 2012.

1193 Voir par exemple : B. Fauvarque Cosson, *Op. cit.* ; P. Lokiec, « Le droit des contrats et la protection des attentes », *D.* 2007, p. 321 ; D. Mazeaud, « La confiance légitime et l'estoppel », *RIDC* 2006, vol. 58, n° 2, p. 363. Voir également, dans une moindre mesure : H. Aubry, *Op. cit.*, spéc. p. 629.

1194 B. Fauvarque Cosson, « La confiance légitime et l'estoppel », *Electronic Journal of Comaprative Law*, vol. 11.3, décembre 2007. Accessible en ligne depuis l'adresse :
<http://www.ejcl.org/113/article113-8.pdf>, consulté le 10 juillet 2012.

1195 Il convient de noter que le principe allemand *Treu und Glauben* a ainsi d'abord été défini comme un principe de confiance réciproque. Voir *supra*, p. 395 et s.

spécifiquement, leurs attentes légitimes. C'est dire si « la confiance et les attentes investies par les agents économiques lorsqu'ils acceptent de devenir acteurs du marché ne doivent pas être déçues »[1196]. Bien qu'elles soient des notions interdépendantes, la confiance et les attentes légitimes ne sont pas vraiment synonymiques[1197]. La confiance naît lorsque l'attente est propre à être satisfaite. Si un contractant pense pouvoir combler l'attente d'autrui, il fait naître dans son chef une confiance légitime réelle, fondée sur la réalisation de l'opération contractuelle. « Ce qui fait le lien contractuel, c'est la confiance qu'inspire au créancier la promesse du débiteur »[1198].

Les attentes légitimes des parties peuvent dès lors recevoir deux acceptions différentes selon qu'elles sont associées au principe de confiance légitime ou à l'estoppel mais, au fond, qu'elle que soit leur association, elles visent précisément l'intérêt des parties, non pas entendu subjectivement mais plutôt apprécié de manière objective. Associées au principe de confiance légitime, les attentes légitimes se fondent sur ce pourquoi les parties se sont engagées dans la voie contractuelle, c'est-à-dire la contrepartie objective qu'elles peuvent légitimement espérer retirer de l'entreprise contractuelle. Aussi, les parties connaissent *a priori* en s'engageant dans la voie contractuelle, les attentes respectives de l'une et de l'autre – la conclusion du contrat révèle d'ailleurs qu'aucune des parties ne s'est formellement opposée aux attentes de l'autre, quoiqu'implicitement formulées – si bien que l'exécution en l'état du contrat dont l'économie a été gravement bouleversée à cause d'un changement de circonstances économiques, ne saurait être légitimement revendiquée par le contractant prospère.

Le créancier est-il en effet légitime à réclamer le maintien d'une telle situation juridique ? Assurément non. Le principe de bonne foi –

[1196] H. Aubry, *Op. cit.*, spéc. p. 628.

[1197] Voir en ce sens : B. Fauvarque Cosson, « La confiance légitime et l'estoppel », *EJCL (Electronic Journal of Comaprative Law)*, vol. 11.3, décembre 2007. Accessible en ligne depuis l'adresse :
<http://www.ejcl.org/113/article113-8.pdf>, consulté le 10 juillet 2012.
Il convient en outre de noter qu'il est très fréquent en doctrine que les attentes et la confiance légitimes soient le plus souvent citées de manière quasi synonymiques.

[1198] E. Lévy, *La vision socialiste du droit*, p. 78.

entendue ici de manière objective – s'oppose alors à l'exécution anormale de l'obligation en cause. En revanche, lorsqu'elles découlent de l'estoppel, les attentes légitimes se fondent sur le sens que les parties auraient donné aux stipulations contractuelles si elles avaient pu raisonnablement prévoir au moment de sa conclusion, l'accident perturbateur à l'origine de l'incident d'exécution[1199]. Dès lors, si la première conception n'est pas sans rappeler la notion française de cause[1200], la seconde se fonde sur la « définition du dommage contractuel »[1201]. Quoi qu'il en soit, l'intérêt des parties au stade de l'exécution du contrat profite d'une étroite considération. « C'est vers l'exécution du contrat que l'attente des parties se concentre »[1202]. Ainsi, l'on peut considérer que, si les attentes légitimes sont définies lors de la conclusion du contrat, elles sont susceptibles d'être déçues au moment de son exécution. Il est alors permis de rapprocher la notion d'attentes légitimes de la théorie de l'imprévision précisément parce que l'état d'imprévision annihile absolument les attentes légitimes, non pas du seul créancier, mais du débiteur également. En effet, si la confiance du créancier naît lorsque son attente est propre à être satisfaite, il n'en demeure pas moins que le débiteur qui s'engage espère lui aussi retirer un avantage de l'opération contractuelle. En cela, son attente est tout aussi légitime que celle du créancier. Et, en aucun cas, le malheur du débiteur ne peut provoquer le bonheur du créancier et ce, même si ce dernier continue à s'enrichir. L'exécution anormale de l'obligation litigieuse ne saurait être considérée comme étant ignorée par le créancier. Hormis le fait qu'il n'ait pas à souffrir de difficultés matérielles d'exécution, il subit néanmoins, du fait de son engagement, les retards d'exécution par exemple, les sollicitations du débiteur, notamment au titre de l'obligation de renégocier de bonne foi, voire même, en cas d'anéantissement du lien contractuel, la recherche d'un nouveau partenaire susceptible de combler son attente.

[1199] Voir en ce sens : H. Aubry, *Op. cit.*, spéc. p. 629.

[1200] Voir également en ce sens l'analyse du Professeur Hélène Aubry qui, cependant, relève les différences que la cause et les attentes légitimes présentent (*Ibid.*, spéc. p. 641).

[1201] Voir en ce sens : P. Lokiec, *Op. cit.*, p. 321.

[1202] H. Aubry, *Ibid.*, spéc. p. 639.

Aussi, le juge doit-il apprécier le caractère légitime ou raisonnable[1203] des attentes légitimes des parties. « Avec l'adoption du concept d'attente légitime, pour interpréter le contrat, les juges doivent rechercher quelles auraient été les attentes d'un homme raisonnable appartenant à la même catégorie de contractants que le créancier. (...) Le choix du mode d'appréciation *in abstracto* ainsi que la prise en compte d'autres éléments que la volonté des parties rend compte d'une « méthode objective » d'interprétation »[1204]. En ce sens, le juge fait une application restrictive de la notion d'attente légitime car il ne s'agit pas non plus de garantir n'importe quelle attente. Encore faut-il que la perte de l'attente légitime soit véritablement substantielle.

« La notion d'attente légitime tend à devenir aujourd'hui l'un des concepts essentiels du droit des obligations et des contrats »[1205]. Elle est d'ailleurs manifeste en droit international tant dans la Convention sur la vente internationale de marchandises[1206] que dans les Principes Unidroit[1207]. Elle y est admise au titre du changement

---

[1203] En matière d'attentes, les critères de « raisonnable » et de « légitime » revêtent une acception synonymique (Voir en ce sens : H. Aubry, *Op. cit.*, spéc. note 18, p. 630). Cette considération vaut aussi en droit international. Nous l'avons vu, le raisonnable est fréquemment utilisé dans les contrats du commerce international, comme en arbitrage international, notamment pour y caractériser les conditions de l'imprévision (Voir *supra*, p. 345 et s). C'est également le cas du droit européen comparé des contrats (Voir *supra*, p. 391 et s., notam. p. 404, note 991) et des Principes Lando (Voir *supra*, p. 443 et s).

[1204] H. Aubry, *Ibid.*, spéc. p. 642.

[1205] G. Viney, « Responsabilité civile », *JCP G* 1994, n° 50, I, 3809, n° 15.

[1206] L'article 79-1 de la Convention de vienne précise qu'« une partie n'est pas responsable de l'inexécution de l'une quelconque de ses obligations si elle prouve que cette inexécution est due à un empêchement indépendant de sa volonté et que l'on ne pouvait raisonnablement attendre d'elle qu'elle le prenne en considération au moment de la conclusion du contrat, qu'elle le prévienne ou le surmonte ou qu'elle en prévienne ou surmonte les conséquences ». Voir *supra*, p. 345. Voir également en ce sens : H. Aubry, *Ibid.*, p. 629, note 13 ; aux termes de l'analyse, « cette formulation a été reprise par la Commission pour le droit européen des contrats lors de l'élaboration des Principes destinés à s'appliquer au sein de l'Union européenne (Article 3.108 des Principes) ».

[1207] L'article 6.2.2 des Principes évoque qu' « il y a hardship lorsque surviennent des événements qui altèrent fondamentalement l'équilibre des prestations, soit que le imprévisible des circonstances, c'est-à- dire en matière d'imprévision. Or, si le Professeur Hélène Aubry considère que le concept des attentes légitimes n'occupe aucune place prépondérante dans le rétablissement de l'équilibre contractuel[1208], cette affirmation ne semble pas moins erronée, et cela d'autant plus si l'on se place sous l'angle du droit européen comparé des contrats. Son analyse témoigne en tout état en cause de ce que les attentes légitimes des parties fondent la révision judiciaire du contrat pour imprévision[1209], parfois implicitement, c'est-à-dire sous couvert du principe directeur de la bonne foi. Et, plus récemment encore, le Projet de réforme du droit des obligations conduit par le Professeur Terré en France va très exactement dans le même sens[1210].

II/ L'INTERPRETATION UNIFORME DE LA COUR DE JUSTICE

La Cour de justice influence par sa jurisprudence le droit national des Etats membres. Chargée de garantir le respect du droit de l'UE, elle dispose à ce titre d'un arsenal de moyens coercitifs susceptibles de contraindre les Etats membres à appliquer sa jurisprudence. Ainsi, de la procédure de renvoi préjudiciel au recours en manquement, elle dispose d'un pouvoir de contrainte légitime à l'encontre des droits nationaux les plus récalcitrants. Le législateur lui a ainsi conféré une fonction juridictionnelle d'une importance telle qu'elle se comporte le plus souvent comme une Cour constitutionnelle[1211] gouvernée par l'impératif d'uniformité du droit de l'UE. Aussi, « la nécessité de garantir l'interprétation et l'application uniforme du droit communautaire exige que le monopole

---

coût de l'exécution des obligations ait augmenté, soit que la valeur de la contreprestation ait diminué, et a) que ces événements sont survenus ou ont été connus de la partie lésée après la conclusion du contrat ; b) que la partie lésée n'a pu, lors de la conclusion du contrat, raisonnablement prendre de tels événements en considération ; c) que ces événements échappent au contrôle de la partie lésée ; et d) que le risque de ces événements n'a pas été assumé par la partie lésée ». Voir *supra*, p. 351.

[1208] *Op. cit.*, spéc. p. 642.

[1209] Voir *supra*, p. 391 et s.

[1210] Voir *supra*, p. 305 et s.

[1211] Voir *supra*, p. 463 et s.

de l'interprétation soit confié à un seul juge »[1212]. La jurisprudence de la Cour est, à ce titre, un facteur de l'évolution du droit national des contrats. « Face aux droits nationaux, il s'agit pour elle d'assurer le caractère communautaire, c'est-à-dire commun, de ce droit qu'il soit originaire ou dérivé. Assurer le caractère commun par la force de l'interprétation du droit communautaire d'abord, l'instrument principal à cet effet étant celui des questions préjudicielles de l'article *267* (…). Assurer le caractère commun par la condamnation qu'elle soit directe, explicite et solennelle avec la procédure de constatation en manquement »[1213] des articles 258, 259 et 260 du Traité FUE (…).

Aux termes de l'article 19 du Traité UE, « la Cour de justice de l'Union européenne assure le respect du droit dans l'interprétation et l'application des traités ». Elle est à ce titre « compétente pour statuer, à titre préjudiciel sur l'interprétation des traités, et sur la validité et l'interprétation des actes pris par les institutions, organes ou organismes de l'Union »[1214]. La finalité du renvoi préjudiciel en interprétation a été très clairement affirmée à l'occasion de l'arrêt *Rheinmühlen*[1215] aux termes duquel la Cour précise que l'article 267 du Traité FUE « a pour but d'assurer en toutes circonstances à ce droit le même effet dans tous les Etats de la Communauté ». Aussi, l'interprétation uniforme des normes européennes opérée par la Cour de justice est non seulement authentique et autonome mais également obligatoire dans tous les Etats membres. Il s'agit alors pour elle de favoriser l'harmonisation des droits étatiques.

La Cour de justice procède donc à l'interprétation des règlements de l'UE relatifs au droit des contrats et plus particulièrement du règlement Rome I[1216] et du futur règlement sur le droit commun

---

[1212] C. Damaso Ruiz-Jarabo, « La Cour de justice de l'Union européenne après le traité de Lisbonne », *Gaz. Pal.*, n° 170, 18 juin 2008, p. 23.

[1213] H. Gaudin, *Op. cit.*, p. 213.

[1214] Article 267 Traité FUE.

[1215] CJCE, 16 janvier 1974, *Rheinmühlen*, aff. 166/73, *Rec.*, p. 33.

[1216] Voir par exemple : B. Haftel, « Entre « Rome II » et « Bruxelles I » : l'interprétation communautaire uniforme du règlement « Rome I » », *JDI* 2010, n° 3, doctr. 11, p. 761 ; N. Joubert, « Le choix tacite dans les jurisprudences nationales : vers une interprétation uniforme du règlement Rome I ? », *in Le règlement* européen de la vente[1217]. Seule une interprétation uniforme permet d'assurer la sécurité juridique des relations contractuelles. A défaut, si l'interprétation du droit de l'Union était confiée aux seules juridictions nationales, l'on assisterait inévitablement à une certaine disparité d'un Etat à un autre, ce qui serait un facteur d'instabilité. Pour éviter le risque d'une trop grande variabilité des interprétations des règlements, le législateur européen a donc choisi de conférer le pouvoir d'interprétation uniforme à la CJUE. Ce choix n'est pas anodin de sorte que l'impératif d'uniformité de l'interprétation tend à terme à favoriser l'harmonisation des législations nationales. En effet, ordonner une interprétation uniforme et obligatoire dans tous les Etats membres procède d'abord d'une volonté de supprimer les divergences existant entre les droits positifs étatiques et vise ensuite – à bien plus long terme – à imposer un droit unique des contrats. Aussi, rappelons à ce titre qu'il s'agit pour l'UE de favoriser le développement du marché intérieur soutenu au moyen de la pratique contractuelle.

Le règlement Rome I relatif aux conflits de lois applicables au contrat doit faire l'objet d'une interprétation uniforme de la CJUE. Il contient donc des dispositions impératives visant l'appréciation objective de la détermination de la loi étatique applicable au contrat. Toutefois, l'articulation des considérants 13[1218] et 14 témoignent de ce que les parties peuvent aussi se référer à un droit non étatique[1219]. La question est dès lors de savoir si ces considérants ont la même valeur juridique que le corps du règlement. L'on sait les objections que la référence à un droit non étatique a pu soulever au sein des Etats membres notamment. Conformément à l'orientation politique du

---

communautaire Rome I et le choix de la loi dans les contrats internationaux (sous la dir. de S. Corneloup et N. Joubert), Litec, vol. 15, 2011, p. 234.

[1217] Article 4 al. 1 du règlement : « Le droit commun européen de la vente doit être interprété de façon autonome, conformément à ses objectifs et aux principes sous-jacents à celui-ci ». Le Professeur Bénédicte Fauvarque-Cosson ajoute que « l'interprétation autonome sera assurée par la Cour de justice de l'Union européenne » (*D.* 2012, p. 34).

[1218] « Le présent règlement n'interdit pas aux parties d'intégrer par référence dans leur contrat un droit non étatique ou une convention internationale ».

[1219] Voir *supra*, p. 458 et s.

triangle institutionnel[1220], et spécifiquement à la volonté politique de la Commission de généraliser la faculté pour les parties de se référer à un droit non étatique – puisqu'il s'agit déjà de la tendance actuelle[1221] – il convient de considérer les considérants 13 et 14 comme une mention subtile tendant à « déguiser » la possibilité de choisir une loi non étatique[1222], en évitant d'incorporer ces dispositions dans le corps

---

[1220] Voir *supra*, p. 450 et s.

[1221] Voir *supra*, p. 458, note 1128.

[1222] Pour une analyse en sens inverse, voir : S. Lemaire, « Interrogations sur la portée juridique du préambule du règlement Rome I », *D.* 2008, n° 31, p. 2157. Le Professeur établit une distinction entre « les considérants qui relèvent de l'obligation de motivation », parmi lesquels se trouverait le considérant 13 et « les considérants qui excèdent l'obligation de motivation » en ce sens qu'ils « sont dotés d'un véritable contenu prescriptif ». Cette dernière catégorie serait contenue dans le préambule parce qu'elle n'aurait pas reçu un consensus politique suffisant lors de la phase des travaux préparatoires au règlement Rome I. Or, elle serait destinée à acquérir une force obligatoire par le truchement d'une interprétation autonome de la Cour de justice. Nous pensons que le considérant 13 devrait plutôt être considéré comme appartenant à cette seconde catégorie de considérants. En effet, ce considérant, comme bien d'autres à contenu prescriptif, a été inséré dans le préambule car il n'emportait pas une adhésion suffisante des Etats, malgré la volonté réaffirmée de la Commission de généraliser le recours à un droit non étatique comme loi applicable au contrat. D'ailleurs, la formulation négative (« le présent règlement n'interdit pas ») témoigne de la diplomatie et de l'action précautionneuse du législateur. Toutefois, si vraiment le considérant 13 n'avait aucune valeur prescriptive, il est bien étonnant qu'il soit tout simplement formulé dans le préambule. La Convention de Rome à laquelle succède le règlement Rome I, n'était-elle pas silencieuse sur le choix des parties à se référer à un droit non étatique, sans pour autant interdire la pratique. Aussi, le règlement Rome I aurait pu comme la Convention de Rome, ne rien prévoir mais ne pas proscrire non plus la pratique. Or, le législateur a choisi de rédiger le considérant 13. C'est bien qu'il a souhaité apporter une évolution par rapport à la Convention de Rome. Ce faisant, il confirme que les contractants peuvent en pratique se référer à un droit non étatique et accorde ainsi un crédit supplémentaire à la volonté des parties qui témoignent d'un attachement certain au droit non étatique. D'ailleurs, le législateur n'était-il pas conscient que la Cour de justice pouvait donner une valeur impérative au préambule au moyen d'une interprétation uniforme ? Assurément et tout porte à croire que l'inscription de ce considérant n'est pas innocente. En effet, sans inscription aucune du considérant 13 dans le règlement – comme c'était déjà le cas dans la Convention de Rome – la Cour de justice ne serait pas fonder à intervenir en vue de lui attribuer une interprétation uniforme qui neutraliserait les réticences étatiques préalablement formulées. Imaginons que les parties, conformément au considérant 13, se réfèrent à titre principal à un droit non étatique et qu'elles choisissent l'application subsidiaire des règles impératives du règlement. Or, il suffira que la CJUE donne au Préambule la même valeur impérative que le corps du règlement au moyen d'une interprétation uniforme propre à assurer le contournement des objections nationales. Ainsi, « alors même que la Cour de justice a parfois manifesté son attachement à l'absence de portée normative des motifs d'actes communautaires, tout porte à croire que la force juridique du dispositif se propagera jusqu'au préambule du règlement. En effet, chacun sait que les juges de Luxembourg privilégient l'interprétation téléologique des textes (...). Sans pouvoir à ce stade affirmer leur force obligatoire, il convient d'observer qu'elle existe à l'état latent et qu'il suffira que la Cour de justice intervienne – à la faveur notamment d'un renvoi en interprétation du dispositif du règlement – pour la révéler »[1223].

Il est certes prétendu, relativement à l'interprétation du futur règlement relatif au droit commun européen, qu'une loi étatique préalablement désignée demeure indispensable[1224]. Le règlement exclut en outre toute application du droit national, une fois que les parties y ont fait expressément référence dans leur contrat[1225]. Imaginons dans un contrat que le droit commun européen de la vente soit expressément applicable et qu'en tant que référence subsidiaire soit définie la loi française, l'interférence relative à la considération respective du changement de circonstances imprévisible sera alors

---

de la loi française. La Cour de justice, saisie d'un renvoi préjudiciel en interprétation, fera nécessairement primer le choix des parties de se référer à un droit non étatique, c'est-à-dire à leur volonté contractuelle. Le considérant 13 le prévoit, du moins implicitement. Et puis, la Cour de justice aura certainement à l'esprit que les parties pourront bientôt se référer à titre principal à un droit non étatique, conformément au considérant 14, par exemple celui contenu dans le futur règlement relatif au droit commun européen de la vente En tout cas, rien ne permet de penser que la Cour de justice prescrive l'application de la loi française *a priori*, à moins de ne dénier toute valeur à la volonté contractuelle des parties.

[1223] S. Lemaire, *Ibid.*, p. 2157, n° 15 et 17. Et le Professeur d'ajouter : « le procédé peut conduire à inscrire dans un texte prétendument dépourvu de caractère normatif des données qui n'avaient pas emporté une adhésion politique suffisante pour figurer dans son dispositif et qui, par la grâce juridictionnelle, bénéficieront le cas échéant d'une force obligatoire équivalente » (n° 19).

[1224] Voir en ce sens : B. Fauvarque-Cosson, *Op. cit.*, *D.* 2012, p. 34.

[1225] Voir *supra*, p. 459 et s.

inévitable. Aussi, comme les règles du droit européen de la vente sont impératives et qu'elles prévalent sur les règles impératives du droit national des contrats[1226], la solution *Canal de Craponne* sera inéluctablement évincée par le truchement d'une interprétation autonome de la CJUE.

Si l'on s'en tient à l'interprétation uniforme qu'est susceptible de rendre la CJUE, il convient de noter qu'elle serait à coup sûr propre à évincer le droit national des contrats en cause et à seulement garantir l'application du droit de l'Union et du principe de primauté. A ce titre, le choix du règlement obligatoire constitue « une méthode plus contraignante (…). Il n'y aurait alors plus, à terme, de coexistence entre règles nationales et règles communautaires puisque ces dernières primeraient »[1227]. En effet, la consécration du principe de primauté du droit de l'UE dans l'arrêt *Costa c/ ENEL* de 1964 revêt une importance indéniable au regard de l'intégration européenne en ce qu'il contribue à l'unité de l'ordre juridique de l'Union[1228]. La spécificité de son droit fonde alors la portée générale et absolue du principe et justifie qu'il soit complété par le principe de l'effet direct, c'est-à-dire que les ressortissants des Etats de l'UE peuvent directement invoquer les normes européennes en droit interne[1229]. Aussi, la voie du règlement préférée par les institutions européennes en matière d'harmonisation du droit des contrats n'est pas un choix innocent. Depuis l'arrêt *Politi*, « le règlement est comme tel apte à conférer aux particuliers des droits que les juridictions nationales ont l'obligation de protéger, et cela, même si le règlement nécessite des mesures d'exécution » [1230]. Aussi, quand bien même le régime qu'il

---

[1226] Voir également en ce sens : B. Fauvarque-Cosson, *Op. cit.*, *D.* 2012, p. 34.

[1227] K. Garcia, *Loc. cit.*, p. 276, n° 335.

[1228] « La force exécutive du droit communautaire ne saurait en effet varier d'un Etat à l'autre à la faveur des législations internes ultérieures sans mettre en péril la réalisation des buts du traité » (p. 1159).

[1229] CJCE, 5 février 1963, *Van Gend en Loos*, aff. 26/62, *Rec.*, p. 3. « Le droit communautaire indépendant des législations des Etats membres, de même qu'il crée des charges dans le chef des particuliers est aussi destiné à engendrer des droits qui entrent dans leur patrimoine juridique ».

[1230] CJCE, 14 décembre 1971, *Politi*, aff. 43/71, *Rec.*, p. 1039.

contient demeure facultatif[1231], le règlement prime les législations nationales et le juge étatique, en tant que juge de droit commun de l'UE, se doit de garantir une application effective du droit de l'UE[1232], sans quoi il exposerait la France à l'éventualité d'un recours en manquement. En vertu du principe de primauté du droit de l'UE, il doit ainsi écarter l'application d'une règle nationale manifestement incompatible avec le droit européen.

Or, la Cour de cassation, à pratiquer un tel entêtement à renier l'imprévision, ne manque-t-elle pas aux engagements européens ? Si l'on considère globalement le droit de l'UE, tout porte à croire qu'il est très largement favorable à la théorie de l'imprévision. Alors, la solution *Canal de Craponne* – l'interprétation rigoriste du principe de la force obligatoire – est-elle conforme à l'exigence européenne de proportionnalité ? En effet, si l'on se place sous l'angle du droit effectif d'accéder à un juge, la question ne manque pas d'intérêt. Qu'il s'agisse de l'article 47 de la Charte européenne des droits fondamentaux[1233] ou de l'article 6-1 relatif au droit à un procès équitable prévu par la CEDH[1234], le droit européen *lato sensu* consacre

[1231] Voir *supra*, p. 461 (à propos du futur règlement sur le droit commun européen de la vente).

[1232] CJCE, 9 mars 1978, *Simmenthal*, aff. 106/77, *Rec.*, p. 629. « Les juges nationaux doivent assurer la primauté du droit communautaire ». Cet arrêt complète l'œuvre de la Cour de justice en matière de primauté du droit de l'UE.

[1233] L'article 47 de la Charte, intitulé « Droit à un recours effectif et à accéder à un tribunal impartial », dispose que « toute personne dont les droits et libertés garantis par le droit de l'Union ont été violés a droit à un recours effectif devant un tribunal dans le respect des conditions prévues au présent article.
Toute personne a droit à ce que sa cause soit entendue équitablement, publiquement et dans un délai raisonnable par un tribunal indépendant et impartial, établi préalablement par la loi. Toute personne a la possibilité de se faire conseiller, défendre et représenter (…) ».

[1234] L'article 6-1 de la CEDH intitulé « Droit à un procès équitable » dispose que « toute personne a droit à ce que sa cause soit entendue équitablement, publiquement et dans un délai raisonnable, par un tribunal indépendant et impartial, établi par la loi, qui décidera, soit des contestations sur ses droits et obligations de caractère civil, soit du bien-fondé de toute accusation en matière pénale dirigée contre elle. Le jugement doit être rendu publiquement, mais l'accès de la salle d'audience peut être interdit à la presse et au public pendant la totalité ou une partie du procès dans l'intérêt de la moralité, de l'ordre public ou de la sécurité nationale dans une société le droit d'accès effectif à un tribunal. Aussi est-il légitime de se demander si le manque de considération de la Cour de cassation pour le changement exceptionnel de circonstances n'entrave pas de manière disproportionnée le droit de recourir effectivement à un juge. Alors, les Cour européennes ne pourraient-elles pas être amenées à condamner la position du juge judiciaire aux motifs que sa politique jurisprudentielle ne respecte pas l'exigence de proportionnalité du point de vue du droit d'accéder à un juge ? Si longtemps la Cour de justice a refusé d'admettre la possibilité d'un manquement judiciaire au regard du principe de l'indépendance des juridictions, il n'en demeure pas moins que cette hypothèse est désormais admise[1235]. Du reste, comme la Charte européenne des droits fondamentaux n'a acquis une force juridique contraignante que depuis l'entrée en vigueur du traité de Lisbonne fin 2009, il y a fort à parier que le contentieux relatif aux violations de l'article 47 se fera à la lumière de la jurisprudence de la Cour EDH comme c'est déjà d'ailleurs le cas, la Cour de justice se conformant en la matière à la jurisprudence très bien construite de la Cour EDH[1236]. Les articles 47 de la Charte et 6-1 de la CEDH se font en définitive écho en ce qu'ils «*fondent* le droit

---

démocratique, lorsque les intérêts des mineurs ou la protection de la vie privée des parties au procès l'exigent, ou dans la mesure jugée strictement nécessaire par le tribunal, lorsque dans des circonstances spéciales la publicité serait de nature à porter atteinte aux intérêts de la justice ». Rappelons à ce titre que l'UE a récemment adhéré à la Convention. Aussi, la Cour de justice est désormais compétente pour appliquer la CEDH, puisque jusque-là, cette Convention n'était pas une source du droit de l'UE. Nonobstant, la Cour de justice avait déjà affirmé que l'article 6-1 de la CEDH s'appliquait aux recours formés au titre du droit de l'UE (CJCE, 18 octobre 1989, *Orkem c/ Commission*, aff. 374/87, *Rec.*, p. 3283 ; CJCE, 17 décembre 1998, *Baustahlgewebe c/ Commission*, aff. C 185/95, *Rec.*, p. I-8417) et ce, malgré son adhésion formelle à la Convention.

[1235] C'est à l'occasion de l'arrêt *Commission c/ Italie* du 9 décembre 2003 (aff. C-129/00, *Rec.*, p. I-14637) que la Cour de justice a pour la première fois admis l'hypothèse du manquement judiciaire, le problème posé étant non seulement celui de l'indépendance du pouvoir judiciaire mais aussi l'autorité de la chose jugée que revêtent par principe les décisions rendues par les juridictions nationales. Désormais, un Etat membre est susceptible de faire l'objet d'un recours en manquement lorsque l'une de ses juridictions produit une politique jurisprudentielle manifestement incompatible avec le droit de l'UE.

[1236] Voir par exemple : CJUE, 22 décembre 2010, *DEB Deutsche Energiehandels- und Beratungsgesellschaft*, aff. C-279/09, *Rec.*, p. I-13849.

de toute personne de saisir un tribunal d'une contestation sur ses droits et obligations »[1237]. Certes, la Cour a admis la possibilité que des restrictions au droit d'accès effectif à un juge soient ordonnées par les Etats. Mais encore faut-il que ces limitations soient en conformité avec l'exigence de proportionnalité. Ainsi, la Cour a-t-elle considéré à l'occasion de l'arrêt *Ashingdane c/ Royaume-Uni*[1238] que des limitations, même implicites, au droit d'accès effectif à un tribunal « ne se concilient avec l'article 6-1 que si elles poursuivent un but légitime et s'il existe un rapport raisonnable de proportionnalité entre les moyens employés et le but visé ». En l'occurrence, la Cour de cassation poursuit le but légitime de la sécurité juridique des relations contractuelles. Ce faisant elle crée également une insécurité juridique prégnante relativement à l'hypothèse d'un changement imprévisible des circonstances. L'interprétation stricte que reçoit le principe de la force obligatoire, revêt en droit privé des contrats une protection « sacrée » - uniquement d'ailleurs lorsqu'il s'agit de considérer l'état d'imprévision[1239] - et cela, au détriment de l'effectivité du droit d'accès à un juge. L'atteinte à ce droit est-elle proportionnée à la nécessité de sécuriser les relations entre contractants ? La négative s'impose puisque la conception de la Cour de cassation crée dans le même temps une certaine insécurité juridique. Il n'y a donc pas d'adéquation des moyens au but poursuivi. En ce sens, « le rôle du juge *est* conçu de façon trop minimaliste »[1240]. C'est la raison pour laquelle la conception civiliste de la théorie de l'imprévision demeure encore trop restrictive puisque l'accès au juge pour la révision du contrat, devenu inégalitaire à la suite d'un événement imprévisible, est actuellement une cause perdue. Cette considération semble donc aller relativement à l'encontre de l'esprit même des articles 47 de la Charte et 6-1 de la CEDH. La Cour de justice pourra dès lors considérer, par le truchement d'une interprétation uniforme, que la solution *Canal de Craponne* n'est pas conforme au droit de l'UE justement parce qu'elle ne respecte pas l'exigence de proportionnalité, l'accès au juge judiciaire français étant trop restrictif en la matière.

[1237] Voir en ce sens, le Rapport de Pierre Sargos à propos de l'article 6-1 de la CEDH (*précité*, n° 46).

[1238] CEDH, 26 avril 1985, *Ashingdane c/ Royaume-Uni*, Série A, n° 93.

[1239] Voir *supra*, p. 122, note 273.

[1240] Rapport P. Sargos, *précité*, n° 46 (à propos de l'Avant projet Catala).

Le pouvoir d'interprétation uniforme de la CJUE est dès lors un immense pouvoir mis au service de l'intégration européenne, en témoigne la consécration du principe de primauté. Les décisions de la Cour de justice sont non seulement marquées par l'absence de préférence pour l'une ou l'autre des différentes traditions juridiques nationales présentes au sein de l'UE mais, en dépassant les divergences étatiques, elles participent aussi de la contrainte des Etats à adopter une évolution convergente de leur droit, dans un esprit « communautaire » fédérant. Ainsi, tout porte à croire que l'interprétation uniforme par la Cour de justice des règlements européens conduira nécessairement, dans un avenir plus ou moins proche, à l'éviction du droit national des contrats.

Conclusion du Chapitre 1

« La globalisation des échanges appelle une internationalisation du droit et la création d'un marché unique de cinq cents millions de consommateurs justifie d'avancer sur la voie d'un droit commun européen des contrats (…) »[1241].

« Réfléchir sur ce que sera demain notre droit des contrats »[1242] n'est pas chose facile. Pour autant, dans l'optique d'atteindre l'efficacité souhaitée du marché intérieur commun, il apparaît souhaitable de supprimer les obstacles juridiques qui entravent la libre circulation des marchandises et des services et qui résultent des divergences nationales.

Le travail d'harmonisation des droits nationaux des contrats entrepris au sein de l'UE, visant *a fortiori* l'intégration européenne des régimes de l'imprévision notamment, est le fruit d'un labeur sans égal patiemment élaboré au fil d'une quinzaine d'années et servant les actes préparatoires à l'élaboration d'un droit commun européen des contrats voulu par le législateur de l'Union. Chacune des actions menées par les institutions européennes incite par conséquent à davantage d'intégration en matière contractuelle, en dépend la concrétisation d'un marché intérieur efficace. L'importance des travaux préparatoires et l'élaboration d'une jurisprudence unificatrice et toujours plus audacieuse de la Cour de justice sont autant de signes de la perspective d'harmonisation des régimes de l'imprévision. L'intégration européenne de la théorie est alors inéluctable à plus ou moins long terme. Tout est une question de temps. C'est donc de toute part que le droit privé des obligations subit les assauts. Pour autant, « longtemps perçu comme le fruit d'un compromis qu'avaient su façonner deux volontés antagonistes, libres et égales, le contrat est progressivement devenu le lieu d'un nécessaire équilibre »[1243]. Aussi comprend-t-on mieux les raisons de la montée en puissance des principes de proportionnalité et de la confiance légitime, dont il

---

[1241] B. Fauvarque-Cosson, *Op. cit.*, *D.* 2012, p. 34.

[1242] D. Mazeaud, « Rapport de synthèse », *Op. cit.*, p. 78, n° 3.

[1243] J. Mestre, « D'une exigence de bonne foi à un esprit de collaboration », *RTD civ.*, 1986, p. 100.

convient néanmoins de remarquer qu'ils jouent chacun un rôle essentiellement économique[1244]. En cela, du fait de la portée normative de sa jurisprudence à l'égard des Etats membres, la Cour de justice constitue un acteur majeur de l'intégration européenne.

L'équilibre entre les différentes traditions juridiques[1245] que les institutions ont réussi à fixer au sein du futur droit commun européen de la vente, permet d'affirmer qu'il trouvera le succès nécessaire auprès des opérateurs économiques du commerce européen. D'ailleurs les parties ont le plus souvent manifesté leur volonté en faveur de l'application d'un droit non étatique plus flexible, tel celui de la Convention sur la vente internationale de marchandises. Aussi est-il légitime de croire qu'elles accueilleront favorablement ce nouveau droit commun. Certes, l'on peut également penser à l'incertitude qui entoure tant l'adoption que l'application d'un futur instrument optionnel, comme le règlement relatif au droit commun européen de la vente, non moins que celle qu'occasionnera son interprétation uniforme[1246]. Or, ne faut-il pas cependant une « première fois » pour que la tendance s'affirme ? En effet, la Convention sur la vente internationale de marchandises n'ayant pas toujours existé, elle a donc bien du faire l'objet d'incertitudes lors de sa une première application. Il n'en demeure pas moins qu'elle participe aujourd'hui, une trentaine d'années après son adoption, d'un véritable engouement auprès des parties.

Maintenant, il est aussi possible de penser que la flexibilité et la modernisation qu'il apporte sera un facteur d'attractivité d'autant plus

---

[1244] Comme l'exigence de proportionnalité (S. Le Gac Pech, Thèse *précitée*, p. 281 et s.), « les attentes légitimes jouent un rôle économique » (H. Aubry, *Op. cit.*, p. 628-629).

[1245] En matière d'imprévision, le législateur européen a réussi le tour de force de concilier à la fois les traditions juridiques présentes au sein de l'UE, celle de la Common Law et la tradition romano-germanique.

[1246] Quelques opérateurs économiques et organisations ont émis des craintes à l'idée d'appliquer un nouveau droit commun de la vente (voir les travaux préparatoires de la Commission sur l'adoption d'un futur règlement relatif au droit commun européen de la vente). D'autres, en revanche, se montrent plus favorables (voir en ce sens : B. Fauvarque-Cosson, *Op. cit.*, *D.* 2012, p. 34, spéc. note 37). Voir aussi, G. Paisant, « La proposition d'un droit commun de la vente ou l'esperanto contractuel de la Commission européenne », *Op. cit.*, p. 560, n° 18.

important que l'Occident et spécialement les Etats membres de l'UE traversent une crise financière, économique et sociale, génératrice d'une instabilité grave et sans précédent de la conjoncture économique. Outre les économies qu'ils peuvent espérer faire selon la Commission[1247], la possibilité de se référer à un droit non étatique équilibré, bien construit, attaché à une grande souplesse et dénué de toute rigidité que pourrait présenter la loi nationale, contribue à renforcer l'idée que les opérateurs économiques opteront pour le futur droit commun européen de la vente.

Il est donc désormais utile pour la Cour de cassation d'aller de l'avant et d'abandonner les craintes sinon classiques, du moins séculaires, du civiliste pour adopter une vision réaliste du contrat conforme à l'intégration européenne du droit contractuel.

[1247] COM (2011) 636 final. La Commission explique le contexte de la création d'un droit commun européen de la vente et souligne l'importance « des coût des transactions transfrontières » à la charge des opérateurs. Elle ajoute également que « les professionnels que les obstacles liés au droit des contrats découragent d'effectuer des transactions transfrontières renoncent chaque année à un volume d'échanges intra-UE équivalant à 26 milliards d'EUR/perdent chaque année au moins 26 milliards d'euros dans le commerce à l'intérieur de l'Union ».

CHAPITRE 2
LA CONNEXITE DES REGIMES DE L'IMPREVISION

Partout où elle est admise, l'imprévision connaît les mêmes caractéristiques objectives tant du point du vue de sa définition que relativement à la gestion du risque contractuel. Cette considération est somme toute logique en ce sens que la décision historique qui sert de repère, de modèle aux différentes juridictions étrangères et/ou aux législateurs est celle rendue par le juge administratif en 1916 à l'occasion de l'arrêt *Gaz de Bordeaux*. Les célèbres conclusions du Commissaire du gouvernement Chardenet[1248] sont également un point d'ancrage au service de la construction d'une authentique théorie de l'imprévision. Par la suite, chaque texte[1249] qui la distingue, chaque jurisprudence[1250] qui la consacre procède nécessairement de l'influence de la conception administrativiste française. Certes, il ne s'agit là que d'une impulsion du régime général de la théorie car, rappelons-le à ce titre, le fondement de la théorie n'a toujours pas été décelé ni par la doctrine[1251] ni par la jurisprudence administrative. C'est alors l'étude du droit européen comparé des contrats qui est susceptible de fournir l'explication la plus concluante. La théorie a en tout état de cause fait l'objet d'améliorations, notamment avec sa consécration dans les droits positifs des Etats membres. Les influences germanique et anglo-saxonne sont, à ce titre, riches d'enseignements et ne sauraient par conséquent être ignorées en France.

Aussi, il n'est pas étonnant que l'imprévision telle qu'admise en droit de l'UE résulte en grande partie de l'acception qu'elle reçoit

---

[1248] Conclusions *précitées*, voir *supra*, p. 57, note 99.

[1249] Qu'il s'agisse des Principes Unidroit (voir *supra*, p. 350 et s.), des Principes européens du droit des contrats (v. *supra*, p. 443 et s.), des projets de Codes civils européens (v. *supra*, p. 446 et s.), des codifications étrangères (v. *supra*, p. 393 et s.) ou du futur règlement relatif au droit européen de la vente (v. *supra*, p. 459 et s.), tous s'inspirent du régime administrativiste de la théorie de l'imprévision.

[1250] La jurisprudence administrative a largement influencé celle des juridictions des autres Etats membres, par exemple en Allemagne (voir *supra*, p. 395 et s.), voire même la jurisprudence arbitrale (voir *supra*, p. 369 et s., spéc. p. 384 note 935) et la jurisprudence européenne *lato sensu*.

[1251] Voir *supra*, p. 53 et s.

dans la théorie générale du contrat administratif et se fonde, du reste, sur quelques concepts issus de l'analyse du droit européen comparé des contrats[1252]. En matière d'imprévision, la solution *Gaz de Bordeaux*[1253] est alors un repère reconnu en droit contractuel, qui a particulièrement influencé le droit européen[1254]. Désormais c'est le droit de l'Union qui inspire le renouvellement du droit privé des contrats en France, et spécifiquement, l'évolution de la jurisprudence de la Cour de cassation. Aussi le droit de l'UE permet de faire un lien entre le droit administratif des contrats et le droit privé des obligations si bien qu'en matière d'imprévision, l'unification des régimes semble d'ores et déjà poindre. Or seul le droit de l'UE a les moyens de fédérer les régimes de l'imprévision. L'attente portée sur l'UE n'est-elle pas d'ailleurs celle d'organiser une union de droit, notamment[1255] ? Rien ne permet de penser le contraire d'autant plus que l'harmonisation du droit des contrats sert *a fortiori* le développement du commerce intérieur, socle de l'UE. En offrant un régime unifié de l'imprévision, les opérateurs économiques sont placés dans une situation d'équivalence et concluent leur accord en vertu d'une certaine prévisibilité du droit de la vente.

Ainsi, la construction jurisprudentielle de la théorie de l'imprévision remarquablement élaborée par le juge administratif, lui

---

[1252] Voir *supra*, p. 391 et s.

[1253] La solution *Gaz de Bordeaux*, augmentée des conclusions du Commissaire du gouvernement Chardenet, doit s'entendre ici comme comprenant la jurisprudence administrative ultérieure qui a contribué à peaufiner le régime général de la théorie de l'imprévision.

[1254] Le droit européen doit s'entendre ici *lato sensu*, c'est-à-dire qu'il englobe tant le droit positif des autres Etats membres que le droit de l'UE.

[1255] D'une union économique en 1957 (Traité de Rome) à une union politique en 1992 (Traité de Maastricht) en passant par l'union douanière réalisée en 1968 et concrétisée en 1993, l'UE tente de fédérer autour d'elle tous les domaines qui touchent à ses activités, ce qui explique qu'elle cherche également à créer une union de droit. Il est actuellement question au sein de l'UE de créer une union bancaire afin de pallier les difficultés financières de la zone euro, et plus particulièrement la crise des dettes nationales, révélées par la crise économique actuelle. Or, il convient de noter que cette ambition nouvelle est de nature à provoquer de grandes divergences au sein des Etats membres, voire notamment une fracture entre la France favorable au projet et l'Allemagne réfractaire.

a conféré l'autorité nécessaire pour servir de modèle au-delà des frontières nationales. Le prestige de la théorie résulte *de facto* de l'aboutissement du régime qu'elle instruit[1256]. Au-delà des spécificités apparentes, la théorie de l'imprévision manifeste alors une véritable similarité conjoncturelle (Section 1).

L'attraction que la théorie administrative de l'imprévision impulse au sein de l'Union, procède également de la gestion du risque contractuel qui demeure similaire (Section 2).

SECTION 1. LA SIMILARITE CONJONCTURELLE DE L'IMPREVISION

L'état d'imprévision se fonde généralement sur un contexte financier spécifique et sur la réalisation d'un préjudice anormalement grave. Aussi, la théorie jouit de la même similarité conjoncturelle. Le juge administratif a originairement produit la définition de l'imprévision dont la construction très aboutie a rayonné au-delà des frontières nationales. Le droit européen retient donc la définition administrativiste. Or, ce que la théorie européenne de l'imprévision a de plus que la théorie administrative, c'est qu'elle repose sur une étude comparée des droits nationaux des contrats. En cela, sa construction est d'autant plus aboutie. Pour autant, le droit européen s'attache à la définition produite par le juge administratif depuis le célèbre arrêt *Gaz de Bordeaux,* qu'il diffuse à l'égard des droits positifs des Etats membres. Ainsi, la connexité des définitions élaborées favorise d'autant plus l'intégration européenne des régimes de l'imprévision. L'identité de la définition contribue à harmoniser le droit des contrats au sein de l'UE, ce qui mène vers une unification inéluctable. « L'européanisation de la matière civile (…) entraîne une certaine convergence des législations civiles »[1257]. Et seule l'UE a le pouvoir de fédérer les différentes conceptions de la théorie de l'imprévision. C'est d'ailleurs ce qu'elle initie dans le futur droit commun européen de la vente, sous l'intitulé du « changement de

---

[1256] Rappelons que ce régime est le pendant de celui de la théorie des sujétions imprévues dans les marchés de travaux. Son élaboration est dès lors le fruit d'une réflexion jurisprudentielle établie sur près d'une cinquantaine d'années. Voir *supra*, p. 155 et s.

[1257] S. Nadaud, *Codifier le droit civil européen*, Larcier, 2008, p. 143, n° 194.

circonstances », en éludant le terme administratif d' « imprévision »[1258].

La jurisprudence *lato sensu*, les textes européens[1259] et la rédaction des avant-projets de réforme du droit des obligations admettent dès lors l'imprévision au titre d'une définition uniforme. Le contexte financier et le préjudice anormal sont en somme caractéristiques de la constitution de la situation d'imprévision. Celle-ci est d'une part constituée par la survenance d'un « véritable bouleversement de l'économie du contrat »[1260] et d'autre part, par la perte de tout intérêt dans l'exécution du contrat. Ainsi, l'imprévision bénéficie-t-elle d'une cohérence d'ensemble relativement à la définition qu'elle reçoit partout où elle est admise. Or il convient de noter que ces deux critères sont manifestement évidents en période d'imprévision. En effet, le désordre des stipulations contractuelles est tel que l'exécution de l'obligation est gravement anormale, si bien qu'il n'y a pas à rechercher l'existence objective ni du bouleversement ni du préjudice. Un simple constat suffit à les caractériser.

Le contexte financier de la situation d'imprévision est marqué par le bouleversement économique du contrat (I). L'obligation en cause est devenue excessivement onéreuse car les conditions initialement prévues ont varié à un point tel qu'elles sont radicalement différentes. Ainsi, le rapport de proportionnalité des obligations réciproques initialement fixé est rompu.

La situation d'imprévision engendre par ailleurs un préjudice économique anormalement grave. L'exécution du contrat est tellement anormale que la partie lésée perd tout intérêt dans la réalisation de son obligation (II). Comme le risque est anormal, l'exécution des

---

[1258] Il convient de remarquer à ce titre que, dans un esprit fédérateur, le législateur de l'UE ne pouvait emprunter légitimement le vocable « imprévision » à la théorie générale des contrats administratifs précisément parce qu'il fait déjà l'objet en France d'une vive polémique en doctrine (voir *supra*, par exemple, p. 129).

[1259] Les textes européens incluent ici le droit de l'UE et les codifications de la théorie de l'imprévision en droit européen comparé.

[1260] Conclusions *précitées* du Commissaire du gouvernement Chardenet, p. 143.

obligations est anormale et le préjudice qui naît de cette situation exceptionnelle est *a fortiori* également anormal.

I/ LE CONTEXTE FINANCIER

La théorie de l'imprévision s'inscrit dans un contexte financier spécifique propre à expliquer, en partie[1261], la rareté de son application au contentieux. Quelle que soit la notion utilisée[1262] pour définir la situation d'imprévision, le contexte financier est toujours expliqué de la même manière, c'est-à-dire conformément à l'acception administrativiste telle qu'établie depuis l'arrêt *Gaz de Bordeaux*. Le juge administratif exige un véritable bouleversement de l'économie du contrat, ultérieur à sa conclusion[1263]. L'exécution contractuelle doit dès lors être devenue excessivement onéreuse[1264]. Tandis qu'il était

---

[1261] Le bouleversement économique est l'une des conditions d'application de la théorie que le juge administratif apprécie strictement, ce qui explique que l'application de la théorie demeure en fait très réduite. Ce n'est donc seulement en partie que le bouleversement économique participe de la mise en œuvre de la théorie car une autre condition, celle de l'imprévisibilité également appréciée de manière restrictive doit être remplie (voir *infra*, p. 510 et s.). Partant, il demeure très rare que la théorie soit appliquée car la fermeté avec laquelle le juge apprécie ces deux conditions conduit le plus souvent au rejet de la requête. Voir également en ce sens : F. Llorens, Thèse *précitée*, p. 284 et 285, spéc. note 253. En ce qui concerne l'appréciation restrictive des mêmes conditions d'application en matière de sujétions exceptionnelles, voir : T. Kirat, L. Vidal, F. Marty, *Op. cit.*, p. 218. Voir de manière plus générale *supra*, p. 161 et s.

[1262] D'une manière générale, les notions de « bouleversement économique », de « bouleversement de l'économie du contrat », de « disproportion du prix », d' « altération fondamentale de l'équilibre des prestations » (Principes Unidroit), ou d'« excessive onérosité » (c'est le plus souvent dans les textes et la jurisprudence que l'exécution est qualifiée d'« excessivement onéreuse ». D'ailleurs, cette notion a été remarquablement développée en droit italien ; voir *supra*, p. 405) sont entendus de manière synonymique. En revanche, il convient de souligner que le « bouleversement de l'économie du contrat » est la notion de base formulée originellement dans les conclusions du Commissaire du gouvernement Chardenet (Conclusions *précitées*, p. 143).

[1263] Voir par exemple en ce sens : L. Vidal, Thèse *précitée*, p. 258 et s. ; F. Llorens, Thèse *précitée*, p. 285.

[1264] Le cocontractant lésé doit absolument justifier d'une grave perte financière, c'est-à-dire d'un déficit. Voir en ce sens : A. de Laubadère, *Contrats*, *Op. cit.*, n° 979 et s.

reproché à la définition de l'imprévision de ne pas être suffisamment précise et objective, en ce sens qu'elle est définie au soutien de notions très vagues laissant subsister une trop grande marge d'appréciation au juge, le droit européen propose une distinction habile permettant de qualifier l'excessive onérosité de façon opportune. Ainsi, l'exécution peut-elle être tantôt « plus onéreuse », tantôt « excessivement onéreuse », au regard non seulement des Principes européens de droit des contrats mais aussi du futur droit commun européen de la vente. Lorsque l'exécution n'est que « plus onéreuse », deux hypothèses sont envisageables, « soit que le coût de l'exécution ait augmenté, soit que la valeur de la contreprestation ait diminué ». Ces deux hypothèses ne sont pas, par définition, propres à invoquer la théorie du changement de circonstances. Le droit européen tend donc à clarifier objectivement l'appréciation du bouleversement économique. En ce sens, le simple déséquilibre financier ne suffit pas à caractériser l'état d'imprévision[1265], pas plus aussi que la disparition du seul profit escompté[1266]. Il faut par conséquent que l'aggravation des charges du cocontractant soit telle qu'elle engendre une « situation extracontractuelle »[1267]. Aux termes des conclusions du Commissaire du gouvernement Chardenet sur l'arrêt *Gaz de Bordeaux*, il s'agit en définitive « de faire face à une situation nouvelle qui est en dehors des dispositions du contrat »[1268]. Le contrat ne s'exécute plus dans de justes « proportions »[1269] si bien que ses stipulations n'ont plus rien à voir avec celles initialement conclues. Ainsi, le contexte de la conclusion est radicalement différent de celui de l'exécution, ce qui explique que la situation d'imprévision s'inscrit dans un environnement seulement extracontractuel. Cette observation n'est pas sans rappeler la notion de *hardship*[1270] ou la théorie de la

---

[1265] Voir *supra*, p. 85 et s., spéc. p. 90.

[1266] Voir, par exemple : CE, 15 juin 1928, *Commune de la Courtine*, *Rec.*, p. 757.

[1267] Voir, par exemple, en ce sens : Y. Gaudemet, *Traité de droit administratif*, *Op. cit.*, p. 714, n° 1491 (3°) ; R. Chapus, *Droit administratif général*, *Op. cit.*, p. 1190, n° 1386 (2°). Voir également : L. Vidal, Thèse *précitée*, p. 181 et s.

[1268] Conclusions *précitées*, p. 142.

[1269] A noter que le Commissaire du gouvernement Chardenet utilisait déjà ce terme en 1916 dans ses conclusions (Conclusions *précitées*, p. 138).

frustration[1271] qui suppose aussi que les conditions du contexte initial de la conclusion aient été bouleversées au point qu'elles sont devenues en cours d'exécution complètement différentes de celles préalablement définies. Aussi n'est-il plus question de considérer l'exécution des obligations comme étant prévue dans le champ du contrat. Puisqu'elles sont en dehors du champ contractuel, elles ne correspondent plus ni aux attentes des parties[1272] ni à ce qui avait été initialement décidé.

Hormis le fait que le bouleversement de l'économie du contrat résulte de l'excessive onérosité qui caractérise son exécution, il est également apprécié au regard du prix-limite[1273] ou encore du « juste-prix »[1274] qui, lorsqu'il est dépassé, justifie la qualification de « véritable bouleversement de l'économie du contrat »[1275]. Encore que, les prévisions du cocontractant lésé doivent avoir été suffisantes lorsqu'il a anticipé la marge de variation du prix, c'est-à-dire l'aléa normal tel que contenu dans tout contrat[1276]. Si tel est le cas, le bouleversement sera en tout état de cause significatif.

Le bouleversement de l'économie du contrat s'apprécie donc au regard de l'excessive onérosité, du prix-limite et de la période extracontractuelle. Aussi, la situation justifie que les parties, gouvernées par la bonne foi, engagent de nouvelles discussions autour de l'économie du contrat. Il s'agit là d'une obligation ordonnée

---

[1270] Voir *supra*, p. 363, note 876. La situation de *hardship* implique un contexte économique complètement différent de celui de la conclusion du contrat (voir en ce sens : M. Almeida Prado, « Le hardship dans le droit du commerce international », *Op. cit.*, p. 1295). Voir également, B. Oppetit, *Op. cit.*, spéc. p. 803 et 804.

[1271] Voir *supra*, p. 412, note 1015. En ce sens, la théorie de la *frustration* est assez proche du concept de *hardship* (pour une analyse approfondie voir : M. Almeida Prado, *Ibid.*, p. 1295).

[1272] Voir *supra*, p. 477 et s. Voir également *infra*, p. 553 et s.

[1273] Pour une analyse approfondie, voir *infra*, p. 547 et s.

[1274] La notion a été développée par Saint Thomas d'Aquin (*Somme téléologique*, IIa-IIae, question 77). Elle a ensuite été reprise en doctrine. Voir notamment : J. Magnan de Bornier, Thèse *précitée*, p. 109 ; J. Antoine, *Op. cit.*, p. 80.

[1275] Chardenet, Conclusions *précitées*, p. 143.

[1276] Voir *infra*, p. 505 et s.

originellement par le juge administratif[1277] et reprise explicitement par le droit européen dans la rédaction des Principes européens du droit des contrats et du futur droit commun européen de la vente. La théorie du changement de circonstances y est admise seulement si les parties ont rempli leur obligation d'engager des renégociations, sans quoi se prévaloir de la théorie serait susceptible d'entrer dans le champ de la mauvaise foi. La bonne foi, érigée comme principe directeur du droit des contrats[1278], doit obligatoirement conduire les parties à renégocier amiablement les stipulations du contrat. La disproportion des termes contractuels est alors manifeste si bien que la partie non lésée ne saurait être considérée comme ignorant la situation anormale de son partenaire.

Le bouleversement de l'économie contractuelle est, en droit privé des obligations, une notion embarrassante[1279]. Or, il n'en reste pas

---

1277 Voir *supra*, p. 246 et s. D'ailleurs, si les parties n'ont pas tenté de renégociations, le juge administratif les invite fermement à trouver un accord amiable laissant planer l'ombre de la condamnation à des dommages et intérêts.

1278 Le principe de bonne foi, comme celui de la coopération des parties, deviennent des « principes généraux » du futur droit commun européen de la vente. L'article 2 « *Bonne foi et loyauté* » dispose que : 1. « Il incombe à chaque partie d'agir conformément au principe de bonne foi et de loyauté. 2. La violation de la présente obligation peut empêcher la partie défaillante d'exercer ou d'invoquer un droit, un moyen d'action ou de défense dont elle disposerait autrement, ou peut engager sa responsabilité pour tout préjudice causé de ce fait à l'autre partie. 3. Les parties ne peuvent exclure l'application du présent article ni déroger à ses effets ou les modifier ». L'article 3 « *Coopération* » prévoit en outre que « les parties sont tenues de coopérer l'une avec l'autre pour l'exécution de leurs obligations contractuelles dans la mesure qui peut être attendue ». Cette acception semble pour le moins légitime puisque l'étude de la pratique des contrats internationaux – les Principes Unidroit par exemple disposent en leur article 1.7 que « les parties sont tenues de se conformer aux exigences de la bonne foi dans le commerce international. Elles ne peuvent exclure cette obligation ni en limiter la portée » - et l'étude du droit européen comparé des contrats témoignent de ce que la bonne foi, entendue de manière objective, occupe une place prépondérante, notamment dans les législations d'inspiration germanique (voir *supra*, p. 395 et s.). Aussi, les Principes européens du droit des contrats avaient d'ores et déjà élevé la bonne foi au rang de principe directeur de sorte que l'article 1.201 « Bonne foi » dispose que 1. « Chaque partie est tenue d'agir conformément aux exigences de la bonne foi. 2. Les parties ne peuvent exclure ce devoir ni le limiter ».

1279 Voir en ce sens : J. Moury, « Une embarrassante notion : l'économie du contrat », *D.* 2000, p. 382.

moins que le juge judiciaire ne l'ignore pas. Il l'emploie parcimonieusement en matière de sujétions exceptionnelles de nature à provoquer des difficultés matérielles d'exécution dans un marché de travaux[1280]. C'est alors une notion autant administrativiste que civiliste. Toutefois, lorsqu'il s'agit de caractériser et d'apprécier le grave déséquilibre économique survenu ultérieurement à la conclusion d'un autre type de contrat, le juge judiciaire se montre plus réticent. Il admet néanmoins le déséquilibre né dès la conclusion du contrat au titre de la rescision pour lésion[1281]. Cependant, la pression du droit européen dans le domaine contractuel a fait évoluer le droit privé des obligations, en matière d'imprévision, dans le sens de la prise en considération du bouleversement économique. Ainsi les projets de réforme du droit des obligations tiennent compte de l'excessive onérosité[1282] qui caractérise l'exécution du contrat. Plus encore, c'est relativement à l'obligation de renégocier les stipulations contractuelles que le droit de l'UE a nécessairement stimulé le renouvellement du droit privé des contrats, non seulement dans les projets de réforme, mais également dans la jurisprudence de la Cour de cassation[1283]. Certes, le plus souvent, le juge judiciaire souligne la gravité du déséquilibre contractuel. Il élude donc la notion de bouleversement de l'économie du contrat, sans doute pour ne pas trop emprunter à la conception administrativiste. Mais, il admet en définitive le même contexte financier, précisément parce qu'il demeure de plus en plus enclin à garantir l'exigence de proportionnalité[1284].

[1280] Voir *supra*, p. 172 et s.

[1281] Voir *supra*, p. 122, note 273 et p. 149, note 359.

[1282] L'avant-projet Catala élude la notion de « bouleversement de l'économie du contrat », comme il le fait avec le mécanisme même de l'imprévision (P. Sargos, Rapport *précité*, n° 42). Il prévoit en revanche le cas où « il adviendrait que (...) l'équilibre initial des prestations réciproques fût perturbé au point que le contrat perde tout intérêt pour l'une d'entre elles » (article 1135-1), ce qui demeure, au fond, très proche de la notion administrativiste du « bouleversement ». Le projet de la Chancellerie admet, par ailleurs, « l'exécution excessivement onéreuse », comme celui du Professeur Terré, notion directement empruntée à la théorie générale du contrat administratif.

[1283] Les arrêts précités, *Huard* de 1992, *Chevassus-Marche* de 1998 et *France Motors* de 2002 en attestent. Voir *supra*, p. 310 et s.

[1284] Voir en ce sens : S. Le Gac Pech, Thèse *précitée*. Voir également *supra*, p. 466 et s.

L'exigence de proportionnalité pénètre *de facto* la théorie de l'imprévision. Elle est en revanche sous-jacente, implicitement recherchée et présumée perdurer pendant toute la durée de l'exécution du contrat. Elle anime globalement le mécanisme de l'imprévision. Aussi, la proportionnalité ne transparaît qu'en filigrane, en témoigne l'emploi du terme « raisonnable ». Dès lors, l'exigence de proportionnalité se comprend tantôt en amont, lors de la conclusion du contrat, tantôt en aval, lorsque le juge cherche à restaurer l'équilibre contractuel initial par une répartition équitable de la charge extracontractuelle. Elle n'est pas expressément mentionnée ni dans la jurisprudence administrative ni moins encore dans la jurisprudence judiciaire. Ainsi, ce n'est que le champ lexical qui précise la nécessité de garantir une certaine proportionnalité. En amont, les parties définissent un équilibre contractuel lors de la conclusion du contrat. En cela, elles fixent au préalable un rapport de proportionnalité de leurs obligations réciproques. Rappelons à ce titre qu'il ne s'agit pas d'établir une stricte équivalence des obligations[1285]. En cas d'imprévision, l'exécution de l'obligation en cause est hors de toutes proportions. Ainsi, cette disproportion participe de l'ouverture d'une situation extracontractuelle. En aval, le juge ne cherchera à rétablir la juste proportionnalité du contrat, c'est-à-dire le rapport d'obligations initialement fixé, que si les renégociations ont échoué. En cela, il opère un contrôle de la proportionnalité objective des obligations en cause.

Au-delà du bouleversement de l'économie du contrat, la situation d'imprévision est également caractérisée par la perte de tout intérêt dans l'exécution du contrat. Seule l'une des parties est *a priori* gravement lésée. Mais, il convient de souligner que la partie qui n'a pas à supporter les difficultés d'exécution du contrat peut également, à plus ou moins long terme, perdre tout intérêt dans l'exécution du contrat.

[1285] Voir *supra*, p. 466 et s.

II/ La perte de tout interet

En matière d'imprévision, l'aléa est extraordinaire[1286] en ce sens que le changement de circonstances demeure imprévisible. Et, puisqu'il présente une menace anormalement grave pour le contrat, il engendre un risque anormal. D'une manière générale, le risque est en droit une notion qui fait l'objet d'une acuité particulière[1287]. « La perte de l'intérêt »[1288] de la partie lésée est une notion civiliste qui participe de la qualification du préjudice anormal. Or, si elle n'est pas particulièrement explicite dans la théorie administrative de l'imprévision, il n'en reste pas moins qu'elle est sous-jacente puisqu'il est communément admis que le coût excessif de l'obligation en cause peut conduire le cocontractant de l'administration à la « ruine », c'est-à-dire à la perte de tout intérêt.

Selon le Doyen Maurice Hauriou, la théorie de l'imprévision est une théorie « qui fait appel à la distinction de ce qui est normal et de ce qui est anormal »[1289] et, devrions-nous ajouter, de ce qui est raisonnable et de ce qui ne l'est pas. En effet, ce qui caractérise le mieux l'état d'imprévision, c'est le préjudice anormal qu'il fait naître

---

[1286] Il s'agit d'un événement déjouant tous les calculs que les parties ont pu faire au moment du contrat (Concl. Cornaille, sur CE, 3 décembre 1920, *Fromassol*, *RDP* 1921, *Rec.*, p. 81). Voir *infra*, p. 510.

[1287] Voir par exemple : *Le risque*, Rapport annuel de la Cour de cassation, 2011 ; J. Moury, « Le droit confronté à l'omniprésence du risque », *D.* 2012, n° 16, p. 1020 ; G. Eckert, « Notions de risque d'exploitation », *Contrats et Marchés publics*, janv. 2011, n° 1, p. 34 ; V. Lasserre, « Le risque », *D.* 2011, n° 24, p. 1632 ; C. Martinand, N. de Saint-Pulgent, G. Majcherczyk, « Table ronde : quels risques ? Pour qui ?, *LPA* 2010, n° 170, p. 25 ; A. Ruellan, A. Hugé, « Le partage des risques et la portée matérielle des théories de la force majeure, du fait du prince et de l'imprévision », *AJDA* 2006, p. 1597 ; T. Kirat « L'allocation des risques dans les contrats : de l'économie des contrats « incomplets » à la pratique des contrats administratifs », *RIDE* 2003, n° 1, t. XVII, p. 11 ; C. Radé, « Pour une approche renouvelée de la théorie des risques », *LPA* 1995, n°81, p. 26.

[1288] La perte de tout intérêt a été explicitement formulée dans l'Avant-projet de réforme Catala, puis repris dans le Rapport de Pierre Sargos (*précité*, n° 41). Cette notion rend judicieusement compte de ce qu'est le préjudice anormal dans la théorie de l'imprévision. Si l'exécution du contrat demeure matériellement possible, l'intérêt de la partie lésée est détruit.

[1289] Note *précitée* sur *Gaz de Bordeaux*, p. 18.

à l'égard de l'une des parties, précisément parce qu'il n'est pas raisonnablement prévisible. Le contractant lésé perd alors tout intérêt dans l'exécution de l'obligation et la situation relève par conséquent d'une gravité exceptionnelle. En effet, si l'incident sur le contrat est anormal, il entraîne aussi une exécution anormale de l'obligation en cause et engendre de manière corrélative un préjudice anormalement grave. Or, si le critère de l' « anormale gravité » est implicite en matière d'imprévision[1290], il n'en demeure pas moins qu'il sous-tend nécessairement l'application de la théorie. Lors de la conclusion du contrat, les parties ont chacune un intérêt à contracter. Elles s'engagent dans la voie contractuelle dans l'attente de satisfaire leurs intérêts réciproques. Si la survenance d'un risque anormal rend la situation préalablement envisagée absolument différente au point que l'une des parties n'a plus aucun intérêt dans l'exécution de son obligation, la modification radicale des conditions initialement fixées engendre un nouveau contrat que le contractant lésé n'aurait vraisemblablement pas accepté en ces termes. Et c'est donc bien en cela que le préjudice qu'elle produit à la charge du seul contractant, est anormal. La situation nouvelle est dès lors constitutive d'un préjudice d'une anormale gravité.

Aussi, la situation d'imprévision engendre un préjudice économique d'une telle gravité qu'il ne saurait être considéré comme un aléa normal, contenu dans tout contrat. En droit des contrats administratifs, les théories de l'imprévisible suscitent donc un préjudice économique anormalement grave[1291] qui tient à ce que le risque a substantiellement affecté les conditions d'exécution du contrat. L'exécution de l'obligation litigieuse est gravement anormale de sorte qu'elle est devenue excessivement onéreuse pour le

---

[1290] Le critère de « l'anormale gravité » participe *a priori* de la qualification des sujétions imprévues. C'est aussi en cela qu'il est souvent prétendu que le régime des sujétions exceptionnelles est bien mieux construit que celui de l'imprévision (voir *supra*, p. 203 et s.).

[1291] La situation d'imprévision procède d'un aléa économique imprévisible qui affecte le prix initialement fixé de manière substantielle tandis que les sujétions imprévues résultent d'un aléa technique qui se traduit soit par la génération d'un grave surcoût financier, soit par la nécessité d'utiliser des moyens techniques plus onéreux que ceux qui avaient été initialement décidés. En ce sens, le préjudice est également économique (voir *supra*, p. 203 et s.).

cocontractant. Le préjudice anormal est alors constitué précisément parce que les conditions d'exécution qui ont présidé au moment de la conclusion du contrat, sont devenues absolument différentes au cours de son exécution. Aussi s'agit-il d'un risque auquel le cocontractant lésé n'a pas consenti lorsqu'il s'est engagé dans la voie contractuelle. Le juge administratif considère au regard de l'anormale gravité du préjudice subi que le risque ne doit pas demeurer à la charge du seul cocontractant. En effet, si le risque normal est censé avoir été accepté par les parties lors de la conclusion du contrat, le risque anormal ne saurait être considéré comme appartenant à leurs prévisions. C'est aussi en ce sens que le droit de l'Union, influencé par le mécanisme administrativiste de l'imprévision, admet la théorie du changement de circonstances dans le futur droit commun européen de la vente. A ce titre, puisque « la partie lésée n'a pas assumé, et ne peut être raisonnablement considérée comme ayant assumé, le risque de ce changement de circonstances »[1292], l'on peut légitimement estimer que le législateur européen condamne le préjudice anormalement grave du contractant malchanceux. En effet, lorsque le risque est anormal, l'intérêt au contrat d'au moins l'une des parties est annihilé. Aussi, la raison d'être de ce pour quoi les parties avaient contracté, a cessé d'exister au cours de l'exécution contractuelle. Le contractant est gravement lésé si bien que l'on ne saurait estimer qu'il a accepté d'encourir un tel préjudice anormal. Et c'est ainsi sous l'influence du droit de l'UE et spécifiquement du principe de proportionnalité que la Cour de cassation a récemment opéré une évolution jurisprudentielle[1293]. Il ressort de la solution *Soffimat* que la disparition de la cause objective au cours de l'exécution contractuelle est, par excellence, un préjudice anormal que la partie lésée n'a pas choisi de supporter lors de la conclusion du contrat. Ce qui semble pour le moins évident puisque la cause est un élément essentiel à l'intégrité du consentement. L'anéantissement de la cause témoigne donc de ce que le contractant perd tout intérêt dans l'exécution de ses obligations.

[1292] Article 89-3 (c) du Règlement relatif au droit commun européen de la vente. Les Principes européens du droit des contrats contenaient déjà une formulation équivalente à l'article 6.111 al. 2 (c) qui dispose que « la partie lésée n'a pas à supporter le risque en vertu du contrat ».

[1293] Voir *supra*, p. 323 et s.

Il est en outre concevable que les graves difficultés d'exécution à la charge de la partie lésée fassent également perdre tout intérêt à son partenaire. En effet, une exécution anormale du contrat est toujours synonyme d'embarras pour celui qui ne supporte pas la charge née du risque anormal. Elle engendre une situation complexe que le créancier ne pourra ignorer parce qu'il faudra qu'il gère par exemple les retard d'exécution, ou, si son contractant est défaillant, qu'il recherche un nouveau partenaire susceptible de poursuivre la prestation. C'est bien que le créancier se doit par principe d'être concerné par les difficultés d'exécution exceptionnelles du débiteur. Il ne saurait agir de manière désintéressée. Son intérêt au contrat peut disparaître définitivement si le débiteur n'est plus en mesure de remplir concrètement son obligation. Il subira alors un préjudice anormal. En effet, si la situation catastrophique du débiteur continue à dégénérer, son intérêt s'amenuisera au gré du temps et sera susceptible de tendre vers une disparition inéluctable.

Partant, la théorie de l'imprévision présente non seulement une identité conjoncturelle mais elle participe également d'une similarité dans la gestion du risque contractuel.

SECTION 2. LA SIMILARITE DANS LA GESTION DU RISQUE CONTRACTUEL

La théorie de l'imprévision témoigne surtout de ce que doit être la gestion du risque contractuel. Tous les contrats, qu'ils soient de droit public ou de droit privé, contiennent un risque éventuel d'inexécution et, par la même, de dommage. L'exemple est celui du droit des contrats administratifs qui accorde *de facto* une place de premier ordre à la gestion du risque anormal causé par un changement exceptionnel de circonstances. Dès lors, la notion de risque intervient tantôt *a priori*, et cela fait donc appel à « la capacité de prévisions »[1294] des parties, tantôt *a posteriori*, et c'est le juge qui sera appelé à allouer la charge extracontractuelle. Ainsi, la théorie de l'imprévision participe de « l'allocation des risques » en ce sens qu'elle procède de l'accidentel dans l'exécution du contrat. Encore que le changement de

[1294] C.-E. Bucher, Thèse *précitée*, p. 410 ; M. Ubaud-Bergeron, Thèse *précitée*, p. 365.

circonstances doit avoir été plus qu'accidentel, absolument imprévisible. Mais, « le contrat n'est pas un temps subi ; il est un temps voulu, organisé par l'intelligence et la liberté des intéressés. Système de relations durables préféré au jeu de relations instantanées, le contrat rencontre les inconnues du lendemain et implique la contrainte destinée à les maîtriser »[1295]. Aussi, les parties doivent avoir fourni un effort suffisant dans le calcul de leurs prévisions pour anticiper les éventuelles perturbations du contrat en cours d'exécution et se prémunir contre les risques, pourvu qu'ils soient ordinaires. En effet, à la différence du droit privé, la théorie générale des contrats administratifs accorde une attention particulière à la survenance de l'aléa extraordinaire. L'on considère que si l'aléa normal contenu dans tout contrat est un événement dont la réalisation demeure incertaine et qui doit nécessairement faire l'objet de prévisions des parties, lorsqu'il procède d'une grave menace pour le contrat, il constitue un risque anormal de dommage qui sera susceptible d'être indemnisé. Il faudra néanmoins, que l'étendue des prévisions des parties soit suffisante.

Le juge va, en effet, rechercher et évaluer si l'anticipation sur le futur qu'elles ont faite est conforme à l'attitude responsable et prudente du bon père de famille, ou à la personne raisonnable placée dans une situation équivalente. A défaut, même si l'aléa est extraordinaire, le juge n'accèdera pas aux prétentions du contractant lésé. Les parties doivent avoir tout mis en œuvre pour établir des prévisions fiables. En cela, la rigueur, l'attention et la plus grande diligence sont de mise au moment de la conclusion du contrat. Mais, comme il est impossible de tout prévoir à moins de n'avoir des talents divinatoires, et que le dommage était absolument imprévisible, donc anormal, le juge administratif par son pouvoir exceptionnel de révision du contrat, a la faculté de procéder à une répartition juste et équitable de la charge extracontractuelle.

Le droit européen, qu'il s'agisse des Principes européens du droit des contrats ou du futur droit commun européen de la vente, voire même du droit national des contrats des Etats membres de l'UE, adoptent la même considération pour l'aléa extraordinaire. C'est dès lors la pression qu'il exerce sur le droit privé des obligations qui est

---

[1295] J.-M. Mousseron, *Op. cit.*, p. 485.

seule de nature à faire évoluer la loi, en attestent les projets de réforme du droit des obligations, et la jurisprudence judiciaire. La prise en compte du risque anormal est dès lors nécessaire en droit privé. Et, bien qu'il n'ait jamais souhaité admettre une conception identique à celle du juge administratif, l'influence du droit européen, très inspiré du mécanisme administratif de l'imprévision, établit un lien étroit entre le droit administratif des contrats et le droit privé des obligations.

Le dommage était-il prévisible lors de la conclusion du contrat ? Les parties ont-elles rempli leur obligation de prévoyance avec suffisamment de diligence dans l'établissement de leurs prévisions ? La gestion du risque est à ce titre d'abord contractuelle. Chacune des parties doit anticiper les éventuels incidents de nature à provoquer des difficultés d'exécution quand elle s'engage dans la voie contractuelle. Seul le risque anormal, celui qui engendre un dommage anormalement grave, sera susceptible de recevoir un traitement juridictionnel. Leur capacité de prévisions doit alors doit alors faire mention de la prévisibilité du dommage contractuel (I).

Une fois procédée la révision du contrat, le juge opère une gestion judiciaire du risque anormal de changement de circonstances en établissant une répartition juste et équitable de la charge extracontractuelle entre les parties (II).

I/ La prévisibilite du dommage contractuel

« On ne peut reprocher à une personne de n'être astrologue, de ne pas lire l'avenir, mais elle est trop imprudente si elle ne regarde pas à ses pieds »[1296].

Le risque d'un changement de circonstances au cours de l'exécution contractuelle est un aléa ordinaire contenu dans tout contrat[1297]. Il est censé avoir été accepté par les contractants lors de la conclusion du contrat de sorte qu'il fait partie, à ce titre, des prévisions des parties. Dès lors, « l'incertitude est inhérente à la prévision. Qu'elle soit déjouée est alors pour elle une destinée qui

[1296] R. Demogue, « Des modifications apportées au contrat par volonté unilatérale », *RTD civ*. 1907, n° 6, p. 245.

[1297] Voir également : L. Vidal, Thèse *précitée*, p. 180.

n'est pas extraordinaire »[1298]. Aussi, les parties, lorsqu'elles contractent, ont l'obligation d'établir avec la plus grande diligence des prévisions fiables qui seront soumises à divers aléas susceptibles de perturber l'exécution du contrat. Elles doivent envisager tout ce qui peut probablement intervenir après la conclusion du contrat. Ainsi, « dans la rédaction du contrat, les parties ne doivent pas se placer uniquement à la date de la conclusion du contrat mais se projeter dans l'avenir en anticipant aussi bien l'évolution des besoins à satisfaire et pour lesquels le contrat est conclu que l'évolution du contexte d'exécution du contrat »[1299].

Toutefois, lorsque le changement de circonstances est exceptionnel ou imprévisible, il est constitutif d'un aléa extraordinaire[1300]. Aussi, il participe de la réalisation d'un risque anormal de dommage[1301], soit que la nature du changement de circonstances est susceptible d'affecter gravement les conditions d'exécution contractuelle préalablement établies, soit que ses effets ont eu des répercussions sur le contrat qu'il était impossible d'anticiper. L'aléa extraordinaire ne saurait donc faire légitimement partie des prévisions.

Le contrat est donc bel et bien « une emprise sur l'avenir »[1302] mais il constitue aussi et surtout « l'entreprise la plus hardie qui se puisse concevoir pour établir la domination de la volonté humaine sur les faits, en les intégrant d'avance dans un acte de prévision »[1303]. Ainsi, la distinction de ce qui est raisonnablement prévisible – et qui doit à ce titre, obligatoirement entrer dans les prévisions des parties – et de ce qui ne l'est pas est primordial dans la théorie de l'imprévision. Mais, « ce que l'on attend des parties n'est que l'intégration

---

[1298] H. Lécuyer, « Le contrat, acte de prévision », *Op. cit.*, p. 643.

[1299] M. Ubaud-Bergeron, Thèse *précitée*, p. 365.

[1300] Voir sur la notion d'aléa et sur la distinction entre aléa ordinaire et aléa extraordinaire : A. de Laubadère, *Op. cit.*, n° 365 et s., 369 et s. ; G. Jèze, Les principes généraux du droit administratif, *Op. cit.*, p. 504 et s.

[1301] Le risque est anormal en ce qu'il est également spécial. A rapp. de l'analyse relative aux sujétions imprévues Voir *supra*, p. 203 et s.

[1302] G. Ripert, *Op. cit.* et *loc.cit.*, n° 84.

[1303] M. Hauriou, *Principe de droit public*, *Op. cit.* et *loc. cit.*, p. 206.

raisonnable de certains aléas »[1304], précisément ceux qui revêtent un caractère prévisible.

Les parties sont dès lors tenues de remplir une obligation de prévoyance[1305] visant la capacité à prévoir des événements probables mais dont la réalisation est incertaine, lesquels doivent absolument entrer dans le champ des prévisions des parties. La capacité de prévision des parties ne présentent pas le même intérêt selon que le contrat est ou non conclu pour une longue durée d'exécution. Plus le contrat est conclu dans la durée, plus il est susceptible de pâtir des effets du temps. Les parties doivent donc prévoir *a priori* les risques susceptibles de déstabiliser la relation contractuelle, tantôt les risques inhérents aux besoins des parties, objet du contrat, tantôt les risques inhérents aux circonstances extérieures à la relation contractuelle mais susceptibles d'avoir une incidence sur l'exécution des obligations. Or, lorsque le risque de changement de circonstances excède les prévisions raisonnables des parties, il engendre une exécution anormale du contrat.

Ainsi, comme l'inexécution du contrat est latente lors de sa conclusion, et que le risque imprévisible participe de la réalisation d'un dommage contractuel anormal, les parties devront envisager le traitement des éventuelles difficultés d'exécution du contrat et prévoir la réparation du dommage qui en résulte. Au moment de la conclusion du contrat, les parties ont donc prévu en vertu de leur obligation de prévoyance, la rencontre de difficultés normalement prévisibles. Elles ont dès lors estimé le préjudice et chiffré le coût des dommages et intérêts susceptibles d'en couvrir les effets. Par conséquent, la difficulté d'exécution normale doit nécessairement faire l'objet d'une stipulation contractuelle destinée à décrire sa nature, ses conséquences ainsi que le chiffrage du préjudice qu'elle sera censée entraîner, préjudice qu'il conviendra de qualifier de normal. Seul le préjudice prévisible est par principe indemnisable : il s'agit d'un aléa normal de

[1304] M. Ubaud-Bergeron, Thèse *précitée*, p. 363 et 364.

[1305] « Vertu du bon père de famille consistant à discerner les risques normalement prévisibles afin d'en éviter la réalisation ou d'en garantir les conséquences dommageables » (*Voc. jur. Assoc. H. Capitant* , sous la dir. de G. Cornu, entrée « prévoyance », sens 1).

nature à intégrer les prévisions des parties, d'un risque ordinaire contenu dans tout contrat. Lorsque le contractant a failli à ses calculs précontractuels, ce n'est donc ni devant le juge administratif ni devant le juge judiciaire, qu'il pourra faire valoir ses prétentions indemnitaires pour cause d'imprévision. Cependant, si la difficulté n'est pas normalement prévisible, le préjudice qui en résulte devient anormal, c'est-à-dire qu'il n'est plus conforme à ce qui aurait du ordinairement se produire, à ce que les parties auraient pu légitimement s'attendre au cours de l'exécution du contrat et il conduit, corrélativement, à une situation exceptionnelle. Ce préjudice anormal n'a alors pas pu faire l'objet d'un chiffrage contractuel objectif puisque, par nature, il est, tout comme le changement de circonstances, imprévisible.

En droit des contrats administratifs, l'événement, fait générateur du bouleversement économique, doit être imprévisible, c'est-à-dire qu'il doit avoir déjoué toutes les prévisions des parties, soit qu'il était par nature imprévisible, soit que ses effets ont été exceptionnels – alors que l'événement était *a priori* tout à fait prévisible. Le juge va dès lors devoir apprécier le caractère « non raisonnablement prévisible » du changement de circonstances. Etait-il donc exceptionnel lors de la conclusion du contrat ? Le standard utilisé est en principe celui du bon père de famille ou celui de la personne raisonnable placée dans une situation équivalente. Ce standard soutient l'appréciation de ce qui aurait dû objectivement faire partie des prévisions. Si le changement de circonstances est véritablement imprévisible, c'est que rien, au moment de la conclusion du contrat, ne pouvait permettre de penser qu'un tel événement se produirait.

Le juge va alors rechercher, en fonction des stipulations du contrat, quelles difficultés, même inattendues, peuvent être considérées comme des aléas normaux du contrat. Il n'indemnisera alors que celles qui sortent de ces aléas ou qui les excédent[1306]. En effet, si l'on considère que le risque de changement de circonstances est normal, cela suppose donc l'existence, au cours de l'exécution du contrat, de difficultés normales, c'est-à-dire de difficultés qui auront du obligatoirement faire partie d'un champ raisonnable de prévisions.

[1306] A rapp. de l'analyse du Professeur André de Laubadère en matière de sujétions exceptionnelles (*Op. cit.*, n° 902, p. 17).

Aussi, ce qui justifie le passage de la qualification d'aléa normal à celle de risque imprévisible, c'est le caractère de l'anormale gravité du changement de circonstances en cause[1307]. De ce fait, lorsque la difficulté est normale, elle est censée avoir été prévisible au moment de la conclusion du contrat et ne peut légitimement pas faire l'objet d'une indemnisation. C'est donc parce que le risque est anormal, c'est-à-dire qu'il a absolument déjoué toutes les prévisions des parties – fussent-elles raisonnables – que la révision judiciaire du contrat est concevable.

Les Principes européens du droit des contrats se sont ainsi très largement inspirés du caractère « non raisonnablement prévisible » du changement de circonstances, tel que formulé par le juge administratif. L'article 6.111 prévoyait que « le changement de circonstances ne pouvait être raisonnablement pris en considération au moment de la conclusion du contrat ». En revanche, le futur Règlement relatif au droit commun européen de la vente abandonne le standard du « raisonnable » auquel on reproche son abstraction et sa variabilité d'acception. Ainsi, le législateur européen a donc préféré choisir une formulation plus objective, récusant le critère polémique. A ce titre, l'article 89-3 dispose que « la partie invoquant le changement de circonstances n'avait pas pris et ne pouvait être censée avoir pris en compte la possibilité ou l'importance du changement de circonstances ». Cette rédaction bien plus objective est dès lors renforcée par la qualification attribuée au changement de circonstances qui doit donc être « exceptionnel », alors même que, à l'origine, ni les Principes européens du droit des contrats ni les Principes Unidroit ne le précisent, restant très attachés à l'acception administrativiste de l'imprévision. Bien que « le raisonnable » ait récemment fait l'objet d'une étude objective[1308], le législateur européen écarte la notion, soucieux certainement d'éviter la controverse.

[1307] A rapp. de l'analyse de Corinne Samson en matière de sujétions exceptionnelles (*Op. cit.*, p. 7).

[1308] G. Weiszberg, Thèse *précitée*, n° 464. L'auteur souligne à ce titre que « le « raisonnable », indépendamment de tout effet de mode et quitte à lui faire jouer un rôle, doit marquer les frontières de l'excès et de l'acceptable, de l'inadmissible et de l'opportun ».

Or, le droit privé des obligations n'accorde qu'une place des plus réduites, voire une place inexistante, au changement exceptionnel de circonstances. Sous l'influence européenne, les avant-projets de réforme le prévoient avec plus ou moins d'audace[1309]. Mais la Cour de cassation refuse encore d'admettre l'imprévisibilité des circonstances extérieures susceptibles de perturber le contrat en cour d'exécution[1310]. Il a été prétendu que si les parties n'ont rien prévu dans leurs stipulations contractuelles, c'est qu'elles avaient accepté le risque d'un tel changement de circonstances. Sinon elles auraient failli à leur obligation de prévoyance. Mais, « il nous semble que c'est surestimer la rationalité des contractants que d'affirmer que, parce qu'ils sont les meilleurs juges de leurs propres intérêts, ils sont nécessairement capables, au jour de la conclusion de leur contrat, de gérer contractuellement le risque de changement de circonstances *via* des clauses appropriées »[1311]. Aussi, en droit privé des contrats, la gestion *a priori* du risque contractuel doit faire l'objet de la plus grande attention des parties, la gestion *a posteriori* relevant, encore aujourd'hui, de l'aléatoire. Seule la pression du droit de l'UE va finalement pousser le droit privé à procéder à une évolution de sa conception du changement exceptionnel de circonstances.

Si la capacité de prévisions des parties a été jugée suffisante, le juge va procéder à une répartition équitable de la charge extracontractuelle. Il participe donc *a posteriori* à la gestion du risque anormal.

II/ LA REPARTITION EQUITABLE DE LA CHARGE EXTRACONTRACTUELLE

La répartition de la charge extracontractuelle – une fois son montant préalablement déterminé[1312] – résulte de la révision judiciaire

---

[1309] Voir *supra*, p. 297 et s.

[1310] Rappelons à ce titre que la Cour de cassation accorde toutefois une certaine considération au changement exceptionnel de circonstances lorsque celui-ci résulte de la rencontre, au cour de l'exécution d'un marché privé de travaux, de sujétions imprévues (voir *supra*, p. 172 et s.).

[1311] D. Mazeaud, « L'arrêt Canal « moins » ? », *Op. cit.*, n° 7.

[1312] Voir *infra*, p. 577.

du contrat. A noter toutefois qu'elle peut avoir été établie par les contractants lors des renégociations. Le juge participe en cela à l'allocation du risque anormal causé par le changement exceptionnel de circonstances. Dès lors, la justice contractuelle sous-tend le juste rééquilibrage des stipulations du contrat. Puisque le risque est anormal et que le préjudice n'a pas été raisonnablement prévisible la charge extracontractuelle incombant au seul cocontractant doit être équitablement répartie.

Le silence du contrat doit nécessairement faire l'objet d'une interprétation du juge. « Pour déterminer le pourcentage de répartition, le juge, par « une interprétation raisonnable du contrat », tient compte d'éléments divers, tels que les efforts faits par le cocontractant pour surmonter ses difficultés ou à l'inverse ses négligences, la situation générale de l'entreprise, la stabilisation économique, la mauvaise volonté de l'administration »[1313]. Or, nous l'avons vu, l'interprétation raisonnable du contrat se fonde sur l'équité[1314]. Aussi est-il légitime de croire que la répartition doit demeurer équitable, c'est-à-dire juste. L'idée du juste, de l'équitable est susceptible de degré, ce qui explique qu'elle soit souvent récusée au motif qu'elle accorde une trop grande liberté d'appréciation juridictionnelle. Toutefois, le rétablissement de la justice, c'est-à-dire de ce qui est équitable, repose sur des éléments objectifs, les expertises. Ainsi, en procédant à la répartition de la charge extracontractuelle, le juge tient compte d'éléments qui sont en dehors des stipulations du contrat, fondant dès lors son analyse sur des considérations d'équité. Le partage du déficit est « raisonnable, équitable : si les parties contractantes avaient pu prévoir la crise et ses conséquences économiques, il est certain qu'une clause du contrat eût promis au contractant une modification de ses avantages pécuniaires. Parfois, la clause existe. Il n'y a pas alors de difficulté. Si la clause n'existe pas, il est équitable, en même temps que de bonne politique, de suppléer au silence du contrat, de considérer que la crise crée une situation extracontractuelle, c'est-à-dire une situation pour laquelle le contrat ne donne aucune solution »[1315].

[1313] A. de Laubadère, *Contrats*, *Op. cit.*, n° 1002 (3°), p. 128.

[1314] Voir *supra*, p. 274 et s.

[1315] G. Jèze, *Les principes généraux du droit administratif – Théorie générale des contrats de l'administration*, 3ème éd., LGDJ, 1936, p. 470 (6°) et p. 538-539.

Certes, le juge n'est pas un spécialiste de l'économie[1316]. C'est la raison pour laquelle il peut recourir à l'expertise. Le plus souvent, le contrat résulte d'un montage contractuel complexe dont l'économie est susceptible d'échapper au juge. Aussi, le recours à des experts qualifiés contribue à aider le juge à déterminer le montant de l'indemnisation. C'est d'ailleurs le plus souvent par le truchement des expertises que le juge va pouvoir organiser la répartition de la charge extracontractuelle[1317].

Si la répartition de la charge extracontractuelle doit être équitable, c'est parce que le juge ne rétablit pas à proprement parler l'équation financière[1318] initialement définie. Chaque contractant devra assumer la part de risque qui lui incombe. Le juge ne va donc pas opérer un rétablissement compensatoire et exact des prestations réciproques. Il va ainsi plutôt chercher à restaurer une juste proportionnalité des obligations en cause. En cela, il doit rechercher quel rapport raisonnable de proportionnalité sous-tend l'équilibre des prestations initial. Il opère donc un contrôle de la proportionnalité objective des obligations, en considération des attentes légitimes des parties[1319]. La recherche d'une juste proportionnalité joue un rôle éminemment économique puisqu'elle permet *in fine* de déterminer un partage objectif de la charge. Aussi, le contrôle de proportionnalité permet d'allouer objectivement les risques et donc de répartir la charge extracontractuelle.

L'indemnisation n'est d'ailleurs jamais intégrale[1320]. « Le cocontractant doit toujours supporter une partie de la charge extracontractuelle »[1321]. En effet, la répartition de la charge tient

---

[1316] Voir en ce sens : J. Flour, J.-L. Aubert, E. Savaux, *Droit civil. Les obligations*, *Op. cit.*, n° 410, p. 388 et 389 ; F. Llorens, Thèse *précitée*, p. 297.

[1317] Voir également en ce sens : A. de Laubadère, *Op. cit.*, n° 996, p. 121.

[1318] Voir *supra*, p. 86 et s.

[1319] Voir *infra*, p. 553 et s.

[1320] Y. Gaudemet, *Op. cit.*, n° 1492, p. 715 ; R. Chapus, *Op. cit.*, n° 1387 ; L. Richer, *Op. cit.*, n° 493, p. 281 ;J.-C. Ricci, *Op. cit.*, n° 397 ; C. Debbasch, F. Colin, *Op. cit.*, p. 493 ;G. Vedel, P. Delvolvé, *Op. cit.*, p. 424 ; F. Lichère, *Op. cit.*, p. 97 ; G. Jèze, *Op. cit.*, p. 470.

[1321] A. de Laubadère, *Ibid.*, n° 1002 (1°), p. 126.

compte de la part faite à l'aléa normal[1322] de sorte que le cocontractant doive assumer ce qui lui incombe en vertu du contrat. Les termes du contrat fixent, lors de sa conclusion, et, en principe, une fois pour toute, un équilibre financier négocié par les parties, tenant compte des éventuelles variations de la conjoncture économique. L'aléa normal est donc défini lorsque les parties concluent le contrat. Il est constitué par la fixation du prix comprenant une marge de hausse susceptible de couvrir les éventuelles variations économiques. C'est alors ce risque ordinaire, que le cocontractant a accepté de supporter en s'engageant dans la voie du contrat, qui restera, après calcul du surcoût financier, à sa charge.

Le partage équitable de la charge extracontractuelle est prégnant dans le droit de l'UE. Les Principes européens du droit des contrats disposent à ce titre, dans une forme très aboutie, mais qui n'a pas été conservée par le futur droit commun européen de la vente, que le juge peut « adapter *le contrat* de façon à distribuer équitablement entre les parties les pertes et profits qui résultent du changement de circonstances »[1323]. Ainsi, la distribution équitable de la charge extracontractuelle entre les parties est ici manifeste. Cette rédaction procède en tout état de cause de la conception administrativiste. Une répartition équitable n'implique jamais la même solution d'un litige à un autre. Si en droit des contrats administratifs il est coutumier de notifier que c'est à l'administration de supporter l'essentiel de la charge extracontractuelle[1324], lorsqu'il devra s'agir de répartir le montant de la charge entre des entreprises privées, la part respective que chacune des parties devra supporter sera variable et déterminée en fonction des éléments extérieurs aux stipulations du contrat, dont la teneur différera nécessairement d'une entreprise à une autre[1325].

[1322] Voir également en ce sens : G. Jèze, *Les contrats de l'Etat, des départements, des communes et des établissements* publics - *Exécution et fin des contrats administratifs*, T. 4, 1936, p. 57.

[1323] Article 6.111 al. 3 (b).

[1324] Rappelons à ce titre que l'administration est toujours solvable dans la mesure où sa capacité financière est alimentée par les deniers publics provenant des contribuables.

[1325] Il convient de remarquer à ce titre que c'est au regard de l'équité que la Cour d'appel de Nancy a rendu sa solution le 26 septembre 2007. Plus précisément, elle

Le futur droit commun européen de la vente propose en revanche une formulation plus neutre, exempt *a priori* de toutes considérations d'équité. Il convient d'ailleurs de remarquer que ce futur droit uniforme doit avoir vocation à mettre en accord les différentes traditions juridiques présentes au sein de l'UE. Or, en matière d'imprévision, les pays de la *Common Law* sont hermétiques à l'équité, à laquelle ils préfèrent la notion de justice contractuelle, ce qui semble justifier la retenue avec laquelle cette disposition est rédigée. Cependant, « adapter le contrat afin de le mettre en conformité avec ce que les parties auraient raisonnablement convenu au moment de la conclusion du contrat si elles avaient tenu compte du changement de circonstances » implique la recherche d'un juste rééquilibrage du contrat et d'un haut degré de proportionnalité dans la répartition de la charge extracontractuelle. Alors tout porte à croire que l'équité est suggérée dans le partage du déficit opéré par le juge, même si elle demeure, au fond, implicite.

---

incite les parties à reprendre les négociations afin qu'elles procèdent à une répartition équitable des profits tirés de la vente des quotas excédentaires (voir *supra*, p. 316 et s.). Il semble par ailleurs que la Cour ait été influencée par la montée en puissance du droit de l'UE, notamment la rédaction des Principes du droit européen des contrats – le droit commun européen de la vente n'ayant pas de réelle existence à cette époque là.

Conclusion du Chapitre 2

C'est par le truchement du droit de l'UE que le droit privé des contrats converge vers le droit des contrats administratifs. Le droit de l'UE s'est très largement inspiré de la théorie administrative de l'imprévision et a par la suite inspiré l'évolution du droit privé des contrats. Le jeu de ces influences réciproques concourt en définitive à l'uniformisation des régimes de l'imprévision. Sa reconnaissance dans le droit de l'UE en témoigne. Elle bénéficie tant d'une similarité conjoncturelle que d'une similarité dans la gestion du risque contractuel. Ainsi, la définition qu'elle reçoit est identique en droit de l'UE et en droit des contrats administratifs. Elle s'inscrit dans un contexte financier pareillement admis dans ces deux droits, mais aussi dans le droit national des contrats des Etats membres qui l'admettent. Cette considération qui lui est alors portée explique l'influence qu'exerce le droit de l'UE sur le droit des obligations en France. En outre, la situation d'imprévision engendre un préjudice gravement anormal à la charge de l'un des contractants, conséquence constatée de la même manière en droit de l'UE et en droit des contrats administratifs. Identiquement, elle fait du reste référence à l'allocation des risques qui est, tantôt conventionnelle – les parties conviennent lors de la conclusion du contrat de l'ensemble des aléas ordinaires susceptibles de perturber l'exécution contractuelle dans prévisions diligentes – tantôt judiciaire – le risque anormal causé par un changement de circonstances exceptionnel fait l'objet d'un traitement juridictionnel. La gestion du risque est dès lors analogue en droit de l'UE et en droit des contrats administratifs qui exigent d'abord une capacité de prévisions des parties suffisante au regard de leur obligation de prévoyance, puis qui permettent au juge, si tel est le cas, de procéder à une répartition juste et équitable de la charge extracontractuelle en considération du risque imprévisible de dommage.

L'identité des régimes administrativiste et européen de l'imprévision apparaît pour le moins naturelle puisqu'elle résulte de ce que le premier a influencé le second. De fait, comme la construction de la théorie de l'imprévision découle de la jurisprudence administrative, qu'elle se fonde sur un régime élaboré sur une cinquantaine d'années, celui de la théorie des sujétions imprévues admise dans les marchés de travaux au milieu du XIXème siècle – ce qui explique que, lors de sa consécration en 1916, elle présentait un régime déjà très abouti – et qu'elle connaît des améliorations depuis près d'un siècle, elle est donc le fruit d'une réflexion jurisprudentielle et doctrinale très enrichie qui participe de la perfection de son régime et qui rayonne au-delà des frontières nationales. La théorie administrative de l'imprévision a dès lors nécessairement servi de point d'ancrage au droit de l'UE, l'aboutissement du régime qu'elle institue lui permettant de servir de modèle. Le *Gaz de Bordeaux* est donc un repère en droit des contrats qui a transcendé les frontières nationales en inspirant la construction des théories de l'imprévision dans les droits étrangers, dans la jurisprudence internationale *lato sensu* et *a fortiori* dans le droit de l'UE. A quand sa consécration dans le privé des obligations ?

La théorie de l'imprévision distingue entre la normalité et l'anormalité, la prévisibilité et l'imprévisibilité, autant de notions insaisissables qui participent de la réticence du droit des obligations. Pourtant, rien ne permet de penser que l'insécurité juridique serait plus grande. Bien au contraire, le droit de l'Union, contraint de tenir compte des droits positifs des Etats membres qui l'admettent, témoigne de ce que, partout où elle a été consacrée, elle constitue une plus-value à la pratique commerciale, loin de créer l'insécurité juridique tant redoutée en droit des obligations. Le développement des relations contractuelles doit pouvoir se fonder sur une certaine prévisibilité du droit des contrats. Admettre uniformément l'imprévision serait en conséquence, un gage de sécurité pour les opérateurs économiques.

Conclusion du titre I

« L'avenir paraît donc prometteur. Le droit européen existe, la loi communautaire des contrats s'élabore et un tribunal l'interprète. C'est une réalité juridique et politique »[1326]. La Cour de cassation devra donc se résoudre à l'alignement. La politique d'unification menée par la Commission européenne a atteint son point d'orgue dans l'institution du futur règlement relatif au droit commun européen de la vente. Une fois adopté, le texte fera partie intégrante des droits positifs des Etats membres constituant un second régime du droit des contrats à côté du droit national. Les parties auront alors le choix de faire référence à l'application en tout ou partie, du régime européen de la vente et, par là-même, exclure l'application du droit national des obligations. Si tel est le cas, le juge judiciaire devra consentir à la révision judiciaire du contrat pour imprévision. La construction européenne de la théorie de l'imprévision manifeste un véritable parachèvement puisque son régime, très inspiré du mécanisme administratif, s'est également nourri des conceptions nationales des Etats membres, voire des Principes Unidroit, dépassant ainsi les spécificités des traditions juridiques présentes au sein de l'UE. Aussi, l'on ne comprend pas bien pourquoi le droit privé des obligations demeure toujours aussi réticent. En choisissant le classicisme à la modernité, l'orthodoxie à l'inexploité, le droit commun des contrats manque cruellement d'attractivité économique[1327] et tend à s'effacer inéluctablement au profit d'un droit européen bien plus en lien avec la réalité économique et sociale et la flexibilité recherchée par les parties contractantes. C'est dire à quel point l'impact du droit privé des contrats est actuellement réduit.

Certes, les opérateurs peuvent craindre l'incertitude qui entoure l'application du droit commun européen de la vente. Pour autant, malgré le défaut *a priori* apparent de prévisibilité de ce nouveau droit,

---

[1326] C. Aubert de Vincelles, « La recherche d'une cohérence en droit européen : de l'acquis communautaire à l'ébauche d'un droit européen des contrats », *in Droit européen du contrat et droits du contrat en Europe. Quelles perspectives pour quel équilibre* (sous la dir. de G. Wicker), Litec, 2008, p. 19.

[1327] X. Lagarde, Brèves réflexions sur l'attractivité économique du droit français des contrats, *Op. cit.*, p. 2745.

n'oublions pas qu'il résulte de l'étude comparée des droits nationaux des contrats et qu'à ce titre, la prévisibilité du droit commun européen de la vente existe. Elle se retrouve, également, tant dans l' « Acquis communautaire » que dans les travaux académiques préalablement conduits, qui sont dès lors une ressource importante permettant d'appréhender toutes les nuances du futur droit commun européen de la vente. Certes, cela implique un haut degré de connaissances des praticiens du droit. Mais, n'est-ce pas là précisément ce que l'on attend des juristes ? Il serait donc souhaitable que ceux-ci soient mis en mesure d'apaiser les craintes des agents économiques désireux de développer leur activité au-delà des frontières de l'Etat, tentant de faire l'acquisition de nouveaux marchés, ce qui est évidemment profitable au développement du marché intérieur.

L'UE est seule à pouvoir fédérer les divergences nationales et à proposer l'unification du droit des contrats. La position marginalisée du droit privé s'étiole sous l'impulsion du droit de l'UE et du droit européen comparé des contrats, voire même de la pratique du commerce international. Il faudrait alors que la Cour de cassation ou du moins le législateur entreprenne la mission de construire une théorie de l'imprévision propre à la pensée civiliste.

Le perfectionnement d'un droit uniforme soutient nécessairement l'épanouissement du commerce intérieur et c'est là l'objectif que vise l'UE, plus encore en période de crise. Ainsi, l'échec de la coordination des politiques économiques a témoigné de ce que les Etats se sont désunis de la solidarité censée les lier[1328]. Aussi, les institutions européennes cherchent à ne pas manquer l'unification du droit des contrats qui serait un succès pour le développement du marché intérieur, en adoptant un droit uniforme, et non pas seulement unique[1329], susceptible de mettre les opérateurs économiques dans une

---

[1328] La crise économique et financière a été le théâtre de profondes divergences relatives à la gestion des finances publiques nationales et à la nécessité de les assainir, les Etats n'ayant pas la même conception politique d'une gestion saine de l'économie.

[1329] Le Professeur Yves Lequette compare l'institution d'un code civil européen à l'échec de la monnaie unique, soutenant que « ce n'est pas, au demeurant, la première fois que l'Union européenne tente d'imposer, au prétexte de considérations économiques, des choix qui sont essentiellement idéologiques. L'adoption de l'euro en offre, sans doute, la meilleure illustration. A l'époque, nombreux furent ceux qui situation d'équivalence et aussi de générer une certaine prévisibilité du droit. « En période de crise économique et financière, la dimension internationale de l'Europe ne doit pas être négligée, ni sa capacité à faire figure de modèle juridique »[1330].

soulignèrent que l'Europe avait économiquement besoin non d'une monnaie unique mais d'une monnaie commune » (« Le code européen est de retour », *précité*, n° 22). Or, si la monnaie unique essuie actuellement une tempête économique, il convient de noter qu'elle a néanmoins permis d'amortir les effets de la crise financière. Toutefois, en concédant l'échec de sa raison d'être profonde, il semble que le législateur européen ait tiré les leçons des dangers de la monnaie unique. Aussi, en ce qui concerne l'unification du droit des contrats, il ne cherche plus à créer un droit unique européen des contrats mais plus à proposer un « second régime » unifié, à côté de celui que propose la loi nationale, c'est-à-dire un droit commun européen.

[1330] B. Fauvarque-Cosson, *Op. cit.*, *D.* 2012, p. 34.

TITRE II
L'EMERGENCE D'UN DROIT COMMUN DE L'IMPREVISION

« L'européanisation de la matière civile (…) entraîne une certaine convergence des législations civiles »[1331] si bien qu'en France, il est aujourd'hui concevable d'observer un lien entre le droit des contrats administratifs et le droit privé des obligations. C'est notamment le cas en ce qui concerne la considération juridictionnelle de l'imprévision. Plus qu'un lien, il s'agit en réalité de l'émergence d'un droit commun de l'imprévision en droit des contrats.

La théorie de l'imprévision depuis sa consécration fait l'objet d'un débat passionné en doctrine. Non seulement elle contribue à l'opposition de la doctrine administrativiste et de la doctrine civiliste mais elle partage également les membres de la doctrine civiliste en son sein. Puisque c'est sur ses fondements que l'imprévision fait encore (et toujours) polémique, n'est-il pas souhaitable de démontrer l'existence d'un droit commun de l'imprévision justifiée sur la base d'un fondement commun ? Ce fondement doit être commun en ce qu'il doit justifier à la fois la révision pour imprévision en droit public des contrats et en droit privé des obligations lorsqu'elle y sera définitivement admise. Mais il serait souhaitable que ce fondement commun soit aussi satisfaisant pour justifier la théorie des sujétions exceptionnelles également. C'est alors l'interprétation rigoriste que reçoit la force obligatoire des conventions en droit privé qui alimente le débat et met en échec la réception de la théorie de l'imprévision, c'est-à-dire aussi l'unification de ses régimes au sein du droit national des contrats. Or, il demeure en revanche possible de constater que « la distance ne cesse de s'accroître entre une théorie classique des contrats qui ne reflète plus les valeurs juridiques contemporaines et une conception utilitariste du contrat imprégnée de considérations économiques. Les postulats fondamentaux de la théorie volontariste, à savoir l'égalité entre les parties contractantes et l'opposition d'intérêts en tant que facteur de réalisation d'une convention équilibrée sont largement démentis »[1332].

[1331] S. Nadaud, *Op. cit.*, p. 143, n° 194.

[1332] S. Le Gac Pech, Thèse *précitée*, p. 281.

Après l'observation des convergences réciproques, l'étude du droit européen comparé des contrats et la perspective d'unification du droit des contrats impulsée par le droit de l'UE, tout porte à croire que la conception marginalisée du principe de la force obligatoire en droit privé n'est plus soutenable. « Sacralisée de façon absolue par la doctrine comme par le juge civil, sa critique prend l'ampleur d'un débat passionné en droit privé où la force des reproches qui lui sont adressés est à la hauteur de rayonnement qu'elle y a connu »[1333]. En ce sens, la frontière entre le droit public et le droit privé en matière d'imprévision s'érode nécessairement au point que l'opposition des régimes n'est plus « irréductible »[1334] comme autrefois, elle est désormais dogmatique. Ainsi la remise en question du dogme de la volonté comme fondement du contrat[1335] sert à l'évidence la réception de la théorie de l'imprévision en droit des contrats. Il est en définitive concevable de tendre vers la recherche d'un fondement unique de la théorie de l'imprévision (Chapitre 1).

Plus encore, le dogme de la volonté cède sous la pression des intérêts économiques en jeu dans les contrats. L'essor de l'économie libérale de laquelle résulte la conception affairiste du contrat ne saurait être ignoré en droit contractuel. Comme l'économie irrigue en substance l'ensemble des activités publiques et privées, elle imprègne *a fortiori* la matière contractuelle. L'économie libérale sous-tend dès lors la contractualisation de droit public et de droit privé et plus largement l'ensemble du processus contractuel. Aussi le risque économique anormal est-il le même tant dans un contrat de droit public que dans un contrat de droit privé. Et comme la pratique des affaires nécessite une certaine cohérence juridique, elle tend à rendre perméable la frontière droit public-droit privé. La rationalisation des régimes de l'imprévision se conçoit donc au travers de l'économie. La

---

[1333] M. Ubaud Bergeron, Thèse *précitée*, p. 433.

[1334] F. Llorens, Thèse *précitée*, p. 283.

[1335] E. Gounot, *Le principe de l'autonomie de la volonté en droit privé : contribution à l'étude critique de l'individualisme juridique*, *Op. cit.* ; M. Planiol, G. Ripert, *Traité pratique de droit civil français – Obligations*, t. VI, , 2ème éd., LGDJ, 1952, p. 19 et s., n° 14 et s. ; J. Ghestin, « L'utile et le juste dans les contrats », *Arch. phil. dr.*, t. 26, 1981, p. 35 ; H. et L. Mazeaud, J. Mazeaud et F. Chabas, *Leçons de droit civil – Obligations*, *Op. cit.*, p. 101 et s. ; J. Flour, J.-L. Aubert, *Droit civil – Les obligations*, *Op. cit.*, p. 60 et s., n° 94 et s.

théorie de l'imprévision est une théorie libérale qui s'inscrit dans la réalité économique. En cela, elle procède d'un véritable pragmatisme juridique. Ainsi, semble poindre l'émergence d'une doctrine nouvelle en France en adéquation avec la finalité éminemment économique de la théorie de l'imprévision, fondée sur l'analyse économique du contrat[1336] et s'opposant frontalement avec son analyse classique fondée sur l'autonomie de la volonté. Est alors concevable le pilotage et la coordination des politiques jurisprudentielles (Chapitre 2).

[1336] L'analyse économique du droit – et du contrat – provient de la tradition juridique de la *Common Law*. Sous l'impulsion de la doctrine libérale américaine, spécifiquement de l'Ecole de Chicago avec Gary Becker ou Richard Posner, l'*Economic Analysis of Law* ou *Law and economics* a considérablement influencé les traditions juridiques civilistes européennes, particulièrement celle de droit germanique. Cette approche libérale du droit a émergé en France, sous la plume du Professeur Georges Ripert notamment, et connaît actuellement un succès grandissant. Il s'agit d'un mouvement qui dépasse le cloisonnement des disciplines juridiques et qui propose d'étudier le droit sous l'angle de la science économique.

CHAPITRE 1
A LA RECHERCHE DU FONDEMENT UNIQUE DE LA THEORIE DE L'IMPREVISION

La recherche du fondement unique de la théorie de l'imprévision en droit des contrats demeure un point focal de l'analyse. Il participe en effet de la recherche d'une entente entre le droit public et le droit privé des contrats et permet par là-même de mettre un terme à un débat doctrinal qui dure depuis près d'un siècle et qui semble même avoir toujours existé. Ce débat pourrait à défaut se perpétuer à l'infini.

Nous l'avons vu, c'est sur les fondements de la théorie de l'imprévision que le droit des contrats administratifs et le droit privé des obligations s'affrontent. Ce fut d'ailleurs tout l'objet de la première partie de la présente étude. Mais aucun des fondements proposés par la doctrine n'a suffi à justifier la théorie en droit des contrats. Le fondement tiré de la continuité du service public, constamment mis en avant, n'a contribué en tout état de cause qu'à éloigner la théorie du droit commun des contrats alors même qu'elle est partout admise dans d'autres législations civiles. C'est que le fondement réside dans une autre considération dénuée de toute spécificité administrative. Sur quel fondement le juge administratif fonde-t-il la révision du contrat pour imprévision ? Qu'est-ce qui justifie alors la mise en œuvre de la théorie en droit des contrats ? Dans une situation d'imprévision, seul est *a priori* manifeste le préjudice économique anormalement grave du contractant lésé. C'est ainsi la considération de ce que l'une des parties subit un dommage anormal et spécial d'une gravité exceptionnelle qui anime le juge administratif. Si aucun préjudice grave n'était immédiatement constaté par le juge, l'imprévision ne saurait être légitimement appliquée. Le juge qui cherche à faire l'économie d'une intervention dans le contrat ne mettra la théorie en œuvre que si le préjudice le justifie. Encore faudra-t-il que ce préjudice soit anormalement grave. Il est fort heureusement rare que le contractant subisse un préjudice d'une telle gravité. C'est aussi la raison pour laquelle la théorie de l'imprévision est une « théorie exceptionnelle »[1337], ce qui explique aussi qu'elle se fonde sur une explication exceptionnelle.

[1337] G. Jèze, *Les principes généraux du droit administratif*, *Op. cit.*, p. 503.

Le préjudice anormalement grave est le seul fondement des théories de l'imprévisible, les sujétions exceptionnelles étant justifiées, nous l'avons vu, par le caractère de l' « anormale gravité »[1338]. Il s'agit d'un préjudice économique exceptionnel d'une telle gravité qu'il nécessite un traitement juridictionnel. Or, le préjudice économique imprévisible ou anormalement grave n'est pas spécifique à l'exécution du contrat administratif. Il survient sans considération pour la nature du contrat qui, publique ou privée, importe donc peu dans la réalisation du préjudice anormal. C'est donc bien qu'un tel fondement dépasse l'opposition droit public-droit privé et témoigne de ce que l'imprévision, spécifique en soi par le mécanisme qu'elle instruit, est loin de constituer une spécificité du droit public des contrats.

Le principe de la force obligatoire des conventions constitue le fondement du rejet de l'imprévision en droit privé des obligations. Le fait que la théorie transgresse le principe est le principal argument qui lui est opposé par la doctrine civiliste. Aussi convient-il de démontrer que l'imprévision ne méconnaît pas la force obligatoire, pas plus qu'elle n'en constitue sa limite. La force obligatoire du contrat en situation d'imprévision perdure, encore qu'il faille en adopter une conception souple. Le principe de la force obligatoire se conçoit alors comme un vecteur de convergence (Section 1).

Le préjudice anormal constitue le fondement commun de la théorie de l'imprévision. Il est à ce titre constitué par des critères objectifs, le dépassement du prix-limite et la déception des attentes légitimes (Section 2).

Section 1. Le principe de la force obligatoire comme vecteur de convergence

La force obligatoire du contrat ne reçoit pas l'interprétation qu'elle devrait. *A priori*, elle s'articule en droit privé des contrats avec l'intangibilité des obligations[1339], ce qui au fond ne correspond plus aujourd'hui à la réalité économique des pratiques contractuelles.

[1338] Voir *supra*, p. 203 et s.

[1339] Voir *supra*, p. 115 et s.

Partant, le dogme de la volonté décline au profit d'une conception « finaliste »[1340] ou « utilitariste »[1341] du contrat fondée sur l'analyse économique.

L'acception administrativiste, très pragmatique, de la force obligatoire est susceptible de stimuler la flexibilité du contrat. En ce sens, elle demeure exactement en lien avec la vision utilitariste actuelle du contrat qui sous-tend la pratique des affaires. Aussi, la dégénérescence de l'autonomie de la volonté participe de la convergence du droit privé vers le droit public au titre de l'interprétation de la force obligatoire. Le pragmatisme en vertu duquel l'interprétation de la force obligatoire s'opère en droit des contrats administratifs, inspire le renouvellement de la conception civiliste du contrat. Le principe de la force obligatoire fait désormais l'objet d'une interprétation plus souple.

A ce titre, la force obligatoire du contrat ne cesse pas du fait de la survenance de l'état d'imprévision. Le but en vertu duquel les parties se sont engagées dans la voie contractuelle, persiste malgré la situation exceptionnelle et si, l'exécution de l'une des obligations devient excessivement onéreuse sous l'effet d'un changement de circonstances imprévisible, il n'en demeure pas moins qu'elle est toujours susceptible d'être matériellement exécutée. Ainsi, la théorie de l'imprévision s'articule-t-elle correctement avec le principe de la force obligatoire, encore que l'autonomie de la volonté doive être nécessairement relativisée. « Ce qui doit avoir force obligatoire, c'est le contrat voulu par les parties »[1342]. Ce qui constitue une certitude, c'est que les contractants n'auraient pas conclu le contrat en ces termes si, à l'avance, ils avaient pu raisonnablement prévoir le changement de circonstances. Dès lors, comme le but contractuel perdure, que l'exécution du contrat est encore possible, et que seule l'obligation ne s'exécute plus dans des conditions normales, la force obligatoire implique que la relation contractuelle soit strictement maintenue.

[1340] M. Ubaud Bergeron, Thèse *précitée*, p. 431 et s.

[1341] S. Le Gac Pech, Thèse *précitée*, p. 281.

[1342] R. Cabrillac, *Op. cit.*, n° 124.

L'indemnité d'imprévision témoigne de ce que le maintien de la relation contractuelle revêt une dimension fondamentale. Elle est temporairement versée pour permettre à la partie lésée de surmonter les difficultés exceptionnelles de sorte que soit conservée la continuité du contrat. La finalité de l'indemnité est donc éminemment économique puisqu'elle contribue à sauvegarder l'activité économique en cause (I).

Il est actuellement concevable de tendre vers une conciliation de la révision du contrat et de la force obligatoire. Le dogme de la volonté n'est plus soutenable si bien que l'acception administrativiste de la force obligatoire constitue désormais un vecteur de convergence pour une partie de la doctrine civiliste (II).

I/ La dimension fondamentale du maintien de la relation contractuelle

Le contrat est obligatoire. En situation d'imprévision, il perdure parce que l'exécution des obligations est toujours matériellement possible. Seul l'intérêt de l'un des contractants est fondamentalement altéré mais il peut continuer à exécuter l'obligation qu'il a contractée, ce qui distingue l'imprévision de la force majeure. Aussi, la théorie de l'imprévision suscite une considération fondamentale pour le maintien de la relation contractuelle. Le contrat persiste – et cette persistance doit demeurer jusqu'au terme du contrat – tout comme la raison de ce pour quoi les parties ont contracté. Le contenu obligationnel en revanche a été bouleversé au point que le cocontractant subisse un préjudice anormalement grave. L'obligation le conduit à la ruine si bien qu'il perd tout intérêt dans son exécution. Pour autant, la force obligatoire du contrat continue d'exister. En effet, puisque l'équilibre contractuel se fonde sur la définition d'obligations réciproques entendues selon un rapport raisonnable de proportionnalité et fixées en vue d'atteindre un but commun, l'altération d'une donnée de l'équation ne suffit donc pas à éteindre la force obligatoire du rapport d'obligations. Puisque l'opération contractuelle est encore concevable, le but commun des parties devra nécessairement être atteint et ce, en vertu du principe de la force obligatoire.

L'indemnité d'imprévision sert alors, en tout état de cause, la continuité du contrat et non pas seulement la continuité du service public[1343]. Et, c'est bien en cela que l'amalgame s'est créé depuis l'arrêt *Gaz de Bordeaux*. Pourtant, plus que la continuité du service public, la théorie de l'imprévision permet de maintenir, d'une manière générale, l'activité économique, en atteste l'étude du droit européen comparé des contrats[1344]. Alors, ne vaut-il mieux pas une révision « raisonnable » du contrat plutôt qu'une résiliation ? Le contrat serait ainsi préservé, ce qui profite non seulement aux contractants mais aussi au développement économique et, par là-même, à la société toute entière. Aussi, l'indemnité d'imprévision participe du principe de la force obligatoire puisqu'elle permet aux contractants de mener le contrat jusqu'à son terme[1345], et, *a fortiori*, d'achever l'opération contractuelle génératrice de profits réciproques et partant, de satisfaire la raison d'être profonde de ce que pour quoi elles s'étaient engagées.

Cette considération témoigne ainsi de l'existence d'une tension prégnante du principe de continuité et du principe d'adaptabilité. Le réaménagement des termes du contrat vise en somme la conservation du lien contractuel et l'intérêt de la théorie de l'imprévision tient donc à l'évidence, à la sécurisation des relations économiques. Le droit des contrats administratifs mesure toute la dimension de l'opportunité économique d'une telle théorie, peut-être de façon plus importante puisque l'intérêt général sous-tend toujours de près ou de loin le

[1343] L'arrêt *Gaz de Bordeaux* mettait en jeu le fonctionnement du service public dont la continuité était en effet menacée. Toutefois, il a été démontré que l'application de l'imprévision avait été étendue à d'autres types de contrats administratifs, tels que les marchés de travaux publics pour lesquels l'idée de service public n'est pas significative. Or, le juge administratif comme le juge judiciaire, a bien opté pour la continuité des travaux. C'est dire si l'imprévision vise plus largement la continuité de l'activité économique. Il convient en outre de noter que Charles-Edouard Bucher témoigne de l'importance que revêt en droit des contrats privés « la continuité d'une activité » au regard des considérations économiques contenues dans les contrats (Thèse *précitée*, p. 400 et spéc. p. 408 et s.).

[1344] En raisonnant à partir de l'étude comparée des législations civiles européennes (voir *supra*, p. 391 et s.), l'on peut légitimement admettre que la théorie de l'imprévision ne tend pas vers la continuité du service public mais plus vers la continuité de l'activité en cause puisque la révision judiciaire pour imprévision ne procède, dans les droits positifs étrangers, ni du service public ni même de l'intérêt général qui ne sont pas des notions civilistes.

[1345] Certes, dans des conditions différentes. Nous verrons que les attentes légitimes justifient un déplacement de la force obligatoire. Voir *infra*, p. 553.

processus de contractualisation[1346]. Or, la considération de l'opportunité économique n'est pas l'apanage des seuls contrats administratifs et si le droit privé des obligations continue pour le moment à l'ignorer, fondant son interprétation sur le dogme de la volonté[1347] en ce qui concerne la prise en compte du changement exceptionnel de circonstances, rappelons qu'il fait droit de cité à la théorie des sujétions imprévues. En ce sens, il n'ignore pas la tension de l'adaptabilité et de la continuité du contrat. Le juge judiciaire adapte les stipulations du marché en vue d'assurer la continuité des travaux[1348], ce qui demeure au fond bien plus profitable pour les contractants. Du reste, la génération d'un profit économique par la réalisation de l'entreprise contractuelle est également bénéfique à la société.

L'adaptabilité du contrat[1349] se met donc au service de sa continuité dans le temps car il vaut mieux que le contrat aboutisse à un résultat profitable à l'économie toute entière plutôt qu'il ne soit résilié : puisqu'en cela, il constituerait une perte de gain tant pour les contractants que pour la société et le développement des relations économiques. Cette considération est en définitive capitale en ce sens qu'elle permet de mener le contrat jusqu'à son terme, au regard du principe de la force obligatoire qui ne réside pas dans la cristallisation des obligations – ou dans l'intangibilité des obligations préalablement convenues[1350] – mais plus dans l'objectif éminemment économique d'aboutir à la concrétisation du contrat. La finalité qui sous-tend

[1346] Lorsque l'administration contracte, l'on ne peut nier qu'elle vise la satisfaction d'un intérêt général qui passe immanquablement par la mise en jeu d'activités économiques. Dès lors, l'économie sous-tend la réalisation des missions d'intérêt général.

[1347] Voir *supra*, p. 105 et s.

[1348] Voir *supra*, p. 172 et s.

[1349] Le principe de l'adaptabilité est par définition analogue au principe de la mutabilité. Or, nous avons vu que la mutabilité ne participait pas de la théorie de l'imprévision (voir *supra*, p. 65 et s.). Aussi l'adaptabilité doit ici s'entendre comme le principe qui concourt à l'adaptation du contrat aux nouvelles circonstances et qui préserve la continuité de la relation économique.

[1350] Voir *supra*, p. 115 et s.

l'octroi de l'indemnité d'imprévision est donc, bel et bien, celle de la continuité de l'activité économique.

C'est d'ailleurs ce que les commentateurs de l'arrêt *Gaz de Bordeaux* laissaient déjà entendre en arguant qu'une « interprétation raisonnable » [1351] du contrat au service d'une « révision raisonnable »[1352] valait mieux que sa résiliation, précisément parce que la révision permet d'accomplir l'exécution de l'obligation en cause jusqu'à son terme, ce qui, d'un point de vue purement économique, est bien plus bénéfique qu'une résiliation du contrat. Rappelons à ce titre que la résiliation n'est profitable ni au débiteur ni même au créancier, pas plus qu'à l'économie toute entière. Si le contrat est résilié avant son terme, le créancier devra forcément rechercher un nouveau partenaire pour achever les travaux, pour continuer la fourniture d'un service ou tout simplement pour se procurer des marchandises. Du reste, le débiteur subit une perte économique excessive qui ne sera pas réparée. Comme le processus contractuel soutient l'épanouissement du marché national et, de ce fait, européen, l'économie n'en sort pas moins spoliée. Que vaut-il mieux, que le contrat soit adapté aux nouvelles circonstances, notamment parce que sa force obligatoire perdure – le but en vue duquel les parties ont contracté, persiste, l'exécution étant toujours matériellement possible, elle est seulement devenue excessivement onéreuse – ou qu'il soit annulé pour l'avenir ? C'est alors l'utilité sociale du contrat qui est de nature à permettre au juge de choisir objectivement la bonne formule au cas d'espèce. Cette notion est bien plus économique qu'on ne le pense[1353]. Le Professeur Jean Magnan de Bornier en a déjà livré une acception opportune[1354]. Toutefois, l'utilité

[1351] Chardenet, Concl. *précitées*, p. 446. Le Commissaire du Gouvernement évoque également « l'interprétation saine du contrat » (p. 133). Voir également : A. de Laubadère, *Contrats, Op. cit.*, p. 128 ; Y. Gaudemet, *Op. cit.*, p. 715, n° 1492.

[1352] J. Flour, J.-L. Aubert, E. Savaux, *Droit civil. Les obligations, Op. cit.,*, n° 410, p. 388.

[1353] En doctrine, l'utilité sociale est souvent rattachée à la notion d'utilité publique et, par voie de conséquence, à l'intérêt général plus largement. C'est d'ailleurs de ces préceptes que le Professeur Jean Magnan de Bornier part pour élaborer sa théorie de l'utilité sociale comme fondement de l'imprévision.

[1354] « La question devra donc, à nos yeux, se poser de la manière suivante : *un engagement a été pris ; en principe, il doit être intégralement et strictement* sociale n'est pas le fondement de la théorie de l'imprévision[1355]. Dans une vision pragmatique du contrat, l'utilité sociale est susceptible d'une conception renouvelée permettant au juge d'apprécier de manière objective la viabilité du contrat en considération de la nature de l'activité économique en cause. Telle activité est-elle utile à la société ? Dans la théorie des contrats administratifs, la préservation du lien contractuel est primordiale puisque l'activité économique en cause sert, de près ou de loin, la réalisation d'une mission d'intérêt général. Autant dire que l'activité est utile à la société.

Or, en droit des contrats privés, la nature de l'activité peut aussi justifier d'assurer la continuité du contrat[1356]. L'utilité sociale qu'elle revêt devrait donc conduire le juge à préférer soit la révision, soit la résiliation. S'il choisit la voie de la révision du contrat[1357], encore faudra-t-il qu'il veille à ne pas produire de l'insécurité juridique. La question qui se pose est alors celle de savoir si l'octroi de l'indemnité ne sera pas une charge trop importante dans le patrimoine économique du créancier. Il ne s'agit pas non plus que l'aide apportée par le

---

exécuté ; mais, lorsque des circonstances extérieures viennent apporter à l'équilibre de la convention un trouble considérable, ou même simplement sensible, est-il utile à la société que l'une des parties subisse une perte injuste et que la convention soit intégralement maintenue ou, au contraire, que l'équilibre soit rétabli dans les prestations des contractants et que la convention soit modifiée ? Qu'est-ce donc qui est utile à la société ? Que l'activité économique de ses membres soit aussi intense que possible et que leurs chances de perte soient aussi minimes que possible. Il faut donc chercher à établir un équilibre entre les chances de gain et les chances de perte, et il nous semble que l'admission de l'imprévisibilité comme cause de résolution ou de modification des contrats permette de réaliser, dans une certaine mesure, cet équilibre » (Thèse *précitée*, p. 131 et 132).

[1355] Voir *supra*, p. 83 et s.

[1356] Voir également : C.-E. Bucher, Thèse *précitée*, p. 400, spéc. p. 408.

[1357] Si on prend l'exemple d'un contrat d'entreprise dont l'objet est la construction d'un supermarché en zone rurale. La survenance d'une situation exceptionnelle, telle d'importantes chutes de neige – imaginons qu'aucune police d'assurance n'est été souscrite en ce sens – est susceptible de détruire en partie le chantier, par exemple la charpente de la structure. Les travaux n'en devraient pas moins continuer d'être exécutés au regard de l'utilité sociale que revêt le contrat non seulement du point de vue de la nécessité de continuer le contrat mais aussi du point de vue de l'importance de l'activité de distribution commerciale en cause. La révision du contrat permettra donc de maintenir sa continuité pendant la situation anormale.

créancier soit de nature à le conduire, par la suite, à la ruine. C'est au juge que revient de faire le choix[1358] de l'indemnité d'imprévision ou de la résiliation par une balance des intérêts économiques en présence. Or, il convient de noter à ce titre qu'une spécificité s'impose selon que l'on se place sous l'angle du droit public ou du droit privé. L'administration a *a priori* une capacité financière nettement supérieure à celle des personnes privées, ce qui justifie au fond une ouverture plus grande des cas de résiliation[1359] en droit privé contractuel. La faculté de résiliation du contrat en situation d'imprévision doit être plus étendue lorsqu'il engage deux partenaires privés. La recherche de l'utilité sociale du contrat se fonde dès lors sur une « interprétation raisonnable » en vertu de laquelle le juge peut tenir compte de considérations d'équité.

L'utilité sociale de l'activité économique justifie en définitive que soit maintenue ou pas la relation contractuelle jusqu'au terme du contrat. La tension du principe de l'adaptabilité et du principe de la continuité procède, en tout état de cause, d'une appréciation objective de l'utilité sociale du contrat en cause.

La considération de ce que le cocontractant a l'obligation de poursuivre l'exécution de sa prestation, aussi onéreuse soit-elle devenue, témoigne aussi de la dimension fondamentale que revêt le

---

[1358] Cette observation ne vaut qu'en cas d'échec des renégociations car les parties peuvent également choisir au moment où elles engagent de nouvelles discussions de mettre fin à leur engagement d'un commun accord, voire de procéder à une révision conventionnelle du contrat.

[1359] Tandis que dans la théorie générale des contrats administratifs, seule la révision est prévue et ce n'est que si le bouleversement de l'économie du contrat est définitif que la résiliation sera envisagée, l'étude comparée des législations civiles européennes et internationales témoignent de ce que l'ouverture d'un droit de résiliation du contrat est généralisée relativement aux contrats conclus entre personnes privées. La résiliation du contrat est une faculté au même titre que la révision. Pour résumer, le droit public contractuel prévoit la révision et, de manière éventuelle, la résiliation du contrat. En droit privé contractuel, la révision et la résiliation du contrat sont admises au même titre. D'ailleurs, en analysant les codes civils nationaux, le futur droit commun européen de la vente, et avant les Principes du droit européen des contrats, la Convention sur la vente internationale de marchandises, et les Principes Unidroit, tous prévoient une faculté de résiliation égale à celle de la révision.

maintien de la relation contractuelle. L'état d'imprévision ne libère pas la partie lésée de son obligation, notamment parce que le but en vue duquel elle a contracté, perdure. Celle-ci n'est pas même libérée pendant la tenue des renégociations[1360] et c'est là un principe constant imposé par le juge administratif. « La règle signifie d'abord que le *contrat subsiste*, malgré les événements économiques, indépendants de la volonté des parties et imprévisibles. Le contractant reste juridiquement lié par le contrat »[1361]. Cette considération distingue de manière fondamentale l'imprévision de la force majeure[1362]. Le contrat est alors susceptible d'être exécuté, l'obligation est simplement devenue onéreuse à l'excès. La relation économique doit être préservée et le cocontractant lésé qui décide de suspendre l'exécution du contrat sera non seulement susceptible d'encourir des sanctions contractuelles, mais il ne sera plus fondé également à réclamer le bénéfice de l'indemnité d'imprévision. En situation d'imprévision, « l'obligation d'exécuter ne fait aucun doute et s'explique d'autant plus aisément que le but même de la théorie de l'imprévision est précisément (...) de permettre d'assurer la continuité »[1363] du contrat.

La théorie de l'imprévision présente un caractère temporaire[1364]. A ce titre, elle permet seulement de garantir une exécution « utile » de

---

[1360] La conduite des nouvelles discussions n'a pas pour effet en droit des contrats administratifs de suspendre l'exécution des obligations. Ainsi la théorie de l'imprévision n'a pas vocation à délier, même provisoirement, le cocontractant lésé de son engagement. Il n'est donc pas nécessaire de s'interroger sur le « sort » du contrat – comme le fait la doctrine civiliste (voir : J. Ghestin, Ch. Jamin, M. Billiau, *Op. cit.*, n° 319 ; L. Thibierge, Thèse *précitée*, p. 462, n° 818) pendant les renégociations puisqu'il est clair que son exécution perdure. Il convient en outre de rappeler que la clause de *hardship* peut prévoir que soit suspendue l'exécution des obligations pendant la conduite des renégociations (voir *supra*, p. 260).

[1361] G. Jèze, *Les principes généraux du droit administratif, Op. cit.,* p. 478 et 479.

[1362] La force majeure procède de l'impossibilité absolue d'exécuter le contrat. Aussi, le but contractuel s'éteint, car « à l'impossible, nul n'est tenu ».

[1363] A. de Laubadère, *Contrats*, *Op. cit.*, p. 115, n° 989. A noter que le Professeur mentionne « la continuité du service » public et non pas celle du contrat.

[1364] J.-C. Ricci, *Op. cit.*, n° 398 ; R. Chapus, *Op. cit.*, n° 1388 ; J. Antoine, *Op. cit.*, *RFDA* 2004, p. 80 ; C. Debbasch, F. Colin, *Op. cit.*, p. 493 ; Y. Gaudemet, *Op. cit.*, p. 716, n° 1492 (3°) ; A. de Laubadère, *Ibid.*, p. 129, n° 1003 ; G. Jèze, *Ibid.*, p. 531.

l'obligation litigieuse. Elle n'a pas vocation à permettre au cocontractant lésé de générer un profit mais seulement de l'aider à surmonter le préjudice anormalement grave, mais provisoire, qu'engendre la situation extracontractuelle. L'indemnité d'imprévision est alors nécessairement temporaire en ce qu'elle cesse d'exister de plein droit lorsque la situation contractuelle redevient normale[1365]. Or, la force obligatoire devrait-elle s'éteindre définitivement par la résiliation du contrat, si la situation exceptionnelle n'est que provisoire ? La réponse négative s'impose car le contrat est obligatoire et s'il peut être sauvé il doit perdurer, quitte à procéder à une révision de ses stipulations. Aussi, « dès que le péril est passé, le contrat reprend toute sa force (...) »[1366]. « Ainsi la théorie de l'imprévision a toujours été considérée comme permettant un *modus vivendi* provisoire destiné à aider le cocontractant à sortir d'un mauvais pas, à franchir une passe difficile »[1367].

Les théories de l'imprévisible ne constituent pas, dès lors, une violation du principe de la force obligatoire. Aussi est-il possible d'envisager une conciliation de la révision du contrat et de la force obligatoire qu'il revêt.

[1365] Le Commissaire du Gouvernement Chardenet soulignait déjà, sous l'arrêt *Gaz de Bordeaux*, l'importance de ce que les difficultés imprévisibles générées par la situation extracontractuelle devaient être nécessairement temporaires. Aussi, l'indemnité d'imprévision ne sert qu'à couvrir la situation anormale « seulement au cours de la période transitoire » et n'est versée que « tant que durera la situation anormale ». (...) « Une fois la période de difficultés passée, on reviendra à l'exécution normale du contrat » (Concl. *précitées*, p. 133 et s). Voir également l'analyse du Professeur André de Laubadère pour qui « l'état d'imprévision constitue une situation temporaire et le versement par l'administration à son cocontractant d'indemnités d'imprévision ne saurait se prolonger indéfiniment » (*Op. cit.*, n° 1003). Il convient en outre de noter que si le bouleversement de l'économie du contrat est définitif, il y a force majeure, ce qui entraîne la résiliation du contrat (CE, Ass., 9 décembre 1932, *Compagnie des tramways de Cherbourg*, *précité* ; CE, 14 juin 2000, *Commune de Staffelfelden*, *Rec.*, p. 227, *LPA*, 8 décembre 2000, p. 14, note L. Jegouzo-Viénot).

[1366] G. Jèze, *Op. cit.*, p. 531 et 532.

[1367] A. de Laubadère, *Ibid.*, p. 129, n° 1003.

II/ VERS UNE CONCILIATION DE LA REVISION DU CONTRAT ET DE LA FORCE OBLIGATOIRE

La force obligatoire du contrat envisagée sous l'angle de l'intangibilité des obligations n'est actuellement plus soutenable[1368]. Nous partageons l'idée du Professeur Marion Ubaud Bergeron selon laquelle « la portée exacte de l'article 1134 alinéa 1er du code civil a été exagérée, cet article étant plus empreint d'équité que d'immutabilité, et la doctrine civiliste elle-même revient du dogme du volontarisme »[1369]. Nombreuse est dès lors la littérature en la matière[1370]. Le Professeur Pascal Ancel a par exemple souligné l'importance de ce que l'effet obligatoire du contrat se distingue fondamentalement de son contenu obligationnel, afin de démontrer que la force obligatoire du contrat peut exister alors même que le contenu de ses obligations aurait été modifié[1371]. Aussi tenterons-nous

---

[1368] Voir *supra*, p. 115 et s.

[1369] Thèse *précitée*, p. 457.

[1370] Par exemple : D. Mazeaud, « La réduction des obligations contractuelles », *in* dossier spécial « Que reste-t-il de l'intangibilité du contrat ? », *Droit et patrimoine*, n° 58, 1998, p. 41 ; C. Jamin, « Révision et intangibilité du contrat, ou la double philosophie de l'article 1134 du Code civil », *in* dossier spécial « Que reste-t-il de l'intangibilité du contrat ? », *Droit et patrimoine*, n° 58, 1998, p. 52 ; S. Le Gac Pech, Thèse *précitée*, p. 281 ; J.-P. Chazal, « De la signification du mot loi dans l'article 1134 alinéa 1er du code civil », *RTD civ.* 2001, p. 265 ; H. Lécuyer, « Redéfinir la force obligatoire du contrat ? », *LPA* 1998, n° 54, p. 44.

[1371] P. Ancel, « Force obligatoire et contenu obligationnel du contrat », *RTD. civ.*, n° 4, 1999, p. 771, n° 45. Le Professeur part de l'analyse de Hans Kelsen pour démontrer qu'il est envisageable de dissocier la force obligatoire et le contenu obligationnel et proposer une vision renouvelée du contrat et du principe de la force obligatoire. Dans la *Théorie pure du droit*, Hans Kelsen remet en cause l'autonomie de la volonté comme fondement du contrat. Il explique que « en instituant l'acte juridique comme fait créateur du droit, l'ordre juridique habilite les sujets de droit à régler leurs relations réciproques, dans le cadre des normes juridiques générales créées par législation ou par coutume, au moyen de normes qui sont créées par voie d'acte juridique ». Et d'ajouter que « dans un contrat les parties contractantes conviennent qu'elles devront se conduire l'une à l'égard de l'autre d'une certaine façon. Ce devoir, ce Sollen, est la signification subjective de l'acte juridique. Mais il a aussi sa signification objective. C'est-à-dire que cet acte est un fait créateur de normes juridiques si et en tant que l'ordre juridique confère à ce fait cette qualité ; et il lui confère cette qualité en faisant de l'accomplissement du fait-acte juridique suivi d'une conduite contraire à l'acte, la condition d'une sanction civile. Ces de démontrer à partir de cette analyse que la révision du contrat pour imprévision s'articule correctement avec le principe de la force obligatoire, un peu comme cela a été fait en matière de mutabilité contractuelle[1372]. En effet la modification, qu'elle soit unilatérale et qu'elle procède par là-même du principe de la mutabilité, ou qu'elle soit générée par une situation imprévisible, tend, au fond, à préserver la force obligatoire du contrat, non pas sur la base des mêmes considérations[1373]. Or, la force obligatoire du contrat subsiste quoique son contenu obligationnel se soit trouvé modifié. Ainsi, l'une des obligations peut être modifiée sous l'effet d'un changement exceptionnel des circonstances et comme, « à vrai dire, l'équation financière reste intacte »[1374], cette modification ne sera pas, non plus, de nature à affecter la force obligatoire du contrat.

---

normes créées par acte juridique ne sont pas des normes juridiques autonomes, se suffisant à elles-mêmes (…) elles ne sont autonomes, complètes, que si on les combine avec les normes juridiques générales qui prévoient la sanction » (traduit par C. Eisenmann, LGDJ, 2ème éd., 1999, p. 255). C'est dès lors en partant du postulat selon lequel le contrat est un acte normatif que le Professeur Pascal Ancel propose son analyse de la force obligatoire conforme à une vision renouvelée du contrat. En ce sens, il convient de noter que le droit privé converge vers droit public pour admettre une acception plus moderne de la force obligatoire en se fondant sur des études publicistes qui, jusque-là, semblaient quelque peu dédaignées par la doctrine civiliste.

[1372] M. Ubaud Bergeron, Thèse *précitée*, p. 431 et s. Aussi n'est-il pas illégitime de tenter de transposer l'analyse du Professeur Marion Ubaud Bergeron en matière de mutabilité à la révision du contrat pour imprévision. Il convient toutefois de rappeler que la mutabilité ne s'intègre pas à la spécificité du mécanisme de l'imprévision (voir *supra*, p. 65 et s.).

[1373] La préservation de la force obligatoire en cas de mutabilité du contrat tient à ce que la partie lésée a droit au rétablissement de l'équilibre contractuel, ce qui n'est pas le cas en matière d'imprévision (voir *supra*, p. 65 et s.). C'est alors l'intangibilité de l'équilibre contractuel qui justifie la force obligatoire du contrat. Selon le Professeur Marion Ubaud Bergeron, « l'effet obligatoire en droit administratif n'est pas assuré par l'immutabilité absolue de chacune des obligations mais par celle de l'équilibre contractuel » (Thèse *précitée*, p. 458).

[1374] G. Vedel, P. Delvolvé, *Op. cit.*, p. 423.

A la manière de la mutabilité contractuelle, « la force obligatoire du contrat n'est pas affaiblie mais seulement déplacée »[1375]. Aussi, la considération de ce que la force obligatoire opère un déplacement en cas de modification ou de résiliation unilatérale peut être transposée nécessairement à la révision du contrat pour imprévision. En situation d'imprévision, la force obligatoire du contrat se déplace en effet au regard de la protection des attentes légitimes des parties[1376]. Si on prend l'exemple de la théorie des sujétions imprévues, la force obligatoire du marché de travaux perdure tandis que son exécution est frappée par la rencontre de sujétions imprévisibles. Le but en vertu duquel les parties ont contracté, continue d'exister. Ce ne sont dès lors que les moyens pour l'atteindre qui ont changé au regard des nouvelles circonstances, l'exécution des obligations étant simplement devenue onéreuse à l'excès. Aussi, ce à quoi les parties pouvaient légitimement s'attendre lors de la formation du marché a changé de manière radicale au cours de l'exécution. Les attentes légitimes nées de la conclusion sont alors déçues au regard des nouvelles circonstances. Si elles avaient pu raisonnablement prévoir à l'avance les effets de la survenance d'un tel événement, elles auraient forcément contracté en d'autres termes. De ce fait, lorsque les circonstances de la conclusion changent, les attentes légitimes des parties doivent nécessairement évoluer en même temps que l'effet obligatoire du contrat. En cela, la déception des attentes légitimes entraîne donc un déplacement de la force obligatoire. D'ailleurs, lorsque la révision est conventionnelle, c'est-à-dire qu'elle est librement consentie par les parties lors de renégociations amiables, la

---

[1375] M. Ubaud Bergeron, Thèse *précitée*, p. 458. Le Professeur se fonde sur l'analyse produite par le Professeur Laurent Richer, en matière de résiliation unilatérale, aux termes de laquelle « en fin de compte, on peut peut-être considérer que l'existence du pouvoir de résiliation unilatérale ne compromet pas la force obligatoire du contrat, mais qu'elle a pour effet d'en déplacer le point d'application. La résiliation entraîne la disparition pour l'avenir des droits et obligations résultant du contrat, mais elle est impuissante à faire disparaître la valeur économique représentée par ce contrat ». Si même la résiliation du contrat est susceptible de préserver la force obligatoire, il semble alors concevable que la révision des stipulations contractuelles, qui est moins grave que la résiliation, est *a fortiori* censée elle-aussi préserver la force obligatoire du contrat.

[1376] Nous verrons que les attentes légitimes participent du fondement de la théorie de l'imprévision. Voir *infra*, p. 553 et s.

force obligatoire du contrat ne se déplace-t-elle pas naturellement, sans qu'il ne soit rien trouvé à redire. La force obligatoire se déplace en fonction de la modification de l'obligation sans pour autant que ne soit troublée l'équation financière sur laquelle repose le contrat.

N'est-ce d'ailleurs pas à cette considération que l'on doit, en droit des contrats privés, l'obligation de sécurité ? Rien ne permet de penser le contraire puisque le juge a préféré opter pour une interprétation « complétive » du contrat, ajoutant en dehors de toute stipulation du contrat une obligation à la charge de l'une des parties. Est-ce dire, comme on a pu le lire, que le juge a attenté à la force obligatoire en procédant à un « forçage du contrat »[1377] – en droit public nous aurions eu plutôt tendance à évoquer à ce titre la « révision raisonnable ». Force est de constater que la force obligatoire n'a pas été en définitive ignorée et tout porte à croire qu'elle s'est seulement déplacée au regard des attentes légitimes du voyageur. L'obligation de sécurité ne s'inscrit donc pas en violation du principe de la force obligatoire – celle-ci n'a pas cessé d'exister du fait de la modification du contrat – si bien que c'est l'interprétation fondée sur le dogme de la volonté qu'une partie de la doctrine civiliste fait de l'article 1134 alinéa 1er qui est faussement soutenue. Même si l'obligation de sécurité n'a pas été expressément stipulée, il est logique d'affirmer que le voyageur s'attendait légitimement à arriver à destination sain et sauf et cette attente légitime, quoiqu'implicitement formulée, doit être satisfaite en vertu de la force obligatoire du contrat.

La force obligatoire du contrat n'est pas garantie par l'intangibilité de ses obligations mais plus par la persistance du but contractuel, et pour reprendre le terme du Professeur René Demogue, par « la souveraineté du but »[1378] à atteindre qui, pour lui, n'est autre que l'intérêt général. En situation d'imprévision, la force obligatoire joue un rôle régulateur. Ainsi, l'effet obligatoire du contrat procède de ce que le but contractuel continue d'exister, si bien que la modification de l'obligation n'affecte pas sa force obligatoire. Il s'agit donc ici d'opérer une interprétation souple de la force obligatoire, voire une

---

[1377] Voir *supra*, p. 122, note 273, p. 149, note 359, p. 216, note 539 et p. 279.

[1378] R. Demogue, « Des modifications au contrat par volonté unilatérale », *RTD civ.* 1907, p. 245.

interprétation pragmatique, puisque la force obligatoire contraint l'administration à préserver les attentes légitimes du cocontractant et, de ce fait, à verser une indemnité d'imprévision. De même, en droit commun des contrats, le débiteur de l'obligation de sécurité est contraint de dédommager le voyageur blessé pendant le transport. L'interprétation du principe de la force obligatoire se doit d'être, dans ces situations exceptionnelles, sinon raisonnable – puisque ce critère suscite encore la controverse[1379] – du moins pragmatique. L'interprétation juridictionnelle de la force obligatoire doit être adaptée à la réalité de la situation exceptionnelle, notamment parce qu'il s'agit d'apporter un traitement équitable au préjudice anormalement grave du contractant lésé.

L'incompatibilité *a priori* apparente de la révision du contrat et de la force obligatoire s'explique par le fait que le contrat se conçoit selon le dogme de l'autonomie de la volonté. La montée en puissance de la conception finaliste du contrat résulte, de ce fait, d'une dénégation de l'intangibilité des obligations au bénéfice d'une flexibilité contractuelle plus grande. Ainsi, comme l'a remarqué Sophie Le Gac Pech, « la distance ne cesse de s'accroître entre une théorie classique des contrats qui ne reflète plus les valeurs juridiques contemporaines et une conception utilitariste du contrat imprégnée de considérations économiques. Les postulats fondamentaux de la théorie volontariste, à savoir l'égalité entre les parties contractantes et l'opposition d'intérêts en tant que facteur de réalisation d'une convention équilibrée sont largement démentis »[1380]. Aussi est-il concevable de dire que la méconnaissance du principe de l'intangibilité des obligations ne porte pas atteinte à la force obligatoire du contrat puisque l'obligatoire doit se distinguer de l'obligationnel[1381]. La révision du contrat n'est donc pas constitutive d'une atteinte à la force obligatoire laquelle procède plus de l'équation financière demeurant « intacte » en situation d'imprévision, que des

---

1379 G. Weiszberg, Thèse *précitée*, n° 578.

1380 Thèse *précitée*, p. 281. Voir également en ce sens : M. Ubaud Bergeron, Thèse *précitée*, p. 431 et s.

1381 P. Ancel, *Op. cit.*, p. 771, n° 2.

obligations qu'il contient. Une idée analogue est également exprimée dans la thèse du Professeur Marion Ubaud Bergeron[1382].

SECTION 2. LE PREJUDICE ANORMAL COMME FONDEMENT COMMUN DE LA THEORIE DE L'IMPREVISION

Au risque de nous attirer les foudres d'une partie de la doctrine administrativiste, qu'il nous soit permis d'affirmer que la théorie de l'imprévision n'est pas une « originalité »[1383] du droit des contrats administratifs. Si le mécanisme qu'elle instruit est spécifique, elle est loin en revanche d'être spécifique à la théorie générale des contrats administratifs. Elle se fonde communément sur le préjudice anormalement grave[1384] du contractant lésé. En effet, si le juge choisit de s'immiscer dans la relation contractuelle en déclenchant la révision du contrat pour imprévision, c'est qu'il accorde dès lors une considération fondamentale au préjudice anormal et spécial dont la gravité justifie qu'il fasse l'objet d'un traitement juridictionnel. La situation est fort heureusement rare, ce qui explique que la théorie de l'imprévision est « une théorie exceptionnelle »[1385] et, de fait, parcimonieusement mise en application par le juge du contrat. En cela, la révision judiciaire du contrat pour imprévision est applicable tant en droit public des contrats qu'en droit privé des obligations. Dans une situation d'imprévision, le préjudice est nécessairement anormal[1386].

Le fondement tiré du préjudice anormal est un fondement commun de sorte qu'il peut tout à la fois justifier l'imprévision – ou plus

---

[1382] « Ne cédant rien à son intensité, la force obligatoire n'est pas atteinte par la mutabilité car elle n'est pas dirigée vers chacune des obligations prises isolément et figées par elle mais vers la somme de ces droits et obligations que constitue le contrat » (Thèse *précitée*, p. 455).

[1383] A. de Laubadère, *Traité de droit administratif*, *Op. cit.*, p. 838, n° 1073 ; *Contrats*, p. 76, n° 951 et p. 82, n° 953; F.-P. Benoit, « Les faits imprévus », *Op. cit.*, n° 1108 ; L. Richer, *Op. cit.*, n° 489 ; A. de Laubadère, *Contrats*, *Op. cit.*, p. 76, n° 951 (4°) ; F. Llorens, Thèse *précitée*, p. 287 ; G. Jèze, *Op. cit.*, p. 465 et s. ; G. Péquignot, Thèse *précitée*, p. 503.

[1384] A rapp. de l'analyse des sujétions imprévisibles (voir *supra*, p. 203 et s.).

[1385] G. Jèze, *Les principes généraux du droit administratif*, *Op. cit.*, p. 503.

[1386] Voir par exemple : G. Jèze, *Ibid.*, p. 526 ; L. Vidal, Thèse *précitée*, p. 281.

justement les théories de l'imprévisible[1387] – en droit public des contrats comme en droit privé[1388]. En ce sens, il est un fondement unique qui transcende la *summa divisio*.

Les parties ne pouvaient légitimement anticiper dans leurs prévisions la survenance de l'aléa extraordinaire et de ce fait, le dommage résultant de l'exécution anormale du contrat et qui n'était pas raisonnablement prévisible. Dès lors, le préjudice anormal comme fondement commun de la théorie de l'imprévision est bel et bien extracontractuel. Si on raisonne à partir de la définition du dommage contractuel, un peu comme cela se fait en droit anglais[1389], l'on peut considérer que, comme le dommage anormal ne s'intègre pas aux prévisions des parties, il est hors du contrat, c'est-à-dire extracontractuel. Et si le préjudice n'était pas anormalement grave, il n'y aurait donc pas lieu pour le juge du contrat de déclencher le jeu de l'imprévision. Ce fondement est alors constitué par la réunion de deux critères objectifs : le dépassement du prix-limite, et plus généralement l'atteinte à la proportionnalité du contrat, et la déception des attentes légitimes des parties. Ces deux critères fondent le caractère de l'anormale gravité qui fait défaut à la théorie de l'imprévision[1390] à la différence de son homologue dans les marchés de travaux, la théorie des sujétions imprévisibles. Le préjudice anormalement grave est alors objectivement établi lorsque ces deux critères sont réunis. Susceptibles de faire l'objet d'une appréciation objective juridictionnelle, ils participent du principe plus général de sécurité

[1387] Rappelons qu'il s'agit de la théorie de l'imprévision et de la théorie des sujétions imprévues.

[1388] Le préjudice anormal fait par exemple l'objet d'une attention particulière du juge en matière de changement des circonstances du fait de la rencontre de sujétions exceptionnelles. Le Professeur Corinne Samson explique à juste titre qu'il justifie l'application de la théorie des sujétions imprévues en droit privé des marchés de travaux (*Op. cit.*, p. 7). Voir également *supra*, p. 203 et s.

[1389] Voir en ce sens : P. Lokiec, *Op. cit.*, p. 321 : « La démarche du juriste de *common law* oblige à prendre comme point de départ de la réflexion, non la force obligatoire du contrat mais la définition du dommage contractuel. C'est parce que les juges mesurent les dommages et intérêts à l'aune des attentes des contractants que cette notion est devenue l'une des notions cardinales des droits anglais et américain du contrat ».

[1390] Voir *supra*, p. 203 et s.

juridique, favorable à la stabilité du contrat – considération qui vaut, d'ailleurs, autant en droit public des contrats qu'en droit privé. Dès lors, ces deux critères résultent des principes de proportionnalité et de la confiance légitime dont la visée est éminemment économique.

L'application par le juge de la théorie de l'imprévision n'est concevable que si le prix-limite est dépassé et si les attentes des contractants sont profondément déçues. A défaut, il ne serait même pas question d'imprévision. Le dépassement du prix-limite, en ce qu'il fait naître une situation extracontractuelle, constitue donc le critère fonctionnel du préjudice anormal (I).

La déception des attentes légitimes constitue dès lors le critère organique du préjudice anormal (II).

I/ LE PRIX-LIMITE, CRITERE FONCTIONNEL DE MISE EN ŒUVRE DE LA THEORIE DE L'IMPREVISION

Le prix-limite constitue, lorsqu'il est dépassé, le seuil d'imprévision[1391] et permet, en cela, de déterminer « le point de départ de la période extracontractuelle »[1392]. Il correspond à ce titre, à « la marge de hausse éventuelle dont le cocontractant aurait dû tenir compte comme d'un risque normal »[1393]. Ainsi jusqu'à son dépassement, « la question de l'imprévision ne se pose même pas »[1394]. C'est un principe constant en droit des contrats administratifs.

Le Conseil d'Etat a ainsi fait de la notion de prix-limite une caractéristique essentielle de l'imprévision. Dans l'arrêt *Commune de Tursac*, il estime que « la hausse des prix n'a pas dépassé la limite de celles que les parties pouvaient envisager ; dans ces conditions, aucune indemnité d'imprévision ne saurait être allouée »[1395]. Dans

---

[1391] Voir *infra*, p. 578 et s.

[1392] G. Jèze, *Les principes généraux du droit administratif*, *Op. cit.*, p. 512 et s. ; A. de Laubadère, *Op. cit.*, p. 107, n° 980 ; Y. Gaudemet, *Op. cit.*, p. 715, n° 1491.

[1393] Y. Gaudemet, *Ibid.*, p. 715, n° 1491.

[1394] G. Jèze, *Ibid.*, p. 512. Voir également en ce sens : J. Antoine, *Op. cit.*, p. 80.

[1395] CE, 3 janvier 1936, *Commune de Tursac*, *Rec.*, p. 6.

l'arrêt *Gaz de Brive*, il évoque « la limite extrême des majorations que les parties avaient pu prévoir »[1396]. En somme, lorsque les parties concluent un contrat, elles fixent un prix au regard des circonstances économiques de l'époque et doivent, du reste, avoir anticipé les éventuelles variations de ce prix susceptibles de se produire postérieurement. C'est alors ce qui correspond à la part de l'aléa normal censé exister dans n'importe quel contrat. « Il y a donc lieu de se demander jusqu'où le contractant a pu normalement envisager des variations futures de prix ; c'est seulement lorsque les hausses ainsi prévisibles seront dépassées que l'imprévision pourra jouer »[1397]. Si ce critère est décisif dans la théorie de l'imprévision, c'est qu'il permet de « savoir s'il y a ou non imprévision ; ce prix est une sorte de question préalable qui ouvre ou ferme la procédure de compensation ; il doit être dépassé pour que le droit à indemnité puisse naître »[1398]. Il participe à l'évidence du fondement de l'imprévision puisque c'est seulement à partir de son dépassement, synonyme de préjudice anormal, que la situation extracontractuelle, qui caractérise la théorie, va débuter. Il participe également du caractère extracontractuel du fondement de l'imprévision en ce sens qu'il permet de fixer le point de départ de la situation extracontractuelle et contribue au calcul du montant de la charge extracontractuelle. Le dépassement du prix-limite est en définitive, le catalyseur objectif de l'état d'imprévision.

Perçu tantôt comme une condition de la théorie de l'imprévision[1399] tantôt comme son fondement unique[1400], le dépassement du prix-limite participe à l'évidence de l'imprévision mais seulement au titre de la constitution du préjudice anormal, fondement dont il constitue l'une des composantes objectives. Selon l'analyse du Professeur Jean

---

[1396] CE, 8 août 1924, *Société d'éclairage de Brive*, *Rec.*, p. 818 ; CE, 9 décembre 1932, *Cie des Tramways de Cherbourg, précité*.

[1397] A. de Laubadère, *Op. cit.*, p. 107, n° 980

[1398] R. Alibert, *L'imprévision dans les concessions de service public. L'évolution des faits et l'adaptation de la théorie depuis 1916*, éd. JCl., 1924, p. 15.

[1399] A. de Laubadère, *Contrats*, *Ibid.*, p. 107, n° 980, note 22.

[1400] J. Antoine, *Op. cit.*, p. 80.

Magnan de Bornier, le prix-limite constitue l'« élément objectif »[1401] du contrat. En somme, « nul ne peut savoir exactement ce que seront ces variations au moment où le contrat est conclu ; mais ce que les contractants savent, c'est que ces variations existeront et que, selon toutes probabilités, elles ne dépasseront pas une certaine amplitude que l'étude du temps passé peut à peu près faire connaître ; ils tiennent donc compte de l'amplitude prévisible de ces variations pour établir un prix qu'ils estiment devoir être avantageux pour chacun, et le prix ainsi établi, est très généralement un juste-prix »[1402]. Calculer le prix-limite procède donc d'une réelle complexité si bien que « très ordinairement, le juge du contrat *qui* n'est pas capable de faire ces calculs lui-même, nommera des experts »[1403].

S'en remettre à l'expertise participe en conséquence de l'appréciation objective opérée par le juge[1404]. Comme la détermination du prix-limite dépend de nombreux facteurs économiques, le juge, conscient de manquer de compétences en la matière, confie à des experts le soin d'établir des évaluations fiables sur la base desquelles il procèdera à une appréciation objective du prix-limite. Le Conseil d'Etat a clairement défini dans l'arrêt *Ville de Saint-Omer* la mission des experts considérant qu' « ils effectueront une ventilation de l'ensemble des charges de la Société (...) à l'effet de déterminer celles qui sont afférentes à l'exécution du contrat conclu par la dite Société et la Ville. Ils rechercheront si ces charges se sont, du fait des conséquences économiques de la guerre, aggravées (...) dans une proportion excédant celle que les parties avaient pu prévoir à

[1401] Thèse *précitée*, p. 109 et s. Aux termes de l'analyse, le contrat est, en somme, formé par la réunion d'un élément subjectif, la volonté des contractants et d'un élément objectif, le « juste-prix ».

[1402] J. Magnan de Bornier, Thèse *précitée*, p. 119.

[1403] G. Jèze, *Op. cit.*, p. 518. Voir également en ce sens : A. de Laubadère, *Op. cit.*, p. 107, n° 980 ; L. Vidal, Thèse précitée, p. 280 et s. Laurent Vidal souligne qu' « il est peu de liberté pour tout dire que le Conseil d'Etat se soit autorisé avec les éléments qui entrent dans le calcul du prix de revient » (Thèse *précitée*, p. 307).

[1404] Il convient toutefois de souligner que l'expertise ordonnée par le juge doit être « utile ». Voir en ce sens : A. Claeys, « Le juge commet une erreur de droit en ordonnant une mesure d'expertise inutile au regard de ses propres pouvoirs d'instruction », *JCP A* 2012, n° 37, p. 23.

cette date. Dans l'affirmative, ils détermineront si ce dépassement des charges prévisibles a eu pour effet (...) de rendre l'exploitation déficitaire ou d'aggraver le déficit imputable aux aléas normaux de l'entreprise, compte tenu des créances de la Société non encore recouvrées par elle (...) »[1405]. L'expertise permet donc d'apprécier objectivement le contenu du prix-limite, ce qui de ce fait contribue à forger une appréciation juridictionnelle objective du contrat. C'est une idée analogue que le Professeur André de Laubadère a exprimé en soulignant que « la détermination du prix-limite constitue dans chaque cas d'espèce une estimation technique que le juge confie naturellement à des experts, consistant dans une recherche rétrospective de ce que les parties pouvaient, au moment du contrat, envisager comme possible dans l'avenir (...) l'appréciation du prix-limite est une question d'espèce »[1406].

La théorie du prix-limite a été remarquablement développée par le Conseil d'Etat qui en fait l'un des piliers de la jurisprudence relative à l'imprévision. A ce titre, il constitue le premier facteur objectif de la théorie. Toutefois cette considération nous renvoie à la notion quelque peu ancienne de « juste-prix » élaborée par Saint Thomas d'Aquin au XIIIème siècle et dont la teneur[1407] est aujourd'hui controversée en

---

1405 CE, 2 novembre 1927, *Ville de Saint-Omer*, *Rec.*, p. 999.

1406 A. de Laubadère, *Op. cit.*, p. 107, n° 980.

1407 Suivant la pensée d'Aristote, Saint Thomas d'Aquin part de la distinction entre la justice commutative et la justice distributive afin d'élaborer une théorie du juste-prix : « il y a justice appelée commutative, qui règle les achats, ventes ou échanges : cette justice, on le conçoit, n'existe pas en Dieu : *quis prior dedit illi*, et *retribuetur ei* ? Une autre justice, appelée distributive, consiste à rendre à chacun ce qui lui est dû : telle est la justice d'un gouverneur de province, d'un homme chargé de distribuer les biens communs » (*Somme téléologique*, question 21). Ce qui est juste doit dès lors résider dans la justice commutative. Pour lui, la théorie du juste-prix repose sur l'idée d'un équilibre des prestations entendu selon « une stricte équivalence arithmétique » (L. Thibierge, Thèse *précitée*, n° 129). Ainsi définit-il le juste-prix : « l'achat et la vente peuvent en certaines circonstances tourner à l'avantage d'une partie et au détriment de l'autre ; par exemple, quand quelqu'un a grandement besoin d'une chose et que le vendeur subisse un préjudice s'il s'en défait. Dans ce cas, le juste prix devra être établi non seulement d'après la valeur de la chose vendue, mais proportionné au préjudice que le vendeur subit du fait de la vente. On pourra alors vendre une chose plus qu'elle ne vaut en elle-même, bien qu'elle ne soit pas vendue plus qu'elle ne vaut pour celui qui la possède » (*Somme téléologique*, question 77).

doctrine. Cette notion qui participe de la théorie du « juste et de l'utile »[1408], ne semble pas pouvoir correctement s'intégrer à la conception affairiste du contrat[1409]. Si, « depuis toujours, le juge administratif est profondément attaché à cette idée empreinte de justice commutative qu'est l'équilibre contractuel »[1410], il n'en demeure pas moins que le « juste-prix » continue d'être contesté par la doctrine civiliste[1411]. Loin de vouloir prendre part à ce débat qui, au fond, demeure stérile, il convient de remarquer que la théorie du prix-limite telle qu'élaborée par le Conseil d'Etat, et qui provient certes des

---

1408 La théorie du juste et de l'utile s'est forgée en réaction au dogme de l'autonomie de la volonté. Sans dénier l'importance de la valeur subjective de l'échange de consentements, une partie de la doctrine civiliste a élaboré la théorie du juste et de l'utile aux termes de laquelle « le contrat a force obligatoire parce qu'il est utile et à la condition qu'il soit juste ». Selon le Professeur Jacques Ghestin, la révision du contrat pour imprévision serait justifiée par « la recherche d'un équilibre entre le juste et l'utile » : « *la révision ou la résiliation du contrat consécutive à un déséquilibre économique des prestations doit être certainement admise si l'injustice qu'elle crée rend le contrat inutile ou risque de le privé de son utilité sociale* ». (J. Ghestin, *Op. cit.*, n° 346, p. 408 ; *Traité de droit civil, La formation du contrat*, LGDJ, 3ème éd., 1993, n° 266 et s. ; « L'utile et le juste dans les contrats », *Arch. phil. dr.*, t. 26, 1981, p. 35 ; *D.* 1982, p. 1, chron.). Par ailleurs, se fondant sur l'analyse de Pierre Voirin, les Professeurs Jacques Flour, Jean-Louis Aubert et Eric Savaux se sont interrogés sur la révision du contrat pour imprévision : « la révision est-elle *moralement juste* ; est-elle *économiquement utile* ? (…) Ce n'est certes pas un idéal moral que de contraindre un débiteur – au motif qu'il doit tenir sa promesse ou celle d'un de ses lointains auteurs – à exécuter ses obligations aux conditions contenues trente ans ou trois siècles plus tôt » (*Droit civil. Les obligations, Op. cit.*, n° 409, p. 388). Dans ce courant de pensées doctrinales qui accorde une attention particulière à la justice commutative, le juste et l'utile deviennent ainsi des « principes directeurs du contrat » pour reprendre l'expression du Professeur Jacques Ghestin. Le contrat n'obéit plus aux principes du juste et de l'utile au cas d'un bouleversement économique des prestations réciproques.

1409 La justice commutative de laquelle découle la théorie du juste et de l'utile semble avoir été mise en échec par le développement de l'économie libérale. Il est alors reproché à cette théorie d'être empreinte de considérations idéologiques en inadéquation avec les pratiques actuelles du monde des affaires.

1410 M. Ubaud Bergeron, Thèse *précitée*, p. 458. Il convient en outre de noter que le contrat de droit public contient dès sa conclusion un « déséquilibre en pouvoir » (L. Vidal, Thèse *précitée*, p. 30) puisqu'il établit une relation entre une administration qui détient des pouvoirs exorbitants du droit commun et un partenaire de droit privé (voir *supra*, p. 92, note 194).

1411 Voir la démonstration de Louis Thibierge (Thèse *précitée*, p. 431 et s., n° 776).

préceptes thomistes, s'intègre parfaitement à la vie actuelle des affaires et à la pratique des contrats[1412].

Aussi, devons-nous trouver un substitut adéquat à la notion de « juste-prix » qui serait susceptible d'accorder les divers points de vue doctrinaux. La proportionnalité semble être ce parfait substitut, non seulement en conformité avec la conception européenne du contrat mais en accord également avec la réalité économique et juridique. D'ailleurs, lorsque le prix-limite est dépassé, n'est-ce pas que le contrat s'exécute hors de toute proportion ? C'est évident. La proportionnalité est prégnante en matière d'imprévision, déjà parce qu'elle est étroitement liée à la recherche d'un équilibre mais surtout, parce que le constat de la disproportion suppose le dépassement d'une limite. C'est donc dire si le prix-limite s'incorpore opportunément dans la notion de proportionnalité du contrat qui, au demeurant, contente chacun des points de vue, principalement ceux de la doctrine civiliste dont une partie accorde une attention désormais particulière pour la recherche de l'équilibre du contrat en cours d'exécution[1413].

[1412] Il ne saurait être légitimement défendu l'hypothèse selon laquelle la notion de prix-limite serait incompatible avec le monde des affaires. La considération de ce que la théorie administrativiste de l'imprévision – qui, on ne saurait le nier, se fonde sur les valeurs de la justice commutative – a largement servi de modèle non seulement au législateur européen dans une perspective d'unification des législations civiles européennes – qui, rappelons-le admettent généralement l'imprévision en droit privé (voir *supra*, p. 393 et s.) – mais également à la pratique des contrats du commerce international (voir *supra*, p. 350 et s., spéc. p. 384, note 935), en témoigne. Sinon on ne comprendrait pas bien que le droit civil commun européen des contrats admette l'imprévision telle que le juge administratif l'a imaginée, c'est-à-dire en intégrant la notion de prix-limite. Cela irait manifestement à l'encontre du développement économique du marché intérieur, socle de l'UE. Si la théorie thomiste du juste-prix semble actuellement désuète, le développement de la notion de prix-limite par le Conseil d'Etat s'est fait au regard de la réalité économique et juridique. La tendance du juge administratif est le plus souvent d'agir en vertu de la justice commutative. Aussi, le prix-limite qu'il recherche en matière d'imprévision sert le rééquilibrage du contrat et demeure dès lors en adéquation avec la conception actuelle des affaires.

[1413] J.-J. Barbiéri, *Vers un nouvel équilibre contractuel ? Recherche d'un nouvel équilibre des prestations dans la formation et l'exécution du contrat*, Thèse Toulouse, 1981 ; L. Fin-Langer, *L'équilibre contractuel*, LGDJ, Bibl. dr. pr., t. 336, 2002 ; S. Le Gac Pech, Thèse *précitée* ; A. Bénabent, « L'équilibre contractuel, une liberté contrôlée », *LPA* 1998, p. 14.

L'association du prix-limite et de la quête de proportionnalité n'est pas, en revanche, innovante. Elle procède en effet de ce que le Commissaire du Gouvernement Chardenet, exprimait, déjà, dans ses conclusions[1414]. Elle a été du reste reprise par la doctrine administrativiste dans l'étude de la théorie de l'imprévision[1415]. C'est bien que la notion de proportionnalité peut objectivement constituer la traduction moderne de ce que l'on a appelé « le dépassement du prix-limite ». En effet, d'abord, elle a une visée économique puisqu'elle concerne le prix du contrat principalement, et ensuite, comme elle implique la recherche d'un point de départ à la disproportion, elle se traduit dès lors par l'examen du prix-limite.

Si le prix-limite constitue le critère fonctionnel de l'application de l'imprévision, il convient néanmoins de ne pas ignorer les critiques de la doctrine civiliste. La proportionnalité connaît actuellement une période favorable en droit privé, particulièrement favorisée par les circonstances de la crise économique et financière. Louis Thibierge souligne à juste titre que la « mise au rebut de la théorie du juste prix n'emporte pas pour autant acceptation des disproportions les plus flagrantes »[1416].

Le critère du prix-limite ne suffit pas à lui-seul à constituer le préjudice anormal. Mais, associé à la déception des attentes légitimes des parties, ils permettent de justifier de manière opportune la théorie de l'imprévision sur le fondement du préjudice anormalement grave.

II/ Les attentes legitimes, critere organique de mise en œuvre de la theorie de l'imprevision

Les attentes légitimes constituent le critère organique de la mise en œuvre de la théorie de l'imprévision précisément parce que leur déception en cours d'exécution du contrat dérive de la situation

---

[1414] Le Commissaire du Gouvernement souligne que « si cette hausse n'a pas excédé d'une manière très sensible celle envisagée par les parties, le concessionnaire devra la supporter ; au contraire, si elle l'a excédé dans des proportions considérables, le concessionnaire ne doit pas la supporter (…) » (Concl. *précitées*, p. 133 et 138).

[1415] Voir par exemple : J. Magnan de Bornier, Thèse *précitée*, p.103 et s. ; G. Jèze, *Op. cit.*, p. 514.

[1416] Thèse *précitée*, p. 432, n° 776.

extracontractuelle. Si les attentes des parties n'étaient pas profondément déçues il ne serait pas question non plus d'appliquer l'imprévision[1417]. Pour reprendre l'expression du Commissaire du gouvernement, « on est hors du contrat »[1418] si bien que les attentes légitimes des contractants sont inévitablement lésées. L'exécution du contrat en situation d'imprévision n'a plus rien à voir avec ce à quoi les parties pouvaient légitimement s'attendre au moment de sa conclusion. En effet, lors de la signature, les parties ne pouvaient légitimement s'attendre à « devoir faire face à une situation nouvelle qui est en dehors des dispositions du contrat »[1419]. Car il s'agit bien d'une situation nouvelle au regard de laquelle les attentes légitimes ont bien du mal à s'intégrer. L'exécution du contrat est en effet complètement différente de celle qui avait pu être prévue dans le contexte initial de la signature si bien qu'il est patent de constater que « le contrat actuel n'a pas été conçu et conclu en vue de circonstances telles que celles qui se déroulent »[1420]. D'ailleurs, si l'on admet que les attentes légitimes se déduisent du contrat – et non pas de la volonté – à la lecture de ses stipulations, le juge peut objectivement déceler ce qu'elles étaient initialement, quoique même implicitement formulées.

L'exemple le plus topique est celui de la solution *Gaz de Bordeaux*. Ainsi, lors de la conclusion du contrat, les parties ont fixé en fonction de la conjoncture contemporaine les conditions d'exécution de leurs obligations respectives. Or, puisque leurs prévisions ont été bouleversées par l'effet d'un changement exceptionnel de circonstances – en l'occurrence, la hausse imprévisible du prix des matières premières – au point qu'elles ne correspondent plus en rien aux circonstances initiales censées régir le contrat, les parties ne seront plus en mesure de voir se concrétiser les attentes qu'elles pensaient retirer de l'opération contractuelle. Aussi convient-il de se demander quelles ont été les attentes légitimes des parties dans un contrat de concession. En confiant la satisfaction d'une mission d'intérêt général à un partenaire de droit privé, l'administration

[1417] A rapp. de la citation de Gaston Jèze : voir *supra*, p. 547, note 1394.

[1418] Concl. *précitées*, p. 133.

[1419] Chardenet, Concl. *précitées*, p. 142.

[1420] Chardenet, Concl. *précitées*, p. 141.

s'attend légitimement à ce que le fonctionnement du service public soit continu. L'attente légitime du cocontractant réside en contrepartie dans l'espérance de générer un profit de l'exécution du service public – du moins de ne pas subir un préjudice anormalement grave. L'état d'imprévision du contrat de concession fait naître une profonde déception dans le chef de chacune des parties. En effet, du moment que le contexte initial de la conclusion du contrat a radicalement changé, les attentes légitimes, et du créancier et du débiteur, ne peuvent qu'être déçues.

Par une interprétation objective du contenu des obligations, le juge va devoir déterminer les attentes que les parties peuvent légitimement avoir eu au regard de l'entreprise contractuelle. Encore qu'il faille que les attentes des parties soient légitimes. Toutes ne sont pas de nature à faire l'objet d'une considération juridictionnelle[1421]. Ainsi, « c'est grâce à ce qualificatif que la notion peut devenir juridique »[1422]. Et le juge sera dès lors mis en mesure de procéder à une appréciation objective des attentes légitimes des parties[1423]. A n'en pas douter, la légitimité de l'attente du débiteur découle non seulement de la nature même du contrat de concession - le concessionnaire se voit attribuer la charge de fournir un service pour le compte d'une administration, en contre partie de quoi il percevra une redevance directement prélevée sur les usagers - mais également de ce qu'il ne pouvait raisonnablement envisager s'exposer à un risque d'exécution anormalement grave. En effet, l'effort au prix duquel le débiteur doit exécuter son obligation devenue excessivement onéreuse qui ne correspond plus à ce qu'il pouvait légitimement attendre de l'opération contractuelle. L'administration ne peut l'ignorer puisqu'elle n'a pas ignoré lors de la conclusion du contrat les attentes objectives profondes de son débiteur.

[1421] Voir en ce sens : H. Aubry, *Op. cit.*, p. 631 et s.

[1422] H. Aubry, *Ibid*, p. 632. Et le Professeur d'ajouter : « Il convient alors de déterminer ce que l'on doit entendre par « légitime ». Le terme « légitime » s'applique à « tout acte, toute attitude, tout sentiment, toute parole (toute attente) dont le sujet est considéré comme étant à cet égard dans son bon droit » ».

[1423] Voir *supra*, p. 477 et s.

Est-elle légitime à demander la poursuite de l'obligation en l'état ? La négative semble s'imposer. Si la légitimité de l'attente de l'administration réside dans la continuité du service public, objet du contrat, elle ne saurait pour autant avoir des attentes exagérées. Elle peut attendre du cocontractant qu'il exécute ses obligations avec toute la diligence qu'impose la participation à une mission d'intérêt général. Elle « ne peut en revanche attendre de lui qu'il décroche la lune, vainque l'invincible ou déplace des montagnes : la légitimité des attentes prohibe l'espoir de comportements « surhumains » »[1424]. La tenue de renégociations de bonne foi doit alors s'imposer et, si elles échouent, cela ne veut pas forcément dire que les parties ont été de mauvaise foi. Le créancier peut avoir par exemple proposé une modification du prix en toute bonne foi sans que celle-ci soit ni acceptée ni acceptable pour le débiteur au regard de la perte qu'il subit. C'est alors au juge que revient le pouvoir exceptionnel de régler le litige en recherchant ce que les parties auraient raisonnablement décidé lors de la conclusion du contrat si elles avaient pu préalablement tenir compte de l'événement imprévisible.

Les attentes légitimes des contractants naissent lors de la conclusion du contrat. C'est alors sur la base d'éléments objectifs connus pendant la phase précontractuelle que les parties fondent leurs attentes légitimes. Elles sont générées par l'environnement socio-économique de la conclusion du contrat. Elles peuvent être explicitement formulées comme elles peuvent ne pas l'être. Or, même implicitement formulées, les parties connaissent *a priori* en s'engageant dans la voie contractuelle, les attentes respectives de chacune et la conclusion du contrat est d'ailleurs révélatrice de ce qu'aucune des parties ne s'est opposée aux attentes de l'autre. En ce sens, le risque anormal qu'engendrent les théories de l'imprévisible trouble profondément les attentes légitimes des parties, non seulement celles du créancier[1425] mais celles du débiteur également. Le créancier voit ses attentes légitimes déçues par les manquements du débiteur, ce qui n'est pas inconcevable dans la mesure où son

---

[1424] L. Thibierge, Thèse *précitée*, p. 389, n° 698.

[1425] Les attentes légitimes s'étudient le plus souvent sous l'angle de celles du créancier au motif que sa confiance naît lorsque le débiteur s'engage à satisfaire ses attentes. Voir *supra*, p. 477 et s.

obligation est devenue excessivement onéreuse – et le débiteur voit ses attentes légitimes déçues précisément parce qu'il perd tout intérêt dans l'exécution de son obligation. Il ne pouvait vraisemblablement pas s'attendre à exécuter son obligation dans des conditions absolument nouvelles – ou anormales – c'est-à-dire radicalement différentes de celles qui ont présidé lors de la conclusion du contrat et qui l'ont alors nécessairement conduit à contracter.

Ainsi la situation extracontractuelle ou « péri-contractuelle »[1426] engendre une telle déception des attentes légitimes qu'elle semble pouvoir *a priori* s'apparenter à une véritable « frustration du contrat »[1427]. Lorsque le contrat est frustré, le juge anglais prononce sa résiliation non au regard de la volonté des parties mais bien sur le fondement de la déception des attentes légitimes. C'est d'ailleurs ce que le *Lord* Watson a très justement souligné en expliquant que « l'effet légal de l'imprévision ne dépend pas de leur intention ou opinion, pas davantage de leur connaissance de l'événement (...) mais du sens (...) qu'ils auraient donné à leur contrat, en tant qu'hommes raisonnables et justes, s'ils avaient eu l'événement à l'esprit »[1428]. Dès lors les attentes légitimes ne constituent ni le fondement de la force obligatoire[1429], pas plus qu'elles ne sont propres à intégrer le dogme de la volonté des parties[1430] qui, rappelons-le, est susceptible de

---

[1426] L. Thibierge, Thèse *précitée*, p. 325, n° 558.

[1427] Voir *supra*, p. 408 et s.

[1428] *Dahl v Nelson, Donkin & Co* (1881), *précité*. Voir également, *supra*, p. 413, note 1018.

[1429] Nombreux sont les auteurs qui analysent désormais le principe de la force obligatoire par le truchement de la considération des attentes légitimes. Il a donc été prétendu que « ce qui fonde la force obligatoire, c'est l'attente du créancier, qui ne doit pas être déçue » (J. Carbonnier, *L'évolution contemporaine du droit des contrats*, PUF, 1986, p. 29) ou que « s'il peut y avoir contrat par cela seul qu'il y a confiance nécessaire créée, c'est bien que la promesse n'est obligatoire que parce qu'elle fait naître cette confiance » (E. Lévy, *Op. cit.*, p. 78) ou encore que « le contrat est obligatoire à raison de la confiance légitime du créancier » (L. Thibierge, Thèse *précitée*, p. 389, n° 699). Voir pour une analyse en sens inverse : H. Aubry, *Op. cit.*, p. 646 et s.

[1430] Actuellement la tendance va dans le sens de l'observation selon laquelle les attentes légitimes « constituent l'une *des* déclinaisons *du registre de la volonté* et renvoient à une acception objective de la volonté » (P. Lokiec, *Op. cit.*, p. 321). S'il justifier à peu près n'importe quelle théorie – ou son contraire – sans que cela se fonde sur aucune assise scientifique[1431]. Il faut donc considérer les attentes légitimes comme un critère objectif du contrat qui, manifestement, se dégage du contenu obligationnel. Elles ne sauraient être assimilées à la volonté des parties qui constitue « l'élément subjectif » du contrat et qui, aux termes de l'analyse du Professeur Jean Magnan de Bornier, demeure insusceptible de recours[1432].

En revanche, n'est-ce pas là ce que le Professeur André de Laubadère a appelé jadis « l'intention présumée des parties »[1433] ? Il le semble puisque le juge de l'imprévision recherche ce que les parties auraient raisonnablement et objectivement envisagé si elles avaient su à l'avance qu'un changement de circonstances se produirait. La volonté « présumée » des parties est une notion qui fait polémique en droit des contrats[1434] et bien que le Conseil d'Etat puisse parfois l'admettre au titre de l'interprétation du contrat en situation d'imprévision, il ne semble pas qu'elle soit de nature à rendre compte de manière concluante de toutes les nuances de l'interprétation juridictionnelle. La spécificité de l'interprétation du contrat frappé par une situation imprévisible ne saurait se satisfaire de la recherche d'une intention présumée puisque, en tout état de cause, « on ne peut rien vouloir, dans un sens ou dans l'autre, quant aux conséquences d'un

---

est certes concevable d'opérer une telle analyse, il n'en demeure pas moins que la volonté est désormais une notion galvaudée en droit des contrats privés si bien qu'il n'est pas judicieux d'y incorporer la notion émergente d'attentes légitimes. D'autant que la révision du contrat pour imprévision ne se fonde pas sur la volonté des parties (voir, p. 65) et que la doctrine de l'estoppel souligne très justement la distinction qui existe entre les attentes légitimes et l'intention des parties en matière d'imprévision.

[1431] Voir *supra*, p. 95 et s.

[1432] Thèse *précitée*, p. 106 et s. Voir aussi : J. Ghestin, « Le contrat en tant qu'échange économique », *Rev. d'éco. indus.*, Vol. n° 92, 2000, p. 81 et s.

[1433] A. de Laubadère, *Op. cit.*, n° 897, p. 14.

[1434] En droit public, voir par exemple : F. Llorens, Thèse *précitée*, p. 292 ; L. Vidal, Thèse *précitée*, p. 778 ; en droit privé, voir : J. Ghestin, Ch. Jamin, M. Billiau, *Op. cit.*, p. 402 relativement aux études de : A. Wahl, *S.* 1916, 1, p. 17 ; J. Lartigolle, *Thèse précitée*, p. 113 et s. ; P. Stoffel-Munck, *Op. cit.*, n° 88 et s.

événement que l'on ne prévoit pas »[1435]. En définitive, le juge administratif ne recherche pas ce qu'est l'intention présumée des parties mais plutôt ce que sont leurs attentes légitimes par le truchement d'un examen du contenu obligationnel. Et c'est d'ailleurs ce que préconise aussi l'article 89 du futur règlement commun européen de la vente car « adapter le contrat afin de le mettre en conformité avec ce que les parties auraient raisonnablement convenu au moment de la conclusion du contrat si elles avaient tenu compte du changement de circonstances »[1436] n'est pas sans faire écho à la doctrine de l'estoppel[1437]. Cela témoigne, à l'évidence, de ce que le législateur européen a manifestement fondé la révision judiciaire du contrat frappé par un changement exceptionnel de circonstances, sur la déception des attentes légitimes des parties.

C'est dès lors la déception des attentes légitimes qui justifie que soit réaménagées les stipulations du contrat[1438]. « Frustrer les attentes et intérêts légitimes de chacune des parties revient à nier les avantages qu'elles avaient prévu tirer du contrat et par conséquent à les plonger au cœur de conflits, lieux prédestinés d'insécurité et d'instabilité »[1439]. Il ne saurait par conséquent être prétendu que

---

[1435] J. Flour, J.-L. Aubert, E. Savaux, à propos de l'imprévisibilité de l'événement en cause. C'est précisément parce que les contractants n'ont pu raisonnablement prévoir le changement des circonstances qu'ils ne sauraient vouloir « *ni* le maintien » de leur volonté initiale au moment de la conclusion du contrat, « *ni* la révision du contrat » (*Op. cit.*, n° 408, p. 387). Pour le Professeur Pierre Voirin, cela impliquerait une interprétation de la volonté des parties « qui n'a en réalité jamais existé ». (Thèse *précitée,* p. 131-132).

[1436] Article 89 alinéa 2 (a). Voir également *supra*, p. 459 et s.

[1437] Rappelons que cette doctrine vise le « sens » qu'auraient donné les parties à leurs stipulations contractuelles si elles avaient eu « l'événement à l'esprit ».

[1438] X. Dieux, *Le respect dû aux anticipations légitimes d'autrui*, Bruylant, LGDJ, 1995, n° 65.N'est-ce pas ce que sous-entendait également le Professeur Denis Mazeaud lorsqu'il évoquait, sous l'arrêt Soffimat, que le juge serait, « *via* la théorie de l'imprévision, doté d'un pouvoir exceptionnel pour sauvegarder les intérêts légitimes d'un contractant victime de la fatalité » (« L'arrêt Canal « moins » ? », *Op.cit.*, p. 2481).

[1439] L. Rolland, « Les Principes d'Unidroit et le Code civil du Québec : variations et mutations », *R.J.T.*, n° 36, 2002, p. 583, spéc., p. 602. Accessible en ligne depuis l'adresse :
<https://papyrus.bib.umontreal.ca/jspui/bitstream/1866/1362/3/Les%20principes%20DUNIDROIT.pdf>, consulté le 28 juillet 2012.

« l'attente légitime n'a pas pour fonction de sanctionner le déséquilibre contractuel »[1440]. Bien au contraire, elles tendent à expliquer judicieusement tout le mécanisme de l'imprévision : la révision judiciaire du contrat se doit d'être conforme aux attentes légitimes des parties, décelées au moyen d'une interprétation objective du contrat, en témoigne également l'étude du droit européen comparé des contrats[1441]. Ainsi la déception des attentes légitimes conjuguée au dépassement du prix-limite tendent à constituer le dommage anormal qui fonde la révision judiciaire du contrat pour imprévision. Sans la présence d'un préjudice anormalement grave, la théorie de l'imprévision n'existerait même pas. En France, seul le projet de réforme du Professeur François Terré, dont on dit d'ailleurs qu'il est celui qui s'est le plus inspiré des influences extérieures, s'inscrit dans cette tendance, dépassant par là-même le dogme de la volonté[1442].

1440 H. Aubry, *Op. cit.*, p. 642. Pour une analyse en sens inverse, v. : X. Dieux, *Op. cit.* ; P. Lokiec, *Op. cit.*, p. 321.

1441 Voir *supra*, p. 391 et s.

1442 L'article 92 du projet dispose que le juge « peut adapter le contrat en considération des attentes légitimes des parties ou, y mettre fin à la date et aux conditions qu'il fixe ».

Conclusion du Chapitre 1

L'application de la théorie de l'imprévision se fonde exclusivement sur l'existence d'un dommage gravement anormal[1443] : les attentes légitimes des contractants sont profondément déçues et le prix-limite est amplement dépassé de sorte que le contrat s'exécute hors de toute proportion. Mais la force obligatoire du contrat perdure, nonobstant l'état d'imprévision. Ainsi tombe l'un des principaux arguments qui fondent le rejet de la théorie[1444] en droit privé des obligations. En définitive, la théorie de l'imprévision n'est décidément pas constitutive de la violation du principe de la force obligatoire. Bien au contraire, conformément au principe, la théorie de l'imprévision a vocation à maintenir la relation contractuelle, l'activité économique. L'indemnité d'imprévision contribue dès lors à conduire le contrat jusqu'à son terme - puisque son exécution est toujours matériellement possible - de manière à satisfaire le but contractuel, c'est-à-dire le but commun de ce pour quoi les parties ont conclu le contrat. Ainsi tant que le but contractuel est susceptible d'être atteint, le contrat doit perdurer jusqu'à son terme, aussi onéreuse soit devenue l'obligation en cause. L'indemnité d'imprévision se met donc au service de la pérennité du lien contractuel : il vaut mieux atteindre le but contractuel quitte à financer la charge extracontractuelle, plutôt que laisser la situation contractuelle dégénérer jusqu'à la ruine de l'une des parties. Aussi partageons-nous l'idée selon laquelle « le contrat est perçu comme un ensemble permettant une opération économique. Les obligations ne sont plus que les moyens d'y parvenir. Dans cette optique, la force obligatoire s'attache davantage au but contractuel qu'aux simples moyens de sa réalisation »[1445].

L'anormale gravité du dommage, qui est une caractéristique manifestement apparente, justifie l'application des théories de l'imprévisible. Le dommage est exceptionnel, il doit être réparé et nécessite en conséquence des mesures exceptionnelles. L'atteinte à la proportionnalité des obligations - le dépassement du prix-limite -

---

[1443] A rapp. de l'analyse relative à l'anormale gravité des sujétions exceptionnelles. Voir, *supra*, p. 203 et s.

[1444] Voir *supra*, p. 107 et s.

[1445] L. Thibierge, Thèse *précitée*, p. 387, n° 696.

associée à la déception des attentes légitimes sont les deux critères constitutifs du caractère de l'anormale gravité. Ils procèdent d'une appréciation juridictionnelle objective. D'abord le souci croissant de proportionnalité dépasse le clivage droit public-droit privé et s'impose à la relation contractuelle justement parce que la garantie d'une proportionnalité objective des obligations permet d'éviter l'inexécution du contrat et, par là-même, d'assurer sa pérennité. La déception des attentes légitimes est ensuite caractéristique de la théorie de l'imprévision. Elles sont une notion émergente en droit positif susceptible de connaître un véritable succès à moins qu'elle ne soit mal comprise en doctrine. Il s'agirait de ne pas faire comme avec la notion de volonté des parties c'est-à-dire tenter de lui faire justifier n'importe quelle théorie. En matière d'imprévision, elle a cela d'intéressant qu'elle n'a encore pas été saisie correctement ni par les juridictions qui la dénient[1446] ni par la doctrine qui a déjà tendance à galvauder la notion[1447]. Que ce soit bien clair, les attentes légitimes ne fondent pas la force obligatoire du contrat ni même ne correspondent à la volonté. Si l'on part du principe que les attentes légitimes fondent la force obligatoire du contrat, lorsqu'elles sont déçues, la force obligatoire devrait automatiquement s'affaiblir. Or, nous l'avons vu,

---

[1446] Le principe de confiance légitime duquel dérive la notions d'attentes légitimes est timidement reconnu, et par le Conseil d'Etat et par la Cour de cassation. La crainte de consacrer un principe général relatif au maintien des droits acquis constitue un point commun de la dénégation du principe par les juridictions. Pour autant, la notion d'attentes légitimes n'est pas ignorée mais demeure pour le moment l'objet d'une application juridictionnelle velléitaire. Etant toutes deux d'accord sur le principe, peut-être pourraient-elles admettre communément que la révision du contrat pour imprévision se fonde sur la protection des attentes légitimes des parties.

[1447] La notion d'attentes légitimes fait actuellement l'objet d'une attention particulière en droit privé des contrats (Hormis la doctrine citée dans les développements précédents, voir également : P. Nguihé-Kanté, « La prise en compte des attentes légitimes du cocontractant de droit privé, *Droit prospectif*, 2009, n° 1, p. 317 ; *La confiance en droit privé des contrats* (ouvrage coll.), Dalloz, Coll. « Thèmes et commentaires », 2008). Toutefois, la force du dogme de la volonté, encore bien prégnant dans l'analyse classique du contrat opérée par la doctrine civiliste, entraîne de manière générale les auteurs à rapprocher les attentes légitimes de la volonté des parties qui demeure une notion trop largement galvaudée en droit privé. Si les analyses doctrinales continuent d'amalgamer les deux notions, il est certain que les attentes légitimes connaîtront bientôt le même sort que la volonté. Elles risquent à plus ou moins long terme de devenir un concept dénué de toute assise scientifique, ce qui serait globalement préjudiciable à l'analyse des contrats.

elle ne faiblit pas en cas d'imprévision, elle s'attache au but contractuel et se déplace du fait des nouveaux moyens mis en œuvre pour régler la situation d'imprévision. D'ailleurs la force obligatoire du contrat continue alors même que l'obligation s'est éteinte[1448], ce qui induit une distinction de la force obligatoire et du contenu obligationnel. C'est dire si la théorie, qui implique une exécution encore possible de l'obligation litigieuse, n'attente pas à la force obligatoire - la disparition de l'obligation étant une sanction bien plus grave. Cette considération explique également que le juge puisse appliquer l'imprévision après la fin du contrat[1449]. L'imprévision frappe le contenu obligationnel, à la lecture duquel peuvent être objectivement détectées les attentes légitimes. En outre, il n'est pas opportun d'associer les attentes légitimes à la volonté des parties, d'abord parce que les attentes naissent bien avant l'accord de volontés. Si elles favorisent la volonté de s'engager, qu'elles permettent de concrétiser la conclusion du contrat, cela ne veut pas dire que les notions sont synonymiques. La volonté peut être « déclarée », « présumée », « interne », « objective », « subjective », autant de notions qui la rendent au fond invérifiable. Aussi est-il souhaitable de ne pas y faire entrer la notion d'attentes légitimes. S'il est admis que le juge doit se placer au moment de la conclusion du contrat pour apprécier les attentes légitimes, il n'en demeure pas moins qu'il doit les examiner également lors de la phase d'exécution - pour mesurer le degré de dégénérescence des attentes légitimes, notamment. Étroitement liées à la bonne foi dont l'exigence s'impose de la conclusion au terme du contrat, les attentes naissent lors de la phase précontractuelle[1450] et doivent demeurer pendant toute la durée d'exécution du contrat. Une différence temporelle sépare donc la volonté des parties des attentes légitimes.

[1448] Voir l'analyse *précitée* du Professeur Pascal Ancel qui met en lumière la distinction entre la force obligatoire du contrat et le contenu obligationnel (*Op. cit.*, p. 771, n° 45).

[1449] Nous l'avons vu, le juge administratif peut allouer l'indemnité d'imprévision alors même que le contrat est arrivé à son terme. Voir *supra*, p. 69, note 132.

[1450] Pour une analyse approfondie, voir : H. Aubry, *Op. cit.*, spéc. p. 633 et s. Aux termes de l'analyse, « pour fixer ses attentes, un créancier apprécie de façon subjective les éléments matériels à sa disposition lors de la période précontractuelle ».

Les deux critères objectifs de l'anormale gravité du dommage résultent respectivement du principe de proportionnalité et du principe de la confiance légitime, dont l'influence en France procède de l'intégration économico-juridique européenne. Ils sont à ce titre les deux principales composantes du principe de la sécurité juridique, cher à la stabilité de la relation contractuelle. Or, la finalité de la sécurité juridique n'est-elle pas « de vaincre les incertitudes liées à l'application du droit dans le temps »[1451]. Ces principes à visée économique intègrent en cela parfaitement le mécanisme de l'imprévision dont la finalité est également éminemment économique et cadrent avec la conception affairiste du contrat. En ce sens, le développement du principe de proportionnalité et du principe de la confiance légitime se fait corrélativement à l'exigence économique qu'implique le marché commun. La réalité du monde des affaires ne saurait être ignorée par le droit. L'économie et le droit ne sont pas antinomiques, elles sont tout au contraire des disciplines interdépendantes, d'autant plus avec la montée en puissance de l'économie libérale. Le libéralisme économique a influencé l'évolution du droit des contrats au profit d'une conception utilitariste en conséquence de laquelle l'autonomie de la volonté doit être relativisée[1452]. La vie des affaires nécessite une véritable cohérence du droit qui participe du développement des relations économiques. Dans ce contexte, l'unification des régimes de l'imprévision est souhaitable puisque la théorie est une théorie essentiellement économique en ce qu'elle tend vers l'octroi d'une indemnité. C'est dès lors, par le truchement de l'analyse économique du contrat que la théorie de l'imprévision peut dépasser l'opposition droit public-droit privé.

[1451] E. Carpano, *Op. cit.*, p. 354, n° 367.

[1452] Voir en ce sens : S. Le Gac Pech, Thèse *précitée*, p. 287 et s.

CHAPITRE 2
LE PILOTAGE ET LA COORDINATION DES POLITIQUES JURISPRUDENTIELLES

« L'imprévision est une question d'ordre économique et financière »[1453], ce qui tend à expliquer qu'elle soit mieux comprise par le juge administratif sensible aux raisonnements économiques que par le juge judiciaire, souvent peu compétent en la matière. L'intérêt de sa mise en œuvre procède d'ailleurs toujours de l'allocation d'une indemnité au contractant qui subit un préjudice économique anormalement grave. Cela étant, la théorie de l'imprévision est une théorie libérale au service de l'efficacité économique qui est d'autant plus prégnante avec la montée en puissance de l'économie libérale. Ainsi, « l'efficacité économique est une sorte d'étalon universel à la lumière duquel les droits peuvent être comparés. En d'autres termes, l'intérêt de cette notion est d'introduire dans la comparaison juridique un élément constant supposé neutre et connu. La constance de l'élément tient au fait que les lois du marché et la science économique transcendent les frontières nationales ; de fait, l'efficacité économique est une notion dont la détermination et la compréhension ne dépendent pas d'un système juridique donné »[1454]. Ainsi, le pilotage et la coordination des politiques jurisprudentielles administratives et judiciaires implique une rationalisation des régimes de l'imprévision qui semble pouvoir s'étudier sous l'angle de l'analyse économique du droit. L'économie libérale pénètre autant les contrats de droit public que les contrats de droit privé si bien qu'aujourd'hui il est légitime de se demander si la frontière longtemps marquée par les disciplines est aussi imperméable que ce que l'on a bien voulu laisser croire. Aussi, l'économie ne distingue-t-elle pas entre le droit public et le droit privé : elle s'impose. En cela, la science économique est la discipline la plus à même pour dépasser le clivage droit public-droit privé et tenter d'expliquer le mécanisme économique de l'imprévision, commun au droit contractuel public et privé.

[1453] B. Starck, H. Roland, L. Boyer, *Op.* et *loc. cit.*, n° 1402, p. 487.

[1454] Y.-M. Laithier, « Le droit comparé et l'efficacité économique », *Rev. de dr. Henri Capitant*, n° 1, 1er octobre 2010, Art. 7. Accessible en ligne depuis l'adresse : < http://henricapitantlawreview.org/article.php?id=228>, consulté le 28 septembre 2012.

L'économie comme le droit touche à tous les aspects de la vie quotidienne. Longtemps les disciplines se sont, semble-t-il, ignorées[1455] mais la montée en puissance du libéralisme économique a poussé d'une part les économistes à s'intéresser à la science juridique puis les juristes, plus récemment, pour mesurer l'importance des outils de la science économique à la compréhension des mécanismes juridiques[1456]. Le droit national des contrats a nécessairement évolué sous la pression grandissante des intérêts économiques en jeu dans les contrats. La science économique raisonne à partir des choix rationnels des opérateurs économiques. L'efficacité économique du contrat qui sous-tend l'économie libérale vise donc la maximisation des profits. Ainsi, « chaque partie, obéissant à son instinct égoïste, cherche à obtenir beaucoup en cédant très peu »[1457]. L'utilité et l'efficacité du contrat sont, dans ce contexte, prégnants. La relation contractuelle est de fait une relation économique qui se fonde sur un équilibre des

---

[1455] Voir en ce sens : pour ce qui concerne les rapports de l'économie et du droit public, T. Kirat « L'allocation des risques dans les contrats : de l'économie des contrats « incomplets » à la pratique des contrats administratifs », *Op. cit.*, p. 11 ; Ch. Jamin, « Droit et économie », *in Dictionnaire de la culture juridique* (sous la dir. de D. Allan et S. Rials), PUF, Quadrige, 2003, p. 578 et s. Pour ce qui concerne les rapports de l'économie et du droit privé, G. Ripert, « Introduction », *Rev. de dr. Henri Capitant*, n° 1, 1er octobre 2010, Art. 1. Accessible en ligne depuis l'adresse : < http://henricapitantlawreview.org/article.php?id=222>, consulté le 28 septembre 2012 ; E. Mackaay, « Le juriste a-t-il le droit d'ignorer l'économiste ? », *Rev. de dr. Henri Capitant*, n° 1, 1er octobre 2010, Art. 2. Accessible en ligne depuis l'adresse : < http://henricapitantlawreview.org/article.php?id=223>, consulté le 28 septembre 2012 ; B. Deffains, S. Ferey, « Pour une théorie économique de l'imprévision en droit des contrats », *RTD civ.*, 2010, p. 719.

[1456] Voir par exemple, en droit public : *Economie et droit du contrat administratif. L'allocation des risques dans les marchés publics et les délégations de service public* (sous la dir. de T. Kirat ; Préf. M. Long), Perspectives sur la justice, La Documentation française, V, 2005 ; T. Kirat « L'allocation des risques dans les contrats : de l'économie des contrats « incomplets » à la pratique des contrats administratifs », *Ibid.*, p. 11 ; H. Bouthinon-Dumas, « Les contrats relationnels et la théorie de l'imprévision », *Rev. intern. de dr. éco.*, 3/2001, t. XV, p. 339 ; L. Vidal, Thèse *précité*, p. 1027. Voir par exemple, en droit privé : G. Ripert, *Aspects juridiques du capitalisme moderne*, LGDJ, 1951 ; J. Ghestin, « Le contrat en tant qu'échange économique », *Rev. d'éco. indus.*, vol. 92, 2000, p. 81 ; R. Savatier, « Les aspects économiques du droit privé français au milieu du XXe siècle », *Rev. éco.*, 1953, vol. 4, n° 1, p. 115 ; B. Deffains, S. Ferey, *Ibid.*, p. 719.

[1457] J. Magnan de Bornier, Thèse *précitée,* p. 129.

prestations réciproques. S'il est admis que « l'intérêt économique du pays est, en général, plus attaché à l'exécution des contrats qu'à leur inexécution »[1458], la révision du contrat constitue dès lors un impératif économique puisqu'atteindre le but contractuel est éminemment plus important. Le financement de la charge extracontractuelle peut en définitive être admis au titre d'un investissement pour l'avenir.

Le processus contractuel qui sous-tend le développement des relations économiques, commerciales et, par là-même, celui du marché national et la construction du marché intérieur européen, se fonde sur des considérations nécessairement économiques. L'imprévision résulte donc d'une opportunité strictement économique – celle de permettre le maintien de l'activité économique – d'autant plus importante en période de crise financière, économique et sociale (Section 1). L'analyse économique du contrat confirme la nécessité d'admettre une authentique théorie de l'imprévision en droit privé des contrats en tant qu'elle contribue nécessairement à la bonne administration de la justice (Section 2).

SECTION 1. L'OPPORTUNITE STRICTEMENT ECONOMIQUE DE LA THEORIE DE L'IMPREVISION

L'opportunité économique de la théorie l'imprévision tient au rééquilibrage du contrat qui participe de la continuité de l'activité économique. « Etant anormale, la situation à laquelle répond la théorie de l'imprévision doit disparaître et permettre la reprise de l'application du contrat »[1459]. La révision du contrat pour imprévision constitue en définitive un mécanisme économique. La théorie obéit à ce titre à un vocabulaire spécifique utilisant un champ lexical comptable[1460]. C'est

[1458] J. Carbonnier, *Op. cit.*, p. 285.

[1459] A. de Laubadère, *Contrats*, *Op. cit.*, p. 74, n° 951.

[1460] Il est fait par exemple référence aux termes « prix », « monétaire », « financier », « économique », « profit », « perte », « déficit », « bénéfice », « gain », « charge », « coût », « créances », « dette », ainsi qu'au caractère « extracontractuel » qui revêt un sens économique puisque, rappelons-le, ce qualificatif caractérise la période qui suit le dépassement du prix-limite (voir également : A. de Laubadère, *Ibid.*, p. 72, n° 951). L'analyse de Laurent Vidal témoigne de ce que « à partir de 1936, on note de plus en plus de précision dans le vocabulaire comptable employé par le Conseil » (Thèse *précitée*, p. 311).

bien que « l'imprévision concerne toutes les conventions comportant des obligations exprimées par une unité monétaire »[1461]. La finalité de l'imprévision s'inscrit alors dans un cadre utilitariste. En effet l'utilité économique de l'imprévision réside dans sa finalité indemnitaire qui contribue à surmonter pendant un laps de temps limité, les graves incidents d'exécution imprévisibles. C'est donc dire si la réalisation du but contractuel, le maintien de la relation économique et la conduite du contrat jusqu'à son terme revêtent ici une dimension fondamentale. A défaut, la théorie de l'imprévision n'existerait point en droit des contrats. Aussi, si le contrat revêt une utilité économique suffisante, son exécution doit être sauvée par une adaptation de ses stipulations aux nouvelles conditions économiques.

Plus encore, l'opportunité de la théorie de l'imprévision réside surtout dans sa faculté d'amortissement des crises économiques. Nous l'avons vu, l'action du législateur en faveur de l'imprévision ne se fait le plus souvent que pour remédier à une situation de grave dépression économique[1462]. L'imprévision joue en somme un rôle de régulateur de l'économie. Le contrat, surtout lorsqu'il prévoit une longue durée d'exécution dans le temps, est de nature à « prêter le flanc à l'instabilité »[1463]. De fait, les facteurs exogènes à l'exécution du contrat possiblement attentatoires à son économie générale sont de plus en plus nombreux en raison de l'essor de l'économie libérale si bien que le rapport d'obligations conclu à titre onéreux est par définition susceptible de voir poindre un grave bouleversement économique. Les dangers du libéralisme économique incontrôlé ont révélé une grande période de tourmente économique et financière à l'origine d'une crise du contrat. Nombreux sont les auteurs qui, depuis 2008, appellent de leurs vœux l'introduction d'une authentique théorie de l'imprévision précisément parce qu'elle a un effet économique modérateur[1464]. La

---

[1461] J. Ghestin, Ch. Jamin, M. Billiau, *Op.* et *loc cit.*, p. 357, n° 292.

[1462] Voir *supra*, p. 289 et s.

[1463] J. Carbonnier, *Op.* et *loc. cit.*, n° 138, p. 270 et s.

[1464] En mettant à mal les prévisions contractuelles des parties, la crise économique a suscité un regain d'intérêt autour de la théorie de l'imprévision. Plusieurs études doctrinales civilistes sont en cela riches d'enseignements : voir notamment, B. Cavalié, « Le projet de réforme du droit des contrats face à la crise : quel avenir pour la théorie de l'imprévision », *Rev. Lamy dr. civ.*, juil. août 2009, n° 62, p. 70 ; « Les crise économique et financière est en conséquence le témoin des risques exceptionnels que les contractants sont susceptibles de rencontrer au cours de l'exécution contractuelle. Aussi est-il légitime que les partenaires susceptibles de conclure des contrats demeurent parfois réticents, l'instabilité de la conjoncture économique constituant un risque financier majeur. Les effets en chaîne que produit cette crise mondiale, d'une ampleur exceptionnelle, et qui échappent tant au contrôle des Nations qu'au contrôle des économistes, sont dès lors révélateurs de l'instabilité économique qui frappe actuellement les contrats de droit public comme de droit privé. La relance économique doit pourtant passer par l'investissement économique et par une meilleure compétitivité des entreprises, ce qui suppose qu'elles concluent des contrats. Or, la frilosité des opérateurs économiques soucieux de maintenir la compétitivité de leur activité, de même que l'attitude hostile du système bancaire à l'égard du crédit, provoquent un ralentissement de la tendance à la contractualisation et, par là-même, une dépression économique.

Aussi doit-on mesurer le degré de pénétration de l'économie dans le contrat de manière à comprendre l'utilité et l'opportunité du mécanisme de l'imprévision. Le renouvellement du droit des contrats est actuellement alimenté par l'analyse économique du droit qui permet de tenir compte des enjeux économiques contenus dans les contrats. Le contrat, et *a fortiori* la théorie de l'imprévision, s'étudie désormais à la lumière de la *Law and Economics* (I).

Du reste, il a souvent été reproché à la théorie de l'imprévision de ne s'appuyer que sur des concepts flous, insaisissable par le droit. Or, c'est pourtant à une logique mathématique que son mécanisme répond (II) et le Conseil d'Etat adopte dès lors en ce sens une « approche comptable »[1465].

---

prévisions contractuelles à l'épreuve de la crise économique – La rupture des relations commerciales », Colloque « Crise économique et contrat », *RDC* 2010/1, n° spécial (Ph. Stoffel-Munck, « Les répliques contractuelles », *RDC* 2010/1, p. 430 ; A.-S. Barthez, « Crise économique et contrats : les remèdes », *RDC* 2010/1, p. 467). Voir également : *Crise(s) et droit*, Actes du colloque international, 8ème journées internationales de l'IFR des 25 et 26 novembre 2012. Institut fédératif de recherche Mutation des normes juridiques, 2012.

[1465] L. Vidal, Thèse *précitée*, p. 281.

I/ LA PENETRATION HEGEMONIQUE DE L'ECONOMIE DANS LE CONTRAT

La théorie de l'imprévision peut se concevoir à la lumière de l'analyse économique du contrat susceptible de dépasser le cloisonnement des disciplines juridiques. Il semble, de fait, que « les *économistes* intègrent implicitement *les contrats administratifs* dans le même moule que les contrats de droit privé »[1466]. C'est dire si en définitive « l'analyse économique du droit n'a pas uniquement comme fonction de prédire les conséquences attendues de telle ou telle interprétation des normes mais également de participer, à sa mesure, au travail d'interprétation et de mise en cohérence du droit »[1467].

La *Law and Economics*[1468] impulsée par l'Ecole de Chicago[1469] est ainsi une doctrine émergente en France, remarquablement étudiée tant

---

[1466] T. Kirat, « L'allocation des risques dans les contrats : de l'économie des contrats « incomplets » à la pratique des contrats administratifs », *Op. cit.*, p. 11.

[1467] B. Deffains, S. Ferey, *Op. cit.*, p. 719.

[1468] La *Law and Economics* résulte d'un courant de pensées interdisciplinaire composé de plusieurs ramifications au premier rang desquelles se trouve la théorie des coûts de transaction élaborée sous l'égide de Ronald Coase et d'Olivier Williamsom, prix Nobel d'économie en 2009 (voir en ce sens : B. Deffains, S. Ferey, *Ibid.*, p. 719, note 9). Thierry Kirat et Frédéric Marty distinguent également la théorie des incitations selon laquelle « les agents disposent d'une information complète sur la structure des problèmes auxquels ils sont confrontés, sont équipés d'une capacité infinie de calcul, et d'un ensemble complet et ordonné de préférences », la théorie des contrats incomplets élaborée à partir des travaux relatifs à la théorie des coûts de transaction, ainsi que la théorie de l'institutionnalisme réaliste s'articulant notamment avec la sécurité des anticipations légitimes des opérateurs économiques - notion chère à Friedrich Hayek (pour une étude approfondie, voir : T. Kirat, F. Marty, *Op. cit.*, p. 31 et s.). Malgré cette diversité d'opinions, la *Law and Economics* propose au droit national des contrats un renouvellement exceptionnel tenant à l'emploi des outils de la science économique dans l'analyse du processus contractuel. « Sa vision est réaliste » (J.-B. Auby, T. Kirat, « Introduction générale », *in Economie et droit du contrat administratif. L'allocation des risques dans les marchés publics et les délégations de service public* (sous la dir. de T. Kirat ; Préf. M. Long), *Ibid.*, p. 14). Or, il se trouve aussi que ce mouvement libéral soit contesté. Les Professeurs Philippe Dupichot et Cyril Grimaldi expliquent à ce titre qu'il s'agit d'un thème « *sensible*, car cette déferlante de la *Law and Economics* est parfois vécue en terres de tradition civiliste comme le cheval de Troie d'une tradition conquérante de *comme law* et d'une conception utilitariste d'un droit par trop inféodé aux seules considérations économiques... » (« Regards civilistes sur par les administrativistes[1470], très enclins au raisonnement économique, que par les civilistes[1471]. « L'approche *Law and Economics* est susceptible d'apporter à la compréhension (…) du problème des risques »[1472] dans les contrats et, par là même, de comprendre l'utilité économique du mécanisme de l'imprévision. Cette doctrine libérale est animée par la volonté d'expliquer les mécanismes juridiques au moyen des méthodes de la science économique et

---

l'analyse économique du droit », *Rev. de dr. Henri Capitant*, n° 1, 1er octobre 2010. Accessible en ligne depuis l'adresse :
< http://henricapitantlawreview.org/edito_revue.php?id=18&lateral=18>, consulté le 28 septembre 2012).

[1469] Née au début du XXème siècle, l'Ecole de Chicago appartient au courant néo-classique fondé notamment sur le monétarisme. Composée d'économistes libéraux dont les plus célèbres sont Milton Friedman et Frank Knight, elle a contribué au développement de la théorie néo-classique des prix. Elle s'est fermement opposée en outre à l'Ecole autrichienne incarnée par les illustres économistes Friedrich Hayek et Léon Walras.

[1470] J.-L. Bergel, J.-Y. Chérot, *L'analyse économique du droit*, PUAM, 2009 ; J.-F. Calmette, « L'évolution de la prise en compte de l'analyse économique par le juge administratif », *Droit administratif*, n° 7, 2006, p. 13 ; L. Vidal, Thèse *précitée*, p. 1027 et s. ; *Economie et droit du contrat administratif. L'allocation des risques dans les marchés publics et les délégations de service public* (sous la dir. de T. Kirat ; Préf. M. Long), *Op. cit.* ; J.-F. Calmette, « Réflexions sur la valeur de l'analyse économique du droit : le cas du droit public », *Rev. de la recherche juridique. Droit prospectif*, 2004, n° 2, p. 905 ; T. Kirat « L'allocation des risques dans les contrats : de l'économie des contrats « incomplets » à la pratique des contrats administratifs », *Op. cit.*, p. 11 ; H. Bouthinon-Dumas, « Les contrats relationnels et la théorie de l'imprévision », *Op. cit.*, p. 339. Voir également : T. Kirat, L. Vidal, A. Delion, D. Kelesidis, F. Marty, D. Uri, *De l'analyse juridique à l'évaluation économique comparée du droit des contrats publics*, Etude réalisée dans le cadre du Programme « Attractivité économique du droit » de la recherche Droit et Justice, juin 2007.

[1471] X. Lagarde, « Brèves réflexions sur l'analyse économique du droit français des contrats », *Op. cit.*, p. 2745 ; B. Deffains, S. Ferey, *Op. cit.*, p. 719 ; J. Ghestin, « Le contrat en tant qu'échange économique », *Op. cit.*, p. 81 ; R. Savatier, « Les aspects économiques du droit privé français au milieu du XXe siècle », *Op. cit.*, p. 115 ; *Métamorphoses économiques et sociales du droit civil d'aujourd'hui*, 2ème éd., Dalloz, 1952 ; G. Ripert, *Aspects juridiques du capitalisme moderne*, *Op. cit.* Voir également : J.-J. Barbièri, « Pour une théorie spéciale des relations contractuelles », *RDC* 2006, n° 2, p. 621.

[1472] J.-B. Auby, T. Kirat, « Introduction générale », *in Economie et droit du contrat administratif. L'allocation des risques dans les marchés publics et les délégations de service public* (sous la dir. de T. Kirat ; Préf. M. Long), *Op. cit.*, p. 13.

entraîne dans son sillage des notions contribuant à la flexibilité du contrat telles que l' « incertitude », les contrats « relationnels », « incomplets » ou « imparfaits ». Cette tendance doctrinale aspire dès lors à un certain pragmatisme juridique dont l'ambition est « de mettre à jour les ressorts extra juridiques, hors de la logique juridique classique, de la décision judiciaire »[1473]. Dès lors, la méthode est autant inscrite dans la réalité juridique, économique et sociale que la démarche est pragmatique, en ce sens qu'elle adopte une conception plus réaliste du contrat.

L'analyse économique du contrat part du postulat selon lequel les agents économiques opèrent des choix rationnels en fonction de l'information dont ils disposent. Or, « ils le font dans un environnement informationnel largement imparfait. Il est impossible pour les parties, sauf à un coût prohibitif, de prévoir dans le contrat qui les relie toutes les contingences futures et donc de préciser toutes leurs obligations pour chacun de ces états futurs »[1474]. L'incertitude du monde des affaires, comme la récurrence des crises économiques, augmentent *de facto* la probabilité de réalisation du risque contractuel anormal. Quand bien même les opérateurs tenteraient de saisir utilement ces variables économiques exogènes, il n'en demeure pas moins que l'exécution du contrat resterait soumise aux secousses économiques et financières. Aux termes de l'étude effectuée par Thierry Kirat, « le droit des contrats est vu comme le support des actions d'agents dotés d'une rationalité limitée, qui cherchent à stabiliser et à sécuriser leurs relations, au cours du temps, dans un environnement changeant et non appréhendable *a priori* »[1475]. Dans un tel contexte, la rationalité des opérateurs économiques est alors de prime abord circonscrite par le champ des théories de l'imprévisible,

---

1473 T. Kirat, « Le pragmatisme de Richard Posner : un regard critique », Texte de la communication à la journée d'étude Les philosophes pragmatistes et les économistes : quelles proximités ?, IDHE-ENS de Cachan, 11 avril 2005. Accessible en ligne depuis l'adresse : <http://hal.archives-ouvertes.fr/docs/00/03/55/19/PDF/kirat_Posner_pragmatisme.pdf>, consulté le 10 juillet 2011.

1474 B. Deffains, S. Ferey, *Op. cit.*, p. 719.

1475 *Economie du droit*, La Découverte, coll. Repères, 1999, p. 19.

notamment. Puisque l'analyse économique du contrat raisonne à partir de la valeur échangée et que le contrat se conçoit « en tant qu'échange économique »[1476], les obligations qu'il contient sont alors indubitablement dépendantes des fluctuations de l'économie libérale, dont les plus à craindre sont évidemment celles qui sont imprévisibles.

L'apport de la *Law and Economics* à l'analyse traditionnelle du contrat réside d'abord, en matière d'imprévision, dans la notion d'incertitude qui jouit d'une acception équivalente à celle d'imprévisibilité. Qu'il s'agisse de l'analyse économique du contrat de droit administratif ou du contrat de droit privé, le constat de la doctrine est exactement le même. L'exécution du contrat dépend d'un « monde incertain »[1477] et la théorie de l'imprévision résulte du champ de l'incertitude. En raisonnant à partir de la rationalité limitée des parties, il est concevable, en somme, d'admettre qu' « en économie, l'incertitude est un risque non mesurable, à savoir une situation où les parties n'ont pas suffisamment d'informations sur les probabilités possibles de sa réalisation »[1478]. L'analyse de Laurent Vidal fournit à ce titre un éclaircissement important. Comme « la probabilité d'un résultat est inconnue ou dénuée de sens, ou bien c'est la valeur même du résultat qui est inconnu ou seulement certains des résultats d'une action, *il* n'est plus possible de rédiger des contrats complets puisque l'avenir n'est plus probabilisable. Le contrat permet alors de stabiliser l'environnement des signataires ainsi que leurs relations par la planification de leurs droits et obligations futures, de mutualiser les conséquences de la survenance d'événements imprévisibles et, enfin, d'organiser un traitement quasi optimal du partage de l'information »[1479]. L'incertitude conduit donc les parties à produire

---

[1476] J. Ghestin, « Le contrat en tant qu'échange économique », *Op. cit.*, p. 81.

[1477] L. Vidal, « L'économie de la répartition des risques dans les contrats : les liens entre droit et économie », *in Economie et droit du contrat administratif. L'allocation des risques dans les marchés publics et les délégations de service public* (sous la dir. de T. Kirat ; Préf. M. Long), *Op. cit.*, p. 59. Pour le droit privé, voir : B. Deffains, S. Ferey, *Op. cit.*, p. 719.

[1478] B. Deffains, S. Ferey, *Ibid.*, p. 719.

[1479] L. Vidal, « L'économie de la répartition des risques dans les contrats : les liens entre droit et économie », *in Economie et droit du contrat administratif. L'allocation des risques dans les marchés publics et les délégations de service public* (sous la dir. de T. Kirat ; Préf. M. Long), *Ibid.*, p. 61.

des contrats incomplets[1480] « qui ne portent que sur une partie de l'ensemble des états possibles futurs de la relation contractuelle »[1481]. L'incomplétude est alors une notion économique centrale dans la théorie de l'imprévision en ce sens qu'elle appelle à un réaménagement des termes du contrat et revêt une dimension particulière en ce qui concerne le prix. Puisqu'il est incomplet, que les parties n'ont pas pu raisonnablement prévoir les clauses tendant à l'allocation de ces risques, il doit faire l'objet d'une interprétation complétive. L'obligation de renégocier le contrat prend ici toute sa dimension. C'est aux parties qu'il revient d'abord d'adapter leurs stipulations aux nouvelles circonstances économiques puisque le risque n'a pas été contractuellement alloué lors de la conclusion du contrat. « Il est bien évident que l'allocation contractuelle des risques a des conséquences importantes sur l'efficacité d'un contrat »[1482].

Or, cette considération est d'autant plus frappante lorsque la situation d'imprévision touche ce que la doctrine américaine nomme les contrats relationnels. Ce sont des contrats incomplets[1483] « qui visent à organiser une relation économique durable entre des agents juridiquement autonomes »[1484]. Aussi sont-ils très proches du

[1480] Il convient en revanche de noter que pour une partie de la doctrine, le contrat incomplet diverge de la *Law and Economics*. Thierry Kirat et Frédéric Marty s'inscrivent dans cette tendance se fondant sur les analyses d'Eric Posner selon laquelle : « la littérature sur les contrats incomplets diverge de celle de la *Law and Economics*… La théorie des contrats incomplets a été avant tout motivée par une curiosité pour la description de la contractualisation privée, pas pour le droit des contrats. En conséquence, le droit des contrats est habituellement traité d'une manière excessivement simpliste, qui se contente d'y voir un système qui n'exécute que les seules clauses contractuelles pour lesquelles le comportement des parties peut être observé par les tribunaux » (T. Kirat, F. Marty, « L'économie de la répartition des risques dans les contrats administratifs : les problématiques économiques », *in Economie et droit du contrat administratif. L'allocation des risques dans les marchés publics et les délégations de service public* (sous la dir. de T. Kirat ; Préf. M. Long), *Op. cit.*, p. 35).

[1481] B. Deffains, S. Ferey, *Op. cit.*, p. 719.

[1482] T. Kirat « L'allocation des risques dans les contrats : de l'économie des contrats « incomplets » à la pratique des contrats administratifs », *Op. cit.*, p. 11

[1483] Voir en ce sens : H. Bouthinon-Dumas, « Les contrats relationnels et la théorie de l'imprévision », *Op. cit.*, p. 339.

[1484] *Idem.*

solidarisme contractuel. Thierry Kirat et Frédéric Marty soulignent que « la rencontre entre ces deux mouvements s'opère sur l'idée que la régulation des perturbations affectant les contrats complexes entre partenaires s'enracine davantage dans l'intérêt commun à la poursuite de la relation d'échange que dans l'interprétation des obligations réciproques au regard de la lettre du contrat »[1485]. En ce sens, l'analyse de Hugues Bouthinon-Dumas permet de comprendre que « la révision pour imprévision de ses contrats n'est pas contradictoire avec le principe de la force obligatoire des contrats, elle découle d'une interprétation téléologique permettant de reconnaître la primauté de la pérennité de la relation contractuelle sur l'équilibre des prestations »[1486]. Ainsi, se retrouve la conception précédemment évoquée de la tension des principes d'adaptabilité et de continuité du contrat contenus dans l'imprévision[1487]. C'est le maintien de la relation économique que poursuit l'application de la théorie qui importe, au sens de l'analyse économique du droit comme au sens du droit des contrats administratifs. Compléter le contrat incomplet, que cela soit fait par les parties elles-mêmes ou par un tiers, juge ou arbitre par exemple, implique par conséquent « un dispositif qui indique aux agents quel comportement observé lorsque routine et règles de conduite ne sont plus pertinentes. La théorie économique suggère alors l'existence d'un mécanisme d'autorité. Il s'agit d'un droit résiduel de commandement juridiquement établi (contrat ou jurisprudence) qui, en situation imprévue, permet à l'un des cocontractants de décider de l'usage des actifs apportés par chacun. (…) A ce titre, les théories de l'imprévision, de la force majeure et des sujétions imprévues font appel, pour partie, à ce mécanisme d'autorité, fût-il précédé d'une concertation entre acteurs »[1488].

[1485] T. Kirat, F. Marty, « L'économie de la répartition des risques dans les contrats administratifs : les problématiques économiques », *in Economie et droit du contrat administratif. L'allocation des risques dans les marchés publics et les délégations de service public* (sous la dir. de T. Kirat ; Préf. M. Long), *Op. cit.*, p. 35.

[1486] H. Bouthinon-Dumas, « Les contrats relationnels et la théorie de l'imprévision », *Op. cit.,* p. 339.

[1487] Voir *supra*, p. 533 et s.

[1488] L. Vidal, « L'économie de la répartition des risques dans les contrats : les liens entre droit et économie », *in Economie et droit du contrat administratif. L'allocation des risques dans les marchés publics et les délégations de service public* (sous la dir. de T. Kirat ; Préf. M. Long), *Op. cit.*, p. 68.

Les conséquences de l'incertitude qui entoure l'exécution du contrat peuvent conduire le contractant à exécuter ses obligations dans des conditions gravement anormales. « En tant que tel, ce n'est pas le caractère imprévisible de l'événement qui est réellement crucial mais plutôt les conséquences de cet événement sur l'équilibre du contrat »[1489]. C'est d'ailleurs en ce sens que la condition d'extériorité de la théorie de l'imprévision doit prendre tout son sens. L'événement peut ainsi ne pas avoir été imprévisible[1490] quoique ses effets sur l'exécution du contrat l'aient absolument été. Aussi le juge précise-t-il que l'événement doit être extérieur à la volonté des contractants pour prévenir le risque de « *hold-up* » que comporte la théorie de l'imprévision[1491]. Ceci étant, ce qui compte dans l'analyse économique du contrat, ce sont les conséquences du changement de circonstances, c'est-à-dire, au fond, le préjudice économique anormalement grave, subi unilatéralement par l'une des parties, et qui affecte profondément l'efficacité économique du contrat. En raisonnant à partir du préjudice contractuel et non plus à partir de la force obligatoire des conventions, l'analyse économique du contrat offre un positionnement nouveau permettant une meilleure compréhension du mécanisme économique de l'imprévision. Le préjudice anormalement grave dessert la finalité

1489 B. Deffains, S. Ferey, *Op. cit.*, p. 719.

1490 Au sens de l'analyse économique du droit, l'événement imprévisible est « une événement dont la probabilité d'occurrence est tellement faible que des parties raisonnables ne voient pas le besoin de répartir le risque de son occurrence, en dépit du fait que son impact ayant une telle importance, les parties auraient pris la peine d'en négocier la répartition si sa probabilité d'occurrence avait été plus forte » (définition citée par T. Kirat, F. Marty, « L'économie de la répartition des risques dans les contrats administratifs : les problématiques économiques », *in Economie et droit du contrat administratif. L'allocation des risques dans les marchés publics et les délégations de service public* (sous la dir. de T. Kirat ; Préf. M. Long), *Op. cit.*, p. 49).

1491 La théorie de l'imprévision comporte en effet un risque de *hold-up*. Il s'agit d'un effet pervers de la théorie qui « ouvre également la possibilité pour l'une des parties de tenter un *hold-up* sur la rente mutuellement créée par le contrat. (…) La partie qui demande la révision ou la renégociation du contrat utilise stratégiquement la réalisation de la contingence imprévue pour modifier à son profit la clef de répartition du surplus économique généré par le contrat » (B. Deffains, S. Ferey, *Ibid.*, p. 719). Il convient en outre de noter que la situation de *hold-up*, lorsqu'elle est constatée par le juge, est constitutive d'une attitude de mauvaise foi susceptible d'engager la responsabilité contractuelle de la partie qui en tente l'expérience.

utilitariste du contrat en ce qu'il engendre de l'inefficacité économique. Cette considération semble rejoindre l'analyse de Thierry Kirat qui explique qu' « à la perception selon laquelle le droit doit toujours faire en sorte que les contrats soient respectés (« *pacta sunt servanda* »), *l'analyse de la Laws and Economics* objecte l'idée selon laquelle la rupture d'un contrat et parfois la meilleure des solutions au regard du bien-être général »[1492]. De la garantie d'une efficacité économique du contrat dérive donc la nécessité d'admettre la révision - et la résiliation - pour imprévision.

Ainsi la théorie de l'imprévision conduit-elle à « s'assurer que le droit joue son rôle économique fondamental : maintenir des contrats utiles et protéger des acteurs qui effectuent des investissements spécifiques - investissement extrêmement valables et productifs pour les deux contractants et au-delà pour la société tout entière »[1493].

L'utilité économique de la théorie de l'imprévision en droit des contrats est topique et cela d'autant plus qu'elle vise l'octroi d'une indemnité momentanée pour soutenir l'efficacité économique de l'exécution du contrat, indemnité dont le calcul s'opère en fonction de règles mathématiques très rigoureuses.

II/ La logique mathematique du calcul de l'imprevision

Le mécanisme de l'imprévision répond à une logique nécessairement mathématique. La complexité des calculs qu'il implique est de ce fait l'objet d'évaluations présentant un haut degré d'expertises et qui se fondent sur des documents justificatifs comptables. Aussi, le seuil d'imprévision est déterminé selon une logique rigoureusement mathématique, ce qui permet de fixer objectivement le point de départ de l'imprévision et son point d'arrivée. Il s'agit donc d'évaluer la computation du seuil d'imprévision, seul à concourir dans le calcul de la charge extracontractuelle (I). Une fois le montant de la charge estimé, le juge, « adoptant une vision mathématique de l'ensemble des obligations

[1492] J.-B. Auby, T. Kirat, « Introduction générale », *Op. cit.*, p. 14.

[1493] B. Deffains, S. Ferey, *Op. cit.*, p. 719.

contenues dans le contrat (…) »[1494], procède à la répartition du surcoût imprévisible entre l'administration et le cocontractant. Ce partage de la charge suppose donc l'octroi d'une indemnité d'imprévision, dont le *quantum* sera évalué sur la base d'éléments objectifs (II).

A) La computation du seuil d'imprévision

La computation du seuil d'imprévision procède d'une évaluation essentielle du point de vue de savoir à quel montant la charge extracontractuelle va s'élever. La détermination du seuil d'imprévision permet en effet de fixer non seulement le point de départ de la situation extracontractuelle, mais également le moment à partir duquel l'administration va devoir aider financièrement son cocontractant. C'est alors lorsque le prix-limite est dépassé[1495] que le seuil d'imprévision est constitué. Le seuil d'imprévision est en définitive le seuil d'acceptabilité[1496] entre ce qui doit être réputé ordinaire pendant l'exécution du contrat et ce qui ne doit plus l'être, seuil en deçà duquel les théories de l'imprévisible sont évidemment inopérantes. Ainsi, « l'anormale gravité serait atteinte lorsque ce seuil d'acceptabilité serait dépassé »[1497]. C'est également une idée analogue qu'exprime Laurent Vidal en attestant de ce que « le préjudice souffert par le concessionnaire sera constitué le jour où la limite extrême de la majoration du prix de revient, envisagée par les parties, se trouvera dépassée par l'augmentation effective du prix d'ensemble (…) »[1498].

Déterminer la durée de la période extracontractuelle, c'est-à-dire le point de départ de l'état d'imprévision et son point d'arrivée[1499], est

---

[1494] M. Ubaud Bergeron, Thèse *précitée*, p. 458.

[1495] Voir *supra*, p. 547.

[1496] A rapp. de l'analyse de la théories des sujétions exceptionnelles (voir *supra*, p. 207 et s.).

[1497] C. Samson, *Op.* et *loc. cit.*, p. 7 (à propos des sujétions exceptionnelles).

[1498] L. Vidal, Thèse *précitée*, p. 281.

[1499] En règle générale, la fin de la période extracontractuelle ne pose pas de problème en termes de détermination objective. Soit elle prend fin naturellement, c'est-à-dire après le rétablissement des circonstances économiques normales et le contrat initial « reprend toute sa force » (G. Jèze, *Op. cit.*, p. 532), soit elle dégénère en un cas de force majeure, c'est-à-dire que le bouleversement économique s'avère définitif (CE, 14 juin 2000, *Commune de Staffelfelden*, *précité*, *LPA* 8 décembre fondamental afin d'évaluer le montant de la charge extracontractuelle qui ne doit strictement couvrir que les pertes effectivement subies durant cette période. « Ainsi faut-il distinguer, avec soin, l'entrée dans la période litigieuse du déficit réel (...) »[1500]. Il va sans dire que la charge extracontractuelle est donc constituée par un grave déficit, c'est-à-dire par l'existence de véritables pertes financières[1501]. Si, un temps, le Conseil d'Etat s'est contenté de l'existence d'un simple déficit, il n'en demeure pas moins qu'il exige actuellement, en sus, un véritable bouleversement de l'économie du contrat[1502]. C'est, en tout état de cause, au cocontractant d'apporter la preuve qu'il subit un grave déficit du fait des circonstances exceptionnelles[1503]. Le calcul de la charge extracontractuelle s'opère en fonction des pertes financières subies par le cocontractant au cours de la période extracontractuelle de sorte que « le déficit est établi d'après la seule période litigieuse »[1504]. En définitive, « elle est donc déterminée par la balance entre les recettes et les dépenses du cocontractant pendant cette période »[1505]. Il s'agit de procéder au rapport entre le total des dépenses[1506] - le Conseil d'Etat exige donc à ce titre qu'il soit « fait état des charges de toute

---

2000, p. 14, note L. Jegouzot-Viénot ; CE, 27 juillet 1951, *Commune de Montagnac, précité* ; CE, 9 décembre 1932, *Cie des tramways de Cherbourg, précité*). Voir également d'une manière générale : A. de Laubadère, *Op. cit.*, p. 129 et s., n° 1003 et s. ; L. Richer, *Op. cit.*, n° 494 ; C. Debbasch, F. Colin, *Op. cit.*, p. 493 et s.

[1500] L. Vidal, Thèse *précitée*, p. 285.

[1501] CE, 25 novembre 1921, *Cie générale des automobiles postales*, *Rec.*, p. 980, concl. Corneille ; CE, 26 janvier 1923, *Ville de Lorient c/ Cie du gaz de Lorient*, *Rec.*, p. 82 ; CE Sect., 28 mars 1930, *Ministre des Travaux publics c/ Cie du Midi*, *Rec.*, p. 362, concl. P.-L. Josse, *DP* 1930, n° 3, p. 27 ; *RDP* 1930, p. 722 et s.

[1502] Voir en ce sens : L. Vidal, Thèse *précitée*, p. 301. Sur la notion de bouleversement de l'économie du contrat, voir *supra*, p. 499 et s.

[1503] CE, 16 juillet 1948, *Etablissements Desmarets*, *Rec.*, p. 643.

[1504] L. Vidal, Thèse *précitée*, p. 289 (pour « les concessions passées avant l'ouverture des hostilités ») et 310 (en ce qui concerne « les concessions bouleversées en dehors des faits de guerre »).

[1505] A. de Laubadère, *Op. cit.*, p. 122, n° 998. Voir également en ce sens : G. Jèze, *Op. cit.*, p. 517.

[1506] « Les dépenses sont toutes les dépenses engagées par le cocontractant dans l'exploitation principale et les activités annexes : frais généraux, frais de direction et de maîtrise, salaire, etc. » (A. de Laubadère, *Ibid.*, p. 125, n° 1001).

nature pendant la période de bouleversement du contrat »[1507] - et le total des recettes[1508], rapport mathématique dont le résultat fera nécessairement apparaître l'existence d'un déséquilibre. C'est donc au regard de l'équilibre financier du contrat que le juge est susceptible d'apprécier objectivement le calcul du montant de la charge extracontractuelle[1509]. Les règles comptables permettant le calcul de la charge extracontractuelle retiendront peu notre attention, non pas parce qu'elles présentent un intérêt mineur dans le mécanisme de l'imprévision, mais simplement parce qu'elles ont fait déjà l'objet d'une analyse remarquable par Laurent Vidal dans sa thèse[1510]. Il n'est donc point d'intérêt pour notre étude de retranscrire par une description ces règles comptables. Rappelons seulement que le chiffrage de la charge extracontractuelle donne lieu à des calculs complexes qui excèdent la compétence juridictionnelle. Aussi est-il nécessaire de confier ces évaluations à des experts hautement qualifiés[1511]. Le Conseil d'Etat a affiné les techniques de calcul[1512] de la charge en précisant les éléments dont les experts doivent absolument tenir compte[1513] pour évaluer objectivement son montant

---

[1507] CE, 16 juillet 1948, *Etablissements Desmarets, précité.*

[1508] « Les recettes sont les recettes de tous ordres réalisées par le cocontractant dans le cadre de l'objet du contrat ou des activités annexes : redevances perçues à l'occasion du service, vente des produits et aussi des sous-produits » (A. de Laubadère, *Op. cit.*, p. 125, n° 1000).

[1509] Voir en ce sens et pour une analyse approfondie : L. Vidal, Thèse *précitée.*

[1510] C'est au travers du prisme de l'équilibre financier que Laurent Vidal détaille avec force précisions les règles matérielles de calcul de la charge. Ce faisant, il distingue les modalités de calculs relatives non seulement aux « concessions passées avant l'ouverture des hostilités » mais aussi aux« les concessions bouleversées en dehors des faits de guerre » afin d'illustrer le parachèvement de ces règles de calculs au travers de l'évolution de la jurisprudence du Conseil d'Etat (*Ibid.*, p. 278 et s.).

[1511] Voir *supra*, p. 499 et s.

[1512] Voir en ce sens : L. Vidal, Thèse *précitée*, p. 278 et s.

[1513] Les postes de dépenses les plus importants pris en compte dans le calcul de la charge extracontractuelle sont par exemple « les amortissements financiers et industriels », « les charges normales d'assurance », « les charges fiscales » et « les approvisionnements » (voir en ce sens : A. de Laubadère, *Ibid.*, p. 122 et s., n° 998 et s.).

et ceux qui devront être ignorés[1514]. « Les experts ont ici pour mission de recenser tous les faits qui, pendant la période litigieuse, ont pu influer sur les résultats de l'exploitation »[1515].

Ainsi le montant de la charge extracontractuelle tient compte non seulement des résultats de l'exploitation – en effet, « le déficit est toujours calculé d'après l'ensemble des seuls résultats de la concession »[1516] – mais également « des négligences et insuffisances techniques du cocontractant »[1517]. Il ne serait pas logique en tout état de cause qu'il en aille autrement. Le juge se montre très vigilent lorsqu'il s'agit d'apprécier la gestion du cocontractant pendant la période extracontractuelle. Le chiffrage de la charge tient compte des modalités de son action, notamment des fautes qu'il a pu commettre durant l'exécution de l'obligation litigieuse. Le juge se réfère dès lors à la gestion d'un cocontractant placé dans la même situation[1518].

Le montant de la charge extracontractuelle est en outre évalué au regard de l'ensemble du contrat et non pas en fonction de telle ou telle partie du contrat[1519]. Il s'agit en somme pour les experts de procéder

---

[1514] Les éléments comptables écartés du calcul de la charge extracontractuelle sont par exemple les bénéfices et excédents générés par le cocontractant qui permettent seulement de réduire la participation de l'administration au financement de la charge (voir en ce sens : L. Vidal, Thèse *précitée*, p. 289 ; G. Jèze, *Op. cit.*, p. 518 (IV) et 524 et s), ou le montant de la marge de hausse prévisible du prix qui n'est pris en compte que pour la computation du seuil d'imprévision.

[1515] L. Vidal, Thèse *précitée*, p. 291.

[1516] *Idem*, p. 311.

[1517] A. de Laubadère, *Op. cit.*, p. 125, n° 999 (6°).

[1518] « En somme, le Conseil d'Etat compare, par le truchement des tarifs, le niveau des recettes acquises au concessionnaire, à celles dont sont susceptibles de bénéficier d'autres concessionnaires à situation égale. Il commence donc par exiger, implicitement, à niveau de recettes équivalent, une gestion aussi rigoureuse de la part de la société requérante, dont il ne comprendrait pas pourquoi elle serait seule a essuyé des déficits. C'est dès lors qu'il se fait une idée, même globale, des résultats à atteindre, ou du moins, des échecs à ne pas subir dans le cadre d'une gestion raisonnablement consciencieuse » (L. Vidal, Thèse *précitée*, p. 310).

[1519] Voir en ce sens : G. Jèze, *Ibid.*, p. 518 et 523. Voir également : L. Vidal, *Ibid.*, p. 308 ; A. de Laubadère, *Ibid.*, p. 125, n° 999 (5°). Voir également : CE, 10 avril 1935, *Ville de Toulon*, *Rec.*, p. 480).

au diagnostic de l'état financier de l'entreprise[1520]. Cette considération est du reste capitale lorsque le juge opère le *quantum* de l'indemnité d'imprévision.

B) Le **quantum** *de l'indemnité d'imprévision*

« Si elle ne couvre que les seules pertes subies, l'indemnité couvre néanmoins toutes les pertes subies »[1521]. L'indemnité d'imprévision ne sert pas à procurer un gain[1522], ni ne tend à couvrir le manque à gagner[1523]. En revanche, son montant sera plus ou moins variable selon que le cocontractant a réalisé des bénéfices avant ou pendant la période extracontractuelle, ou selon qu'il a commis des fautes ou des négligences. Cette observation permet donc d'atténuer la participation financière de l'administration au financement de la charge exceptionnelle.

Le *quantum* de l'indemnité d'imprévision obéit, en principe, aux règles établies par la circulaire du 20 novembre 1974 relative à l'indemnisation des titulaires de marchés publics en cas d'accroissement imprévisible de leurs charges économiques (application de la théorie de l'imprévision). Car, rappelons-le, l'indemnité est le plus souvent déterminée à l'amiable par les parties. Ainsi, le juge qui cherche à faire l'économie d'une intervention dans le contrat, invite fermement les parties[1524] à se mettre d'accord sur les

---

[1520] L. Vidal, Thèse *précitée*, p. 291.

[1521] *Idem*, p. 285.

[1522] Voir pour la doctrine : L. Vidal, Thèse *précitée*, p. 284 ; G. Jèze, *Op. cit.*, p. 514. Gaston Jèze affirme aussi à ce titre que « la théorie de l'imprévision ne peut pas conduire à accorder au cocontractant le moindre bénéfice : bien plus, elle lui fait supporter une partie de la perte » (*Ibid.*, p. 534). Voir pour la jurisprudence : CE, 29 février 1924, *Sté des Forces motrices de La Loue*, *Rec.*, p. 244 ; CE, 19 février 1926, *Bouzereau*, *Rec.*, p. 195 ; CE, 30 mars 1930, *Ministre des travaux publics*, *RDP* 1930, p. 730, concl. Josse.

[1523] Voir pour la doctrine : L. Vidal, Thèse *précitée*, p. 285 ; A. de Laubadère, *Op. cit.*, p. 106, n° 979 ; G. Jèze, *Ibid.*, p. 514. Voir pour la jurisprudence : CE, 25 novembre 1921, *Cie générale des automobiles postales*, *précité* ; CE, 28 juin 1929, *Ville de Segré c/ Sieur Ferron*, *Rec.*, p. 633.

[1524] Voir *supra*, p. 246 et s.

modalités pratiques de l'indemnité. Aussi la circulaire permet-elle « d'éviter que les différents acheteurs publics n'adoptent, à l'égard de ces demandes, des attitudes divergentes »[1525]. La circulaire fixe donc les règles de calcul à observer par les parties pendant les renégociations amiables sur le *quantum* de l'indemnité. Elle dispose en outre qu'une fois le montant et la répartition de l'indemnité définis, elle devra faire l'objet d'un avenant[1526]. En revanche, si les dispositions de la circulaire sont insuffisantes pour déterminer le montant de l'indemnité, il conviendra de fonder le calcul sur la base des documents justificatifs comptables fournis par le cocontractant lésé principalement.

Du reste, « l'indemnité d'imprévision ne couvre pas la totalité du déficit subi par le cocontractant »[1527]. Il doit être procédé à la répartition de la charge extracontractuelle qui, par une interprétation raisonnable du contrat, est censée être équitable[1528]. « Elle s'effectue selon des proportions variables mais contenues dans un spectre étroit : 95% / 5% ; 90% / 10% ; 82% / 18% »[1529]. Ceci étant, le *quantum* de l'indemnité évalué au regard de la répartition du surcoût financier s'opère dès lors en fonction « des avantages et des inconvénients qui ont pu résulter du contrat *pour son titulaire* »[1530]. Or, c'est toujours la personne publique qui supporte la majeure partie du déficit, ce qui est là, certainement, un autre effet pervers[1531] de la théorie de l'imprévision. Aussi a-t-il été prétendu que « l'imprévision a constitué

[1525] *JO* du 30 novembre 1974, p. 11971.

[1526] Pour une analyse approfondie de la pratique des avenants : voir *supra*, p. 250 et s.

[1527] Y. Gaudemet, *Op. cit.*, p. 715, n° 1492 ; A. de Laubadère, *Op. cit.*, p. 127, n° 1002 (1°).

[1528] Voir *supra*, p. 274 et s.

[1529] L. Vidal, Thèse *précitée*, p. 315.

[1530] *Idem*.

[1531] Le premier effet pervers de la théorie est en effet constitué par la possibilité pour l'une des parties de tenter un *hold-up* en invoquant l'imprévision pour se procurer un avantage tiré du risque imprévisible. Voir *supra*, p. 576, note 1491.

en fait un marché de dupes »[1532]. Même si ce point est rarement souligné, il convient d'admettre que la répartition est seulement équitable du point de vue du cocontractant lésé. Si en revanche l'on se place du côté de l'administration, l'on ne saurait prétendre valablement que la répartition est utilement équitable[1533]. Nombreux sont en effet les auteurs de la doctrine classique[1534] et de la doctrine contemporaine[1535] à décrier, parfois avec virulence, le transfert pur et simple du surcoût à la seule charge des personnes publiques. Qu'il nous soit permis de ne point trop nous engager sur la voie d'un débat philosophique autour de l'idée d'équitable, pour en rester à une analyse purement économique du transfert financier.

L'analyse économique du contrat offre à ce titre une vision adéquate, notamment si l'on tient compte de l'évolution conquérante de l'économie libérale. Elle propose de retenir comme postulat de base que c'est à la partie la plus à même de supporter le coût du risque[1536] qu'il revient de solder la majeure partie des pertes financières. Tout doit dépendre d'un facteur primordial : l'attitude des parties face à la prise de risque[1537]. Avec la montée en puissance du libéralisme

---

[1532] L.-M. Jacquemard, *La théorie de l'imprévision et la gestion des services publics concédés*, Thèse Algérie, 1928, p. 213.

[1533] Il convient de rappeler qu'en matière de marchés de travaux, nous avons démontré que cette considération était, à la réflexion, inexacte puisque c'est bien le créancier qui se trouve, une fois le contrat exécuté jusqu'à son terme, personnellement enrichi. C'est pour son compte que le travail, qu'il est le seul à avoir commandé, est exécuté, si bien que la chose lui sera automatiquement remise à l'achèvement des travaux. Il est donc dans son intérêt principalement que le contrat soit intégralement exécuté. Ce sera lui qui retirera, seul, le bénéfice de son investissement de sorte que son patrimoine économique se verra nettement amélioré, augmenté d'une plus-value. La même considération pourrait s'appliquer en matière d'imprévision, mais non pas avec la même force, car la difficulté est principalement abstraite et économique et que, *a contrario*, en matière de sujétions, la difficulté est matérielle et concrète. Voir *supra*, p. 208 et s.

[1534] L.-M. Jacquemard, *Ibid.*, p. 213 et s. Voir aussi les réflexions de Gaston Jèze (*Op. cit.*, p. 523 et s. et 535).

[1535] V. Dufau, *Op. cit.*, p. 146 ; voir également, dans une moindre mesure : C. Samson, *Op. cit.*, p. 9 et s.

[1536] Voir en ce sens : B. Deffains, S. Ferey, *Op. cit.*, p. 719.

[1537] Voir par exemple, en ce sens : F. Lichère, *Op. cit.*, p. 97.

économique, la quête de profits par les parties contractantes est toujours plus importante. Aussi, cherchent-elles à faire ingénieusement des « coups financiers » pour augmenter leur capital, quitte à prendre certains risques. Dès lors, comment savoir quelle attitude auraient adopté les parties, si elles avaient su à l'avance que l'exécution contractuelle serait perturbée par la rencontre d'un aléa anormal ? « En économie, la réponse à cette question nécessite de s'interroger sur un élément subjectif, à savoir la plus ou moins grande aversion des agents au risque. Un agent averse au risque tentera de se couvrir contre ce risque quitte à payer une prime pour se couvrir. Il est normal que, dans ce cas, ses revenus tirés du contrat soient plus faibles à la hausse et ses pertes plus limitées à la baisse. Inversement, un agent aimant le risque est implicitement prêt à subir de fortes variations du coût de ses obligations »[1538]. Ainsi, pour apprécier la part de revient respective de l'indemnité d'imprévision à répartir entre les opérateurs, le juge devrait se fonder sur « un certain nombre d'éléments objectifs qui peuvent être utilisés pour déduire la préférence de chacune des parties pour le risque. Ces éléments peuvent jouer comme autant de révélateurs de la préférence pour le risque de chacune des parties »[1539].

Se pose également la question de savoir quel sort réserver aux excédents générés par le cocontractant. Sont-ils également de nature à ouvrir une période extracontractuelle, puisqu'ils sont aussi hors du contrat ? Si tel est le cas, la personne publique serait-elle fondée à réclamer le bénéfice d'une portion de ces excédents ? Il s'agirait, en somme, d'une hypothèse inversée d'imprévision, c'est-à-dire que le risque imprévisible provoque, non pas un grave déficit, mais d'importants profits. La situation serait tout aussi anormale que

---

[1538] B. Deffains, S. Ferey, *Op. cit.*, p. 719.

[1539] *Idem.* Les auteurs proposent une analyse approfondie de ces « éléments objectifs » qui s'offrent au juge dans l'appréciation de la tendance des parties à avoir le « goût du risque ». Par exemple, il est communément admis que « la spéculation chasse l'imprévision ». Dans les contrats spéculatifs, la prise de risques est considérable, elle est même l'objet du contrat, si bien que la théorie de l'imprévision ne saurait être légitimement invoquée (voir également en ce sens : J. Ghestin, Ch. Jamin, M. Billiau, *Op. cit.*, p. 358, n° 292 ; J. Magnan de Bornier, Thèse *précitée*, p. 119 et 120 ; L. Thibierge, Thèse *précitée*, p. 432, n° 776).

l'hypothèse classique[1540] de la théorie, imprévisible et extracontractuelle. Or, elle ne relèverait pas pour autant de l'anormale gravité. La gravité ne frapperait pas le patrimoine économique de l'administration. Toutefois, l'esprit du pragmatisme juridique nous entraîne à envisager les choses de la manière suivante. La considération de l'environnement économique contemporain témoigne à l'évidence de ce que les personnes publiques n'ont pas - ou plus - toujours une capacité financière supérieure à celle des entreprises privées – ces dernières sont en effet susceptibles de générer des bénéfices considérables de leurs activités et de produire un chiffre d'affaires nettement supérieur à ce que pourrait réaliser une administration – d'autant qu'elles subissent actuellement les assauts des mesures économiques prises au regard des conséquences de la crise actuelle, économique et financière.

Aussi s'il est légitime que l'administration aide financièrement son cocontractant lésé à surmonter temporairement les pertes qu'il subit, il serait tout aussi souhaitable que le cocontractant, qui retire des avantages du contrat, participe au développement de la capacité financière des administrations - actuellement très déficitaires - au profit du bien-être commun. Il nous semble que le partage du risque économique imprévisible, excédentaire ou déficitaire, devrait se faire réciproquement entre les partenaires.

Toutes ces observations mènent à penser qu'il n'est peut-être aujourd'hui plus opportun de faire peser systématiquement la plus forte part de l'indemnité à l'administration.

L'opportunité de la théorie de l'imprévision est donc bel et bien économique. Ainsi, le souci de la consacrer en droit privé des contrats

[1540] La situation est anormale parce qu'elle n'a pas pu être raisonnablement prévisible lors de la conclusion du contrat. C'est alors les effets qu'elle produit qui sont radicalement différents de ceux d'une hypothèse classique : il n'y a pas, en tout état de cause, de préjudice. Maurice Hauriou avait également formulé une critique, que l'on peut rapprocher de cette observation, condamnant la jurisprudence du Conseil d'Etat selon laquelle « il ne faut pas compenser les périodes de déficit avec les périodes de bénéfice » (CE, 27 juin 1919, *Sté du gaz de Nice*, *Rec.*, p. ; *S.* 1920.3.25, note M. Hauriou). Voir également la réflexion de Gaston Jèze (*Op. cit.*, p. 526).

relève de la nécessité de garantir une certaine sécurité juridique et, dès lors, de la bonne administration de la justice.

SECTION 2. L'IMPREVISION OU LE SOUCI D'ASSURER UNE BONNE ADMINISTRATION DE LA JUSTICE

L'application de la révision judiciaire pour imprévision s'inscrit dans le cadre d'une bonne administration de la justice, étant entendue comme « l'ensemble des critères qui font la justice idéale des hommes »[1541]. Néanmoins, lorsque le juge malmène l'impératif de justice contractuelle, on est alors bien loin de l'intérêt des parties et bien plus loin encore de l'intérêt d'une bonne justice. Cette considération n'est pas sans faire écho au principe plus général de sécurité juridique qui procède de la réunion des principes économiques de proportionnalité et de confiance légitime. Certes, d'aucuns continuent à penser que la sécurité juridique participe du rejet de l'imprévision. Il semble que le débat soit sans fin. En effet, la sécurité juridique peut à la fois justifier et récuser la théorie de l'imprévision[1542].

Mais, un rapide détour par l'analyse économique du contrat suffirait à mettre la doctrine en accord puisqu'elle témoigne de ce que l'application de l'imprévision vise l'efficacité économique. Dès lors, le rétablissement de la proportionnalité du contrat constitue une garantie de la stabilité contractuelle, bien plus en tout cas que ne le serait la ruine de l'une des parties, qui serait source d'instabilité économique. La révision du contrat pour imprévision vise donc à ce titre l'efficacité économique et tend à assurer la sécurité juridique des relations contractuelles. Une même observation peut du reste être admise s'agissant du principe de la confiance légitime, qui prend la forme de la déception des attentes légitimes dans une hypothèse d'imprévision. Au plan économique, la protection des attentes légitimes participent

---

[1541] N. Nadal, « La bonne administration de la justice », *LPA*, 12 août 1999, n° 160, p. 5, spéc. p. 12. Voir aussi : R. Bousta, *Essai sur la notion de bonne administration en droit public*, Thèse Paris 1, L'Harmattan, 2010 ; H. Apchain, « Retour sur la notion de bonne administration de la justice », *AJDA* 2012, p. 587 ; J. Robert, « La bonne administration de la justice », *AJDA* 1995, n° spécial, p. 117.

[1542] Voir *supra*, p. 119 et s.

également de la sécurité juridique. Or, l'efficacité qui sous-tend le mécanisme économique de l'imprévision ne serait-elle pas également l'apanage d'une bonne administration de la justice ? En tout état de cause, l'efficacité économique semble être un concept qui interagit avec le souci d'assurer une bonne administration de la justice. En se fondant sur la réparation d'un préjudice anormalement grave, la révision judiciaire pour cause d'imprévision contribue à la qualité de la justice. Les principes de proportionnalité[1543] et de confiance légitime[1544] sont d'ailleurs, semble-t-il, des principes qui entrent dans le champ du principe de la bonne administration. Qualité et efficacité sont alors étroitement liées en ce qui concerne la théorie de l'imprévision. Aussi est-il légitime de penser que le principe de sécurité juridique entretient une relation étroite avec la bonne administration de la justice[1545]. Dès lors, la théorie de l'imprévision semble *a priori* en adéquation avec ces deux principes généraux au sens de l'analyse économique du contrat.

Ainsi, comme l'imprévision participe à la fois de la quête de la sécurité juridique et du souci de bonne administration de la justice, le juge, gardien de la protection de ces principes généraux du droit, est censé procéder à la révision du contrat dont l'exécution a été perturbée par un changement imprévisible des circonstances. La consécration de la révision judiciaire pour imprévision est dès lors impérative (I).

Si l'on part du postulat selon lequel la théorie de l'imprévision n'est ni une théorie administrative, ni moins encore une théorie

---

[1543] Voir par exemple : X. Philippe, *Le contrôle de proportionnalité dans les jurisprudences constitutionnelle et administrative*, Thèse Aix-Marseille, Economica, coll. Sciences et droit administratif, 1990, p. 663.

[1544] Voir par exemple : J.-C. Bouchard, « La note 442 du 28 mars 1928, un retour vers le futur ? Des principes de bonne administration, de sécurité juridique, de confiance légitime... », *Rev. dr. fiscal*, 17 mai 2007, n° 20, p. 10.

[1545] Voir par exemple en ce sens : J.-P. Puissochet, « Vous avez dit confiance ? », *Op. cit.*, p. 581, spéc. p. 585 ; J.-C. Bouchard, *Ibid.*, p. 11 et 16. D'autres analyses témoignent en revanche d'une plus grande réserve. Si les deux principes sont de prime abord correspondants, il semble qu'à la réflexion ils présentent également quelques divergences (voir par exemple en ce sens : R. Bousta, Thèse *précitée*, p. 248 et s. ; N. Marty, *La notion de bonne administration. A la confluence des droits européens et du droit administratif français*, Thèse Montpellier, 2007, p. 95-104).

judiciaire, mais qu'elle est justement une « théorie économique »[1546], il est dès lors concevable de mettre un terme au dogme sur lequel repose l'opposition de ses régimes (II).

I/ La consecration imperative de la revision judiciaire pour imprevision

Il est actuellement impératif de consacrer en droit privé des contrats une authentique théorie de l'imprévision. La crainte de l'intervention judiciaire dans la relation contractuelle devrait céder au profit de la finalité utilitariste de la révision pour imprévision, d'autant que le juge ne joue au fond qu'un rôle très subsidiaire (A). C'est alors sur la base du rétablissement de la justice contractuelle, impératif de droit public comme de droit privé, que la consécration de la théorie l'imprévision est envisageable (B).

A) Le magistère du juge de l'imprévision

Au fond, ce qui inquiète, dans la théorie de l'imprévision, ce n'est pas tellement son mécanisme économique de réparation du préjudice, ni même l'obligation de renégocier qu'elle implique ou moins encore la prévisibilité des circonstances en cause[1547]. C'est bien - et ce n'est que cela - le « pouvoir exceptionnel » conféré au juge de l'imprévision. Les vieilles craintes civilistes de l'arbitraire[1548] du juge sont encore aujourd'hui bien prégnantes en droit privé des contrats. Or, ce n'est là qu'une image faussée de ce que représente en réalité le rôle du juge dans une espèce mettant en jeu la théorie de l'imprévision. Son office est bien plus réduit que celui qui lui a toujours été prêté en doctrine. Nous n'aurons de cesse de répéter que « le juge ne refait pas

---

[1546] B. Deffains, S. Ferey, *Op. cit.*, p. 719.

[1547] Il convient de rappeler que le code civil fait droit de cité aux cas fortuits – par exemple les articles 1769 à 1773. C'est bien que l'imprévisibilité des circonstances n'est pas la raison profonde de ce pour quoi la théorie de l'imprévision a été reniée.

[1548] C.-M. Popescu, Thèse *précitée*, p. 5 et 219 ; H., L., J. Mazaud, F. Chabas, *Leçons de droit civil*, *Op. cit.*, n° 737, p. 861 ; J. Cédras, « Le solidarisme contractuel en doctrine et devant la Cour de cassation », Rapport 2003, Article *précité*.

le contrat »[1549]. Il n'a pas en matière d'imprévision de pouvoir de réfaction. Qu'on lui prête un pouvoir d'interprétation libérale ou d'interprétation complétive des obligations est une chose. Qu'on laisse penser qu'il « défait la loi des parties » ou qu'il réaménage à sa guise le contenu obligationnel, s'immisçant de fait dans la politique générale des prix[1550], en est une autre. Et d'ailleurs, il n'en est rien.

Plusieurs facteurs témoignent ainsi de la subsidiarité du rôle qu'il joue dans la théorie de l'imprévision. D'abord, il n'aura vocation à intervenir dans la relation contractuelle qu'en cas d'échec des renégociations des parties. Actuellement, il n'y a pas d'issue favorable en droit privé des contrats à l'échec des renégociations[1551]. Au-delà du

---

[1549] S'adressant aux magistrats membres du Conseil d'Etat, le Commissaire du Gouvernement Chardenet a très clairement insisté sur le rôle du juge : « Peut-on dire qu'en décidant ainsi, vous allez refaire le contrat ? Non. Le contrat ne contenait aucune disposition concernant une situation que les parties n'avaient pu envisager » (concl. *précitées*, p. 135). Le Conseil d'Etat a lui-même considéré qu' « il n'appartient pas au juge administratif de modifier les clauses d'un contrat librement acceptées par les parties » (CE, 21 janvier 1944, *Sté d'entreprises*, *Rec.*, p. 23). L'analyse de Gaston Jèze va dans le même sens : « une caractéristique de la théorie de l'imprévision est que le juge ne refait pas le contrat. Il ne modifie pas les tarifs dus par les usagers du service public concédé, ni le prix des ouvrages et des fournitures. *Il fixe une indemnité* » (*Les principes généraux du droit administratif*, *Op. cit.*, p. 537 et 538). Voir également : A. de Laubadère, *Op. cit.*, p. 116, n° 991. Certains membres de la doctrine de droit privé ont bien compris qu'il n'était pas question que le juge de l'imprévision refasse le contrat (voir par exemple, J. Ghestin, Ch. Jamin, M. Billiau, *Op. cit.*, p. 380, n° 315).

[1550] Voir en ce sens : J. Flour, J.-L. Aubert, E. Savaux, *Op. cit.*, n° 410 ; Ph. Malaurie, L. Aynès, *Op.cit.*, n° 620. En outre, Jacques Ghestin condamne l'idée selon laquelle « le juge n'a pas les moyens de déterminer l'incidence économique de la révision du contrat et il n'a pas le pouvoir d'agir sur l'économie » (*Op. cit.*, p. 338, n° 312).

[1551] Lorsque les renégociations échouent alors que les parties ont manifesté une bonne foi exemplaire, aucune solution juridictionnelle n'est envisagée. Le juge ne peut, en aucun cas, modifier les termes contractuels si bien que le contrat demeure en l'état. Il ne peut pas non plus prononcer sa résiliation si l'exécution des obligations est en tout état de cause encore possible. Seules les parties peuvent mettre un terme à leur engagement avant qu'il ne soit parvenu à échéance. Aussi, si tel n'est pas le cas, que le créancier exige la poursuite du contrat, le juge n'a aucun moyen juridictionnel pour neutraliser la situation d'imprévision. De fait, la survenance d'un changement exceptionnel de circonstances engendre un *statu quo* juridictionnel, si les parties ne parviennent pas à s'entendre dans le cadre des renégociations. Bien qu'elle ne soit pas la plus opportune, une solution semble *a* fait que la solution peut paraître peu conforme à la justice et à l'équité, elle est aussi, au plan économique, inefficace. Laisser la situation en l'état, voire dégénérer, n'est pas tellement une considération injuste ou inéquitable juridiquement – bien que moralement, elle le soit – mais elle dessert la finalité utilitariste du contrat que l'on ne saurait nier plus longtemps. De fait, le contrat est aujourd'hui au service de l'économie et de l'épanouissement des relations commerciales. C'est un échange économique qui sous-tend le développement de l'économie libérale et participe de l'utilité sociale, chère au bien-être commun. Aussi, tout porte à croire que l'efficacité économique du contrat implique nécessairement un réaménagement des termes contractuels, d'abord conventionnel, c'est-à-dire recherché par les parties elles-mêmes, puis judiciaire en cas d'échec des nouvelles discussions. Or, en disposant de moyens coercitifs, en laissant planer l'ombre des dommages et intérêts[1552], le juge œuvre manifestement en faveur du succès des renégociations. L'échec des nouvelles renégociations ne doit alors surtout pas être dû à la mauvaise foi de l'un des contractants[1553]. Aussi

---

priori poindre au regard de l'évolution récente de la Cour de cassation. La solution *Soffimat* témoigne de ce que la caducité du contrat pourrait être la solution dans une hypothèse d'imprévision qui n'a pas été réglée par les parties lors de la tenue des nouvelles discussions (voir *supra*, 325 et s.). L'analyse de Louis Thibierge va également en ce sens. Il souligne, après avoir distingué les effets de « l'imprévu dirimant » et ceux de « l'imprévu menaçant », que « la caducité est la sanction idoine de l'échec des renégociations » (Thèse *précitée*, p. 487 et s., n° 853 et s.).

1552 Gaston Jèze affirme aussi que le juge administratif « peut, par une pression énergique sur les contractants et la menace de dommages et intérêts, les amener à conclure un avenant réglant la situation, pour l'avenir, d'une manière équitable » (*Op. cit.*, p. 537). Voir également *supra*, p. 249 et s.

1553 Il convient en outre de noter que les parties peuvent avoir été de bonne foi, sans avoir manifestement réussi à s'entendre sur le montant de l'indemnisation. L'échec des renégociations peut dès lors être dû à deux hypothèses. Tantôt, les parties vont œuvrer activement dans le sens du réaménagement contractuel. De bonne foi, elles vont tenter de se mettre d'accord sur les modalités d'un nouvel accord, chacune faisant les concessions nécessaires. Mais, pour autant, malgré l'attitude active des parties, les renégociations peuvent demeurer infructueuses. Dans ce cas, la situation est donc « neutre juridiquement » (L. Aynès, « Le devoir de renégocier », *RJ com.*, n° spécial, novembre 1999, p. 11). L'échec des nouvelles discussions peut, par ailleurs, résulter d'une volonté insuffisante des parties à réviser le contrat, soit qu'étant de bonne foi, elles ne sont pas prêtes à faire toutes les concessions qu'implique la situation d'imprévision – à noter que le principe de la bonne foi ne les y oblige pas ; elles ne sont pas contraintes d'aboutir à un accord – soit que l'une les parties sont-elles sûrement plus disposées à faire des concessions[1554]. D'ailleurs, la pratique de l'imprévision en contentieux administratif témoigne de ce que la plupart du temps, la solution est trouvée à l'amiable. Les cas d'imprévision sont donc presque toujours résolus *in fine* et par les parties elles-mêmes[1555].

Le juge joue un rôle également accessoire dans la détermination objective du montant de la charge extracontractuelle et dans la computation du prix-limite. Cette fonction purement comptable est laissée à la compétence des experts, spécialiste des questions économiques. Dès lors le juge se montre prudent, admettant son incompétence en la matière et réduit son office à la seule fixation des modalités de calcul. En somme, en définissant ces règles, il n'est pas tant investi d'un pouvoir arbitraire, bien au contraire, il fixe conformément au droit « les règles du jeu » de l'imprévision. Soucieux de garantir la pertinence et la cohérence des règles de calcul, il explique au regard de ce qui est conforme à la justice, ce qui doit juridiquement entrer dans le calcul de la charge et ce qui doit pas l'être. C'est tout et ce n'est que cela.

---

d'entre elles agit de mauvaise foi, la faute peut alors être présumée (sur la présomption de faute, voir pour une analyse approfondie : F. Fraysse, Thèse *précitée*). Il s'agira le plus souvent d'une faute du créancier. Est-il légitime d'exiger la poursuite du contrat en l'état, en sachant très bien que le débiteur ne sera pas en mesure d'y parvenir sans aide financière suffisante ? Il commet en effet un abus s'il refuse de prendre à sa charge ce que Louis Thibierge nomme la « fraction rendant dérisoire l'échange » « le créancier sait pertinemment que le débiteur ne pourra pas poursuivre l'exécution du contrat devenu dérisoire. Il a donc conscience que son refus condamne à mort le contrat. En optant pour la mort plutôt que l'adaptation, le créancier a contrevenu à son devoir de renégocier » (Thèse *précitée*, p. 468, n° 827 et 828). La responsabilité contractuelle du créancier sera dès lors engagée et la sanction de cette mauvaise foi sera l'octroi de dommages et intérêts, comme au cas des manœuvres fallacieuses commises par l'une des parties (voir *supra*, p. 271 et s.).

[1554] « Par ce moyen, le juge du contrat exerce indirectement une pression énergique sur les parties récalcitrantes : en définitive, en cas de non accord amiable, on reviendra devant le juge. Celui-ci interviendra impérativement si c'est nécessaire. Chaque partie peut redouter de perdre son procès. Cette perspective rend les parties plus conciliantes, facilite les transactions » (G. Jèze, *Op. cit.*, p. 542).

[1555] « En fait, depuis que la théorie de l'imprévision a été formulée par le Conseil d'Etat avec toute la netteté désirable, les arrangements amiables se sont multipliés » (G. Jèze, *Ibid.*, p. 543). Voir aussi : A. de Laubadère, *Op. cit.*, n° 1004, p. 130.

Quel est donc précisément le rôle du juge de l'imprévision ? Son rôle se cantonne à la stricte nécessité qu'implique sa fonction juridictionnelle au vu des circonstances de l'espèce. Il se contente en définitive de dire qui « a tort ou a raison »[1556] et renvoie les parties à renégocier le montant de l'indemnité car, « n'est-il pas éminemment pratique, dans une question aussi complexe que celle soumise au Conseil d'Etat, de dire qui, en principe, à tort ou à raison, et de renvoyer les parties à s'entendre sur l'application du principe ? (...) N'est-il pas plus simple, plus expéditif de dire aux parties : « la ville de Bordeaux a tort. Elle doit tenir compte à la compagnie du gaz de la hausse des charbons, dans une certaine mesure (que le Conseil d'Etat indique avec soin). Entendez-vous sur cette liquidation et sur toutes les modalités de paiement et combinaisons financières. Si vous n'y parvenez pas, vous reviendrez devant la justice qui vous appliquera les principes qui viennent d'être dégagés »[1557].

Ceci étant, le juge n'est pas un « esclave » ni un « serviteur »[1558] des termes du contrat, pas plus qu'il n'est « l'ennemi contractuel numéro un »[1559]. Il n'est pas non plus « un ministre d'équité »[1560]. Et, son office n'est pas plus « dangereuse »[1561] qu'elle n'est « source

---

[1556] *RDP*, 1916, p. 206, note G. Jèze, spéc. p. 237.

[1557] *RDP*, 1916, p. 206, note G. Jèze, spéc. p. 237.

[1558] Selon Jean-Pascal Chazal, « le juge n'est pas ce serviteur du contrat, cet esclave de la volonté des parties auquel on a trop voulu croire » *in* « Les nouveaux devoirs des contractants : est-on allé trop loin ? », accessible en ligne depuis l'adresse : <http://master.sciences-po.fr/droit/sites/master.sciences-po.fr.droit/files/users/aude.epstein/Les%20devoirs%20contractuels.pdf>, consulté le 8 septembre 2012.

[1559] D. Mazeaud, « Le juge et le contrat, variations optimistes sur un couple « illégitime » », *Op.* et *loc. cit.*, n° 4, p. 235.

[1560] J. Cédras, *Op. cit.*

[1561] L. Thibierge, Thèse *précitée*, p. 446, n° 792.

d'arbitraire »[1562] ou encore constitutive d' « une offense à la volonté des parties »[1563].

Dans une situation d'imprévision, le juge devrait être considéré comme un tiers digne de confiance. Il n'est pas à proprement parler « un partenaire »[1564] des parties. Ainsi, tandis que s'affrontent liberté et justice contractuelle, il est seul en définitive à détenir un pouvoir de conciliation[1565] de ces impératifs, faisant preuve *de facto* d'un certain pragmatisme juridique. Sans doute objectera-t-on que l'analyse se rapproche des thèses solidaristes[1566]. Cependant il n'en est rien. Certes, la pensée solidariste œuvre en faveur de la réception de la théorie de l'imprévision. En cela, la présente étude s'en approche. Mais elle se distingue également. Le juge n'opère pas une révision judiciaire du contrat frappé par une situation d'imprévision sur le fondement de quelques considérations solidaristes. La solidarité contractuelle n'est valable qu'au regard de la relation contractuelle, c'est-à-dire entre les

---

1562 C.-M. Popescu, Thèse *précitée*, p. 5 et 219 ; H., L., J. Mazaud, F. Chabas, *Leçons de droit civil*, *Op. cit.*, n° 737, p. 861 ; J. Cédras, *Op. cit.* ; L. Thibierge, Thèse *précitée*, p. 210, n° 331.

1563 Voir en ce sens : L. Thibierge, Thèse *précitée*, p. 209, n° 330. Ainsi, « donner au juge le pouvoir de refaire le contrat peut être perçu comme une offense à l'intelligence des parties. En effet, leur volonté est présentée par la doctrine solidariste comme imparfaite (…) ».

1564 D. Mazeaud, *Op. cit.*, n° 4. Le juge a des pouvoirs que les parties n'ont pas. Or, être partenaire suppose d'être placé sur un certain pied d'égalité. Il est un tiers à la relation contractuelle. Il est digne de confiance en ce sens que les parties ont la garantie qu'il ne commettre aucune ingérence indésirable. Les parties sont assurées que le juge mettra tout en œuvre pour éviter son intervention. Il fait intervenir des experts, il explicite les modalités de calcul de la charge et il collabore avec les parties pour définir un partage équitable du financement de la charge imprévisible. Tout est fait en somme pour qu'il n'intervienne justement pas.

1565 « Il incombe au juge de veiller à ce difficile équilibre entre les exigences de légalité, de sécurité juridique mais aussi d'équité dont la garantie est indispensable au maintien d'un ordre juste conforme à l'idée d'un modèle exigeant de l'Etat de droit (…) » (E. Carpano, *Op. cit.*, p. 363, n° 373).

1566 Voir par exemple : Ch. Jamin, « Plaidoyer pour le solidarisme contractuel », *Op. cit.* ; D. Mazeaud, « Loyauté, solidarité, fraternité, la nouvelle devise contractuelle ? », *Op. cit.* ; L. Grynbaum, M. Nicod, *Le solidarisme contractuel, mythe ou réalité ?*, *Op. cit.* Voir également : S. Lequette, *Le contrat-coopération. Contribution à la théorie générale du contrat*, Economica, 2012.

parties contractantes - elle fonde principalement l'obligation de renégocier un contrat gravement déséquilibré. Or le juge est un tiers à la relation contractuelle. Aussi n'est-il pas à proprement parler le « levier »[1567] du solidarisme contractuel. Il déclenche la révision judiciaire du contrat sur le fondement de considérations essentiellement économiques et sociales, conforme à la conception utilitariste du contrat. Il est donc sûrement plus un promoteur de l'efficacité économique du contrat. Le préjudice anormalement grave ne profite guère à la société, il est générateur à tout point de vue d'instabilité économique. Aussi convient-il d'inverser la tendance et d'admettre dès lors une réparation du préjudice[1568].

Rien ne permet de penser que le magistère du juge n'est pas au service de la justice, et donc plus particulièrement de la justice contractuelle qui constitue, dans un « monde incertain »[1569], un impératif juridique, voire peut-être un objectif d'idéal à atteindre.

B) L'impératif de justice contractuelle

La théorie de l'imprévision s'impose au droit des contrats par la recherche de la justice contractuelle. Certes, le juge est également gouverné par des considérations d'équité[1570] mais comme l'équité est une valeur « suprême de la justice »[1571], il semble qu'elle anime toujours de près ou de loin l'action juridictionnelle. Aussi n'est-elle pas la principale raison d'être de l'office du juge de l'imprévision. La révision pour imprévision n'est pas guidée par l'équité ; l'équité sous-tend la répartition de la charge extracontractuelle et l'interprétation raisonnable du contrat[1572]. En revanche, le mécanisme de la révision

---

[1567] J. Cédras, *Op. cit.* ; L. Thibierge, Thèse *précitée*, p. 208.

[1568] Voir en ce sens : G. Jèze, *Les principes généraux du droit administratif*, *Op. cit.*, p. 539.

[1569] L. Vidal, « L'économie de la répartition des risques dans les contrats : les liens entre droit et économie », *Op. cit.*, p. 59. Voir également : B. Deffains, S. Ferey, *Op. cit.*, p. 719.

[1570] Voir en ce sens : G. Jèze, *Les principes généraux du droit administratif*, *Ibid.*, p. 538 ; A. de Laubadère, *Op. cit.*, n° 897, p. 13.

[1571] *Lexique des termes juridiques*, Dalloz, entrée « équité ».

[1572] Voir *supra*, p. 274 et s.

judiciaire est gouverné par l'impératif de justice contractuelle. Il ne s'agit donc pas, en définitive, d'un « impératif »[1573] qui aurait trait au « sentimentalisme » ou à « la charité » [1574] puisque, en tout état de cause, la justice contractuelle existe indépendamment de ces notions idéologiques, à la condition qu'elle soit appréciée objectivement au regard du pragmatisme juridique. Car « la vérité pragmatique a remplacé la vérité révélée »[1575]. En ce sens, le dogme de la volonté doit céder au profit d'une vision pragmatique du contrat[1576], c'est-à-dire fondée sur la réalité de la pratique contractuelle contemporaine. Car c'est bien là qu'existe le conflit. Justice et liberté contractuelles semblent de prime abord s'opposer. La justice contractuelle paraît mal s'accommoder du volontarisme dogmatique et réciproquement. Or, la sacralisation de la loi des parties n'est actuellement plus soutenable[1577] - ce qui ne veut pas dire qu'elle doive être absolument déniée. Elle devrait être simplement relativisée au regard de la « rationalité limitée »[1578] des parties – et il ne s'agit pas là non plus d'offenser la

---

[1573] S'il est communément admis dans la théorie générale des contrats administratifs que la justice contractuelle constitue un impératif garanti par le Conseil d'Etat, cette notion n'est en outre pas toujours considérée comme un véritable impératif en droit privé des contrats. Une partie de la doctrine civiliste estime néanmoins qu'elle devrait être une notion impérative en ce qu'elle œuvre en faveur du rétablissement de l'équilibre contractuel, c'est-à-dire en faveur de la proportionnalité des obligations. Voir par exemple : C. Thibierge-Guelfucci, « Libre propos sur la transformation du droit des contrats », *RTD civ.* 1997, p. 357, spéc., p. 357.

[1574] Certains auteurs de la doctrine civiliste ont dénoncé le sentimentalisme de la Cour de cassation, actuellement plus encline au rétablissement de la justice contractuelle, comme en témoigne la consécration de l'obligation de renégocier le contrat gravement déséquilibré. Voir par exemple : P. Delebecque, *Rép. Defrénois* 1996, I, p. 1374.

[1575] J.-P. Sartre, *Situations* (1947-1976).

[1576] Dans un monde où règne l'incertitude et l'instabilité économique, la tendance des parties est à la quête d'une sécurité juridique toujours plus importante, la multiplication des clauses contractuelles atteste qu'elles cherchent à se prémunir contre « tous les états possibles futurs » (B. Deffains, S. Ferey, *Op. cit.*, p. 719). Une brève observation des pratiques contractuelles témoigne de ce que les parties cherchent à sécuriser leur relation contractuelle face à la conception affairiste du contrat et à sa finalité utilitariste.

[1577] Voir *supra*, p. 103 et s.

[1578] T. Kirat, *Economie du droit*, *Op. cit.*, p. 19.

capacité des parties à prévoir[1579], mais bien de protéger leurs attentes légitimes. Ce faisant, l'opposition entre la justice et la liberté contractuelles ne semble plus à la réflexion si irréductible. L'adéquation justice contractuelle et liberté contractuelle semble dès lors se fonder sur l'exigence de proportionnalité.

La liberté contractuelle qui anime les parties lors de la conclusion du contrat vise la définition d'un rapport raisonnable de proportionnalité des prestations réciproques. Ce rapport est évidemment variable d'un couple de contractants à un autre, la volonté contractuelle étant *a fortiori* changeante. En revanche le rapport de proportionnalité sera toujours raisonnable en ce sens qu'il est voulu et fixé par les parties selon un consentement libre et éclairé. En somme, la proportionnalité des obligations contractuelles est bien connue des parties dès lors qu'elles s'engagent dans la voie contractuelle, ce qui explique qu'elles connaissent *a priori* les attentes légitimes de chacune d'elles. Aussi, la disproportion manifeste de l'économie contractuelle devrait être sanctionnée au regard de la liberté contractuelle des parties. Or, n'est-ce pas là ce que la justice contractuelle tend à garantir ? En visant le respect de l'équilibre économique du contrat, elle propose de sanctionner les déséquilibres manifestes[1580]. C'est bien qu'« un défaut excessif d'équivalence heurte néanmoins trop gravement le principe essentiel de justice »[1581]. La disproportion manifeste de l'économie du contrat celle-là même que la liberté contractuelle des parties a fixé selon un rapport raisonnable de proportionnalité, semble alors devoir être sanctionnée au nom de l'impératif de justice contractuelle. Il est donc erroné de penser que le rétablissement de la justice contractuelle en matière d'imprévision constitue une atteinte à la liberté contractuelle des parties.

La justice contractuelle n'est pas l'apanage du seul juge administratif. Dès lors, le juge judiciaire qui n'est pas hostile à la justice contractuelle ni même au pragmatisme juridique[1582] aurait pu

[1579] Voir en ce sens : L. Thibierge, Thèse *précitée*, p. 209, n° 330.

[1580] Voir en ce sens : J.-P. Chazal, « Les nouveaux devoirs des contractants : est-on allé trop loin ? », *précité*.

[1581] J. Ghestin, Ch. Jamin, M. Billiau, *Op. cit.*, p. 358, n° 293.

[1582] Sans l'admettre véritablement, la Cour de cassation semble pratiquer un certain pragmatisme juridique, à tout le moins s'agit-il de sa Chambre commerciale. C'est réviser sa jurisprudence il y a fort longtemps déjà. Mais il semble que le *Canal de Craponne* ait jusque-là figé en son sein toute possibilité d'évolution jurisprudentielle, voire même pour une partie seulement, d'évolution doctrinale. Les offensives qu'il subit maintenant l'ont semble-t-il « fissuré » au point qu'il est désormais concevable d'envisager la fin de la *summa divisio* opposant les régimes de l'imprévision.

II/ IMPREVISION ET *SUMMA DIVISIO*, LA FIN D'UN DOGME ?

N'en déplaise à la doctrine administrativiste, les théories de l'imprévisible ne sont en rien spécifiques au droit des contrats administratifs. Seul leur régime juridique est spécifique mais elles ne se fondent pas sur quelques considérations exorbitantes du droit commun. Une brève incursion dans les droits nationaux des principaux Etats membres de l'UE en témoigne, de même que l'étude des Principes (*lato sensu*) du droit des contrats. Dès lors, la théorie de l'imprévision ni une théorie administrative ni moins encore une théorie judiciaire, elle n'est en définitive qu'une « théorie économique »[1583].

La théorie de l'imprévision repose sur une logique économique et financière qui n'est pas l'apanage du droit administratif. L'économie méconnaît en effet la *summa divisio* ; elle la dépasse. Elle pénètre

---

alors dans le sillage de ce pragmatisme juridique que s'est développée une jurisprudence fondée sur la justice contractuelle. L'exemple le plus topique est sûrement celui de la découverte de l'obligation de sécurité qui semble *a priori* justifiée par la justice contractuelle. Ainsi, selon le Professeur Jean-Pascal Chazal, « dans cette conception commutative et équitable du contrat, d'aucuns diront solidariste, l'intervention du juge, qui peut venir perturber les prévisions des parties, ou du moins de celle qui a imposé sa loi, n'est pas un forçage, mais un impératif de justice » (*Op. cit.*). La jurisprudence récente *Soffimat* témoigne en outre de ce que le juge judiciaire tend désormais vers la quête d'une plus grande justice contractuelle. Prononcer la caducité du contrat pour extinction de sa cause permet de sanctionner le déséquilibre contractuel et s'inscrit dans le cadre de la justice contractuelle. D'ailleurs, cette utilisation de la cause n'est pas sans lien avec la montée en puissance du principe de proportionnalité (voir en ce sens : S. Amrani Mekki, B. Fauvarque-Cosson, « Droit des contrats. Octobre 2009 - novembre 2010 », *Op. cit.*, p. 472).

[1583] B. Deffains, S. Ferey, *Op. cit.*, p. 719.

avec force dans la substance contractuelle sans considération aucune pour la nature publique ou privée du contrat. Le contrat administratif n'est donc pas la terre d'élection du préjudice économique anormalement grave. Le contrat de droit privé est autant susceptible d'être à l'origine d'un préjudice économique anormalement grave, sous l'effet d'un changement imprévisible des circonstances. Si l'on estime que le mécanisme de l'imprévision repose donc sur des critères économiques tels que le rétablissement de la proportionnalité des obligations et la protection des attentes légitimes des parties, dont les exigences éminemment économiques participent du principe de la sécurité juridique, il est alors concevable d'y voir une unification des régimes administrativiste et civiliste de l'imprévision. L'opposition n'est plus soutenable tout du moins au plan économique.

Cet état de fait pose en définitive la question du degré d'administrativité de la théorie de l'imprévision – voire même du contrat administratif[1584]. La révision du contrat pour cause d'imprévision permet uniquement d'octroyer un « supplément de prix » afin de garantir et la pérennité du contrat et la continuité de l'activité économique. Atteindre le but contractuel est éminemment important puisqu'il est par définition profitable non seulement aux contractants mais la société tout entière. Aussi ne peut-on pas ignorer la finalité hautement utilitariste que revêt la théorie de l'imprévision. Rien ne permet donc de penser qu'elle n'est pas transposable en droit des obligations.

[1584] En admettant que la théorie de l'imprévision présente une « administrativité » relative, alors même qu'elle est considérée en doctrine comme l'une des théories les plus célèbres du droit administratif (voir par exemple en ce sens : F. Llorens, Thèse *précitée*, p. 283) en ce qu'elle lui serait spécifique, n'est-il pas légitime de penser que si la théorie entre dans le champ du droit commun, la nature administrative du contrat semble *a priori* s'estomper par voie de conséquence ? En ôtant la théorie de l'imprévision au droit administratif, n'est-ce pas là aussi lui ôter sa spécificité, du moins en partie ? On peut en douter d'autant qu'une partie de la doctrine administrativiste tend également à s'interroger sur la reconnaissance d'une théorie générale du contrat, commune au droit administratif et au droit privé des contrats (voir par exemple : G. Eckert, « droit administratif et droit civil », *in Traité de droit administratif* (sous la dir. F. Melleray, P. Gonod, Ph. Yolka), T. 1, Dalloz, 2011, p. 631 et s. ; Y. Gaudemet, « Prolégomènes pour une théorie des obligations en droit administratif français », *in Mélanges en hommage à J. Gaudemet*, PUF, 1999, p. 613-637, spéc. p. 622).

Il n'y a pas entre droit et économie l'antinomie dont on a si souvent discuté. Les disciplines sont étroitement liées, voire interdépendantes. Ainsi, l'économie ne distingue pas entre droit public-droit privé. Elle conquiert tant la sphère administrativiste que la sphère civiliste. Les politiques jurisprudentielles administrative et judiciaire sont alors susceptibles de trouver un point d'accord si elles admettent que la théorie de l'imprévision se met au service de considérations exclusivement économiques, ce qui contribuerait à l'évidence à mettre un terme au dogme sur lequel repose l'opposition de ses régimes. Du reste, le rôle du juge de l'imprévision n'est plus à craindre puisqu'il demeure somme toute très accessoire. La politique jurisprudentielle judiciaire s'enlise dans une position marginalisée, en atteste la perte d'attractivité de son Code civil. Le droit des contrats doit donc évoluer au regard des pratiques contractuelles et des exigences de l'économie libérale car « il n'en reste pas moins qu'un droit qui consacre une conception dogmatique de l'intangibilité du contrat tout en disposant d'un droit de l'exécution peu rigoureux donne l'impression de raisonner à l'envers. Car ce qui est économiquement souhaitable, c'est un droit de l'exécution rigoureux accompagné d'une conception souple de l'intangibilité ; soit l'inverse de ce que nous faisons »[1585].

En tout état de cause, la théorie de l'imprévision n'est pas en substance administrative ni judiciaire. Elle obéit à des considérations purement économiques et utilitaristes si bien que l'on ne voit pas bien pour quoi elle resterait cantonnée au droit des contrats administratifs.

L'analyse économique du contrat permet d'enrichir la compréhension du mécanisme de l'imprévision parce qu'elle témoigne d'abord de ce que les prévisions des parties procèdent d'une « rationalité limitée », ensuite de ce qu'un contrat complet peut se révéler inopérant[1586]. « L'incomplétude n'est dès lors plus le

---

[1585] X. Lagarde, « Brèves réflexions sur l'attractivité économique du droit français des contrats », *Op.* et *loc. cit.*, p. 2745.

[1586] Voir par exemple en ce sens : L. Vidal, « L'économie de la répartition des risques dans les contrats : les liens entre droit et économie », *Op. cit.*, p. 59 et s. Aux termes de l'analyse, « on multiplie aujourd'hui les clauses sans percevoir cependant que la visée d'un contrat complet, contrat en mesure de prévoir toutes les occurrences futures, n'est pas sans inconvénients ».

problème, c'est la solution, puisque l'incertitude marchande ne peut trouver dans le jeu des arbitrages privés contractuels un cadre adéquat de gestion. Or ce n'est pas le moindre des mérites du juge administratif que de l'avoir compris et, intuitivement ou volontairement, d'avoir contribué à développer cette vision moderne du contrat. On en revient alors aux intuitions visionnaires du doyen Hauriou. Les résultats les plus récents des investigations menées par les autres sciences sociales valident nombre de ses conclusions, au premier rang desquelles cette conception d'un contrat administratif mélange de convention, d'institutions et de hiérarchie »[1587]. Maurice Hauriou avait ainsi déjà proposé une transposition de la théorie de l'imprévision à un certain type de contrats de droit privé. Le contrat-institution est une sorte de contrat idéal marqué par sa durée d'exécution. Il convient d'ailleurs de noter que le contrat de concession revêt également, selon le Doyen Hauriou, une dimension institutionnelle.

Se fondant sur l' « idée d'œuvre » [1588], le contrat-institution est en somme susceptible de faire l'objet d'une application de la théorie sur le fondement même de sa nature, c'est-à-dire sur l'institution. Le fondement est alors contractuel : « par ce détour de l'acceptation implicite de l'institution incorporée au contrat, avec ses nécessités naturelles, on peut dire que l'imprévisible lui-même se trouve prévu et réglé par le contrat »[1589]. Aussi, le contrat lui-même permet-il la révision judiciaire du contrat pour cause d'imprévision. C'est dire si la conception du contrat que le Doyen proposait semble faire écho à la pratique contractuelle contemporaine, comme en témoigne le

---

[1587] L. Vidal, *Op. cit.*, p. 60.

[1588] « Une institution est une idée d'œuvre ou d'entreprise qui se réalise et dure juridiquement dans un milieu social ; pour la réalisation de cette idée, un pouvoir s'organise qui lui procure des organes ; d'autre part, entre les membres du groupe social intéressé à la réalisation de l'idée, il se produit des manifestations de communion dirigées par les organes du pouvoir et réglées par des procédures » (M. Hauriou, « La théorie de l'institution et de la fondation. Essai de vitalisme social », *in* Aux sources du droit : le pouvoir, l'ordre et la liberté, *Cahiers de la Nouvelle journée*, n° 23, 1925, p. 96).

[1589] M. Hauriou, « L'imprévision et les contrats dominés par des institutions sociales », *in* Aux sources du droit : le pouvoir, l'ordre et la liberté, 1925, p. 137.

développement des contrats relationnels[1590] - bien que le fondement de la théorie de l'imprévision demeure en tout état de cause extracontractuel. En définitive, « ce qui justifie la théorie de l'imprévision dans les relations du droit administratif doit la justifier aussi dans celles du droit privé. Cela seul et rien d'autre, car il y a unité des principes du droit »[1591]. Aussi, convient-il d'admettre que très tôt l' « administrativité » de la théorie a été contrariée par la doctrine au point de s'interroger sur la valeur réelle de la *summa divisio.* Il semble aujourd'hui que le dogme sur lequel s'est fondée l'opposition des régimes de l'imprévision a véritablement cessé d'exister.

[1590] H. Bouthinon-Dumas, « Les contrats relationnels et la théorie de l'imprévision », *Op. cit.*, p. 339. Aux termes de l'analyse, l'auteur indique que la vision du Doyen Hauriou ne paraît pas correspondre en tout point à la nature du contrat relationnel, pas plus qu'elle ne cadre finalement avec le mécanisme économique de l'imprévision. Le contrat-institution semble donc correspondre à une vision idéaliste du contrat, peu en adéquation avec la pratique utilitariste.

[1591] M. Hauriou, *Op. cit.*, p. 138.

Conclusion du Chapitre 2

La théorie de l'imprévision est une théorie économique. Par sa mise en application elle vise non seulement le maintien d'un contrat utile par les avantages qu'il procure à la société mais aussi l'efficacité économique, puisque la continuité de l'activité économique est assurée. En somme, parce qu'il sous-tend la croissance économique et l'épanouissement des relations commerciales, et qu'il assure le développement du marché intérieur, le processus contractuel doit être par définition « économiquement efficace »[1592]. Aussi, pour qu'il le demeure, il doit, lorsque les circonstances l'imposent – c'est-à-dire en cas de bouleversement de son économie contractuelle sous l'effet d'un événement exceptionnel – faire l'objet d'une adaptation aux nouvelles conditions économiques d'exécution, quitte à ce que cette révision soit opérée par la voie judiciaire. Car, la bonne foi des parties qui ne se sont pas opposées aux attentes légitimes de l'une ou de l'autre, nées lors de la conclusion du contrat, implique *a priori* l'obligation de renégocier les termes contractuels à l'amiable, soit qu'elles décident conjointement de mettre fin à leur engagement, soit qu'elle tente de le conserver « coûte que coûte ». Or, si tel n'est pas le cas, qu'un recours contentieux est formé parce qu'elles ne s'entendent pas sur le prix ni sur le montant d'une éventuelle résiliation, c'est qu'elles souhaitent en tout état de cause que le juge intervienne dans le rapport d'obligations pour les départager. N'ayant pas le pouvoir de modifier les termes contractuels, il déploie dès lors une sorte de compétence pédagogique qui lui a d'ailleurs valu la critique[1593] : il explique aux parties comment elles doivent procéder pour déterminer le montant objectif de l'indemnité d'imprévision – ou, le cas échéant, de la résiliation. « Les bases de la transaction amiable sont donc connues et non pas incertaines (…) Dans ces conditions, pourquoi plaider ? Mieux vaut s'entendre »[1594]. Ce faisant, il indiquera au regard de l'ensemble du

[1592] J. Flour, J.-L. Aubert, E. Savaux, *Droit civil. Les obligations*, *Op. cit.*, n° 409, p. 388.

[1593] L. Duguit, *Rev. politique et parlementaire*, 10 mai 1916, p. 264 et s. Voir pour la réfutation à cette critique, voir : G. Jèze, note sous *Gaz de Bordeaux*, *RDP* 1916, p. 236 et s. ; Les principes généraux du droit administratif, *Op. cit.*, p. 542 ; M. Hauriou, note sous *Gaz de Bordeaux*, *S.*, 1916. 3.17.

[1594] G. Jèze, *Ibid.*, p. 543.

contrat quel contractant est le plus à même de financer la majeure partie du surcoût exceptionnel.

La théorie de l'imprévision s'explique en droit des contrats parce que, d'un point de vue économique, la continuité du contrat demeure être la solution la plus avantageuse – sauf si bien sûr la ruine du cocontractant est inévitable – plutôt qu'une résiliation, d'autant que la force obligatoire du contrat n'a pas été affectée. Ainsi l'indemnité permet-elle de soutenir une certaine stabilité contractuelle pendant une période transitoire raisonnable, bien plus profitable économiquement qu'attendre jusqu'à la ruine complète et définitive du cocontractant. C'est en ce sens que l'inertie du juge judiciaire est étonnante puisqu'il lui suffirait, pour rétablir la justice contractuelle, d'accorder une indemnité d'imprévision, et non pas de refaire le contrat risquant par là-même de malmener la politique économique. Moins que cela encore, il suffit au juge de contraindre les parties à renégocier après les avoir départagées sur le fait de savoir qui a tort ou a raison dans le partage du risque extracontractuel. Une fois le principe établi, les parties n'ont plus qu'à trouver la solution dans le cadre des renégociations. L'intervention du juge dans la relation contractuelle est donc le plus souvent évitée, les parties réaménageant les stipulations contractuelles à l'amiable. Du reste, la ruine complète et définitive d'une des parties n'est pas souhaitable sur le plan économique – ni même sur le plan moral. Si l'on considère que le contrat doit demeurer en l'état malgré les effets imprévisibles de la variation des circonstances économiques sur son exécution, c'est qu'on estime à l'évidence que la ruine a été choisie par le cocontractant au moment de la conclusion du contrat – ce qui est à la fois, étonnant et invraisemblable puisque le contractant « n'est pas un joueur »[1595] – et qu'elle n'aura aucun effet particulier sur l'économie générale. Or, l'analyse économique du contrat a montré que l'endettement d'un contractant n'est pas économiquement souhaitable, il dessert l'efficacité économique. Ainsi, estimer que la révision judiciaire pour imprévision est inutile parce que le contrat est « une emprise sur l'avenir »[1596], qu'il est le meilleur moyen pour les parties

---

[1595] X. Lagarde, *Op. cit.*, p. 2745.

[1596] G. Ripert, *Op. cit.*, n° 84.

de se prémunir contre tous les risques susceptibles de survenir en cour d'exécution, est en inadéquation avec la conception économique selon laquelle d'un point de vue prévisionnel, les parties n'ont à l'évidence qu'une rationalité limitée et que, d'un point de vue pratique, un contrat complet peut se révéler contre-productif.

Réduite à sa finalité utilitariste, la théorie de l'imprévision n'est ni administrative, ni judiciaire. Chaque fois que le réaménagement du contrat est possible, il doit être opéré par les parties en premier lieu, ou en second lieu par le juge parce que sa continuité profite d'abord à l'économie puis, à la société toute entière.

Conclusion du titre II

Les régimes de l'imprévision peuvent désormais ne faire plus qu'un, d'abord parce que la méfiance des civilistes à l'égard de l'office du juge de l'imprévision est faussée - le juge n'a pas ce pouvoir de réfaction du contrat lorsqu'il procède à la révision des termes contractuels, pouvoir qui suscite tant de craintes de la part de la doctrine classique – ensuite, parce que la force obligatoire n'est en rien affectée. La révision du contrat n'est donc pas constitutive d'une atteinte à la force obligatoire lorsqu'elle résulte du succès des renégociations, pas plus qu'elle ne l'est donc lorsqu'il s'agit du juge qui l'opère. Elle n'est pas non plus vectrice d'insécurité juridique. Bien au contraire, être assuré que le contrat sera réaménagé en cours d'exécution si son économie est bouleversée au point que l'une des parties se ruine inexorablement, est un vecteur de sécurité juridique et un catalyseur de la faculté des parties à contracter. Aucun des arguments avancés par la doctrine civiliste et par la juridiction judiciaire ne sont donc plus actuellement soutenables. Ce n'est que lorsque la force obligatoire est envisagée sous angle de l'intangibilité des obligations qu'elle pose problème. Or, il ne s'agit là que d'une interprétation juridictionnelle qui se veut rigoriste en cas d'imprévisibilité, mais qui demeure somme toute relativisée dans d'autres espèces contentieuses. Nombreux sont les membres de la doctrine civiliste à démontrer que la force obligatoire conçue à l'aune de l'intangibilité des obligations contractuelles n'est manifestement plus en adéquation avec l'évolution contemporaine du droit des contrats[1597] et qui prônent l'admission d'une interprétation souple du principe, plus à même de correspondre à la conception utilitariste – voire affairiste – du contrat et à la réalité de la pratique contractuelle. En cela, la démarche serait bien plus pragmatique. Mais, nous n'irons pas jusqu'à dire que le Canal de Craponne est un «

[1597] Voir par exemple : J.-P. Chazal, « Les nouveaux devoirs des contractants : est-on allé trop loin ? », *précité* ; « De la signification du mot loi dans l'article 1134, alinéa 1er du code civil », *Op. cit.*, p. 265. C'est aussi ce que le Professeur Marion Ubaud-Bergeron a souligné dans sa thèse, considérant que « sacralisée de façon absolue par la doctrine comme par le juge civil, sa critique prend l'ampleur d'un débat passionné en droit privé où la force des reproches qui lui sont adressés est à la hauteur de rayonnement qu'elle y a connu » (Thèse *précitée*, p. 433).

scandale »[1598]. Il a d'innombrables vertus qu'il convient de ne point renier : la force obligatoire des conventions est un principe directeur du droit des contrats. Qu'elle le reste est bien plus souhaitable plutôt qu'elle ne soit maintenant reléguée à un principe de second rang en matière d'imprévision. Le principe est le vecteur de la sécurité juridique. Toutefois, c'est l'interprétation qui en est faite face à quelques situations exceptionnelles qui doit être relativisée. Le juge administratif lorsqu'il applique l'imprévision ne déroge pas au principe de la force obligatoire, il déroge à sa rigueur interprétative.

La révision judiciaire du contrat pour cause d'imprévision se fonde sur la réparation d'un préjudice économique anormalement grave. L'anormale gravité – qui est le critère qui fait défaut à la construction du régime de l'imprévision, à la différence de celui de la théorie des sujétions imprévues[1599] – est alors constituée lorsque l'exécution du contrat laisse poindre non seulement une atteinte à la proportionnalité des obligations mais une déception profonde des attentes légitimes également. Le préjudice économique anormalement grave doit être réparé. La justice contractuelle l'ordonne peu importe que le contrat soit par nature administratif ou de droit privé. Aussi, l'adoption d'une vision économique de l'imprévision pourrait conférer davantage de cohérence à l'analyse du contrat frappé par un changement de circonstances qui n'aurait pas été raisonnablement prévisible. L'opportunité de l'application d'une telle théorie est bel et bien de sauvegarder la pérennité de la relation économique : sa finalité est seulement utilitariste. Il n'est pas question en effet de volonté des parties dans un sens ou dans un autre puisque la volonté n'a pas été exprimée. On ne peut rien vouloir d'un événement qui est par définition imprévisible[1600]. Aussi n'est-il plus opportun aujourd'hui d'opposer à la théorie de l'imprévision, l'atteinte à la volonté des

---

[1598] Y. Lequette, « Bilan des solidarismes contractuels », *in Etudes de droit privé, Mélanges offerts à P. Didier,* Economica, 2008, p. 247 et s., n° 26.

[1599] Voir *supra*, p. 203 et s.

[1600] J. Flour, J.-L. Aubert, E. Savaux, à propos de l'imprévisibilité de l'événement en cause. C'est précisément parce que les contractants n'ont pu raisonnablement prévoir le changement des circonstances qu'ils ne sauraient vouloir « *ni* le maintien » de leur volonté initiale au moment de la conclusion du contrat, « *ni* la révision du contrat » (*Op. cit.*, n° 408, p. 387).

parties et à la force obligatoire du contrat, ni même de prétendre qu'elle s'oppose à l'utilité économique de la théorie puisqu'elle est inexistante dans une situation d'imprévision. Seule l'utilité économique devrait *de facto* prévaloir. Ainsi, s'il consent à l' « indemnisation pour préjudice »[1601], le juge « adoptant une vision mathématique de l'ensemble des obligations contenues dans le contrat, veille d'une certaine façon à ce que la résultante demeure inchangée : les obligations peuvent être proportionnellement modifiées sans que l'équilibre général soit atteint »[1602]. Le principe de la force obligatoire ne subit donc aucune atteinte.

[1601] G. Jèze, *Op. cit.*, p. 539.

[1602] M. Ubaud-Bergeron, Thèse *précitée*, p. 458.

CONCLUSION DE LA TROISIEME PARTIE

Après un siècle d'opposition jurisprudentielle et doctrinale, l'unification des régimes de l'imprévision va s'imposer en droit national des contrats de manière verticale. C'est le droit de l'UE qui, bientôt, proposera aux contractants nationaux un droit contractuel de la vente plus souple, comprenant une théorie du changement de circonstances imaginée sur le modèle de la théorie administrative de l'imprévision. Les contractants auront donc le choix de contourner la rigueur des droits nationaux des contrats. Comme « l'Union européenne est une organisation internationale particulière, dotée d'une dynamique propre ayant conduit à une intégration structurelle et normative particulièrement aboutie »[1603] et que les institutions européennes sont « favorables à une uniformisation des droits, véritablement efficace pour assurer la mise en place d'un droit commun »[1604], il n'est pas inconcevable de penser que le futur droit commun européen de la vente rencontrera le même succès que la Convention sur la vente internationale de marchandises. Or un tel succès sera immanquablement de nature à atténuer l'attractivité des droits nationaux des contrats. Cette considération est d'autant plus vraie que l'interprétation uniforme de la Cour de justice – et de la Cour EDH – est un grand pouvoir de contrainte des droits nationaux tendant à assurer une cohérence d'ensemble des règles européennes conforme à l'impératif d'uniformité et tendant à garantir l'application uniforme du droit de l'UE par les juridiction nationales des Etats membres. Il n'est pas du reste impossible que la France soit un jour condamnée par l'une des Cours européennes au motif que la Cour de cassation violerait quelques principes impératifs européens en matière d'imprévision. De fait, « certains Hauts magistrats en sont d'ailleurs conscients et reconnaissent que la manière de juger de la Cour de cassation encourt le risque d'être contraire à l'article 6 § 1 de la Convention européenne de sauvegarde des droits de l'Homme »[1605].

[1603] S. Nadaud, *Op. cit.*, p. 142, n° 193.

[1604] *Idem.*

[1605] J.-P. Chazal, « Les nouveaux devoirs des contractants : est-on allé trop loin ? », *précité.*

L'uniformisation du droit des contrats est économiquement opportune[1606] d'autant plus dans un contexte de crise économique et financière généralisé. Proposer un droit uniforme des contrats tend dès lors à offrir un cadre juridique commun et cohérent nécessaire à la pratique contractuelle permettant de réaliser une équivalence économique des opérateurs. « En période de crise économique et financière, la dimension internationale de l'Europe ne doit pas être négligée, ni sa capacité à faire figure de modèle juridique »[1607]. Le fait que l'UE fasse droit de cité à la théorie de l'imprévision témoigne en somme de ce qu'elle est profitable à l'économie. Aussi, qu'on ne se méprenne plus, la théorie de l'imprévision n'est pas une théorie spécifique au droit administratif – son régime est administratif en ce qu'il a été remarquablement élaboré par le Conseil d'Etat – et encore moins une théorie civile, elle est une théorie économique. Sa récupération par le droit de l'UE témoigne *de facto* de son utilité économique en droit des contrats car, rappelons que l'UE s'est construite sur des bases essentiellement économiques et que sa vocation première est d'assurer le développement économique et l'épanouissement du marché commun. Elle manifeste également la tendance généralisée à l'application de la théorie de l'imprévision dans les autres droits nationaux. En effet, « si l'on considère que le droit des obligations est une forme « d'algèbre du droit » qui, semblable à tout instrument de nature mathématique et technique, se doit d'être universel, il est alors difficile de parler de « mode » parisienne ou milanaise. Les tendances (...) sont ainsi, par hypothèse, partagées par plusieurs systèmes juridiques »[1608]. Sa transposition dans le futur droit commun européen de la vente suppose dès lors qu'elle ait été extirpée de l'exorbitance du droit administratif français. Si le régime juridique de la théorie européenne du changement de circonstances est *a fortiori* celui de la théorie administrative de l'imprévision, il n'en demeure pas moins que son fondement juridique est à rechercher ailleurs que dans la théorie générale des contrats administratifs. La solution *Gaz de*

[1606] Voir également en ce sens : B. Fauvarque-Cosson, « L'opportunité économique d'une harmonisation du droit des contrats en Europe », in *Droit et économie des contrats*, LGDJ, p. 257.

[1607] B. Fauvarque-Cosson, *Op. cit.*, *D.* 2012, p. 34.

[1608] E. Cashin Ritaine, « Nouvelles tendances en droit des obligations – Quel droit s'applique ? », *Op. cit.*, p. 69 et s., spéc. p. 70.

Bordeaux est en effet *a landmark decision*. Elle est l'archétype de la théorie de l'imprévision. En cela, elle propose un régime juridique très abouti[1609] servant de référence aux législateurs nationaux, au législateur européen ainsi qu'aux rédacteurs de la *Soft law* car il présente « toute la netteté désirable »[1610]. Toutefois, la transposition généralisée de la théorie de l'imprévision témoigne surtout de ce qu'elle n'est pas fondée sur une notion exorbitante du droit commun telle que la continuité du service public.

[1609] Voir également en ce sens l'analyse de Laurent Vidal selon lequel l'évolution de la jurisprudence du Conseil d'Etat est allée dans le sens d'un parachèvement du régime de l'imprévision (Thèse *précitée*, par exemple p. 300 et s.).

[1610] G. Jèze, *Op. cit.*, p. 543.

CONCLUSION GENERALE

La théorie de l'imprévision est une théorie « économique »[1611], « exceptionnelle »[1612], faite « pour un événement exceptionnel, passager et de durée limitée »[1613]. Ce n'est donc pas comme si elle faisait l'objet d'une application intempestive, continuelle et irréfléchie. Sa mise en application au contentieux est bien au contraire sporadique. Aussi est-il surprenant de voir encore aujourd'hui une opposition si ferme d'une partie de la doctrine civiliste à la théorie de l'imprévision et autant de défiance à l'égard de l'office du juge judiciaire. « Un simple regard sur le droit comparé ou sur les principes du droit internationaux des contrats, issus d'Unidroit ou de la commission Lando, suffirait à rasséréner les plus anxieux.(…) La révision pour cause d'imprévision, la bonne foi, la loyauté n'ont pas déstabilisé le contrat, ruiné le commerce ou fait exploser l'économie mondiale »[1614]. Car, consacrer la théorie de l'imprévision en droit des contrats est économiquement efficace d'autant plus en période de crise économique, en ce que sa finalité vise la stabilité économique. Pour autant, il ne s'agit pas non plus de consacrer un principe général de révision des contrats. La théorie de l'imprévision est de fait très rarement appliquée précisément parce que le juge administratif a pris soin d'enfermer sa mise en œuvre dans un carcan juridique rigide. Le Conseil d'Etat n'œuvre en faveur de l'indemnisation pour préjudice économique anormalement grave que si l'ensemble des conditions juridiques[1615] de l'imprévision sont réunies. La rigidité de ce régime juridique explique dès lors que, même si l'imprévision est souvent invoquée au contentieux, il demeure extrêmement rare que le juge

[1611] B. Deffains, S. Ferey, *Op. cit.*, p. 719.

[1612] G. Jèze, *Les principes généraux du droit administratif*, *Op. cit.*, p. 491 et p. 503. Voir également : F. Llorens, Thèse *précitée*, p. 297 et 284 ; J.-L. Mouralis, *Op. cit.*, n° 59 et 60.

[1613] G. Jèze, *Ibid.*, p. 534.

[1614] J.-P. Chazal, « Les nouveaux devoirs des contractants : est-on allé trop loin ? », *précité*.

[1615] Rappelons qu'il s'agit de la réunion de trois critères cumulatifs : l'imprévisibilité de l'événement en cause, le bouleversement économique et l'extériorité des circonstances à la volonté des parties.

administratif l'accueille favorablement. Il requiert des conditions d'appréciation stricte qui, si elles sont véritablement réunies, manifestent l' « exceptionnalité » des circonstances en cause. Autrement dit, il est extrêmement rare que la théorie de l'imprévision se fasse l'objet d'une application effective[1616]. L'admission d'un principe général de révision du contrat serait du reste pléthorique au regard du principe de la force obligatoire. En matière d'imprévision, il n'y a pas d'atteinte à la force obligatoire du contrat. Reconnaître ce tel principe général serait de nature à produire de l'insécurité juridique. La stabilité des relations contractuelles doit pouvoir être assurée de ce qu'aucune des parties ne puisse se dédire de son engagement pour quelque prétexte que ce soit. Ainsi s'agit-il d'admettre, au cas par cas, la réparation d'un préjudice économique anormalement grave seulement si les circonstances imprévisibles ont bouleversé l'économie du contrat au point qu'une des parties exécute ses obligations dans des conditions anormalement graves, voire même jusqu'à la ruine. Mais, en tout état de cause, les principes dégagés du *Canal de Craponne* doivent subsister. Il conviendra simplement de relativiser la portée juridique du principe de la force obligatoire de manière à ce qu'elle coïncide davantage avec la réalité des pratiques contractuelles contemporaines. En effet, la force conquérante de l'économie libérale a pénétré le contrat, qu'il soit de droit public ou de droit privé, ce qui a eu tendance à générer une évolution permanente de la réalité contractuelle, en constant décalage avec les dispositions du code civil au point qu'il est aujourd'hui prétendu que le dogme de la volonté n'est plus en adéquation avec l'actuelle conception utilitariste du contrat.

Les crises économiques frappent indistinctement tant la sphère publique que la sphère privée et sont ainsi le reflet de l'efficacité économique que procure la théorie de l'imprévision. Il suffit pour s'en convaincre de constater que l'action du législateur en matière d'imprévision s'est le plus souvent concentrée à ces périodes de grave

---

[1616] Voir l'analyse statistique détaillée : T. Kirat, L. Vidal, F. Marty, *Le juge administratif et le risque : sujétions imprévues et imprévision dans le contentieux du contrat administratif*, *Op. cit.*, p. 217 et s.

instabilité économique. C'est dire si la théorie est « économiquement utile »[1617].

I. L'ECONOMIE, PARTIE PRENANTE DANS L'ANALYSE DU CONTRAT

Aussi les contrats sont-ils soumis à la même incertitude économique et aux mêmes risques contractuels imprévisibles, peu importe en substance qu'ils soient de droit public ou de droit privé, si bien que l'économie est aujourd'hui une discipline incontournable dans l'analyse du contrat, et plus particulièrement de la théorie de l'imprévision. Car, il faut bien comprendre que l'unification de ses régimes n'est concevable qu'au regard de considérations exclusivement économiques. L'émergence d'un droit commun de l'imprévision ne peut être conçue que s'il se fonde sur la réparation du préjudice économique anormalement grave. En ce sens, la toute-puissance de l'économie libérale a entraîné une relativisation de la frontière droit public - droit privé, notamment en matière d'imprévision. La pratique affairiste du contrat ne distingue pas entre contrats administratifs et contrats de droit privé. Les pratiques contractuelles ont donc nécessairement évolué en fonction de la conjoncture économique contemporaine. Le droit des contrats doit alors évoluer au regard de cette « vérité pragmatique » car les contrats sont par définition amenés à changer de nature[1618]. Aussi, le dogme de la volonté doit-il céder au profit d'une vision pragmatique du contrat. La réalité contractuelle témoigne en effet de ce que, pour se prémunir contre les risques d'exécution, les parties ont tendance à multiplier les clauses du contrat. L'incertitude économique grandissante manifeste à l'évidence leur quête croissante de sécurité juridique. L'adoption d'une vision économique de la théorie de l'imprévision serait de nature à permettre en définitive de désolidariser la théorie de sa justification ancestrale fondée sur la continuité du service public et de proposer une théorie de l'imprévision commune au droit public et au droit privé des contrats. Une brève incursion en droit européen comparé ou dans les principes Lando et d'Unidroit doit contraindre à se rendre à l'évidence. La théorie de l'imprévision ne saurait être fondée sur une

[1617] J. Flour, J.-L. Aubert, E. Savaux, *Droit civil. Les obligations, Op. cit.*, n° 409, p. 388

[1618] Voir par exemple : S. Lequette, Thèse *précitée.*

notion exorbitante du droit commun. D'ailleurs, en droit comparé, elle s'explique le plus souvent sur le fondement du principe de la bonne foi, ce qui semble pour le moins logique. En effet, « si l'on considère que le droit des obligations est une forme « d'algèbre du droit » qui, semblable à tout instrument de nature mathématique et technique, se doit d'être universel, il est alors difficile de parler de « mode » parisienne ou milanaise. Les tendances que nous devons découvrir sont ainsi, par hypothèse, partagées par plusieurs systèmes juridiques »[1619]. L'uniformisation des régimes de l'imprévision suppose dès lors que l'on choisisse des principes communs aux diverses traditions juridiques. La bonne foi est à ce titre une notion communément admise dans l'ensemble des droits nationaux des contrats en ce qu'elle participe de la sécurité juridique et, par là-même, de l'Etat de droit. Si la bonne foi est une notion suffisante pour justifier l'imprévision dans les principes d'Unidroit, les principes Lando ou le futur règlement sur le droit commun européen de la vente, c'est précisément parce qu'ils ont vocation à s'appliquer à diverses « mentalités » contractuelles, différentes selon les traditions juridiques et les cultures nationales. Aussi était-ce nécessaire à l'échelle internationale et européenne, d'ériger la bonne foi en principe directeur du droit des contrats.

C'est d'ailleurs sûrement ce qui explique qu'un courant solidariste se soit développé en France. Il n'est point question de dénier par ailleurs que le principe de bonne foi est prégnant dans le mécanisme de l'imprévision[1620]. Bien sûr la théorie fait référence de près ou de loin à la bonne foi et, par là-même, à des notions susceptibles de prêter à la discussion telles que le « raisonnable »[1621], « la

[1619] E. Cashin Ritaine, « Nouvelles tendances en droit des obligations – Quel droit s'applique ? », *Op. cit.*, p. 69 et s., spéc. p. 70.

[1620] Il convient de noter à ce titre que le Commissaire du gouvernement Chardenet évoquait déjà la bonne foi des parties dans ses conclusions à l'origine desquelles a été consacrée la théorie de l'imprévision (Concl. *précitées*, p. 130 et p. 141).

[1621] G. Weiszberg, Thèse *précitée*. Voir également : H. Ramparany-Ravololomiarana, *Le raisonnable en droit des contrats*, Thèse Poitiers, LGDJ, octobre 2009 ; D. Mainguy, « Le "raisonnable" en droit des affaires », *in Les concepts émergents en droit des affaires* (sous la dir. de Erik Le Dolley), LGDJ, coll. Droit et économie, 2010, p. 307. Voir aussi : L. Thibierge, Thèse *précitée*, n° 446.

loyauté »[1622] , « l'équité »[1623], « la sécurité juridique »[1624], « le juste et l'utile »[1625] ou « la solidarité contractuelle »[1626]. La flexibilité de ces notions laisse une marge d'appréciation relativement large à l'interprétation des juridictions nationales et participe de l'universalité recherchée par la *Soft Law* et le droit de l'UE. Cette flexibilité cadre d'ailleurs avec la pratique contractuelle contemporaine qui témoigne de ce que les parties intègrent dans leurs prévisions de plus en plus d'éléments évolutifs tendant à pallier les effets du temps sur l'exécution contractuelle. En revanche, il est clair que ces notions font polémiques en droit national français des contrats. Il est prétendu que leurs considérations se rapprochent de l'idéologie, certains diront solidariste d'autres diront thomiste. Or, il ne s'agit pas là de nous engager dans la voie des débats philosophiques qui passionnent la doctrine dans le domaine de l'imprévision car la vision doctrinale classique semble *a priori* sous-estimer l'importance de la dimension essentiellement économique du contrat dans la pratique contemporaine. En outre, ce qui est en tout état de cause certain, c'est que la bonne foi reçoit en droit des contrats une acception actuellement éparse. Il n'est donc pas opportun à l'évidence de fonder la théorie de l'imprévision sur une notion aussi élastique et protéiforme qui fait controverse en doctrine. Elle ne saurait être valablement admise en droit national des contrats pour justifier le régime juridique de l'imprévision[1627] car il ne s'agit pas non plus de « dilater encore le contenu de la bonne foi »[1628]. La révision judiciaire du contrat ne se fonde pas sur quelques considérations solidaristes. La bonne foi procède tout au plus du devoir de loyauté contractuelle des

---

[1622] Y. Picod, *Le devoir de loyauté dans l'exécution du contrat*, Thèse *précitée* ; « L'exigence de bonne foi dans l'exécution du contrat » *Op. cit.*, p. 57.

[1623] G. Jèze, *Op. cit.*, p. 538 ; A. de Laubadère, *Op. cit.*, n° 897, p. 13.

[1624] Voir par exemple l'analyse de Jean-Pascal Chazal (« Les nouveaux devoirs des contractants : est-on allé trop loin ? », *précité*).

[1625] J. Ghestin, Ch. Jamin, M. Billiau, *Op. cit.*, n° 346, p. 408 ; *Traité de droit civil, Op. cit.,* n° 266 et s. ; « L'utile et le juste dans les contrats », *Op. cit.*, p. 35.

[1626] Ch. Jamin, « Plaidoyer pour le solidarisme contractuel », *Op. cit.* ; D. Mazeaud, « Loyauté, solidarité, fraternité, la nouvelle devise contractuelle », *Op. cit.*

[1627] Voir *supra*, p. 131 et s.

[1628] T. Favario, *Op. cit., JCP G* 2010, n° 43, p. 1056.

parties et de l'obligation de renégocier un contrat dont l'économie a été gravement bouleversée sous l'effet d'un changement imprévisible des circonstances économiques. C'est d'ailleurs ce que le rapport de Pierre Sargos précise en mentionnant que « le devoir de bonne foi contractuelle implique d'ailleurs à lui seul une révision du contrat lorsque des bouleversements ont modifié l'équilibre contractuel initial hors de toute prévision et proportion raisonnable, et on sait l'importance de l'exigence de proportionnalité dans le droit moderne »[1629]. Dès lors, si le juge intervient dans la relation contractuelle, ce n'est pas en vertu de la bonne foi. D'ailleurs dans une hypothèse d'imprévision, les contractants ne sont-ils pas censés agir de bonne foi, sinon ils encourraient le risque de voir leur responsabilité contractuelle engagée sur le fondement de la faute. Si la révision du contrat est opérée par la voie juridictionnelle, c'est bien parce que le juge cherche à réparer un préjudice économique anormalement grave, dû aux circonstances qui l'ont généré, à l'ampleur de sa gravité et à son caractère provisoire. La théorie de l'imprévision se fonde donc objectivement sur l'anormale gravité du préjudice économique qui prend la forme d'une atteinte à la proportionnalité du contrat et d'une profonde déception des attentes légitimes. Ces notions – certes, en liaison avec le principe de la bonne foi – procèdent des principes de proportionnalité et de la confiance légitime qui constituent les ramifications économiques du principe général de sécurité juridique, et dont l'acception est d'ores et déjà européenne.

II. La necessite d'une authentique theorie de l'imprevision

Reconnaître la théorie de l'imprévision sur le fondement de la réparation du préjudice économique anormalement grave coïncide donc avec la quête européenne d'uniformisation du droit des contrats et participe de la sécurisation juridique des relations contractuelles. D'ailleurs, ces deux principes font l'objet en France de la même

---

[1629] P. Sargos, Rapp. *précité*, n° 44. Le rapport témoigne de l'importance du principe de la bonne foi en droit des contrats. Ainsi, selon la Cour de cassation, la bonne foi est « un principe directeur » qui doit être « largement entendue (loyauté, solidarité, proportionnalité et souci de l'équilibre contractuel) s'imposant dans toutes les phases de la vie du contrat : négociation, information, conclusion, exécution, interprétation, modification, renégociation, inexécution, rupture et ses conséquences » (n° 13).

considération juridictionnelle car le Conseil d'Etat et la Cour de cassation exercent déjà un contrôle de la proportionnalité objective du contrat et font également preuve de la même réserve s'agissant de la confiance légitime de laquelle dérive la protection des attentes légitimes. Or « le fait que le principe du respect de la confiance légitime est néanmoins perçu comme un prolongement naturel, sinon un synonyme du principe des droits acquis, indique qu'il n'y a pas entre sécurité juridique et équité, l'antinomie dont on a si souvent discuté, mais qu'il y a entre ces deux objectifs de l'ordre juridique des relations beaucoup plus complexes »[1630]. La protection des attentes légitimes pourrait en somme recevoir une acception commune en droit public des contrats et en droit privé si les jurisprudences administrative et judiciaire convergeaient vers une conception économique de la théorie de l'imprévision. La déception des attentes légitimes comme l'atteinte à la proportionnalité du contrat constituent par conséquent le fondement de la révision judiciaire pour cause d'imprévision, en ce qu'ils engendrent un préjudice économique anormalement grave qu'il convient de réparer au plan économique et social. Aussi faut-il en droit national des contrats, admettre un fondement économique à l'imprévision, susceptible d'être communément – et opportunément – admis en droit public et en droit privé parce qu'il serait fondé sur des critères économiques cumulatifs d'appréciation strictement objective. Les attentes légitimes comme la proportionnalité du contrat, dont les exigences demeurent à visée économique, participent de la théorie économique de l'imprévision et *a fortiori*, du mécanisme de la révision judiciaire du contrat qu'elle met en jeu.

Quoi qu'il en soit, les thèses solidaristes ont permis indéniablement d'enrichir le débat doctrinal poussant même la Cour de cassation, à force de « n'ayons-pas peur ! »[1631], à réviser la solution *Canal de Craponne*. Car, elle le pourrait comme en témoigne l'évolution récente de sa jurisprudence.

1630 J. Mertens de Wilmars, J. Steenbergen, « La notion de sécurité juridique dans la jurisprudence de la CJCE », *in Mélanges R. Legros*, Bruxelles, éd. ULB, 1985, p. 453.

1631 D. Mazeaud, « Regards positifs et prospectifs sur le nouveau monde contractuel », *Op. cit.*, n° 33.

La nécessité d'une authentique théorie de l'imprévision est prégnante. Être assuré de ce que les stipulations contractuelles seront modifiées au cas d'un changement imprévisible des circonstances propre à non seulement créer un bouleversement de l'économie contractuelle mais à décevoir également les attentes légitimes des parties, est en tout état de cause source de sécurité juridique. D'autant plus que les contrats sont actuellement conclus, le plus souvent, pour de longue durée d'exécution. En droit des contrats, la pire des tragédies n'est-elle donc pas l'écoulement du temps ? On peut effectivement considérer que « toutes les tragédies que l'on peut imaginer revienne à une seule et unique tragédie : l'écoulement du temps »[1632]. Aussi est-il nécessaire de pouvoir accéder à la justice pour remédier aux effets néfastes du temps qui s'écoule, lorsque l'entente entre les parties est impossible. Nombreuses sont les organisations professionnelles à réclamer l'introduction d'une théorie économique de l'imprévision[1633] en droit des contrats privés, qui serait conforme à la pratique affairiste du contrat et à sa finalité essentiellement utilitariste.

Le fondement unique des théories de l'imprévisible commun au droit public et au droit privé du contrat, est donc tiré de la réparation du préjudice économique anormalement grave causé par la réalisation d'un risque spécial et anormal, c'est-à-dire un changement exceptionnel des circonstances. Qu'il s'agisse en effet de la théorie des sujétions imprévues ou de la théorie de l'imprévision, chacune procède d'un véritable bouleversement de l'économie contractuelle à l'origine d'un surcoût financier tel que la partie lésée perd tout intérêt dans l'exécution de l'obligation litigieuse. Il ne s'agit pas là d'un simple déséquilibre, ou voire même, d'un grave déséquilibre. Il faut que le prix-limite ait été dépassé, c'est-à-dire qu'il s'agit donc d'un grave bouleversement faisant nettement apparaître une disproportion manifeste dans l'économie du contrat. Les attentes légitimes des parties ne peuvent dès lors qu'être profondément déçues, puisque les contractants auraient forcément donné un autre sens à leur convention s'ils avaient eu à l'esprit, lors de la conclusion du contrat que son exécution se ferait dans des conditions gravement anormales. Aussi, il

---

[1632] S. Weil, *Leçons de philosophie*, 1999.

[1633] Voir en ce sens : P. Sargos, Rapp. *précité*, n° 45.

est difficile de considérer que le contrat est le meilleur moyen de se prémunir contre les risques et que si les contractants n'ont pas inséré de clauses c'est qu'ils avaient accepté de courir le risque d'un bouleversement économique. On ne saurait considérer logiquement qu'ils avaient escompté connaître la ruine en contractant. Le juge doit en définitive pouvoir intervenir exceptionnellement dans le rapport d'obligations, au vu des circonstances imprévisibles puisque la situation d'imprévision est fort heureusement rarissime.

Consacrer la théorie de l'imprévision en droit des contrats, c'est donc aussi admettre la révision judiciaire des stipulations contractuelles, c'est-à-dire l'intervention du juge dans la relation contractuelle. C'est encourager dès lors l'augmentation de ses pouvoirs juridictionnels. Or, si le juge s'arroge à l'évidence plus de pouvoirs c'est en raison de l'incertitude économique qui entoure désormais les opérations contractuelles. Il n'est nul besoin de nier l'accroissement des pouvoirs juridictionnels en matière contractuelle puisqu'il est également légitime. L'office du juge semble *a priori* évoluer à mesure qu'augmente l'incertitude économique. Mais ce n'est pas là une compétence à craindre. Le magistère du juge demeure tout relatif s'agissant des cas d'imprévision.

La théorie de l'imprévision est l'un des symboles les plus notoires de la frontière qui existe entre le droit public des contrats et le droit privé des obligations. Admettre donc qu'elle témoigne d'un degré d'administrativité relatif revient dès lors à démontrer que la *summa divisio* en droit des contrats n'est peut-être pas si irréductible que ce qui traditionnellement a pu être avancé en doctrine. Jusque-là spécifique à la théorie générale du contrat administratif, elle témoigne cependant d'une certaine émancipation, trouvant application dans les principaux droits nationaux des contrats, dans les Principes de la *Soft Law* et dans le futur droit commun européen de la vente. Le régime juridique repris est à chaque fois celui de la solution *Gaz de Bordeaux*. Mais, soyons certains que son fondement juridique n'est en rien lié à la continuité du service public. Ainsi tombe l'un des principaux arguments de la théorie de l'imprévision ayant contribué à l'enfermer dans l'exorbitance du droit administratif et, de ce fait, à marquer la différence entre le droit des contrats administratifs et le droit privé des obligations. C'est bien que, en perdant l'une des théories présentée comme l'une des plus originales du droit des contrats publics, la théorie générale des contrats administratifs se rapproche inéluctablement de la théorie générale des obligations, et réciproquement. Loin de constituer une régression, cet état du droit pourrait bien permettre d'enrichir le débat. Chacune des théories générales se fonde sur des principes directeurs du droit des contrats qui présentent manifestement une certaine connexité. En matière d'imprévision, quelques considérations économiques viendront au soutien d'un rapprochement du droit public des contrats et du droit privé. Si la théorie entre dans le champ du droit commun, est-ce dire que la nature administrative du contrat semble *a priori* et par voie de conséquence s'estomper ? En ôtant la théorie de l'imprévision au droit administratif, n'est-ce pas là aussi lui ôter sa spécificité, du moins en partie ? On peut ainsi en douter. En effet, selon le Professeur Gabriel Eckert, « au final est reconnue la possibilité d'une théorie générale des obligations en droit administratif qui serait largement commune avec le droit civil »[1634]. En intégrant le droit privé des obligations, la théorie de l'imprévision serait en définitive commune et donc de nature à s'incorporer à une théorie générale des contrats.

III. LE ROLE DU JUGE DE L'IMPREVISION

Il est, certes, possible de continuer à penser que la consécration de l'imprévision ne relève pas du domaine de compétence du juge, ou même, tout simplement, qu'elle n'a pas sa place dans le droit privé des obligations. Nombreux sont d'ailleurs les arguments qui vont en ce sens : fondés sur des considérations doctrinales indéniablement dialectiques, tous observent les risques potentiels d'une théorie de l'imprévision en droit privé des contrats. Elle peut en effet se révéler être un mécanisme dangereux si elle consacre un principe général de révision des contrats. Elle peut également servir la mauvaise foi de l'une des parties. Elle peut aussi être considérée comme une théorie inéquitable. Or, il est indéniable qu'une grande partie de la doctrine plaide maintenant en faveur de la justice contractuelle, déployant moult arguments raisonnables et formellement utiles à l'admission de la théorie de l'imprévision en droit privé. Fondé sur un certain

---

[1634] G. Eckert, « droit administratif et droit civil », *Op. cit.*, p. 631 et s., spéc. p. 632. Voir également en ce sens : Y. Gaudemet, « Prolégomènes pour une théorie des obligations en droit administratif français », *Op. cit.*, p. 613-637, spéc. p. 622.

pragmatisme juridique, ce courant de pensée invite à observer la réalité économique et sociale contemporaine, l'injuste péril du contractant financièrement lésé sous l'effet d'un changement imprévisible des circonstances, mais spécialement le cruel manque de considération pour la justice contractuelle dans les arrêts de la Cour de cassation. En cela, il se rapproche peu ou prou de l'analyse économique du contrat au titre de laquelle la théorie de l'imprévision appartient au champ de l'incertitude économique. La rationalité des parties est dès lors nécessairement limitée[1635] au moment de la conclusion du contrat car, « ce qui arrive en fin de compte, ce n'est pas l'inévitable mais l'imprévisible »[1636]. Mais, il est vrai aussi que l'idée selon laquelle la théorie de l'imprévision n'est ni un régime essentiel en droit privé ni un motif sérieux de révision judiciaire du contrat peut demeurer dans certaines analyses de la doctrine civiliste.

Or, ce qui relève en revanche d'une certitude, c'est que les théories de l'imprévisible, aussi rarement soient-elles appliquées au contentieux, n'en demeurent pas moins des théories de nature à créer une situation contractuelle profondément tragique. Le contexte de l'imprévision est exceptionnel, fort heureusement, mais c'est aussi cela qui justifie que le juge détienne un pouvoir exceptionnel de révision du contrat. L'événement est exceptionnel, ses conséquences sur l'exécution contractuelle le sont tout autant puisque le préjudice était imprévisible lors de la conclusion du contrat. La ruine du contractant lésé était inévitable si bien que « la situation était grave, mais qu'est-ce que cela prouvait ? Cela prouvait qu'il fallait des mesures encore plus exceptionnelles »[1637], telles que le rééquilibrage judiciaire du rapport d'obligations.

L'opposition *Gaz de Bordeaux versus Canal de Craponne*, la plus célèbre en droit des contrats en tant qu'elle sous-tend l'opposition entre le droit public et le droit privé des contrats, mais aussi l'opposition la plus dogmatique en doctrine, n'est donc pas irréductible. Mais tant que le juge n'aura pas révisé sa jurisprudence, la querelle y sera

[1635] Voir en ce sens : T. Kirat, *Economie du droit*, *Op. cit.*, p. 19.

[1636] J.-M. Keynes, *Théorie générale de l'emploi, de l'intérêt et de la monnaie*, 1936.

[1637] A. Camus, *La peste*, 1947.

toujours pendante. Or la Cour de Cassation n'a-t-elle pas reconnu de son propre chef – et c'est « une surprise de taille »[1638] – que « le temps du célèbre arrêt du *Canal de Craponne* qui vit la Cour de Cassation consacrer l'intangibilité d'un prix de fourniture d'eau convenu... trois siècles avant, est révolu ». « Ce à quoi, même si on est tout à fait d'accord sur le fond, on est tenté de répliquer que, si le temps du refus de la révision judiciaire pour imprévision est effectivement révolu, la Cour de Cassation n'a qu'à prendre ses responsabilités et opérer un revirement de jurisprudence… Que je sache, en effet, la règle qui exclut la révision judiciaire pour imprévision est d'origine jurisprudentielle ! Elle peut donc être effacée par celle qu'il l'a écrite et maintenue depuis des décennies... Alors, « Madame la Cour », osez ! Osez et revirez puisque vous concédez que la règle que vous avez édictée jadis est désormais « révolue » »[1639]. Que ce soit clair, la révision judiciaire pour cause d'imprévision n'a « pas déstabilisé le contrat, ruiné le commerce ou fait exploser l'économie mondiale »[1640]. Aussi est-elle nécessaire dans un Etat de droit parce que ni le créancier ni le débiteur n'ont de talent divinatoire.

[1638] D. Mazeaud, « Rapport de synthèse », *in Droit européen du contrat et droits du contrat en Europe. Quelles perspectives pour quel équilibre*, *Op. cit.*, p. 90.

[1639] D. Mazeaud, *Ibid.*, p. 90.

[1640] J.-P. Chazal, « Les nouveaux devoirs des contractants : est-on allé trop loin ? », *précité*.

Bibliographie

Ouvrages généraux, traités et manuels

J.-L. Aubert, *Le contrat*, Dalloz, 3ème édition, 2005

C. Aubry, C. Rau, *Droit civil français*, T. IV, Litec, 6ème édition, 1942

J. Bonnecase, *Supplément au Traité de droit civil de Baudry-Lacantinerie*, Sirey, 1924

Y. Buffelan-Lanore, V. Larribau-Terneyre, *Droit civil. Les obligations*, Sirey, 13ème éd., 2012

R. Cabrillac, *Droit des obligations*, Dalloz, 10ème édition, 2012

L. Cadiet et E. Jeuland, *Droit judiciaire privé*, Litec, 6ème éd., 2009

C. Cantié, *Droit administratif*, Hachette, 2006

H. Capitant, *De la cause des obligations*, 3ème éd., Dalloz, 1928

J. Carbonnier, *Flexible droit - Pour une sociologie du droit sans rigueur*, LGDJ, 6ème éd, 1988

J. Carbonnier, *Droit civil*, *Les obligations*, T. IV, 22ème édition, 2000

J. Carbonnier, *L'évolution contemporaine du droit des contrats*, PUF, 1986

L. Cavaré, *Le droit international positif*, t. II, Pédone, 1969

R. Chapus, *Droit administratif général*, Montchrestien, 15ème édition, 2001

A. de Laubadère, *Traité de droit administratif*, T. 1, 8ème édition, LGDJ, Paris 1980

A. de Laubadère, *Traité théorique et pratique des contrats administratifs*, T. 3, 1956

A. de Laubadère, F. Moderne, P. Delvolvé, *Traité des contrats administratifs*, T. II, 1984

C. Debbasch, F. Colin, *Droit administratif*, Economica, 10ème édition, 2011

R. Demogue, *Traité des obligations en général*, T. 6, 1931

C. Demolombe, *Leçons de code civil*, 1845

J. Domat, *Les lois civiles dans leur ordre naturel*, 1ère partie, 1689

J. Flour, J.-L. Aubert, E. Savaux, *Droit civil. Les obligations. 1. L'acte juridique*, Sirey, 14ème édition, 2010

Y. Gaudemet, *Traité de droit administratif*, T. 1, LGDJ, 16ème éd., 2001

J. Ghestin, *Traité de droit civil, La formation du contrat*, LGDJ, 3ème éd., 1993

J. Ghestin, *Traité de droit civil, Les effets du contrat*, LGDJ, 3ème édition, 2001

C. Guettier, *Droit des contrats administratifs*, PUF, 2011

M. Hauriou, *Principes de droit public*, Préf. O. Beaud, Dalloz, 2010

G. Jèze, *Les principes généraux du droit administratif – Théorie générale des contrats de l'administration*, 3ème éd., LGDJ, 1936

L. Julliot de la Morandière, *Droit civil*, T. 2, 3ème édition, 1964

M.-L. Larombière, *Obligations*, T. 4, 2ème édition, 1885

C. Larroumet, *Droit civil, Les obligations ; le contrat*, T. 3, Economica, 6ème édition, 2007

M. Long, *Cours de marchés et concessions*, Ecole nationale de l'aviation civile, 2ème éd., 1954-1955

M. Long, P. Weil, G. Braibant, P. Delvolvé, B. Genevois, *Grands Arrêts de la Jurisprudence Administrative*, Dalloz, 18ème édition, 2011

P. Malaurie, L. Aynès, *Cours de droit civil, Les obligations*, T. VI, Cujas, 10ème édition, 2000

P. Malaurie, L. Aynès, Ph. Stoffel-Munck, *Droit civil, Les obligations*, Defrénois, 5ème éd., 2011

P. Malinvaud, *Droit des obligations*, Litec, 12ème édition, 2012

G. Marty, P. Raynaud, *Droit civil, Les obligations*, T. 1, Sirey, 2ème édition, 1988

H. Mazeaud, L. Mazeaud, J. Mazeaud, F. Chabas, *Leçons de droit civil*, Montchrestien, 9ème édition, T. II, vol. 1, 1998

J. Morand-Deviller, *Droit administratif*, Montchrestien, 12ème édition, 2011

M. Planiol, *Traité élémentaire de droit civil*, T. II, 1921

M. Planiol, G. Ripert, *Traité pratique de droit civil français – Obligations*, t. VI, 2ème éd., LGDJ, 1952

J.-C. Ricci, *Droit administratif général*, Hachette supérieur, 2011

L. Richer, *Droit des contrats administratifs*, LGDJ, 8ème édition, 2012

G. Ripert, Boulanger, *Traité de droit civil d'après le traité de Planiol*, T. 2, LGDJ, 1957

H. Roland et Boyer, *Adages du droit français*, 3ème édition, Litec, 1992

R. Rouquette, *Dictionnaire du droit administratif*, Le Moniteur, 2002

R. Savatier, *Métamorphoses économiques et sociales du droit civil d'aujourd'hui*, 2ème éd., Dalloz, 1952

A. Sériaux, *Droit des obligations*, PUF, 2ème éd., 1998

B. Starck, H. Roland, L. Boyer, *Droit civil. Obligations. Contrats*, T. 2, Litec, 6ème éd., 1998

F. Terré, Y. Lequette, *Les grands arrêts de la jurisprudence civile*, 12ème éd., 2008

F. Terré, P. Simler, Y. Lequette, *Droit civil. Les obligations*, Dalloz, 10ème éd., 2009

G. Vedel, P. Delvolvé, *Droit administratif*, PUF, 11ème édition, 1992

J. Waline, (J. Rivero), *Droit administratif*, 24ème édition, Dalloz, 2012

M. Waline, *Précis de droit administratif*, Montchrestien, Paris, 1969

P. Wéry, *Droit des obligations - Théorie générale des contrats*, Précis de la Faculté de droit de l'Université catholique de Louvain, vol. 1, Larcier, 2010

Ouvrages spécialisés, thèses et mémoires

A. Albarian, *De la perte de confiance légitime en droit contractuel. Essai d'une théorie*, Ed. Mare et Martin, Bibl. des thèses, 2012

R. Alibert, *L'imprévision dans les concessions de service public. L'évolution des faits et l'adaptation de la théorie depuis 1916*, éd. JCl., 1924

P.-H. Antonmattei, *Contribution à l'étude de la force majeure*, Thèse Montpellier, LGDJ, 1992

A. Assaillit, *La bonne foi et la loyauté contractuelle*, Mémoire, Université de Nîmes, 2006

J.-B. Auby, F. Marty, L. Vidal, *Economie et droit du contrat administratif. L'allocation des risques dans les marchés publics et les délégations de service public* (sous la dir. de T. Kirat ; Préf. M. Long), Perspectives sur la justice, La Documentation française, V, 2005

J. Auverny-Bennetot, *La théorie de l'imprévision, droit privé, droit administratif, droit ouvrier*, Thèse, Université de Paris, Sirey, 1938

G. Bachelard, *La dialectique de la durée*, PUF, 2006

S. Badaoui, *Le fait du prince dans les contrats administratifs*, LGDJ, 1955

J.-J. Barbiéri, *Vers un nouvel équilibre contractuel ? : recherche d'un nouvel équilibre des prestations dans la formation et l'exécution du contrat*, Thèse, Université de Toulouse, 1981

J. .-L. Bergel, J.-Y. Chérot, *L'analyse économique du droit*, PUAM, 2009

J.-M. Bollé, *Le principe de continuité des services publics*, Thèse Paris, 1975

M. Bomsel, *La théorie de l'imprévision en droit civil français*, Thèse, Université de Paris, 1922

R. Bousta, *Essai sur la notion de bonne administration en droit public*, Thèse, Université de Paris 1, L'Harmattan, 2010

E. Boutroux, *De la contingence des lois de la nature*, Thèse Paris, 1874

A. Bruzin, *Essai sur la notion d'imprévision et sur son rôle en matière contractuelle*, Thèse, Université de Bordeaux, 1922

C.-E. Bucher, *L'inexécution du contrat de droit privé et du contrat administratif*, Thèse, Université de Paris, Nouvelle Bibliothèque des Thèses, vol. 102, Dalloz, 2011

H. Capitant, *Le régime de la violation des contrats*, 1934

E. Carpano, *Etat de droit et droits européens*, L'Harmattan, 2005

S. Cassese, *Au-delà de l'Etat*, Bruylant, 2011

A. Caston, J. Montmerle, *Passation et exécution des marches de travaux privés*, Le Moniteur, 1979

A. Cermolacce, *Cause et exécution du contrat*, PUAM, 2001

N. Comair-Obeid, *Les contrats en droit musulman des affaires*, Economica, 1995

J.-P. Delmas Saint-Hilaire, « L'adaptation du contrat aux circonstances économiques », *in La tendance à la stabilité du rapport contractuel* (sous la dir. de P. Durand), LGDJ, 1960

X. Dieux, *Le respect dû aux anticipations légitimes d'autrui*, Bruylant, LGDJ, 1995

V. Dufau, *Les sujétions exorbitantes du droit commun en droit administratif – L'administration sous la contrainte*, L'Harmattan, 2000

D. Fallon, *Le contrat administratif et le temps*, (sous la dir. de J.-A. Mazères), Mémoire Toulouse, 2006

S. Farnoccia, *L'excuse contractuelle, étude de l'inexécution fortuite du contrat*, Thèse, Université d'Aix, 1994

B. Fauvarque Cosson (sous la dir.), *La confiance légitime et l'estoppel*, Coll. Droit privé comparé et européen, vol. 4, Société de Législation Comparée, 2007

L. Fin-Langer, *L'équilibre contractuel*, Thèse Orléans, LGDJ, Bibl. dr. pr., t. 336, 2002

M. Fontaine, P. de Ly, *Droit des contrats internationaux, analyse et rédaction des clauses*, Bruylant, 2003

V. Foucher, *Collection des lois civiles et criminelles des Etats modernes : Code civil général de l'empire d'Autriche*, vol. 3, Imprimerie Royale, 1836

F. Fraysse, *La présomption de faute dans le contentieux administratif de la responsabilité*, Thèse Toulouse, LGDJ, T. CIL, 1985

L. Fyot, *Essai d'une justification nouvelle de la théorie de l'imprévision*, Thèse, Université de Dijon, 1921

El Gammal, *L'adaptation du contrat aux circonstances économiques*, Thèse, Université de Paris, 1967

K. Garcia, *Le droit civil européen : Nouveau concept, nouvelle matière*, Larcier, 2008

F. Garron, *La caducité du contrat (Etude de droit privé)*, PUAM, 2000

F. Gény, *Méthode d'interprétation et sources en droit privé positif : essai critique*, Préf. R. Saleilles, LGDJ, 1919

J. Ghestin, *La notion d'erreur dans le droit positif actuel*, Thèse, Université de Paris, LGDJ, 1963

J. Ghestin, *Cause de l'engagement et validité du contrat*, LGDJ, 2006

E. Gounot, *Le principe de l'autonomie de la volonté en droit privé*, Thèse, Université de Dijon, 1912

P. Grelier Wyckoff, *Pratique du droit de la construction. Marchés publics et privés*, Eyrolles, 6ème édition, 2010

L. Grynbaum, *Le contrat contingent*, Thèse Paris, LGDJ, 2004

L. Grynbaum, M. Nicod, *Le solidarisme contractuel, mythe ou réalité ?*, Economica, 2004

M. Guibal, *Mémento des marchés publics*, Le Moniteur, 1996

J. Hauser, *Objectivisme et subjectivisme dans l'acte juridique*, Thèse, Université de Paris, 1957

G. Helleringer, *Les clauses du contrat : essai de typologie*, LGDJ, 2012

H. Hoepffner, *La modification du contrat administratif*, Préf. Y. Gaudemet, LGDJ, T. 260, 2009

Ph. Hujo, *Force majeure et Imprévision : Une analyse comparatiste entre le droit français, le droit anglais et le droit allemand*, GRIN Verlag, 2008

L.-M. Jacquemard, *La théorie de l'imprévision et la gestion des services publics concédés*, Thèse, Algérie, 1928

G. Jèze, *Les contrats de l'Etat, des départements, des communes et des établissements publics - Exécution et fin des contrats administratifs*, T. 4, 1936

E. Kant, *Critique de la raison pure*, 1787

R. Khan, *La notion d'aléa dans les contrats*, Thèse, Université de Paris, 1924

H. Kelsen, *Théorie pure du droit*, traduit par C. Eisenmann, LGDJ, 2ème éd., 1999

J.-M. Keynes, *Théorie générale de l'emploi, de l'intérêt et de la monnaie*, 1936

J.-M. Keynes, *Traité de probabilité*, 1921

T. Kirat, *Economie du droit*, La Découverte, coll. Repères, 1999

T. Kirat, L. Vidal, A. Delion, D. Kelesidis, F. Marty, D. Uri, *De l'analyse juridique à l'évaluation économique comparée du droit des contrats publics*, Etude réalisée dans le cadre du Programme « Attractivité économique du droit » de la recherche Droit et Justice, juin 2007

T. Kirat, L. Vidal, F. Marty, *Le juge administratif et le risque : sujétions imprévues et imprévision dans le contentieux du contrat administratif*, in *Economie et droit du contrat administratif. L'allocation des risques dans les marchés publics et les délégations de service public* (sous la dir. de T. Kirat ; Préf. M. Long), Perspectives sur la justice, La Documentation française, V, 2005

R. Kolb, *La bonne foi en droit international public. Contribution à l'étude des principes généraux de droit*, PUF, 2000

V. Labordes, *Les contrats déséquilibrés*, Thèse, Université de Toulouse, PUAM, 2000

J. Lartigolle, *Justice commutative et droit positif*, Thèse, Université de Bordeaux, 1957

J.-P. Laviec, *Protection et promotion des investissements*, PUF, Paris 1985

Ph. Leboulanger, *Les contrats entre États et entreprises étrangères*, préf. B. Goldman Economica, Paris, 1985

S. Le Gac Pech, *La proportionnalité en droit privé des contrats*, Thèse, LGDJ, 2000

S. Lequette, *Le contrat-coopération. Contribution à la théorie générale du contrat*, Economica, 2012

E. Lévy, *La vision socialiste du droit*, 1926

F. Llorens, *Contrat d'entreprise et Marché de travaux publics*, Thèse, LGDJ, 1980

M. Lombard, *Recherches sur le rôle de la bonne et de la mauvaise foi en droit administratif français*, Thèse, Université de Strasbourg, 1978

P. Louis-Lucas, *Volonté et cause*, Thèse Dijon, 1918

J. Magnan de Bornier, *Essai sur la théorie de l'imprévision*, Thèse, Montpellier, 1924

C. Malecki, *L'exception d'inexécution*, LGDJ, 1999, préf. J. Ghestin

N. Marty, *La notion de bonne administration. A la confluence des droits européens et du droit administratif français*, Thèse, Université de Montpellier, 2007

J. Maury, *Essai sur la notion d'équivalence en droit civil français*, Université de Toulouse, 1920

D. Mazeaud, *La notion de clause pénale*, LGDJ, Bibl. de droit privé, T. 223, 1992

M. Mekki, *L'intérêt général et le contrat, Contribution à une étude de la hiérarchie des intérêts en droit privé*, LGDJ, Bibl. dr. privé, 2004

F. Melleray, *L'exorbitance du droit administratif en question*, LGDJ, 06/2004

L. Monnier, *L'avenant au contrat*, Thèse, Université de Toulouse 1, 1999

J. Montmerle, *Commentaire C.C.G. ponts et chaussées*, T. II

J. Montmerle, *Passation et exécution des marchés de travaux privés*, Le Moniteur, 1975

J.-L. Mouralis, *La notion d'aléa et les actes juridiques aléatoires*, Thèse, Université de Grenoble, 1968

J.-M. Mousseron, J. Raynard, J.-B. Seube, *Technique contractuelle*, Lefebvre Francis, Coll. Traités Pratiques, 2010

S. Nadaud, *Codifier le droit civil européen*, Larcier, 2008

P. Nguihé-Kanté, *La confiance en droit privé des contrats* (ouvrage coll.), Dalloz, Coll. « Thèmes et commentaires », 2008

F. Osman, *Les principes généraux de la lex mercatoria, contribution à l'étude d'un ordre juridique anational*, préf. E. Loquin, LGDJ, 1992

F. Ost, *Le temps du droit*, éd. O. Jacob, 1999

F. Ost, M. van de Kerchove, *De la pyramide au réseau ? Pour une théorie dialectique du droit*, Publications des Fac. St Louis, Bruxelles, 2002

S. Pellet, *L'avenant au contrat*, (Préf. de Ph. Stoffel-Munck), Thèse, Université de Paris 1, 2010

J. Pellerin, *Les clauses relatives à la répartition des risques financiers entre les cocontractants*, Thèse, Université de Paris II, 1977

G. Péquignot, *Contribution à la théorie générale du contrat administratif*, Thèse, Université de Montpellier, Imp. du Midi, 1945

G. Piette, *La correction du contrat*, Préf. M. Menjucq, PUAM, 2004

J.-F. Pillebout, *Recherches sur l'exception d'inexécution*, préf. P. Raynaud, LGDJ, 1971

B. Plessix, *L'utilisation du droit civil dans l'élaboration du droit administratif*, Thèse, Université de Paris 2, Préf. J.-J. Bienvenu, 2003

D.-M. Philippe, *Changement de circonstances et bouleversement de l'économie contractuelle*, Thèse, Bruylant, 1986

X. Philippe, *Le contrôle de proportionnalité dans les jurisprudences constitutionnelle et administrative*, Thèse, Université d'Aix-Marseille, Economica, coll. Sciences et droit administratif, 1990

Y. Picod, *Le devoir de loyauté dans l'exécution du contrat*, Préf. G. Couturier, Thèse, Université de Dijon, LGDJ, 1989

C.-M. Popescu, *Essai d'une théorie de l'imprévision en droit français*, Thèse, Université de Paris, LGDJ, 1937

D. Pouyaud, *La nullité des contrats administratifs*, Préf. P. Weil, LGDJ, 1991

H. Ramparany-Ravololomiarana, *Le raisonnable en droit des contrats*, Thèse, Université de Poitiers, LGDJ, Vol. n° 38, 2009

F. Rangeon, *L'idéologie de l'intérêt général*, Economica, 1986

P. Reigné, *La notion de cause efficiente en droit privé français*, Thèse, Université de Paris II, 1993

G. Ripert, *Aspects juridiques du capitalisme moderne*, LGDJ, 1951

G. Ripert, *La règle morale dans les obligations civiles*, LGDJ, 1949

P. Roubier, *L'influence du changement de circonstances sur les contrats publics*, Thèse, Université de Lyon, 1914

Ph. Ségur, *La contrat, le temps et l'institution. Essai sur la mutabilité des contrats de concession de service public*, Annales de l'Université des Sciences Sociales de Toulouse, 1994

I. Souleau, *La prévisibilité du dommage contractuel*, Thèse, 2 vol., Université de Paris II, Ed. Cujas, 1979

Ph. Stoffel-Munck, *Regards sur la théorie de l'imprévision. Vers une souplesse contractuelle en droit privé français contemporain*, Préf. R. Bout, PUAM, 1994

Ph. Stoffel-Munck, *L'abus dans le contrat – Essai d'une théorie*, Thèse, Université de Paris, LGDJ, t. 337, 2000

F. Terré, *L'influence de la volonté individuelle sur les qualifications juridiques*, Thèse, Université de Paris, 1957

F. Terré, *Pour une réforme du droit des contrats*, Dalloz, 2008

L. Thibierge, *Le contrat face à l'imprévu*, Thèse, Université de Paris, Economica, 2011

M. Ubaud-Bergeron, *La mutabilité du contrat administratif*, Thèse, Université de Montpellier, 2004

K. Vaidis, *Particularismes de la rémunération du maître d'œuvre et assujettissement de l'avenant de rémunération définitive à l'article 20 du Code des marchés publics*, (sous la dir. de L. Rapp), Thèse Toulouse, 2012

L. Vidal, *L'équilibre financier du contrat dans la jurisprudence administrative*, Thèse, Bruylant, 2005

P. Voirin, *De l'imprévision dans les rapports de droit privé*, Thèse, Université de Nancy, 1922

R. Vouin, *La bonne foi, notion et rôle actuels en droit privé français*, Thèse, Université de Bordeaux, LGDJ, 1939

G. Weiszberg, *Le « raisonnable » en droit du commerce international*, Thèse, Université de Paris II, sous la dir. D. Bureau, 2003

Articles et contributions

S. Abbatucci, B. Sablier, V. Sablier, « Crise de l'acier : le retour de l'imprévision dans les marchés de travaux », *AJDA*, 2004, p. 2192

C. Albigès, « Le développement discret de la réfaction du contrat », *in Mélanges en l'honneur de M. Cabrillac*, Litec, 1999, p. 3

M. Almeida Prado, « Le hardship dans le droit du commerce international », *RIDC*, vol. 58, n° 4, 2006, p. 1295

S. Amrani Mekki, B. Fauvarque-Cosson, « Droit des contrats. Septembre 2007 - septembre 2008 », *D*. 2008, p. 2965

S. Amrani Mekki et B. Fauvarque-Cosson, « Droit des contrats. Octobre 2009-Novembre 2010 », *D*. 2011, n° 7, p. 472

P. Ancel, « Force obligatoire et contenu obligationnel du contrat », *RTD civ.*, 1999, p. 771

P. Ancel, B. Fauvarque-Cosson, R. Wintgen, D. Philippe, « Droit comparé des contrats », *RDC* 2011/3, p. 963

P. Ancel, Ph. Brun, V. Forray, O. Gout, G. Pignarre, S. Pimont, « Points de vue convergents sur le projet de réforme du droit des contrats », *JCP G* 2008, n° 48, p. 18

J. Antoine, « La mutabilité contractuelle née de faits nouveaux extérieurs aux parties », *RFDA*, 2004, p. 80

H. Apchain, « Retour sur la notion de bonne administration de la justice », *AJDA* 2012, p. 587

C. Aubert de Vincelle, « La recherche d'une cohérence en droit européen : de l'acquis communautaire à l'ébauche d'un droit européen des contrats », *in Droit européen du contrat et droits du contrat en Europe. Quelles perspectives pour quel équilibre* (sous la dir. de G. Wicker), Litec, 2008, p. 12

C. Aubert de Vincelles, « Premiers regards sur la proposition d'un droit commun européen de la vente », *JCPE*, n° 51, 2011, act. 683

H. Aubry, « Un apport du droit communautaire au droit français des contrats : la notion d'attente légitime », *RIDC* 2005, vol. 57, n° 3, p. 627

L. Aynès, « Le contrat, loi des parties », in dossier Loi et contrat, *Cahiers du Conseil constitutionnel*, n° 17, mars 2005

L. Aynès, « Le devoir de renégocier », *RJ com.*, n° spécial, novembre 1999, p. 11

A.-S. Barthez, « Crise économique et contrats : les remèdes », *RDC* 2010/1, p. 467

G. Bastid-Burdeau, « Droit international et contrats d'Etats - La sentence *Aminoil contre Koweit* du 24 mars 1982 », *Annuaire français de droit international*, vol. 28, 1982, p. 454

H. Batiffol, « La loi appropriée au contrat » *in Le droit des relations économiques internationales*, Etudes offertes à B. Goldman, Litec, 1982, p. 2

J. Bédard, « Réflexions sur la théorie de l'imprévision en droit québécois », *McGill Law Journal*, t. 42, 1997, p. 761

A. Bénabent, « L'équilibre contractuel, une liberté contrôlée », *LPA* 1998, p. 14

F.-P. Benoit, *Les faits imprévus*, in *Le droit administratif français*, Dalloz, 1968, p. 623

I. Beyneix, L.-C. Lemmet, « L'arbitrage international est-il encore véritablement un mode alternatif de règlement des différends ? », *RTD Com.* 2012, p. 225

M. Bordeaux, « Quand le temps dévore l'espace », *in Mélanges J. Ellul, Religion, société et politique*, PUF, 1983, p. 197

M. Bordeaux, « La grille du temps : approche lexicale du temps des lois. Code civil 1804 », *in Langages* n° 53, 1979, p. 115

F. Bortolotti, « Référence aux Principes UNIDROIT dans la pratique contractuelle et les contrats modèles », *Bull. de la Cour Internationale d'Arbitrage de la CCI*, 1/10/2005, p. 61

B. Boubli, « Contrat d'entreprise », *Rép. de droit civil*, Dalloz, 2003, n°253, p. 43

B. Boubli, « Les modifications apportées au marché par le maître de l'ouvrage », *RD imm.*, 2002, p. 482

H. Boucard, « Les instruments internationaux d'unification : concurrence ou modèle pour les droits nationaux », *in Droit européen du contrat et droits du contrat en Europe. Quelles perspectives pour quel équilibre* (sous la dir. de G. Wicker), Litec, 2008, p. 21

J.-C. Bouchard, « La note 442 du 28 mars 1928, un retour vers le futur ? Des principes de bonne administration, de sécurité juridique, de confiance légitime… », *Rev. dr. fiscal*, 17 mai 2007, n° 20, p. 10

J. Boucher, B. Bourgeois-Machureau, « Les trois visages de la cause dans les contrats administratifs », *ADJA* 2008, p. 575

N. Boulouis, « Regards d'un rapporteur public du côté du droit privé », *AJDA*, 11 mai 2009, p. 921

H. Bouthinon-Dumas, « Les contrats relationnels et la théorie de l'imprévision », *Revue internationale de droit économique*, 2001/3, T. XV, p. 339

M. Boutonnet, « L'obligation de renégocier le contrat au nom de la lutte contre les gaz à effet de serre », *D.* 2008, p. 1120

S. Braconnier, « Droit des marchés publics : l'âge de la maturité », *Contrats et Marchés publics*, n° 2, février 2009, étude 2

C. Bréchon-Moulènes, « De la loyauté de l'autorité contractante », *in Mouvement du droit public*, Mélanges en l'honneur de F. Moderne, Dalloz, 2004, p. 442

J. Caillosse, *Quelle exorbitance du « droit administratif » ?*, in *La constitution imaginaire de l'administration*, PUF, 08/10/2008, p. 145

S. Calmès, « Le principe d esécurité juridique en droit public allemand et français » *in* ouvrage coll. *Les annales du droit*, n° 1/2007, p. 65

J.-F. Calmette, « L'évolution de la prise en compte de l'analyse économique par le juge administratif », *Droit administratif*, n° 7, 2006, p. 13

J.-F. Calmette, « Réflexions sur la valeur de l'analyse économique du droit : le cas du droit public », *Rev. de la recherche juridique. Droit prospectif*, 2004, n° 2, p. 905

G. Canivet, « Activisme judiciaire et prudence interprétative » *in La création du droit par le juge*, *Archives de philosophie du droit*, T. 50, Dalloz, 2007, p. 7

H. Capitant, « Le régime de la violation des contrats », *D.* 1934, p. 1

E. Cashin Ritaine, « Nouvelles tendances en droit des obligations – Quel droit s'applique ? », *Rev. dr. unif.* 2008, p. 69

P. Catala, « Avant-projet de réforme du droit des obligations et de la prescription », *La Documentation française*, 2006

B. Cavalié, « Le projet de réforme du droit des contrats face à la crise : Quel avenir pour la théorie de l'imprévision », *in* Les contrats à l'épreuve de la crise, *Rev. Lamy Droit civil*, n° 62, juillet-août 2009, p. 70

B. Cavalié, « Les prévisions contractuelles à l'épreuve de la crise économique – La rupture des relations commerciales », Colloque « Crise économique et contrat », *RDC* 2010/1, n° spécial, p. 70

J.-P. Chazal, « De la signification du mot loi dans l'article 1134, alinéa 1er du code civil », *RTD civ.*, 2001, p. 265

F. Chénédé, L'utilité de la cause de l'obligation en droit contemporain des contrats : l'apport du droit administratif, *Contrats concurrence consommation*, 2008, étude 11

F. Chénédé, « Les emprunts du droit privé au droit public en matière contractuelle », *AJDA*, 11 mai 2009, p. 923

A.-S. Choné, « Vers la consécration de la théorie de l'imprévision ? La Cour de cassation engagée dans une politique des petits pas », *LPA*, 24/12/2010, n° 256, p. 7

A. Claeys, « Le juge commet une erreur de droit en ordonnant une mesure d'expertise inutile au regard de ses propres pouvoirs d'instruction », *JCP A* 2012, n° 37, p. 23

L. Clouzot, « La théorie de l'imprévision en droit des contrats administratifs : une improbable désuétude », *RFDA* 2010, p. 937

G. Cornu, « Un Code civil n'est pas un instrument communautaire », *D.* 2002, p. 351

S. Cotta, « Le Droit et l'appropriation du temps », *in Temporalité et Aliénation*, Aubier, 1975, p. 179

C. Damaso Ruiz-Jarabo, « La Cour de justice de l'Union européenne après le traité de Lisbonne », *Gaz. Pal.*, n° 170, 18 juin 2008, p. 23

D. Dankers-Hagenaars « La bonne foi dans l'exécution du contrat », *in La bonne foi*, Travaux de l'Association Henri Capitant, Journées louisianaises, Litec 1992, t. XLIII, p. 323

R. David, « L'imprévision dans les droits européens », *in Etudes offertes à A. Jauffret*, 1974, p. 213

J. de Soto, Imprévision et économie dirigée, *JCP G*, 1950, p. 817

B. Deffains, S. Ferey, « Pour une théorie économique de l'imprévision en droit des contrats », *RTD civ.*, 2010, p. 719

M. Deguergue, « 50e anniversaire des Grands arrêts de la jurisprudence administrative. Déclin ou renouveau de la création des grands arrêts ? », *RFDA* 2007 p. 254

P. Delebecque, *Rép. Defrénois* 1996, I, p. 1374

R. Demogue, « Des modifications apportées au contrat par volonté unilatérale », *RTD civ.* 1907, n° 6, p. 245

Y. Derains, « Le statut des usages du commerce international devant les juridictions arbitrales », *Rev. arb.* 1973, p. 122

G. Dereux, « De la nature juridique des contrats d'adhésion », *RTD civ.*, 1950, p. 501

U. Draetta, « Les clauses de force majeure et de hardship dans les contrats internationaux », *RDAI*, 2002, p. 347

L. Dubouis, « Missions de service public ou mission d'intérêt général », *Rev. gén. coll. territ.*, janvier-février 2001, p. 588

P. Ducoulombier, « Quelques considérations autour du rôle de la Cour européenne à propos d'un arrêt pilote », *Rev. L'Europe des libertés*, n° 21, p. 19

L. Duguit, *Rev. politique et parlementaire*, 10 mai 1916, p. 264

P. Dupichot « Regards civilistes sur l'analyse économique du droit », *Rev. de dr. Henri Capitant*, n° 1, 1er octobre 2010

J. Dupichot, « Pour un retour aux textes : défense et illustration du « petit guide-âne » des articles 1156 et suivants du Code civil », *in Etudes J. Flour*, Defrénois, 1979, p. 179

G. Eckert, « Notions de risque d'exploitation », *Contrats et Marchés publics*, janv. 2011, n° 1, p. 34

G. Eckert, « droit administratif et droit civil », *in Traité de droit administratif* (sous la dir. F. Melleray, P. Gonod, Ph. Yolka), T. 1, Dalloz, 2011, p. 631

J. Ellul, « Sur l'artificialité du Droit », *Arch. phil. du droit,* n° 8, 1963, p. 28

R. Fabre, « Les clauses d'adaptation dans les contrats », *RTD. civ.*, 1983, n° 2, p. 1

B. Fages, « Autour de l'objet et de la cause », *in* La réforme du droit des contrats : projet et perspectives, *RDC*, 2006, p. 37

B. Fages, « Les principes Unidroit 2004 : le second souffle », *Rev. Lamy Droit civil*, 1/1/2005, n° 12, p. 9

G. Farjat, « Nouvelles réflexions sur les codes de conduite privée », *in Les transformations de la régulation juridique*, 1998, p. 151

G. Farjat, Le droit des relations économiques internationales, *in Etudes offertes à B. Goldman*, éd. par P. Fouchard, Ph. Kahn et A. Lyon-Caen, *RIDC*, vol. 36, n° 2, 1984, p. 434

E. Fatôme, « Les avenants », *AJDA*, 1998 p. 760

B. Fauvarque Cosson, « Droit européen et international des contrats : l'apport des codifications doctrinales », *D.* 2007, p 96

B. Fauvarque-Cosson, « Faut-il un Code civil européen ? », *RTD civ.* 2002, p. 463

B. Fauvarque-Cosson, « L'opportunité économique d'une harmonisation du droit des contrats en Europe », in *Droit et économie des contrats*, LGDJ, p. 257

B. Fauvarque-Cosson, « Le changement de circonstances », *RDC*, 2004, p. 67

B. Fauvarque-Cosson, « Les contrats du commerce international, une approche nouvelle : Les principes d'Unidroit relatifs aux contrats du commerce international », *RIDC*, 1998, Vol. 50, p. 463

B. Fauvarque-Cosson, « Terminologie, principes, élaboration de règles modèles : les trois volets du cadre commun de référence », *RDC* 2009, p. 781

B. Fauvarque-Cosson, « Vers un droit commun européen de la vente», *D.* 2012, p. 34

T. Favario, « La Cour de cassation révise sa perception de l'imprévision... en toute discrétion », *JCP G*, 25/10/2010, n° 43, p. 1999

D. Fenouillet, « Les effets du contrat entre les parties : ni révolution, ni conservation, mais un « entre-deux » perfectible », *Rev. des Contrats*, n° 1, 1er janvier 2006, p. 67

R. Filippo, « Principes du droit européen du contrat, version française préparée par Georges Rouhette avec le concours d'Isabelle de Lamberterie, Denis Tallon et Claude Witz », *RIDC* 2004, vol. 56, n° 3, p. 749

M. Fontaine, « Les clauses de hardship, aménagement conventionnel de l'imprévision dans les contrats à long terme », *Dr. prat. com. int.*, mars 1976, p. 7

Ph. Fouchard, « L'adaptation des contrats à la conjoncture économique », *Rev. arb.*, 1979, p. 67

Ph. Fouchard, « Quand un arbitrage est-il international ? », *Rev. arb.* 1970, p. 59

Ph. Fouchard, « Les usages, l'arbitre et le juge », *in Le droit des relations économiques internationales*, Etudes offertes à B. Goldman, Litec, 1982, p. 67

E. Gaillard, « Chronique des sentences arbitrales », *JDI* (Clunet), n° 1, janvier 2008, chron. 3

E. Gaillard, « La distinction des principes généraux du droit et des usages du commerce international », *in Etudes offertes à P. Bellet*, Litec 1991, p. 203

Y. Gaudemet, « Prolégomènes pour une théorie des obligations en droit administratif français », *in Mélanges en hommage à J. Gaudemet*, PUF, 1999, p. 613

H. Gaudin, « La Cour de justice, juridiction constitutionnelle ? », *RAE*, 2000, p. 209

P.-Y. Gautier, « Le contrat bouleversé : de l'imprévisibilité en droit des propriétés artistiques », *D.* 1990, chron. 130

T. Genicon, « Les traitements légaux : mesures préventives », *RDC* 2010, p. 456

T. Genicon, « Théorie de l'imprévision... ou de l'imprévoyance ? », *D.* 2010, p. 2485

J. Ghestin, « L'interprétation d'un arrêt de la Cour de cassation », *D.* 2004, n° 31, p. 2239

J. Ghestin, « L'utile et le juste dans les contrats », *Arch. phil. dr.*, t. 26, 1981, p. 35

J. Ghestin, « Le contrat en tant qu'échange économique », *Rev. d'éco. indus.*, Vol. n° 92, 2000, p. 81

J. Ghestin, « Validité-cause », *in Présentation de l'avant-projet de réforme des obligations et de la prescription*, La Documentation française, 2006

A. Ghozi, « La modification de l'obligation par la volonté des parties - Etude de droit civil français », *RIDC*, Vol. 33, n° 3, juillet-septembre, 1981, p. 887

A. Ghozi, « Effet des conventions. Interprétation. Qualification » *in Rapport Catala*, p. 35

B. Godenhielm, « Om sâljarens bundenhet under àndrade fo rhallanden », *RIDC*, vol. 7, n° 2. Avril-juin 1995, p. 440

V. Goesel-Le Bihan, « Le contrôle de proportionnalité dans la jurisprudence du Conseil constitutionnel : figures récentes », *RFDC* 2/2007, n° 70, p. 269

B. Goldman, « Frontières du droit et lex mercatoria », *Arch. phil. dr.* 1964, p. 177

B. Goldman, « La *lex mercatoria* dans les contrats et l'arbitrage internationaux : réalité et perspectives », *JDI*, 1979, p. 475

J.-P. Grandjean, « Table ronde : Les remèdes jurisprudentiels. L'imprévision dans l'arbitrage », *RDC* 2010, n° 1, p. 491

B. Grelon, « Les entreprises et l'euro : de quelques aspects juridiques », *Rev. des Sociétés*, 1997, n° 2, p. 5

J.-P. Gridel, « Sur l'hypothèse d'un Code européen des contrats : les propositions de l'Académie des privatistes européens (Pavie) », *Gaz. Pal.*, n° 53, 2003, p. 3

M. Guibal, « De la proportionnalité », *AJDA* 1978, p. 477

B. Haftel, « Entre « Rome II » et « Bruxelles I » : l'interprétation communautaire uniforme du règlement « Rome I » », *JDI* 2010, n° 3, doctr. 11, p. 761

M. Hauriou, « La théorie de l'institution et de la fondation. Essai de vitalisme social », *in* Aux sources du droit : le pouvoir, l'ordre et la liberté, *Cahiers de la Nouvelle journée*, n° 23, 1925, p. 96

J. Hauser, « Temps et liberté dans la théorie générale de l'acte juridique », *in* Mélanges J. Ellul, *Religion, société et politique*, PUF, 1983, p. 507

P. Hébraud, « La notion de temps dans l'œuvre du doyen Maurice Hauriou », *in La Pensée du doyen Hauriou et son influence*, Pédone, 1979, p. 20

V. Heuzé, « A propos d'une initiative européenne en matière de droit des contrats », *JCP G* 2002, p. 152

D. Houtcieff, « De la caducité de l'obligation en cas de disparition de la contrepartie convenue… », *Gaz. du Pal.*, n° 13, 13 janvier 2011, p. 17

F. Hubeau, « Le principe de protection de la confiance légitime dans la jurisprudence de la CJCE », *CDE* 1983, p. 143

J. Huet, « Les contrats commerciaux internationaux et les nouveaux Principes d'UNIDROIT », *LPA*, 1995, n° 135, p. 8

J. Huet, « Nous faut-il un "euro" droit civil ? », *D.* 2002, p. 2611

T. R. Ionesco, « Les récentes destinées de la théorie de la cause dans les obligations », *RTD civ.*, 1931, p. 29

R. Jaidane, « La gestion des contrats internationaux de concession », *RDAI* 2005, n° 3, p. 289

C. Jamin, « Révision et intangibilité du contrat, ou la double philosophie de l'article 1134 du Code civil », *in* « Que reste-t-il de l'intangibilité du contrat ? », *Droit et patrimoine*, 1998, p. 52

C. Jamin, « Une brève histoire politique des interprétations de l'article 1134 », *Rec. Dalloz*, 2002, chron. 901

Ch. Jamin, « Plaidoyer pour le solidarisme contractuel », *in Le contrat au début du XXIème siècle*, Etudes offertes à J. Ghestin , LGDJ, 2001, p. 441

C. Jarrosson, « Les clauses de renégociation, de conciliation et de médiation », *in Les principales clauses des contrats conclus entre professionnels*, PUAM, 1990, p. 141

P.-G. Jobin, « L'étonnante destinée de la lésion et de l'imprévision dans la réforme du code civil au Québec », *RTD Civ*. 2004, p. 693

N. Joubert, « Le choix tacite dans les jurisprudences nationales : vers une interprétation uniforme du règlement Rome I ? », *in Le règlement communautaire Rome I et le choix de la loi dans les contrats internationaux* (sous la dir. de S. Corneloup et N. Joubert), Litec, vol. 15, 2011, p. 234

A. Kabadi, « La renégociation du contrat », *Cah. dr. entr.*, 1999, n° 3

Ph. Kahn, « L'interprétation des contrats internationaux », *JDI* Clunet, 1981, p. 5

Ph. Kahn, « Les principes généraux du droit devant les arbitres du commerce international », *JDI* 1989, p. 305

Ph. Kahn, « *Lex mercatoria* et contrats internationaux », *in Le contrat économique international*, Bruxelles, 1975, p. 195

C. Kessedjian, « Un exercice de rénovation des sources du droit des contrats du commerce international : Les Principes proposés par l'Unidroit », *Revue critique de droit international privé*, 1995, n° 4, p. 641

T. Kirat, « L'allocation des risques dans les contrats : de l'économie des contrats « incomplets » à la pratique des contrats administratifs », *Revue internationale de droit économique*, 1/2003, T. XVII, p. 11

X. Lagarde, « Brèves réflexions sur l'attractivité économique du droit français des contrats », *D*. 2005, p. 2745

X. Lagarde, « Sur l' utilité de la théorie de la cause », *D*. 2007 p. 740

C. Larroumet, « La valeur des principes d'Unidroit applicables aux contrats du commerce international », *JCP G*, n° 14, 2 avril 1997, I, p. 4011

V. Lasserre, « Le risque », *D*. 2011, n° 24, p. 1632

Y.-M. Laithier, « Le droit comparé et l'efficacité économique », *Rev. de dr. Henri Capitant*, n° 1, 1er octobre 2010, Art. 7

S. Le Gac-Pech, « L'équilibre du contrat au travers de la cause : un substitut à la théorie de l'imprévision ? », *JCP E*, 16/12/2010, n° 50, p. 24

H. Lécuyer, « Redéfinir la force obligatoire du contrat ? », *LPA* 1998, n° 54, p. 44

H. Lécuyer, « Le contrat, acte de prévision », *in L'avenir du droit*, Mélanges en hommage de F. Terré, PUF, Dalloz, 1999, p. 643

G. Lefebvre et E. Sibidi Darankoum, « Phénomène transnational et droit des contrats : les Principes européens », *RDAI*, n° 1, 1999, p. 47

S. Lemaire, « Interrogations sur la portée juridique du préambule du règlement Rome I », *D*. 2008, n° 31, p. 2157

Y. Lequette, « Quelques remarques à propos du projet de Code civil européen de M. von Bar », *D*. 2002, p. 2202

Y. Lequette, « Vers un code civil européen ? », *Pouvoirs* 4/2003 (n° 107), p. 97

Y. *Lequette*, « Bilan des solidarismes contractuels », *in Etudes de droit privé*, Mélanges offerts à P. Didier, Economica, 2008, p. 247

H. Lesguillons, « Frustration, Force majeure, Imprévision, Wegfall der Geschäftsgrundläge », *DPCI* 1979, t. 5, n° 4, p. 507

L. Leveneur, « Le Code civil et le droit communautaire », *in Le Code civil, un passé, un présent, un avenir*, Dalloz, 2004, p. 950

R. Libchaber, « Réflexions sur les effets du contrat » *in Propos sur les obligations et quelques autres thèmes fondamentaux du droit*, Mélanges offerts à J.-L. Aubert, Dalloz, 2005, p. 211

Ph. Limouzin-Lamothe, « Les avenants : observations complémentaires », *AJDA*, 1998, p. 767

P. Lokiec, « Le droit des contrats et la protection des attentes », *D*. 2007, p. 321

E. Loquin, « La réalité des usages du commerce international », *RID comp.* 1989, p. 163

L. Lorvellec, « Baux ruraux », *Rép. civ. Dalloz*, 1992, n° 684

Y. Loussouarn, « De l'exequatur des sentences arbitrales étrangères non motivées », *D.* 1957, chron. p. 191

F. Luxembourg, « Le fait du prince : convergence du droit privé et du droit public », *JCPG* 2008, n° 8, p. 15

E. Mackaay, « Le juriste a-t-il le droit d'ignorer l'économiste ? », *Rev. de dr. Henri Capitant*, n° 1, 1er octobre 2010, Art. 2

F. Magar, « Ingénierie juridique : pratique des clauses de rencontre et renégociation », *D.* 2010, n° 30, p. 1959

D. Mainguy, « Le "raisonnable" en droit des affaires », *in Les concepts émergents en droit des affaires* (sous la dir. de Erik Le Dolley), LGDJ, coll. Droit et économie, 2010, p. 307

Ph. Malaurie, « Le Code civil européen des obligations et des contrats, une question toujours ouverte », *JCPG* 2002, p. 110

M.-H. Maleville-Costedoat, « René-Marie RAMPELBERG, Repères romains pour le droit européen des contrats », *RTD Civ.* 2006, p. 423

Ph. Malinvaud, « Réponse – hors délai – à la Commission européenne : à propos d'un Code européen des contrats », *D.* 2002, p. 2542

A. Manin, « A propos des clauses de sauvegarde », *RTDE*, 1970, p. 7

G. Marcou, « La sentence arbitrale relative à la Convention d'utilisation du tunnel sous la Manche par la SNCF et British Rail », *Annuaire français de droit international*, volume 43, 1997, p. 810

J.-P. Marguénaud, « La Cour européenne des droits de l'homme à la conquête du droit des contrats au moyen des arrêts pilotes », *RTD. civ* 2006, p. 719

S. Martin, « Pour une réception de la théorie de l'imprévision en droit positif québécois », *Les Cahiers de droit*, vol. 34, n° 2, 1993, p. 601

C. Martinand, N. de Saint-Pulgent, G. Majcherczyk, « Table ronde : quels risques ? Pour qui ?, *LPA* 2010, n° 170, p. 25

P. Mayer, « La neutralisation du pouvoir normatif de l'Etat en matière de contrat d'Etat », *JDI*, 1986, p. 12

P. Mayer, « Le principe de bonne foi devant les arbitres du commerce international », *in Etudes de droit international en l'honneur de P. Lalive*, 1993, p. 543

D. Mazeaud, « Du nouveau sur l'obligation de renégocier », *D.* 2004, n° 8, p. 1754

D. Mazeaud, « L'arrêt Canal "moins" ? », *Rec. Dalloz*, 28/10/2010, n° 37, p. 2481

D. Mazeaud, « La cause », in *1804-2004, Le Code civil. Un passé, un présent, un avenir*, 2004, p. 451

D. Mazeaud, « La confiance légitime et l'estoppel », *RIDC* 2006, vol. 58, n° 2, p. 363

D. Mazeaud, « La réduction des obligations contractuelles », *in* dossier spécial « Que reste-t-il de l'intangibilité du contrat ? », *Droit et patrimoine*, n° 58, 1998, p. 41

D. Mazeaud, « Le principe de proportionnalité et le droit des contrats », *in* Colloque « Existe-t-il un principe de proportionnalité en droit privé ? », *LPA*, n° 117 (n° spécial), 30 septembre 1998, p. 16

D. Mazeaud, « Rapport de synthèse », *in Droit européen du contrat et droits du contrat en Europe. Quelles perspectives pour quel équilibre* (sous la dir. de G. Wicker), Litec, 2008, p. 78

D. Mazeaud, « Regards positifs et prospectifs sur le nouveau monde contractuel », *LPA*, n° 92, 2004, p. 47

D. Mazeaud, « Renégociation du contrat », *RDC*, Juillet 2008, n° 3, p. 738

D. Mazeaud, « A propos du droit virtuel des contrats. Réflexion sur les Principes Unidroit et de la Commission Lando », *in Mélanges M. Cabrillac*, LGDJ, 1999, p. 205

D. Mazeaud, « Loyauté, solidarité, fraternité, la nouvelle devise contractuelle ? », *in L'avenir du droit*, Mélanges en hommage à F. Terré, Dalloz, 1999, p. 603

D. Mazeaud, « Le juge et le contrat, variations optimistes sur un couple « illégitime » », *in Mélanges offerts à Jean-Luc Aubert*, Dalloz, 2005, p. 235

M. Mekki, « Hardship et révision des contrats 1. Quelle méthode au service d'une harmonisation entre les droits ? », *JCP G*, n° 49, 6 décembre 2010, p. 1219

M. Mekki, « Hardship et révision des contrats. - 2. L'harmonisation souhaitable des conditions de la révision pour imprévision », *JCP G*, n° 50, 13 décembre 2010, p. 1257

M. Mekki, « Les doctrines sur l'efficacité du contrat en période de crise », *RDC* 2010, p. 383

J. Mertens de Wilmars, J. Steenbergen, « La notion de sécurité juridique dans la jurisprudence de la CJCE », *in Mélanges R. Legros*, Bruxelles, éd. ULB, 1985, p. 453

J. Mestre, « D'une exigence de bonne foi à un esprit de collaboration », *RTD civ.*, 1986, p. 100

J. Mestre, J.-C. Roda, « Clause d'imprévision » *in* « Les principales clauses des contrats d'affaire », *LEXTENSO* 2011, p. 473

N. Molfessis, « Le principe de proportionnalité et l'exécution du contrat », *in* Colloque « Existe-t-il un principe de proportionnalité en droit privé ? », *LPA*, n° 117 (n° spécial), 30 septembre 1998, p. 21

J.-L. Mouralis, « Imprévision », *Rép. Civ. Dalloz*, T. VI, 1970-1999, septembre 2003, p. 4

J. Moury, « Une embarrassante notion : l'économie du contrat », *D.* 2000, p. 382

J. Moury, « Le droit confronté à l'omniprésence du risque », *D.* 2012, n° 16, p. 1020

J.-M. Pontier, « L'intérêt général existe-t-il encore ? », *D.* 1998, chron., p. 327

N. Nadal, « La bonne administration de la justice », *LPA*, 12 août 1999, n° 160, p. 5

R. Névry, « L'adaptation du prix dans une vente internationale de marchandise par l'arbitre international », *Penant*, n° 838, p. 20

M.-L. Niboyet, « Contrats internationaux – Détermination du droit applicable – Le principe d'autonomie (sa signification) », *JCl. Droit international*, Fasc. 552-20, 1998

P. Nguihé-Kanté, « La prise en compte des attentes légitimes du cocontractant de droit privé, *Droit prospectif*, 2009, n° 1, p. 317

B. Oppetit, « L'adaptation des contrats internationaux aux changements de circonstances : la clause de hardship », *JDI*, 1974, n° 2, p. 794

F. Ost, « Les multiples temps du Droit », *in Le Droit et le futur*, P.U.F., 1985, p. 115

G. Paisant, « La proposition d'un droit commun de la vente ou l'esperanto contractuel de la Commission européenne », *JCPG*, n° 18, 2012, p. 560

G. Paolo Romano, « Le choix des Principes UNIDROIT par les contractants à l'épreuve des dispositions impératives », *JDI*, 2007-2, p. 473

G. Péquignot, « Fonctions administratives, Théorie générale des contrats administratifs, Exécution et extinction des contrats administratifs », *J.C.A.*, fasc. 515, n° 104, 1954, p. 14

J. Périlleux, « Rapport belge », *in La bonne foi*, Travaux de l'Association H. Capitant, t. XLIII, Litec, 1992, p. 248

D. Philippe, « Les clauses relatives au changement de circonstances dans les contrats à long terme », *in La vie du contrat* à prestations successives, Bruylant, 1991, p. 161

D. Philippe, « L'usage des termes juridiques anglo-saxons dans la vie des affaires », *in Mélanges M. Fontaine*, Larcier, 2003, p. 503

E. Picard, « L'état du droit comparé en France en 1999 », *RIDC* 4-1999, p. 885

Y. Picod, « L'exigence de bonne foi dans l'exécution du contrat » *in Le juge et l'exécution du contrat*, PUAM, 1993, p. 57

J.-M. Pontier, « L'imprévisibilité », *RDC* 1986, p. 5

J.-M. Pontier, « Coopération contractuelle et coopération institutionnelle », *Rev. adm.*, n° 278, 1994, p. 162

M.-C. Ponthoreau, « Le droit comparé en question(s). Entre pragmatisme et outil épistémologique », *RIDC* 1/2005, vol. 57, p. 7

A.-H. Puelinckx, « Frustration, Hardship, Force Majeure, Imprévision, Wegfall der Geschäftsgrundlage, Unmöglichkeit, Changed Circumstances », *Rev. Arb.* 1986, n° 2, p. 47

J.-P. Puissochet, « Vous avez dit confiance légitime ? (le principe de confiance légitime en droit communautaire) », *in L'Etat de droit*, Mélanges en l'honneur de G. Braibant, Dalloz, 1996, p. 586

C. Radé, « Pour une approche renouvelée de la théorie des risques », *LPA* 1995, n°81, p. 26

M.-A. Ribeyre, « Le Code européen des contrats : histoire d'un malentendu », *Dr. et patr.* 2003, n° 4, p. 6

G. Ripert, « Introduction », *Rev. de dr. Henri Capitant*, n° 1, 1er octobre 2010, Art. 1

J. Robert, « La bonne administration de la justice », *AJDA* 1995, n° spécial, p. 117

L. Rolland, « Les Principes d'Unidroit et le Code civil du Québec : variations et mutations », *R.J.T.*, n° 36, 2002, p. 583

I. Rueda, « L'adaptation du droit des contrats d'origine internationale et communautaire à la dématérialisation des échanges », *RIDC*, 2006, n° 3, p. 925

A. Ruellan, A. Hugé, « Le partage des risques et la portée matérielle des théories de la force majeure, du fait du prince et de l'imprévision », *AJDA* 2006, n° 29, p. 1597

M.-L. Ruffini Gandolfi, « Problèmes d'unification du droit en Europe et le Code européen des contrats », *RIDC* 2002, vol. 54, n° 4, p. 1075

F. Ruiz Ruiz, « L'introduction de l'euro et la continuité des contrats sur des obligations pécuniaires », *RTDE* 2000, p. 705

C. Samson, « La remise en cause du prix par les sujétions imprévues : oui, mais… (Vers une régulation contractuelle du bouleversement de l'économie du marché) », *Construction-Urbanisme*, Avril 2003, p. 6

M. Santa-Croce, « Contrats internationaux », *JCl. Droit international*, Fasc. 552-70, 2008, n° 29 et s.

P. Sargos, Rapport du groupe de travail de la Cour de cassation sur l'avant-projet de réforme du droit des obligations et de la prescription, 15 juin 2007

R. Savatier, « Les aspects économiques du droit privé français au milieu du XXe siècle », *Rev. éco.*, 1953, vol. 4, n° 1, p. 115

E. Savaux, « Frémissements en matière d'imprévision », *RDC* 2011/1, p. 34

E. Savaux, « L'introduction de la révision ou de la résiliation pour imprévision. Rapport français », *RDC* 2010, p. 1057

W.-T. Schneider, « La codification d'institutions prétoriennes », *RIDC*, 2002, n° 4, p. 959

A.-F. Schnitzer, « La loi applicable au contrat », *Rev. crit. DIP* 1955, p. 459

Ph. Ségur, « Le cas fortuit en droit administratif, *AJDA* 1994, p. 171

A. Sériaux, « Le futur contractuel », *in Le Droit et le futur*, Travaux et recherches de l'Université de droit, d'économie et de sciences sociales de Paris, PUF, 1985, p. 77

D. Simon, « Des influences réciproques entre CJCE et CEDH : « Je t'aime, moi non plus » ? », *Pouvoirs*, 2001/1, n° 96, p. 31

P. Stoffel-Munck, « Les répliques contractuelles », *RDC* 2010, p. 430

D. Tallon, « Les principes pour le droit européen du contrat », *Defrénois*, 2000, p. 683

D. Tallon, « Vers un droit européen des contrats ? », *in Mélanges offerts à A. Colomer*, Litec, 1993, p. 485

D. Tallon, « La révision du contrat pour imprévision au regard des enseignements récents du droit comparé », *in Droit et vie des affaires*, Etudes à la mémoire d'A. Sayag, Litec, 1997, p. 403

Ph. Terneyre, « Responsabilité contractuelle », *Rép. de la responsabilité de la puissance publique*, avril 2012, n° 222

C. Thibierge-Guelfucci, « Libre propos sur la transformation du droit des contrats », *RTD civ.* 1997, p. 357

T. Titone, F. Coulon, M. Dary, « Circonstances économiques et déséquilibre contractuel », *JCP E*, 9/6/2011, n° 23, p. 25

P. Van Ommeslaghe, « Les clauses de force majeure et d'imprévision (*hardship*) dans les contrats internationaux », *RIDC*, 1980, p. 7

G. Viney, « Responsabilité civile », *JCP G* 1994, n° 50, I, p. 3809

M. Waline, *Préface du JCl. Administratif*, 1952, p. 9

M. Waline, « L'évolution des rapports de l'Etat avec ses co-contractants », *RDP*, 1951, p. 27

P. Weil, « Droit international et contrats d'État », *in Mélanges P. Reuter*, Pedone, 1981, p. 550

G. Wicker, « Force obligatoire et contenu du contrat », in *Les concepts contractuels français à l'heure des principes du droit européen des contrats*, Dalloz, 2003, p. 151

C. Witz, « Plaidoyer pour un Code européen des obligations », *D.* 2000, p. 79

C. Witz, « M.-J. Bonell - Principes relatifs au contrat du commerce international », *RIDC*, 1995, vol. 47, n°3, p. 799

J.-P. Zepos, « Quinze années d'application du Code civil hellénique (1946-1961) », *RIDC*, vol. 14, n° 2, 1962, p. 281

Conclusions

Bergeal, concl. sur CE, 30 juin 1999, *SMITOM du Centre ouest Seine-et-Marnais, AJDA*, 1999, p. 714

L. Blum, concl. sur CE, 21 mars 1910, *Cie française des tramways, Rec.,* p. 216

N. Boulouis, concl. sur CE, 26 septembre 2007, *OPHLM du Gard, Leb.*, p. 942 ; *BJCP* 2007, p. 462

G. Braibant, concl. sur CE, 28 mai 1971, *Ville Nouvelle Est*, *Rec.*, p. 409

C. Chantepy, concl. sur CE, 15 avril 1996, *Préfet des Bouche-du-Rhône contre commune de Lambesc*, *Rec.*, p. 137

Chardenet, concl. sur l'arrêt *Compagnie générale d'éclairage de Bordeaux*, *Rec. Dalloz*, 1916.3.25, p. 127

Corneille, concl. sur CE, 8 février 1918, *Gaz de Poissy*, *Rec.*, p. 122

Corneille, concl. sur CE, 3 décembre 1920, *Fromassol, Rec.*, p. 1036

Corneille, concl. sur CE, 25 novembre 1921, *Cie générale des automobiles postales*, *Rec.*, p. 980

Gazier, concl. sur CE, 7 juillet 1950, *Dehaene*, *RDP*, 1950, p. 366

P.-L. Josse, concl. sur CE Sect., 28 mars 1930, *Ministre des Travaux publics c/ Cie du Midi*, *Rec.*, p. 362, , *DP* 1930, n° 3, p. 27

P.-L. Josse, concl. sur CE, 30 mars 1930, *Ministre des travaux publics*, *RDP* 1930, p. 730

P.-L. Josse, concl. sur CE, Ass., 9 décembre 1932, *Compagnie des tramways de Cherbourg*, *Rec.*, p. 1050

Labetoulle, concl. sur CE Sect., 12 mars 1976, *Département des Hautes-Pyrénées c/ Sté SOFILIA*, *AJDA*, 1976, p. 554

Latournerie, concl. sur l'arrêt, CE, 9 mars 1928, *Compagnie des scieries africaines*, *RDP*, 1928, p. 328

C. Maugüé, concl. sur CE Ass., 5 mars 1999, *M. Rouquette, Mme Lipietz et a.*, *RFDA* 1999, p. 257

Romieu, concl. sur CE, 21 juin 1895, *Cames*, *Rec.*, p. 509

F. Séners, concl. sur CE Ass., 11 juillet 2001, *FNSEA et a.*, *Rec.* p. 340, *RFDA* 2002, p. 33

Tardieu, concl. sur CE, 10 janvier 1908, *Sieurs Noir et Beyssac*, *Rec.*, p. 20

Tardieu, concl. sur CE, 7 juillet 1909, *Winkell*, *Rec.*, p. 826

Notes, observations et chroniques sous jurisprudence

B. Boubli, obs. sous Civ. 3ème, 6 mars 2002, *Panassié c/ Berthe et a.*, *RD imm.*, 14 mai 2002, chron., p. 212

M. Boutonnet, note sous CA Nancy, 2ème ch. com., 26 septembre 2007, *SAS Novacarb c/ SNC Socoma*, *D.* 2008, p. 1120

H. Capitant, note sous arrêt Cour d'appel de Paris, 21 décembre 1916, *D.* 1917.2.33

P. Cassia, note sous CE, 3 décembre 2001, *Syndicat national de l'industrie pharmaceutique*, *RFDA* 2002, p. 166

M. Défossez, note sous Cass. Soc., 25 février 1992, *Expovit*, *DS* 1992, p. 390

P. Delebecque, obs. sous Com., 22 octobre 1996, *Chronopost Rec. Dalloz,* 1997, p. 175

J.-D. Dreyfus, note sous CE, 30 juillet 2003, *Commune de Lens*, *AJDA*, 2003, p. 1727

G. Durry, obs. sous Civ. 1ère, 4 février 1985, *RTD civ.* 1985, p. 537

G. Eckert, note sous CE, 10 février 2010, *Sté Prest'action*, *Contrats et marchés publics*, n° 4, 2010, comm. 133.

B. Fages, obs. sous CA Nancy, 2ème ch. com., 26 septembre 2007, *RTD. civ.* 2008, p. 295

B. Fages, obs. sous Civ. 1ère, 30 octobre 2008, *Simon c/ Moschat RTD civ.* 2009, p. 118

B. Fages, obs. sous Civ. 3ème, 18 mars 2009, *RTD civ.*, n° 3, 2009, p. 528

Ph. Francescakis, note sous T. civ. Seine, 26 juin 1953, *Rev. crit. DIP* 1954, p. 200

D. Gatumel, obs. sous Cass. Soc., 25 février 1992, *Expovit JCP G* 1992, n° 8, p. 3610

Giboulot, note sous Civ. 6 mars 1876, *De Galliffet c/ Commune de Pélissanne*, *D.* 1876. 1. 193

B. Goldman, obs. sous la sentence rendue le 2 juillet 1956 par Messieurs Ripert et Panchaud dans l'affaire, « *Société d'études et d'entreprises* », *JDI* Clunet, 1959, p. 1074

B. Goldman, obs. sous Civ. 1ère, 2 mai 1966, *Galakis Rev. crit. DIP* 1967, p. 553

M. Hauriou, note sous CE, 10 mai 1912, *Ambrosini*, *S.* 1912.1.161

M. Hauriou, note sous CE, 30 mars 1916, *Compagnie générale d'éclairage de Bordeaux* S. 1916.3.17

M. Hauriou, note sous CE, 27 juin 1919, *Sté du gaz de Nice*, *Rec.*, p. ; *S.* 1920.3.25

J. Hauser, obs. sous Civ. 1ère, 30 octobre 2008, *Simon c/ Moschat RTD civ.* 2009, p. 111

D. Houtcieff, note sous Civ. 1ère, 30 octobre 2008, *Simon c/ Moschat*, n° 07-17.646, *JCP G* 2009, II, p. 10000

Ch. Jamin, note sous Cass. Com., 24 novembre 1998, *M. Chevassus-Marche c/ Stés Groupe Danone, Brasseries Kronenbourg et Eaux minérales d'Evian*, *JCP E*, 1999, n° 29, p. 1242

L. Jegouzo-Viénot, note sous CE, 14 juin 2000, *Commune de Staffelfelden*, *Rec.*, p. 227, *LPA*, 8 décembre 2000, p. 14

G. Jèze, note sous CE, 30 mars 1916, *Compagnie générale d'éclairage de Bordeaux*, *RDP* 1916, p. 236

G. Jèze, note sous CE Ass., 9 décembre 1932, *Compagnie des tramways de Cherbourg*, *RDP*, 1933, p. 117

Ph. Kahn, comm. sous la sentence du Trib. Arb. Paris, 24 mars 1982, P. Reuter (Président), H. Sultan, Sir G. Fitzmaurice, *American Independant Oil Cy (Aminoil) c/ Koweit*, *JDI* (Clunet), 1982, p. 869

J. Kullmann, obs. sous Cass. com., 2 mars 1993, *D.*, Som., 11

M. Lamoureux, note sous CA Nancy, 2ème ch. com., 26 septembre 2007, *JCP G* 2008, II., p. 10091

P. Level, note sous Civ. 1ère, 2 mai 1966, *Galakis JDI* (Clunet) 1966, p. 648

S.-J. Lieber et D. Botteghi, note sous CE Ass., 28 décembre 2009, *Commune de Béziers*, *AJDA*, 2010, p. 142

Ph. Ligneau, note sous Civ. 1ère, 2 mai 1966, *Galakis, Bull. civ. 1966,* I, p. 256 ; *JCP* 1966, II, p. 14798

F. Llorens, note sous CE, 17 juin 1985, *Sté Cogeci*, *RDP* 1986, p. 1729

F. Llorens, chron. sous CE, 17 février 1992, *Société générale d'entreprises Sainrapt et Brice*, *RDP* 1994, p. 861

F. Llorens, note sous CE, 3 mars 2010, *Sté Presspali SPA Contrats et MP*, 2010, comm. 167

F. Llorens et Ph. Terneyre, obs. sous CE, 15 décembre 2000, *La Croix/Association départementale Hydraulique Haute-Savoie RD. imm.*, avril 2001, p. 157

T. Lyon-Caen, note sous Civ. 21 novembre 1911 *S.* 1912, I, p. 73

Ph. Malinvaud, B. Boubli, obs. sous Civ. 3ème, 17 octobre 1990, *Campenon Bernard c/ Mayer*, n° 1518, , *RD. imm.*, 1991, p. 65

D. Mazeaud, obs. sous Com., 22 octobre 1996, *Chronopost Défr.*, 1997, p. 333

D. Mazeaud, obs. sous Civ. 1ère, 16 mars 2004, *Les Repas parisiens c/ AFJT (Association Foyer des jeunes travailleurs) et commune de Cluses*, *RDC* 2004/3, p. 642

D. Mazeaud, obs. sous Civ. 1ère, 30 octobre 2008, *Simon c/ Moschat RDC* 2009, p. 49

D. Mazeaud, obs. sous Civ. 3ème, 18 mars 2009, *RDC*, n° 3, 2009, p. 1358

D. Mazeaud, note sous Com., 29 juin 2010, *SA Soffimat c/ SAS Sté d'Exploitation de Chauffage*, *D.* 2010, p. 2481

J. Mestre, obs. sous Cass. civ., 3ème, 28 mai 1986, *RTDciv*, 1987, n° 9, p. 545

J. Mestre, obs. sous Cass. Soc., 25 février 1992, *Expovit RTD. civ.* 1992, p. 760, n° 5

J. Mestre, obs. sous Cass. Com., 3 novembre 1992, *Sté française des pétroles BP c/ M. Huard RTD. civ.*, 1993, p. 124, n° 7

J. Mestre, obs. sous l'arrêt Dijon, 4 février 1999, *RTD civ.* 1999, p. 396

J. Mestre et B. Fages, obs. sous Civ. 1ère, 16 mars 2004, *Les Repas parisiens c/ AFJT (Association Foyer des jeunes travailleurs) et commune de Cluses RTD civ.* 2004, p. 290

F. Olivier, obs. sous CE, 15 décembre 2000, *La Croix/Association départementale Hydraulique*

J.-M. Pastor, obs. sous CE, 3 mars 2010, *Sté Presspali SPA*, req. n° 304604, *AJDA*, 2010, p. 470

R. Pelloux, note sous CE, Ass., 9 décembre 1932, *Compagnie des tramways de Cherbourg*, *D.* 1933, p. 17

Y. Picod, note sous Cass. Com., 24 novembre 1998, *M. Chevassus-Marche c/ Stés Groupe Danone, Brasseries Kronenbourg et Eaux minérales d'Evian JCP G*, 1999, n° 48, p. 2151

J.-P. Piétri, note sous CE, 15 février 2008, *Commune de la Londe-les-Maures*, *Contrats et Marchés publics* 2008, comm. n° 78

J.-P. Piétri, note sous CE, 17 novembre 2008, *Entreprise Aubelec*, n° 294215, *Contrats et Marchés publics*, 2009

S. Porchy, note sous Civ., 1ère, 7 octobre 1998, *Rec. Dalloz*, 1999, p. 145

G. Ripert, note sous Cass. civ. 28 février 1939, *D. P.*, 1940, T. 1, p. 5

J. Robert, note sous Civ. 1ère, 2 mai 1966, *Galakis D*. 1966, p. 575

P. Sargos, note sous Civ., 1ère, 7 octobre 1998*JCP G*, 1998, T. II, p. 10179

Sarrut, note sous Civ. 21 novembre 1911, *Périod. Dalloz*, 1913, T. 1, p. 249

R. Savatier, note sous Cass. Soc., 6 avril 1951, *Dalloz*, 1951, p. 505

A. Sériaux, note sous Com., 22 octobre 1996, *Chronopost, Rec. Dalloz*, 1997, p.121

Ph. Terneyre, obs. sous CE, 19 février 1992, *SA Dragages et travaux publics*, p. 1109

Ph. Terneyre, note sous CE, 15 avril 1996, *Préfet des Bouche-du-Rhône contre commune de Lambesc, RFDA*, 1996, p. 715

G. Virassamy, note sous Cass. Com., 3 novembre 1992, *Sté française des pétroles BP c/ M. Huard, JCP G*, 1993, II, p. 22164

Autres ouvrages

A. Camus, *La Peste*, 1947

Aristote, *Traité de l'âme*, Livre Ier, (J. Barthélemy-Saint-Hilaire), Librairie philosophique de Ladrange, 1846

Aristote, *De interpretatione*, *Organon I et II*, trad. par J. Tricot, VRIN, bibl. des textes philosophiques, 1994

C. Bernard, *Introduction à l'Étude de Médecine Expérimentale*, Echo Library, 2008

P. Bourget, *Le disciple*, 1889

R. Descartes, *Le discours de la méthode*, 1637

D. Diderot, *Œuvres de Denis Diderot*, T. 4, 1818

G. Duhamel, *Journal de Salavin*, Paris, Mercure de France, 1927

V. Hugo, *Quatre-vingt-treize*, 1874

V. Hugo, *Les Misérables*, T. 2, 1862

A. Korzybski , *Science and sanity*, 1933

A. de Lamartine, « La foi », *in Méditations poétiques*, XVIIIème méditation, 1836

J. Michelet, *Le peuple*, Comptoir des imprimeurs-unis, 3ème édition, 1846

F. Proust, *Maximes à l'usage des dirigés et de leurs dirigeants*, 2001

E. Renan, *L'avenir de la science*, Gallimard, 1947, T. III

R. Rolland, *Vie de Tolstoï*, Hachette, 1911

Saint Thomas d'Aquin, *Somme téléologique*, XIIIème siècle

C.-A. Sainte-Beuve, *Correspondance*, 7 février 1825, t. 1

J.-P. Sartre, *Situations* (1947-1976)

S. Weil, *Leçons de philosophie*, 1999

Webographie

Réflexions sur l'intérêt général - Rapport public 1999, page consultée le 5 janvier 2009, accessible depuis l'adresse :

http://www.conseil-etat.fr/cde/node.php?articleid=430

Etude de faisabilité publiée le 3 mai 2011 par le Groupe d'Experts créé par la Commission le 26 avril 2010 (*JOUE*, L 105/109) et avis des groupes de chercheurs, page consultée le 1er juin 2012, accessible en ligne depuis l'adresse :

http://ec.europa.eu/justice/contract/expert-group/index_fr.htm

Rapport du groupe de travail de la Cour de cassation présidé par Pierre Sargos sur l'avant-projet de réforme du droit des obligations et de la prescription, 15 juin 2007, page consultée le 28 septembre et le 30 août 2011, accessible en ligne depuis l'adresse :

http://www.courdecassation.fr/jurisprudence_publications_documentation_2/autres_publications_discours_2039/discours_2202/2007_2271/groupe_travail_10699.html

Proposition de loi enregistrée à la Présidence de l'Assemblée nationale le 22 juin 2011, page consultée le 4 janvier 2012, accessible en ligne depuis l'adresse :

http://www.assemblee-nationale.fr/13/propositions/pion3563.asp

Convention des Nations Unies sur les contrats de vente internationale de marchandises conclue à Vienne et ratifiée par la France le 22 décembre 1987 (décret n° 87-1034), page consultée le 3 mai 2012, accessible en ligne depuis l'adresse :

http://www.uncitral.org/uncitral/fr/uncitral_texts/sale_goods/1980CISG.html

Dossier de la Documentation française : « L'Organisation mondiale du commerce (OMC) », 2011, page consultée le 10 janvier 2012, accessible en ligne depuis l'adresse :

http://www.ladocumentationfrancaise.fr/dossiers/omc-index.shtml

Avis n° 7 du Comité consultatif de la Convention de Vienne, page consultée le 8 mars 2012, accessible en ligne depuis l'adresse :

http://www.cisg.fr/cgi-bin/content.cgi?name=avis7

Présentation d'Unidroit, page consultée le 10 janvier 2011, accessible en ligne depuis l'adresse :

http://www.unidroit.org/dynasite.cfm?dsmid=103293

Préambule des Principes Unidroit, page consultée le 10 janvier 2011, accessible en ligne depuis l'adresse :

http://www.unidroit.org/french/principles/contracts/principles2010/integralversionprinciples2010-f.pdf

Commentaire des rédacteurs sous le Préambule des Principes Unidroit, page consultée le 10 janvier 2011, accessible en ligne depuis l'adresse :

http://www.unidroit.org/french/principles/contracts/principles2010/integralversionprinciples2010-f.pdf

Article du Cabinet d'Avocats Gide, « Le Nouveau Code civil roumain l'avènement de l'imprévision contractuelle », page consultée le 3 janvier 2012, accessible en ligne depuis l'adresse :

http://www.gide.com/front/FR/actualites/PDF/GLN_nwsl_PECO42_FR_oct2011.pdf

E. Cashin Ritaine, « Nouvelles tendances en droit des obligations – Quel droit s'applique ? », *Rev. dr. unif.* 2008, page consultée le 4 mai 2012, accessible en ligne depuis l'adresse :

http://www.unidroit.org/english/publications/review/articles/2008-1&2/069-100.pdf

J. Cédras, « Le solidarisme contractuel en doctrine et devant la Cour de cassation », page consultée le 3 décembre 2011, accessible en ligne depuis l'adresse :

http://www.courdecassation.fr/publications_cour_26/rapport_annuel_36/rapport_2003_37/deuxieme_partie_tudes_documents_40/tudes_diverses_43/doctrine_devant_6260.html

J.-P. Chazal, « Les nouveaux devoirs des contractants : est-on allé trop loin ? », page consultée le 8 septembre 2012, accessible en ligne depuis l'adresse :

http://master.sciences-po.fr/droit/sites/master.sciences-po.fr.droit/files/users/aude.epstein/Les%20devoirs%20contractuels.pdf

C. Dapei « Italie - La théorie de l'imprévision et de la présupposition à la lumière d'un récent arrêt du 25 mai 2007 rendu par la Cour de cassation italienne », page consultée le 4 avril 2010, accessible en ligne depuis l'adresse :

http://m2bde.u-paris10.fr/content/italie-la-th%C3%A9orie-de-l%E2%80%99impr%C3%A9vision-et-de-la-pr%C3%A9supposition-%C3%A0-la-lumi%C3%A8re-d%E2%80%99un-r%C3%A9cent-arr%C3%AAt-du

P. Dupichot « Regards civilistes sur l'analyse économique du droit », *Rev. de dr. Henri Capitant*, n° 1, 1er octobre 2010, page consultée le 28 septembre 2012, accessible en ligne depuis l'adresse :

http://henricapitantlawreview.org/edito_revue.php?id=18&lateral=18

B. Fauvarque Cosson, « La confiance légitime et l'estoppel », *Electronic Journal of Comaprative Law*, vol. 11.3, décembre 2007, page consultée le 10 juillet 2012, accessible en ligne depuis l'adresse :

http://www.ejcl.org/113/article113-8.pdf

B. Godenhielm, « Om sâljarens bundenhet under àndrade fo rhallanden », page consultée le 3 mars 2012, accessible en ligne depuis l'adresse :

http://www.persee.fr/web/revues/home/prescript/article/ridc_0035-3337_1955_num_7_2_9274

T. Kirat, « Le pragmatisme de Richard Posner : un regard critique », Texte de la communication à la journée d'étude Les philosophes pragmatistes et les économistes : quelles proximités ?, IDHE-ENS de Cachan, 11 avril 2005, page consultée le 10 juillet 2011, accessible en ligne depuis l'adresse :

http://hal.archives-ouvertes.fr/docs/00/03/55/19/PDF/kirat_Posner_pragmatisme.pdf

Y.-M. Laithier, « Le droit comparé et l'efficacité économique », *Rev. de dr. Henri Capitant*, n° 1, 1er octobre 2010, Art. 7, page consultée le 28 septembre 2012, accessible en ligne depuis l'adresse :

http://henricapitantlawreview.org/article.php?id=228

Y. Lequette, « Le Code européen est de retour », *page consultée le 4 juin 2012*, accessible en ligne depuis l'adresse :

http://ec.europa.eu/justice/news/consulting_public/0052/contributions/226_fr.pdf

E. Mackaay, « Le juriste a-t-il le droit d'ignorer l'économiste ? », *Rev. de dr. Henri Capitant*, n° 1, 1er octobre 2010, Art. 2, page consultée le 28 septembre 2012, accessible en ligne depuis l'adresse :

http://henricapitantlawreview.org/article.php?id=223

Y. Picod, « Les projets français sur la réforme du droit des obligations », page consultée le 20 juillet 2011, accessible en ligne depuis l'adresse :

http://www.raco.cat/index.php/InDret/article/viewFile/141379../192890

G. Ripert, « Introduction », *Rev. de dr. Henri Capitant*, n° 1, 1er octobre 2010, Art. 1, page consultée le 28 septembre 2012, accessible en ligne depuis l'adresse :

http://henricapitantlawreview.org/article.php?id=222

L. Rolland, « Les Principes d'Unidroit et le Code civil du Québec : variations et mutations », *R.J.T.*, n° 36, 2002, page consultée le 28 juillet 2012, accessible en ligne depuis l'adresse :

https://papyrus.bib.umontreal.ca/jspui/bitstream/1866/1362/3/Les%20principes%20DUNIDROIT.pdf

J.-M. Sauvé, Colloque du 30 septembre 2009 organisé par la Chambre Nationale pour l'Arbitrage Privé et Public, « L'arbitrage et les personnes morales de droit public » page consultée le 3 novembre 2011, accessible en ligne depuis l'adresse :

http://www.conseil-etat.fr/fr/discours-et-interventions/larbitrage-et-les-personnes-morales-de-droit-public.html

J.-F. Weber, Comprendre un arrêt de la Cour de cassation rendu en matière civile, Communication, page consultée le 16 novembre 2011, accessible en ligne depuis l'adresse :

http://www.courdecassation.fr/publications_cour_26/bulletin_information_cour_cassation_27/bulletins_information_2009_2866/no_702_3151/communication_3153/

INDEX ALPHABETIQUE

G

H

I

J

L

M

O

P

TABLE DES MATIERES

Titre II. La consécration originelle de la théorie des sujétions imprévues dans les marchés de travaux

Partie III. Vers une unification des régimes de l'imprévision dans le droit des contrats ?

Titre I. L'intégration européenne des régimes de l'imprévision

Questions juridiques aux éditions L'Harmattan

Dernières parutions

CONCILIATION ET MÉDIATION DEVANT LA JURIDICTION ADMINISTRATIVE
Actes du colloque du Conseil d'État du 17 juin 2015
Sous la direction de Jacques Biancarelli et Béatrice Blohorn-Brenneur
Voici près de 25 ans que le Conseil d'État, confronté à une judiciarisation croissante de la société, réfléchit aux modes alternatifs de règlement des différends afin de les pacifier et de rendre les justiciables davantage confiants en la justice administrative. Après avoir rappelé le contexte juridique et les enjeux d'une telle impulsion, un bilan comparatif des pratiques du juge administratif et du juge judiciaire a permis de mesurer combien il est nécessaire et urgent de compléter la boîte à outils dont dispose le premier. Voici une réflexion, les références et les outils nécessaires à la juridiction administrative.
(Coédition GEMME, 24.00 euros, 246 p.)
ISBN : 978-2-343-07270-8, ISBN EBOOK : 978-2-336-39774-0

L'ERREUR JUDICIAIRE
Apprendre à douter pour lutter contre les erreurs judiciaires
Sous la direction de Xavier Pin
L'erreur judiciaire hante autant qu'elle jalonne l'histoire de notre justice pénale. Nous avons tous en mémoire de retentissants procès ayant vu des individus accusés ou condamnés, avant d'être disculpés, graciés ou réhabilités. Le législateur y est sensible au point de réformer régulièrement la procédure pénale pour tenter d'éviter, de corriger ou de réparer, autant que possible, de telles erreurs. Une loi du 20 juin 2014 réforme les procédures de révision et de réexamen des condamnations pénales définitives : elle est l'occasion d'essayer de comprendre ces fiascos judiciaires.
(Coll. Droit privé et sciences criminelles, 15.00 euros, 126 p.)
ISBN : 978-2-343-07284-5, ISBN EBOOK : 978-2-336-39807-5

LE DROIT CONSTITUTIONNEL DE LA Ve RÉPUBLIQUE
(Treizième édition)
Lascombe Michel, Toulemonde Gilles
Cet ouvrage s'adresse aux étudiants en droit, aux élèves des instituts d'études politiques et aux candidats aux concours administratifs. Il couvre l'essentiel du programme de droit constitutionnel, c'est-à-dire aussi bien les constitutions françaises depuis 1789 que l'actuel texte constitutionnel. Cette nouvelle édition tient compte des derniers développements induits par les changements politiques, des dernières réformes des règlements des assemblées et de la jurisprudence la plus récente.
(Coll. Logiques Juridiques, 42.00 euros, 506 p.)
ISBN : 978-2-343-07916-5, ISBN EBOOK : 978-2-336-39877-8

LA PROXIMITÉ EN DROIT INTERNATIONAL PRIVÉ DE LA FAMILLE
Bouyahia Sabrine Maya - Préface de Lotfi Chedly et Marie Goré
Parmi les méthodes proposées pour trancher les litiges présentant un élément d'extranéité, figure celle reposant sur le principe de proximité. L'étude porte sur deux systèmes de droit international privé de la famille différents (droit français et droit tunisien) pour mettre en exergue d'une

part l'adaptation de cette méthode aux spécificités de chaque ordre étatique et d'autre part son adéquation avec tous les différents systèmes de droit.
(Coll. Logiques Juridiques, 54.00 euros, 618 p.)
ISBN : 978-2-343-05464-3, ISBN EBOOK : 978-2-336-39866-2

QUARTIER-FEMMES ÉCROU 10970
Boh-Petit Dominique
Cellule 24 : une femme dit toute sa souffrance d'être enfermée. Elle a tué. Son histoire est à la rubrique des faits divers. La Cour d'assises la jugera. Bien des années plus tard, elle est libérée. La vie doit reprendre. Ce récit est parfaitement conforme à la réalité. Tout a existé et existe encore.
(Coll. La justice au quotidien, 15.00 euros, 130 p.)
ISBN : 978-2-343-07436-8, ISBN EBOOK : 978-2-336-39812-9

GABELOUS ET CONTREBANDIERS
Histoire des fermiers généraux de Dijon (1760-1780)
Evrard Sébastien - Préface de Marc Fradet
En exhumant un registre du personnel de la direction des fermes de Dijon, l'auteur retrace, entre 1760 et 1780, la vie méconnue de centaines d'agents au service du doit et de l'impôt. Ces derniers servaient un système protecteur (la retraite fait son apparition dès 1768), parfois très rémunérateur, mais qui s'avère aussi, sous certains aspects, une machine à broyer les hommes : le régime des sanctions que met en place la Ferme est d'une efficacité redoutable. En définitive, la Ferme présente un aspect mitigé.
(Coll. Mémoires des Douanes, 28.50 euros, 278 p.)
ISBN : 978-2-343-06683-7, ISBN EBOOK : 978-2-336-39845-7

DICTIONNAIRE OHADA
(3e édition)
Bitsamana Hilarion Alain
Ce dictionnaire spécial du droit des affaires OHADA propose une définition claire et précise, avec tous les compléments nécessaires, des principaux termes utilisés tous les jours se rapportant à l'OHADA. Un ouvrage de référence permettant de décoder l'OHADA, accessible à toute personne s'intéressant au monde des affaires en Afrique comme à l'étranger.
(39.00 euros, 398 p.)
ISBN : 978-2-343-07656-0, ISBN EBOOK : 978-2-336-39786-3

LA DÉJUDICIARISATION ET LES PROCÉDURES NON CONTENTIEUSES EN AFRIQUE
Amboulou Hygin Didace
La déjudiciarisation comprend l'ensemble des mécanismes de gestion des différends en rationalisant les moyens matériels et humains de la justice, afin de pallier les déficiences du système judiciaire et de limiter les surcharges des juridictions. Les institutions de nombreux pays sont analysées et les déjudiciarisations en droit public et en droit privé sont abordées.
(Coll. Études africaines, 17.50 euros, 156 p.)
ISBN : 978-2-343-06928-9, ISBN EBOOK : 978-2-336-39805-1

COMMENT RENFORCER L'INDÉPENDANCE DE LA MAGISTRATURE AU SÉNÉGAL ?
Ngom Babacar
Préface de Amadou Mahtar Mbow
L'ouvrage présente dans une première partie les garanties légales d'indépendance de la justice, notamment la règle de la séparation des pouvoirs, le principe de la soumission des juges à l'autorité de la loi et celui de l'inamovibilité du magistrat du siège. Après une analyse critique de ces dispositions, l'auteur formule des propositions de renforcement de l'indépendance de la magistrature.
(13.50 euros, 124 p.)
ISBN : 978-2-343-05158-1, ISBN EBOOK : 978-2-336-39837-2

LE DROIT PÉNAL DES AFFAIRES AU CAMEROUN
Djila Kouayi Kemajou Rose
Préface de Victor-Emmanuel Bokalli
Dans le domaine des affaires, la liberté d'entreprendre et d'investir comporte de nombreux risques, au rang desquels le risque pénal. La délinquance en col blanc n'étant plus réservée aux grandes sociétés commerciales, les moyens de lutte et de sécurisation des investisseurs nécessitent un droit pénal des affaires dont l'objectif est la recherche d'une éthique dans ce domaine.
(Coll. Études africaines, 35.50 euros, 350 p.)
ISBN : 978-2-343-07840-3, ISBN EBOOK : 978-2-336-39777-1

50 ANS DE MARIAGE
Réflexions d'un notaire sur l'évolution du couple ces cinquante dernières années
Dauptain Pierre
De la pilule contraceptive jusqu'au mariage pour tous, l'auteur nous propose une réflexion sur les lois qui ont accompagné l'évolution du couple au cours des cinquante dernières années. Il analyse cette évolution pour aborder les problématiques juridiques et morales qui font tant débat de nos jours. Il s'appuie sur des travaux de juristes ou de sociologues, des articles de presse, mais aussi sur les chansons et les films qui ont marqué ces années et qui témoignent de façon si éclairante des changements de mentalités.
(Éditions Pepper, 16.50 euros, 148 p.)
ISBN : 978-2-343-07677-5, ISBN EBOOK : 978-2-336-39690-3

MÉTHODOLOGIE ET ASPECTS FORMELS DE LA RECHERCHE
Petit manuel à l'usage des juristes
Marain Gaëtan
L'ouvrage propose un véritable apprentissage du formalisme qui doit permettre aux étudiants et aux professionnels confrontés à la rédaction d'une thèse ou d'un mémoire juridique d'aborder ce travail avec sérénité. L'auteur donne une méthode de recherche pour définir le sujet, trouver et compulser les références utiles, échafauder un plan. Il aborde également les thèmes des citations d'auteur, notes de bas de page, mise en page. Il traite enfin du travail de relecture et de l'épreuve de soutenance.
(19.00 euros, 178 p.)
ISBN : 978-2-343-07638-6, ISBN EBOOK : 978-2-336-39556-2

RISQUES, ACCIDENTS ET CATASTROPHES
Liber amicorum
En l'honneur de Madame le professeur Marie-France Steinlé-Feuerbach
Sous la direction Hervé Arbousset, Caroline Lacroix et Benoît Steinmetz
L'étude et l'analyse des risques sont au cœur des réflexions du Professeur Steinlé-Feuerbach. Ses nombreux écrits de doctrine sur la thématique des accidents et des catastrophes ont amené à ce que ses collègues et amis lui dédient cet ouvrage. Ces mélanges donnent une vue d'ensemble d'une matière devenue une véritable discipline transcendant le clivage droit public-droit privé.
(Coll. Sciences criminelles, 34.00 euros, 334 p.)
ISBN : 978-2-343-07169-5, ISBN EBOOK : 978-2-336-39677-4

ÉTAT, COLLECTIVITÉS TERRITORIALES ET DROITS SOCIAUX
Étude du droit comparé
Sous la direction d'Olivier Lecucq
Comment, selon leur organisation territoriale respective, La France, l'Espagne et l'Italie œuvrent à la satisfaction des droits sociaux. Quels sont les rôles de l'État en ce domaine ? Quelles sont les actions qui en découlent et comment se coordonnent-elles ? Quelles en sont les implications en termes d'égalité des citoyens et des territoires ? L'ouvrage tente de répondre à ces questions en interpellant la réalisation de l'État social dans un contexte de crise, de réduction des déficits et de maîtrise des dépenses.
(Coll. Bibliothèques de droit, 22.50 euros, 221 p.)
ISBN : 978-2-343-07585-3, ISBN EBOOK : 978-2-336-39683-5

LE PRINCIPE DE PRÉCAUTION
Au carrefour de la philosophie, du droit et des sciences
Calderaro Norbert
La notion de principe de précaution, qui donne lieu à beaucoup de controverses, nécessite de la part d'un juriste une analyse objective pour écarter ce qu'elle n'est pas et définir son contenu véritable. Après un aperçu des sources philosophiques, l'auteur réalise une synthèse du principe de précaution en droit international, européen, en droit comparé et en droit interne. Il intègre notamment les tout derniers développements de la jurisprudence du Conseil d'État.
(18.50 euros, 180 p.)
ISBN : 978-2-343-05457-5, ISBN EBOOK : 978-2-336-39452-7

LES COLLECTIVITÉS TERRITORIALES ET LA SPÉCULATION
Goasdoué Mélissa - Avant-propos de Michel Verpeaux
Préface de Julien Martin
L'ancien dispositif empêchant la conclusion d'opérations financières spéculatives par les collectivités locales ayant échoué, un nouveau dispositif fonctionnant au cas par cas a été mis en place. Après une étude des imperfections de la notion de spéculation puis des liens unissant ces imperfections à l'échec du précédent dispositif dans la protection des collectivités contre les risques spéculatifs, le présent ouvrage s'attache à démontrer comment et dans quelle mesure cette protection est désormais rendue possible.
(Coll. Droit des collectivités territoriales, série Travaux, 15.00 euros, 140 p.)
ISBN : 978-2-343-07619-5, ISBN EBOOK : 978-2-336-39520-3

LE DROIT DE LA GUERRE
Traité sur l'emploi de la force armée en droit international (3 volumes)
Cumin David
Aussi ancien que la guerre et que le droit international dont il constitue le cœur historique, le droit de la guerre existe. Croisant droit et polémologie, portant sur les conflits armés internationaux et internes, ce traité expose, explique et reconstruit l'ensemble du droit international contemporain relatif à l'emploi de la force armée - auteurs et acteurs de la belligérance, ses buts, moyens, théâtres, régimes - et propose une analyse critique de la responsabilité réparatrice et punitive.
Volume 1 (Coll. Droit comparé, 46.00 euros, 458 p.)
ISBN : 978-2-343-06498-7, ISBN EBOOK : 978-2-336-39588-3
Volume 2 (Coll. Droit comparé, 60.00 euros, 760 p.)
ISBN : 978-2-343-07707-9, ISBN EBOOK : 978-2-336-39589-0
Volume 3 (Coll. Droit comparé, 48.00 euros, 468 p.)
ISBN : 978-2-343-07708-6, ISBN EBOOK : 978-2-336-39590-6

LA RESPONSABILITÉ DE PROTÉGER
Nouvelle approche du droit international
Gandou D'Isseret Crépin Gyscard
Le droit d'ingérence humanitaire se comprend comme une éthique de détresse, une obligation de protéger les personnes en danger de mort. La responsabilité de protéger traduit en acte la nécessité impérative de prendre soin de l'homme, ou de la collectivité humaine en général, quand les conditions de son existence connaissent une détérioration significative ou quand elles sont sur le point de le devenir.
(Coll. Harmattan Congo, 16.50 euros, 152 p.)
ISBN : 978-2-343-06724-7, ISBN EBOOK : 978-2-336-39575-3

L'HARMATTAN ITALIA
Via Degli Artisti 15; 10124 Torino
harmattan.italia@gmail.com

L'HARMATTAN HONGRIE
Könyvesbolt ; Kossuth L. u. 14-16
1053 Budapest

L'HARMATTAN KINSHASA
185, avenue Nyangwe
Commune de Lingwala
Kinshasa, R.D. Congo
(00243) 998697603 ou (00243) 999229662

L'HARMATTAN CONGO
67, av. E. P. Lumumba
Bât. – Congo Pharmacie (Bib. Nat.)
BP2874 Brazzaville
harmattan.congo@yahoo.fr

L'HARMATTAN GUINÉE
Almamya Rue KA 028, en face
du restaurant Le Cèdre
OKB agency BP 3470 Conakry
(00224) 657 20 85 08 / 664 28 91 96
harmattanguinee@yahoo.fr

L'HARMATTAN MALI
Rue 73, Porte 536, Niamakoro,
Cité Unicef, Bamako
Tél. 00 (223) 20205724 / +(223) 76378082
poudiougopaul@yahoo.fr
pp.harmattan@gmail.com

L'HARMATTAN CAMEROUN
BP 11486
Face à la SNI, immeuble Don Bosco
Yaoundé
(00237) 99 76 61 66
harmattancam@yahoo.fr

L'HARMATTAN CÔTE D'IVOIRE
Résidence Karl / cité des arts
Abidjan-Cocody 03 BP 1588 Abidjan 03
(00225) 05 77 87 31
etien_nda@yahoo.fr

L'HARMATTAN BURKINA
Penou Achille Some
Ouagadougou
(+226) 70 26 88 27

L'HARMATTAN SÉNÉGAL
10 VDN en face Mermoz, après le pont de Fann
BP 45034 Dakar Fann
33 825 98 58 / 33 860 9858
senharmattan@gmail.com / senlibraire@gmail.com
www.harmattansenegal.com

L'HARMATTAN BÉNIN
ISOR-BENIN
01 BP 359 COTONOU-RP
Quartier Gbèdjromèdé,
Rue Agbélenco, Lot 1247 I
Tél : 00 229 21 32 53 79
christian_dablaka123@yahoo.fr

Achevé d'imprimer par Corlet Numérique - 14110 Condé-sur-Noireau
N° d'Imprimeur : 130820 - Dépôt légal : juillet 2016 - *Imprimé en France*

www.ingramcontent.com/pod-product-compliance
Lightning Source LLC
LaVergne TN
LVHW011216061026
849535LV00001BA/50
* 9 7 8 2 3 4 3 0 9 0 3 9 9 *